世界创新竞争力黄皮书

YELLOW BOOK OF WORLD
INNOVATION COMPETITIVENESS

世界创新竞争力发展报告
（2011~2017）

REPORT ON WORLD INNOVATION COMPETITIVENESS
DEVELOPMENT (2011-2017)

主　　编／李建平　李闽榕　赵新力
副 主 编／李建建　苏宏文
执行主编／黄茂兴

社会科学文献出版社
SOCIAL SCIENCES ACADEMIC PRESS (CHINA)

图书在版编目（CIP）数据

世界创新竞争力发展报告.2011~2017／李建平，李闽榕，赵新力主编.－－北京：社会科学文献出版社，2018.10
（世界创新竞争力黄皮书）
ISBN 978－7－5201－3273－2

Ⅰ.①世…　Ⅱ.①李…②李…③赵…　Ⅲ.①国家创新系统－国际竞争力－研究报告－世界－2011－2017
Ⅳ.①F204②G321

中国版本图书馆 CIP 数据核字（2018）第 185738 号

世界创新竞争力黄皮书

世界创新竞争力发展报告（2011~2017）

主　　编／李建平　李闽榕　赵新力
副 主 编／李建建　苏宏文
执行主编／黄茂兴

出 版 人／谢寿光
项目统筹／王　绯　曹长香
责任编辑／曹长香

出　　版／社会科学文献出版社·社会政法分社（010）59367156
　　　　　　地址：北京市北三环中路甲29号院华龙大厦　邮编：100029
　　　　　　网址：www.ssap.com.cn
发　　行／市场营销中心（010）59367081　59367018
印　　装／三河市东方印刷有限公司

规　　格／开 本：787mm×1092mm　1/16
　　　　　　印 张：40.75　字 数：931千字
版　　次／2018年10月第1版　2018年10月第1次印刷
书　　号／ISBN 978－7－5201－3273－2
定　　价／248.00元

皮书序列号／PSN Y－2013－318－1/1

本书如有印装质量问题，请与读者服务中心（010－59367028）联系

教育部科技委战略研究基地（福建师范大学世界创新竞争力研究中心）2018 年重大项目研究成果

全国经济综合竞争力研究中心 2018 年重点项目研究成果

中智科学技术评价研究中心 2018 年重点项目研究成果

国家首批"万人计划"青年拔尖人才支持计划（组厅字〔2013〕33 号）资助的阶段性研究成果

国家第 2 批"万人计划"哲学社会科学领军人才（组厅字〔2016〕37 号）资助的阶段性研究成果

中宣部全国文化名家暨"四个一批"人才工程（中宣办发〔2015〕49 号）资助的阶段性研究成果

教育部哲学社会科学研究重大课题（项目编号：16JZD028）的阶段性研究成果

国家社科基金重点项目（项目编号：16AGJ004）的阶段性研究成果

福建省"双一流"建设学科——福建师范大学理论经济学科 2018 年重大项目研究成果

福建省首批哲学社会科学领军人才、福建省高校领军人才支持计划 2018 年阶段性研究成果

福建省首批高校特色新型智库——福建师范大学综合竞争力与国家发展战略研究院 2018 年研究成果

福建省社会科学研究基地——福建师范大学竞争力研究中心 2018 年资助的研究成果

福建省高校哲学社会科学学科基础理论研究创新团队——福建师范大学竞争力基础理论研究创新团队 2018 年资助的阶段性研究成果

福建师范大学创新团队建设计划（项目编号：IRTW1202）2018 年资助的阶段性研究成果

世界创新竞争力黄皮书编委会

主要编撰者简介

李建平　男，1946 年出生于福建莆田，浙江温州人。曾任福建师范大学政治教育系副主任、主任，经济法律学院院长，副校长、校长。现任全国经济综合竞争力研究中心福建师范大学分中心主任、全国中国特色社会主义政治经济学研究中心（福建师范大学）主任，教授，博士生导师，福建师范大学理论经济学一级学科博士点和博士后科研流动站学术带头人。兼任福建省人民政府经济顾问、中国《资本论》研究会副会长、中国经济规律研究会副会长、全国马克思主义经济学说史研究会副会长、全国历史唯物主义研究会副会长等社会职务。长期从事马克思主义经济思想发展史、《资本论》和社会主义市场经济、经济学方法论、区域经济发展等问题研究，已发表学术论文 100 多篇，撰写、主编学术著作、教材 70 多部。科研成果获得教育部第六届、第七届社会科学优秀成果二等奖 1 项、三等奖 1 项，八次获得福建省哲学社会科学优秀成果一等奖，两次获得二等奖，还获得全国第七届"五个一"工程优秀理论文章奖，其专著《〈资本论〉第一卷辩证法探索》获世界政治经济学学会颁发的第七届"21 世纪世界政治经济学杰出成果奖"。福建省优秀专家，享受国务院特殊津贴专家，国家有突出贡献中青年专家，2009 年被评为福建省第二届杰出人民教师。

李闽榕　男，1955 年生，山西安泽人，经济学博士。原福建省新闻出版广电局党组书记、副局长，现为中智科学技术评价研究中心理事长，福建师范大学兼职教授、博士生导师，中国区域经济学会副理事长。主要从事宏观经济学、区域经济竞争力、现代物流等问题研究，已出版著作《中国省域经济综合竞争力研究报告（1998～2004）》等20 多部（含合著），并在《人民日报》《求是》《管理世界》等国家级报纸杂志上发表学术论文 200 多篇。科研成果曾荣获新疆维吾尔自治区第二届、第三届社会科学优秀成果三等奖，以及福建省科技进步一等奖（排名第三）、福建省第七届至第十届社会科学优秀成果一等奖、福建省第六届社会科学优秀成果二等奖、福建省第七届社会科学优秀成果三等奖等 10 多项省部级奖励（含合作），并有 20 多篇论文和主持完成的研究报告荣获其他省厅级奖励。

赵新力　男，1961 年生，辽宁沈阳人，航空宇航博士，系统工程博士后。中国科学技术交流中心正局级副主任，研究员，哈尔滨工业大学兼职教授，博士生导师。国务院政府特殊津贴获得者。国际欧亚科学院院士、福建省人民政府顾问、国际智库排名专家。先后任国家专利工作协调小组成员、中国信息协会常务理事、中国科技咨询协会高级顾问、中国地方科技史学会副理事长、欧亚系统科学研究会理事、中国企业投资协会常务理事等。主持完成"863"计划、自然科学基金、社会科学基金、攻关、标准化、电子政务、博士后基金等国家级课题数十项，参加软科学、"973"计划等国家级课题和主持省部级课题数十项，获得省部级奖励多项。在国内外发表论文近200篇，出版著作近30部。中国"图书馆、情报和档案管理"一级学科首个博士后工作站和首批硕士点创始人。曾在北京航空航天大学、沈阳飞机工业集团、美国洛克希德飞机公司、清华大学、原国家科委（科技部）基础研究与高技术司、澳门中联办经济部、中国科技信息研究所、国家行政学院、中共中央党校、中国科技交流中心、浦东干部管理学院、中国常驻联合国代表团等学习或工作，先后兼任中欧先进制造技术领域合作委员会中方主席、国家工程图书馆常务副馆长、科技部海峡两岸科技交流中心副主任、中日技术合作事务中心副主任、中国和欧盟科技合作办公室副主任等。

李建建　男，1954年生，福建仙游人。经济学博士。原福建师范大学经济学院院长，教授、博士生导师，享受国务院特殊津贴专家。主要从事经济思想史、城市土地经济问题等方面的研究，先后主持和参加了国家自然科学基金、福建省社科规划基金以及福建省发展改革委、福建省教育厅和国际合作研究课题20余项，已出版专著、合著《中国城市土地市场结构研究》等10多部，主编《〈资本论〉选读课教材》《政治经济学》《发展经济学与中国经济发展策论》等教材，在《经济研究》《当代经济研究》等刊物上发表论文70余篇。曾获福建省高校优秀共产党员、福建省教学名师和学校教学科研先进工作者称号，科研成果荣获国家教委优秀教学成果二等奖（合作）、福建省哲学社会科学优秀成果一等奖（合作）、福建省社会科学优秀成果二等奖、福建省社会科学优秀成果三等奖和福建师范大学优秀教学成果一等奖等多项省部级和厅级奖励。

黄茂兴　男，1976年生，福建莆田人。教授、博士生导师。现为福建师范大学经济学院院长、福建师范大学福建自贸区综合研究院院长、全国经济综合竞争力研究中心福建师范大学分中心常务副主任、二十国集团（G20）联合研究中心常务副主任。主要从事技术经济、区域经济、竞争力问题研究，主持教育部重大招标课题、国家社科基金重点项目等国家、部厅级课题60多项；出版《国家创新竞争力研究》等著作50多部，在《经济研究》《管理世界》等权威刊物发表论文160多篇，科研成果分别荣获教育部第六届、第七届社科优秀成果二等奖1项、三等奖1项（合作），福建省第七届至第十一届社会科学优秀成果一等奖7项（含合作）、二等奖3项等20多项省部级科研奖励。入选"国家首批'万人计划'青年拔尖人才""国家第2批'万人计划'哲学社会科学领军人才""中宣部全国文化名家暨'四个一批'人才""人社部国家百千万人才工程国家级人选""教育部新世纪优秀人才""福建省高校领军人才""福建省首批哲学社会科学领军人才"等多项人才奖励计划。2015年荣获人社部授予的"国家有突出贡献的中青年专家"和教育部授予的"全国师德标兵"称号，2016年获评为享受国务院特殊津贴专家，并荣获2014年团中央授予的第18届"中国青年五四奖章"提名奖等多项称号。2018年1月当选为十三届全国人大代表。

摘　要

创新是一个民族进步的灵魂，是一个国家兴旺发达的不竭动力。当今世界，新一轮全球科技革命正孕育兴起，无论是发达国家还是发展中国家都应在科技创新方面寻求突破，不断解放和发展社会生产力，提高劳动生产率，这是世界实现持续繁荣发展的必由之路。创新竞争在综合国力竞争中的地位更加突出，国家创新能力竞争日趋激烈，全球科技创新面临新的机遇和挑战。在深刻变化的世界形势面前，世界各国进一步认识到创新在提高本国综合国力与国际竞争力中的重要意义，纷纷把提高创新能力作为国家重要发展战略。可以说，创新已成为开启未来的密码，国家创新竞争力更是成为国家竞争力的核心要素。

本书选取世界上有代表性的 100 个国家作为研究对象，着重探讨了 2011～2015 年世界各国国家创新竞争力的发展水平、变化特征、内在动因及发展趋势，并就如何推动世界各国提升国家创新竞争力提出相应的理论指导和实践对策。全书共四大部分。第一部分为总报告，旨在从总体上评价分析 2011～2015 年世界创新竞争力的发展水平，揭示世界各国国家创新竞争力的优劣势和变化特征，分析新形势下全球科技竞争的新形势、新情况，并提出增强世界创新竞争力的基本路径、方法和对策，为世界各国加快提升国家创新竞争力提供决策参考依据。第二部分为分报告，通过对世界 100 个国家的创新竞争力进行全面深入、科学的比较分析和评价，揭示不同类型和发展水平的国家创新竞争力的特点及其相对差异，为世界各国提升创新竞争力提供有价值的分析依据。第三部分为专题报告，深入分析了全面创新与全球创新浪潮、创新驱动与全球结构性改革、国家创新绩效评价与比较研究、数字经济的兴起与全球数字产业发展策略、全球绿色科技创新的发展现状与前景展望等新经济和新创新战略，对世界创新态势作了细致阐释，进一步丰富了创新竞争力的研究内容。第四部分为附录，列出 2011～2015 年世界各国创新竞争力评价分值及得分变化情况，以备读者进行定量化分析或查询。

关键词：创新竞争力　世界　评价　比较

Abstract

Innovation is the soul of a nation's progress and an inexhaustible motive force for the prosperity of a country. In today's world, a new round of global science and technology revolution is gestating, and both developed and developing counties should seek breakthroughs in science and technology innovation, continue to liberate and develop social productivity and increase labor productivity. This is the only way for the world to achieve sustained prosperity and development. Competition for innovation has become even more prominent in the competition of comprehensive national strength. International innovative competition is increasingly fierce and the global scientific and technological innovation is facing new opportunities and challenges. In the face of profoundly changing world situation, countries have further recognized the importance of innovation in improving their overall strength and competitiveness, and have made the improvement of innovation as an important development strategy. It can be said that the innovation has become the password for the future, and national innovative competitiveness has become the core element of national competitiveness.

This book selects 100 representative countries in the world as the research object, and focuses on the development level, characteristic of change, internal motivations and development trends of national innovation competitiveness from 2011 to 2015, so as to provide valuable theoretical and practical solutions for countries of the world to promote innovative competitiveness. Four main parts divide this book. The first part is the general, which aims to evaluate and analyze the development level of the world's innovation competitiveness from 2011 to 2015 as a whole, revealing the strengths and weakness of each country's innovative competitiveness and providing the basic paths and strategies of enhancing the competitiveness level. It will provide valuable analysis basis for all countries in the world to speed up innovative competitiveness. The second part is a sub-report, which reveals the characteristics and relative differences of national innovative competitiveness in different types and levels of development through comprehensive, in-depth, scientific comparative analysis and evaluation of the innovation competitiveness of 100 countries, and provide valuable basis for analysis to enhance innovation competition for each countries in the world. The third part is the special-report, which reveals new economic and new innovation strategies by thorough analysis of the wave of comprehensive innovation and global innovation, innovation-driven and global structural reform, national innovation performance evaluation and comparative research, the rise of digital economy and global digital industry development strategy, the status quo and prospect of global green technology innovation. It provided a detailed explanation of the world innovation situation and further enriched the research content of innovation competitiveness. The fourth part of the book is the appendix, which lists the scores and score change tables of national innovation competitiveness of countries from 2011 to 2015 for the readers inquiring and quantitative analysis.

Keywords: Innovative Competitiveness; World; Evaluate; Compare

前　言

科技是人类智慧的伟大结晶，创新是文明进步的不竭动力。工业革命以来，人类创造的物质财富比之前数千年创造的财富总和还要多，创新无疑是最大的推动力。世界近现代发展史表明，实现工业化、现代化，走创新发展道路是世界发展的普遍规律。科学技术是第一生产力，是人类改造自然、创造物质财富的依附性力量，是提升一国国际竞争力的核心要素。随着经济全球化的不断深入，世界范围内的资源和市场竞争日趋激烈，经济增长的环境约束逐渐增强，世界上许多国家都在致力于科技创新，推动本国产业变革和经济发展，提升国家竞争力，赢得未来国际竞争的先发优势。实践表明，只有按下创新的"快捷键"，才能促进经济增长的"蝶变"，实现从"跟跑"到"并跑"再到"领跑"的历史性变革。

当今世界，科学技术迅猛发展。特别是国际金融危机以来，世界各国更加重视科技创新，纷纷出台新的创新战略，加大研发投入，力图加紧抢抓新科技革命的战略机遇，争取把握在全球创新竞争中的主动权。为充分利用国际科技资源，世界各国纷纷加强科技国际化战略部署，国际科技合作已成为加快创新步伐、赢得发展优势的重要手段。可以说，创新的竞争不再是少数国家参与的活动，几乎囊括了全世界所有的国家，创新的竞争也不仅限于少数行业和部门，而是广泛渗透到多个行业和领域，是一个国家整体参与的活动。因此，创新已不仅仅是一种手段和工具，它早已上升为一个国家和地区的核心竞争力。

近些年来，经济全球化遭遇逆风，贸易保护主义抬头，面对发达国家设置的技术贸易壁垒，新兴经济体激流勇进，坚定地把创新作为经济支撑点，敢于并且善于在竞争中倒逼产业转型升级，实现新的更高质量的发展。新一轮全球科技革命正孕育兴起，无论是发达国家还是发展中国家都应当在科技创新方面寻求突破，不断解放和发展社会生产力，提高劳动生产率，这是世界实现持续繁荣发展的必由之路。

国家创新竞争力研究与创新能力研究是一脉相承的，创新问题百年来的研究成果为开展国家创新竞争力研究提供了前提和基础。国家创新竞争力研究是将创新与竞争力有机结合起来，突破单一创新问题研究的局限，从经济学、管理学、统计学、计量经济学、人文地理学、运筹学、社会学等多学科、多角度对国家创新竞争力问题进行深入探讨，更加突出对创新能力问题的深度探索，催生崭新的经济模式、发展模式和生活方式。可以说，开展国家创新竞争力研究既是对创新能力和竞争力理论的进一步深化与提升，又符合当前国内外科技创新的变革趋势，具有重要的理论意义和现实意义。

2018 年 5 月 2 日，中国国家主席习近平在北京大学考察时强调，创新是引领发展的第一动力，是国家综合国力和核心竞争力的最关键因素。为充分利用国际科技资源，世界各国纷纷加强科技国际化战略部署,国际科技合作已成为加快创新步伐、赢得发展优势的重要手段。本书以国家创新竞争力作为研究主题,既顺应了迎接当前世界科技革命的重大历史性机遇和加快推进创新型国家建设的趋势和要求,以竞争的独特视角诠释国家创新体系建设中所包含的创新基础、创新环境、创新投入、创新产出、创新持续等深刻的内涵,把建设创新型国家从国家战略层面深化至具体细致的评价,同时又赋予创新能力新的理念和意境。

回应国内外科技竞争的新趋势和新要求,福建师范大学、中国科学技术交流中心等单位联合攻关,具体由全国经济综合竞争力研究中心福建师范大学分中心负责《世界创新竞争力发展报告(2011~2017)》黄皮书的研究工作。该书选取世界上有代表性的100个国家作为研究对象,构建了由1个一级指标、5个二级指标和32个三级指标组成的指标体系,对近五年(由于国际统计数据一般要滞后两年,因此,截至本书交付出版,课题组所能采集到的最新数据是2015年的)世界各国创新竞争力作出全面的评价分析。希望通过深化对世界各国国家创新竞争力问题的研究,赋予国家创新能力新的内涵,并从理论、方法和实证三个维度深入探讨世界创新竞争力的发展与建设问题。该分中心曾于2014年3月在联合国总部发布了第一部"世界创新竞争力黄皮书"《世界创新竞争力发展报告(2001~2012)》英文版,产生了积极的社会反响。十多年来,该分中心还先后发布了《中国省域经济综合竞争力发展报告》系列蓝皮书12部、《中国环境竞争力发展报告》和《全球环境竞争力报告》系列绿皮书5部、《二十国集团(G20)国家创新竞争力发展报告》黄皮书5部。该系列研究成果的出版、发布,引起了中国各级政府部门、学术界、理论界的广泛关注,国内外众多新闻媒体纷纷对该系列研究成果作了深入报道,持续得到社会的积极评价。

本书是在充分借鉴国内外相关研究成果的基础上,紧密跟踪技术经济学、竞争力经济学、管理学、计量经济学、统计学等多学科的前沿研究动态,深入分析21世纪前十年世界创新竞争力的发展水平、变化特征、内在动因及未来趋势,并根据本课题组所构建的世界创新竞争力指标体系及数学模型,对2011~2015年世界上有代表性的100个国家的创新竞争力进行全面深入、科学的比较分析和评价,深刻揭示不同类型和发展水平的国家创新竞争力的特点及其相对差异,明确各自内部的竞争优势和薄弱环节,追踪研究世界各国创新竞争力的演化轨迹和提升路径,为世界各国提升国家创新竞争力提供有价值的理论指导和实践对策。全书共四大部分,基本框架如下。

第一部分:总报告,即世界创新竞争力总体评价与比较分析报告。总报告是根据本课题组所构建的1个一级指标、5个二级指标、32个三级指标组成的世界创新竞争力评价指标体系,对2011~2015年世界100个国家的国家创新竞争力进行评价分析,在综合分析的基础上,对世界各国2011~2015年国家创新竞争力变化态势进行评价分析,阐述各国国家创新竞争力的发展状况以及区域分布情况,分析各国国家创新竞争力的优劣势和相对地位,剖析了评价期内国家创新竞争力的变化特征及发展启示,提出了进一步增强国家创新竞争力的战略原则、战略取向和战略对策,为世界各国加快提升国家创新竞争力提供有价值的决策分析依据。

第二部分：分报告，即分别对世界100个国家的创新竞争力进行评价分析。以专题报告的形式，对2011～2015年包括中国在内的100个国家的创新竞争力进行全面深入、科学的比较分析和评价，深刻揭示不同类型和发展水平的各国创新竞争力的特点及其相对差异，明确各自内部的竞争优势和薄弱环节，追踪研究各国创新竞争力的演化轨迹和提升路径。

第三部分：专题报告，即开辟专题对世界创新竞争力的前沿问题再作深入阐述。该部分分别从全面创新与全球创新浪潮、创新驱动与全球结构性改革、国家创新绩效评价与比较研究、数字经济的兴起与全球数字产业发展策略、全球绿色科技创新的发展现状与前景展望等新经济和新创新战略，对世界创新态势作了细致阐释，大大丰富了创新竞争力的研究内容。

第四部分：附录，该部分列出了2011～2015年世界100个国家创新竞争力的一级指标、5个二级指标和部分有代表性的三级指标的评价分值及排名情况，为读者进行定量化分析提供参考依据。

本书综合吸收了国家创新能力、国家科技竞争力等前沿或前期研究成果，运用经济学、管理学、统计学、计量经济学、人文地理学等多学科的理论知识与研究方法，力图对国家创新竞争力的理论、方法研究和实践评价进行创新和突破。当然，这是一项跨越多个学科的研究，受到知识结构、研究能力和占有资料有限等主客观因素的制约，我们在一些方面的认识和研究仍然不够深入和全面，还有许多需要深入研究的问题尚未触及。鉴于此，我们将继续深化研究，继续完善理论体系和分析方法，并加强对世界各国提升国家创新竞争力的具体对策研究，作出我们新的探索与思考。笔者愿与关注这些问题的各国政府机构、世界各相关领域的科研机构的学者一道，继续深化对世界创新竞争力理论和方法的研究，使世界创新竞争力的评价更加符合客观实际，为世界各国的科技创新发展提供有价值的决策借鉴。

作　者

2018 年 5 月

目　录

Ⅰ　总报告

Y. 1 世界创新竞争力总体评价与比较分析 ┄┄┄┄┄┄┄ 001

　一　世界创新竞争力总体评价 ┄┄┄┄┄┄┄┄┄ 001

　二　世界创新竞争力区域评价 ┄┄┄┄┄┄┄┄┄ 021

　三　世界创新基础竞争力评价与比较分析 ┄┄┄┄┄ 029

　四　世界创新环境竞争力评价与比较分析 ┄┄┄┄┄ 049

　五　世界创新投入竞争力评价与比较分析 ┄┄┄┄┄ 068

　六　世界创新产出竞争力评价与比较分析 ┄┄┄┄┄ 086

　七　世界创新潜力竞争力评价与比较分析 ┄┄┄┄┄ 106

　八　世界创新竞争力的主要特征与变化趋势 ┄┄┄┄ 125

　九　世界创新竞争力的新格局和新态势 ┄┄┄┄┄┄ 131

　十　提升世界创新竞争力的战略对策 ┄┄┄┄┄┄┄ 141

Ⅱ　分报告

Y. 2　**1**　阿尔巴尼亚国家创新竞争力评价分析报告 ┄┄┄┄ 146

Y. 3　**2**　阿根廷国家创新竞争力评价分析报告 ┄┄┄┄┄ 149

Y. 4　**3**　亚美尼亚国家创新竞争力评价分析报告 ┄┄┄┄ 152

Y. 5　**4**　澳大利亚国家创新竞争力评价分析报告 ┄┄┄┄ 155

Y. 6　**5**　奥地利国家创新竞争力评价分析报告 ┄┄┄┄┄ 158

Y. 7　**6**　阿塞拜疆国家创新竞争力评价分析报告 ┄┄┄┄ 161

Y. 8　**7**　白俄罗斯国家创新竞争力评价分析报告 ┄┄┄┄ 164

Y. 9　**8**　比利时国家创新竞争力评价分析报告 ┄┄┄┄┄ 167

Y. 10　**9**　玻利维亚国家创新竞争力评价分析报告 ┄┄┄┄ 170

Y. 11　**10**　波斯尼亚和黑塞哥维那国家创新竞争力评价分析报告 ┄┄ 173

Y. 12　**11**　博茨瓦纳国家创新竞争力评价分析报告 ┄┄┄┄ 176

Y. 13　**12**　巴西国家创新竞争力评价分析报告 ┄┄┄┄┄ 179

Y. 14 13 保加利亚国家创新竞争力评价分析报告 ………………… 182

Y. 15 14 布基纳法索国家创新竞争力评价分析报告 ……………… 185

Y. 16 15 柬埔寨国家创新竞争力评价分析报告 …………………… 188

Y. 17 16 加拿大国家创新竞争力评价分析报告 …………………… 191

Y. 18 17 智利国家创新竞争力评价分析报告 ……………………… 194

Y. 19 18 中国国家创新竞争力评价分析报告 ……………………… 197

Y. 20 19 哥伦比亚国家创新竞争力评价分析报告 ………………… 200

Y. 21 20 哥斯达黎加国家创新竞争力评价分析报告 ……………… 203

Y. 22 21 克罗地亚国家创新竞争力评价分析报告 ………………… 206

Y. 23 22 塞浦路斯国家创新竞争力评价分析报告 ………………… 209

Y. 24 23 捷克国家创新竞争力评价分析报告 ……………………… 212

Y. 25 24 丹麦国家创新竞争力评价分析报告 ……………………… 215

Y. 26 25 厄瓜多尔国家创新竞争力评价分析报告 ………………… 218

Y. 27 26 埃及国家创新竞争力评价分析报告 ……………………… 221

Y. 28 27 萨尔瓦多国家创新竞争力评价分析报告 ………………… 224

Y. 29 28 爱沙尼亚国家创新竞争力评价分析报告 ………………… 227

Y. 30 29 埃塞俄比亚国家创新竞争力评价分析报告 ……………… 230

Y. 31 30 芬兰国家创新竞争力评价分析报告 ……………………… 233

Y. 32 31 法国国家创新竞争力评价分析报告 ……………………… 236

Y. 33 32 格鲁吉亚国家创新竞争力评价分析报告 ………………… 239

Y. 34 33 德国国家创新竞争力评价分析报告 ……………………… 242

Y. 35 34 加纳国家创新竞争力评价分析报告 ……………………… 245

Y. 36 35 希腊国家创新竞争力评价分析报告 ……………………… 248

Y. 37 36 危地马拉国家创新竞争力评价分析报告 ………………… 251

Y. 38 37 匈牙利国家创新竞争力评价分析报告 …………………… 254

Y. 39 38 印度国家创新竞争力评价分析报告 ……………………… 257

Y. 40 39 印度尼西亚国家创新竞争力评价分析报告 ……………… 260

Y. 41 40 伊朗国家创新竞争力评价分析报告 ……………………… 263

Y. 42 41 爱尔兰国家创新竞争力评价分析报告 …………………… 266

Y. 43 42 以色列国家创新竞争力评价分析报告 …………………… 269

Y. 44 43 意大利国家创新竞争力评价分析报告 …………………… 272

Y. 45 44 日本国家创新竞争力评价分析报告 ……………………… 275

Y. 46 45 约旦国家创新竞争力评价分析报告 ……………………… 278

Y. 47 46 哈萨克斯坦国家创新竞争力评价分析报告 ……………… 281

Y. 48 47 肯尼亚国家创新竞争力评价分析报告 …………………… 284

Y. 49 48 韩国国家创新竞争力评价分析报告 ……………………… 287

Y. 50 49 科威特国家创新竞争力评价分析报告 …………………… 290

Y. 51　50　吉尔吉斯斯坦国家创新竞争力评价分析报告 ……………………………… 293

Y. 52　51　拉脱维亚国家创新竞争力评价分析报告 ………………………………… 296

Y. 53　52　立陶宛国家创新竞争力评价分析报告 …………………………………… 299

Y. 54　53　卢森堡国家创新竞争力评价分析报告 …………………………………… 302

Y. 55　54　马其顿国家创新竞争力评价分析报告 …………………………………… 305

Y. 56　55　马达加斯加国家创新竞争力评价分析报告 ……………………………… 308

Y. 57　56　马拉维国家创新竞争力评价分析报告 …………………………………… 311

Y. 58　57　马来西亚国家创新竞争力评价分析报告 ………………………………… 314

Y. 59　58　马里国家创新竞争力评价分析报告 ……………………………………… 317

Y. 60　59　毛里求斯国家创新竞争力评价分析报告 ………………………………… 320

Y. 61　60　墨西哥国家创新竞争力评价分析报告 …………………………………… 323

Y. 62　61　蒙古国家创新竞争力评价分析报告 ……………………………………… 326

Y. 63　62　摩洛哥国家创新竞争力评价分析报告 …………………………………… 329

Y. 64　63　莫桑比克国家创新竞争力评价分析报告 ………………………………… 332

Y. 65　64　纳米比亚国家创新竞争力评价分析报告 ………………………………… 335

Y. 66　65　尼泊尔国家创新竞争力评价分析报告 …………………………………… 338

Y. 67　66　荷兰国家创新竞争力评价分析报告 ……………………………………… 341

Y. 68　67　新西兰国家创新竞争力评价分析报告 …………………………………… 344

Y. 69　68　挪威国家创新竞争力评价分析报告 ……………………………………… 347

Y. 70　69　阿曼国家创新竞争力评价分析报告 ……………………………………… 350

Y. 71　70　巴基斯坦国家创新竞争力评价分析报告 ………………………………… 353

Y. 72　71　巴拿马国家创新竞争力评价分析报告 …………………………………… 356

Y. 73　72　巴拉圭国家创新竞争力评价分析报告 …………………………………… 359

Y. 74　73　秘鲁国家创新竞争力评价分析报告 ……………………………………… 362

Y. 75　74　菲律宾国家创新竞争力评价分析报告 …………………………………… 365

Y. 76　75　波兰国家创新竞争力评价分析报告 ……………………………………… 368

Y. 77　76　葡萄牙国家创新竞争力评价分析报告 …………………………………… 371

Y. 78　77　卡塔尔国家创新竞争力评价分析报告 …………………………………… 374

Y. 79　78　罗马尼亚国家创新竞争力评价分析报告 ………………………………… 377

Y. 80　79　俄罗斯国家创新竞争力评价分析报告 …………………………………… 380

Y. 81　80　沙特阿拉伯国家创新竞争力评价分析报告 ……………………………… 383

Y. 82　81　塞内加尔国家创新竞争力评价分析报告 ………………………………… 386

Y. 83　82　塞尔维亚国家创新竞争力评价分析报告 ………………………………… 389

Y. 84　83　新加坡国家创新竞争力评价分析报告 …………………………………… 392

Y. 85　84　斯洛伐克国家创新竞争力评价分析报告 ………………………………… 395

Y. 86　85　斯洛文尼亚国家创新竞争力评价分析报告 ……………………………… 398

Y. 87　86　南非国家创新竞争力评价分析报告 ……………………………………… 401

Y. 88　87　西班牙国家创新竞争力评价分析报告 ·························· 404

Y. 89　88　斯里兰卡国家创新竞争力评价分析报告 ·························· 407

Y. 90　89　瑞典国家创新竞争力评价分析报告 ······························ 410

Y. 91　90　瑞士国家创新竞争力评价分析报告 ······························ 413

Y. 92　91　坦桑尼亚国家创新竞争力评价分析报告 ·························· 416

Y. 93　92　泰国国家创新竞争力评价分析报告 ······························ 419

Y. 94　93　突尼斯国家创新竞争力评价分析报告 ·························· 422

Y. 95　94　土耳其国家创新竞争力评价分析报告 ·························· 425

Y. 96　95　乌干达国家创新竞争力评价分析报告 ·························· 428

Y. 97　96　乌克兰国家创新竞争力评价分析报告 ·························· 431

Y. 98　97　英国国家创新竞争力评价分析报告 ······························ 434

Y. 99　98　美国国家创新竞争力评价分析报告 ······························ 437

Y. 100　99　乌拉圭国家创新竞争力评价分析报告 ······················ 440

Y. 101　100　越南国家创新竞争力评价分析报告 ······················ 443

Ⅲ　专题分析报告

Y. 102　专题一　全面创新与全球创新浪潮 ····························· 446

　　一　全面创新的背景及意义 446

　　二　全面创新的内涵与特征 ·································· 449

　　三　全球创新浪潮：世界典型国家和地区推动全面创新
　　　　的举措及经验 ··· 452

　　四　中国推动全面创新的政策举措及改革实践 ············ 457

　　五　加快中国推进全面创新的政策建议 ····················· 459

Y. 103　专题二　创新驱动与全球结构性改革 ····················· 462

　　一　全球结构性改革的背景 ································· 463

　　二　创新驱动下全球结构性改革的做法及成效 ············ 466

　　三　创新驱动下全球结构性改革面临的困境及挑战 ······ 474

　　四　创新驱动下全球结构性改革的发展思路 ············· 477

Y. 104　专题三　国家创新绩效评价与比较研究 ·················· 479

　　一　国家创新绩效评价的意义和方法 ····················· 479

　　二　部分国家创新投入与产出比较分析 ·················· 480

　　三　国家创新绩效评价模型及指标选择 ·················· 491

　　四　国家创新绩效评价比较分析及主要结论 ············· 493

Y. 105　专题四　数字经济的兴起与全球数字产业发展策略 ········· 500

　　一　数字经济的概念与发展历程 ························· 500

二　全球数字经济发展概况 ···························· 504

三　全球数字产业发展的重点领域 ···················· 513

四　推动全球数字产业加快发展的政策建议 ·········· 518

Y.106　专题五　全球绿色科技创新的发展现状与前景展望 ······ 522

一　绿色科技创新引领全球绿色发展 ················ 522

二　全球绿色科技的发展现状 ······················ 527

三　全球绿色科技创新面临的现实困境 ·············· 533

四　全球绿色科技创新的前景展望 ·················· 536

五　推进全球绿色科技创新发展的对策建议 ·········· 537

Ⅳ　附　录

Y.107　附　录 ·· 541

Y.108　参考文献 ·· 610

Y.109　后　记 ·· 617

皮书数据库阅读**使用指南**

CONTENTS

I General Report

Y.1 General Report of World Innovation Competitiveness / 001

   1. General Evaluation of World Innovation Competitiveness / 001

   2. Regional Distribution of World Innovation Competitiveness / 021

   3. Evaluation and Comparative Analysis of World Innovation Basic

    Competitiveness / 029

   4. Evaluation and Comparative Analysis of World Innovation Environmental

    Competitiveness / 049

   5. Evaluation and Comparative Analysis of World Innovation Input

    Competitiveness / 068

   6. Evaluation and Comparative Analysis of World Innovation Output

    Competitiveness / 086

   7. Evaluation and Comparative Analysis of World Innovation Sustainable

    Competitiveness / 106

   8. Basic Characteristics and Change Trend of World National Innovation

    Competitiveness / 125

   9. New Pattern and Trend of the World's Scientific and Technological Competition / 131

   10. Strategies of Promoting World Innovation Competitiveness / 141

II   Sub Reports

Y.2   1   Albania   / 146

Y.3   2   Argentina   / 149

Y.4   3   Armenia   / 152

Y.5   4   Australia   / 155

Y.6   5   Austria   / 158

Y.7   6   Azerbaijan   / 161

Y.8   7   Belarus   / 164

Y.9   8   Belgium   / 167

Y.10   9   Bolivia   / 170

Y.11   10   Bosnia and Herzegovina   / 173

Y.12   11   Botswana   / 176

Y.13   12   Brazil   / 179

Y.14   13   Bulgaria   / 182

Y.15   14   Burkina Faso   / 185

Y.16   15   Cambodia   / 188

Y.17   16   Canada   / 191

Y.18   17   Chile   / 194

Y.19   18   China   / 197

Y.20   19   Colombia   / 200

Y.21   20   Costa Rica   / 203

Y.22   21   Croatia   / 206

Y.23   22   Cyprus   / 209

Y.24   23   Czech Republic   / 212

Y.25   24   Denmark   / 215

Y.26   25   Ecuador   / 218

Y.27   26   Egypt, Arab Rep.   / 221

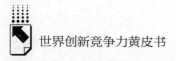

Y.28　27　El Salvador　／ 224

Y.29　28　Estonia　／ 227

Y.30　29　Ethiopia　／ 230

Y.31　30　Finland　／ 233

Y.32　31　France　／ 236

Y.33　32　Georgia　／ 239

Y.34　33　Germany　／ 242

Y.35　34　Ghana　／ 245

Y.36　35　Greece　／ 248

Y.37　36　Guatemala　／ 251

Y.38　37　Hungary　／ 254

Y.39　38　India　／ 257

Y.40　39　Indonesia　／ 260

Y.41　40　Iran, Islamic Rep.　／ 263

Y.42　41　Ireland　／ 266

Y.43　42　Israel　／ 269

Y.44　43　Italy　／ 272

Y.45　44　Japan　／ 275

Y.46　45　Jordan　／ 278

Y.47　46　Kazakhstan　／ 281

Y.48　47　Kenya　／ 284

Y.49　48　Korea, Rep.　／ 287

Y.50　49　Kuwait　／ 290

Y.51　50　Kyrgyz Republic　／ 293

Y.52　51　Latvia　／ 296

Y.53　52　Lithuania　／ 299

Y.54　53　Luxembourg　／ 302

Y.55　54　Macedonia, FYR　／ 305

Y.56　55　Madagascar　／ 308

Y.57　56　Malawi　　　　　　　　　　　　　/ 311

Y.58　57　Malaysia　　　　　　　　　　　　/ 314

Y.59　58　Mali　　　　　　　　　　　　　　/ 317

Y.60　59　Mauritius　　　　　　　　　　　/ 320

Y.61　60　Mexico　　　　　　　　　　　　/ 323

Y.62　61　Mongolia　　　　　　　　　　　/ 326

Y.63　62　Morocco　　　　　　　　　　　/ 329

Y.64　63　Mozambique　　　　　　　　　/ 332

Y.65　64　Namibia　　　　　　　　　　　/ 335

Y.66　65　Nepal　　　　　　　　　　　　/ 338

Y.67　66　Netherlands　　　　　　　　　/ 341

Y.68　67　New Zealand　　　　　　　　　/ 344

Y.69　68　Norway　　　　　　　　　　　/ 347

Y.70　69　Oman　　　　　　　　　　　　/ 350

Y.71　70　Pakistan　　　　　　　　　　/ 353

Y.72　71　Panama　　　　　　　　　　　/ 356

Y.73　72　Paraguay　　　　　　　　　　/ 359

Y.74　73　Peru　　　　　　　　　　　　/ 362

Y.75　74　Philippines　　　　　　　　　/ 365

Y.76　75　Poland　　　　　　　　　　　/ 368

Y.77　76　Portugal　　　　　　　　　　/ 371

Y.78　77　Qatar　　　　　　　　　　　　/ 374

Y.79　78　Romania　　　　　　　　　　/ 377

Y.80　79　Russian Federation　　　　　/ 380

Y.81　80　Saudi Arabia　　　　　　　　/ 383

Y.82　81　Senegal　　　　　　　　　　/ 386

Y.83　82　Serbia　　　　　　　　　　　/ 389

Y.84　83　Singapore　　　　　　　　　/ 392

Y.85　84　Slovak Republic　　　　　　/ 395

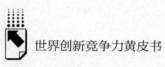
Y.86   85   Slovenia   / 398

Y.87   86   South Africa   / 401

Y.88   87   Spain   / 404

Y.89   88   Sri Lanka   / 407

Y.90   89   Sweden   / 410

Y.91   90   Switzerland   / 413

Y.92   91   Tanzania   / 416

Y.93   92   Thailand   / 419

Y.94   93   Tunisia   / 422

Y.95   94   Turkey   / 425

Y.96   95   Uganda   / 428

Y.97   96   Ukraine   / 431

Y.98   97   United Kingdom   / 434

Y.99   98   United States   / 437

Y.100   99   Uruguay   / 440

Y.101   100   Vietnam   / 443

Ⅲ   Special Reports

Y.102   Special Report Ⅰ   Comprehensive Innovation and Global

Innovation Wave   / 446

   1. The Background and Significance of Comprehensive Innovation   / 446

   2. The Connotation of Comprehensive Innovation   / 449

   3. Experiences to Promote Comprehensive Innovation in the World   / 452

   4. China's Policy and Reform Practice to Promote Comprehensive Innovation   / 457

   5. Policy Suggestions to Promote Comprehensive Innovation   / 459

Y.103   Special Report Ⅱ   Innovation Driven and Global

Structural Reform   / 462

   1. The Background of Global Structural Reform   / 463

2. The Practice and Effectiveness of Global Structural Reform Driven by Innovation / 466

3. The Difficulties and Challenges of Global Structural Reform Driven by Innovation / 474

4. The Development Ideas of Global Structural Reform Driven by Innovation / 477

Y.104   Special Report Ⅲ   The Evaluation and Comparison of National Innovation Performance / 479

1. The Significance and Method of National Innovation Performance Evaluation / 479

2. Comparative Analysis of Innovation Input and Output of Some Countries / 480

3. Evaluation Model and Index Selection of National Innovation Performance / 491

4. Evaluation and Comparative Analysis and Main Conclusions of National Innovation Performance / 493

Y.105   Special Report Ⅳ   The Development of the Global Digital Economy and Development Strategy of Digital Industry / 500

1. The Concept and Development Course of the Digital Economy / 500

2. A Survey of the Global Digital Economy / 504

3. Key Areas of Global Digital Industry / 513

4. Policy Suggestions to Promote the Development of Global Digital Industry / 518

Y.106   Special Report Ⅴ   Status Quo and Prospects for Global Green Technology Innovation / 522

1. Green Science and Technology Innovation Leads Global Green Development / 522

2. The Development Status of Global Green Science and Technology Innovation / 527

3. The Dilemma of Global Green Science and Technology Innovation / 533

4. Global Green Science and Technology Innovation Outlook / 536

5. Promoting Global Green Science and Technology Innovation and Development / 537

Ⅳ   Appendix

Y.107   Appendix / 541

Y.108   Reference / 610

Y.109   Postscript / 617

Ⅰ 总报告

Part 1 General Report

Y.1
世界创新竞争力总体评价与比较分析

当今世界，科技发展迅猛，创新资源在全球范围内加速流动，创新浪潮纷涌迭起，创新活力竞相迸发，重大创新不断涌现，一个更富活力的全球创新环境正在形成。创新成为经济社会发展的主要驱动力和时代的主旋律。在这场全球科技竞争变局中，创新竞争力成为国家竞争力的核心要素。本报告通过对2011～2015年世界100个国家的创新竞争力以及创新竞争力中各要素的排名变化分析，从中探寻世界创新竞争力的推动点及影响因素，为世界各国提升科技创新能力提供有益的分析依据。

一　世界创新竞争力总体评价

1.1　世界创新竞争力的评价结果

根据世界创新竞争力评价指标体系和数学模型，对2011～2015年世界创新竞争力进行了评价分析。表1－1列出了本评价期内世界创新竞争力的排位和得分情况，图1－1、图1－2、图1－3直观地显示了2011年和2015年世界创新竞争力的得分及其变化情况。

表1－1　2011～2015年世界创新竞争力评价比较

国家＼项目	2015年		2014年		2013年		2012年		2011年		2011～2015年综合变化	
	排名	得分	排名	得分	排名	得分	排名	得分	排名	得分	排名	得分
美国	1	50.8	1	53.1	1	53.6	1	54.8	1	55.6	0	－4.8
德国	2	38.6	2	39.6	2	39.2	2	39.9	2	40.7	0	－2.1
法国	3	37.1	3	38.3	4	38.1	4	38.4	3	39.1	0	－2.0
日本	4	35.2	4	37.6	3	38.2	3	38.8	4	38.7	0	－3.5

续表

国　　项目 家	2015 年		2014 年		2013 年		2012 年		2011 年		2011～2015 年 综合变化	
	排名	得分	排名	得分	排名	得分	排名	得分	排名	得分	排名	得分
韩国	5	33.8	5	33.9	5	34.0	5	34.6	7	35.0	2	-1.2
以色列	6	32.7	6	33.0	6	33.9	7	34.6	8	34.5	2	-1.8
瑞典	7	31.6	7	32.7	7	33.3	6	34.6	5	35.5	-2	-3.9
挪威	8	31.3	8	32.7	9	33.2	8	34.4	6	35.3	-2	-4.1
英国	9	31.2	17	30.5	14	32.5	10	33.0	11	34.0	2	-2.8
中国	10	31.2	11	32.0	12	33.0	12	32.8	14	33.7	4	-2.5
荷兰	11	31.2	12	31.8	10	33.1	13	32.6	13	33.9	2	-2.7
芬兰	12	31.0	9	32.2	8	33.3	9	33.8	9	34.4	-3	-3.4
瑞士	13	30.9	10	32.1	11	33.0	11	32.9	10	34.3	-3	-3.4
卢森堡	14	30.6	16	30.7	17	30.6	17	30.7	12	34.0	-2	-3.4
新加坡	15	30.3	13	31.5	13	32.8	14	32.5	15	33.4	0	-3.1
丹麦	16	30.1	14	30.8	15	30.9	16	31.1	18	30.7	2	-0.5
俄罗斯	17	30.0	15	30.8	16	30.7	18	30.4	20	30.2	3	-0.2
加拿大	18	29.3	18	29.7	18	30.0	15	31.7	16	32.2	-2	-3.0
奥地利	19	29.2	19	29.5	19	29.8	20	30.1	21	29.3	2	-0.1
爱沙尼亚	20	28.8	23	28.6	21	29.0	24	28.5	17	31.6	-3	-2.7
比利时	21	28.6	22	28.7	22	28.8	22	29.0	22	29.1	1	-0.4
澳大利亚	22	28.4	20	29.2	20	29.4	19	30.1	19	30.2	-3	-1.9
意大利	23	27.8	24	28.2	23	28.7	23	28.7	25	28.1	2	-0.3
希腊	24	27.0	26	27.2	26	27.6	29	25.9	31	26.2	7	0.8
捷克	25	26.6	25	27.5	27	27.2	25	27.9	23	28.7	-2	-2.1
新西兰	26	25.8	28	26.7	29	26.6	27	26.7	30	27.0	4	-1.2
沙特阿拉伯	27	25.3	21	29.1	28	26.9	21	29.7	24	28.7	-3	-3.4
西班牙	28	25.1	29	26.1	31	24.8	31	25.8	29	27.2	1	-2.1
越南	29	25.1	38	23.3	32	24.7	36	23.4	40	23.5	11	1.6
卡塔尔	30	25.1	27	27.2	24	27.8	26	27.7	28	27.7	-2	-2.6
斯洛文尼亚	31	24.5	33	24.4	30	25.4	28	26.4	27	27.7	-4	-3.3
乌拉圭	32	23.4	36	24.0	37	23.2	42	22.8	36	23.7	4	-0.2
塞浦路斯	33	22.9	34	24.0	33	24.1	32	25.4	26	27.7	-7	-4.8
马来西亚	34	22.8	35	24.0	36	23.6	33	24.3	33	24.9	-1	-2.2
克罗地亚	35	22.6	43	22.3	39	23.2	34	24.1	35	23.7	0	-1.1
立陶宛	36	22.3	37	24.0	35	23.8	35	23.8	32	25.3	-4	-2.9
波兰	37	22.3	39	22.9	43	22.4	40	23.0	44	22.4	7	-0.2
葡萄牙	38	22.1	42	22.9	45	22.3	44	22.5	38	23.5	0	-1.5
哥伦比亚	39	22.0	40	22.9	41	22.7	37	23.2	41	22.7	2	-0.7
马其顿	40	21.5	31	24.6	34	23.9	30	25.9	51	21.2	11	0.3
哥斯达黎加	41	21.4	30	25.6	38	23.2	45	22.2	45	21.8	4	-0.3
拉脱维亚	42	21.3	41	22.9	44	22.4	39	23.2	39	23.5	-3	-2.2
格鲁吉亚	43	20.8	32	24.5	59	19.3	55	20.1	59	20.3	16	0.5

国家 项目	2015 年		2014 年		2013 年		2012 年		2011 年		2011～2015 年综合变化	
	排名	得分	排名	得分	排名	得分	排名	得分	排名	得分	排名	得分
匈牙利	44	20.7	46	22.2	40	22.8	38	23.2	34	24.6	-10	-3.8
爱尔兰	45	20.6	56	20.1	48	20.7	51	20.6	52	21.2	7	-0.6
智利	46	20.5	44	22.3	47	21.3	48	21.6	42	22.7	-4	-2.2
塞尔维亚	47	20.2	59	19.6	61	19.2	64	19.0	68	18.6	21	1.6
斯洛伐克	48	20.1	54	20.5	54	20.2	50	21.3	53	21.2	5	-1.1
保加利亚	49	19.2	58	19.6	56	19.7	53	20.3	56	20.6	7	-1.4
土耳其	50	19.2	55	20.3	55	20.0	61	19.8	54	20.8	4	-1.6
厄瓜多尔	51	19.2	51	20.9	53	20.3	60	19.8	49	21.3	-2	-2.1
哈萨克斯坦	52	19.1	53	20.5	46	21.5	41	22.9	55	20.7	3	-1.6
阿尔巴尼亚	53	19.1	45	22.3	52	20.4	46	21.8	46	21.7	-7	-2.7
泰国	54	19.0	52	20.6	51	20.4	58	19.9	61	19.7	7	-0.6
墨西哥	55	18.8	57	19.7	57	19.5	59	19.9	57	20.6	2	-1.9
埃及	56	18.8	50	21.1	50	20.5	57	20.1	50	21.2	-6	-2.5
科威特	57	18.8	48	21.5	25	27.6	43	22.7	37	23.5	-20	-4.8
危地马拉	58	18.7	69	18.0	72	17.2	71	17.2	71	17.7	13	1.0
阿曼	59	18.6	47	21.8	73	17.1	49	21.4	62	19.6	3	-1.0
乌克兰	60	18.6	71	17.6	68	18.1	68	18.3	72	17.5	12	1.1
巴拉圭	61	18.1	76	16.7	74	17.0	47	21.7	67	18.6	6	-0.5
波黑	62	17.9	66	18.4	62	19.1	69	17.7	66	18.6	4	-0.7
摩洛哥	63	17.9	49	21.3	60	19.3	54	20.2	47	21.6	-16	-3.7
巴西	64	17.9	61	19.1	58	19.4	62	19.3	63	19.6	-1	-1.7
印度尼西亚	65	17.8	60	19.3	63	18.9	52	20.5	58	20.4	-7	-2.6
巴拿马	66	17.6	64	18.7	64	18.6	75	16.7	43	22.6	-23	-5.0
罗马尼亚	67	17.5	68	18.1	69	17.7	66	18.6	69	18.4	2	-0.9
南非	68	17.5	70	17.9	65	18.5	65	18.6	65	19.3	-3	-1.9
亚美尼亚	69	17.4	62	18.8	77	16.1	82	15.3	81	16.2	12	1.1
毛里求斯	70	16.9	63	18.7	78	16.0	72	17.2	77	16.8	7	0.1
菲律宾	71	16.8	67	18.3	42	22.7	63	19.2	60	19.8	-11	-3.0
蒙古	72	16.7	65	18.6	70	17.4	56	20.1	48	21.3	-24	-4.6
白俄罗斯	73	16.4	77	16.7	75	16.5	74	16.8	76	16.8	3	-0.4
阿根廷	74	16.1	78	16.4	71	17.3	73	17.2	70	17.9	-4	-1.8
印度	75	16.0	85	15.6	85	13.9	84	14.8	84	15.7	9	0.3
萨尔瓦多	76	15.9	72	17.3	67	18.1	67	18.3	75	17.0	-1	-1.1
埃塞俄比亚	77	15.8	74	17.1	66	18.2	70	17.4	85	15.4	8	0.4
约旦	78	15.7	84	15.7	79	15.8	79	16.1	83	15.8	5	-0.1
吉尔吉斯斯坦	79	15.6	81	16.0	82	15.3	77	16.7	79	16.3	0	-0.7
秘鲁	80	15.5	75	17.1	76	16.5	83	15.0	74	17.1	-6	-1.5
阿塞拜疆	81	15.4	83	15.8	83	15.1	85	14.6	87	14.1	6	1.3
加纳	82	15.2	82	15.9	80	15.8	78	16.5	82	15.9	0	-0.8

续表

项目 国家	2015 年		2014 年		2013 年		2012 年		2011 年		2011~2015 年 综合变化	
	排名	得分	排名	得分	排名	得分	排名	得分	排名	得分	排名	得分
博茨瓦纳	83	15.1	73	17.3	49	20.5	76	16.7	64	19.4	-19	-4.3
突尼斯	84	15.1	79	16.2	81	15.6	81	15.4	80	16.2	-4	-1.2
莫桑比克	85	15.0	80	16.2	84	14.7	80	15.7	73	17.2	-12	-2.1
伊朗	86	13.0	89	13.3	86	12.6	86	13.9	86	14.5	0	-1.5
斯里兰卡	87	12.5	87	13.4	90	12.0	94	11.7	99	10.6	12	1.9
肯尼亚	88	12.2	91	13.0	88	12.5	87	13.7	89	13.8	1	-1.7
巴基斯坦	89	11.8	98	10.2	97	10.1	97	10.4	95	11.7	6	0.1
塞内加尔	90	11.5	90	13.1	87	12.6	92	12.0	92	12.9	2	-1.4
坦桑尼亚	91	11.4	92	11.8	95	10.4	91	12.1	93	12.5	2	-1.1
乌干达	92	10.9	94	11.2	94	10.6	89	13.2	90	13.7	-2	-2.7
马里	93	10.8	88	13.3	89	12.5	88	13.7	78	16.5	-15	-5.7
纳米比亚	94	10.5	86	15.0	91	11.8	90	12.7	88	14.1	-6	-3.5
尼泊尔	95	10.5	96	10.7	99	9.9	96	10.8	96	11.4	1	-0.9
柬埔寨	96	9.9	97	10.7	96	10.2	95	11.4	94	11.8	-2	-1.9
玻利维亚	97	9.8	93	11.3	93	11.1	93	11.9	91	13.3	-6	-3.5
布基纳法索	98	9.7	95	10.9	92	11.5	99	10.1	98	10.7	0	-1.0
马达加斯加	99	9.7	99	9.2	98	10.0	98	10.2	97	11.3	-2	-1.7
马拉维	100	7.8	100	8.8	100	7.9	100	7.9	100	10.0	0	-2.2
最高分	—	50.8	—	53.1	—	53.6	—	54.8	—	55.6	—	-4.8
最低分	—	7.8	—	8.8	—	7.9	—	7.9	—	10.0	—	-2.2
平均分	—	21.1	—	22.2	—	22.0	—	22.3	—	22.8	—	-1.7
标准差	—	7.6	—	7.6	—	8.0	—	8.0	—	8.1	—	-0.5

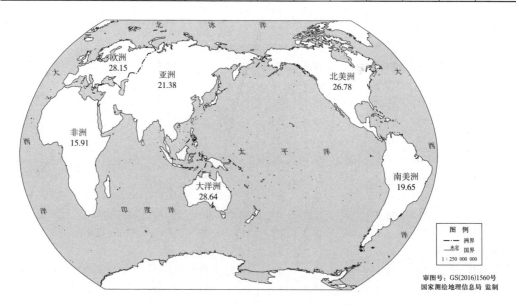

图 1-1 2011 年世界创新竞争力得分情况

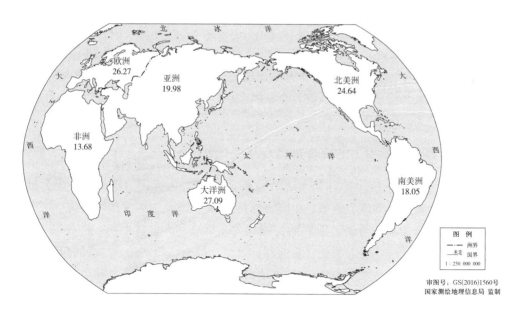

图1-2　2015年世界创新竞争力得分情况

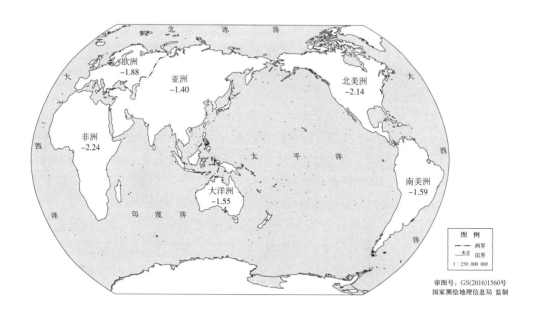

图1-3　2011~2015年世界创新竞争力得分变化情况

由表1-1可知，2015年，世界创新竞争力的最高得分为50.8分，比2011年下降了4.8分；最低得分为7.8分，比2011年下降了2.2分；平均分为21.1分，比2011年下降了1.7分；标准差为7.6，比2011年下降了0.5；最高分和最低分的差距从2011年的45.6分缩小为2015年的43.0分。这表明世界各国的创新竞争力受全球金融危机的影响，其整体水平有一定下降，同时各国创新竞争力的差距在逐步缩小。

创新竞争力得分较高的国家主要是发达国家，2015 年，在排名前 30 位的国家中，有 25 个国家是发达国家；而创新竞争力得分较低的国家基本上是发展中国家，这主要是因为发展中国家与发达国家在经济社会发展水平、创新投入、创新人才资源和创新制度等方面存在较大差距。

1.2 世界创新竞争力的综合排名及其变化

2015 年世界创新竞争力排在第 1～10 位的国家依次为美国、德国、法国、日本、韩国、以色列、瑞典、挪威、英国、中国，排在第 11～20 位的国家依次为荷兰、芬兰、瑞士、卢森堡、新加坡、丹麦、俄罗斯、加拿大、奥地利、爱沙尼亚，排在第 21～30 位的国家依次为比利时、澳大利亚、意大利、希腊、捷克、新西兰、沙特阿拉伯、西班牙、越南、卡塔尔，排在最后 10 位的国家依次为坦桑尼亚、乌干达、马里、纳米比亚、尼泊尔、柬埔寨、玻利维亚、布基纳法索、马达加斯加、马拉维。

2011 年世界创新竞争力排在第 1～10 位的国家依次为美国、德国、法国、日本、瑞典、挪威、韩国、以色列、芬兰、瑞士，排在第 11～20 位的国家依次为英国、卢森堡、荷兰、中国、新加坡、加拿大、爱沙尼亚、丹麦、澳大利亚、俄罗斯，排在第 21～30 位的国家依次为奥地利、比利时、捷克、沙特阿拉伯、意大利、塞浦路斯、斯洛文尼亚、卡塔尔、西班牙、新西兰，排在最后 10 位的国家依次为玻利维亚、塞内加尔、坦桑尼亚、柬埔寨、巴基斯坦、尼泊尔、马达加斯加、布基纳法索、斯里兰卡、马拉维。

总体来看，评价期内，世界创新竞争力排在前十位的国家基本保持在前十位，只有 2 个国家跌出前十位，即芬兰和瑞士分别从 2011 年的第 9 位和第 10 位下降到 2015 年的第 12 位和第 13 位。在第 11～20 位的国家中，英国和中国上升到前十位，澳大利亚下降到第 22 位。排在最后 10 位的国家也有所变化，斯里兰卡、巴基斯坦、塞内加尔 3 个国家均从该排名区间脱离，分别排在第 87 位、第 89 位和第 90 位。

2011～2015 年世界各国创新竞争力的排名变化情况见图 1－4。世界创新竞争力排位上升的国家有 47 个，其中排位上升幅度最大的是塞尔维亚，上升了 21 位；其次为格鲁吉亚，上升了 16 位；排位上升 10 位以上的国家还有 6 个，分别是：危地马拉、乌克兰、亚美尼亚、斯里兰卡、越南、马其顿。排位保持不变的国家有 12 个，分别是：美国、德国、法国、日本、新加坡、克罗地亚、葡萄牙、吉尔吉斯斯坦、加纳、伊朗、布基纳法索、马拉维。排位下降的国家有 41 个，排位下降幅度最大的是蒙古，下降了 24 位；排位下降 10 位及以上的国家还有 8 个，分别是：匈牙利、菲律宾、莫桑比克、马里、摩洛哥、博茨瓦纳、科威特、巴拿马。

图 1－5 列出了世界上有代表性的 100 个国家的创新竞争力排名的梯队分布及变化情况（第一梯队：排在第 1～30 位的国家；第二梯队：排在第 31～70 位的国家；第三梯队：排在第 71～100 位的国家）。从该图可知，2011～2015 年有 12 个国家的创新竞争

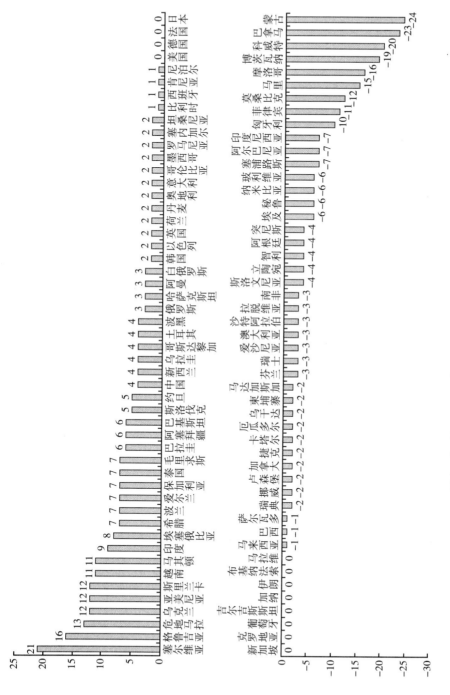

图 1 - 4　2011～2015 年世界创新竞争力的排名变化情况

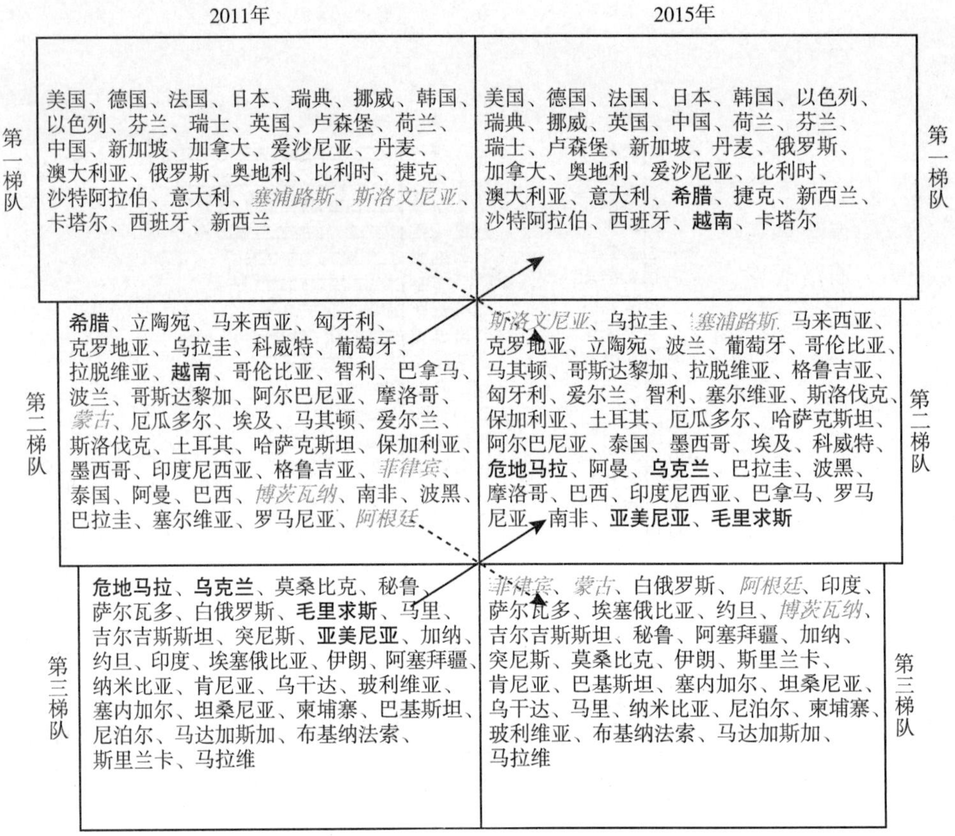

2011年　2015年

| 第一梯队 | 美国、德国、法国、日本、瑞典、挪威、韩国、以色列、芬兰、瑞士、英国、卢森堡、荷兰、中国、新加坡、加拿大、爱沙尼亚、丹麦、澳大利亚、俄罗斯、奥地利、比利时、捷克、沙特阿拉伯、意大利、*塞浦路斯*、*斯洛文尼亚*、卡塔尔、西班牙、新西兰 | 美国、德国、法国、日本、韩国、以色列、瑞典、挪威、英国、**中国**、荷兰、芬兰、瑞士、卢森堡、新加坡、丹麦、俄罗斯、加拿大、奥地利、爱沙尼亚、比利时、澳大利亚、意大利、**希腊**、捷克、新西兰、沙特阿拉伯、西班牙、**越南**、卡塔尔 | 第一梯队 |

| 第二梯队 | **希腊**、立陶宛、马来西亚、匈牙利、克罗地亚、乌拉圭、科威特、葡萄牙、拉脱维亚、**越南**、哥伦比亚、智利、巴拿马、波兰、哥斯达黎加、阿尔巴尼亚、摩洛哥、*蒙古*、厄瓜多尔、埃及、马其顿、爱尔兰、斯洛伐克、土耳其、哈萨克斯坦、保加利亚、墨西哥、印度尼西亚、格鲁吉亚、*菲律宾*、泰国、阿曼、巴西、*博茨瓦纳*、南非、波黑、巴拉圭、塞尔维亚、罗马尼亚、*阿根廷* | *斯洛文尼亚*、乌拉圭、*塞浦路斯*、马来西亚、克罗地亚、立陶宛、波兰、葡萄牙、哥伦比亚、马其顿、哥斯达黎加、拉脱维亚、格鲁吉亚、匈牙利、爱尔兰、智利、塞尔维亚、斯洛伐克、保加利亚、土耳其、厄瓜多尔、哈萨克斯坦、阿尔巴尼亚、泰国、墨西哥、埃及、科威特、**危地马拉**、阿曼、**乌克兰**、巴拉圭、波黑、摩洛哥、巴西、印度尼西亚、巴拿马、罗马尼亚、南非、**亚美尼亚**、**毛里求斯** | 第二梯队 |

| 第三梯队 | **危地马拉**、**乌克兰**、莫桑比克、秘鲁、萨尔瓦多、白俄罗斯、**毛里求斯**、马里、吉尔吉斯斯坦、突尼斯、**亚美尼亚**、加纳、约旦、印度、埃塞俄比亚、伊朗、阿塞拜疆、纳米比亚、肯尼亚、乌干达、玻利维亚、塞内加尔、坦桑尼亚、柬埔寨、巴基斯坦、尼泊尔、马达加斯加、布基纳法索、斯里兰卡、马拉维 | *菲律宾*、*蒙古*、白俄罗斯、*阿根廷*、印度、萨尔瓦多、埃塞俄比亚、约旦、*博茨瓦纳*、吉尔吉斯斯坦、秘鲁、阿塞拜疆、加纳、突尼斯、莫桑比克、伊朗、斯里兰卡、肯尼亚、巴基斯坦、塞内加尔、坦桑尼亚、乌干达、马里、纳米比亚、尼泊尔、柬埔寨、玻利维亚、布基纳法索、马达加斯加、马拉维 | 第三梯队 |

图 1-5 2011～2015 年世界创新竞争力排名的跨梯队变动情况

注：图中字体加粗的国家为梯队上升的国家，字体为斜体的国家为梯队下降的国家。

力位次发生了较大幅度变动，塞浦路斯、斯洛文尼亚由第一梯队下降到第二梯队，希腊、越南由第二梯队上升到第一梯队，蒙古、菲律宾、博茨瓦纳、阿根廷由第二梯队下降到第三梯队，危地马拉、乌克兰、毛里求斯、亚美尼亚由第三梯队上升到第二梯队。

1.3　世界创新竞争力的综合得分及其变化

评价期内，世界创新竞争力的平均得分下降了 1.7 分，表明世界创新竞争力的整体水平呈现下降趋势。

世界创新竞争力呈阶梯状分布。2011 年，只有美国 1 个国家的创新竞争力得分达到 50 分以上，其余国家均低于 50 分；其中，只有德国 1 个国家介于 40～50 分，18 个国家介于 30～40 分，39 个国家介于 20～30 分，41 个国家介于 10～20 分（含 10 分），没有国家低于 10 分。2015 年，仍然只有美国 1 个国家的创新竞争力得分达到 50 分以上，其余国家均低于 40 分；其中，16 个国家介于 30～40 分（含 30 分），31 个国家介于 20～30 分，47 个国家介于 10～20 分，5 个国家低于 10 分。总的来看，评价期内，介于20～40分的国家减少，而低于10分的国家则明显增加。

为了更加直观地比较分析世界各国的创新竞争力水平，我们将2015年世界各国的国家创新竞争力得分表现在图1－6中。

由图1－6可知，世界各国的国家创新竞争力差距非常大，发达国家的创新竞争力水平远远高于发展中国家。2015年，发达国家中得分最高的为美国，达到50.8分，发展中国家中得分最高的为中国，得分为31.2分，前者是后者的1.6倍；发达国家中得分最低的为斯洛伐克，为20.1分，排在第48位，处于中等水平，但与排在其后的发展中国家相比，还是高出很多。

表1－2列出了世界各国创新竞争力的得分变化情况。国家创新竞争力得分上升的国家仅有14个，其余86个国家的得分均有不同程度的下降。其中得分上升最快的是斯里兰卡，上升了1.9分；其次为越南和塞尔维亚，均上升了1.6分；得分下降最快的是马里，下降了5.7分。值得注意的是，得分上升的国家均为发展中国家，所有发达国家的得分均呈下降趋势。

表1－2　2011～2015年世界创新竞争力总体得分变化情况

变化速度排序	国家	2011年得分	2015年得分	总体得分变化	2015年总得分排名	变化速度排序	国家	2011年得分	2015年得分	总体得分变化	2015年总得分排名
1	斯里兰卡	10.6	12.5	1.9	87	20	意大利	28.1	27.8	-0.3	23
2	越南	23.5	25.1	1.6	29	21	白俄罗斯	16.8	16.4	-0.4	73
2	塞尔维亚	18.6	20.2	1.6	47	23	比利时	29.1	28.6	-0.5	21
4	阿塞拜疆	14.1	15.4	1.3	81	23	巴拉圭	18.6	18.1	-0.5	61
5	亚美尼亚	16.2	17.4	1.2	69	25	丹麦	30.7	30.1	-0.6	16
7	危地马拉	17.7	18.7	1.0	58	25	泰国	19.7	19.0	-0.6	54
6	乌克兰	17.5	18.6	1.1	60	25	爱尔兰	21.2	20.6	-0.6	45
8	希腊	26.2	27.0	0.8	24	28	波黑	18.6	17.9	-0.7	62
9	格鲁吉亚	20.3	20.8	0.5	43	28	哥伦比亚	22.7	22.0	-0.7	39
10	埃塞俄比亚	15.4	15.8	0.4	77	28	吉尔吉斯斯坦	16.3	15.6	-0.7	79
11	印度	15.7	16.0	0.3	75	28	加纳	15.9	15.2	-0.7	82
11	马其顿	21.2	21.5	0.3	40	32	尼泊尔	11.4	10.5	-0.9	95
13	毛里求斯	16.8	16.9	0.1	70	32	罗马尼亚	18.4	17.5	-0.9	67
13	巴基斯坦	11.7	11.8	0.1	89	34	阿曼	19.6	18.6	-1.0	59
15	约旦	15.8	15.7	-0.1	78	34	布基纳法索	10.7	9.7	-1.0	98
15	奥地利	29.3	29.2	-0.1	19	36	坦桑尼亚	12.5	11.4	-1.1	91
15	波兰	22.4	22.3	-0.1	37	36	萨尔瓦多	17.0	15.9	-1.1	76
18	俄罗斯	30.2	30.0	-0.2	17	36	斯洛伐克	21.2	20.1	-1.1	48
19	乌拉圭	23.7	23.4	-0.3	32	36	克罗地亚	23.7	22.6	-1.1	35

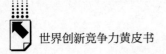

续表

变化速度排序	国家	2011年得分	2015年得分	总体得分变化	2015年总得分排名	变化速度排序	国家	2011年得分	2015年得分	总体得分变化	2015年总得分排名
36	突尼斯	16.2	15.1	-1.1	84	71	阿尔巴尼亚	21.7	19.1	-2.6	53
41	韩国	35.0	33.8	-1.2	5	71	印度尼西亚	20.4	17.8	-2.6	65
41	新西兰	27.0	25.8	-1.2	26	74	荷兰	33.9	31.2	-2.7	11
43	塞内加尔	12.9	11.5	-1.4	90	75	乌干达	13.7	10.9	-2.8	92
43	保加利亚	20.6	19.2	-1.4	49	75	爱沙尼亚	31.6	28.8	-2.8	20
43	葡萄牙	23.5	22.1	-1.4	38	75	英国	34.0	31.2	-2.8	9
46	伊朗	14.5	13.0	-1.5	86	78	加拿大	32.2	29.3	-2.9	18
47	秘鲁	17.1	15.5	-1.6	80	79	立陶宛	25.3	22.3	-3.0	36
47	哈萨克斯坦	20.7	19.1	-1.6	52	79	菲律宾	19.8	16.8	-3.0	71
47	土耳其	20.8	19.2	-1.6	50	81	新加坡	33.4	30.3	-3.1	15
47	马达加斯加	11.3	9.7	-1.6	99	82	斯洛文尼亚	27.7	24.5	-3.2	31
47	肯尼亚	13.8	12.2	-1.6	88	83	卢森堡	34.0	30.6	-3.4	14
52	巴西	19.6	17.9	-1.7	64	83	瑞士	34.3	30.9	-3.4	13
53	以色列	34.5	32.7	-1.8	6	83	沙特阿拉伯	28.7	25.3	-3.4	27
53	阿根廷	17.9	16.1	-1.8	74	83	芬兰	34.4	31.0	-3.4	12
53	南非	19.3	17.5	-1.8	68	87	玻利维亚	13.3	9.8	-3.5	97
53	墨西哥	20.6	18.8	-1.8	55	87	日本	38.7	35.2	-3.5	4
53	澳大利亚	30.2	28.4	-1.8	22	89	纳米比亚	14.1	10.5	-3.6	94
58	柬埔寨	11.8	9.9	-1.9	96	90	摩洛哥	21.6	17.9	-3.7	63
59	法国	39.1	37.1	-2.0	3	91	匈牙利	24.6	20.7	-3.9	44
60	西班牙	27.2	25.1	-2.1	28	91	瑞典	35.5	31.6	-3.9	7
60	厄瓜多尔	21.3	19.2	-2.1	51	93	挪威	35.3	31.3	-4.0	8
60	捷克	28.7	26.6	-2.1	25	94	博茨瓦纳	19.4	15.1	-4.3	83
60	马来西亚	24.9	22.8	-2.1	34	95	蒙古	21.3	16.7	-4.6	72
65	莫桑比克	17.2	15.0	-2.2	85	96	科威特	23.5	18.8	-4.7	57
65	马拉维	10.0	7.8	-2.2	100	97	美国	55.6	50.8	-4.8	1
65	拉脱维亚	23.5	21.3	-2.2	42	97	塞浦路斯	27.7	22.9	-4.8	33
65	智利	22.7	20.5	-2.2	46	99	巴拿马	22.6	17.6	-5.0	66
69	埃及	21.2	18.8	-2.4	56	100	马里	16.5	10.8	-5.7	93
70	中国	33.7	31.2	-2.5	10						
71	卡塔尔	27.7	25.1	-2.6	30		平均分	**22.8**	**21.1**	**-1.7**	—

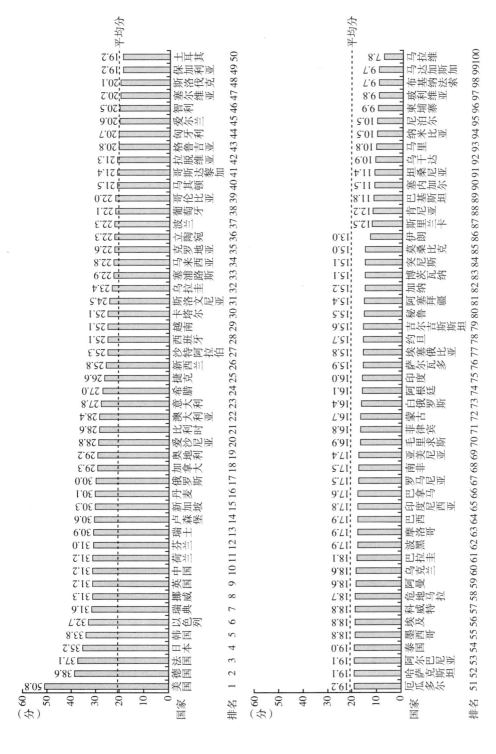

图1-6 2015年世界创新竞争力的排位及得分情况

1.4 世界创新竞争力的要素得分及其变化

表1-3和表1-4列出了2015年和2011年世界创新竞争力二级指标的评价结果，展示了世界创新竞争力5个二级指标的得分及排名波动情况。

从二级指标来看，创新环境竞争力的得分上升最快，平均分从2011年的45.4分上升到2015年的50.7分，上升了5.3分；创新投入竞争力得分也有小幅上升，平均分上升了0.6分；创新基础竞争力、创新产出竞争力和创新潜力竞争力的得分均下降，分别下降了0.9分、0.7分和12.3分，其中，创新潜力竞争力的得分下降幅度非常大。

从各国的得分差异来看，2015年，创新投入竞争力的标准差最高，达到14.4，表明这个指标的国家间差异最大，是导致各国创新竞争力差异的最主要因素。而创新环境竞争力的标准差也比较大，为11.5，对各国创新竞争力差异的贡献相对也比较大。创新基础竞争力的标准差最小，为9.9，表明创新基础竞争力对各国创新竞争力差异的影响最小。2011年的情况与2015年类似。

从世界各国得分差异的动态变化来看，2011~2015年，创新竞争力的标准差由8.1下降到7.6，说明各国创新竞争力的差异呈缩小趋势；反映在二级指标上，创新环境竞争力和创新潜力竞争力的标准差下降较快，都下降了1.0；创新产出竞争力也有小幅下降。而创新投入竞争力的标准差保持不变，创新基础竞争力则上升了0.3。这说明创新环境竞争力、创新潜力竞争力和创新产出竞争力对缩小各国创新竞争力差异起到重要作用，而创新基础竞争力则扩大了创新竞争力的国家间差异。

通过对比2011~2015年世界创新竞争力得分变化情况可知，创新竞争力的整体水平呈下降趋势，这主要是由创新潜力竞争力大幅下降导致的。在今后的创新活动中，世界各国要继续保持创新环境竞争力、创新投入竞争力上升的态势，同时更要止住创新潜力竞争力大幅下滑的步伐。此外，各国创新竞争力的差异呈缩小趋势，这主要是创新环境竞争力、创新潜力竞争力的"功劳"。

表1-3　2015年世界创新竞争力及二级指标的得分及排名情况

项目 国家	世界创新 竞争力		创新基础 竞争力		创新环境 竞争力		创新投入 竞争力		创新产出 竞争力		创新潜力 竞争力	
	排名	得分	排名	得分	排名	得分	排名	得分	排名	得分	排名	得分
美国	1	50.8	3	42.8	23	60.2	1	72.7	2	55.5	22	22.7
德国	2	38.6	14	30.3	33	58.1	8	39.9	7	17.8	2	46.8
法国	3	37.1	18	27.5	26	59.3	10	36.3	6	18.2	6	44.2
日本	4	35.2	9	35.0	18	61.2	5	42.0	3	23.7	59	14.2
韩国	5	33.8	5	41.7	5	66.8	6	41.4	4	19.0	28	20.1
以色列	6	32.7	25	25.8	13	63.0	2	51.9	27	6.1	46	16.5
瑞典	7	31.6	13	31.0	12	64.3	9	38.2	25	6.3	39	18.3
挪威	8	31.3	7	38.3	16	62.5	19	27.6	26	6.2	24	21.7

续表

国家＼项目	世界创新竞争力		创新基础竞争力		创新环境竞争力		创新投入竞争力		创新产出竞争力		创新潜力竞争力	
	排名	得分	排名	得分	排名	得分	排名	得分	排名	得分	排名	得分
英国	9	31.2	26	25.7	2	69.3	17	28.8	8	15.8	47	16.5
中国	10	31.2	74	15.1	38	56.9	4	43.5	1	78.1	4	46.0
荷兰	11	31.2	16	28.5	11	65.3	18	28.0	9	15.6	38	18.4
芬兰	12	31.0	28	25.6	4	67.6	3	43.8	47	3.2	3	46.3
瑞士	13	30.9	6	38.8	25	59.3	13	35.9	12	12.5	81	8.1
卢森堡	14	30.6	1	53.3	8	65.6	14	35.0	55	2.4	67	12.0
新加坡	15	30.3	39	20.5	1	70.0	12	36.0	5	18.9	93	6.1
丹麦	16	30.1	15	30.0	10	65.3	7	40.1	29	5.5	1	49.7
俄罗斯	17	30.0	42	20.3	19	60.6	23	21.7	21	7.2	42	16.8
加拿大	18	29.3	17	28.3	6	66.2	11	36.1	17	8.7	86	7.2
奥地利	19	29.2	19	27.3	24	60.2	15	34.3	31	5.0	32	19.1
爱沙尼亚	20	28.8	41	20.4	9	65.5	25	20.7	46	3.2	9	34.4
比利时	21	28.6	22	26.9	35	57.8	16	30.2	22	7.1	26	21.2
澳大利亚	22	28.4	12	31.0	7	65.9	28	18.0	23	7.0	30	19.9
意大利	23	27.8	30	24.8	15	62.6	26	18.7	18	8.1	55	14.9
希腊	24	27.0	43	20.1	56	51.1	32	15.0	40	3.5	5	45.2
捷克	25	26.6	47	19.7	59	49.6	22	22.4	28	5.7	7	35.8
新西兰	26	25.8	32	23.4	3	68.3	31	15.5	44	3.2	36	18.7
沙特阿拉伯	27	25.3	11	31.4	45	54.3	42	9.7	85	0.8	13	30.2
西班牙	28	25.1	29	25.3	34	57.9	27	18.5	30	5.3	37	18.6
越南	29	25.1	8	36.4	67	46.8	51	7.4	14	10.6	20	24.4
卡塔尔	30	25.1	2	46.5	14	62.8	53	7.1	73	1.4	85	7.4
斯洛文尼亚	31	24.5	40	20.5	22	60.3	21	23.5	61	2.0	51	16.0
乌拉圭	32	23.4	51	19.3	28	59.0	24	21.2	36	3.8	61	13.8
塞浦路斯	33	22.9	34	22.2	52	51.6	57	5.9	60	2.0	10	32.8
马来西亚	34	22.8	68	15.8	37	57.5	35	14.2	11	14.5	69	11.8
克罗地亚	35	22.6	61	17.2	46	54.2	44	9.4	52	2.6	14	29.5
立陶宛	36	22.3	45	19.9	21	60.3	34	14.7	42	3.4	64	13.3
波兰	37	22.3	52	19.1	32	58.7	37	12.3	33	4.6	45	16.6
葡萄牙	38	22.1	37	21.4	42	55.4	30	16.2	58	2.1	54	15.2
哥伦比亚	39	22.0	21	27.0	63	47.5	84	1.8	48	3.0	12	30.7
马其顿	40	21.5	31	23.7	29	58.9	64	4.5	71	1.4	33	19.0
哥斯达黎加	41	21.4	48	19.6	62	48.2	71	2.9	32	4.7	11	31.8
拉脱维亚	42	21.3	44	20.0	36	57.7	40	10.6	35	4.2	60	14.1
格鲁吉亚	43	20.8	91	6.9	40	55.9	61	4.8	68	1.6	8	34.8
匈牙利	44	20.7	46	19.7	49	52.6	33	14.7	34	4.5	66	12.0
爱尔兰	45	20.6	10	32.4	27	59.3	20	26.4	16	9.2	27	20.5
智利	46	20.5	38	21.3	39	56.0	68	3.2	59	2.1	31	19.8
塞尔维亚	47	20.2	59	18.0	41	55.7	39	10.8	94	0.3	50	16.2

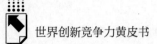

项目 国家	世界创新 竞争力		创新基础 竞争力		创新环境 竞争力		创新投入 竞争力		创新产出 竞争力		创新潜力 竞争力	
	排名	得分	排名	得分	排名	得分	排名	得分	排名	得分	排名	得分
斯洛伐克	48	20.1	56	18.5	54	51.4	36	12.5	38	3.8	58	14.3
保加利亚	49	19.2	67	16.0	51	52.3	43	9.5	57	2.3	49	16.2
土耳其	50	19.2	53	19.0	69	45.6	45	8.9	37	3.8	35	18.8
厄瓜多尔	51	19.2	35	22.2	80	40.1	72	2.8	49	2.9	18	27.9
哈萨克斯坦	52	19.1	81	9.8	20	60.6	74	2.6	13	11.3	72	11.3
阿尔巴尼亚	53	19.1	73	15.2	53	51.6	98	0.2	90	0.4	17	28.0
泰国	54	19.0	54	18.9	58	50.4	56	6.3	19	7.9	70	11.8
墨西哥	55	18.8	24	25.8	60	49.4	81	2.1	20	7.3	79	9.3
埃及	56	18.8	69	15.6	77	41.7	49	8.2	82	0.9	19	27.5
科威特	57	18.8	71	15.3	17	62.1	77	2.4	77	1.2	65	12.8
危地马拉	58	18.7	33	22.9	72	44.5	97	0.5	72	1.4	21	24.2
阿曼	59	18.6	64	16.5	31	58.8	73	2.7	66	1.6	62	13.7
乌克兰	60	18.6	76	14.4	55	51.3	48	8.4	53	2.6	48	16.2
巴拉圭	61	18.1	23	25.9	68	46.2	95	0.6	56	2.4	52	15.6
波黑	62	17.9	72	15.3	76	42.0	76	2.4	84	0.8	15	29.4
摩洛哥	63	17.9	79	10.2	44	54.3	52	7.1	78	1.2	44	16.7
巴西	64	17.9	62	17.2	71	45.1	47	8.6	24	6.6	71	11.8
印度尼西亚	65	17.8	4	42.1	86	35.9	92	1.1	50	2.8	89	7.0
巴拿马	66	17.6	27	25.6	57	50.6	89	1.2	99	0.1	77	10.6
罗马尼亚	67	17.5	57	18.4	65	47.2	58	5.7	51	2.7	63	13.3
南非	68	17.5	55	18.6	48	52.9	59	5.5	54	2.5	83	7.9
亚美尼亚	69	17.4	65	16.3	47	53.0	62	4.8	65	1.7	74	11.0
毛里求斯	70	16.9	84	8.9	43	54.9	41	9.8	100	0.0	75	10.8
菲律宾	71	16.8	78	12.5	85	36.7	87	1.5	10	15.3	41	18.2
蒙古	72	16.7	36	21.5	73	44.1	100	0.0	79	1.1	43	16.8
白俄罗斯	73	16.4	87	7.6	61	48.9	60	5.2	75	1.3	34	18.8
阿根廷	74	16.1	60	17.3	88	35.2	55	6.3	43	3.3	40	18.3
印度	75	16.0	82	9.6	89	35.1	38	10.8	15	9.2	53	15.4
萨尔瓦多	76	15.9	95	6.1	74	42.9	96	0.6	76	1.3	16	28.5
埃塞俄比亚	77	15.8	20	27.2	99	25.5	70	3.1	69	1.5	25	21.4
约旦	78	15.7	86	7.9	50	52.4	54	6.9	88	0.6	76	10.6
吉尔吉斯斯坦	79	15.6	75	14.7	66	47.1	94	0.9	45	3.2	68	11.9
秘鲁	80	15.5	66	16.2	64	47.4	86	1.5	70	1.5	73	11.2
阿塞拜疆	81	15.4	89	7.5	30	58.9	79	2.2	86	0.7	84	7.5
加纳	82	15.2	83	9.1	79	41.1	83	1.8	63	1.9	23	22.0
博茨瓦纳	83	15.1	70	15.4	75	42.1	67	3.4	97	0.2	57	14.4
突尼斯	84	15.1	85	8.6	70	45.6	46	8.8	62	1.9	78	10.3
莫桑比克	85	15.0	50	19.4	97	26.7	29	17.4	39	3.7	82	7.9
伊朗	86	13.0	100	4.5	83	38.2	63	4.6	41	3.4	56	14.5

项目\国家	世界创新竞争力 排名	世界创新竞争力 得分	创新基础竞争力 排名	创新基础竞争力 得分	创新环境竞争力 排名	创新环境竞争力 得分	创新投入竞争力 排名	创新投入竞争力 得分	创新产出竞争力 排名	创新产出竞争力 得分	创新潜力竞争力 排名	创新潜力竞争力 得分
斯里兰卡	87	12.5	77	12.9	78	41.2	90	1.2	91	0.4	91	6.9
肯尼亚	88	12.2	93	6.3	82	38.9	50	7.9	80	1.1	92	6.7
巴基斯坦	89	11.8	92	6.6	95	28.2	69	3.1	81	1.0	29	20.0
塞内加尔	90	11.5	97	6.0	81	39.4	66	3.7	74	1.4	90	7.0
坦桑尼亚	91	11.4	63	16.5	93	32.8	75	2.5	93	0.3	98	5.0
乌干达	92	10.9	49	19.4	96	27.6	80	2.2	89	0.5	97	5.0
马里	93	10.8	94	6.2	91	34.6	65	3.7	92	0.3	80	8.9
纳米比亚	94	10.5	90	7.5	87	35.2	85	1.8	83	0.9	87	7.1
尼泊尔	95	10.5	98	6.0	84	37.8	78	2.3	95	0.3	94	5.9
柬埔寨	96	9.9	88	7.6	90	35.1	91	1.1	96	0.2	96	5.3
玻利维亚	97	9.8	80	10.1	94	29.1	93	0.9	64	1.8	88	7.1
布基纳法索	98	9.7	96	6.1	92	34.5	82	1.8	67	1.6	99	4.7
马达加斯加	99	9.7	58	18.0	100	24.5	88	1.4	98	0.1	100	4.4
马拉维	100	7.8	99	5.9	98	26.3	99	0.2	87	0.7	95	5.8
最高分	—	50.8	—	53.3	—	70.0	—	72.7	—	78.1	—	49.7
最低分	—	7.8	—	4.5	—	24.5	—	0.0	—	0.0	—	4.4
平均分	—	21.1	—	20.0	—	50.7	—	13.4	—	5.8	—	17.8
标准差	—	7.6	—	9.9	—	11.5	—	14.4	—	10.2	—	10.4

表 1-4   2011 年世界创新竞争力及二级指标的得分及排名情况

项目\国家	世界创新竞争力 排名	世界创新竞争力 得分	创新基础竞争力 排名	创新基础竞争力 得分	创新环境竞争力 排名	创新环境竞争力 得分	创新投入竞争力 排名	创新投入竞争力 得分	创新产出竞争力 排名	创新产出竞争力 得分	创新潜力竞争力 排名	创新潜力竞争力 得分
美国	1	55.6	2	47.8	14	59.1	1	74.6	2	59.3	24	37.2
德国	2	40.7	17	29.2	27	54.9	8	38.5	6	20.1	2	60.7
法国	3	39.1	16	30.0	24	55.2	14	33.0	7	18.6	4	58.5
日本	4	38.7	8	37.8	16	57.5	7	39.3	3	32.8	56	26.4
瑞典	5	35.5	11	32.6	11	61.5	3	47.1	30	6.8	41	29.6
挪威	6	35.3	5	43.0	10	62.6	15	32.1	32	6.5	31	32.4
韩国	7	35.0	9	37.5	3	66.6	9	37.8	4	21.8	26	36.1
以色列	8	34.5	30	24.0	13	59.8	2	49.9	37	5.3	45	28.4
芬兰	9	34.4	23	27.6	2	66.7	4	40.1	44	3.9	3	58.7
瑞士	10	34.3	7	38.2	15	59.0	5	39.6	12	13.2	79	21.5
英国	11	34.0	13	32.3	6	65.5	17	29.2	8	17.2	57	26.0
卢森堡	12	34.0	4	43.8	8	63.3	11	35.7	52	3.3	67	23.9
荷兰	13	33.9	15	31.0	9	62.6	20	24.0	10	16.0	28	36.0
中国	14	33.7	95	9.6	53	44.5	10	37.4	1	73.5	6	56.3
新加坡	15	33.4	33	22.9	1	67.7	13	33.3	5	20.1	71	23.1

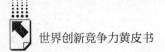

续表

项目\国家	世界创新竞争力		创新基础竞争力		创新环境竞争力		创新投入竞争力		创新产出竞争力		创新潜力竞争力	
	排名	得分	排名	得分	排名	得分	排名	得分	排名	得分	排名	得分
加拿大	16	32.2	18	29.2	5	65.7	12	34.0	17	9.8	74	22.4
爱沙尼亚	17	31.6	48	20.2	20	56.4	27	19.0	39	4.3	5	57.9
丹麦	18	30.7	14	31.1	4	65.9	6	39.4	34	5.7	1	61.3
澳大利亚	19	30.2	10	32.6	12	61.0	26	19.3	25	7.6	37	30.6
俄罗斯	20	30.2	35	22.8	47	47.7	24	20.9	33	6.4	46	28.4
奥地利	21	29.3	22	27.9	23	55.2	18	29.2	36	5.5	43	28.8
比利时	22	29.1	26	26.5	17	56.8	21	23.8	27	7.0	34	31.3
捷克	23	28.7	49	20.0	43	49.5	29	16.4	26	7.0	8	50.8
沙特阿拉伯	24	28.7	12	32.5	36	52.3	37	10.8	88	0.7	10	47.1
意大利	25	28.1	24	27.4	25	55.2	30	15.8	18	9.6	51	27.4
塞浦路斯	26	27.7	29	24.2	41	49.8	36	11.2	16	9.9	13	43.6
斯洛文尼亚	27	27.7	36	22.5	31	54.2	22	22.8	67	2.1	25	36.9
卡塔尔	28	27.7	1	50.4	30	54.4	50	7.6	99	0.1	58	25.8
西班牙	29	27.2	25	26.6	26	55.2	23	21.0	35	5.7	50	27.7
新西兰	30	27.0	40	21.7	7	63.5	33	14.2	46	3.7	32	32.1
希腊	31	26.2	32	23.0	67	40.8	40	9.6	48	3.6	7	54.0
立陶宛	32	25.3	42	21.2	21	56.1	32	14.8	50	3.4	36	30.7
马来西亚	33	24.9	73	14.3	19	56.7	39	9.8	9	16.9	53	26.9
匈牙利	34	24.6	46	20.6	35	52.8	34	12.6	23	8.3	44	28.5
克罗地亚	35	23.7	59	17.4	40	51.1	46	8.6	57	2.6	20	38.7
乌拉圭	36	23.7	52	19.2	37	51.7	25	20.7	70	2.0	64	24.7
科威特	37	23.5	34	22.8	34	53.2	86	1.2	74	1.4	19	39.0
葡萄牙	38	23.5	31	23.2	44	49.3	31	15.7	66	2.1	52	27.4
拉脱维亚	39	23.5	43	21.0	32	54.0	38	10.4	55	2.7	42	29.5
越南	40	23.5	6	40.7	63	42.2	47	8.5	28	6.9	88	19.2
哥伦比亚	41	22.7	20	28.1	61	42.5	83	1.2	71	1.9	17	39.9
智利	42	22.7	45	20.7	29	54.6	68	2.7	68	2.1	30	33.5
巴拿马	43	22.6	28	24.3	42	49.8	88	1.1	14	11.3	54	26.6
波兰	44	22.4	50	19.8	38	51.6	44	8.6	45	3.9	47	28.2
哥斯达黎加	45	21.8	54	19.1	83	32.0	72	1.9	13	12.8	14	42.9
阿尔巴尼亚	46	21.7	66	15.8	55	44.0	98	0.2	97	0.2	9	48.5
摩洛哥	47	21.6	89	10.3	57	43.6	55	5.9	62	2.2	12	46.1
蒙古	48	21.3	56	18.8	59	43.1	19	25.1	38	4.9	97	14.5
厄瓜多尔	49	21.3	39	21.8	77	34.3	75	1.8	75	1.4	11	47.1
埃及	50	21.2	64	16.5	62	42.2	52	6.9	80	1.1	18	39.4
马其顿	51	21.2	57	18.1	33	53.5	71	2.2	63	2.1	39	30.1
爱尔兰	52	21.2	19	29.0	18	56.8	16	31.9	22	8.5	40	29.8
斯洛伐克	53	21.2	53	19.2	45	49.1	43	9.0	53	3.1	60	25.6
土耳其	54	20.8	51	19.3	64	42.0	49	8.0	42	4.1	38	30.6

续表

国 家 \ 项 目	世界创新竞争力		创新基础竞争力		创新环境竞争力		创新投入竞争力		创新产出竞争力		创新潜力竞争力	
	排名	得分	排名	得分	排名	得分	排名	得分	排名	得分	排名	得分
哈萨克斯坦	55	20.7	76	13.2	22	55.6	79	1.5	24	7.9	62	25.1
保加利亚	56	20.6	65	15.9	39	51.6	53	6.7	58	2.5	55	26.5
墨西哥	57	20.6	21	28.1	66	41.1	69	2.5	20	9.0	75	22.4
印度尼西亚	58	20.4	3	43.9	76	35.1	89	0.9	40	4.3	92	17.7
格鲁吉亚	59	20.3	90	10.2	46	49.0	63	3.8	92	0.5	22	38.0
菲律宾	60	19.8	79	11.9	87	29.9	91	0.9	11	15.0	15	41.5
泰国	61	19.7	44	20.9	68	40.5	64	3.4	21	8.9	65	24.5
阿曼	62	19.6	69	15.4	28	54.9	81	1.5	76	1.2	63	25.1
巴西	63	19.6	47	20.4	73	37.7	42	9.2	31	6.7	69	23.9
博茨瓦纳	64	19.4	67	15.5	69	39.0	77	1.6	94	0.3	16	40.5
南非	65	19.3	41	21.6	49	45.1	59	5.3	56	2.7	77	21.9
波黑	66	18.6	68	15.4	75	36.1	74	1.8	81	1.0	21	38.7
巴拉圭	67	18.6	27	25.8	70	39.0	96	0.2	49	3.5	66	24.4
塞尔维亚	68	18.6	77	12.3	48	46.2	45	8.6	93	0.3	61	25.5
罗马尼亚	69	18.4	55	19.0	54	44.1	60	5.3	43	4.0	84	19.8
阿根廷	70	17.9	60	17.1	84	31.5	54	6.6	51	3.4	35	30.9
危地马拉	71	17.7	61	16.7	78	33.8	97	0.2	73	1.5	27	36.1
乌克兰	72	17.5	71	14.7	74	36.6	48	8.3	60	2.3	59	25.7
莫桑比克	73	17.2	74	14.1	95	23.6	28	17.4	19	9.6	80	21.1
秘鲁	74	17.1	58	17.6	51	44.7	85	1.2	61	2.2	85	19.7
萨尔瓦多	75	17.0	81	11.3	58	43.6	100	0.1	65	2.1	49	27.8
白俄罗斯	76	16.8	84	10.9	72	38.5	58	5.7	79	1.1	48	27.8
毛里求斯	77	16.8	78	12.1	56	44.0	56	5.8	95	0.3	78	21.8
马里	78	16.5	92	9.6	85	31.4	67	2.8	84	0.9	23	37.5
吉尔吉斯斯坦	79	16.3	62	16.7	60	43.0	90	0.9	83	1.0	83	20.0
突尼斯	80	16.2	87	10.7	71	38.7	51	7.1	69	2.0	72	22.7
亚美尼亚	81	16.2	72	14.3	65	41.8	82	1.4	82	1.0	73	22.6
加纳	82	15.9	94	9.6	81	32.6	78	1.6	87	0.8	29	35.2
约旦	83	15.8	86	10.8	50	44.9	57	5.7	85	0.9	94	16.7
印度	84	15.7	85	10.8	92	25.4	35	12.1	15	10.2	81	20.2
埃塞俄比亚	85	15.4	37	22.3	100	20.5	84	1.2	86	0.9	33	31.9
伊朗	86	14.5	100	6.5	79	33.6	61	5.1	47	3.7	68	23.9
阿塞拜疆	87	14.1	82	11.3	52	44.6	80	1.5	91	0.5	99	12.6
纳米比亚	88	14.1	83	11.0	82	32.1	62	4.4	89	0.6	76	22.2
肯尼亚	89	13.8	93	9.6	90	28.3	41	9.3	72	1.9	82	20.1
乌干达	90	13.7	38	21.9	97	21.4	73	1.9	29	6.8	95	16.2
玻利维亚	91	13.3	70	14.8	96	23.3	92	0.9	41	4.2	70	23.2
塞内加尔	92	12.9	99	8.4	80	33.4	66	2.9	96	0.3	87	19.4
坦桑尼亚	93	12.5	63	16.6	94	24.3	76	1.8	59	2.4	93	17.4
柬埔寨	94	11.8	88	10.4	89	28.4	93	0.6	100	0.1	86	19.6

续表

项目\国家	世界创新竞争力		创新基础竞争力		创新环境竞争力		创新投入竞争力		创新产出竞争力		创新潜力竞争力	
	排名	得分	排名	得分	排名	得分	排名	得分	排名	得分	排名	得分
巴基斯坦	95	11.7	91	9.9	91	25.6	65	3.1	78	1.1	89	18.9
尼泊尔	96	11.4	97	9.4	88	29.5	70	2.3	98	0.2	96	15.5
马达加斯加	97	11.3	75	13.6	93	25.0	94	0.6	54	3.0	98	14.5
布基纳法索	98	10.7	96	9.5	86	31.0	95	0.3	64	2.1	100	10.7
斯里兰卡	99	10.6	80	11.8	99	20.8	87	1.2	90	0.5	90	18.6
马拉维	100	10.0	98	9.4	98	21.2	99	0.2	77	1.2	91	17.9
最高分	—	55.6	—	50.4	—	67.7	—	74.6	—	73.5	—	61.3
最低分	—	10.0	—	6.5	—	20.5	—	0.1	—	0.1	—	10.7
平均分	—	22.8	—	20.9	—	45.4	—	12.8	—	6.5	—	30.1
标准差	—	8.1	—	9.6	—	12.5	—	14.4	—	10.3	—	11.4

　　为了更好地分析各二级指标对一级指标创新竞争力的贡献和作用，将各二级指标的得分与其权重相乘，折算为反映在一级指标上的得分，然后除以一级指标总得分，则可得到各二级指标的贡献率，这样可以更加直观地看出每个二级指标对一级指标的贡献大小（见图1-7和图1-8）。

　　由图可见，创新环境竞争力对创新竞争力的贡献率最高，2011年，平均贡献率为39.2%，创新潜力竞争力的贡献率其次，为26.0%；创新投入竞争力和创新基础竞争力的贡献率分别为11.1%和18.1%；创新产出竞争力的贡献率最小，为5.6%。2015年，创新环境竞争力的贡献率上升到47.1%，创新基础竞争力和创新投入竞争力的贡献率也有所上升；而创新潜力竞争力的贡献率下降幅度较大，达到9.4个百分点，创新产出竞争力下降了0.3个百分点。因此，世界各国要提高创新竞争力，就要特别关注创新环境竞争力、创新潜力竞争力和创新基础竞争力，当然也不能忽视创新投入竞争力和创新产出竞争力。

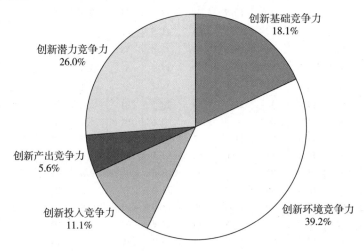

图1-7　2011年世界创新竞争力二级指标的贡献率

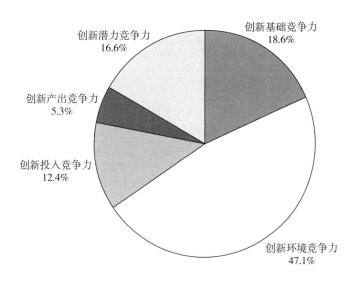

图 1 - 8　2015 年世界创新竞争力二级指标的贡献率

1.5　世界创新竞争力的梯队得分及其变化

表 1 - 5 列出了 2011 ~ 2015 年世界创新竞争力三个梯队的平均得分情况。

从该表可以看出，2015 年，第一梯队创新竞争力的平均得分远高于第二梯队和第三梯队，三个梯队平均得分的比差为 2.3∶1.5∶1。创新投入竞争力和创新产出竞争力的得分差距更大，第一梯队的创新投入竞争力得分分别是第二梯队和第三梯队的 3.9 倍和 8.5 倍，而第一梯队的创新产出竞争力得分分别是第二梯队和第三梯队的 3.7 倍和 6.4 倍。创新基础竞争力、创新环境竞争力和创新潜力竞争力的得分差距相对较小。

从各梯队得分的变化情况来看，2011 ~ 2015 年，世界创新竞争力第一梯队的平均得分呈逐年下降趋势，下降了 2.3 分；第二梯队和第三梯队的平均得分也呈下降趋势，分别下降了 1.6 分和 1.2 分。整体来看，三个梯队的平均得分均下降，第一梯队的下降幅度最大，第三梯队下降幅度最小。

表 1 - 5　2011 ~ 2015 年各梯队世界创新竞争力平均得分情况

		创新竞争力	创新基础竞争力	创新环境竞争力	创新投入竞争力	创新产出竞争力	创新潜力竞争力
第一梯队	2011 年	32.9	30.1	58.3	29.9	13.4	36.9
	2012 年	32.3	30.7	60.1	29.6	12.7	32.7
	2013 年	31.9	32.8	61.1	29.5	12.6	27.4
	2014 年	31.6	32.2	60.2	29.1	13.0	28.7
	2015 年	30.7	29.7	61.5	30.5	12.7	24.0
	得分变化	**-2.3**	**-0.4**	**3.2**	**0.7**	**-0.7**	**-12.8**

续表

		创新 竞争力	创新基础 竞争力	创新环境 竞争力	创新投入 竞争力	创新产出 竞争力	创新潜力 竞争力
第二梯队	2011 年	21.5	20.3	45.6	7.0	4.5	31.2
	2012 年	21.2	20.9	47.3	7.3	4.3	27.3
	2013 年	20.9	23.5	48.1	6.9	4.3	23.0
	2014 年	21.1	23.2	49.2	7.2	3.9	23.3
	2015 年	19.9	19.3	52.3	7.8	3.4	17.9
	得分变化	**−1.6**	**−1.0**	**6.7**	**0.8**	**−1.2**	**−13.3**
第三梯队	2011 年	14.5	12.5	32.2	3.6	2.2	21.9
	2012 年	13.9	13.2	33.7	3.7	2.1	16.9
	2013 年	13.5	14.7	35.8	3.5	1.9	11.7
	2014 年	14.1	15.3	35.1	3.5	1.8	14.9
	2015 年	13.3	11.3	37.8	3.6	2.0	11.6
	得分变化	**−1.2**	**−1.2**	**5.6**	**0.0**	**−0.1**	**−10.3**

　　表1-5与图1-9、图1-10和图1-11相结合清晰显示三个梯队一级指标和二级指标的得分变化情况，可以发现：三个梯队的创新基础竞争力均呈波动下降趋势；第一梯队和第三梯队的创新环境竞争力得分呈波动上升趋势，而第二梯队则呈逐年上升趋势；第一梯队和第二梯队的创新投入竞争力均呈波动上升趋势，但上升幅度较小，而第三梯队的得分最终保持不变；三个梯队的创新产出竞争力均有小幅下降，三个梯队均呈波动下降趋势；三个梯队的创新潜力竞争力也均呈波动下降趋势，其中第二梯队的下降幅度最大，下降了13.3分。

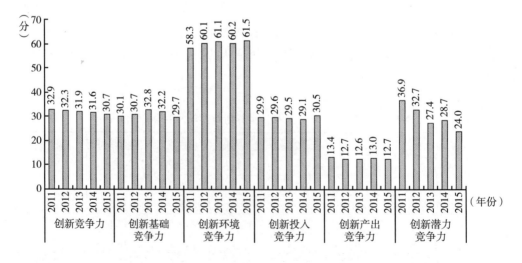

图1-9　第一梯队世界创新竞争力及其二级指标的得分比较情况

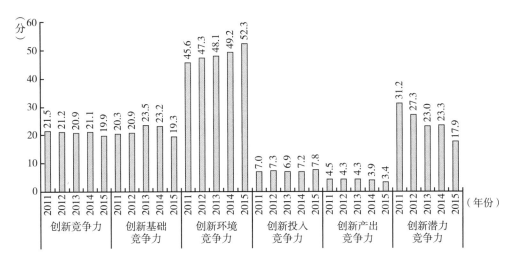

图 1-10 第二梯队世界创新竞争力及其二级指标的得分比较情况

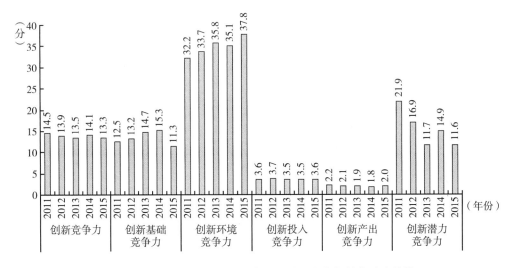

图 1-11 第三梯队世界创新竞争力及其二级指标的得分比较情况

二 世界创新竞争力区域评价

2.1 世界创新竞争力均衡性分析

按照阈值法进行无量纲化处理和加权求和后得到的各国国家创新竞争力得分及排位结果，反映的只是单个国家的创新竞争力状况，要更为准确地反映世界各国国家创新竞争力的实际差异及整体状况，还需要分析世界创新竞争力的得分分布情况，对竞争力得分的实际差距及其均衡性进行深入研究和分析。图 2-1、图 2-2 分别显示了 2011 年和 2015 年世界创新竞争力评价分值的分布情况。

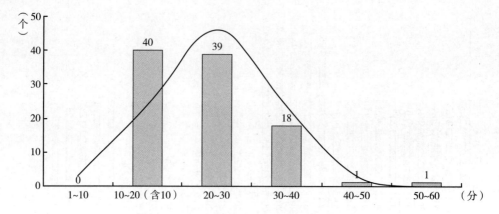

图 2 - 1　2011 年世界创新竞争力评价分值分布

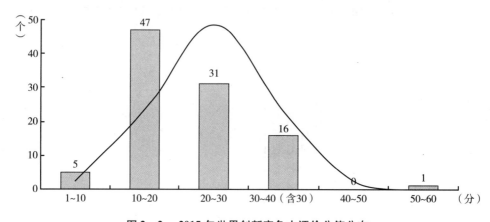

图 2 - 2　2015 年世界创新竞争力评价分值分布

从图 2 - 1、图 2 - 2 可以看出，世界创新竞争力的得分分布很不均衡，接近 80% 的国家的创新竞争力得分处于 10 ~ 30 分；处于 30 ~ 40 分的国家也比较多，而高于 40 分以及低于 10 分的国家都比较少。整体上看，世界创新竞争力的评价分值不是呈正态分布。

从国家创新竞争力的综合得分来看，各国差距悬殊，分布的均衡性也较差（见表 1 - 1）。2015 年，得分最低的马拉维只有 7.8 分，仅为第一名美国得分的 15.4%，两者相差 43.0 分。即使处于第二位的德国，得分也仅为 38.6 分，与美国相差 12.2 分，其他各国与美国差距更大。需要指出的是，如果不考虑美国，排名比较接近的国家间得分差距并不大，一般相邻两个国家的得分差距在 1 分以内。

2.2　世界创新竞争力区域评价分析

表 2 - 1 列出了评价对象 100 个国家 2011 ~ 2015 年按照世界六大洲（由于南极洲没有国家存在，此处略去）进行划分的创新竞争力平均得分及其变化情况。

从六大洲的得分情况来看，大洋洲的创新竞争力得分最高，2015 年达到 27.09 分；欧洲的创新竞争力得分也比较高，达到 26.27 分；得分最低的是非洲，仅得了 13.68 分。

表 2－1　2011～2015 年六大洲的创新竞争力平均得分及其变化

单位：分

		2011 年	2012 年	2013 年	2014 年	2015 年	2011～2015 年分值变化
亚洲	东亚	32.18	31.57	30.68	30.53	29.23	-2.95
	东南亚	21.94	21.59	21.90	21.08	20.25	-1.69
	南亚	12.36	11.94	11.47	12.48	12.70	0.34
	西亚	21.95	21.78	21.35	22.09	20.40	-1.56
	中亚	18.49	19.79	18.40	18.29	17.34	-1.16
	平均分	**21.38**	**21.33**	**20.76**	**20.89**	**19.98**	**-1.40**
欧洲	东欧	24.15	23.51	23.42	23.42	22.91	-1.24
	南欧	22.49	22.83	22.48	22.47	21.73	-0.76
	西欧	30.30	29.30	29.08	28.88	28.52	-1.78
	北欧	35.07	34.25	33.24	32.55	31.29	-3.79
	中欧	28.74	28.32	27.80	27.77	26.91	-1.83
	平均分	**28.15**	**27.64**	**27.20**	**27.02**	**26.27**	**-1.88**
非洲	东非	14.48	13.87	13.47	13.89	12.94	-1.54
	南非	18.49	17.53	18.32	17.96	16.49	-2.00
	西非	14.01	13.02	12.82	13.65	11.54	-2.48
	北非	18.93	17.80	17.41	18.76	16.47	-2.45
	中非	13.66	13.20	10.60	11.18	10.94	-2.72
	平均分	**15.91**	**15.08**	**14.52**	**15.09**	**13.68**	**-2.24**
大洋洲		28.64	28.37	28.00	27.94	27.09	-1.55
北美洲		26.78	25.84	25.75	25.99	24.64	-2.14
南美洲		19.65	19.18	18.77	18.99	18.05	-1.59

整体来看，世界六大洲的创新竞争力得分差距较大，2015 年六大洲的得分比差为 1.46：1.92：1：1.98：1.80：1.32。其他各年份的情况也类似。

从六大洲的得分变化情况来看，2011～2015 年，世界六大洲的创新竞争力得分均下降，下降幅度最大的是非洲，下降了 2.24 分；其次为北美洲，下降了 2.14 分；下降幅度最小的是亚洲，下降了 1.40 分。

在亚洲内部，东亚的创新竞争力得分最高，2015 年达到 29.23 分，甚至在六大洲中也仅比北欧稍低一些，高于其他各大区域；东南亚和西亚的得分也比较高，分别为 20.25 分和 20.40 分；南亚和中亚的得分均低于 20 分。2011～2015 年，仅有南亚的得分上升，其余各区域均下降，其中东亚下降最多。

在欧洲内部，北欧的创新竞争力得分最高，2015 年达到 31.29 分，也是六大洲中得分最高的；西欧和中欧的得分相对也比较高，分别为 28.52 分和 26.91 分；东欧和南欧的得分相对较低，分别为 22.91 分和 21.73 分。2011～2015 年，所有区域的得分均下降，其中北欧下降最快，下降了3.79分，也是六大洲中下降最快的区域；南欧下降的幅度相对较小，下降了0.76分。

在非洲内部，各个区域的得分均低于20分。2015年，南非的创新竞争力得分最高，北非其次；东非、西非和中非的得分都比较低，分别为12.94分、11.54分和10.94分。2011～2015年，所有区域的得分均下降，其中，东非下降最少，下降了1.54分，其余4个区域均下降了2分以上。

2.3 世界创新竞争力区域专题评价分析

2.3.1 G20创新竞争力评价分析

为进一步分析G20内部各国的创新竞争力差异情况，表2-2列出了2011～2015年G20中19个国家分别在G20内部和世界范围内的创新竞争力排位情况。由于欧盟在评价体系中未作为整体在世界范围内进行排名，这部分仅分析单个国家，将在下文对其进行专题探讨。

表2-2 G20创新竞争力排位比较

		美国	日本	德国	法国	英国	韩国	中国	澳大利亚	加拿大	意大利	俄罗斯	巴西	阿根廷	沙特阿拉伯	墨西哥	南非	土耳其	印度	印度尼西亚
G20排位	2011年	1	4	2	3	6	5	7	9	8	12	10	16	18	11	14	17	13	19	15
	2012年	1	3	2	4	6	5	7	10	8	12	9	16	18	11	14	17	15	19	13
	2013年	1	3	2	4	7	5	6	10	9	11	8	15	18	12	14	17	13	19	16
	2014年	1	4	2	3	8	5	6	10	9	12	7	16	18	12	14	17	13	19	15
	2015年	1	4	2	3	6	5	7	10	9	11	8	15	18	12	14	17	13	19	16
	排位变化	0	0	0	0	0	0	0	-1	-1	1	2	1	0	-1	0	0	0	0	-1
世界排位	2011年	1	4	2	3	11	7	14	19	16	25	20	63	70	24	57	65	54	84	58
	2012年	1	3	2	4	10	5	12	19	15	23	18	62	73	21	59	65	61	84	52
	2013年	1	3	2	4	14	5	12	20	16	23	16	58	71	28	57	65	55	85	63
	2014年	1	4	2	3	17	5	11	20	15	24	15	61	78	21	57	70	55	85	60
	2015年	1	4	2	3	9	5	10	22	18	23	17	64	74	27	55	68	50	75	65
	排位变化	0	0	0	0	2	2	4	-3	-2	2	3	-1	-4	-3	2	-3	4	9	-7

从G20内部各国创新竞争力的排位情况来看，2011～2015年，美国、德国的创新竞争力一直处于G20前两位，印度则一直处于最末位，排位一直保持不变的国家还有韩国、阿根廷、墨西哥、南非。排位上升的国家有意大利、俄罗斯和巴西，而澳大利

亚、加拿大、沙特阿拉伯的排位均下降了 1 位。2015 年，排在前 10 位的国家中只有中国和俄罗斯是发展中国家，其余均是发达国家；而排在第 12～19 位的国家均是发展中国家。

从世界范围内的排位情况来看，2011～2015 年，美国、德国的国家创新竞争力一直处于前两位，法国、日本、韩国、英国、中国、加拿大、俄罗斯的排位也比较靠前，一直排在前 20 位。印度的排位一直比较靠后，有 4 年排在第 80 位以后，但总体来看上升速度还比较快，2015 年比 2011 年上升了 9 位，排在第 75 位，处于第三梯队的前列。

从国家的梯队分布来看，2015 年，处于第一梯队的有 12 个国家，其中只有中国、俄罗斯和沙特阿拉伯是发展中国家，其余均是发达国家；处于第二梯队的有 5 个国家；处于第三梯队的有 2 个国家。

从世界排名的变化情况来看，2011～2015 年，上升最快的是印度，上升了 9 位；其次为中国和土耳其，均上升了 4 位；俄罗斯上升了 3 位，英国、韩国、意大利、墨西哥均上升了 2 位。排位下降最快的国家是印度尼西亚，下降了 7 位，其次是阿根廷，下降了 4 位，澳大利亚、加拿大、巴西、南非也有不同程度的下降。排位保持稳定的国家是美国、日本、德国、法国。

2.3.2 欧盟创新竞争力评价分析

为进一步分析欧盟内部各国的创新竞争力差异情况，表 2－3 列出了 2011～2015 年欧盟 24 个国家（克罗地亚于 2013 年加入欧盟）分别在欧盟内部和世界范围内的创新竞争力排位情况。欧盟共有 28 个成员国，本报告只选取 24 个国家进行分析评价。

从欧盟内部各国创新竞争力的排位情况来看，2011～2015 年，排在前 10 位和后 14 位的国家基本保持稳定，只是各个国家的排位各年份有轻微变化。各国的排位变化都比较小，变化最大的是希腊和匈牙利，分别上升了 3 位和下降了 3 位，其他各国的排位变化均在 2 位以内。排位上升的国家共有 8 个，分别是丹麦、英国、荷兰、意大利、葡萄牙、希腊、拉脱维亚、克罗地亚；排位下降的国家共有 7 个，分别是芬兰、卢森堡、捷克、爱沙尼亚、斯洛文尼亚、匈牙利、立陶宛；其余 9 个国家的排位保持不变。

从世界范围内的排位情况来看，2011～2015 年，瑞典、德国、法国的排位比较靠前，长期处于前 10 位，英国、芬兰、丹麦、卢森堡、荷兰的排位也比较靠前，一直排在前 20 位。排位最后的是罗马尼亚。

从国家的梯队分布来看，2015 年，处于第一梯队的有 14 个国家，其余 10 个国家均处于第二梯队。因此，总体来说，欧盟各国的排位均比较靠前。

从世界排名的变化情况来看，2011～2015 年，排位上升的国家有 11 个，上升最快的是爱尔兰、希腊和保加利亚，均上升了 7 位；其次为斯洛伐克，上升了 5 位。排位下降的国家有 9 个，下降最快的是匈牙利，下降了 10 位；其次为斯洛文尼亚和立陶宛，均下降了 4 位。排位保持不变的国家有 4 个，分别是德国、法国、葡萄牙和克罗地亚。

表2-3　欧盟创新竞争力排位比较

		芬兰	瑞典	德国	丹麦	卢森堡	法国	英国	比利时	荷兰	爱尔兰	西班牙	意大利	捷克	爱沙尼亚	斯洛文尼亚	葡萄牙	希腊	匈牙利	立陶宛	斯洛伐克	拉脱维亚	罗马尼亚	保加利亚	克罗地亚
欧盟排位	2011年	4	3	1	9	6	2	5	10	7	21	14	12	11	8	13	19	15	17	16	22	20	24	23	18
	2012年	4	3	1	7	8	2	5	9	6	22	15	10	12	11	13	20	14	18	17	21	19	24	23	16
	2013年	4	3	1	7	8	2	6	10	5	21	15	11	13	9	14	20	12	18	16	22	19	24	23	17
	2014年	4	3	1	6	7	2	8	9	5	22	14	11	12	10	15	18	13	20	16	21	17	24	23	19
	2015年	6	3	1	8	7	2	4	10	5	21	14	11	13	9	15	18	12	20	17	22	19	24	23	16
	排位变化	-2	0	0	1	-1	0	1	0	2	0	0	2	-2	-1	-2	1	3	-3	-1	0	1	0	0	2
世界排位	2011年	9	5	2	18	12	3	11	22	13	52	29	25	23	17	27	38	31	34	32	53	39	69	56	35
	2012年	9	6	2	16	17	4	10	22	13	51	31	23	25	24	28	44	29	38	35	50	39	66	53	34
	2013年	8	7	2	15	17	4	14	22	10	48	31	23	27	21	30	45	26	40	35	54	44	69	56	39
	2014年	9	7	2	14	16	3	17	22	12	56	29	24	25	23	33	42	26	46	37	54	41	68	58	43
	2015年	12	7	2	16	14	3	9	21	11	45	28	23	25	20	31	38	24	44	36	48	42	67	49	35
	排位变化	-3	-2	0	2	-2	0	2	1	2	7	1	2	-2	-3	-4	0	7	-10	-4	5	-3	2	7	0

2.3.3 东盟创新竞争力评价分析

为进一步分析东盟内部各国的创新竞争力差异情况，表2-4列出了2011~2015年东盟7个国家分别在东盟内部和世界范围内的国家创新竞争力排位情况。东盟共有10个成员国，本报告只选取7个国家进行分析评价。

从东盟内部各国创新竞争力的排位情况来看，2011~2015年，新加坡的创新竞争力一直处于东盟首位，马来西亚和越南则一直处于前3位，而柬埔寨则一直处于最末位。泰国和越南的排位分别上升了2位和1位，马来西亚、菲律宾和印度尼西亚均下降了1位。

从世界范围内的排位情况来看，2011~2015年，新加坡的排位比较靠前，一直处于世界前15位，其他国家则相对靠后，马来西亚、越南、泰国、印度尼西亚均处于第二梯队，菲律宾和柬埔寨则处于第三梯队。总的来看，东盟各国的排位处于中等水平。

从世界排名的变化情况来看，2011~2015年，排位上升的国家只有越南和泰国，分别上升了11位和7位；新加坡的排位保持不变；其余4国的排位均下降，下降最快的是菲律宾，下降了11位；其次为印度尼西亚，下降了7位；马来西亚和柬埔寨分别下降了1位和2位。

表2-4 东盟创新竞争力排位比较

		新加坡	马来西亚	菲律宾	越南	泰国	印度尼西亚	柬埔寨
东盟排位	2011 年	1	2	5	3	6	4	7
	2012 年	1	2	6	3	5	4	7
	2013 年	1	3	4	2	5	6	7
	2014 年	1	2	6	3	4	5	7
	2015 年	1	3	6	2	4	5	7
	排位变化	0	-1	-1	1	2	-1	0
世界排位	2011 年	15	33	60	40	61	58	94
	2012 年	14	33	63	36	58	52	95
	2013 年	13	36	42	32	51	63	96
	2014 年	13	35	67	38	52	60	97
	2015 年	15	34	71	29	54	65	96
	排位变化	0	-1	-11	11	7	-7	-2

2.3.4 非盟创新竞争力评价分析

为进一步分析非盟内部各国的创新竞争力差异情况，表2-5列出了2011~2015年非盟17个国家分别在非盟内部和世界范围内的创新竞争力排位情况。非盟共有54个成员国，本报告只选取17个国家进行分析评价。

　　从非盟内部各国创新竞争力的排位情况来看，2011～2015年，埃及、南非的排位比较靠前，一直处于前3位；马拉维、布基纳法索和马达加斯加的排位比较靠后，基本排在后3位。排位上升的国家有8个，上升幅度最大的是埃塞俄比亚，上升了5位；加纳、塞内加尔、坦桑尼亚均上升了3位，肯尼亚、毛里求斯均上升了2位，南非和布基纳法索均上升了1位。排位下降的国家共有5个，下降幅度最大的是马里，下降了7位，博茨瓦纳、纳米比亚、莫桑比克均下降了4位，马达加斯加下降了1位。其余4个国家的排位保持不变。

　　从世界范围内的排位情况来看，2011～2015年，非盟各国的排位普遍比较靠后，几个国家排在90名以后，马拉维一直排在第100位。

　　从国家的梯队分布来看，2015年，非盟中没有处于第一梯队的国家；处于第二梯队的也只有3个国家；其余14个国家均处于第三梯队，而且在第三梯队中的排位也比较靠后。因此，总体来看，非盟各国的排位比较靠后，创新竞争力水平较低。

　　从世界排名的变化情况来看，2011～2015年，排位上升的国家有5个，上升最快的是埃塞俄比亚，上升了8位；其次为毛里求斯，上升了7位；肯尼亚、塞内加尔、坦桑尼亚分别上升了1位、2位和2位。布基纳法索、加纳和马拉维排位保持不变。排位下降的国家有9个，下降最快的是博茨瓦纳，下降了19位；其次为马里和莫桑比克，分别下降了15位和12位；其余6个国家也有不同程度下降。

表2－5　非盟创新竞争力排位比较

		突尼斯	南非	博茨瓦纳	布基纳法索	纳米比亚	肯尼亚	加纳	埃及	毛里求斯	乌干达	塞内加尔	坦桑尼亚	马拉维	马里	埃塞俄比亚	莫桑比克	马达加斯加
非盟排位	2011年	7	3	2	16	10	11	8	1	5	12	13	14	17	6	9	4	15
	2012年	8	2	5	16	12	9	6	1	4	11	14	13	17	10	3	7	15
	2013年	7	3	1	13	12	10	6	2	5	14	9	15	17	11	4	8	16
	2014年	6	3	4	15	9	12	6	2	5	14	11	13	17	10	7	8	16
	2015年	7	2	6	15	14	9	5	1	3	12	10	11	17	13	4	8	16
	排位变化	0	1	-4	1	-4	2	3	0	2	0	3	3	0	-7	5	-4	-1
世界排位	2011年	80	65	64	98	88	89	82	50	77	90	92	93	100	78	85	73	97
	2012年	81	65	76	99	90	87	78	57	72	89	92	91	100	88	70	80	98
	2013年	81	65	49	92	91	88	80	50	78	94	87	95	100	89	66	84	98
	2014年	79	70	73	95	86	91	82	50	63	94	90	92	100	88	74	80	99
	2015年	84	68	83	98	94	88	82	56	70	92	90	91	100	93	77	85	99
	排位变化	-4	-3	-19	0	-6	1	0	-6	7	-2	2	2	0	-15	8	-12	-2

注：2015年9月18日非盟宣布暂停布基纳法索在非盟的席位。

2.3.5　金砖国家创新竞争力评价分析

为进一步分析金砖国家内部各国的创新竞争力差异情况，表2-6列出了2011～2015年金砖国家分别在金砖国家内部和世界范围内的创新竞争力排位情况。

从金砖国家内部各国创新竞争力的排位情况来看，2011～2015年，各国的排位一直未发生变化，中国、俄罗斯一直处于前两位。

从世界范围内的排位情况来看，2011～2015年，中国和俄罗斯的排位比较靠前，一直处于世界前20位，处于第一梯队，其中中国在2015年首次进入前10位；其他3个国家则相对靠后，巴西和南非处于第二梯队，而印度则处于第三梯队。总体来看，金砖国家的创新竞争力处于中等水平。

从世界排名的变化情况来看，2011～2015年，印度排位上升最快，上升了9位，中国和俄罗斯分别上升了4位和3位；巴西和南非则分别下降了1位和3位。

表2-6　金砖国家创新竞争力排位比较

		中国	俄罗斯	巴西	南非	印度
金砖国家排位	2011年	1	2	3	4	5
	2012年	1	2	3	4	5
	2013年	1	2	3	4	5
	2014年	1	2	3	4	5
	2015年	1	2	3	4	5
	排位变化	**0**	**0**	**0**	**0**	**0**
世界排位	2011年	14	20	63	65	84
	2012年	12	18	62	65	84
	2013年	12	16	58	65	85
	2014年	11	15	61	70	85
	2015年	10	17	64	68	75
	排位变化	**4**	**3**	**-1**	**-3**	**9**

三　世界创新基础竞争力评价与比较分析

3.1　世界创新基础竞争力的评价结果

根据世界创新基础竞争力的评价指标体系和数学模型，对2011～2015年世界创新基础竞争力进行评价。表3-1列出了本评价期内世界创新基础竞争力的排位和得分情况，图3-1、图3-2、图3-3直观地显示了2011年和2015年世界创新基础竞争力的得分及其变化情况。

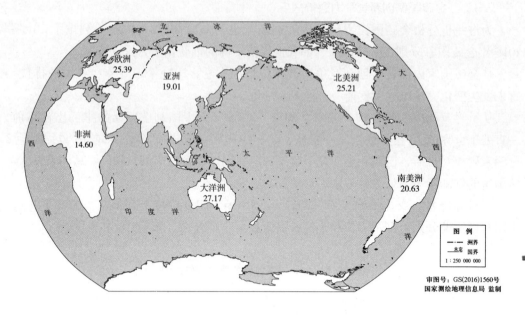

图 3 - 1　2011 年世界创新基础竞争力得分情况

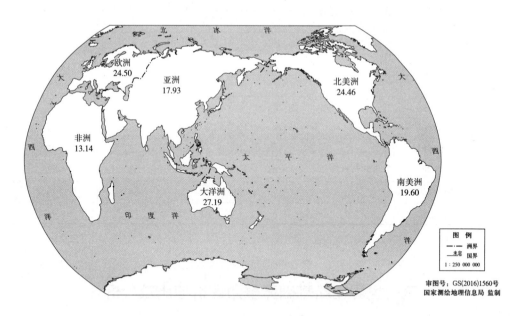

图 3 - 2　2015 年世界创新基础竞争力得分情况

　　由表 3 - 1 可知，2015 年，世界创新基础竞争力的最高得分为 53.3 分，比 2011 年上升了 2.9 分；最低得分为 4.5 分，比 2011 年下降了 2.0 分；平均分为 20.0 分，比 2011 年下降了 0.9 分；标准差为 9.9，比 2011 年上升了 0.3。这表明世界各国整体的创新基础竞争力水平有所下降，各国创新基础竞争力的差距有所扩大。

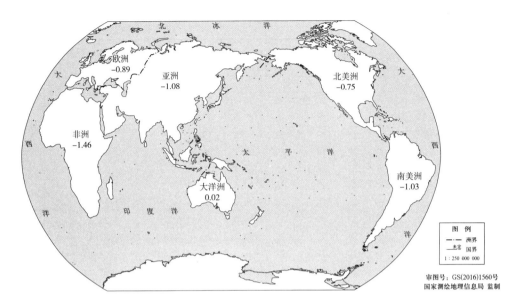

图3-3　2011~2015年世界创新基础竞争力得分变化情况

表3-1　2011~2015年世界创新基础竞争力评价比较

项目 国家	2015 年		2014 年		2013 年		2012 年		2011 年		2011~2015 年 综合变化	
	排名	得分	排名	得分	排名	得分	排名	得分	排名	得分	排名	得分
卢森堡	1	53.3	3	50.0	7	42.0	6	40.9	4	43.8	3	9.5
卡塔尔	2	46.5	1	53.9	1	55.5	1	54.0	1	50.4	-1	-3.8
美国	3	42.8	2	50.9	2	50.0	2	49.3	2	47.8	-1	-5.0
印度尼西亚	4	42.1	4	45.7	4	45.7	4	44.6	3	43.9	-1	-1.8
韩国	5	41.7	6	43.3	5	43.4	5	42.6	9	37.5	4	4.2
瑞士	6	38.8	8	38.3	8	41.1	9	39.1	7	38.2	1	0.6
挪威	7	38.3	5	44.3	3	46.2	3	45.5	5	43.0	-2	-4.8
越南	8	36.4	7	40.5	6	42.6	7	40.3	6	40.7	-2	-4.3
日本	9	35.0	9	37.7	9	39.7	8	40.3	8	37.8	-1	-2.7
爱尔兰	10	32.4	16	33.1	18	31.9	23	29.2	19	29.0	9	3.4
沙特阿拉伯	11	31.4	10	36.3	10	37.2	11	34.4	12	32.5	1	-1.1
澳大利亚	12	31.0	15	33.3	13	35.2	10	35.4	10	32.6	-2	-1.6
瑞典	13	31.0	12	34.1	11	36.0	12	33.6	11	32.6	-2	-1.6
德国	14	30.3	11	35.8	15	33.1	16	30.6	17	29.2	3	1.1
丹麦	15	30.0	13	33.4	14	34.4	13	32.1	14	31.1	-1	-1.1
荷兰	16	28.5	23	29.8	12	35.8	18	29.9	15	31.0	-1	-2.5
加拿大	17	28.3	19	30.7	19	31.5	15	30.7	18	29.2	1	-0.8
法国	18	27.5	14	33.4	20	31.5	17	30.5	16	30.0	-2	-2.5
奥地利	19	27.3	21	30.3	21	31.3	24	28.8	22	27.9	3	-0.6
埃塞俄比亚	20	27.2	17	31.8	17	32.1	14	31.4	37	22.3	17	4.9
哥伦比亚	21	27.0	22	30.1	25	30.3	20	29.5	20	28.1	-1	-1.1

续表

项目 国家	2015 年		2014 年		2013 年		2012 年		2011 年		2011～2015 年 综合变化	
	排名	得分	排名	得分	排名	得分	排名	得分	排名	得分	排名	得分
比利时	22	26.9	20	30.5	22	30.9	22	29.3	26	26.5	4	0.4
巴拉圭	23	25.9	27	28.4	30	27.6	27	26.5	27	25.8	4	0.1
墨西哥	24	25.8	18	30.7	23	30.5	19	29.9	21	28.1	-3	-2.3
以色列	25	25.8	28	28.0	29	28.2	29	25.3	30	24.0	5	1.8
英国	26	25.7	37	24.7	16	32.4	21	29.5	13	32.3	-13	-6.6
巴拿马	27	25.6	24	29.3	26	29.5	28	25.5	28	24.3	1	1.3
芬兰	28	25.6	25	29.0	24	30.4	25	28.2	23	27.6	-5	-2.0
西班牙	29	25.3	30	27.7	31	26.9	31	25.0	25	26.6	-4	-1.3
意大利	30	24.8	26	28.6	27	29.1	26	27.0	24	27.4	-6	-2.6
马其顿	31	23.7	29	27.8	28	28.3	60	17.8	57	18.1	26	5.6
新西兰	32	23.4	33	26.6	32	26.9	35	23.0	40	21.7	8	1.7
危地马拉	33	22.9	31	27.2	62	19.7	57	18.6	61	16.7	28	6.2
塞浦路斯	34	22.2	36	25.2	35	25.8	32	24.7	29	24.2	-5	-2.0
厄瓜多尔	35	22.2	32	26.6	33	26.2	42	21.7	39	21.8	4	0.3
蒙古	36	21.5	34	26.0	58	21.6	56	18.9	56	18.8	20	2.7
葡萄牙	37	21.4	38	24.5	36	24.6	40	22.0	31	23.2	-6	-1.8
智利	38	21.3	46	23.0	41	23.9	47	20.4	45	20.7	7	0.6
新加坡	39	20.5	41	23.6	37	24.5	33	23.4	33	22.9	-6	-2.4
斯洛文尼亚	40	20.5	40	23.8	40	24.1	39	22.0	36	22.5	-4	-2.0
爱沙尼亚	41	20.4	43	23.4	43	23.8	44	21.4	48	20.2	7	0.3
俄罗斯	42	20.3	35	26.0	34	26.0	34	23.1	35	22.8	-7	-2.5
希腊	43	20.1	42	23.5	39	24.3	36	22.7	32	23.0	-11	-2.9
拉脱维亚	44	20.0	47	23.0	44	23.6	38	22.2	43	21.0	-1	-1.0
立陶宛	45	19.9	44	23.3	42	23.8	43	21.5	42	21.2	-3	-1.3
匈牙利	46	19.7	50	22.7	45	23.5	46	20.7	46	20.6	0	-0.9
捷克	47	19.7	51	22.6	46	23.3	49	19.9	49	20.0	2	-0.4
哥斯达黎加	48	19.6	45	23.1	55	22.5	52	19.7	54	19.1	6	0.5
乌干达	49	19.4	49	22.7	50	22.9	37	22.2	38	21.9	-11	-2.5
莫桑比克	50	19.4	39	24.0	72	17.4	76	14.2	74	14.1	24	5.3
乌拉圭	51	19.3	54	22.3	54	22.5	53	19.7	52	19.2	1	0.1
波兰	52	19.1	56	22.2	52	22.8	48	20.3	50	19.8	-2	-0.8
土耳其	53	19.0	53	22.4	51	22.9	50	19.9	51	19.3	-2	-0.3
泰国	54	18.9	55	22.2	56	22.4	45	21.3	44	20.9	-10	-2.1
南非	55	18.6	59	21.8	49	23.1	41	21.9	41	21.6	-14	-3.0
斯洛伐克	56	18.5	58	21.9	57	22.2	55	19.0	53	19.2	-3	-0.7
罗马尼亚	57	18.4	60	21.3	59	21.6	54	19.1	55	19.0	-2	-0.5
马达加斯加	58	18.0	75	17.0	73	17.2	77	13.8	75	13.6	17	4.4
塞尔维亚	59	18.0	48	22.8	47	23.2	80	12.0	77	12.3	18	5.7
阿根廷	60	17.3	63	20.1	48	23.2	61	17.2	60	17.1	0	0.2
克罗地亚	61	17.2	62	20.7	60	20.9	58	17.9	59	17.4	-2	-0.2
巴西	62	17.2	61	21.2	53	22.7	51	19.8	47	20.4	-15	-3.3
坦桑尼亚	63	16.5	64	19.8	77	16.1	75	14.4	63	16.6	0	-0.1

续表

项目 国家	2015 年		2014 年		2013 年		2012 年		2011 年		2011～2015 年 综合变化	
	排名	得分	排名	得分	排名	得分	排名	得分	排名	得分	排名	得分
阿曼	64	16.5	52	22.5	79	15.9	65	16.1	69	15.4	5	1.1
亚美尼亚	65	16.3	69	18.9	70	18.3	73	14.6	72	14.3	7	2.0
秘鲁	66	16.2	65	19.7	61	20.4	59	17.8	58	17.6	-8	-1.4
保加利亚	67	16.0	67	19.1	63	19.4	64	16.2	65	15.9	-2	0.1
马来西亚	68	15.8	66	19.3	65	19.1	70	15.2	73	14.3	5	1.5
埃及	69	15.6	68	18.9	64	19.3	63	16.8	64	16.5	-5	-1.0
博茨瓦纳	70	15.4	71	18.7	67	18.9	67	15.7	67	15.5	-3	-0.1
科威特	71	15.3	57	22.1	38	24.4	30	25.1	34	22.8	-37	-7.6
波黑	72	15.3	72	18.5	68	18.8	68	15.6	68	15.4	-4	-0.2
阿尔巴尼亚	73	15.2	70	18.7	66	18.9	66	15.9	66	15.8	-7	-0.6
中国	74	15.1	82	14.4	89	11.5	91	10.6	95	9.6	21	5.5
吉尔吉斯斯坦	75	14.7	73	18.1	71	18.3	62	17.0	62	16.7	-13	-2.0
乌克兰	76	14.4	74	17.9	69	18.3	72	15.0	71	14.7	-5	-0.3
斯里兰卡	77	12.9	77	16.0	75	16.2	81	11.8	80	11.8	3	1.1
菲律宾	78	12.5	79	15.8	78	16.0	82	11.8	79	11.9	1	0.5
摩洛哥	79	10.2	78	15.9	74	16.5	69	15.5	89	10.3	10	-0.1
玻利维亚	80	10.1	80	15.7	76	16.1	71	15.2	70	14.8	-10	-4.7
哈萨克斯坦	81	9.8	83	14.0	81	14.6	78	13.6	76	13.2	-5	-3.5
印度	82	9.6	76	16.4	91	11.2	88	11.1	85	10.8	3	-1.2
加纳	83	9.1	81	14.8	80	15.5	74	14.5	94	9.6	11	-0.5
毛里求斯	84	8.9	86	12.6	84	12.8	79	12.1	78	12.1	-6	-3.2
突尼斯	85	8.6	85	13.2	83	13.6	89	10.8	87	10.7	2	-2.0
约旦	86	7.9	89	11.4	88	11.7	87	11.1	86	10.8	0	-2.9
白俄罗斯	87	7.6	87	11.9	86	12.2	85	11.4	84	10.9	-3	-3.3
柬埔寨	88	7.6	91	11.4	90	11.3	90	10.4	88	10.4	0	-2.8
阿塞拜疆	89	7.5	88	11.8	85	12.2	83	11.6	82	11.3	-7	-3.7
纳米比亚	90	7.5	90	11.4	87	11.8	86	11.4	83	11.0	-7	-3.5
格鲁吉亚	91	6.9	92	10.7	92	11.1	92	10.5	90	10.2	-1	-3.3
巴基斯坦	92	6.6	93	10.3	93	10.6	93	10.0	91	9.9	-1	-3.3
肯尼亚	93	6.3	94	10.1	94	10.4	94	9.8	93	9.6	0	-3.3
马里	94	6.2	95	10.0	95	10.3	95	9.7	92	9.6	-2	-3.4
萨尔瓦多	95	6.1	99	9.3	99	9.5	84	11.6	81	11.3	-14	-5.2
布基纳法索	96	6.1	96	9.9	96	10.2	96	9.7	96	9.5	0	-3.5
塞内加尔	97	6.0	84	13.5	82	13.7	99	8.5	99	8.4	2	-2.4
尼泊尔	98	6.0	97	9.8	97	10.1	97	9.5	97	9.4	-1	-3.4
马拉维	99	5.9	98	9.8	98	10.0	98	9.5	98	9.4	-1	-3.5
伊朗	100	4.5	100	4.3	100	5.5	100	6.8	100	6.5	0	-2.1
最高分	—	**53.3**	—	**53.9**	—	**55.5**	—	**54.0**	—	**50.4**	—	**2.9**
最低分	—	**4.5**	—	**4.3**	—	**5.5**	—	**6.8**	—	**6.5**	—	**-2.0**
平均分	—	**20.0**	—	**23.5**	—	**23.6**	—	**21.5**	—	**20.9**	—	**-0.9**
标准差	—	**9.9**	—	**9.8**	—	**9.9**	—	**9.9**	—	**9.6**	—	**0.3**

创新基础竞争力得分较高的国家主要是发达国家。2015 年，在排名前 30 位的就有 21 个国家是发达国家。这表明发达国家长期以来经济社会发展基础较好，重视创新投入和创新人才资源的开发和培养，创新体系也比较完善。创新基础竞争力得分较低的国家主要是不发达国家，这是由于这些国家的经济社会发展水平较低，创新资源缺乏，创新基础非常薄弱，甚至有些国家还没能解决基本的温饱问题，根本不能满足创新的基本需求，增强创新基础竞争力任重而道远。

3.2 世界创新基础竞争力的综合排名及其变化

2015 年创新基础竞争力排在第 1 ~ 10 位的国家依次为卢森堡、卡塔尔、美国、印度尼西亚、韩国、瑞士、挪威、越南、日本、爱尔兰，排在第 11 ~ 20 位的国家依次为沙特阿拉伯、澳大利亚、瑞典、德国、丹麦、荷兰、加拿大、法国、奥地利、埃塞俄比亚，排在第 21 ~ 30 位的国家依次为哥伦比亚、比利时、巴拉圭、墨西哥、以色列、英国、巴拿马、芬兰、西班牙、意大利，排在最后 10 位的国家依次为格鲁吉亚、巴基斯坦、肯尼亚、马里、萨尔瓦多、布基纳法索、塞内加尔、尼泊尔、马拉维、伊朗。

2011 年创新基础竞争力排在第 1 ~ 10 位的国家依次为卡塔尔、美国、印度尼西亚、卢森堡、挪威、越南、瑞士、日本、韩国、澳大利亚，排在第 11 ~ 20 位的国家依次为瑞典、沙特阿拉伯、英国、丹麦、荷兰、法国、德国、加拿大、爱尔兰、哥伦比亚，排在第 21 ~ 30 位的国家依次为墨西哥、奥地利、芬兰、意大利、西班牙、比利时、巴拉圭、巴拿马、塞浦路斯、以色列，排在最后 10 位的国家依次为巴基斯坦、马里、肯尼亚、加纳、中国、布基纳法索、尼泊尔、马拉维、塞内加尔、伊朗。

总的来看，2011 ~ 2015 年，创新基础竞争力排在前 30 位的国家变化不大，只有 2 个席位发生变化，其中塞浦路斯跌出前 30 位，而埃塞俄比亚进入前 30 位。世界创新基础竞争力排在后 10 位的国家变化也不大，其中萨尔瓦多取代加纳成为排名后 10 位的国家。虽然各梯队国家变化不大，但内部个别国家的排名却发生较大变化，如爱尔兰由第 19 位上升到第 10 位，英国从第 13 位下降到第 26 位。

2011 ~ 2015 年，各国创新基础竞争力的排名变化情况见图 3 - 4。创新基础竞争力排位上升的国家有 37 个，其中上升幅度最大的是危地马拉，上升了 28 位，马其顿、莫桑比克、中国的排位也上升了 20 位以上；此外，排位上升了 10 位以上的国家还有 5 个，即蒙古、塞尔维亚、埃塞俄比亚、马达加斯加、加纳。排位下降的国家有 55 个，其中，下降幅度最大的是科威特，下降了 37 位，其次是巴西，下降了 15 位，排位下降幅度超过 10 位的国家还有 6 个，即乌干达、希腊、吉尔吉斯斯坦、英国、南非、萨尔瓦多。8 个国家的排位保持不变。

3.3 世界创新基础竞争力的综合得分及其变化

世界创新基础竞争力的平均得分呈波动下降态势，由 2011 年的 20.9 分下降到 2015

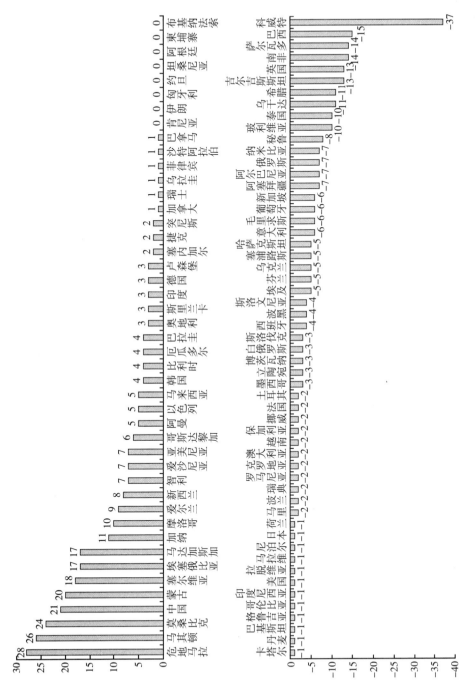

图3-4 2011～2015年世界创新基础竞争力的排名变化情况

年的 20.0 分，表明世界创新基础竞争力整体水平有所下降。

2011 年，卡塔尔是唯一一个创新基础竞争力得分超过 50 分的国家，其余国家均低于 50 分；其中，有 5 个国家介于 40~50 分，10 个国家介于 30~40 分（含 30 分），33 个国家介于 20~30 分（含 20 分），41 个国家介于 10~20 分，10 个国家的得分低于 10 分。到 2015 年，卢森堡成为唯一一个得分超过 50 分的国家，其余国家均低于 50 分；其中，有 4 个国家介于 40~50 分，10 个国家介于 30~40 分（含 30 分），29 个国家介于 20~30 分（含 20 分），36 个国家介于 10~20 分，20 个国家的得分低于 10 分。

为更加直观地比较各国创新基础竞争力水平，我们将 2015 年各国创新基础竞争力得分表现在图 3-5 中。

由图 3-5 可知，各国创新基础竞争力差距非常大，发达国家的创新基础竞争力得分远远高于发展中国家和不发达国家，排在第 1 位的卢森堡得分是排在最后 1 位的伊朗得分的 11.8 倍，排在前 10 位的国家有 7 个是发达国家。与平均分比较，有 43 个国家的得分高于平均分，其中有 28 个是发达国家，广大发展中国家和不发达国家的得分不高，且有 20 个国家得分低于 10 分，大大拉低了平均分。

各国创新基础竞争力的得分变化情况见表 3-2。创新基础竞争力得分上升的国家有 30 个，其中，上升最快的是卢森堡，得分上升了 9.5 分，其次为危地马拉，上升了 6.2 分，塞尔维亚、马其顿、中国、莫桑比克的得分上升也较快，上升幅度均超过 5 分；得分下降的国家有 70 个，其中，下降幅度最大的是科威特，下降了 7.6 分，部分发达国家的得分下降幅度也比较大，如英国的得分下降幅度排在第 2 位，下降了 6.6 分，美国的下降幅度也比较大，下降了 5.0 分，卡塔尔和挪威的下降幅度也超过 3 分。

表 3-2　2011~2015 年各国创新基础竞争力总体得分变化情况

变化速度排序	国家	2011 年得分	2015 年得分	总体得分变化	2015 年总得分排名	变化速度排序	国家	2011 年得分	2015 年得分	总体得分变化	2015 年总得分排名
1	卢森堡	43.8	53.3	9.5	1	11	蒙古	18.8	21.5	2.7	36
2	危地马拉	16.7	22.9	6.2	33	12	亚美尼亚	14.3	16.3	2.0	65
3	塞尔维亚	12.3	18.0	5.7	59	13	以色列	24.0	25.8	1.8	25
4	马其顿	18.1	23.7	5.6	31	14	新西兰	21.7	23.4	1.7	32
5	中国	9.6	15.1	5.5	74	15	马来西亚	14.3	15.8	1.5	68
6	莫桑比克	14.1	19.4	5.3	50	16	巴拿马	24.3	25.6	1.3	27
7	埃塞俄比亚	22.3	27.2	4.9	20	17	斯里兰卡	11.8	12.9	1.1	77
8	马达加斯加	13.6	18.0	4.4	58	17	德国	29.2	30.3	1.1	14
9	韩国	37.5	41.7	4.2	5	17	阿曼	15.4	16.5	1.1	64
10	爱尔兰	29.0	32.4	3.4	10	20	瑞士	38.2	38.8	0.6	6

续表

变化速度排序	国家	2011 得分	2015 得分	总体得分变化	2015 年总得分排名	变化速度排序	国家	2011 得分	2015 得分	总体得分变化	2015 年总得分排名
20	智利	20.7	21.3	0.6	38	60	斯洛文尼亚	22.5	20.5	-2.0	40
22	菲律宾	11.9	12.5	0.5	78	60	芬兰	27.6	25.6	-2.0	28
23	哥斯达黎加	19.1	19.6	0.5	48	60	泰国	20.9	18.9	-2.0	54
24	比利时	26.5	26.9	0.4	22	60	伊朗	6.5	4.5	-2.0	100
24	厄瓜多尔	21.8	22.2	0.4	35	66	突尼斯	10.7	8.6	-2.1	85
26	爱沙尼亚	20.2	20.4	0.2	41	67	墨西哥	28.1	25.8	-2.3	24
26	阿根廷	17.1	17.3	0.2	60	68	塞内加尔	8.4	6.0	-2.4	97
28	乌拉圭	19.2	19.3	0.1	51	68	新加坡	22.9	20.5	-2.4	39
28	保加利亚	15.9	16.0	0.1	67	70	俄罗斯	22.8	20.3	-2.5	42
28	巴拉圭	25.8	25.9	0.1	23	70	荷兰	31.0	28.5	-2.5	16
31	摩洛哥	10.3	10.2	-0.1	79	70	乌干达	21.9	19.4	-2.5	49
31	博茨瓦纳	15.5	15.4	-0.1	70	70	法国	30.0	27.5	-2.5	18
31	坦桑尼亚	16.6	16.5	-0.1	63	74	意大利	27.4	24.8	-2.6	30
34	克罗地亚	17.4	17.2	-0.2	61	75	日本	37.8	35.0	-2.8	9
34	波黑	15.4	15.3	-0.2	72	75	柬埔寨	10.4	7.6	-2.8	88
36	土耳其	19.3	19.0	-0.3	53	77	约旦	10.8	7.9	-2.9	86
36	乌克兰	14.7	14.4	-0.3	76	77	希腊	23.0	20.1	-2.9	43
36	捷克	20.0	19.7	-0.3	47	79	南非	21.6	18.6	-3.0	55
39	加纳	9.6	9.1	-0.5	83	80	毛里求斯	12.1	8.9	-3.2	84
40	罗马尼亚	19.0	18.4	-0.6	57	80	巴西	20.4	17.2	-3.2	62
40	奥地利	27.9	27.3	-0.6	19	82	巴基斯坦	9.9	6.6	-3.3	92
40	阿尔巴尼亚	15.8	15.2	-0.6	73	82	白俄罗斯	10.9	7.6	-3.3	87
43	斯洛伐克	19.2	18.5	-0.7	56	82	肯尼亚	9.6	6.3	-3.3	93
43	波兰	19.8	19.1	-0.7	52	82	格鲁吉亚	10.2	6.9	-3.3	91
45	加拿大	29.2	28.3	-0.9	17	86	尼泊尔	9.4	6.0	-3.4	98
45	匈牙利	20.6	19.7	-0.9	46	86	马里	9.6	6.2	-3.4	94
45	埃及	16.5	15.6	-0.9	69	86	哈萨克斯坦	13.2	9.8	-3.4	81
48	拉脱维亚	21.0	20.0	-1.0	44	86	布基纳法索	9.5	6.1	-3.4	96
49	沙特阿拉伯	32.5	31.4	-1.1	11	90	马拉维	9.4	5.9	-3.5	99
49	丹麦	31.1	30.0	-1.1	15	90	纳米比亚	11.0	7.5	-3.5	90
49	哥伦比亚	28.1	27.0	-1.1	21	92	阿塞拜疆	11.3	7.5	-3.8	89
52	印度	10.8	9.6	-1.2	82	93	卡塔尔	50.4	46.5	-3.9	2
53	立陶宛	21.2	19.9	-1.3	45	94	越南	40.7	36.4	-4.3	8
53	西班牙	26.6	25.3	-1.3	29	95	玻利维亚	14.8	10.1	-4.7	80
55	秘鲁	17.6	16.2	-1.4	66	95	挪威	43.0	38.3	-4.7	7
56	瑞典	32.6	31.0	-1.6	13	97	美国	47.8	42.8	-5.0	3
56	澳大利亚	32.6	31.0	-1.6	12	98	萨尔瓦多	11.3	6.1	-5.2	95
58	印度尼西亚	43.9	42.1	-1.8	4	99	英国	32.3	25.7	-6.6	26
58	葡萄牙	23.2	21.4	-1.8	37	100	科威特	22.8	15.3	-7.6	71
60	塞浦路斯	24.2	22.2	-2.0	34		平均分	**20.9**	**20.0**	**-0.9**	—
60	吉尔吉斯斯坦	16.7	14.7	-2.0	75						

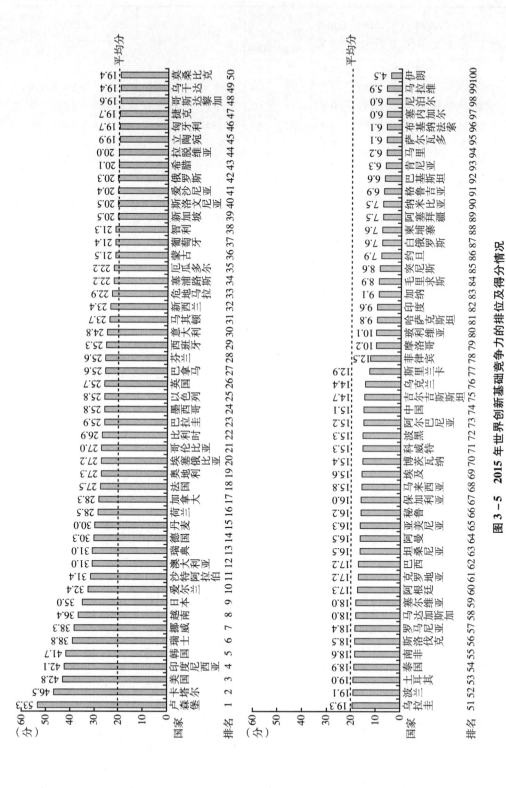

图 3 - 5 2015 年世界创新基础竞争力的排位及得分情况

3.4 世界创新基础竞争力的要素得分情况

表3-3和表3-4列出了2015年和2011年世界创新基础竞争力7个三级指标的得分及排名波动情况。

从三级指标的得分变化来看，受高等教育人员比重的得分上升最快，平均分从2011年的54.3分上升到2015年的68.7分，上升了14.4分；人均GDP、人均财政收入、全社会劳动生产率的平均分上升幅度都很小，分别上升了0.1分、0.9分和0.8分；其余的3个三级指标平均分均下降，其中外国直接投资平均分下降得最多，下降了20.4分；GDP和财政收入的平均分下降幅度很小，分别下降了0.5分和0.2分。由此可见，2011~2015年，世界创新基础竞争力得分下降主要是由外国直接投资得分大幅下降导致的。今后，世界各国要更加重视外国直接投资对创新基础的影响，切实采取有效措施遏制其得分下降趋势。同时，继续保持受高等教育人员比重、人均GDP、人均财政收入、全社会劳动生产率得分上升的良好态势。

各三级指标得分较高的国家，其创新竞争力得分往往也较高，排名也比较靠前，而且在7个三级指标中，如果有哪个指标的排名明显靠后或下降较快，就会成为束缚该国创新基础竞争力提升的"短板"，大大拉低总体排名。比如芬兰，2015年它的三级指标外国直接投资的得分排在第89位，财政收入排在第60位，极大地制约了其创新基础竞争力提升；爱尔兰的外商直接投资指标得分排在第90位，也是拉低其创新基础竞争力综合排位的"致命点"。

为了更好地分析各三级指标对二级指标创新基础竞争力的贡献和作用，将各三级指标的得分与其权重相乘，折算为反映在二级指标上的得分，然后除以二级指标总得分，则可得到各三级指标的贡献率，这样可以更加直观地显示每个三级指标对二级指标的贡献大小（见图3-6）。

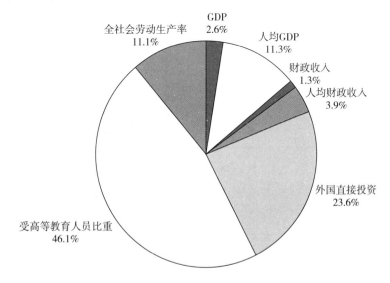

图3-6　2015年世界创新基础竞争力三级指标的贡献率

表 3 - 3　2015 年世界创新基础竞争力及三级指标的得分及排名情况

国家\项目	创新基础竞争力 排名	创新基础竞争力 得分	GDP 排名	GDP 得分	人均GDP 排名	人均GDP 得分	财政收入 排名	财政收入 得分	人均财政收入 排名	人均财政收入 得分	外国直接投资 排名	外国直接投资 得分	受高等教育人员比重 排名	受高等教育人员比重 得分	全社会劳动生产率 排名	全社会劳动生产率 得分
卢森堡	1	53.3	61	0.3	1	100.0	69	0.0	29	0.4	1	100.0	32	72.1	1	100.0
卡塔尔	2	46.5	49	0.9	4	65.0	—	—	—	—	20	36.1	8	81.0	7	49.8
美国	3	42.8	1	100.0	7	55.0	16	0.2	54	0.1	92	25.7	51	65.0	5	53.9
印度尼西亚	4	42.1	16	4.7	79	2.9	1	100.0	3	67.6	86	31.9	5	84.7	78	3.0
韩国	5	41.7	11	7.6	24	26.3	2	27.5	2	94.6	7	41.2	35	69.8	25	25.1
瑞士	6	38.8	19	3.7	2	79.4	55	0.0	51	0.2	4	45.5	22	76.1	3	67.0
挪威	7	38.3	27	2.1	3	73.0	22	0.1	13	3.3	9	39.6	7	82.0	2	67.8
越南	8	36.4	43	1.0	84	1.7	—	—	1	100.0	85	31.9	6	82.6	87	1.3
日本	9	35.0	3	24.3	21	33.6	4	4.5	10	6.1	2	75.3	37	69.3	22	32.2
爱尔兰	10	32.4	37	1.5	5	59.4	63	0.0	49	0.2	90	28.9	29	73.9	4	63.0
沙特阿拉伯	11	31.4	20	3.6	27	20.1	—	—	—	—	72	34.3	30	73.7	24	25.4
澳大利亚	12	31.0	13	7.4	6	55.3	43	0.2	42	0.2	93	24.2	15	77.8	6	52.0
瑞典	13	31.0	22	2.7	10	49.5	23	0.1	18	1.6	12	37.9	12	79.2	9	45.8
德国	14	30.3	4	18.6	16	40.2	32	0.1	56	0.1	3	53.6	63	62.1	18	37.8
丹麦	15	30.0	31	1.6	9	51.8	33	0.1	17	1.6	15	36.8	39	68.6	8	49.7
荷兰	16	28.5	18	4.1	11	43.3	47	0.0	44	0.2	13	37.3	27	74.4	15	40.1
加拿大	17	28.3	10	8.6	14	42.3	46	0.0	59	0.1	6	43.1	46	66.2	17	37.9
法国	18	27.5	6	13.5	19	35.6	31	0.1	47	0.2	64	34.7	38	69.2	16	39.2
奥地利	19	27.3	28	2.1	13	42.6	52	0.0	40	0.2	14	37.3	42	68.2	14	40.7
埃塞俄比亚	20	27.2	58	0.3	96	0.3	—	—	—	—	35	35.1	1	100.0	97	0.3
哥伦比亚	21	27.0	36	1.6	57	5.6	3	12.4	5	44.6	82	32.9	3	86.7	63	5.3
比利时	22	26.9	24	2.5	17	39.4	51	0.0	46	0.2	11	37.9	52	64.8	11	43.9
巴拉圭	23	25.9	78	0.1	69	3.7	6	2.2	4	58.4	34	35.1	14	77.9	76	3.6
墨西哥	24	25.8	15	6.3	50	8.6	—	—	—	—	91	28.3	21	76.3	48	9.4
以色列	25	25.8	32	1.6	20	34.8	44	0.0	27	0.5	63	34.7	33	71.6	19	37.3
英国	26	25.7	5	15.8	12	42.9	36	0.0	58	0.1	98	0.0	10	79.9	13	41.1

续表

项目\国家	创新基础竞争力 排名	得分	GDP 排名	得分	人均GDP 排名	得分	财政收入 排名	得分	人均财政收入 排名	得分	外国直接投资 排名	得分	受高等教育人员比重 排名	得分	全社会劳动生产率 排名	得分
巴拿马	27	25.6	66	0.3	40	12.6	—	—	—	—	79	33.9	44	68.0	39	13.2
芬兰	28	25.6	40	1.3	15	41.4	60	0.0	50	0.2	89	29.7	53	64.6	12	41.8
西班牙	29	25.3	14	6.6	25	24.9	50	0.0	70	0.0	5	45.2	23	75.6	26	24.8
意大利	30	24.8	8	10.1	22	29.2	37	0.0	55	0.1	18	36.1	56	63.7	20	34.7
马其顿	31	23.7	97	0.0	65	4.4	—	—	—	—	32	35.1	26	74.4	69	4.7
新西兰	32	23.4	48	0.9	18	37.3	58	0.0	39	0.2	23	35.2	69	56.0	21	34.1
危地马拉	33	22.9	59	0.3	73	3.5	—	—	—	—	55	34.8	34	71.5	70	4.5
塞浦路斯	34	22.2	83	0.1	26	22.4	76	0.0	67	0.1	10	38.0	9	79.9	33	14.9
厄瓜多尔	35	22.2	53	0.5	56	5.8	—	—	—	—	60	34.8	57	63.6	58	6.2
蒙古	36	21.5	91	0.0	72	3.5	—	—	—	—	27	35.1	50	65.0	75	3.9
葡萄牙	37	21.4	41	1.1	29	18.6	62	0.0	65	0.1	56	34.8	18	77.2	29	18.2
智利	38	21.3	39	1.3	38	13.1	5	2.2	6	21.8	77	34.0	54	63.7	40	12.8
新加坡	39	20.5	33	1.6	8	52.5	61	0.0	52	0.2	95	23.1	—	—	10	45.7
斯洛文尼亚	40	20.5	71	0.2	28	20.1	71	0.0	63	0.1	61	34.7	43	68.1	27	20.2
爱沙尼亚	41	20.4	81	0.1	32	16.5	80	0.0	82	0.0	24	35.2	24	75.6	31	15.6
俄罗斯	42	20.3	12	7.5	48	8.8	7	1.4	16	1.7	8	39.8	25	74.5	52	8.3
希腊	43	20.1	42	1.0	30	17.4	59	0.0	62	0.1	22	35.5	45	67.1	28	19.5
拉脱维亚	44	20.0	79	0.1	37	13.1	74	0.0	69	0.1	44	35.0	13	78.9	42	12.6
立陶宛	45	19.9	72	0.2	36	13.7	79	0.0	79	0.0	45	34.9	17	77.5	38	13.3
匈牙利	46	19.7	50	0.6	42	11.8	9	0.9	8	16.3	69	34.4	66	61.0	41	12.7
捷克	47	19.7	45	1.0	31	16.9	26	0.1	21	1.4	21	35.8	48	66.0	30	16.5
哥斯达黎加	48	19.6	63	0.3	44	10.9	13	0.5	7	17.1	71	34.3	59	62.7	45	11.2
乌干达	49	19.4	77	0.1	95	0.3	12	0.5	14	2.4	53	34.8	2	97.2	94	0.4
莫桑比克	50	19.4	86	0.0	98	0.2	—	—	—	—	78	34.0	61	62.5	98	0.2
乌拉圭	51	19.3	64	0.3	35	14.9	41	0.0	19	1.5	59	34.8	36	69.4	34	14.3
波兰	52	19.1	23	2.6	41	12.0	38	0.0	45	0.2	84	32.2	28	74.2	44	12.3

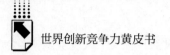

续表

项目\国家	创新基础竞争力 排名	创新基础竞争力 得分	GDP 排名	GDP 得分	人均GDP 排名	人均GDP 得分	财政收入 排名	财政收入 得分	人均财政收入 排名	人均财政收入 得分	外国直接投资 排名	外国直接投资 得分	受高等教育人员比重 排名	受高等教育人员比重 得分	全社会劳动生产率 排名	全社会劳动生产率 得分
土耳其	53	19.0	17	4.7	45	10.5	34	0.1	60	0.1	88	31.3	31	72.7	36	13.8
泰国	54	18.9	25	2.2	60	5.4	17	0.2	28	0.5	80	33.9	4	85.5	71	4.5
南非	55	18.6	30	1.7	61	5.3	25	0.1	35	0.3	17	36.4	11	79.3	54	7.1
斯洛伐克	56	18.5	55	0.4	34	15.5	66	0.0	66	0.1	25	35.2	58	63.4	32	15.1
罗马尼亚	57	18.4	47	0.9	51	8.5	48	0.0	53	0.1	75	34.2	20	76.6	50	8.9
马达加斯加	58	18.0	98	0.0	99	0.0	—	—	—	—	42	35.0	71	55.1	100	0.0
塞尔维亚	59	18.0	75	0.2	63	4.8	—	—	—	—	67	34.6	73	45.1	60	5.5
阿根廷	60	17.3	21	3.2	39	12.9	24	0.1	31	0.3	87	31.8	68	58.9	35	14.0
克罗地亚	61	17.2	68	0.2	43	11.0	54	0.0	33	0.3	31	35.1	65	61.7	43	12.3
巴西	62	17.2	9	10.0	52	8.3	20	0.1	61	0.1	96	16.4	16	77.6	53	7.8
坦桑尼亚	63	16.5	69	0.2	92	0.5	11	0.7	15	2.3	66	34.6	19	76.8	93	0.6
阿曼	64	16.5	57	0.4	33	16.0	—	—	—	—	19	36.1	—	—	37	13.4
亚美尼亚	65	16.3	96	0.0	77	3.2	27	0.1	11	4.5	30	35.1	41	68.4	80	2.9
秘鲁	66	16.2	44	1.0	58	5.6	53	0.0	71	0.0	83	32.8	40	68.5	64	5.1
保加利亚	67	16.0	67	0.2	54	6.5	68	0.0	73	0.0	70	34.3	55	63.7	55	6.9
马来西亚	68	15.8	34	1.6	47	9.1	49	0.0	64	0.1	54	34.8	70	55.3	46	9.6
埃及	69	15.6	29	1.8	78	3.1	40	0.0	68	0.1	81	33.1	49	65.9	65	5.0
博茨瓦纳	70	15.4	87	0.0	55	6.1	64	0.0	32	0.3	37	35.1	67	60.6	61	5.5
科威特	71	15.3	51	0.6	23	28.2	72	0.0	72	0.0	16	36.7	—	—	23	26.2
波黑	72	15.3	85	0.1	67	4.1	73	0.0	74	0.0	33	35.1	60	62.7	67	4.8
阿尔巴尼亚	73	15.2	94	0.0	71	3.5	45	0.0	20	1.4	47	34.9	64	61.9	73	4.3
中国	74	15.1	2	61.3	53	7.6	8	0.9	57	0.1	97	14.3	—	—	57	6.3
吉尔吉斯斯坦	75	14.7	99	0.0	90	0.7	56	0.0	41	0.2	51	34.9	47	66.2	90	0.9
乌克兰	76	14.4	54	0.5	83	1.7	35	0.0	43	0.2	74	34.2	62	62.5	85	1.6
斯里兰卡	77	12.9	56	0.4	74	3.4	21	0.1	23	0.8	43	35.0	72	46.0	72	4.4
菲律宾	78	12.5	35	1.6	81	2.5	18	0.1	38	0.2	28	35.1	74	44.8	81	2.8

续表

国家\项目	创新基础竞争力 排名	创新基础竞争力 得分	GDP 排名	GDP 得分	人均GDP 排名	人均GDP 得分	财政收入 排名	财政收入 得分	人均财政收入 排名	人均财政收入 得分	外国直接投资 排名	外国直接投资 得分	受高等教育人员比重 排名	受高等教育人员比重 得分	全社会劳动生产率 排名	全社会劳动生产率 得分
摩洛哥	79	10.2	52	0.5	82	2.4	—	—	—	—	68	34.4	—	—	77	3.6
玻利维亚	80	10.1	76	0.1	80	2.7	—	—	—	—	40	35.0	—	—	82	2.6
哈萨克斯坦	81	9.8	46	1.0	46	10.0	14	0.4	12	3.7	76	34.1	—	—	47	9.4
印度	82	9.6	7	11.7	85	1.2	—	—	—	—	94	24.0	—	—	83	1.7
加纳	83	9.1	73	0.2	87	1.0	—	—	—	—	73	34.3	—	—	88	1.0
毛里求斯	84	8.9	92	0.0	49	8.8	57	0.0	24	0.8	38	35.1	—	—	51	8.8
突尼斯	85	8.6	70	0.2	75	3.4	—	—	77	0.0	50	34.9	—	—	68	4.7
约旦	86	7.9	74	0.2	70	3.7	77	0.0	81	0.0	58	34.8	—	—	49	8.9
白俄罗斯	87	7.6	62	0.3	59	5.5	67	0.0	75	0.0	62	34.7	—	—	62	5.3
柬埔寨	88	7.6	84	0.1	89	0.8	10	0.8	9	8.7	65	34.6	—	—	91	0.6
阿塞拜疆	89	7.5	65	0.3	62	5.1	70	0.0	78	0.0	46	34.9	—	—	66	4.9
纳米比亚	90	7.5	93	0.0	66	4.3	65	0.0	36	0.2	48	34.9	—	—	59	5.7
格鲁吉亚	91	6.9	88	0.0	76	3.4	75	0.0	76	0.0	57	34.8	—	—	79	2.9
巴基斯坦	92	6.6	38	1.5	86	1.1	15	0.3	37	0.2	49	34.9	—	—	84	1.6
肯尼亚	93	6.3	60	0.3	88	1.0	29	0.1	34	0.3	52	34.9	—	—	86	1.3
马里	94	6.2	90	0.0	94	0.4	28	0.1	25	0.8	29	35.1	—	—	92	0.6
萨尔瓦多	95	6.1	80	0.1	68	3.7	78	0.0	80	0.0	39	35.0	76	0.0	74	4.1
布基纳法索	96	6.1	95	0.0	97	0.2	30	0.1	26	0.7	36	35.1	—	—	95	0.3
塞内加尔	97	6.0	89	0.0	91	0.5	19	0.1	22	1.4	—	—	75	33.1	89	1.0
尼泊尔	98	6.0	82	0.1	93	0.4	42	0.0	48	0.2	26	35.2	—	—	96	0.3
马拉维	99	5.9	100	0.0	100	0.0	39	0.0	30	0.4	41	35.0	—	—	99	0.0
伊朗	100	4.5	26	2.1	64	4.5	—	—	—	—	—	—	—	—	56	6.7
最高分	—	53.3	—	100.0	—	100.0	—	100.0	—	100.0	—	100.0	—	100.0	—	100.0
最低分	—	4.5	—	0.0	—	0.0	—	0.0	—	0.0	—	0.0	—	0.0	—	0.0
平均分	—	20.0	—	3.9	—	16.9	—	2.0	—	5.8	—	35.2	—	68.7	—	16.5
标准差	—	9.9	—	12.0	—	20.2	—	11.5	—	18.3	—	9.7	—	13.4	—	19.0

表 3 - 4　2011 年世界创新基础竞争力及三级指标的得分及排名情况

项目 国家	创新基础竞争力		GDP		人均GDP		财政收入		人均财政收入		外国直接投资		受高等教育人员比重		全社会劳动生产率	
	排名	得分	排名	得分	排名	得分	排名	得分	排名	得分	排名	得分	排名	得分	排名	得分
卡塔尔	1	50.4	48	1.0	4	74.2	—	—	—	—	15	58.1	11	70.5	4	48.1
美国	2	47.8	1	100.0	14	42.8	18	0.2	62	0.1	1	100.0	44	51.9	13	39.6
印度尼西亚	3	43.9	17	5.7	75	2.8	1	100.0	3	66.0	87	53.1	5	77.1	78	2.8
卢森堡	4	43.8	61	0.3	1	100.0	81	0.0	33	0.4	96	48.0	35	57.5	1	100.0
挪威	5	43.0	26	3.2	2	86.8	22	0.1	14	3.7	20	56.5	8	74.1	2	76.6
越南	6	40.7	52	0.8	85	1.0	2	54.4	1	100.0	82	54.3	9	73.5	89	0.8
瑞士	7	38.2	19	4.4	3	75.9	60	0.0	45	0.2	5	61.3	20	64.1	3	61.5
日本	8	37.8	3	39.7	16	41.4	5	4.3	12	5.4	2	84.2	45	51.6	17	37.9
韩国	9	37.5	14	7.7	28	20.6	3	23.8	2	77.4	7	60.7	41	53.6	28	19.0
澳大利亚	10	32.6	13	8.9	5	53.6	44	0.0	43	0.2	97	42.0	6	76.1	6	47.3
瑞典	11	32.6	22	3.6	7	51.3	28	0.1	18	1.7	9	59.9	17	66.1	7	45.2
沙特阿拉伯	12	32.5	20	4.3	29	20.3	—	—	—	—	89	52.8	27	59.7	25	25.3
英国	13	32.3	7	16.8	20	35.4	40	0.0	59	0.1	3	68.8	10	72.0	21	32.6
丹麦	14	31.1	30	2.2	6	53.2	37	0.1	17	1.8	43	55.7	36	57.2	5	47.5
荷兰	15	31.0	16	5.7	8	46.1	51	0.0	41	0.2	4	65.4	31	58.7	11	40.6
法国	16	30.0	5	18.4	19	37.7	31	0.1	47	0.2	6	60.8	40	54.2	14	38.9
德国	17	29.2	4	24.2	18	40.3	36	0.1	57	0.1	14	58.4	58	45.3	20	36.4
加拿大	18	29.2	11	11.5	11	44.8	48	0.0	60	0.1	12	58.7	46	51.1	16	37.9
爱尔兰	19	29.0	39	1.5	10	45.2	72	0.0	52	0.2	94	49.8	23	61.9	8	44.4
哥伦比亚	20	28.1	31	2.1	57	6.0	4	12.1	5	42.0	81	54.4	7	74.9	61	5.6
墨西哥	21	28.1	15	7.5	48	8.2	—	—	—	—	88	53.0	21	62.7	49	8.9
奥地利	22	27.9	27	2.7	12	44.0	58	0.0	39	0.2	10	59.5	51	49.1	12	39.8
芬兰	23	27.6	35	1.7	13	43.7	66	0.0	48	0.2	21	56.5	48	50.5	10	40.7
意大利	24	27.4	8	14.6	22	32.9	39	0.1	55	0.1	8	60.1	55	46.6	18	37.6
西班牙	25	26.6	12	9.6	25	27.3	57	0.0	79	0.0	11	59.1	19	64.8	24	25.3
比利时	26	26.5	25	3.4	17	41.0	56	0.0	44	0.2	95	48.2	50	49.4	9	43.6

续表

国家	创新基础竞争力 排名	得分	GDP 排名	得分	人均GDP 排名	得分	财政收入 排名	得分	人均财政收入 排名	得分	外国直接投资 排名	得分	受高等教育人员比重 排名	得分	全社会劳动生产率 排名	得分
巴拉圭	27	25.8	78	0.1	70	3.1	7	1.8	4	46.9	38	55.7	12	70.1	74	3.1
巴拿马	28	24.3	72	0.2	49	7.7	—	—	—	—	72	55.1	49	50.4	51	8.1
塞浦路斯	29	24.2	77	0.1	24	27.6	88	0.0	71	0.1	77	54.9	16	67.7	29	18.7
以色列	30	24.0	36	1.6	23	28.9	46	0.0	31	0.5	25	56.0	47	51.0	22	29.7
葡萄牙	31	23.2	38	1.5	30	19.8	67	0.0	69	0.1	17	57.3	18	65.9	30	18.1
希腊	32	23.0	33	1.8	26	22.1	63	0.0	65	0.1	24	56.0	33	58.0	26	23.0
新加坡	33	22.9	34	1.7	9	45.8	70	0.0	53	0.2	92	51.6	—	—	15	38.3
科威特	34	22.8	50	1.0	15	41.5	75	0.0	58	0.1	16	57.7	—	—	19	36.8
俄罗斯	35	22.8	9	13.1	38	12.0	8	1.5	19	1.6	13	58.7	22	62.0	44	10.4
斯洛文尼亚	36	22.5	63	0.3	27	21.3	82	0.0	67	0.1	48	55.7	26	60.0	27	20.1
埃塞俄比亚	37	22.3	74	0.2	100	0.0	71	0.0	90	0.0	39	55.7	1	100.0	100	0.0
乌干达	38	21.9	82	0.1	96	0.2	12	0.5	15	2.5	51	55.6	2	94.4	95	0.3
厄瓜多尔	39	21.8	55	0.5	65	4.2	—	—	—	—	40	55.7	59	44.4	65	4.4
新西兰	40	21.7	47	1.0	21	33.0	65	0.0	37	0.2	61	55.5	70	33.7	23	28.6
南非	41	21.6	28	2.6	53	6.7	33	0.1	38	0.2	78	54.8	4	77.6	48	8.9
立陶宛	42	21.2	68	0.2	37	12.1	92	0.0	88	0.0	59	55.5	14	69.0	39	11.6
拉脱维亚	43	21.0	76	0.1	42	11.6	87	0.0	74	0.1	58	55.5	14	69.0	43	10.8
泰国	44	20.9	29	2.4	64	4.5	19	0.2	32	0.4	18	57.0	3	78.6	70	3.5
智利	45	20.7	37	1.6	35	12.4	6	2.3	6	21.5	76	54.9	66	40.2	38	12.0
匈牙利	46	20.6	51	0.9	40	11.9	9	0.9	9	14.4	64	55.4	53	48.0	36	12.8
巴西	47	20.4	6	16.8	43	11.1	26	0.1	70	0.1	98	35.3	13	69.5	45	10.1
爱沙尼亚	48	20.2	80	0.1	34	14.8	93	0.0	93	0.0	68	55.3	34	57.9	35	13.2
捷克	49	20.0	41	1.4	31	18.5	29	0.1	22	1.4	70	55.2	56	46.1	32	17.4
波兰	50	19.8	24	3.4	41	11.7	41	0.0	49	0.2	90	52.6	28	59.4	40	11.5
土耳其	51	19.3	18	5.3	46	9.5	43	0.0	72	0.1	91	52.5	38	55.3	37	12.4
乌拉圭	52	19.2	64	0.3	39	12.0	49	0.0	25	1.1	69	55.3	39	55.0	42	10.9

续表

项目 国家	创新基础竞争力		GDP		人均GDP		财政收入		人均财政收入		外国直接投资		受高等教育人员比重		全社会劳动生产率	
	排名	得分	排名	得分	排名	得分	排名	得分	排名	得分	排名	得分	排名	得分	排名	得分
斯洛伐克	53	19.2	54	0.6	33	15.5	77	0.0	73	0.1	71	55.2	52	48.5	33	14.5
哥斯达黎加	54	19.1	69	0.2	52	7.7	16	0.4	8	14.7	67	55.3	54	47.7	54	7.6
罗马尼亚	55	19.0	45	1.2	50	7.7	55	0.0	61	0.1	66	55.3	25	60.8	53	7.8
蒙古	56	18.8	96	0.0	72	3.0	17	0.3	7	18.3	79	54.8	43	52.4	76	3.1
马其顿	57	18.1	95	0.0	66	4.1	59	0.0	26	0.8	35	55.8	24	61.8	66	4.2
秘鲁	58	17.6	46	1.1	61	4.7	62	0.0	78	0.0	84	54.1	30	59.3	67	4.1
克罗地亚	59	17.4	59	0.4	36	12.3	61	0.1	35	0.3	62	55.5	65	40.3	34	13.2
阿根廷	60	17.1	23	3.4	44	10.7	25	0.1	34	0.4	86	53.6	67	40.1	41	11.3
危地马拉	61	16.7	65	0.3	79	2.5	73	0.0	81	0.0	53	55.6	37	55.4	75	3.1
吉尔吉斯斯坦	62	16.7	100	0.0	88	0.7	69	0.0	54	0.1	42	55.7	28	59.4	90	0.7
坦桑尼亚	63	16.6	73	0.2	93	0.3	14	0.5	20	1.6	54	55.6	32	58.0	92	0.3
埃及	64	16.5	40	1.5	81	2.1	47	0.0	77	0.0	22	56.1	42	52.9	73	3.1
保加利亚	65	15.9	62	0.3	55	6.5	80	0.0	84	0.0	63	55.5	62	42.4	55	6.7
阿尔巴尼亚	66	15.8	90	0.0	68	3.5	45	0.0	21	1.4	45	55.7	57	45.8	68	4.0
博茨瓦纳	67	15.5	85	0.1	56	6.3	74	0.0	36	0.2	57	55.5	64	40.4	59	5.6
波黑	68	15.4	84	0.1	67	4.1	85	0.0	82	0.0	36	55.8	60	43.5	63	4.7
阿曼	69	15.4	56	0.4	32	17.9	83	0.0	76	0.0	32	55.7	—	—	31	18.0
玻利维亚	70	14.8	79	0.1	82	1.8	—	—	—	—	46	55.7	—	—	83	1.7
乌克兰	71	14.7	49	1.0	76	2.8	42	0.0	56	0.1	83	54.2	63	42.2	79	2.6
亚美尼亚	72	14.3	97	0.0	77	2.7	32	0.1	13	3.9	34	55.8	69	35.2	81	2.4
马来西亚	73	14.3	32	1.9	47	8.7	54	0.0	68	0.1	19	56.6	71	23.4	47	9.2
莫桑比克	74	14.1	88	0.0	97	0.1	64	0.0	80	0.0	74	55.0	61	43.3	97	0.2
马达加斯加	75	13.6	98	0.0	99	0.1	21	0.2	24	1.3	41	55.7	68	38.2	99	0.1
哈萨克斯坦	76	13.2	44	1.2	45	9.8	11	0.6	11	5.5	85	53.8	—	—	50	8.6
塞尔维亚	77	12.3	66	0.3	60	5.3	27	0.1	16	2.2	80	54.8	74	17.5	57	5.9
毛里求斯	78	12.1	93	0.0	51	7.7	68	0.0	27	0.7	23	56.1	—	—	52	7.9

续表

国家\项目	创新基础竞争力 排名	得分	GDP 排名	得分	人均GDP 排名	得分	财政收入 排名	得分	人均财政收入 排名	得分	外国直接投资 排名	得分	受高等教育人员比重 排名	得分	全社会劳动生产率 排名	得分
菲律宾	79	11.9	42	1.4	83	1.7	24	0.1	42	0.2	26	55.9	72	22.1	82	1.9
斯里兰卡	80	11.8	58	0.4	78	2.5	30	0.1	30	0.6	49	55.7	73	20.2	77	2.9
萨尔瓦多	81	11.3	81	0.1	73	2.9	90	0.0	89	0.0	29	55.8	75	17.3	71	3.3
阿塞拜疆	82	11.3	57	0.4	58	5.9	78	0.0	83	0.0	52	55.6	—	—	60	5.6
纳米比亚	83	11.0	92	0.0	63	4.5	76	0.0	50	0.2	47	55.7	—	—	58	5.7
白俄罗斯	84	10.9	60	0.4	59	5.3	86	0.0	87	0.0	75	54.9	—	—	62	4.8
印度	85	10.8	10	11.7	86	1.0	10	0.8	64	0.1	93	50.1	—	—	84	1.3
约旦	86	10.8	75	0.1	71	3.0	91	0.0	91	0.0	60	55.5	—	—	56	6.2
突尼斯	87	10.7	67	0.3	69	3.4	79	0.0	85	0.0	33	55.8	—	—	64	4.5
柬埔寨	88	10.4	91	0.0	91	0.5	13	0.5	10	5.5	56	55.5	—	—	93	0.3
摩洛哥	89	10.3	53	0.6	80	2.3	50	0.0	63	0.1	65	55.3	—	—	72	3.2
格鲁吉亚	90	10.2	86	0.1	74	2.9	89	0.0	86	0.0	50	55.6	—	—	80	2.4
巴基斯坦	91	9.9	43	1.3	87	0.8	20	0.2	51	0.2	55	55.6	—	—	85	1.1
马里	92	9.6	89	0.0	92	0.4	34	0.1	28	0.7	37	55.7	—	—	91	0.7
肯尼亚	93	9.6	70	0.2	90	0.5	38	0.1	40	0.2	31	55.8	—	—	88	0.8
加纳	94	9.6	71	0.2	84	1.1	84	0.0	92	0.0	73	55.1	—	—	86	1.1
中国	95	9.6	2	48.8	62	4.6	15	0.5	75	0.1	99	0.0	—	—	69	3.6
布基纳法索	96	9.5	94	0.0	95	0.3	35	0.1	29	0.7	27	55.9	—	—	94	0.3
尼泊尔	97	9.4	83	0.1	94	0.3	53	0.0	66	0.1	28	55.8	—	—	96	0.2
马拉维	98	9.4	99	0.0	98	0.1	52	0.0	46	0.2	44	55.7	—	—	98	0.2
塞内加尔	99	8.4	87	0.1	89	0.6	23	0.1	23	1.4	30	55.8	76	0.0	87	1.1
伊朗	100	6.5	21	3.8	54	6.5	—	—	—	—	—	—	—	—	46	9.3
最高分	—	50.4	—	100.0	—	100.0	—	100.0	—	100.0	—	100.0	—	100.0	—	100.0
最低分	—	6.5	—	0.0	—	0.0	—	0.0	—	0.0	—	0.0	—	0.0	—	0.0
平均分	—	20.9	—	4.4	—	16.8	—	2.2	—	4.9	—	55.6	—	54.3	—	15.7
标准差	—	9.6	—	12.1	—	20.6	—	11.9	—	15.9	—	8.5	—	16.8	—	18.4

由图可见，7 个三级指标对创新基础竞争力的贡献是不平衡的。2015 年，总体贡献率最高的是受高等教育人员比重，其平均贡献率是 46.1%，其次是外国直接投资，平均贡献率为 23.6%；全社会劳动生产率和人均 GDP 的平均贡献率相当，均为 11% 左右；GDP、财政收入和人均财政收入的平均贡献率都比较低。

3.5 世界创新基础竞争力跨梯队变化

2015 年世界创新基础竞争力处于第一梯队（1~30 位）的依次为卢森堡、卡塔尔、美国、印度尼西亚、韩国、瑞士、挪威、越南、日本、爱尔兰、沙特阿拉伯、澳大利亚、瑞典、德国、丹麦、荷兰、加拿大、法国、奥地利、埃塞俄比亚、哥伦比亚、比利时、巴拉圭、墨西哥、以色列、英国、巴拿马、芬兰、西班牙、意大利，处于第二梯队（31~70 位）的依次为马其顿、新西兰、危地马拉、塞浦路斯、厄瓜多尔、蒙古、葡萄牙、智利、新加坡、斯洛文尼亚、爱沙尼亚、俄罗斯、希腊、拉脱维亚、立陶宛、匈牙利、捷克、哥斯达黎加、乌干达、莫桑比克、乌拉圭、波兰、土耳其、泰国、南非、斯洛伐克、罗马尼亚、马达加斯加、塞尔维亚、阿根廷、克罗地亚、巴西、坦桑尼亚、阿曼、亚美尼亚、秘鲁、保加利亚、马来西亚、埃及、博茨瓦纳，处于第三梯队（71~100 位）的依次为科威特、波黑、阿尔巴尼亚、中国、吉尔吉斯斯坦、乌克兰、斯里兰卡、菲律宾、摩洛哥、玻利维亚、哈萨克斯坦、印度、加纳、毛里求斯、突尼斯、约旦、白俄罗斯、柬埔寨、阿塞拜疆、纳米比亚、格鲁吉亚、巴基斯坦、肯尼亚、马里、萨尔瓦多、布基纳法索、塞内加尔、尼泊尔、马拉维、伊朗。

2011 年世界创新基础竞争力处于第一梯队（1~30 位）的依次为卡塔尔、美国、印度尼西亚、卢森堡、挪威、越南、瑞士、日本、韩国、澳大利亚、瑞典、沙特阿拉伯、英国、丹麦、荷兰、法国、德国、加拿大、爱尔兰、哥伦比亚、墨西哥、奥地利、芬兰、意大利、西班牙、比利时、巴拉圭、巴拿马、塞浦路斯、以色列，处于第二梯队（31~70 位）的依次为葡萄牙、希腊、新加坡、科威特、俄罗斯、斯洛文尼亚、埃塞俄比亚、乌干达、厄瓜多尔、新西兰、南非、立陶宛、拉脱维亚、泰国、智利、匈牙利、巴西、爱沙尼亚、捷克、波兰、土耳其、乌拉圭、斯洛伐克、哥斯达黎加、罗马尼亚、蒙古、马其顿、秘鲁、克罗地亚、阿根廷、危地马拉、吉尔吉斯斯坦、坦桑尼亚、埃及、保加利亚、阿尔巴尼亚、博茨瓦纳、波黑、阿曼、玻利维亚，处于第三梯队（71~100 位）的依次为乌克兰、亚美尼亚、马来西亚、莫桑比克、马达加斯加、哈萨克斯坦、塞尔维亚、毛里求斯、菲律宾、斯里兰卡、萨尔瓦多、阿塞拜疆、纳米比亚、白俄罗斯、印度、约旦、突尼斯、柬埔寨、摩洛哥、格鲁吉亚、巴基斯坦、马里、肯尼亚、加纳、中国、布基纳法索、尼泊尔、马拉维、塞内加尔、伊朗。

评价期内，一些国家的创新基础竞争力出现了跨梯队变化。塞浦路斯从第一梯队下降到第二梯队；科威特、波黑、阿尔巴尼亚、吉尔吉斯斯坦、玻利维亚从第二梯队下降到第三梯队；而埃塞俄比亚从第二梯队上升到第一梯队；莫桑比克、马达加斯加、塞尔维亚、亚美尼亚、马来西亚从第三梯队上升到第二梯队。

四 世界创新环境竞争力评价与比较分析

4.1 世界创新环境竞争力的评价结果

根据世界创新环境竞争力的评价指标体系和数学模型，对 2011~2015 年世界创新环境竞争力进行评价。表 4-1 列出了本评价期内世界创新环境竞争力的排位和得分情况，图 4-1、图 4-2、图 4-3 直观地显示了 2011 年和 2015 年世界创新环境竞争力的得分及其变化情况。

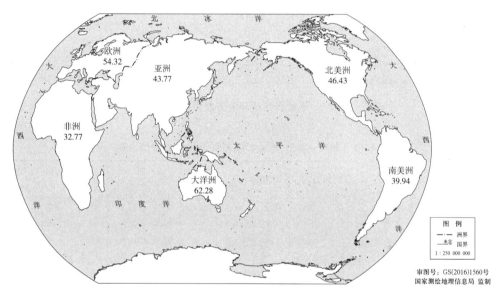

图 4-1 2011 年世界创新环境竞争力得分情况

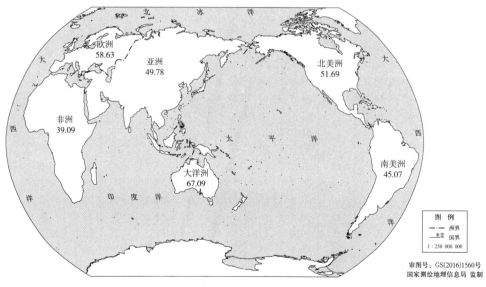

图 4-2 2015 年世界创新环境竞争力得分情况

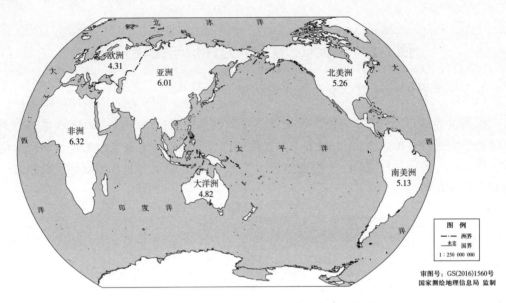

审图号：GS(2016)1560号
国家测绘地理信息局 监制

图4-3 2015年世界创新环境竞争力得分变化情况

表4-1 2011~2015年世界创新环境竞争力评价比较

项目 国家	2015年		2014年		2013年		2012年		2011年		2011~2015年 综合变化	
	排名	得分	排名	得分	排名	得分	排名	得分	排名	得分	排名	得分
新加坡	1	70.0	1	70.5	1	73.8	1	72.0	1	67.7	0	2.3
英国	2	69.3	5	65.6	3	67.6	4	67.8	6	65.5	4	3.9
新西兰	3	68.3	4	65.6	9	64.8	9	64.5	7	63.5	4	4.7
芬兰	4	67.6	8	65.0	5	66.9	2	70.9	2	66.7	-2	0.9
韩国	5	66.8	2	67.4	2	67.9	3	68.7	3	66.6	-2	0.2
加拿大	6	66.2	7	65.3	6	66.1	8	65.3	5	65.7	-1	0.5
澳大利亚	7	65.9	6	65.5	11	63.3	13	61.2	12	61.0	5	4.9
卢森堡	8	65.6	9	63.6	8	65.6	7	65.9	8	63.3	0	2.2
爱沙尼亚	9	65.5	12	61.9	16	61.6	19	59.2	20	56.4	11	9.1
丹麦	10	65.3	10	63.1	7	65.7	5	67.8	4	65.9	-6	-0.5
荷兰	11	65.3	3	65.6	4	67.1	6	66.2	9	62.6	-2	2.7
瑞典	12	64.3	16	61.6	10	63.5	10	64.2	11	61.5	-1	2.8
以色列	13	63.0	11	62.1	15	62.1	12	62.3	13	59.8	0	3.3
卡塔尔	14	62.8	17	61.2	12	63.3	20	58.9	30	54.4	16	8.4
意大利	15	62.6	15	61.7	20	60.1	25	57.1	25	55.2	10	7.4
挪威	16	62.5	13	61.9	14	62.3	11	63.3	10	62.6	-6	-0.1
科威特	17	62.1	24	59.2	24	58.8	34	54.3	34	53.2	17	8.9
日本	18	61.2	14	61.8	17	61.5	21	58.7	16	57.5	-2	3.7
俄罗斯	19	60.6	23	59.5	30	57.3	42	51.8	47	47.7	28	12.9
哈萨克斯坦	20	60.6	22	59.6	13	62.4	14	61.1	22	55.6	2	5.0
立陶宛	21	60.3	25	58.7	25	58.3	23	57.4	21	56.1	0	4.2
斯洛文尼亚	22	60.3	43	52.2	36	55.1	30	56.3	31	54.2	9	6.0
美国	23	60.2	21	59.9	19	60.3	16	60.2	14	59.1	-9	1.1

国家 \ 项目	2015 年		2014 年		2013 年		2012 年		2011 年		2011－2015 年综合变化	
	排名	得分	排名	得分	排名	得分	排名	得分	排名	得分	排名	得分
奥地利	24	60.2	32	56.7	26	58.0	22	57.8	23	55.2	－1	4.9
瑞士	25	59.3	29	57.3	21	60.0	15	60.9	15	59.0	－10	0.3
法国	26	59.3	20	60.0	22	58.9	27	56.8	24	55.2	－2	4.1
爱尔兰	27	59.3	26	58.5	28	57.7	28	56.5	18	56.8	－9	2.5
乌拉圭	28	59.0	19	60.3	29	57.3	41	52.6	37	51.7	9	7.3
马其顿	29	58.9	45	51.4	38	53.9	33	54.9	33	53.5	4	5.4
阿塞拜疆	30	58.9	42	52.7	42	51.7	60	44.1	52	44.6	22	14.3
阿曼	31	58.8	18	60.7	18	60.6	18	59.4	28	54.9	－3	3.9
波兰	32	58.7	34	56.1	35	56.4	37	53.0	38	51.6	6	7.1
德国	33	58.1	37	55.5	32	57.0	29	56.4	27	54.9	－6	3.2
西班牙	34	57.9	28	57.8	41	51.9	35	53.6	26	55.2	－8	2.8
比利时	35	57.8	30	57.3	34	56.5	32	55.5	17	56.8	－18	1.0
拉脱维亚	36	57.7	27	58.1	23	58.5	26	56.9	32	54.0	－4	3.8
马来西亚	37	57.5	33	56.1	33	56.9	17	59.9	19	56.7	－18	0.7
中国	38	56.9	39	53.6	51	49.5	52	46.7	53	44.5	15	12.5
智利	39	56.0	31	57.0	31	57.2	31	56.2	29	54.6	－10	1.4
格鲁吉亚	40	55.9	38	54.6	37	54.6	38	53.0	46	49.0	6	6.9
塞尔维亚	41	55.7	56	47.6	54	48.8	47	49.5	48	46.2	7	9.5
葡萄牙	42	55.4	41	52.8	39	53.1	43	51.6	44	49.3	2	6.1
毛里求斯	43	54.9	52	48.7	58	47.3	54	45.3	56	44.0	13	11.0
摩洛哥	44	54.3	40	52.9	43	51.6	49	47.5	57	43.6	13	10.7
沙特阿拉伯	45	54.3	35	55.8	27	57.9	24	57.4	36	52.3	－9	2.0
克罗地亚	46	54.2	50	49.0	44	51.6	39	52.9	40	51.1	－6	3.0
亚美尼亚	47	53.0	36	55.5	55	48.5	67	43.0	65	41.8	18	11.2
南非	48	52.9	55	47.7	49	49.7	50	47.4	49	45.1	1	7.8
匈牙利	49	52.6	44	52.0	40	52.8	36	53.2	35	52.8	－14	－0.2
约旦	50	52.4	49	49.5	56	47.7	58	44.3	50	44.9	0	7.4
保加利亚	51	52.3	62	46.0	48	50.0	40	52.6	39	51.6	－12	0.7
塞浦路斯	52	51.6	47	50.0	46	50.8	44	51.2	41	49.8	－11	1.8
阿尔巴尼亚	53	51.6	51	48.7	52	49.4	51	46.9	55	44.0	2	7.6
斯洛伐克	54	51.4	48	49.5	50	49.5	45	49.9	45	49.1	－9	2.3
乌克兰	55	51.3	72	42.4	71	42.4	70	40.4	74	36.6	19	14.7
希腊	56	51.1	46	50.4	45	51.3	62	43.8	67	40.8	11	10.3
巴拿马	57	50.6	53	48.4	47	50.4	48	49.0	42	49.8	－15	0.8
泰国	58	50.4	57	46.9	57	47.4	63	43.7	68	40.5	10	9.9
捷克	59	49.6	54	47.8	53	48.9	46	49.8	43	49.5	－16	0.2
墨西哥	60	49.4	67	43.7	66	44.4	65	43.6	66	41.1	6	8.3
白俄罗斯	61	48.9	66	44.0	68	43.6	72	39.9	72	38.5	11	10.4
哥斯达黎加	62	48.2	60	46.0	65	44.5	77	36.1	83	32.0	21	16.2
哥伦比亚	63	47.5	59	46.1	60	45.8	56	44.8	61	42.5	－2	5.0
秘鲁	64	47.4	58	46.6	61	45.4	64	43.7	51	44.7	－13	2.7
罗马尼亚	65	47.2	61	46.0	59	46.2	55	44.8	54	44.1	－11	3.1

续表

项目 国家	2015 年		2014 年		2013 年		2012 年		2011 年		2011－2015 年 综合变化	
	排名	得分	排名	得分	排名	得分	排名	得分	排名	得分	排名	得分
吉尔吉斯斯坦	66	47.1	69	43.7	69	43.5	61	44.0	60	43.0	－6	4.1
越南	67	46.8	65	44.3	70	43.2	59	44.1	63	42.2	－4	4.6
巴拉圭	68	46.2	76	38.7	75	39.8	69	40.5	70	39.0	2	7.2
土耳其	69	45.6	64	44.3	67	43.6	68	42.1	64	42.0	－5	3.7
突尼斯	70	45.6	70	43.4	74	40.4	76	37.9	71	38.7	1	6.9
巴西	71	45.1	73	42.0	72	42.4	71	40.2	73	37.7	2	7.4
危地马拉	72	44.5	87	33.1	76	38.9	79	35.3	78	33.8	6	10.6
蒙古	73	44.1	63	45.5	62	45.2	57	44.4	59	43.1	－14	1.0
萨尔瓦多	74	42.9	71	43.2	63	44.9	53	45.8	58	43.6	－16	－0.7
博茨瓦纳	75	42.1	74	40.4	73	40.7	73	39.9	69	39.0	－6	3.1
波黑	76	42.0	77	37.7	77	38.4	74	38.0	75	36.1	－1	5.8
埃及	77	41.7	68	43.7	64	44.8	66	43.5	62	42.2	－15	－0.5
斯里兰卡	78	41.2	75	38.8	83	34.4	90	30.3	99	20.8	21	20.4
加纳	79	41.1	81	36.1	84	34.3	81	34.2	81	32.6	2	8.5
厄瓜多尔	80	40.1	78	37.6	78	36.8	78	35.5	77	34.3	－3	5.8
塞内加尔	81	39.4	79	37.1	80	35.9	80	34.6	80	33.4	－1	6.1
肯尼亚	82	38.9	82	35.1	87	33.9	87	31.5	90	28.3	8	10.5
伊朗	83	38.2	80	37.1	82	34.9	82	33.8	79	33.6	－4	4.7
尼泊尔	84	37.8	91	31.0	90	31.2	91	30.1	88	29.5	4	8.3
菲律宾	85	36.7	88	32.6	89	31.9	88	31.4	87	29.9	2	6.7
印度尼西亚	86	35.9	86	34.0	79	36.4	75	37.9	76	35.1	－10	0.8
纳米比亚	87	35.2	84	34.7	81	35.2	85	32.5	82	32.1	－5	3.2
阿根廷	88	35.2	89	31.9	86	34.1	84	32.9	84	31.5	－4	3.7
印度	89	35.1	92	29.3	92	27.6	93	25.4	92	25.4	3	9.7
柬埔寨	90	35.1	90	31.1	91	30.7	89	30.9	89	28.4	－1	6.7
马里	91	34.6	83	34.8	85	34.2	83	33.2	85	31.4	－6	3.2
布基纳法索	92	34.5	85	34.6	88	33.5	86	31.5	86	31.0	－6	3.6
坦桑尼亚	93	32.8	95	26.0	95	25.1	94	25.4	94	24.3	1	8.5
玻利维亚	94	29.1	96	25.5	94	25.4	97	23.7	96	23.3	2	5.8
巴基斯坦	95	28.2	93	27.4	93	26.7	92	25.5	91	25.6	－4	2.6
乌干达	96	27.6	100	20.3	100	19.9	98	21.2	97	21.4	1	6.2
莫桑比克	97	26.7	94	27.0	96	24.9	96	23.8	95	23.6	－2	3.1
马拉维	98	26.3	98	23.4	99	20.6	99	20.8	98	21.2	0	5.1
埃塞俄比亚	99	25.5	99	22.2	98	21.4	100	20.3	100	20.5	1	5.0
马达加斯加	100	24.5	97	24.7	97	23.9	95	24.6	93	25.0	－7	－0.5
最高分	—	**70.0**	—	**70.5**	—	**73.8**	—	**72.0**	—	**67.7**	—	**2.3**
最低分	—	**24.5**	—	**20.3**	—	**19.9**	—	**20.3**	—	**20.5**	—	**4.0**
平均分	—	**50.7**	—	**48.3**	—	**48.3**	—	**47.1**	—	**45.4**	—	**5.3**
标准差	—	**11.5**	—	**12.2**	—	**12.6**	—	**12.8**	—	**12.5**	—	**－1.0**

由表 4－1 可知，2015 年，创新环境竞争力的最高得分为 70.0 分，比 2011 年上升了 2.3 分；最低得分为 24.5 分，比 2011 年上升了 4.0 分；平均分为 50.7 分，比 2011

年上升了 5.3 分；标准差为 11.5，比 2011 年下降了 1.0。这表明世界整体的创新环境竞争力水平有较大提高，各国间差距有所缩小。

创新环境竞争力得分较高的主要是发达国家。2015 年，在排名前 30 位的国家中，有 22 个是发达国家，这说明发达国家整体的创新环境较好。广大发展中国家和不发达国家的创新环境竞争力得分普遍较低，第三梯队国家均为发展中国家和不发达国家，与发达国家的差距较大，排在第 100 位的马达加斯加仅有 24.5 分，为排在第 1 位新加坡得分的 35.0%。

4.2 世界创新环境竞争力的综合排名及其变化

2015 年世界创新环境竞争力排在第 1~10 位的国家依次为新加坡、英国、新西兰、芬兰、韩国、加拿大、澳大利亚、卢森堡、爱沙尼亚、丹麦，排在第 11~20 位的国家依次为荷兰、瑞典、以色列、卡塔尔、意大利、挪威、科威特、日本、俄罗斯、哈萨克斯坦，排在第 21~30 位的国家依次为立陶宛、斯洛文尼亚、美国、奥地利、瑞士、法国、爱尔兰、乌拉圭、马其顿、阿塞拜疆，排在最后 10 位的国家依次为马里、布基纳法索、坦桑尼亚、玻利维亚、巴基斯坦、乌干达、莫桑比克、马拉维、埃塞俄比亚、马达加斯加。

2011 年创新环境竞争力排在第 1~10 位的国家依次为新加坡、芬兰、韩国、丹麦、加拿大、英国、新西兰、卢森堡、荷兰、挪威，排在第 11~20 位的国家依次为瑞典、澳大利亚、以色列、美国、瑞士、日本、比利时、爱尔兰、马来西亚、爱沙尼亚，排在第 21~30 位的国家依次为立陶宛、哈萨克斯坦、奥地利、法国、意大利、西班牙、德国、阿曼、智利、卡塔尔，排在最后 10 位的国家依次为巴基斯坦、印度、马达加斯加、坦桑尼亚、莫桑比克、玻利维亚、乌干达、马拉维、斯里兰卡、埃塞俄比亚。

总的来看，2011~2015 年，创新环境竞争力排在前 30 位的国家有所变化，科威特、俄罗斯、斯洛文尼亚、乌拉圭、马其顿、阿塞拜疆 6 个国家进入前 30 位，而阿曼、德国、西班牙、比利时、马来西亚、智利 6 个国家则跌出了前 30 位。创新环境竞争力排在后 10 位的国家变化不大，马里和布基纳法索取代斯里兰卡和印度成为排名后 10 位的国家。虽然各梯队国家变化不大，但内部个别国家的排名变化较大，如卡塔尔由第 30 位上升到第 14 位，美国从第 14 位下降到第 23 位。

2011~2015 年，各国创新环境竞争力的排名变化情况见图 4-4。创新环境竞争力排位上升的国家有 43 个，其中上升最快的是俄罗斯，上升了 28 位，其次为阿塞拜疆，上升了 22 位，排位上升了 10 位及以上的还有 14 个国家，即哥斯达黎加、斯里兰卡、乌克兰、亚美尼亚、科威特、卡塔尔、中国、摩洛哥、毛里求斯、爱沙尼亚、白俄罗斯、希腊、意大利、泰国。排位下降的国家有 51 个，其中，下降幅度最大的是比利时和马来西亚，均下降了 18 位，排位下降幅度超过 10 位及以上的国家还有 13 个，即智利、瑞士、印度尼西亚、罗马尼亚、塞浦路斯、保加利亚、秘鲁、蒙古、匈牙利、巴拿马、埃及、捷克、萨尔瓦多。6 个国家的排位保持不变。

图 4 - 4　2011～2015 年世界创新环境竞争力的排名变化情况

4.3 世界创新环境竞争力的综合得分及其变化

世界创新环境竞争力的平均得分呈逐年上升趋势，由2011年的45.4分提高到2015年的50.7分，表明世界创新环境竞争力总体水平在不断提高。

2011年，没有1个国家的得分高于70分，12个国家介于60～70分，28个国家介于50～60分，28个国家介于40～50分，18个国家介于30～40分，14个国家得分介于20～30分，没有低于20分的国家，56%的国家分数介于40～60分。到2015年，有1个国家的得分达到70分，23个国家介于60～70分，34个国家介于50～60分，22个国家介于40～50分，13个国家介于30～40分，7个国家介于20～30分，没有低于20分的国家，仍然是56%的国家得分介于40～60分。可见，2015年与2011年相比，大部分国家的得分都有所提高。

为了更加直观地比较分析各国创新环境竞争力水平，我们将2015年各国创新环境竞争力表现在图4-5中。

由图4-5可知，各国创新环境竞争力得分差距比较大，发达国家的创新环境竞争力得分远高于发展中国家，排在前10位的均为发达国家，排在最后10位的均为发展中国家和不发达国家，排在前10位国家的平均分是排在后10位国家的2.31倍。与平均分比较，有56个国家的得分高于平均分，其中有29个是发达国家；从发达国家内部来看，得分差距不是太大，排在第1位的新加坡和排在第10位的丹麦得分相差4.7分。从发展中国家和不发达国家内部来看，得分差别较大，排在第91位的马里与排在第100位的马达加斯加得分相差10.1分。

各国创新环境竞争力的得分变化情况见表4-2。创新环境竞争力得分上升最快的是斯里兰卡，得分增加了20.4分，其次为哥斯达黎加，得分增加了16.2分，得分上升比较快的国家还有乌克兰、阿塞拜疆、俄罗斯、中国、亚美尼亚、毛里求斯、摩洛哥、危地马拉、肯尼亚、白俄罗斯、希腊，上升幅度均超过10分。只有6个国家的得分有轻微下降，降幅均在1分以内。

表4-2 2011～2015年世界创新环境竞争力总体得分变化情况

变化速度排序	国家	2011年得分	2015年得分	总体得分变化	2015年总得分排名	变化速度排序	国家	2011年得分	2015年得分	总体得分变化	2015年总得分排名
1	斯里兰卡	20.8	41.2	20.4	78	9	危地马拉	43.6	54.3	10.7	72
2	哥斯达黎加	32	48.2	16.2	62	11	肯尼亚	28.3	38.9	10.6	82
3	乌克兰	36.6	51.3	14.7	55	12	白俄罗斯	38.5	48.9	10.4	61
4	阿塞拜疆	44.6	58.9	14.3	30	13	希腊	40.8	51.1	10.3	56
5	俄罗斯	47.7	60.6	12.9	19	14	泰国	40.5	50.4	9.9	58
6	中国	44.5	56.9	12.4	38	15	印度	25.4	35.1	9.7	89
7	亚美尼亚	41.8	53	11.2	47	16	塞尔维亚	46.2	55.7	9.5	41
8	毛里求斯	44	54.9	10.9	43	17	爱沙尼亚	56.4	65.5	9.1	9
9	摩洛哥	33.8	44.5	10.7	44	18	科威特	53.2	62.1	8.9	17

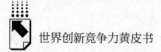

续表

变化速度排序	国家	2011年得分	2015年得分	总体得分变化	2015年总得分排名	变化速度排序	国家	2011年得分	2015年得分	总体得分变化	2015年总得分排名
19	坦桑尼亚	32.6	41.1	8.5	93	61	土耳其	42	45.6	3.6	69
19	加纳	24.3	32.8	8.5	79	62	布基纳法索	31	34.5	3.5	92
21	卡塔尔	54.4	62.8	8.4	14	63	以色列	59.8	63	3.2	13
22	尼泊尔	29.5	37.8	8.3	84	63	马里	31.4	34.6	3.2	91
22	墨西哥	41.1	49.4	8.3	60	63	德国	54.9	58.1	3.2	33
24	南非	45.1	52.9	7.8	48	66	纳米比亚	32.1	35.2	3.1	87
25	阿尔巴尼亚	44	51.6	7.6	53	66	罗马尼亚	44.1	47.2	3.1	65
26	约旦	44.9	52.4	7.5	50	66	博茨瓦纳	39	42.1	3.1	75
27	意大利	55.2	62.6	7.4	15	66	莫桑比克	51.1	54.2	3.1	97
27	巴西	37.7	45.1	7.4	71	66	克罗地亚	23.6	26.7	3.1	46
29	乌拉圭	51.7	59	7.3	28	71	瑞典	61.5	64.3	2.8	12
30	巴拉圭	39	46.2	7.2	68	72	西班牙	55.2	57.9	2.7	34
31	波兰	51.6	58.7	7.1	32	72	荷兰	62.6	65.3	2.7	11
32	格鲁吉亚	49	55.9	6.9	40	72	秘鲁	44.7	47.4	2.7	64
32	突尼斯	38.7	45.6	6.9	70	75	巴基斯坦	25.6	28.2	2.6	95
34	菲律宾	29.9	36.7	6.8	85	76	爱尔兰	56.8	59.3	2.5	27
35	柬埔寨	28.4	35.1	6.7	90	77	新加坡	67.7	70	2.3	1
36	乌干达	21.4	27.6	6.2	96	77	斯洛伐克	49.1	51.4	2.3	54
37	葡萄牙	49.3	55.4	6.1	42	77	卢森堡	63.3	65.6	2.3	8
37	塞内加尔	54.2	60.3	6.1	81	80	沙特阿拉伯	52.3	54.3	2.0	45
39	斯洛文尼亚	33.4	39.4	6.0	22	81	塞浦路斯	49.8	51.6	1.8	52
40	波黑	36.1	42	5.9	76	82	智利	54.6	56	1.4	39
41	厄瓜多尔	34.3	40.1	5.8	80	83	美国	59.1	60.2	1.1	23
41	玻利维亚	23.3	29.1	5.8	94	84	蒙古	43.1	44.1	1.0	73
43	马其顿	53.5	58.9	5.4	29	84	比利时	56.8	57.8	1.0	35
44	马拉维	21.2	26.3	5.1	98	86	芬兰	66.7	67.6	0.9	4
45	埃塞俄比亚	20.5	25.5	5.0	99	87	巴拿马	49.8	50.6	0.8	57
45	哈萨克斯坦	55.6	60.6	5.0	20	87	印度尼西亚	35.1	35.9	0.8	86
45	哥伦比亚	42.5	47.5	5.0	63	87	马来西亚	56.7	57.5	0.8	37
45	奥地利	55.2	60.2	5.0	24	90	保加利亚	51.6	52.3	0.7	51
49	澳大利亚	61	65.9	4.9	7	91	加拿大	65.7	66.2	0.5	6
50	新西兰	63.5	68.3	4.8	3	92	瑞士	59	59.3	0.3	25
51	伊朗	33.6	38.2	4.6	83	93	韩国	66.6	66.8	0.2	5
52	越南	42.2	46.8	4.6	67	94	捷克	49.5	49.6	0.1	59
53	立陶宛	56.1	60.3	4.2	21	95	挪威	62.6	62.5	−0.1	16
54	法国	43	47.1	4.1	26	96	匈牙利	52.8	52.6	−0.2	49
54	吉尔吉斯斯坦	55.2	59.3	4.1	66	97	丹麦	42.2	41.7	−0.5	10
56	阿曼	54.9	58.8	3.9	31	97	埃及	25	24.5	−0.5	77
57	英国	65.5	69.3	3.8	2	99	马达加斯加	65.9	65.3	−0.5	100
58	拉脱维亚	54	57.7	3.7	36	100	萨尔瓦多	43.6	42.9	−0.7	74
58	阿根廷	31.5	35.2	3.7	88						
58	日本	57.5	61.2	3.7	18		平均分	**45.4**	**50.7**	**5.3**	—

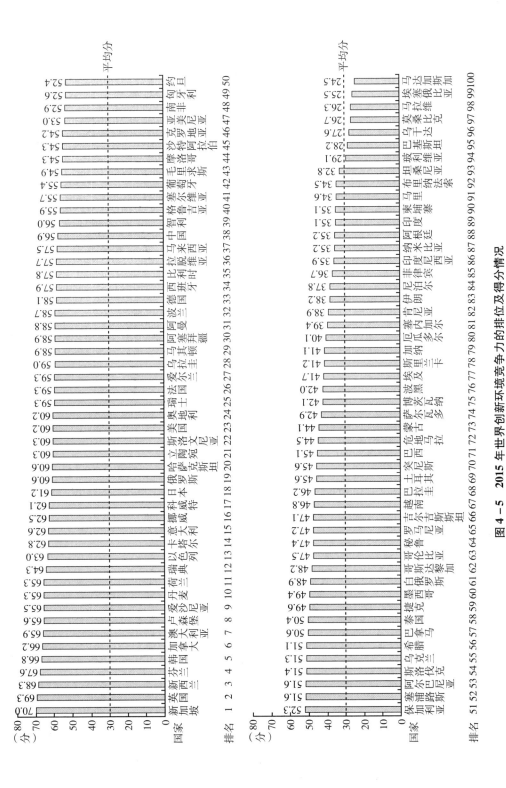

图4-5 2015年世界创新环境竞争力的排位及得分情况

4.4 世界创新环境竞争力的要素得分情况

表4-3和表4-4列出了2015年和2011年世界创新环境竞争力6个三级指标的得分及排名波动情况。

从三级指标来看，评价期内，4个三级指标的平均分上升，其中在线公共服务指数的得分上升最快，平均分上升了19.0分；千人因特网用户数、企业税负占利润比重的平均得分上升幅度也比较大，分别上升了9.3分和9.0分，企业开业程序的平均分上升了4.5分。只有千人手机用户数和ISO 9001质量体系认证数的平均分下降，分别下降了9.6分和0.4分。可见，2011～2015年，世界创新环境竞争力得分上升主要是由在线公共服务指数、千人因特网用户数、企业税负占利润比重的得分上升推动的。

各三级指标得分较高的国家，其创新环境竞争力得分也较高，排名也比较靠前，而且在6个三级指标中，不能有"短板"比较严重的指标，否则得分会受到严重影响，排名将大大降低。比如，日本2015年企业开业程序、企业税负占利润比重分别排在第64位和第82位，虽然其他指标的得分排位比较靠前，但这两个指标极大地制约了创新环境竞争力的进一步提升。

为更好地分析各三级指标对二级指标创新环境竞争力的贡献和作用，将各三级指标的得分与其权重相乘，折算为反映在二级指标上的得分，然后除以二级指标总得分，则可得到各三级指标的贡献率，这样可以更加直观地显示每个三级指标对二级指标的贡献大小（见图4-6）。

由图可见，6个三级指标对创新环境竞争力的贡献率是不平衡的，2015年，总体贡献率最高的是企业税负占利润比重，其平均贡献率为25.5%，其次是在线公共服务指数和企业开业程序，平均贡献率均为20.2%，再次是千人因特网用户数和千人手机用户数，其平均贡献率分别是19.0%和14.0%，ISO 9001质量体系认证数的贡献率仅为1.1%。

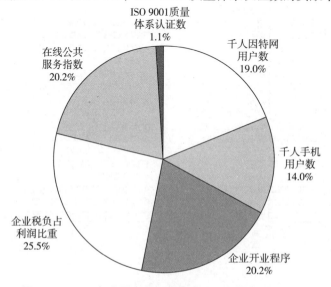

图4-6 2015年世界创新环境竞争力三级指标的贡献率

表4-3 2015年世界创新环境竞争力及三级指标的得分及排名情况

国家	创新环境竞争力		千人因特网用户数		千人手机用户数		企业开业程序		企业税负占利润比重		在线公共服务指数		ISO 9001质量体系认证数	
	排名	得分	排名	得分	排名	得分	排名	得分	排名	得分	排名	得分	排名	得分
新加坡	1	70.0	21	83.7	18	56.0	5	86.7	6	94.7	3	96.9	31	2.0
英国	2	69.3	8	94.3	46	44.5	15	80.0	32	83.6	1	100.0	5	13.7
新西兰	3	68.3	13	90.2	51	43.3	1	100.0	39	81.8	5	93.9	57	0.4
芬兰	4	67.6	7	95.0	28	50.3	5	86.7	50	78.9	5	93.9	43	0.9
韩国	5	66.8	10	92.0	54	41.5	5	86.7	37	82.7	5	93.9	15	4.1
加拿大	6	66.2	11	90.5	89	23.2	2	93.3	11	92.2	4	95.4	28	2.2
澳大利亚	7	65.9	19	86.3	31	48.9	5	86.7	73	71.3	2	97.7	12	4.7
卢森堡	8	65.6	1	100.0	16	57.0	29	73.3	9	92.6	37	70.2	76	0.1
爱沙尼亚	9	65.5	12	90.4	15	57.1	5	86.7	79	69.8	13	88.5	58	0.4
丹麦	10	65.3	3	98.9	41	46.6	15	80.0	16	89.5	25	76.3	51	0.6
荷兰	11	65.3	5	95.5	48	44.2	15	80.0	60	76.5	9	92.4	19	3.5
瑞典	12	64.3	9	92.8	35	47.7	5	86.7	77	70.1	14	87.0	37	1.5
以色列	13	63.0	26	80.2	29	49.3	29	73.3	22	86.9	17	85.5	20	3.1
卡塔尔	14	62.8	6	95.2	10	62.5	64	53.3	1	100.0	45	65.6	66	0.2
意大利	15	62.6	45	65.9	23	53.7	40	66.7	95	57.6	16	86.3	2	45.4
挪威	16	62.5	2	99.4	65	37.8	15	80.0	54	77.7	23	79.4	48	0.8
科威特	17	62.1	22	83.6	1	100.0	89	26.7	2	98.7	49	63.4	71	0.1
日本	18	61.2	4	95.7	45	45.7	64	53.3	82	69.0	14	87.0	4	16.1
俄罗斯	19	60.6	31	74.3	8	63.0	15	80.0	71	71.7	34	71.8	21	3.1
哈萨克斯坦	20	60.6	33	73.7	12	61.4	40	66.7	27	85.8	28	75.6	69	0.2
立陶宛	21	60.3	36	72.1	26	52.4	15	80.0	65	75.2	21	81.7	56	0.4
斯洛文尼亚	22	60.3	32	74.0	61	38.8	15	80.0	31	84.4	18	84.0	52	0.5
美国	23	60.2	29	75.5	55	41.1	40	66.7	67	74.2	9	92.4	7	11.3
奥地利	24	60.2	20	85.6	11	61.6	64	53.3	84	68.0	11	90.8	35	1.5
瑞士	25	59.3	14	89.9	27	50.8	40	66.7	23	86.1	58	58.0	14	4.2
法国	26	59.3	18	86.4	78	33.4	29	73.3	94	59.2	5	93.9	9	9.5

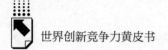

续表

国家	创新环境竞争力		千人因特网用户数		千人手机用户数		企业开业程序		企业税负占利润比重		在线公共服务指数		ISO 9001 质量体系认证数	
	排名	得分	排名	得分	排名	得分	排名	得分	排名	得分	排名	得分	排名	得分
爱尔兰	27	59.3	24	81.5	77	33.9	15	80.0	20	88.4	36	71.0	49	0.8
乌拉圭	28	59.0	48	64.9	7	63.1	29	73.3	63	75.9	25	76.3	53	0.4
马其顿	29	58.9	38	71.1	80	31.4	2	93.3	2	98.7	56	58.8	70	0.1
阿塞拜疆	30	58.9	28	78.2	64	37.8	2	93.3	56	77.4	44	66.4	77	0.1
阿曼	31	58.8	30	75.1	9	62.9	40	66.7	15	90.4	61	57.3	68	0.2
波兰	32	58.7	43	68.5	22	54.0	15	80.0	58	77.0	42	68.7	17	3.7
德国	33	58.1	15	89.5	56	40.6	77	46.7	76	70.3	20	83.2	3	18.1
西班牙	34	57.9	27	80.0	70	36.2	55	60.0	81	69.4	11	90.8	8	11.2
比利时	35	57.8	16	86.8	60	40.1	5	86.7	91	62.7	40	69.5	40	1.2
拉脱维亚	36	57.7	25	80.5	42	46.2	15	80.0	42	80.5	56	58.8	59	0.4
马来西亚	37	57.5	37	71.8	21	54.7	40	66.7	57	77.3	37	70.2	16	4.1
中国	38	56.9	65	49.5	86	28.0	86	33.3	96	55.3	28	75.6	1	100.0
智利	39	56.0	49	64.5	38	47.2	55	60.0	25	86.1	25	76.3	34	1.8
格鲁吉亚	40	55.9	71	44.0	40	47.0	5	86.7	5	96.0	51	61.8	88	0.0
塞尔维亚	41	55.7	46	65.6	52	42.6	40	66.7	55	77.5	22	80.9	45	0.9
葡萄牙	42	55.4	42	69.2	68	37.4	29	73.3	59	76.6	30	73.3	25	2.6
毛里求斯	43	54.9	66	49.3	24	53.0	40	66.7	13	91.9	42	68.7	78	0.1
摩洛哥	44	54.3	56	56.8	43	45.9	15	80.0	77	70.1	33	72.5	62	0.3
沙特阿拉伯	45	54.3	40	70.2	3	71.5	94	20.0	4	97.1	45	65.6	41	1.0
克罗地亚	46	54.2	39	70.4	76	34.0	64	53.3	7	93.1	30	73.3	44	0.9
亚美尼亚	47	53.0	54	58.0	57	40.2	5	86.7	7	93.1	85	39.7	95	0.0
南非	48	52.9	63	51.3	6	65.3	55	60.0	23	86.1	68	53.4	36	1.5
匈牙利	49	52.6	34	73.7	53	41.8	40	66.7	75	70.6	53	61.1	30	2.0
约旦	50	52.4	61	52.8	2	73.0	55	60.0	28	85.6	80	42.7	72	0.1
保加利亚	51	52.3	57	56.3	39	47.1	40	66.7	21	87.6	67	54.2	33	1.9
塞浦路斯	52	51.6	35	72.5	83	29.6	40	66.7	16	89.5	71	51.1	63	0.3

续表

国家 项目	创新环境竞争力		千人因特网用户数		千人手机用户数		企业开业程序		企业税负占利润比重		在线公共服务指数		ISO 9001质量体系认证数	
	排名	得分	排名	得分	排名	得分	排名	得分	排名	得分	排名	得分	排名	得分
阿尔巴尼亚	53	51.6	50	63.4	73	35.3	29	73.3	44	80.0	61	57.3	75	0.1
斯洛伐克	54	51.4	17	86.8	50	43.5	40	66.7	84	68.0	84	41.2	32	1.9
乌克兰	55	51.3	67	48.4	20	54.7	15	80.0	87	67.6	63	56.5	60	0.4
希腊	56	51.1	44	67.3	62	38.7	29	73.3	80	69.7	64	55.7	29	2.1
巴拿马	57	50.6	64	50.5	4	70.3	29	73.3	46	79.5	90	29.8	82	0.1
泰国	58	50.4	77	37.7	13	59.2	40	66.7	33	83.1	70	52.7	22	3.0
捷克	59	49.6	23	82.8	49	44.0	64	53.3	82	69.0	78	45.0	18	3.6
墨西哥	60	49.4	55	57.2	88	24.8	55	60.0	86	67.9	18	84.0	26	2.5
白俄罗斯	61	48.9	51	62.3	47	44.2	29	73.3	88	66.2	76	45.8	39	1.2
哥斯达黎加	62	48.2	52	59.7	14	58.2	77	46.7	90	62.9	51	61.8	74	0.1
哥伦比亚	63	47.5	58	55.5	59	40.1	64	53.3	98	53.8	24	77.9	13	4.3
秘鲁	64	47.4	75	39.4	69	37.1	40	66.7	47	79.4	53	61.1	54	0.4
罗马尼亚	65	47.2	59	55.4	71	35.7	40	66.7	64	75.7	80	42.7	10	7.0
吉尔吉斯斯坦	66	47.1	79	28.0	32	48.9	15	80.0	26	86.0	85	39.7	100	0.0
越南	67	46.8	62	52.1	34	47.8	77	46.7	53	77.8	65	55.0	38	1.4
巴拉圭	68	46.2	73	43.2	74	34.8	55	60.0	41	81.2	58	58.0	73	0.1
土耳其	69	45.6	60	53.2	82	30.0	64	53.3	61	76.4	58	58.0	24	2.9
突尼斯	70	45.6	69	47.6	36	47.5	77	46.7	92	61.3	37	70.2	61	0.3
巴西	71	45.1	53	58.9	44	45.7	86	33.3	97	55.0	34	71.8	11	6.0
危地马拉	72	44.5	82	24.6	63	37.9	55	60.0	48	79.3	47	64.9	80	0.1
蒙古	73	44.1	89	18.5	75	34.6	29	73.3	18	89.4	73	48.9	96	0.0
萨尔瓦多	74	42.9	83	24.4	19	55.4	64	53.3	52	78.2	76	45.8	81	0.1
博茨瓦纳	75	42.1	81	25.0	5	67.6	77	46.7	19	89.1	93	24.4	98	0.0
波黑	76	42.0	47	65.4	87	26.9	89	26.7	14	90.5	82	42.0	65	0.3
埃及	77	41.7	78	34.1	66	37.7	55	60.0	70	73.3	79	44.3	47	0.8
斯里兰卡	78	41.2	80	27.7	67	37.5	64	53.3	89	65.2	49	63.4	64	0.3

续表

国家＼项目	创新环境竞争力 排名	创新环境竞争力 得分	千人因特网用户数 排名	千人因特网用户数 得分	千人手机用户数 排名	千人手机用户数 得分	企业开业程序 排名	企业开业程序 得分	企业税负占利润比重 排名	企业税负占利润比重 得分	在线公共服务指数 排名	在线公共服务指数 得分	ISO 9001 质量体系认证指数 排名	ISO 9001 质量体系认证指数 得分
加纳	79	41.1	85	20.7	37	47.4	64	53.3	34	83.1	82	42.0	90	0.0
厄瓜多尔	80	40.1	68	48.1	92	21.6	89	26.7	35	83.0	53	61.1	55	0.4
塞内加尔	81	39.4	88	18.8	79	32.0	15	80.0	72	71.5	88	34.4	89	0.0
肯尼亚	82	38.9	70	44.5	90	22.1	86	33.3	45	79.6	68	53.4	67	0.2
伊朗	83	38.2	74	42.8	84	28.6	64	53.3	69	74.0	90	29.8	42	0.9
尼泊尔	84	37.8	93	14.4	81	30.3	55	60.0	28	85.6	87	36.6	85	0.0
菲律宾	85	36.7	76	39.2	58	40.1	100	0.0	66	75.0	47	64.9	50	0.8
印度尼西亚	86	35.9	87	19.1	33	48.7	89	26.7	30	85.4	89	32.8	23	2.9
纳米比亚	87	35.2	86	19.5	72	35.4	84	40.0	12	92.1	93	24.4	93	0.0
阿根廷	88	35.2	41	70.0	17	56.1	96	13.3	100	0.0	40	69.5	27	2.4
印度	89	35.1	84	23.4	93	20.7	94	20.0	93	61.0	30	73.3	6	12.4
柬埔寨	90	35.1	91	15.9	30	49.0	64	53.3	10	92.3	100	0.0	94	0.0
马里	91	34.6	96	6.6	25	52.5	29	73.3	74	70.7	99	4.6	99	0.0
布基纳法索	92	34.5	95	7.7	91	22.0	5	86.7	62	76.2	98	14.5	92	0.0
坦桑尼亚	93	32.8	99	1.3	94	19.6	77	46.7	67	74.2	65	55.0	83	0.0
玻利维亚	94	29.1	72	43.9	85	28.0	96	13.3	99	42.7	75	46.6	79	0.1
巴基斯坦	95	28.2	92	14.8	96	15.0	89	26.7	36	82.9	92	29.0	46	0.9
乌干达	96	27.6	90	16.2	97	6.4	96	13.3	38	82.4	74	47.3	87	0.0
莫桑比克	97	26.7	98	5.2	95	18.7	84	40.0	43	80.4	97	16.0	91	0.0
马拉维	98	26.3	97	5.5	100	0.0	64	53.3	40	81.6	96	17.6	97	0.0
埃塞俄比亚	99	25.5	94	8.0	99	2.5	96	13.3	49	79.0	72	50.4	84	0.0
马达加斯加	100	24.5	100	0.0	98	3.2	77	46.7	51	78.8	95	18.3	86	0.0
最高分	—	70.0	—	100.0	—	100.0	—	100.0	—	100.0	—	100.0	—	100.0
最低分	—	24.5	—	0.0	—	0.0	—	0.0	—	0.0	—	0.0	—	0.0
平均分	—	50.7	—	57.7	—	42.5	—	61.4	—	77.6	—	61.4	—	3.4
标准差	—	11.5	—	27.5	—	15.9	—	21.4	—	13.4	—	22.3	—	11.2

表4－4 2011年世界创新环境竞争力及三级指标的得分及排名情况

国家\项目	创新环境竞争力 排名	得分	千人因特网用户数 排名	得分	千人手机用户数 排名	得分	企业开业程序 排名	得分	企业税负占利润比重 排名	得分	在线公共服务指数 排名	得分	ISO 9001质量体系认证指数 排名	得分
新加坡	1	67.7	21	75.7	10	75.2	3	86.7	15	84.5	5	82.2	26	2.2
芬兰	2	66.7	6	94.8	3	84.0	3	86.7	49	70.0	18	63.9	43	0.9
韩国	3	66.6	9	89.5	57	51.4	19	73.3	36	74.8	1	100.0	10	10.7
丹麦	4	65.9	5	96.0	24	63.2	10	80.0	20	82.1	12	73.4	51	0.6
加拿大	5	65.7	10	88.6	85	34.7	2	93.3	8	87.5	3	87.1	24	2.7
英国	6	65.5	7	91.2	28	60.3	27	66.7	42	72.8	4	85.8	6	16.2
新西兰	7	63.5	13	86.7	53	52.3	1	100.0	38	74.5	16	67.3	56	0.4
卢森堡	8	63.3	4	96.3	12	74.1	19	73.3	7	88.3	33	48.0	79	0.1
荷兰	9	62.6	3	97.8	35	57.7	27	66.7	51	69.5	6	79.7	15	4.3
挪威	10	62.6	1	100.0	41	56.0	19	73.3	56	68.5	8	77.0	47	0.7
瑞典	11	61.5	2	99.2	32	59.0	3	86.7	84	57.7	17	64.4	28	1.9
澳大利亚	12	61.0	14	84.8	64	49.7	3	86.7	75	62.2	7	79.0	20	3.7
以色列	13	59.8	26	73.4	30	59.4	19	73.3	21	81.7	14	68.0	23	2.9
美国	14	59.1	24	74.3	75	44.0	27	66.7	73	63.1	2	96.4	11	10.0
瑞士	15	59.0	8	91.0	26	62.4	27	66.7	25	79.7	30	50.1	18	4.0
日本	16	57.5	15	84.4	65	49.5	61	53.3	76	61.9	11	73.7	3	22.0
比利时	17	56.8	11	87.1	44	54.7	3	86.7	87	52.4	23	58.9	40	1.2
爱尔兰	18	56.8	19	79.9	55	51.9	10	80.0	18	82.9	40	45.4	46	0.7
马来西亚	19	56.7	33	64.8	25	62.5	27	66.7	36	74.8	15	67.3	17	4.2
爱沙尼亚	20	56.4	18	81.6	18	69.2	19	73.3	88	52.3	20	61.8	57	0.3
立陶宛	21	56.1	31	67.7	4	81.9	27	66.7	62	66.2	26	53.7	53	0.5
哈萨克斯坦	22	55.6	43	53.6	8	78.9	46	60.0	26	79.6	21	61.1	63	0.2
奥地利	23	55.2	16	84.0	9	77.6	61	53.3	81	58.9	24	56.0	34	1.6
法国	24	55.2	17	83.0	77	43.8	19	73.3	93	44.8	9	75.0	8	11.3
意大利	25	55.2	38	57.7	6	79.7	46	60.0	96	43.0	58	35.8	2	55.2
西班牙	26	55.2	28	72.0	46	54.4	77	40.0	46	71.2	13	73.0	4	20.5

续表

国 家	创新环境竞争力 排名	得分	千人因特网用户数 排名	得分	千人手机用户数 排名	得分	企业开业程序 排名	得分	企业税负占利润比重 排名	得分	在线公共服务指数 排名	得分	ISO 9001质量体系认证指数 排名	得分
德国	27	54.9	12	86.8	51	52.5	71	46.7	71	63.9	22	60.5	5	19.1
阿曼	28	54.9	47	50.8	5	80.1	27	66.7	11	86.2	39	45.4	68	0.1
智利	29	54.6	39	55.4	23	63.3	46	60.0	16	83.9	19	63.9	37	1.4
卡塔尔	30	54.4	25	73.5	33	58.6	61	53.3	3	96.4	42	44.5	70	0.1
斯洛文尼亚	31	54.2	29	71.7	61	50.0	10	80.0	31	75.9	34	47.2	48	0.6
拉脱维亚	32	54.0	23	74.3	47	53.5	10	80.0	43	72.0	43	43.7	59	0.3
马其顿	33	53.5	36	60.2	60	50.0	10	80.0	1	100.0	68	30.5	69	0.1
科威特	34	53.2	30	70.0	7	79.5	85	26.7	2	97.0	36	45.8	67	0.1
匈牙利	35	52.8	27	72.4	37	56.6	19	73.3	83	57.8	25	54.3	25	2.6
沙特阿拉伯	36	52.3	50	50.2	1	100.0	90	20.0	4	93.2	31	49.6	49	0.6
乌拉圭	37	51.7	41	54.4	17	69.8	19	73.3	59	67.4	41	45.1	60	0.3
波兰	38	51.6	32	65.9	21	64.6	27	66.7	54	69.1	53	39.1	16	4.2
保加利亚	39	51.6	48	50.7	14	71.1	27	66.7	22	81.3	55	37.8	27	1.9
克罗地亚	40	51.1	34	61.4	36	57.4	61	53.3	9	86.9	35	47.0	44	0.8
塞浦路斯	41	49.8	35	60.4	74	45.8	27	66.7	11	86.2	48	39.7	61	0.3
巴拿马	42	49.8	54	45.0	2	91.9	27	66.7	64	65.7	72	29.1	82	0.0
捷克	43	49.5	22	75.1	27	60.6	61	53.3	79	59.7	44	43.3	14	4.9
葡萄牙	44	49.3	37	58.6	38	56.3	27	66.7	60	66.7	38	45.8	31	1.8
斯洛伐克	45	49.1	20	79.4	49	52.7	27	66.7	80	59.5	59	34.9	36	1.5
格鲁吉亚	46	49.0	69	32.9	67	47.8	3	86.7	5	91.5	60	34.9	83	0.0
俄罗斯	47	47.7	45	51.8	15	70.6	61	53.3	74	62.6	45	42.9	13	5.1
塞尔维亚	48	46.2	55	44.5	22	64.0	46	60.0	33	75.5	64	32.0	39	1.2
南非	49	45.1	67	35.6	29	60.1	27	66.7	30	76.9	70	30.2	38	1.3
约旦	50	44.9	66	36.6	48	53.4	46	60.0	23	80.4	52	39.2	66	0.1
秘鲁	51	44.7	63	37.8	52	52.5	27	66.7	45	71.4	51	39.3	57	0.3
阿塞拜疆	52	44.6	44	52.9	50	52.7	27	66.7	53	69.2	81	25.9	81	0.0

续表

国家	创新环境竞争力		千人因特网用户数		千人手机用户数		企业开业程序		企业税负占利润比重		在线公共服务指数		ISO 9001质量体系认证指数	
项目	排名	得分	排名	得分	排名	得分	排名	得分	排名	得分	排名	得分	排名	得分
中国	53	44.5	61	40.3	89	31.5	95	13.3	94	44.1	56	37.7	1	100.0
罗马尼亚	54	44.1	57	42.1	58	51.2	46	60.0	63	65.8	49	39.6	12	5.5
阿尔巴尼亚	55	44.0	45	51.8	72	46.2	27	66.7	47	70.8	75	28.5	78	0.1
毛里求斯	56	44.0	65	36.6	63	49.8	27	66.7	19	82.6	77	28.0	80	0.1
摩洛哥	57	43.6	51	48.7	43	55.0	61	53.3	78	60.0	65	31.0	62	0.2
萨尔瓦多	58	43.6	79	19.3	19	65.5	46	60.0	40	74.1	32	49.0	73	0.1
蒙古	59	43.1	83	12.3	59	50.9	46	60.0	17	83.7	28	51.6	98	0.0
吉尔吉斯斯坦	60	43.0	80	17.8	40	56.2	10	80.0	34	75.4	73	28.9	97	0.0
哥伦比亚	61	42.5	56	42.5	73	46.1	61	53.3	97	34.6	10	74.8	19	3.8
埃及	62	42.2	75	26.5	62	50.0	46	60.0	66	65.2	29	50.9	45	0.8
越南	63	42.2	64	36.8	16	70.4	71	46.7	52	69.3	76	28.2	29	1.8
土耳其	64	42.0	53	45.4	78	41.2	46	60.0	55	69.0	62	32.7	21	3.6
亚美尼亚	65	41.8	68	33.4	56	51.8	10	80.0	48	70.3	92	15.3	87	0.0
墨西哥	66	41.1	62	39.0	84	35.5	46	60.0	85	57.1	27	53.3	32	1.8
希腊	67	40.8	40	54.7	54	52.2	83	33.3	72	63.6	50	39.5	33	1.6
泰国	68	40.5	77	24.4	39	56.3	46	60.0	68	64.8	61	34.6	22	2.9
博茨瓦纳	69	39.0	92	7.5	13	72.8	71	46.7	6	88.6	87	18.5	93	0.0
巴拉圭	70	39.0	76	25.6	69	46.7	46	60.0	41	73.9	78	27.7	72	0.1
突尼斯	71	38.7	60	41.1	42	55.6	71	46.7	91	47.5	46	41.2	64	0.2
白俄罗斯	72	38.5	58	41.7	45	54.5	46	60.0	92	47.3	80	27.2	77	0.1
巴西	73	37.7	52	48.3	34	57.7	90	20.0	95	43.7	37	45.8	9	10.9
乌克兰	74	36.6	73	29.9	31	59.1	71	46.7	86	52.9	69	30.5	52	0.5
波黑	75	36.1	49	50.5	82	37.4	90	20.0	14	84.7	84	23.6	54	0.4
印度尼西亚	76	35.1	85	12.1	66	48.5	77	40.0	24	79.9	74	28.8	35	1.5
厄瓜多尔	77	34.3	70	32.8	68	47.4	90	20.0	38	74.5	66	30.7	55	0.4
危地马拉	78	33.8	84	12.1	20	65.3	85	26.7	57	68.3	67	30.6	76	0.1

续表

国家	项目	创新环境竞争力		千人因特网用户数		千人手机用户数		企业开业程序		企业税负占利润比重		在线公共服务指数		ISO 9001质量体系认证数	
		排名	得分	排名	得分	排名	得分	排名	得分	排名	得分	排名	得分	排名	得分
伊朗	79	33.6	78	19.4	87	32.7	61	53.3	65	65.3	71	29.7	41	1.1	
塞内加尔	80	33.4	88	9.4	90	30.4	10	80.0	70	63.9	90	16.5	86	0.0	
加纳	81	32.6	89	8.6	81	38.9	46	60.0	31	75.9	95	12.3	96	0.0	
纳米比亚	82	32.1	86	11.8	71	46.5	77	40.0	10	86.4	98	7.7	90	0.0	
哥斯达黎加	83	32.0	59	41.3	79	40.2	85	26.7	89	51.8	63	32.2	74	0.1	
阿根廷	84	31.5	42	54.0	11	74.6	95	13.3	99	5.2	47	40.2	30	1.8	
马里	85	31.4	98	1.2	86	33.2	10	80.0	82	58.6	91	15.4	98	0.0	
布基纳法索	86	31.0	97	2.1	95	18.0	3	86.7	61	66.6	96	12.3	92	0.0	
菲律宾	87	29.9	72	30.2	70	46.6	100	0.0	67	64.9	57	37.3	50	0.6	
尼泊尔	88	29.5	89	8.6	94	18.7	46	60.0	29	77.2	94	12.7	84	0.0	
柬埔寨	89	28.4	96	2.2	76	43.9	83	33.3	13	85.7	99	5.3	94	0.0	
肯尼亚	90	28.3	74	29.1	91	28.5	85	26.7	77	60.7	83	24.8	71	0.1	
巴基斯坦	91	25.6	89	8.6	92	25.7	85	26.7	49	70.0	86	21.6	42	1.0	
印度	92	25.4	87	9.7	88	32.1	95	13.3	90	47.7	54	38.0	7	11.4	
马达加斯加	93	25.0	99	0.9	97	13.6	61	53.3	58	68.0	93	14.4	90	0.0	
坦桑尼亚	94	24.3	95	2.3	93	22.1	77	40.0	69	64.5	89	16.7	98	0.0	
莫桑比克	95	23.6	93	3.5	98	9.0	77	40.0	43	72.0	88	17.3	88	0.0	
玻利维亚	96	23.3	71	31.3	83	36.4	95	13.3	98	31.2	79	27.4	75	0.1	
乌干达	97	21.4	82	12.9	96	17.7	95	13.3	35	75.3	97	9.3	85	0.0	
马拉维	98	21.2	94	2.4	99	5.5	77	40.0	26	79.6	100	0.0	95	0.0	
斯里兰卡	99	20.8	81	15.0	80	40.1	71	46.7	100	0.0	85	23.1	65	0.2	
埃塞俄比亚	100	20.5	100	0.0	100	0.0	90	20.0	28	78.4	82	24.8	88	0.0	
最高分	—	67.7	—	100.0	—	100.0	—	100.0	—	100.0	—	100.0	—	100.0	
最低分	—	20.5	—	0.0	—	0.0	—	0.0	—	0.0	—	0.0	—	0.0	
平均分	—	45.4	—	48.4	—	52.1	—	56.9	—	68.6	—	42.4	—	3.8	
标准差	—	12.5	—	28.9	—	18.1	—	21.4	—	16.4	—	21.2	—	11.8	

4.5 世界创新环境竞争力跨梯队变化

2015 年世界创新环境竞争力处于第一梯队（1～30 位）的依次为新加坡、英国、新西兰、芬兰、韩国、加拿大、澳大利亚、卢森堡、爱沙尼亚、丹麦、荷兰、瑞典、以色列、卡塔尔、意大利、挪威、科威特、日本、俄罗斯、哈萨克斯坦、立陶宛、斯洛文尼亚、美国、奥地利、瑞士、法国、爱尔兰、乌拉圭、马其顿、阿塞拜疆，处于第二梯队（31～70 位）的依次为阿曼、波兰、德国、西班牙、比利时、拉脱维亚、马来西亚、中国、智利、格鲁吉亚、塞尔维亚、葡萄牙、毛里求斯、摩洛哥、沙特阿拉伯、克罗地亚、亚美尼亚、南非、匈牙利、约旦、保加利亚、塞浦路斯、阿尔巴尼亚、斯洛伐克、乌克兰、希腊、巴拿马、泰国、捷克、墨西哥、白俄罗斯、哥斯达黎加、哥伦比亚、秘鲁、罗马尼亚、吉尔吉斯斯坦、越南、巴拉圭、土耳其、突尼斯，处于第三梯队（71～100 位）的依次为巴西、危地马拉、蒙古、萨尔瓦多、博茨瓦纳、波黑、埃及、斯里兰卡、加纳、厄瓜多尔、塞内加尔、肯尼亚、伊朗、尼泊尔、菲律宾、印度尼西亚、纳米比亚、阿根廷、印度、柬埔寨、马里、布基纳法索、坦桑尼亚、玻利维亚、巴基斯坦、乌干达、莫桑比克、马拉维、埃塞俄比亚、马达加斯加。

2011 年世界创新环境竞争力处于第一梯队（1～30 位）的依次为新加坡、芬兰、韩国、丹麦、加拿大、英国、新西兰、卢森堡、荷兰、挪威、瑞典、澳大利亚、以色列、美国、瑞士、日本、比利时、爱尔兰、马来西亚、爱沙尼亚、立陶宛、哈萨克斯坦、奥地利、法国、意大利、西班牙、德国、阿曼、智利、卡塔尔，处于第二梯队（31～70 位）的依次为斯洛文尼亚、拉脱维亚、马其顿、科威特、匈牙利、沙特阿拉伯、乌拉圭、波兰、保加利亚、克罗地亚、塞浦路斯、巴拿马、捷克、葡萄牙、斯洛伐克、格鲁吉亚、俄罗斯、塞尔维亚、南非、约旦、秘鲁、阿塞拜疆、中国、罗马尼亚、阿尔巴尼亚、毛里求斯、摩洛哥、萨尔瓦多、蒙古、吉尔吉斯斯坦、哥伦比亚、埃及、越南、土耳其、亚美尼亚、墨西哥、希腊、泰国、博茨瓦纳、巴拉圭，处于第三梯队（71～100 位）的依次为突尼斯、白俄罗斯、巴西、乌克兰、波黑、印度尼西亚、厄瓜多尔、危地马拉、伊朗、塞内加尔、加纳、纳米比亚、哥斯达黎加、阿根廷、马里、布基纳法索、菲律宾、尼泊尔、柬埔寨、肯尼亚、巴基斯坦、印度、马达加斯加、坦桑尼亚、莫桑比克、玻利维亚、乌干达、马拉维、斯里兰卡、埃塞俄比亚。

评价期内，一些国家的创新环境竞争力出现了跨梯队变化，如阿曼、德国、西班牙、比利时、马来西亚、智利从第一梯队下降到第二梯队，蒙古、萨尔瓦多、博茨瓦纳、埃及从第二梯队下降到第三梯队；而科威特、俄罗斯、斯洛文尼亚、乌拉圭、马其顿、阿塞拜疆从第二梯队上升到第一梯队，乌克兰、白俄罗斯、哥斯达黎加、突尼斯从第三梯队上升到第二梯队。

五 世界创新投入竞争力评价与比较分析

5.1 世界创新投入竞争力的评价结果

根据世界创新投入竞争力的评价指标体系和数学模型，对 2011～2015 年世界创新投入竞争力进行评价。表 5-1 列出了本评价期内世界创新投入竞争力的排位和得分情况，图 5-1、图 5-2、图 5-3 直观地显示了 2011 年和 2015 年世界创新投入竞争力的得分及其变化情况。

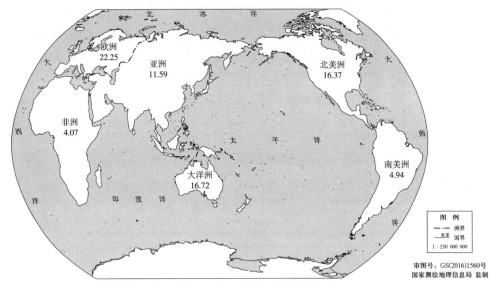

图 5-1 2011 年世界创新投入竞争力得分情况

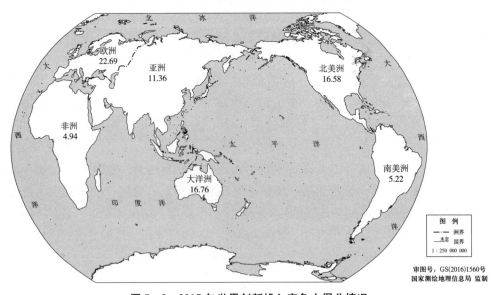

图 5-2 2015 年世界创新投入竞争力得分情况

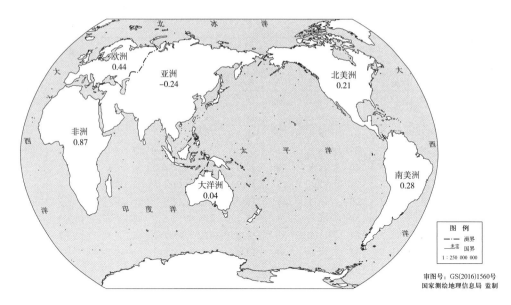

图 5-3　2011~2015 年世界创新投入竞争力得分变化情况

表 5-1　2011~2015 年世界创新投入竞争力评价比较

国家＼项目	2015 年		2014 年		2013 年		2012 年		2011 年		2011~2015 年综合变化	
	排名	得分	排名	得分	排名	得分	排名	得分	排名	得分	排名	得分
美国	1	72.7	1	70.0	1	74.5	1	75.3	1	74.6	0	-2.0
以色列	2	51.9	2	48.9	2	54.6	2	54.1	2	49.9	0	2.0
芬兰	3	43.8	3	48.3	4	40.3	5	41.5	4	40.1	1	3.7
中国	4	43.5	5	41.6	6	40.1	8	39.1	10	37.4	6	6.1
日本	5	42.0	4	42.0	3	41.2	7	40.3	7	39.3	2	2.7
韩国	6	41.4	6	40.4	7	39.2	6	40.9	9	37.8	3	3.6
丹麦	7	40.1	8	38.6	10	37.0	3	43.7	6	39.4	-1	0.7
德国	8	39.9	9	37.3	8	38.5	9	38.8	8	38.5	0	1.5
瑞典	9	38.2	12	34.8	9	37.1	4	42.0	3	47.1	-6	-8.9
法国	10	36.3	14	31.6	12	34.1	12	33.6	14	33.0	4	3.3
加拿大	11	36.1	15	30.5	13	32.4	11	35.7	12	34.0	1	2.0
新加坡	12	36.0	10	37.2	11	36.5	13	33.5	13	33.3	1	2.8
瑞士	13	35.9	7	39.9	5	40.2	10	36.9	5	39.6	-8	-3.7
卢森堡	14	35.0	11	37.2	16	29.1	16	29.0	11	35.7	-3	-0.7
奥地利	15	34.3	13	31.9	14	32.3	14	31.4	18	29.2	3	5.1
比利时	16	30.2	17	26.4	17	28.4	19	26.3	21	23.8	5	6.4
英国	17	28.8	16	26.7	18	27.7	17	28.2	17	29.2	0	-0.4
荷兰	18	28.0	18	25.6	20	25.7	21	24.5	20	24.0	2	4.0
挪威	19	27.6	19	25.5	19	25.8	18	27.7	15	32.1	-4	-4.5
爱尔兰	20	26.4	20	25.3	15	30.5	15	29.3	16	31.9	-4	-5.5
斯洛文尼亚	21	23.5	21	23.3	21	24.7	20	24.6	22	22.8	1	0.7

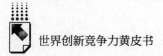

续表

项目 国家	2015年		2014年		2013年		2012年		2011年		2011~2015年 综合变化	
	排名	得分	排名	得分	排名	得分	排名	得分	排名	得分	排名	得分
捷克	22	22.4	22	21.1	24	19.5	25	18.3	29	16.4	7	6.0
俄罗斯	23	21.7	23	20.3	23	19.8	22	21.2	24	20.9	1	0.8
乌拉圭	24	21.2	24	18.1	27	18.1	28	17.4	25	20.7	1	0.5
爱沙尼亚	25	20.7	29	16.8	22	20.1	30	16.9	27	19.0	2	1.7
意大利	26	18.7	26	17.8	29	17.1	29	17.2	30	15.8	4	2.9
西班牙	27	18.5	27	17.6	25	19.2	23	19.7	23	21.0	-4	-2.4
澳大利亚	28	18.0	30	16.4	26	18.6	24	18.9	26	19.3	-2	-1.3
莫桑比克	29	17.4	28	17.5	28	17.5	27	17.5	28	17.4	-1	0.0
葡萄牙	30	16.2	31	15.9	31	14.8	32	15.1	31	15.7	1	0.5
新西兰	31	15.5	32	14.9	30	15.1	31	15.2	33	14.2	2	1.4
希腊	32	15.0	35	12.8	34	12.2	40	10.3	40	9.6	8	5.5
匈牙利	33	14.7	33	14.1	32	14.5	33	13.5	34	12.6	1	2.1
立陶宛	34	14.7	34	13.8	33	13.7	34	12.3	32	14.8	-2	-0.2
马来西亚	35	14.2	36	12.4	35	11.7	41	10.1	39	9.8	4	4.4
斯洛伐克	36	12.5	40	10.0	39	9.6	42	10.0	43	9.0	7	3.5
波兰	37	12.3	37	10.4	40	9.5	38	10.9	44	8.6	7	3.7
印度	38	10.8	39	10.0	36	10.8	35	12.1	35	12.1	-3	-1.3
塞尔维亚	39	10.8	42	9.1	41	8.7	43	9.7	45	8.6	6	2.2
拉脱维亚	40	10.6	45	8.4	44	8.6	39	10.7	38	10.4	-2	0.2
毛里求斯	41	9.8	25	17.9	51	7.0	53	7.2	56	5.8	15	4.0
沙特阿拉伯	42	9.7	38	10.0	37	10.4	37	11.1	37	10.8	-5	-1.1
保加利亚	43	9.5	44	8.8	46	8.3	54	7.1	53	6.7	10	2.8
克罗地亚	44	9.4	46	8.2	42	8.7	45	9.3	46	8.6	2	0.8
土耳其	45	8.9	43	8.9	43	8.7	46	8.7	49	8.0	4	0.9
突尼斯	46	8.8	47	8.2	47	8.0	49	8.0	51	7.1	5	1.7
巴西	47	8.6	41	9.2	38	9.7	44	9.6	42	9.2	-5	-0.6
乌克兰	48	8.4	50	7.4	48	7.5	48	8.0	48	8.3	0	0.1
埃及	49	8.2	49	7.6	50	7.4	56	6.7	52	6.9	3	1.2
肯尼亚	50	7.9	52	7.1	49	7.4	52	7.6	41	9.3	-9	-1.4
越南	51	7.4	51	7.2	52	7.0	50	7.9	47	8.5	-4	-1.1
摩洛哥	52	7.1	54	6.1	55	5.9	60	5.1	55	5.9	3	1.2
卡塔尔	53	7.1	48	8.0	45	8.4	47	8.6	50	7.6	-3	-0.5
约旦	54	6.9	55	5.8	60	4.5	36	11.1	57	5.7	3	1.1
阿根廷	55	6.3	53	6.3	53	6.5	55	6.7	54	6.6	-1	-0.3
泰国	56	6.3	58	5.1	61	3.9	63	3.5	64	3.4	8	2.8
塞浦路斯	57	5.9	56	5.8	54	6.0	51	7.7	36	11.2	-21	-5.3
罗马尼亚	58	5.7	59	4.8	58	5.0	58	5.7	60	5.3	2	0.4
南非	59	5.5	57	5.3	56	5.3	62	4.8	59	5.3	0	0.1
白俄罗斯	60	5.2	62	3.9	57	5.1	59	5.4	58	5.7	-2	-0.5
格鲁吉亚	61	4.8	63	3.6	76	2.3	67	3.2	63	3.8	2	1.0
亚美尼亚	62	4.8	66	3.0	72	2.5	84	1.3	82	1.4	20	3.3
伊朗	63	4.6	60	4.6	59	4.7	61	4.9	61	5.1	-2	-0.5

续表

项目 国家	2015 年		2014 年		2013 年		2012 年		2011 年		2011～2015 年 综合变化	
	排名	得分	排名	得分	排名	得分	排名	得分	排名	得分	排名	得分
马其顿	64	4.5	61	4.5	62	3.7	64	3.4	71	2.2	7	2.3
马里	65	3.7	71	2.8	69	2.8	70	2.8	67	2.8	2	0.9
塞内加尔	66	3.7	69	2.9	68	2.9	69	2.9	66	2.9	0	0.7
博茨瓦纳	67	3.4	64	3.5	64	3.5	81	1.5	77	1.6	10	1.9
智利	68	3.2	65	3.1	63	3.5	66	3.3	68	2.7	0	0.5
巴基斯坦	69	3.1	70	2.8	66	3.2	68	3.0	65	3.1	-4	0.0
埃塞俄比亚	70	3.1	67	2.9	67	3.1	73	2.1	84	1.2	14	1.8
哥斯达黎加	71	2.9	72	2.8	71	2.7	65	3.3	72	1.9	1	0.9
厄瓜多尔	72	2.8	74	2.6	75	2.3	74	2.0	75	1.8	3	1.1
阿曼	73	2.7	80	2.0	82	1.7	77	2.0	81	1.5	8	1.2
哈萨克斯坦	74	2.6	76	2.4	73	2.4	57	6.4	79	1.5	5	1.0
坦桑尼亚	75	2.5	75	2.5	70	2.8	79	1.8	76	1.8	1	0.8
波黑	76	2.4	78	2.2	78	2.2	80	1.7	74	1.8	-2	0.6
科威特	77	2.4	68	2.9	65	3.2	86	1.2	86	1.2	9	1.1
尼泊尔	78	2.3	77	2.3	74	2.3	72	2.3	70	2.3	-8	0.0
阿塞拜疆	79	2.2	83	1.5	84	1.5	82	1.5	80	1.5	1	0.7
乌干达	80	2.2	73	2.6	77	2.2	71	2.7	73	1.9	-7	0.3
墨西哥	81	2.1	79	2.1	79	2.1	78	2.0	69	2.5	-12	-0.4
布基纳法索	82	1.8	86	1.4	83	1.7	96	0.3	95	0.3	13	1.5
加纳	83	1.8	81	2.0	80	2.1	76	2.0	78	1.6	-5	0.2
哥伦比亚	84	1.8	85	1.4	85	1.5	87	1.0	83	1.2	-1	0.6
纳米比亚	85	1.8	82	1.8	88	1.0	88	1.0	62	4.4	-23	-2.6
秘鲁	86	1.5	94	0.6	94	0.4	97	0.3	85	1.2	-1	0.3
菲律宾	87	1.5	84	1.5	81	1.9	85	1.3	91	0.9	4	0.6
马达加斯加	88	1.4	91	0.8	86	1.4	94	0.5	94	0.6	6	0.9
巴拿马	89	1.2	90	0.8	91	0.9	83	1.4	88	1.1	-1	0.1
斯里兰卡	90	1.2	87	1.1	87	1.1	75	2.0	87	1.2	-3	0.0
柬埔寨	91	1.1	93	0.6	93	0.6	93	0.6	93	0.6	2	0.5
印度尼西亚	92	1.1	88	0.9	92	0.7	91	0.7	89	0.9	-3	0.2
玻利维亚	93	0.9	89	0.9	90	0.9	90	0.9	92	0.9	-1	0.0
吉尔吉斯斯坦	94	0.9	92	0.8	89	0.9	89	1.0	90	0.9	-4	0.0
巴拉圭	95	0.6	95	0.4	95	0.4	95	0.4	96	0.2	1	0.4
萨尔瓦多	96	0.6	96	0.4	97	0.2	100	0.1	100	0.1	4	0.5
危地马拉	97	0.5	97	0.4	96	0.4	92	0.6	97	0.2	0	0.3
阿尔巴尼亚	98	0.2	98	0.2	98	0.2	98	0.2	98	0.2	0	0.0
马拉维	99	0.2	99	0.2	99	0.2	99	0.2	99	0.2	0	0.0
蒙古	100	0.0	100	0.0	100	0.0	26	17.5	19	25.1	-81	-25.1
最高分	—	**72.7**	—	**70.0**	—	**74.5**	—	**75.3**	—	**74.6**	—	**-2.0**
最低分	—	**0.0**	—	**0.0**	—	**0.0**	—	**0.1**	—	**0.1**	—	**-0.1**
平均分	—	**13.4**	—	**12.7**	—	**12.6**	—	**12.9**	—	**12.8**	—	**0.5**
标准差	—	**14.4**	—	**14.1**	—	**14.3**	—	**14.4**	—	**14.4**	—	**0.0**

由表5－1可知，2015年，世界创新投入竞争力的最高得分为72.7分，比2011年降低了2.0分；最低得分为0分，比2011年降低了0.1分；平均分为13.4分，比2011年提高了0.5分。这表明世界整体的创新投入竞争力水平略有提高。标准差为14.4，与2011年保持一致，创新投入竞争力的国家间差距仍然较大。

创新投入竞争力得分较高的国家主要是发达国家，2015年，在排名前30位的国家中，有26个是发达国家，创新投入竞争力得分较低的主要是发展中国家，主要是由发达国家和发展中国家在经济社会发展水平、科技创新投入、科技创新人才资源等方面的巨大差异造成的。

5.2 世界创新投入竞争力的综合排名及其变化

2015年世界创新投入竞争力排在第1～10位的国家依次为美国、以色列、芬兰、中国、日本、韩国、丹麦、德国、瑞典、法国，排在第11～20位的国家依次为加拿大、新加坡、瑞士、卢森堡、奥地利、比利时、英国、荷兰、挪威、爱尔兰，排在第21～30位的国家依次为斯洛文尼亚、捷克、俄罗斯、乌拉圭、爱沙尼亚、意大利、西班牙、澳大利亚、莫桑比克、葡萄牙，排在最后10位的国家依次为柬埔寨、印度尼西亚、玻利维亚、吉尔吉斯斯坦、巴拉圭、萨尔瓦多、危地马拉、阿尔巴尼亚、马拉维、蒙古。

2011年创新投入竞争力排在第1～10位的国家依次为美国、以色列、瑞典、芬兰、瑞士、丹麦、日本、德国、韩国、中国，排在第11～20位的国家依次为卢森堡、加拿大、新加坡、法国、挪威、爱尔兰、英国、奥地利、蒙古、荷兰，排在第21～30位的国家依次为比利时、斯洛文尼亚、西班牙、俄罗斯、乌拉圭、澳大利亚、爱沙尼亚、莫桑比克、捷克、意大利，排在最后10位的国家依次为菲律宾、玻利维亚、柬埔寨、马达加斯加、布基纳法索、巴拉圭、危地马拉、阿尔巴尼亚、马拉维、萨尔瓦多。

总的来看，世界创新投入竞争力排在前10位的国家基本保持稳定，仅有法国取代了瑞士；排名前30位的国家也基本保持稳定，仅有葡萄牙取代蒙古进入前30位。排名最后10位的国家也基本保持稳定，仅菲律宾和马达加斯加从2011年的最后十位上升到了2015年的前90位，而蒙古和吉尔吉斯斯坦在2015年下降到最后十位。虽然各梯队国家变化不大，但内部个别国家的排名发生较大变化，如瑞士由第5位下降到第13位，捷克从第29位上升到第22位。

2011～2015年，各国创新投入竞争力的排名变化情况见图5－4。创新投入竞争力排位上升的国家有53个，其中上升最快的是亚美尼亚，排位上升了20位，其次为毛里求斯，上升了15位，排位上升10位及以上的国家还有埃塞俄比亚、布基纳法索、博茨瓦纳、保加利亚。排位下降的国家有36个，其中，下降幅度最大的是蒙古，下降了81位（主要是由于2015年蒙古的数据缺失严重，导致得分为0），其次是纳米比亚，下降了23位，排位下降幅度超过10位的国家还有2个，即墨西哥和塞浦路斯。11个国家的排位保持不变。

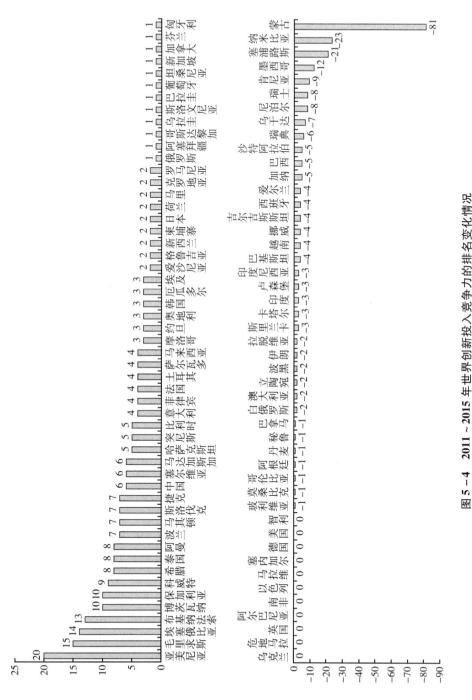

图 5 - 4　2011～2015 年世界创新投入竞争力的排名变化情况

5.3 世界创新投入竞争力的综合得分及其变化

世界创新投入竞争力的平均得分呈波动上升趋势，由2011年的12.8分提高到2015年的13.4分，表明世界创新投入竞争力整体水平有所提高。

2011年，只有美国1个国家的创新投入竞争力得分超过70分，其余国家均低于50分，其中，3个国家介于40~50分，12个国家介于30~40分，9个国家得分介于20~30分，13个国家得分介于10~20分，62个国家低于10分。到2015年，仍然只有美国1个国家的得分超过70分，以色列超过50分，其余国家均低于50分，其中，5个国家介于40~50分，9个国家介于30~40分，9个国家得分介于20~30分，15个国家得分介于10~20分，60个国家低于10分。可见，2015年与2011年相比，世界创新投入竞争力的整体水平有所提高，但大部分国家的得分仍然较低，有60%左右的国家得分低于10分。

为更加直观地比较分析各国创新投入竞争力水平，我们将2015年各国创新投入竞争力表现在图5-5中。

由图5-5可知，各国创新投入竞争力差距非常大，发达国家的创新投入竞争力得分远高于发展中国家，在超过平均分的35个国家中，有29个是发达经济体，仅有6个发展中国家。分数的差距也相当大，发达国家中排名第一的美国得分为72.7分，是发展中国家中排名最靠前的中国的1.7倍。

各国创新投入竞争力的得分变化情况见表5-2。创新投入竞争力得分上升的国家有69个，其中，上升最快的是比利时，得分上升了6.4分，其次为中国，上升了6.1分，捷克、希腊、奥地利的得分上升也较快，上升幅度均超过5分；得分下降的国家有23个，其中，下降幅度最大的是蒙古，下降了25.1分，部分发达国家的得分下降幅度也较大，如瑞典的得分下降幅度排在第2位，下降了8.9分，塞浦路斯和爱尔兰的下降幅度也较大，分别下降了5.3分和5.5分。

表5-2　2011~2015年世界创新投入竞争力总体得分变化情况

变化速度排序	国家	2011年得分	2015年得分	总体得分变化	2015年总得分排名	变化速度排序	国家	2011年得分	2015年得分	总体得分变化	2015年总得分排名
1	比利时	23.8	30.2	6.4	16	9	芬兰	40.1	43.8	3.7	3
2	中国	37.4	43.5	6.1	4	11	韩国	37.8	41.4	3.6	6
3	捷克	16.4	22.4	6.0	22	12	斯洛伐克	9	12.5	3.5	36
4	希腊	9.6	15	5.4	32	13	亚美尼亚	1.4	4.8	3.4	62
5	奥地利	29.2	34.3	5.1	15	14	法国	33	36.3	3.3	10
6	马来西亚	9.8	14.2	4.4	35	15	意大利	3.4	6.3	2.9	26
7	毛里求斯	5.8	9.8	4.0	41	15	泰国	15.8	18.7	2.9	56
7	荷兰	24	28	4.0	18	17	保加利亚	6.7	9.5	2.8	43
9	波兰	8.6	12.3	3.7	37	18	新加坡	33.3	36	2.7	12

续表

变化速度排序	国家	2011 年得分	2015 年得分	总体得分变化	2015 年总得分排名	变化速度排序	国家	2011 年得分	2015 年得分	总体得分变化	2015 年总得分排名
18	日本	39.3	42	2.7	5	61	秘鲁	1.9	2.2	0.3	86
20	马其顿	2.2	4.5	2.3	64	61	乌干达	1.2	1.5	0.3	80
21	塞尔维亚	8.6	10.8	2.2	39	61	危地马拉	0.2	0.5	0.3	97
22	匈牙利	34	36.1	2.1	33	64	加纳	5.3	5.5	0.2	83
22	加拿大	12.6	14.7	2.1	11	64	拉脱维亚	0.9	1.1	0.2	40
24	以色列	49.9	51.9	2.0	2	64	印度尼西亚	1.6	1.8	0.2	92
25	博茨瓦纳	1.2	3.1	1.9	67	64	南非	10.4	10.6	0.2	59
26	埃塞俄比亚	1.6	3.4	1.8	70	68	巴拿马	1.1	1.2	0.1	89
27	爱沙尼亚	7.1	8.8	1.7	25	68	乌克兰	8.3	8.4	0.1	48
27	突尼斯	19	20.7	1.7	46	70	莫桑比克	17.4	17.4	0.0	29
29	布基纳法索	0.3	1.8	1.5	82	70	尼泊尔	2.3	2.3	0.0	78
30	德国	38.5	39.9	1.4	8	70	巴基斯坦	3.1	3.1	0.0	69
31	新西兰	14.2	15.5	1.3	31	70	玻利维亚	0.9	0.9	0.0	93
31	埃及	6.9	8.2	1.3	49	70	阿尔巴尼亚	0.2	0.2	0.0	98
33	阿曼	1.5	2.7	1.2	73	70	斯里兰卡	1.2	1.2	0.0	90
33	摩洛哥	5.7	6.9	1.2	52	70	马拉维	0.2	0.2	0.0	99
33	科威特	1.2	2.4	1.2	77	70	吉尔吉斯斯坦	0.9	0.9	0.0	94
33	约旦	5.9	7.1	1.2	54	78	立陶宛	14.8	14.7	-0.1	34
37	厄瓜多尔	1.5	2.6	1.1	72	79	阿根廷	6.6	6.3	-0.3	55
38	哈萨克斯坦	3.8	4.8	1.0	74	80	墨西哥	29.2	28.8	-0.4	81
38	格鲁吉亚	1.9	2.9	1.0	61	80	英国	2.5	2.1	-0.4	17
38	哥斯达黎加	1.8	2.8	1.0	71	82	白俄罗斯	5.7	5.2	-0.5	60
41	马里	2.8	3.7	0.9	65	82	伊朗	5.1	4.6	-0.5	63
41	土耳其	8	8.9	0.9	45	82	卡塔尔	7.6	7.1	-0.5	53
43	马达加斯加	20.9	21.7	0.8	88	85	巴西	9.2	8.6	-0.6	47
43	俄罗斯	8.6	9.4	0.8	23	86	卢森堡	35.7	35	-0.7	14
43	克罗地亚	2.9	3.7	0.8	44	87	沙特阿拉伯	8.5	7.4	-1.1	42
43	坦桑尼亚	0.6	1.4	0.8	75	87	越南	10.8	9.7	-1.1	51
47	塞内加尔	39.4	40.1	0.7	66	89	印度	12.1	10.8	-1.3	38
47	阿塞拜疆	1.5	2.2	0.7	79	89	澳大利亚	19.3	18	-1.3	28
47	丹麦	1.8	2.5	0.7	7	91	肯尼亚	9.3	7.9	-1.4	50
47	斯洛文尼亚	22.8	23.5	0.7	21	92	美国	74.6	72.7	-1.9	1
51	菲律宾	0.9	1.5	0.6	87	93	西班牙	21	18.5	-2.5	27
51	波黑	1.2	1.8	0.6	76	94	纳米比亚	4.4	1.8	-2.6	85
51	哥伦比亚	1.8	2.4	0.6	84	95	瑞士	39.6	35.9	-3.7	13
54	柬埔寨	0.6	1.1	0.5	91	96	挪威	32.1	27.6	-4.5	19
54	智利	2.7	3.2	0.5	68	97	塞浦路斯	11.2	5.9	-5.3	57
54	葡萄牙	15.7	16.2	0.5	30	98	爱尔兰	31.9	26.4	-5.5	20
54	乌拉圭	20.7	21.2	0.5	24	99	瑞典	47.1	38.2	-8.9	9
54	萨尔瓦多	0.1	0.6	0.5	96	100	蒙古	25.1	0	-25.1	100
59	罗马尼亚	5.3	5.7	0.4	58						
59	巴拉圭	0.2	0.6	0.4	95		**平均分**	**12.8**	**13.4**	**0.5**	**—**

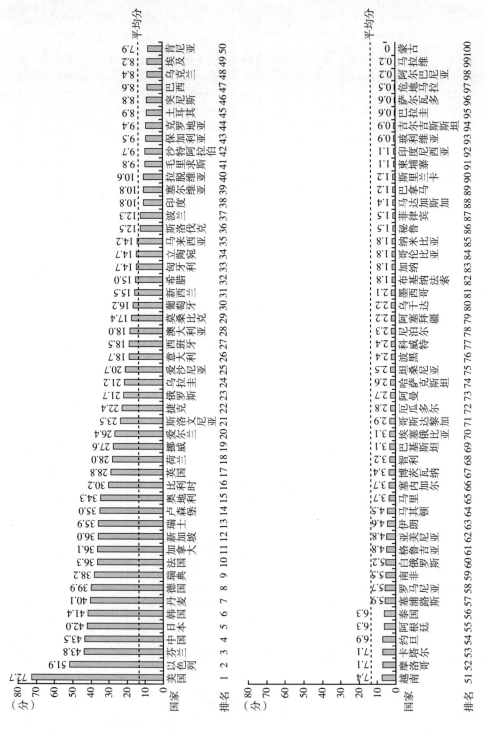

图 5－5 2015 年世界创新投入竞争力的排位及得分情况

5.4 世界创新投入竞争力的要素得分情况

表5-3和表5-4列出了2015年和2011年世界创新投入竞争力6个三级指标的得分及排名波动情况。

从三级指标的得分变化来看，2011~2015年，除了研发人员总量、风险资本交易占GDP比重这两项指标的平均分有略微下降外，其余4个指标的平均分均上升，其中，研发经费支出占GDP比重、人均研发经费支出分别上升了2.8分、2.9分，研发经费支出总额、研究人员占从业人员比重分别上升了0.2分和0.7分。由此可见，2011~2015年，世界创新投入竞争力得分上升主要是由研发经费支出占GDP比重、人均研发经费支出得分大幅上升推动的。

各三级指标得分较高的国家，其创新投入竞争力得分往往也比较高，排名也比较靠前，而且在6个三级指标中，一旦有指标排名明显靠后或下降较快，就会成为束缚该国创新投入竞争力提升的"短板"，排名将大大降低。比如，塞浦路斯的6个三级指标中，有5个指标的排位变化很小，但风险资本交易占GDP比重的排位下降了24位，导致其创新投入竞争力排位下降了21位。

为更好地分析各三级指标对二级指标创新投入竞争力的贡献和作用，将各三级指标的得分与其权重相乘，折算为反映在二级指标上的得分，然后除以二级指标总得分，则可得到各三级指标的贡献率，这样可以更加直观地看出每个三级指标对二级指标的贡献大小（见图5-6）。

由图可见，6个三级指标对创新投入竞争力的贡献率不平衡。2015年，总体贡献率最高的是研究人员占从业人员比重，其平均贡献率达到33.3%，其次是人均研发经费支出，平均贡献率为25.2%；研发经费支出占GDP比重的平均贡献率也比较高，达到19.1%，其余3个指标的贡献率相对较低。

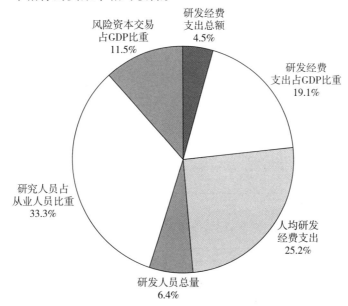

图5-6　2015年世界创新投入竞争力三级指标的贡献率

表5-3 2015年世界创新投入竞争力及三级指标的得分及排名情况

国家/项目	创新投入竞争力		研发经费支出总额		研发经费支出占GDP比重		人均研发经费支出		研发人员总量		研究人员占从业人员比重		风险资本交易占GDP比重	
	排名	得分	排名	得分	排名	得分	排名	得分	排名	得分	排名	得分	排名	得分
美国	1	72.7	1	100.0	20	24.7	5	89.8	2	84.3	—	—	4	64.6
以色列	2	51.9	19	2.7	4	40.8	3	92.9	18	4.3	1	100.0	3	70.8
芬兰	3	43.8	30	1.4	18	25.9	12	70.1	33	2.3	4	88.0	2	75.4
中国	4	43.5	2	82.4	7	33.3	34	17.1	1	100.0	38	20.6	31	7.7
日本	5	42.0	3	34.4	5	35.1	10	77.2	3	41.2	17	59.2	37	4.6
韩国	6	41.4	5	15.1	3	48.8	7	84.8	6	22.2	6	74.2	43	3.1
丹麦	7	40.1	26	1.7	21	24.7	8	83.5	30	2.6	2	92.7	7	35.4
德国	8	39.9	4	23.1	12	30.6	9	80.3	5	22.4	14	64.8	14	18.5
瑞典	9	38.2	16	3.1	14	27.9	4	89.9	19	4.3	5	74.7	10	29.2
法国	10	36.3	6	12.7	22	23.3	16	54.3	9	17.2	10	68.7	5	41.5
加拿大	11	36.1	12	4.5	51	12.9	22	35.7	10	10.0	21	53.2	1	100.0
新加坡	12	36.0	25	1.9	13	29.3	1	100.0	35	2.3	16	59.7	13	23.1
瑞士	13	35.9	18	2.8	33	18.4	2	95.3	34	2.3	7	72.1	12	24.6
卢森堡	14	35.0	63	0.2	56	11.8	11	77.2	63	0.2	3	91.4	10	29.2
奥地利	15	34.3	20	2.7	9	31.7	6	88.2	29	2.6	9	71.2	28	9.2
比利时	16	30.2	21	2.5	19	24.9	14	64.2	25	3.4	7	72.1	20	13.8
英国	17	28.8	8	9.4	45	14.6	19	41.1	7	18.0	20	54.1	7	35.4
荷兰	18	28.0	15	3.4	27	20.3	15	57.4	17	4.8	13	65.2	17	16.9
挪威	19	27.6	32	1.3	46	14.4	13	68.7	39	1.9	10	68.7	26	10.8
爱尔兰	20	26.4	36	0.8	54	12.4	17	48.5	42	1.3	15	63.1	9	32.3
斯洛文尼亚	21	23.5	51	0.3	11	30.7	20	40.6	54	0.5	12	65.7	43	3.1
捷克	22	22.4	29	1.4	6	33.8	21	37.8	32	2.4	19	55.8	43	3.1
俄罗斯	23	21.7	9	8.2	15	26.9	35	16.2	4	28.0	22	49.4	54	1.5
乌拉圭	24	21.2	76	0.0	2	90.9	58	4.0	67	0.1	—	—	26	10.8
爱沙尼亚	25	20.7	66	0.1	23	22.9	25	24.9	61	0.3	28	36.1	6	40.0
意大利	26	18.7	10	6.2	39	15.1	24	28.9	13	7.6	23	48.1	33	6.2

续表

项目 国家	创新投入 竞争力		研发经费 支出总额		研发经费支出 占GDP比重		人均研发 经费支出		研发人员 总量		研究人员占从业 人员比重		风险资本交易 占GDP比重	
	排名	得分	排名	得分	排名	得分	排名	得分	排名	得分	排名	得分	排名	得分
西班牙	27	18.5	13	4.0	41	15.0	26	24.6	12	7.6	24	47.6	22	12.3
澳大利亚	28	18.0	14	4.0	50	13.2	18	47.6	14	6.7	—	—	14	18.5
莫桑比克	29	17.4	48	0.3	1	100.0	61	3.4	76	0.1	73	0.9	79	0.0
葡萄牙	30	16.2	35	0.8	34	17.8	27	21.8	31	2.4	26	45.1	28	9.2
新西兰	31	15.5	47	0.3	64	8.7	28	21.3	45	1.1	25	46.4	19	15.4
希腊	32	15.0	40	0.5	53	12.5	38	14.3	37	2.1	17	59.2	54	1.5
匈牙利	33	14.7	38	0.7	16	26.5	29	20.9	40	1.6	27	36.9	54	1.5
立陶宛	34	14.7	57	0.2	30	19.1	33	17.4	52	0.5	30	33.9	17	16.9
马来西亚	35	14.2	23	2.1	8	31.8	32	19.8	20	4.2	37	24.5	43	3.1
斯洛伐克	36	12.5	46	0.4	28	19.7	30	20.2	48	0.9	32	30.5	43	3.1
波兰	37	12.3	24	2.0	31	19.0	37	15.2	16	5.0	34	26.6	33	6.2
印度	38	10.8	7	10.1	25	21.4	66	2.2	8	17.5	64	4.3	28	9.2
塞尔维亚	39	10.8	59	0.2	26	21.1	47	7.0	47	0.9	29	35.6	79	0.0
拉脱维亚	40	10.6	75	0.1	62	10.3	41	9.0	62	0.2	35	25.8	14	18.5
毛里求斯	41	9.8	72	0.1	17	26.3	36	15.5	89	0.0	63	4.7	22	12.3
沙特阿拉伯	42	9.7	22	2.2	40	15.1	31	20.0	—	—	—	—	54	1.5
保加利亚	43	9.5	56	0.2	37	15.9	46	7.1	49	0.9	31	31.3	54	1.5
克罗地亚	44	9.4	61	0.2	43	14.8	39	10.9	56	0.4	33	28.3	54	1.5
土耳其	45	8.9	17	2.8	44	14.8	40	10.3	15	5.6	39	18.5	54	1.5
突尼斯	46	8.8	60	0.2	36	17.0	57	4.2	43	1.2	35	25.8	37	4.6
巴西	47	8.6	11	5.7	47	14.1	44	7.8	11	9.0	49	12.0	43	3.1
乌克兰	48	8.4	42	0.4	24	21.9	62	2.8	28	2.8	40	18.0	37	4.6
埃及	49	8.2	27	1.5	29	19.5	54	4.5	21	3.8	40	18.0	54	1.5
肯尼亚	50	7.9	52	0.3	35	17.7	72	1.6	51	0.6	47	13.3	20	13.8
越南	51	7.4	31	1.3	10	30.8	75	1.1	22	3.8	58	6.0	54	1.5
摩洛哥	52	7.1	44	0.4	32	18.7	60	3.5	36	2.2	45	14.6	43	3.1

续表

国家	创新投入竞争力		研发经费支出总额		研发经费支出占GDP比重		人均研发经费支出		研发人员总量		研究人员占从业人员比重		风险资本交易占GDP比重	
项目	排名	得分	排名	得分	排名	得分	排名	得分	排名	得分	排名	得分	排名	得分
卡塔尔	53	7.1	53	0.2	74	6.1	23	29.2	71	0.1	60	5.2	54	1.5
约旦	54	6.9	—	—	—	—	—	—	65	0.1	54	8.2	22	12.3
阿根廷	55	6.3	33	1.1	65	8.6	45	7.4	27	3.2	42	17.6	79	0.0
泰国	56	6.3	28	1.4	38	15.6	49	5.9	23	3.7	52	9.4	54	1.5
塞浦路斯	57	5.9	81	0.0	68	7.6	42	8.2	75	0.1	47	13.3	33	6.2
罗马尼亚	58	5.7	43	0.4	59	11.0	48	6.3	46	1.1	43	15.5	79	0.0
南非	59	5.5	34	0.9	55	12.1	56	4.5	41	1.5	51	10.7	43	3.1
白俄罗斯	60	5.2	58	0.2	48	13.8	52	5.3	—	—	—	—	54	1.5
格鲁吉亚	61	4.8	84	0.0	71	6.8	71	1.6	59	0.3	46	14.2	33	6.2
亚美尼亚	62	4.8	90	0.0	78	5.5	74	1.2	—	—	—	—	22	12.3
伊朗	63	4.6	39	0.6	73	6.3	67	2.0	26	3.4	44	15.0	79	0.0
马其顿	64	4.5	83	0.0	57	11.6	59	3.6	68	0.1	50	11.6	79	0.0
马里	65	3.7	79	0.0	49	13.6	—	—	82	0.0	78	0.4	37	4.6
塞内加尔	66	3.7	82	0.0	61	10.4	85	0.6	58	0.3	58	6.0	37	4.6
博茨瓦纳	67	3.4	80	0.0	58	11.0	55	4.5	87	0.0	60	5.2	79	0.0
智利	68	3.2	49	0.3	75	5.9	53	5.2	53	0.5	56	7.3	79	0.0
巴基斯坦	69	3.1	41	0.5	67	7.7	78	0.7	24	3.4	57	6.4	79	0.0
埃塞俄比亚	70	3.1	54	0.2	42	14.9	84	0.6	60	0.3	73	0.9	54	1.5
哥斯达黎加	71	2.9	69	0.1	69	7.3	51	5.3	64	0.2	—	—	54	1.5
厄瓜多尔	72	2.8	62	0.2	70	7.0	63	2.8	55	0.4	60	5.2	54	1.5
阿曼	73	2.7	70	0.1	76	5.6	50	5.6	79	0.0	67	3.0	54	1.5
哈萨克斯坦	74	2.6	64	0.1	82	3.5	64	2.4	50	0.8	53	8.6	79	0.0
坦桑尼亚	75	2.5	65	0.1	52	12.6	79	0.7	78	0.1	83	0.0	54	1.5
波黑	76	2.4	86	0.0	79	5.0	73	1.4	72	0.1	55	7.7	79	0.0
科威特	77	2.4	67	0.1	81	4.2	43	8.0	83	0.0	72	1.7	79	0.0
尼泊尔	78	2.3	78	0.0	63	8.9	90	0.4	—	—	—	—	79	0.0

续表

项目 国家	创新投入竞争力		研发经费支出总额		研发经费支出占GDP比重		人均研发经费支出		研发人员总量		研究人员占从业人员比重		风险资本交易占GDP比重	
	排名	得分	排名	得分	排名	得分	排名	得分	排名	得分	排名	得分	排名	得分
阿塞拜疆	79	2.2	71	0.1	72	6.3	65	2.2	—	—	—	—	79	0.0
乌干达	80	2.2	73	0.1	60	10.8	88	0.5	70	0.1	83	0.0	54	1.5
墨西哥	81	2.1	37	0.7	86	2.8	70	1.6	38	1.9	64	4.3	54	1.5
布基纳法索	82	1.8	—	—	—	—	—	—	80	0.0	73	0.9	37	4.6
加纳	83	1.8	74	0.1	66	7.7	81	0.7	77	0.1	73	0.9	54	1.5
哥伦比亚	84	1.8	50	0.3	80	4.9	68	1.9	57	0.3	—	—	54	1.5
纳米比亚	85	1.8	88	0.0	77	5.6	69	1.7	88	0.0	66	3.4	79	0.0
秘鲁	86	1.5	68	0.1	91	2.1	76	0.8	—	—	—	—	43	3.1
菲律宾	87	1.5	55	0.2	85	2.9	86	0.5	44	1.2	68	2.6	54	1.5
马达加斯加	88	1.4	96	0.0	96	0.3	95	0.0	73	0.1	78	0.4	31	7.7
巴拿马	89	1.2	93	0.0	93	0.9	77	0.8	90	0.0	68	2.6	43	3.1
斯里兰卡	90	1.2	77	0.0	87	2.6	82	0.6	66	0.1	70	2.1	54	1.5
柬埔寨	91	1.1	91	0.0	84	3.1	92	0.2	84	0.0	78	0.4	43	3.1
印度尼西亚	92	1.1	45	0.4	92	2.0	89	0.4	—	—	—	—	54	1.5
玻利维亚	93	0.9	85	0.0	89	2.5	87	0.5	69	0.1	70	2.1	79	0.0
吉尔吉斯斯坦	94	0.9	94	0.0	83	3.3	91	0.2	—	—	—	—	79	0.0
巴拉圭	95	0.6	87	0.0	88	2.5	80	0.7	74	0.1	78	0.4	79	0.0
萨尔瓦多	96	0.6	89	0.0	90	2.3	83	0.6	86	0.0	—	—	79	0.0
危地马拉	97	0.5	92	0.0	94	0.8	93	0.2	85	0.0	78	0.4	54	1.5
阿尔巴尼亚	98	0.2	95	0.0	95	0.7	94	0.2	—	—	—	—	79	0.0
马拉维	99	0.2	97	0.0	97	0.0	—	—	81	0.0	73	0.9	79	0.0
蒙古	100	0.0	—	—	—	—	—	—	—	—	—	—	79	0.0
最高分	—	72.7	—	100.0	—	100.0	—	100.0	—	100.0	—	100.0	—	100.0
最低分	—	0.0	—	0.0	—	0.0	—	0.0	—	0.0	—	0.0	—	0.0
平均分	—	13.4	—	3.8	—	16.2	—	21.4	—	5.5	—	28.2	—	9.7
标准差	—	14.4	—	13.6	—	15.4	—	28.9	—	14.7	—	27.9	—	17.0

表5-4 2011年世界创新投入竞争力及三级指标的得分及排名情况

项目 国家	创新投入竞争力		研发经费支出总额		研发经费支出占GDP比重		人均研发经费支出		研发人员总量		研究人员占从业人员比重		风险资本交易占GDP比重	
	排名	得分	排名	得分	排名	得分	排名	得分	排名	得分	排名	得分	排名	得分
美国	1	74.6	1	100.0	11	24.7	5	76.3	2	95.1	—	—	4	77.0
以色列	2	49.9	22	2.3	5	33.7	8	69.8	20	4.3	2	97.8	2	91.4
瑞典	3	47.1	17	3.1	15	21.5	4	78.7	23	3.7	5	75.3	1	100.0
芬兰	4	40.1	24	1.9	9	26.2	3	82.0	28	3.0	3	97.3	12	30.3
瑞士	5	39.6	16	3.3	21	18.4	1	100.0	33	2.7	5	75.3	10	38.1
丹麦	6	39.4	25	1.7	18	19.0	7	72.4	30	3.0	4	95.1	8	45.4
日本	7	39.3	3	35.0	14	21.8	12	64.6	3	50.2	13	61.9	46	2.0
德国	8	38.5	4	22.4	13	22.9	9	66.0	5	25.7	11	65.0	14	28.7
韩国	9	37.8	5	13.8	3	44.2	10	65.6	6	22.2	9	66.4	25	14.4
中国	10	37.4	2	58.0	6	29.4	35	10.1	1	100.0	40	16.6	30	10.2
卢森堡	11	35.7	57	0.2	47	10.4	6	74.4	61	0.2	1	100.0	13	29.0
加拿大	12	34.0	12	6.0	39	12.8	18	41.2	10	12.5	17	60.1	5	71.5
新加坡	13	33.3	23	2.0	8	27.3	2	89.3	34	2.5	16	61.4	23	17.1
法国	14	33.0	6	13.0	23	17.4	17	47.0	7	19.6	8	68.6	11	32.4
挪威	15	32.1	28	1.2	56	9.0	13	56.0	37	2.1	12	64.6	6	59.8
爱尔兰	16	31.9	37	0.7	43	11.8	20	38.2	46	1.1	22	50.2	3	89.2
英国	17	29.2	8	9.1	36	13.4	21	34.0	8	19.1	18	52.9	7	46.5
奥地利	18	29.2	20	2.3	16	20.8	11	65.5	31	2.8	10	65.5	22	18.0
蒙古	19	25.1	—	—	—	—	—	—	—	—	—	—	16	25.1
荷兰	20	24.0	15	3.4	33	14.7	16	48.6	17	4.7	13	61.9	29	10.8
比利时	21	23.8	21	2.3	26	16.8	15	49.5	26	3.2	13	61.9	31	9.2
斯洛文尼亚	22	22.8	47	0.3	10	25.1	19	38.6	50	0.6	7	72.2	58	0.0
西班牙	23	21.0	14	4.7	42	12.0	27	23.5	12	9.9	19	51.6	17	24.2
俄罗斯	24	20.9	9	8.2	29	15.5	31	13.6	4	34.0	19	51.6	44	2.3
乌拉圭	25	20.7	76	0.0	2	87.7	54	3.4	67	0.1	—	—	27	12.2
澳大利亚	26	19.3	13	4.9	35	13.4	14	51.5	14	7.7	—	—	20	18.9

续表

国家	项目	创新投入竞争力		研发经费支出总额		研发经费支出占GDP比重		人均研发经费支出		研发人员总量		研究人员占从业人员比重		风险资本交易占GDP比重	
		排名	得分	排名	得分	排名	得分	排名	得分	排名	得分	排名	得分	排名	得分
爱沙尼亚		27	19.0	56	0.2	7	29.2	23	31.3	58	0.3	26	41.3	28	11.7
莫桑比克		28	17.4	46	0.3	1	100.0	56	3.1	75	0.1	72	0.9	58	0.0
捷克		29	16.4	29	1.1	20	18.5	24	24.7	35	2.3	21	50.7	53	1.2
意大利		30	15.8	11	6.1	50	10.2	25	24.2	13	8.0	25	44.8	49	1.4
葡萄牙		31	15.7	33	1.0	32	15.1	29	21.6	25	3.3	23	46.6	33	6.4
立陶宛		32	14.8	61	0.1	40	12.7	33	11.2	51	0.6	29	38.6	15	25.8
新西兰		33	14.2	44	0.4	55	9.3	28	22.2	42	1.2	23	46.6	35	5.1
匈牙利		34	12.6	39	0.6	24	17.4	30	15.0	40	1.7	28	39.0	48	1.6
印度		35	12.1	7	11.3	12	23.8	63	2.1	9	14.9	61	4.5	24	16.2
塞浦路斯		36	11.2	81	0.0	70	5.3	42	8.1	71	0.1	46	13.5	9	40.0
沙特阿拉伯		37	10.8	18	2.9	27	16.5	26	23.6	—	—	—	—	58	0.0
拉脱维亚		38	10.4	69	0.1	57	9.0	43	7.6	59	0.3	33	27.4	21	18.3
马来西亚		39	9.8	26	1.5	17	19.3	32	12.4	24	3.5	38	20.2	45	2.1
希腊		40	9.6	42	0.5	68	6.0	36	9.6	39	1.9	27	39.5	58	0.0
肯尼亚		41	9.3	53	0.2	22	17.7	72	1.0	49	0.7	45	13.9	18	22.1
巴西		42	9.2	10	8.0	44	11.6	38	9.3	11	10.6	48	12.6	40	3.2
斯洛伐克		43	9.0	52	0.2	60	8.4	37	9.4	45	1.1	30	34.5	58	0.0
波兰		44	8.6	27	1.5	45	10.9	39	9.3	16	4.8	36	22.4	42	2.9
塞尔维亚		45	8.6	58	0.2	37	13.2	46	5.1	48	0.9	31	32.3	58	0.0
克罗地亚		46	8.6	59	0.2	53	9.6	41	8.5	54	0.5	32	28.7	36	3.9
越南		47	8.5	54	0.2	4	36.5	79	0.4	18	4.5	54	6.3	38	3.2
乌克兰		48	8.3	38	0.7	30	15.5	55	3.3	19	4.4	35	24.2	47	1.9
土耳其		49	8.0	19	2.7	41	12.4	40	8.6	15	5.5	40	16.6	43	2.4
卡塔尔		50	7.6	49	0.3	66	6.1	22	33.6	72	0.1	57	5.4	58	0.0
突尼斯		51	7.1	55	0.2	31	15.1	51	3.9	44	1.2	36	22.4	58	0.0
埃及		52	6.9	32	1.1	25	17.1	58	2.9	27	3.1	42	16.1	51	1.2

续表

国家	创新投入竞争力		研发经费支出总额		研发经费支出占GDP比重		人均研发经费支出		研发人员总量		研究人员占从业人员比重		风险资本交易占GDP比重	
项目	排名	得分	排名	得分	排名	得分	排名	得分	排名	得分	排名	得分	排名	得分
保加利亚	53	6.7	62	0.1	54	9.6	49	4.5	47	0.9	34	25.1	58	0.0
阿根廷	54	6.6	30	1.1	62	7.9	45	6.1	22	3.7	39	17.5	41	3.1
摩洛哥	55	5.9	45	0.3	38	13.1	61	2.4	36	2.1	46	13.5	37	3.9
毛里求斯	56	5.8	74	0.1	19	19.0	34	10.7	90	0.0	59	4.9	58	0.0
约旦	57	5.7	—	—	—	—	—	—	65	0.1	50	8.5	32	8.6
白俄罗斯	58	5.7	50	0.3	28	16.0	44	6.4	—	—	—	—	58	0.0
南非	59	5.3	31	1.1	52	9.9	48	4.9	41	1.5	49	9.4	34	5.1
罗马尼亚	60	5.3	43	0.4	59	8.7	47	4.9	43	1.2	44	15.2	52	1.2
伊朗	61	5.1	34	0.9	64	6.7	59	2.8	21	4.2	43	15.7	58	0.0
纳米比亚	62	4.4	91	0.0	89	2.0	77	0.6	89	0.0	64	3.6	19	20.4
格鲁吉亚	63	3.8	94	0.0	91	1.3	87	0.2	63	0.1	51	8.1	26	13.0
泰国	64	3.4	36	0.8	61	8.0	60	2.7	32	2.8	57	5.4	54	1.0
巴基斯坦	65	3.1	40	0.6	48	10.4	74	0.7	38	2.0	59	4.9	58	0.0
塞内加尔	66	2.9	80	0.0	49	10.4	78	0.6	57	0.3	54	6.3	58	0.0
马里	67	2.8	77	0.0	34	13.6	—	—	81	0.0	77	0.4	58	0.0
智利	68	2.7	48	0.3	75	4.3	52	3.9	56	0.4	52	7.2	58	0.0
墨西哥	69	2.5	35	0.9	83	2.8	67	1.6	29	3.0	54	6.3	57	0.6
尼泊尔	70	2.3	78	0.0	58	8.9	84	0.3	—	—	—	—	58	0.0
马其顿	71	2.2	87	0.0	74	4.5	70	1.4	76	0.1	52	7.2	58	0.0
哥斯达黎加	72	1.9	68	0.1	67	6.1	53	3.4	66	0.1	—	—	58	0.0
乌干达	73	1.9	72	0.1	46	10.8	83	0.3	70	0.1	83	0.0	58	0.0
波黑	74	1.8	83	0.0	71	5.1	69	1.5	79	0.0	63	4.0	58	0.0
厄瓜多尔	75	1.8	64	0.1	69	5.8	64	1.8	62	0.2	66	2.7	58	0.0
坦桑尼亚	76	1.8	65	0.1	51	10.0	82	0.4	69	0.1	83	0.0	58	0.0
博茨瓦纳	77	1.6	84	0.0	73	4.7	62	2.1	87	0.0	66	2.7	58	0.0
加纳	78	1.6	66	0.1	63	7.7	75	0.7	74	0.1	72	0.9	58	0.0

续表

国家	创新投入竞争力 排名	得分	研发经费支出总额 排名	得分	研发经费支出占GDP比重 排名	得分	人均研发经费支出 排名	得分	研发人员总量 排名	得分	研究人员占从业人员比重 排名	得分	风险资本交易占GDP比重 排名	得分
哈萨克斯坦	79	1.5	63	0.1	86	2.4	66	1.7	55	0.5	61	4.5	58	0.0
阿塞拜疆	80	1.5	67	0.1	76	4.1	65	1.8	—	0.0	—	—	58	0.0
阿曼	81	1.5	79	0.0	87	2.4	57	3.1	80	—	65	3.1	58	0.0
亚美尼亚	82	1.4	86	0.0	72	4.8	73	0.9	53	0.6	—	—	58	0.0
哥伦比亚	83	1.2	51	0.3	80	2.8	71	1.2	60	0.3	—	—	50	1.4
埃塞俄比亚	84	1.2	75	0.1	65	6.6	93	0.1	—	—	77	0.4	58	0.0
秘鲁	85	1.2	71	0.1	92	1.3	80	0.4	84	0.0	—	—	39	3.2
科威特	86	1.2	73	0.1	90	1.3	50	4.1	64	0.1	71	1.8	58	0.0
斯里兰卡	87	1.2	70	0.0	77	3.6	76	0.6	83	0.0	66	2.7	58	0.0
巴拿马	88	1.1	82	0.0	81	2.8	68	1.6	—	—	69	2.2	58	0.0
印度尼西亚	89	0.9	41	0.5	88	2.0	81	0.4	52	0.6	—	—	55	0.8
吉尔吉斯斯坦	90	0.9	93	0.0	78	3.6	88	0.2	68	0.1	—	—	58	0.0
菲律宾	91	0.9	60	0.1	85	2.5	86	0.3	82	0.0	72	0.9	56	0.8
玻利维亚	92	0.9	85	0.0	84	2.5	85	0.3	73	0.1	69	2.2	58	0.0
柬埔寨	93	0.6	89	0.0	79	3.1	92	0.1	77	0.0	77	0.4	58	0.0
马达加斯加	94	0.6	90	0.0	82	2.8	95	0.0	88	0.0	77	0.4	58	0.0
布基纳法索	95	0.3	—	—	—	—	—	—	86	0.0	72	0.9	58	0.0
巴拉圭	96	0.2	92	0.0	93	0.9	89	0.2	—	—	77	0.4	58	0.0
危地马拉	97	0.2	88	0.0	94	0.8	91	0.1	78	0.0	77	0.4	58	0.0
阿尔巴尼亚	98	0.2	96	0.0	95	0.7	90	0.1	85	0.0	—	—	58	0.0
马拉维	99	0.2	97	0.0	97	0.0	—	—	—	—	72	0.9	58	0.0
萨尔瓦多	100	0.1	95	0.0	96	0.5	94	0.1	—	0.0	—	—	58	0.0
最高分	—	74.6	—	100.0	—	100.0	—	100.0	—	100.0	—	100.0	—	100.0
最低分	—	0.1	—	0.0	—	0.0	—	0.0	—	0.0	—	0.0	—	0.0
平均分	—	12.8	—	3.6	—	13.4	—	18.5	—	5.9	—	27.5	—	11.4
标准差	—	14.4	—	12.3	—	14.6	—	25.7	—	15.8	—	28.2	—	21.1

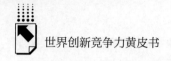

5.5 世界创新投入竞争力跨梯队变化

2015 年世界创新投入竞争力处于第一梯队（1 ~ 30 位）的依次为美国、以色列、芬兰、中国、日本、韩国、丹麦、德国、瑞典、法国、加拿大、新加坡、瑞士、卢森堡、奥地利、比利时、英国、荷兰、挪威、爱尔兰、斯洛文尼亚、捷克、俄罗斯、乌拉圭、爱沙尼亚、意大利、西班牙、澳大利亚、莫桑比克、葡萄牙，处于第二梯队（31 ~ 70 位）的依次为新西兰、希腊、匈牙利、立陶宛、马来西亚、斯洛伐克、波兰、印度、塞尔维亚、拉脱维亚、毛里求斯、沙特阿拉伯、保加利亚、克罗地亚、土耳其、突尼斯、巴西、乌克兰、埃及、肯尼亚、越南、摩洛哥、卡塔尔、约旦、阿根廷、泰国、塞浦路斯、罗马尼亚、南非、白俄罗斯、格鲁吉亚、亚美尼亚、伊朗、马其顿、马里、塞内加尔、博茨瓦纳、智利、巴基斯坦、埃塞俄比亚，处于第三梯队（71 ~ 100 位）的依次为哥斯达黎加、厄瓜多尔、阿曼、哈萨克斯坦、坦桑尼亚、波黑、科威特、尼泊尔、阿塞拜疆、乌干达、墨西哥、布基纳法索、加纳、哥伦比亚、纳米比亚、秘鲁、菲律宾、马达加斯加、巴拿马、斯里兰卡、柬埔寨、印度尼西亚、玻利维亚、吉尔吉斯斯坦、巴拉圭、萨尔瓦多、危地马拉、阿尔巴尼亚、马拉维、蒙古。

2011 年世界创新投入竞争力处于第一梯队（1 ~ 30 位）的依次为美国、以色列、瑞典、芬兰、瑞士、丹麦、日本、德国、韩国、中国、卢森堡、加拿大、新加坡、法国、挪威、爱尔兰、英国、奥地利、蒙古、荷兰、比利时、斯洛文尼亚、西班牙、俄罗斯、乌拉圭、澳大利亚、爱沙尼亚、莫桑比克、捷克、意大利，处于第二梯队（31 ~ 70 位）的依次为葡萄牙、立陶宛、新西兰、匈牙利、印度、塞浦路斯、沙特阿拉伯、拉脱维亚、马来西亚、希腊、肯尼亚、巴西、斯洛伐克、波兰、塞尔维亚、克罗地亚、越南、乌克兰、土耳其、卡塔尔、突尼斯、埃及、保加利亚、阿根廷、摩洛哥、毛里求斯、约旦、白俄罗斯、南非、罗马尼亚、伊朗、纳米比亚、格鲁吉亚、泰国、巴基斯坦、塞内加尔、马里、智利、墨西哥、尼泊尔，处于第三梯队（71 ~ 100 位）的依次为：马其顿、哥斯达黎加、乌干达、波黑、厄瓜多尔、坦桑尼亚、博茨瓦纳、加纳、哈萨克斯坦、阿塞拜疆、阿曼、亚美尼亚、哥伦比亚、埃塞俄比亚、秘鲁、科威特、斯里兰卡、巴拿马、印度尼西亚、吉尔吉斯斯坦、菲律宾、玻利维亚、柬埔寨、马达加斯加、布基纳法索、巴拉圭、危地马拉、阿尔巴尼亚、马拉维、萨尔瓦多。

评价期内，一些国家的创新投入竞争力出现了跨梯队变化。蒙古从第一梯队下降到第三梯队，尼泊尔、墨西哥、纳米比亚从第二梯队下降到第三梯队。而葡萄牙从第二梯队上升到第一梯队，亚美尼亚、马其顿、博茨瓦纳、埃塞俄比亚从第三梯队上升到第二梯队。

六　世界创新产出竞争力评价与比较分析

6.1　世界创新产出竞争力的评价结果

根据世界创新产出竞争力的评价指标体系和数学模型，对 2011 ~ 2015 年世界创新产出竞争力进行评价。表6-1列出了本评价期内世界创新产出竞争力的排位和得分情况，图6-1、图6-2、图6-3直观地显示2011年和2015年世界创新产出竞争力的得分及其变化情况。

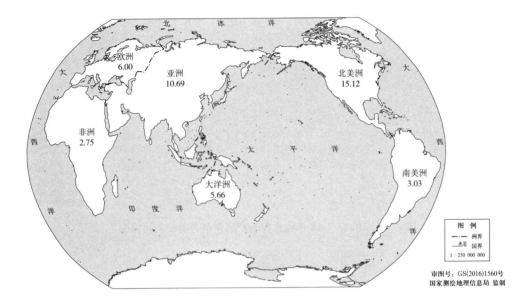

图6-1　2011年世界创新产出竞争力得分情况

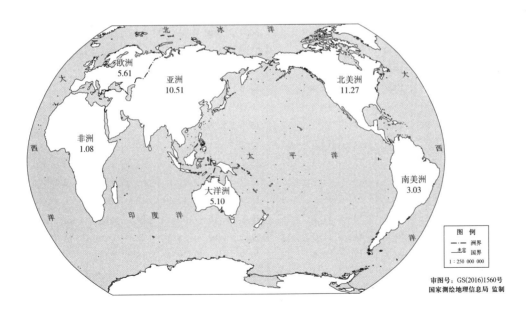

图6-2　2015年世界创新产出竞争力得分情况

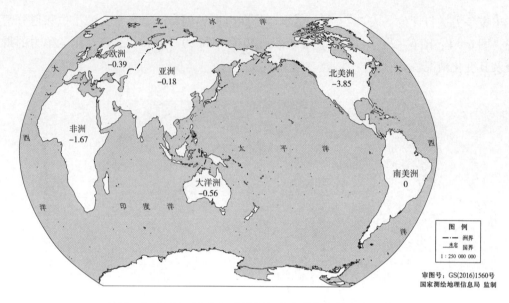

图 6-3　2011～2015 年世界创新产出竞争力得分变化情况

表 6-1　2011～2015 年世界创新产出竞争力评价比较

国家＼项目	2015 年		2014 年		2013 年		2012 年		2011 年		2011～2015 年综合变化	
	排名	得分	排名	得分	排名	得分	排名	得分	排名	得分	排名	得分
中国	1	78.1	1	75.3	1	75.4	1	74.8	1	73.5	0	4.6
美国	2	55.5	2	57.6	2	57.7	2	57.5	2	59.3	0	-3.8
日本	3	23.7	3	27.3	3	30.4	3	31.9	3	32.8	0	-9.1
韩国	4	19.0	4	21.6	4	22.0	4	21.2	4	21.8	0	-2.9
新加坡	5	18.9	5	19.3	5	19.2	5	19.0	5	20.1	0	-1.2
法国	6	18.2	7	17.4	7	17.5	7	17.8	7	18.6	1	-0.4
德国	7	17.8	6	18.3	6	18.2	6	18.5	6	20.1	-1	-2.3
英国	8	15.8	10	15.8	8	15.9	8	16.3	8	17.2	0	-1.4
荷兰	9	15.6	8	16.0	11	15.2	11	15.1	10	16.0	1	-0.3
菲律宾	10	15.3	11	15.3	10	15.2	10	15.2	11	15.0	1	0.3
马来西亚	11	14.5	9	15.9	9	15.7	9	16.0	9	16.9	-2	-2.4
瑞士	12	12.5	12	13.1	12	13.1	12	12.9	12	13.2	0	-0.7
哈萨克斯坦	13	11.3	13	11.1	15	10.9	16	9.1	24	7.9	11	3.4
越南	14	10.6	14	11.0	14	11.3	19	8.5	28	6.9	14	3.7
印度	15	9.2	17	9.6	17	9.3	14	9.7	15	10.2	0	-1.0
爱尔兰	16	9.2	21	7.8	20	8.1	22	8.2	22	8.5	6	0.7
加拿大	17	8.7	16	9.6	16	9.5	15	9.5	17	9.8	0	-1.2
意大利	18	8.1	18	8.5	18	8.8	17	8.7	18	9.6	0	-1.5
泰国	19	7.9	19	8.0	21	8.0	21	8.3	21	8.9	2	-1.0
墨西哥	20	7.3	20	8.0	19	8.2	20	8.5	20	9.0	0	-1.7
俄罗斯	21	7.2	24	7.1	24	6.7	29	6.3	33	6.4	12	0.8

项目 国家	2015 年		2014 年		2013 年		2012 年		2011 年		2011～2015 年 综合变化	
	排名	得分	排名	得分	排名	得分	排名	得分	排名	得分	排名	得分
比利时	22	7.1	22	7.5	22	7.1	24	7.0	27	7.0	5	0.1
澳大利亚	23	7.0	23	7.3	23	7.1	23	7.1	25	7.6	2	-0.7
巴西	24	6.6	27	6.3	27	6.2	25	6.5	31	6.7	7	-0.1
瑞典	25	6.3	26	6.5	25	6.5	27	6.5	30	6.8	5	-0.5
挪威	26	6.2	25	6.8	26	6.3	30	6.3	32	6.5	6	-0.3
以色列	27	6.1	31	5.5	33	5.2	34	5.5	37	5.3	10	0.8
捷克	28	5.7	28	6.1	28	6.0	26	6.5	26	7.0	-2	-1.3
丹麦	29	5.5	32	5.5	32	5.4	33	5.5	34	5.7	5	-0.2
西班牙	30	5.3	33	5.4	30	5.7	32	5.5	35	5.7	5	-0.4
奥地利	31	5.0	30	5.6	31	5.6	35	5.4	36	5.5	5	-0.4
哥斯达黎加	32	4.7	15	10.7	13	12.8	13	11.8	13	12.8	-19	-8.2
波兰	33	4.6	35	4.7	37	4.4	39	4.0	45	3.9	12	0.7
匈牙利	34	4.5	34	4.9	29	5.8	28	6.3	23	8.3	-11	-3.8
拉脱维亚	35	4.2	36	4.5	40	3.9	53	3.0	55	2.7	20	1.5
乌拉圭	36	3.8	57	2.4	54	2.6	56	2.8	70	2.0	34	1.8
土耳其	37	3.8	38	3.8	41	3.8	40	3.8	42	4.1	5	-0.3
斯洛伐克	38	3.8	37	4.0	38	4.1	43	3.7	53	3.1	15	0.7
莫桑比克	39	3.7	67	1.9	36	4.6	18	8.5	19	9.6	-20	-5.9
希腊	40	3.5	40	3.6	52	2.7	48	3.2	48	3.6	8	-0.1
伊朗	41	3.4	41	3.5	44	3.5	45	3.5	47	3.7	6	-0.2
立陶宛	42	3.4	46	3.2	46	3.3	47	3.3	50	3.4	8	0.0
阿根廷	43	3.3	48	2.8	50	3.0	54	2.8	51	3.4	8	-0.1
新西兰	44	3.2	44	3.3	42	3.7	42	3.7	46	3.7	2	-0.4
吉尔吉斯斯坦	45	3.2	55	2.5	72	1.6	75	1.4	83	1.0	38	2.3
爱沙尼亚	46	3.2	42	3.5	47	3.2	46	3.3	39	4.3	-7	-1.1
芬兰	47	3.2	47	3.2	49	3.1	44	3.5	44	3.9	-3	-0.8
哥伦比亚	48	3.0	50	2.7	53	2.7	65	2.1	71	1.9	23	1.1
厄瓜多尔	49	2.9	63	2.2	67	2.0	77	1.2	75	1.4	26	1.5
印度尼西亚	50	2.8	43	3.5	43	3.5	41	3.7	40	4.3	-10	-1.5
罗马尼亚	51	2.7	54	2.6	60	2.4	60	2.6	43	4.0	-8	-1.3
克罗地亚	52	2.6	51	2.7	48	3.2	49	3.2	57	2.6	5	0.0
乌克兰	53	2.6	53	2.6	56	2.6	58	2.7	60	2.3	7	0.4
南非	54	2.5	52	2.6	55	2.6	59	2.6	56	2.7	2	-0.2
卢森堡	55	2.4	60	2.2	58	2.5	51	3.1	52	3.3	-3	-0.9
巴拉圭	56	2.4	49	2.7	45	3.3	50	3.1	49	3.5	-7	-1.1
保加利亚	57	2.3	61	2.2	57	2.5	61	2.5	58	2.5	1	-0.3
葡萄牙	58	2.1	59	2.3	61	2.2	63	2.2	66	2.1	8	0.0
智利	59	2.1	58	2.3	68	2.0	68	1.9	68	2.1	9	0.0
塞浦路斯	60	2.0	62	2.2	59	2.5	37	4.5	16	9.9	-44	-7.9
斯洛文尼亚	61	2.0	66	1.9	65	2.1	66	2.1	67	2.1	6	-0.1
突尼斯	62	1.9	68	1.8	70	1.7	72	1.6	69	2.0	7	-0.1
加纳	63	1.9	65	2.1	64	2.1	52	3.1	87	0.8	24	1.1

续表

项目 国家	2015 年		2014 年		2013 年		2012 年		2011 年		2011~2015 年 综合变化	
	排名	得分	排名	得分	排名	得分	排名	得分	排名	得分	排名	得分
玻利维亚	64	1.8	56	2.4	51	2.8	57	2.8	41	4.2	-23	-2.4
亚美尼亚	65	1.7	79	1.0	79	1.0	82	1.0	82	1.0	17	0.7
阿曼	66	1.6	69	1.8	75	1.4	74	1.4	76	1.2	10	0.4
布基纳法索	67	1.6	39	3.6	34	4.6	55	2.8	64	2.1	-3	-0.6
格鲁吉亚	68	1.6	82	0.9	84	0.8	86	0.8	92	0.5	24	1.1
埃塞俄比亚	69	1.5	45	3.3	80	1.0	81	1.0	86	0.9	17	0.7
秘鲁	70	1.5	75	1.3	76	1.4	76	1.3	61	2.2	-9	-0.7
马其顿	71	1.4	71	1.6	69	1.9	67	2.0	63	2.1	-8	-0.7
危地马拉	72	1.4	72	1.5	74	1.5	73	1.5	73	1.5	1	-0.1
卡塔尔	73	1.4	96	0.1	98	0.1	98	0.1	99	0.1	26	1.3
塞内加尔	74	1.4	88	0.5	90	0.5	94	0.3	96	0.3	22	1.1
白俄罗斯	75	1.3	74	1.4	73	1.5	79	1.1	79	1.1	4	0.2
萨尔瓦多	76	1.3	73	1.4	71	1.6	71	1.7	65	2.1	-11	-0.8
科威特	77	1.2	92	0.2	82	0.8	80	1.1	74	1.4	-3	-0.2
摩洛哥	78	1.2	70	1.8	63	2.2	64	2.1	62	2.2	-16	-1.0
蒙古	79	1.1	29	5.7	35	4.6	36	4.7	38	4.9	-41	-3.8
肯尼亚	80	1.1	76	1.1	77	1.2	70	1.8	72	1.9	-8	-0.8
巴基斯坦	81	1.0	80	0.9	78	1.1	78	1.1	78	1.1	-3	-0.2
埃及	82	0.9	78	1.1	81	0.8	83	0.9	80	1.1	-2	-0.2
纳米比亚	83	0.9	81	0.9	86	0.6	69	1.8	89	0.6	6	0.3
波黑	84	0.8	84	0.7	85	0.7	85	0.8	81	1.0	-3	-0.2
沙特阿拉伯	85	0.8	86	0.7	83	0.8	87	0.8	88	0.7	3	0.1
阿塞拜疆	86	0.7	64	2.1	39	4.0	62	2.2	91	0.5	5	0.2
马拉维	87	0.7	83	0.9	66	2.0	88	0.6	77	1.2	-10	-0.5
约旦	88	0.6	87	0.6	87	0.6	84	0.8	85	0.9	-3	-0.3
乌干达	89	0.5	85	0.7	88	0.6	31	6.1	29	6.8	-60	-6.3
阿尔巴尼亚	90	0.4	99	0.1	94	0.2	96	0.2	97	0.2	7	0.2
斯里兰卡	91	0.4	89	0.4	89	0.5	89	0.5	90	0.5	-1	-0.1
马里	92	0.3	90	0.4	91	0.4	91	0.4	84	0.9	-8	-0.6
坦桑尼亚	93	0.3	77	1.1	62	2.2	38	4.2	59	2.4	-34	-2.0
塞尔维亚	94	0.3	91	0.3	92	0.3	92	0.3	93	0.3	-1	0.0
尼泊尔	95	0.3	97	0.1	95	0.2	99	0.1	98	0.2	3	0.1
柬埔寨	96	0.2	94	0.2	96	0.1	100	0.1	100	0.1	4	0.1
博茨瓦纳	97	0.2	98	0.1	97	0.1	90	0.5	94	0.3	-3	-0.1
马达加斯加	98	0.1	93	0.2	99	0.1	97	0.1	54	3.0	-44	-2.9
巴拿马	99	0.1	95	0.1	100	0.1	95	0.2	14	11.3	-85	-11.2
毛里求斯	100	0.0	100	0.0	93	0.2	93	0.3	95	0.3	-5	-0.3
最高分	—	**78.1**	—	**75.3**	—	**75.4**	—	**74.8**	—	**73.5**	—	**4.6**
最低分	—	**0.0**	—	**0.0**	—	**0.1**	—	**0.1**	—	**0.1**	—	**-0.1**
平均分	—	**5.8**	—	**6.0**	—	**6.1**	—	**6.1**	—	**6.5**	—	**-0.7**
标准差	—	**10.2**	—	**10.2**	—	**10.3**	—	**10.2**	—	**10.3**	—	**-0.1**

表 6 - 1 可知，2015 年，世界创新产出竞争力的最高得分为 78.1 分，比 2011 年上升了 4.6 分；最低得分为 0.0，比 2011 年下降了 0.1 分；平均分为 5.8 分，比 2011 年降低了 0.7 分。这表明世界创新产出竞争力的整体水平略有下降。2015 年，世界创新产出竞争力的标准差为 10.2，比 2011 年降低了 0.1，表明创新产出竞争力国家间差距略有缩小。

创新产出竞争力得分较高的主要是发达国家，2015 年，在排名前 30 位的国家中，20 个是发达国家，在排名前 10 位的国家中，8 个是发达国家，而创新产出竞争力得分较低的主要是发展中国家，这主要是由于发达国家和发展中国家在创新基础、创新环境、科技投入等方面存在巨大差异。

6.2 世界创新产出竞争力的综合排名及其变化

2015 年世界创新产出竞争力排在第 1 ~ 10 位的国家依次为中国、美国、日本、韩国、新加坡、法国、德国、英国、荷兰、菲律宾，排在第 11 ~ 20 位的国家依次为马来西亚、瑞士、哈萨克斯坦、越南、印度、爱尔兰、加拿大、意大利、泰国、墨西哥，排在第 21 ~ 30 位的国家依次为俄罗斯、比利时、澳大利亚、巴西、瑞典、挪威、以色列、捷克、丹麦、西班牙，排在最后 10 位的国家依次为斯里兰卡、马里、坦桑尼亚、塞尔维亚、尼泊尔、柬埔寨、博茨瓦纳、马达加斯加、巴拿马、毛里求斯。

2011 年创新产出竞争力排在第 1 ~ 10 位的国家依次为中国、美国、日本、韩国、新加坡、德国、法国、英国、马来西亚、荷兰，排在第 11 ~ 20 位的国家依次为菲律宾、瑞士、哥斯达黎加、巴拿马、印度、塞浦路斯、加拿大、意大利、莫桑比克、墨西哥，排在第 21 ~ 30 位的国家依次为泰国、爱尔兰、匈牙利、哈萨克斯坦、澳大利亚、捷克、比利时、越南、乌干达、瑞典，排在最后 10 位的国家依次为阿塞拜疆、格鲁吉亚、塞尔维亚、博茨瓦纳、毛里求斯、塞内加尔、阿尔巴尼亚、尼泊尔、卡塔尔、柬埔寨。

总的来看，世界创新产出竞争力排在前 10 位的国家基本保持稳定，仅有菲律宾取代了马来西亚，但排在前 30 位的国家变化较大，有 6 个国家出现了更替。排名最后 10 位的国家变化也较大，有 5 个国家发生了更替。

2011 ~ 2015 年，各国创新产出竞争力的排名变化情况见图 6 - 4。创新产出竞争力排位上升的国家有 53 个，其中，上升最快的是吉尔吉斯斯坦，排位上升了 38 位，其次为乌拉圭，上升了 34 位，排位上升了 10 位及以上的国家还有卡塔尔、厄瓜多尔、格鲁吉亚、加纳、哥伦比亚、塞内加尔、拉脱维亚、亚美尼亚、埃塞俄比亚、斯洛伐克、越南、俄罗斯、波兰、哈萨克斯坦、以色列、阿曼。排位下降的国家有 36 个，其中，下降幅度最大的是巴拿马，下降了 85 位（主要是由于 2015 年巴拿马的数据缺失严重，得分为 0），其次是乌干达，下降了 60 位，排位下降幅度超过 10 位及以上的国家还有马拉维、印度尼西亚、匈牙利、萨尔瓦多、摩洛哥、哥斯达黎加、莫桑比克、玻利维亚、坦桑尼亚、蒙古、马达加斯加、塞浦路斯。11 个国家的排位保持不变。

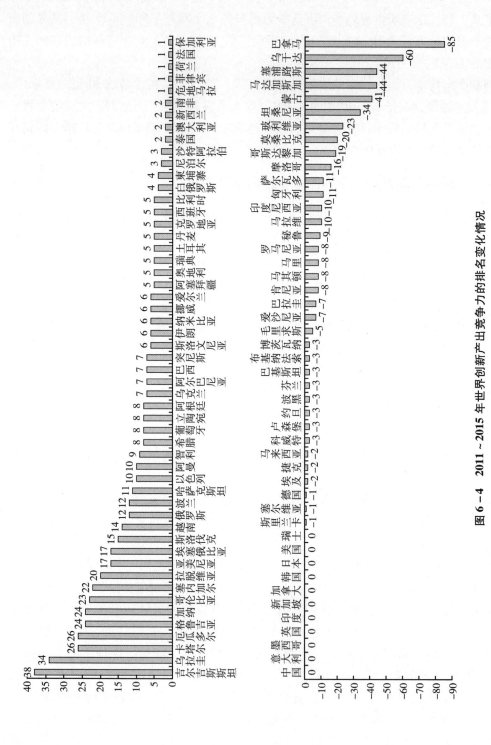

图 6-4　2011～2015 年世界创新产出竞争力的排名变化情况

6.3 世界创新产出竞争力的综合得分及其变化

世界创新产出竞争力的平均得分呈逐年下降趋势，由 2011 年的 6.5 分下降到 2015 年的 5.8 分，表明世界创新产出竞争力整体水平逐年降低，但降幅较小。

2011 年，只有中国 1 个国家的创新产出竞争力得分超过 70 分，其余国家除了美国达到 59.3 分、日本达到 32.8 分外，其他均低于 30 分；其中，3 个国家介于 20 ～ 30 分，9 个国家介于 10 ～ 20 分，其余 85 个国家均低于 10 分。而到 2015 年，仍然只有中国的创新产出竞争力得分超过 70 分，其余国家除了美国达到 55.5 分、日本达到 23.7 分外，其他均低于 20 分；其中，11 个国家介于 10 ～ 20 分，其余的 86 个国家均低于 10 分。

为更加直观地比较分析各国创新产出竞争力水平，我们将 2015 年各国创新产出竞争力表现在图 6 - 5 中。

由图 6 - 5 可知，世界创新产出竞争力的整体水平较低，除了排名靠前的几个国家外，其余国家得分都很低，国家间差距较小。综合来看，发达国家的创新产出竞争力得分普遍比发展中国家高，但个别发达国家的创新产出竞争力得分也很低，如 2015 年塞浦路斯、斯洛文尼亚的得分仅为 2.0 分，而个别发展中国家的得分很高，如中国是世界得分最高的国家。

各国创新产出竞争力的得分变化情况见表 6 - 2。创新产出竞争力得分上升的国家有 30 个，其中，上升最快的是中国，上升了 4.6 分，其次为越南，上升了 3.7 分，还有 10 个国家的得分上升也较快，上升幅度均超过 1 分；得分下降的国家有 65 个，其中，下降幅度最大的是巴拿马，下降了 11.2 分，部分发达国家的得分下降幅度也比较大，如日本的得分下降幅度排在第 2 位，下降了 9.1 分，塞浦路斯的下降幅度也比较大，下降了 7.9 分。

表 6 - 2　2011 ～ 2015 年世界创新产出竞争力总体得分变化情况

变化速度排序	国家	2011 年得分	2015 年得分	总体得分变化	2015 年总得分排名	变化速度排序	国家	2011 年得分	2015 年得分	总体得分变化	2015 年总得分排名
1	中国	73.5	78.1	4.6	1	9	塞内加尔	0.8	1.9	1.1	74
2	越南	6.9	10.6	3.7	14	9	格鲁吉亚	0.3	1.4	1.1	68
3	哈萨克斯坦	7.9	11.3	3.4	13	13	以色列	5.3	6.1	0.8	27
4	吉尔吉斯斯坦	1.0	3.2	2.2	45	13	俄罗斯	6.4	7.2	0.8	21
5	乌拉圭	2.0	3.8	1.8	36	15	亚美尼亚	1.0	1.7	0.7	65
6	厄瓜多尔	1.4	2.9	1.5	49	15	斯洛伐克	3.1	3.8	0.7	38
6	拉脱维亚	2.7	4.2	1.5	35	15	爱尔兰	3.9	4.6	0.7	16
8	卡塔尔	0.1	1.4	1.3	73	15	埃塞俄比亚	8.5	9.2	0.7	69
9	加纳	1.9	3.0	1.1	63	19	波兰	0.9	1.5	0.6	33
9	哥伦比亚	0.5	1.6	1.1	48	20	阿曼	1.2	1.6	0.4	66

续表

变化速度排序	国家	2011年得分	2015年得分	总体得分变化	2015年总得分排名	变化速度排序	国家	2011年得分	2015年得分	总体得分变化	2015年总得分排名
21	乌克兰	15.0	15.3	0.3	53	59	瑞典	6.8	6.3	-0.5	25
21	菲律宾	2.3	2.6	0.3	10	59	布基纳法索	2.1	1.6	-0.5	67
21	纳米比亚	0.6	0.9	0.3	83	64	马里	7.6	7.0	-0.6	92
24	阿塞拜疆	0.2	0.4	0.2	86	64	澳大利亚	0.9	0.3	-0.6	23
24	白俄罗斯	0.5	0.7	0.2	75	66	马其顿	13.2	12.5	-0.7	71
24	阿尔巴尼亚	1.1	1.3	0.2	90	66	瑞士	3.9	3.2	-0.7	12
27	柬埔寨	0.7	0.8	0.1	96	66	秘鲁	2.1	1.4	-0.7	70
27	比利时	0.1	0.2	0.1	22	66	芬兰	2.2	1.5	-0.7	47
27	尼泊尔	0.2	0.3	0.1	95	70	肯尼亚	1.9	1.1	-0.8	80
27	沙特阿拉伯	7.0	7.1	0.1	85	70	萨尔瓦多	2.1	1.3	-0.8	76
31	葡萄牙	2.1	2.1	0.0	58	72	卢森堡	3.3	2.4	-0.9	55
31	克罗地亚	2.6	2.6	0.0	52	73	印度	10.2	9.2	-1.0	15
31	立陶宛	3.4	3.4	0.0	42	73	摩洛哥	8.9	7.9	-1.0	78
31	智利	2.1	2.1	0.0	59	73	泰国	2.2	1.2	-1.0	19
31	塞尔维亚	0.3	0.3	0.0	94	76	巴拉圭	4.3	3.2	-1.1	56
36	突尼斯	0.3	0.2	-0.1	62	76	爱沙尼亚	3.5	2.4	-1.1	46
36	危地马拉	0.5	0.4	-0.1	72	76	加拿大	9.8	8.7	-1.1	17
36	巴西	2.0	1.9	-0.1	24	79	新加坡	20.1	18.9	-1.2	5
36	博茨瓦纳	1.5	1.4	-0.1	97	80	罗马尼亚	4.0	2.7	-1.3	51
36	斯洛文尼亚	2.1	2.0	-0.1	61	80	捷克	7.0	5.7	-1.3	28
36	阿根廷	3.4	3.3	-0.1	43	82	英国	17.2	15.8	-1.4	8
36	斯里兰卡	3.6	3.5	-0.1	91	83	意大利	9.6	8.1	-1.5	18
36	希腊	1.1	1.0	-0.1	40	83	印度尼西亚	4.3	2.8	-1.5	50
36	埃及	6.7	6.6	-0.1	82	85	墨西哥	9.0	7.3	-1.7	20
45	丹麦	1.0	0.8	-0.2	29	86	坦桑尼亚	2.4	0.3	-2.1	93
45	巴基斯坦	1.4	1.2	-0.2	81	87	德国	20.1	17.8	-2.3	7
45	南非	1.1	0.9	-0.2	54	88	玻利维亚	16.9	14.5	-2.4	64
45	波黑	5.7	5.5	-0.2	84	88	马来西亚	4.2	1.8	-2.4	11
45	科威特	2.7	2.5	-0.2	77	90	韩国	21.8	19.0	-2.8	4
45	挪威	2.5	2.3	-0.2	26	91	马达加斯加	3.0	0.1	-2.9	98
51	伊朗	0.3	0.0	-0.3	41	92	蒙古	59.3	55.5	-3.8	79
51	毛里求斯	3.7	3.4	-0.3	100	92	匈牙利	4.9	1.1	-3.8	34
51	保加利亚	6.5	6.2	-0.3	57	92	美国	8.3	4.5	-3.8	2
51	土耳其	4.1	3.8	-0.3	37	95	莫桑比克	9.6	3.7	-5.9	39
51	约旦	0.9	0.6	-0.3	88	96	乌干达	6.8	0.5	-6.3	89
56	荷兰	16.0	15.6	-0.4	9	97	塞浦路斯	9.9	2.0	-7.9	60
56	西班牙	5.7	5.3	-0.4	30	98	哥斯达黎加	12.8	4.7	-8.1	32
56	法国	18.6	18.2	-0.4	6	99	日本	32.8	23.7	-9.1	3
59	奥地利	5.5	5.0	-0.5	31	100	巴拿马	11.3	0.1	-11.2	99
59	新西兰	3.7	3.2	-0.5	44		平均分	6.5	5.8	-0.7	—
59	马拉维	1.2	0.7	-0.5	87						

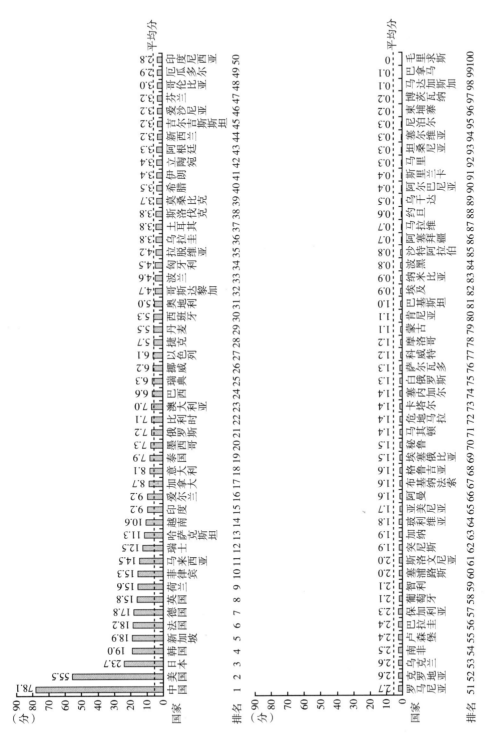

图 6-5　2015 年世界创新产出竞争力的排位及得分情况

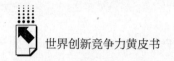

6.4 世界创新产出竞争力的要素得分情况

表6-3和表6-4列出了2015年和2011年世界创新产出竞争力7个三级指标的得分及排名波动情况。

从三级指标的得分变化来看,2011~2015年,除了科技论文发表数、专利和许可收入这两项指标的平均分略有上升外,其余5个指标的平均分均下降,其中,高技术产品出口比重的平均分下降了3.5分。由此可见,2011~2015年,世界创新产出竞争力得分下降主要是由高技术产品出口比重得分大幅下降导致的。

各三级指标得分比较高的国家,其创新产出竞争力的得分往往也比较高,排名也比较靠前,而且在7个三级指标中,如果哪个指标的排名明显较为靠后或下降较快,就会成为束缚该国创新产出竞争力提升的"短板",排名将大大降低。例如,玻利维亚的7个三级指标中,6个指标的排位变化很小,但高技术产品出口比重的排位下降了22位,导致其创新产出竞争力排名下降了23位。

为更好地分析各三级指标对二级指标创新产出竞争力的贡献和作用,将各三级指标的得分与其权重相乘,折算为反映在二级指标上的得分,然后除以二级指标总得分,则可得到各三级指标的贡献率,这样可以更加直观地看出每个三级指标对二级指标的贡献大小(见图6-6)。

由图可见,在创新产出竞争力的各三级指标中,2015年,高技术产品出口比重对创新产出竞争力的贡献率最高,达到48.3%;其次为科技论文发表数,贡献率达到12.6%;其余5项指标的贡献率相对较低,均低于10%。

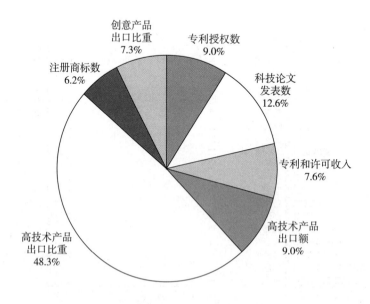

图6-6 2015年世界创新产出竞争力三级指标的贡献率

表6-3 2015年世界创新产出竞争力及三级指标的得分及排名情况

项目 国家	创新产出 竞争力 排名	得分	专利 授权数 排名	得分	科技论文 发表数 排名	得分	专利和 许可相收入 排名	得分	高技术产品 出口额 排名	得分	高技术产品 出口比重 排名	得分	注册商标数 排名	得分	创意产品 出口比重 排名	得分
中国	1	78.1	1	100.0	2	97.3	21	0.9	1	100.0	10	48.5	1	100.0	1	100.0
美国	2	55.5	2	83.0	1	100.0	1	100.0	3	27.8	16	35.8	2	17.8	2	24.0
日本	3	23.7	3	52.7	3	25.1	3	29.3	7	16.5	18	31.6	6	6.9	14	3.9
韩国	4	19.0	4	28.4	9	14.3	10	5.0	5	22.8	7	50.6	4	8.7	21	3.2
新加坡	5	18.9	12	2.0	31	2.6	11	4.2	4	23.6	2	92.9	31	1.0	9	6.1
法国	6	18.2	9	3.5	7	17.6	7	12.0	6	18.8	6	50.6	9	4.5	3	20.4
德国	7	17.8	8	4.1	4	24.5	6	12.2	2	33.5	19	31.4	10	3.5	6	15.4
英国	8	15.8	14	1.5	5	23.6	4	15.5	8	12.5	12	39.2	15	2.7	5	15.4
荷兰	9	15.6	31	0.4	16	7.4	2	32.2	9	10.7	14	37.5	—	—	10	5.6
菲律宾	10	15.3	24	0.6	60	0.2	60	0.0	19	4.7	1	100.0	29	1.2	34	0.6
马来西亚	11	14.5	21	0.8	21	4.3	34	0.1	10	10.3	3	80.7	23	1.7	18	3.6
瑞士	12	12.5	42	0.2	19	5.1	5	13.0	11	9.6	8	50.6	88	0.1	8	8.9
哈萨克斯坦	13	11.3	28	0.4	62	0.2	73	0.0	36	0.5	4	77.6	50	0.4	76	0.0
越南	14	10.6	30	0.4	55	0.4	—	—	14	7.0	5	50.8	20	2.0	22	3.0
印度	15	9.2	13	1.7	6	22.6	27	0.4	24	2.5	46	14.2	3	13.1	7	10.1
爱尔兰	16	9.2	60	0.0	42	1.7	9	6.0	16	5.2	9	50.4	73	0.2	30	0.8
加拿大	17	8.7	7	6.2	10	14.0	12	3.5	18	4.7	26	26.1	17	2.5	16	3.7
意大利	18	8.1	11	2.0	8	16.1	14	2.4	17	4.9	49	13.6	21	1.9	4	15.8
泰国	19	7.9	32	0.4	36	2.1	37	0.1	15	6.2	11	40.4	18	2.5	17	3.6
墨西哥	20	7.3	10	2.6	25	3.2	30	0.2	12	8.3	23	27.7	7	5.7	20	3.2
俄罗斯	21	7.2	5	9.7	14	8.6	24	0.6	27	1.7	27	25.9	14	2.8	28	0.9
比利时	22	7.1	44	0.2	22	4.0	13	2.6	13	7.0	31	24.5	—	—	13	4.2
澳大利亚	23	7.0	6	6.4	13	11.6	23	0.6	33	0.8	29	25.5	11	3.4	34	0.6
巴西	24	6.6	18	0.9	12	11.8	25	0.5	29	1.6	32	23.2	5	7.5	37	0.5
瑞典	25	6.3	39	0.2	20	4.7	8	7.1	22	2.7	24	26.9	43	0.5	26	1.7
挪威	26	6.2	29	0.4	33	2.4	26	0.4	31	0.8	13	38.7	38	0.7	50	0.2

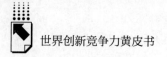
续表

国家	创新产出竞争力 排名	创新产出竞争力 得分	专利授权数 排名	专利授权数 得分	科技论文发表数 排名	科技论文发表数 得分	专利和许可收入 排名	专利和许可收入 得分	高技术产品出口额 排名	高技术产品出口额 得分	高技术产品出口比重 排名	高技术产品出口比重 得分	注册商标数 排名	注册商标数 得分	创意产品出口比重 排名	创意产品出口比重 得分
以色列	27	6.1	16	1.3	29	2.7	20	0.9	68	0.0	15	37.1	47	0.4	41	0.4
捷克	28	5.7	41	0.2	23	3.4	28	0.4	20	3.8	22	28.1	45	0.5	15	3.7
丹麦	29	5.5	45	0.1	26	3.0	16	1.7	28	1.7	20	30.1	65	0.2	25	1.9
西班牙	30	5.3	23	0.7	11	12.9	17	1.3	23	2.6	51	13.5	16	2.5	19	3.5
奥地利	31	5.0	33	0.4	27	2.9	22	0.7	21	2.9	30	25.2	51	0.4	24	2.7
哥斯达黎加	32	4.7	59	0.0	82	0.1	84	0.0	48	0.2	17	31.7	39	0.6	73	0.0
波兰	33	4.6	22	0.7	18	7.0	29	0.3	25	2.4	43	16.5	37	0.7	12	4.4
匈牙利	34	4.5	47	0.1	43	1.5	19	1.3	26	2.1	28	25.8	63	0.2	31	0.8
拉脱维亚	35	4.2	56	0.0	58	0.3	63	0.0	47	0.2	21	28.4	78	0.1	49	0.2
乌拉圭	36	3.8	77	0.0	71	0.1	78	0.0	60	0.0	25	26.1	60	0.3	85	0.0
土耳其	37	3.8	26	0.5	17	7.4	—	—	37	0.4	83	4.1	8	5.2	11	5.2
斯洛伐克	38	3.8	65	0.0	46	1.1	49	0.0	30	1.2	38	19.4	—	—	29	0.8
莫桑比克	39	3.7	—	—	96	0.0	79	0.0	83	0.0	35	21.9	71	0.2	95	0.0
希腊	40	3.5	50	0.1	28	2.7	41	0.0	44	0.2	37	20.7	56	0.3	40	0.4
伊朗	41	3.4	20	0.8	15	8.0	—	—	53	0.1	71	7.8	13	3.0	27	1.0
立陶宛	42	3.4	57	0.0	54	0.5	50	0.0	40	0.3	34	22.3	72	0.2	33	0.6
阿根廷	43	3.3	27	0.4	37	1.9	32	0.1	41	0.3	41	17.0	12	3.1	71	0.1
新西兰	44	3.2	17	1.2	40	1.7	31	0.2	54	0.1	39	18.1	32	1.0	52	0.2
吉尔吉斯斯坦	45	3.2	61	0.0	99	0.0	71	0.0	80	0.0	33	22.4	76	0.1	90	0.0
爱沙尼亚	46	3.2	74	0.0	57	0.3	61	0.0	46	0.2	36	21.5	81	0.1	47	0.3
芬兰	47	3.2	37	0.3	32	2.5	15	2.0	34	0.7	44	16.4	67	0.2	42	0.4
哥伦比亚	48	3.0	35	0.3	47	1.1	42	0.0	49	0.1	40	17.9	27	1.3	51	0.2
厄瓜多尔	49	2.9	—	—	83	0.1	—	—	70	0.0	50	13.5	36	0.8	78	0.0
印度尼西亚	50	2.8	25	0.5	51	0.7	43	0.0	32	0.8	53	12.5	19	2.3	23	2.7
罗马尼亚	51	2.7	49	0.1	30	2.7	35	0.1	35	0.6	47	14.1	44	0.5	32	0.7
克罗地亚	52	2.6	71	0.0	48	1.0	45	0.0	50	0.1	42	16.9	79	0.1	53	0.2

续表

国家＼项目	创新产出竞争力		专利授权数		科技论文发表数		专利和许可收入		高技术产品出口额		高技术产品出口比重		注册商标数		创意产品出口比重	
	排名	得分	排名	得分	排名	得分	排名	得分	排名	得分	排名	得分	排名	得分	排名	得分
乌克兰	53	2.6	19	0.8	41	1.7	36	0.1	43	0.3	48	13.7	25	1.5	46	0.3
南非	54	2.5	15	1.3	34	2.3	33	0.1	38	0.4	59	11.1	22	1.8	44	0.3
卢森堡	55	2.4	55	0.0	67	0.2	18	1.3	52	0.1	52	12.9	—	—	68	0.1
巴拉圭	56	2.4	—	—	98	0.0	—	—	79	0.0	60	10.7	30	1.0	83	0.0
保加利亚	57	2.3	72	0.0	52	0.6	44	0.0	45	0.2	45	14.4	59	0.3	45	0.3
葡萄牙	58	2.1	68	0.0	24	3.3	38	0.1	39	0.3	68	8.3	34	0.9	—	—
智利	59	2.1	34	0.3	45	1.2	47	0.0	57	0.1	58	11.1	24	1.5	59	0.1
塞浦路斯	60	2.0	84	0.0	61	0.2	—	—	85	0.0	57	11.6	86	0.1	81	0.0
斯洛文尼亚	61	2.0	52	0.1	50	0.8	40	0.0	42	0.3	55	12.1	89	0.1	39	0.4
突尼斯	62	1.9	43	0.2	49	1.0	54	0.0	51	0.1	56	11.9	61	0.3	57	0.1
加纳	63	1.9	—	—	72	0.1	—	—	77	0.0	65	9.2	74	0.2	75	0.0
玻利维亚	64	1.8	84	0.0	92	0.0	51	0.0	86	0.0	54	12.2	52	0.4	64	0.1
亚美尼亚	65	1.7	66	0.0	73	0.1	—	—	89	0.0	62	9.9	66	0.2	81	0.0
阿曼	66	1.6	—	—	69	0.2	—	—	63	0.0	70	7.8	82	0.1	78	0.0
布基纳法索	67	1.6	—	—	85	0.0	74	0.0	93	0.0	64	9.4	92	0.0	95	0.0
格鲁吉亚	68	1.6	54	0.1	76	0.1	75	0.0	82	0.0	61	10.5	64	0.2	86	0.0
埃塞俄比亚	69	1.5	—	—	65	0.2	76	0.0	88	0.0	73	7.5	—	—	86	0.0
秘鲁	70	1.5	48	0.1	70	0.1	53	0.0	64	0.0	66	8.9	28	1.3	61	0.1
马其顿	71	1.4	—	—	78	0.1	62	0.0	69	0.0	78	5.6	—	—	—	—
危地马拉	72	1.4	70	0.0	94	0.0	55	0.0	62	0.0	63	9.5	48	0.4	63	0.1
卡塔尔	73	1.4	—	—	66	0.2	—	—	67	0.0	77	6.4	53	0.4	66	0.1
塞内加尔	74	1.4	38	0.3	81	0.1	66	0.0	84	0.0	75	6.8	—	—	90	0.0
白俄罗斯	75	1.3	73	0.0	59	0.2	52	0.0	55	0.1	69	8.1	55	0.4	48	0.2
萨尔瓦多	76	1.3	—	—	100	0.0	48	0.0	65	0.0	67	8.3	41	0.5	65	0.1
科威特	77	1.2	—	—	64	0.2	—	—	66	0.0	80	5.1	40	0.6	54	0.2
摩洛哥	78	1.2	36	0.3	53	0.6	67	0.0	56	0.1	76	6.7	42	0.5	60	0.1

续表

国家	创新产出竞争力 排名	创新产出竞争力 得分	专利授权数 排名	专利授权数 得分	科技论文发表数 排名	科技论文发表数 得分	专利和许可收入 排名	专利和许可收入 得分	高技术产品出口额 排名	高技术产品出口额 得分	高技术产品出口比重 排名	高技术产品出口比重 得分	注册商标数 排名	注册商标数 得分	创意产品出口比重 排名	创意产品出口比重 得分
蒙古	79	1.1	53	0.1	87	0.0	69	0.0	95	0.0	72	7.6	75	0.2	86	0.0
肯尼亚	80	1.1	74	0.0	63	0.2	39	0.0	75	0.0	74	7.1	57	0.3	77	0.0
巴基斯坦	81	1.0	58	0.0	38	1.9	57	0.0	61	0.0	87	2.9	26	1.3	38	0.4
埃及	82	0.9	46	0.1	35	2.2	—	—	72	0.0	91	1.5	33	1.0	36	0.6
纳米比亚	83	0.9	—	—	95	0.0	83	0.0	74	0.0	81	5.1	69	0.2	78	0.0
波黑	84	0.8	79	0.0	79	0.1	58	0.0	71	0.0	79	5.3	70	0.2	62	0.1
沙特阿拉伯	85	0.8	40	0.2	39	1.8	—	—	59	0.0	92	1.5	35	0.9	43	0.3
阿塞拜疆	86	0.7	62	0.0	74	0.1	82	0.0	90	0.0	82	4.8	62	0.2	90	0.0
马拉维	87	0.7	81	0.0	89	0.0	—	—	94	0.0	84	4.1	87	0.1	95	0.0
约旦	88	0.6	64	0.0	56	0.4	59	0.0	73	0.0	86	3.4	54	0.4	55	0.1
乌干达	89	0.5	81	0.0	75	0.1	65	0.0	92	0.0	85	3.4	80	0.1	90	0.0
阿尔巴尼亚	90	0.4	78	0.0	84	0.0	70	0.0	87	0.0	88	2.8	77	0.1	83	0.0
斯里兰卡	91	0.4	50	0.1	68	0.2	—	—	78	0.0	90	1.6	46	0.4	58	0.1
马里	92	0.3	84	0.0	97	0.0	81	0.0	97	0.0	89	2.4	91	0.0	95	0.0
坦桑尼亚	93	0.3	—	—	80	0.1	77	0.0	91	0.0	94	1.4	—	—	72	0.0
塞尔维亚	94	0.3	63	0.0	44	1.2	46	0.0	58	0.1	—	—	58	0.3	55	0.1
尼泊尔	95	0.3	69	0.0	77	0.1	68	0.0	96	0.0	96	1.2	68	0.2	67	0.1
柬埔寨	96	0.2	81	0.0	93	0.0	80	0.0	76	0.0	93	1.4	90	0.0	70	0.1
博茨瓦纳	97	0.2	84	0.0	86	0.0	80	0.0	81	0.0	95	1.2	84	0.1	86	0.0
马达加斯加	98	0.1	76	0.0	90	0.0	56	0.0	98	0.0	97	0.4	85	0.1	74	0.0
巴拿马	99	0.1	67	0.0	88	0.0	64	0.0	100	0.0	99	0.0	49	0.4	90	0.0
毛里求斯	100	0.0	79	0.0	91	0.0	72	0.0	99	0.0	98	0.1	83	0.1	68	0.1
最高分	—	78.1	—	100.0	—	100.0	—	100.0	—	100.0	—	100.0	—	100.0	—	100.0
最低分	—	0.0	—	0.0	—	0.0	—	0.0	—	0.0	—	0.0	—	0.0	—	0.0
平均分	—	5.8	—	3.7	—	5.1	—	3.1	—	3.7	—	19.7	—	2.6	—	3.0
标准差	—	10.2	—	15.0	—	14.5	—	11.9	—	11.4	—	19.4	—	10.6	—	10.7

表 6-4　2011 年世界创新产出竞争力及三级指标的得分及排名情况

国家	项目 创新产出竞争力		专利授权数		科技论文发表数		专利和许可收入		高技术产品出口额		高技术产品出口比重		注册商标数		创意产品出口比重	
	排名	得分	排名	得分	排名	得分	排名	得分	排名	得分	排名	得分	排名	得分	排名	得分
中国	1	73.5	3	72.2	2	85.9	22	0.6	1	100.0	8	55.7	1	100.0	1	100.0
美国	2	59.3	2	94.2	1	100.0	1	100.0	3	31.9	20	39.1	2	22.0	2	28.1
日本	3	32.8	1	100.0	3	25.6	2	23.5	4	27.7	21	37.7	7	7.7	11	7.6
韩国	4	21.8	4	39.7	10	13.1	10	3.6	6	26.7	9	55.5	5	9.6	16	4.7
新加坡	5	20.1	13	2.5	31	2.4	17	1.3	5	27.7	2	97.4	32	1.3	9	8.2
德国	6	20.1	8	4.9	4	24.1	7	8.7	2	40.1	25	32.3	11	5.0	3	25.5
法国	7	18.6	10	4.3	7	17.3	6	12.4	7	23.1	12	51.2	9	6.7	7	15.3
英国	8	17.2	11	3.0	5	23.0	4	13.7	8	15.2	16	46.1	18	2.8	6	16.3
马来西亚	9	16.9	23	1.0	22	3.6	33	0.1	10	13.4	3	93.6	26	2.1	17	4.7
荷兰	10	16.0	24	0.9	16	7.1	3	22.4	9	14.7	18	42.7	—	—	10	7.9
菲律宾	11	15.0	30	0.5	60	0.2	64	0.0	23	2.8	1	100.0	29	1.3	48	0.4
瑞士	12	13.2	49	0.2	19	4.7	5	12.8	11	11.0	10	53.6	88	0.1	8	10.1
哥斯达黎加	13	12.8	74	0.0	82	0.1	84	0.0	38	0.5	4	88.1	38	1.0	71	0.1
巴拿马	14	11.3	50	0.1	88	0.0	58	0.0	34	1.0	5	76.4	42	0.8	39	0.7
印度	15	10.2	15	2.2	6	19.7	27	0.2	24	2.8	53	14.8	3	14.3	5	17.2
塞浦路斯	16	9.9	81	0.0	63	0.2	—	—	74	0.0	6	58.9	81	0.1	80	0.0
加拿大	17	9.8	6	8.7	9	13.8	12	2.7	16	5.5	29	29.0	15	3.5	13	5.6
意大利	18	9.6	12	2.7	8	14.4	11	3.3	15	6.8	49	15.9	17	3.1	4	20.9
莫桑比克	19	9.6	—	—	93	0.0	79	0.0	76	0.0	7	57.1	79	0.2	95	0.0
墨西哥	20	9.0	9	4.8	24	2.9	36	0.1	12	8.9	22	35.6	8	7.2	24	3.5
泰国	21	8.9	35	0.4	37	1.8	41	0.0	14	7.3	17	44.7	19	2.8	14	5.0
爱尔兰	22	8.5	53	0.1	38	1.7	9	4.1	17	5.2	15	46.8	73	0.2	27	1.6
匈牙利	23	8.3	46	0.2	41	1.5	16	1.8	19	4.5	13	49.0	60	0.4	34	0.9
哈萨克斯坦	24	7.9	25	0.8	79	0.1	77	0.0	37	0.6	11	53.2	49	0.6	77	0.0
澳大利亚	25	7.6	7	7.5	13	10.5	21	0.8	33	1.1	33	28.2	12	4.4	29	1.2
捷克	26	7.0	38	0.3	23	3.2	29	0.2	18	5.1	23	35.1	44	0.8	21	4.3

续表

国家\项目	创新产出竞争力		专利授权数		科技论文发表数		专利和许可收入		高技术产品出口额		高技术产品出口比重		注册商标数		创意产品出口比重	
	排名	得分	排名	得分	排名	得分	排名	得分	排名	得分	排名	得分	排名	得分	排名	得分
比利时	27	7.0	40	0.2	21	3.8	14	2.1	13	7.6	37	21.6	—	—	12	6.5
越南	28	6.9	26	0.8	57	0.3	—	—	26	2.0	26	31.3	22	2.3	15	4.7
乌干达	29	6.8	79	0.0	76	0.1	61	0.0	66	0.0	14	47.3	78	0.2	90	0.0
瑞典	30	6.8	31	0.4	20	4.4	8	5.4	20	4.0	31	28.9	41	0.8	23	3.6
巴西	31	6.7	20	1.4	12	10.5	28	0.2	28	1.8	39	21.0	4	11.0	38	0.7
挪威	32	6.5	27	0.7	33	2.3	25	0.3	36	1.0	19	39.8	39	1.0	51	0.3
俄罗斯	33	6.4	5	12.6	14	8.2	24	0.5	30	1.2	46	17.2	13	4.2	31	1.1
丹麦	34	5.7	65	0.0	28	2.7	15	1.8	25	2.0	28	29.6	62	0.4	25	3.2
西班牙	35	5.7	22	1.2	11	12.5	18	1.0	22	2.9	54	13.9	16	3.4	19	4.7
奥地利	36	5.5	29	0.5	25	2.8	20	0.8	21	3.4	34	25.2	47	0.7	18	4.7
以色列	37	5.3	16	2.1	29	2.7	19	0.9	65	0.0	27	30.2	50	0.6	45	0.5
蒙古	38	4.9	67	0.0	89	0.0	67	0.0	86	0.0	24	34.2	86	0.1	95	0.0
爱沙尼亚	39	4.3	60	0.1	56	0.3	49	0.0	44	0.3	30	28.9	80	0.2	46	0.4
印度尼西亚	40	4.3	—	—	54	0.4	37	0.1	29	1.3	44	18.0	14	3.8	26	2.2
玻利维亚	41	4.2	82	0.0	91	0.0	59	0.0	80	0.0	32	28.6	53	0.5	73	0.1
土耳其	42	4.1	36	0.4	17	6.7	—	—	40	0.4	84	4.0	6	8.4	20	4.7
罗马尼亚	43	4.0	47	0.2	30	2.5	31	0.2	32	1.1	36	22.0	43	0.8	30	1.1
芬兰	44	3.9	37	0.4	32	2.4	13	2.7	31	1.2	42	20.0	63	0.4	40	0.6
波兰	45	3.9	21	1.3	18	6.1	30	0.2	27	1.9	59	12.7	33	1.3	22	4.1
新西兰	46	3.7	17	2.0	39	1.7	26	0.3	53	0.1	41	20.1	34	1.3	54	0.2
伊朗	47	3.7	19	1.5	15	8.0	38	0.1	54	0.1	70	8.9	23	2.2	28	1.2
希腊	48	3.6	44	0.2	27	2.8	—	—	47	0.3	38	21.0	61	0.4	41	0.6
巴拉圭	49	3.5	—	—	96	0.0	73	0.0	82	0.0	50	15.7	28	1.6	84	0.0
立陶宛	50	3.4	67	0.0	52	0.5	32	0.1	45	0.3	35	22.0	69	0.3	37	0.7
阿根廷	51	3.4	34	0.4	35	1.9	23	0.5	42	0.4	52	15.3	10	5.6	59	0.2
卢森堡	52	3.3	70	0.0	70	0.1	—	—	48	0.2	43	19.0	—	—	70	0.1

续表

国家\项目	创新产出竞争力		专利授权数		科技论文发表数		专利和许可收入		高技术产品出口额		高技术产品出口比重		注册商标数		创意产品出口比重	
	排名	得分	排名	得分	排名	得分	排名	得分	排名	得分	排名	得分	排名	得分	排名	得分
斯洛伐克	53	3.1	51	0.1	47	0.9	66	0.0	35	1.0	51	15.3	—	—	32	1.1
马达加斯加	54	3.0	71	0.0	90	0.0	50	0.0	79	0.0	40	20.9	84	0.1	75	0.0
拉脱维亚	55	2.7	57	0.1	58	0.3	57	0.0	55	0.1	45	17.8	76	0.2	55	0.2
南非	56	2.7	14	2.2	34	2.1	34	0.1	39	0.5	65	10.8	21	2.4	44	0.5
克罗地亚	57	2.6	56	0.1	45	1.1	47	0.0	52	0.1	47	16.3	54	0.5	58	0.2
保加利亚	58	2.5	61	0.1	51	0.6	54	0.0	49	0.2	48	16.1	58	0.5	52	0.3
坦桑尼亚	59	2.4	—	—	78	0.1	83	0.0	84	0.0	64	11.7	—	—	72	0.1
乌克兰	60	2.3	18	1.7	42	1.5	35	0.1	41	0.4	68	9.5	24	2.1	42	0.6
秘鲁	61	2.2	48	0.2	71	0.1	63	0.0	60	0.1	55	13.4	27	1.8	57	0.2
摩洛哥	62	2.2	33	0.4	53	0.5	62	0.0	50	0.2	57	13.1	45	0.8	59	0.2
马其顿	63	2.1	—	—	77	0.1	56	0.0	71	0.0	71	8.4	—	—	—	—
布基纳法索	64	2.1	—	—	84	0.0	72	0.0	98	0.0	58	12.7	92	0.0	95	0.0
萨尔瓦多	65	2.1	—	—	100	0.0	76	0.0	63	0.0	63	12.0	52	0.5	66	0.1
葡萄牙	66	2.1	59	0.1	26	2.8	39	0.1	43	0.4	72	7.9	31	1.3	—	—
斯洛文尼亚	67	2.1	53	0.1	49	0.9	45	0.0	46	0.3	60	12.5	74	0.2	43	0.6
智利	68	2.1	32	0.4	46	1.1	43	0.0	57	0.1	66	9.9	20	2.6	49	0.4
突尼斯	69	2.0	41	0.2	48	0.9	46	0.0	51	0.2	62	12.1	71	0.3	56	0.2
乌拉圭	70	2.0	77	0.0	68	0.1	74	0.0	68	0.0	56	13.2	59	0.5	84	0.0
哥伦比亚	71	1.9	39	0.3	50	0.8	40	0.0	58	0.1	69	9.3	25	2.1	50	0.3
肯尼亚	72	1.9	69	0.0	61	0.2	44	0.0	75	0.0	61	12.3	65	0.3	74	0.0
危地马拉	73	1.5	73	0.0	98	0.0	51	0.0	64	0.0	67	9.5	48	0.7	65	0.1
科威特	74	1.4	—	—	62	0.2	—	—	70	0.0	78	5.8	40	0.9	53	0.3
厄瓜多尔	75	1.4	75	0.0	85	0.0	—	—	78	0.0	73	7.0	36	1.2	82	0.0
阿曼	76	1.2	—	—	66	0.1	—	—	67	0.0	79	5.6	83	0.1	82	0.0
马拉维	77	1.2	82	0.0	83	0.0	—	—	97	0.0	74	6.9	87	0.1	90	0.0
巴基斯坦	78	1.1	45	0.2	40	1.6	60	0.0	59	0.1	85	3.8	30	1.3	33	1.0

续表

项目 / 国家	创新产出竞争力		专利授权数		科技论文发表数		专利和许可收入		高技术产品出口额		高技术产品出口比重		注册商标数		创意产品出口比重	
	排名	得分	排名	得分	排名	得分	排名	得分	排名	得分	排名	得分	排名	得分	排名	得分
白俄罗斯	79	1.1	28	0.6	59	0.3	48	0.0	56	0.1	81	5.5	46	0.7	47	0.4
埃及	80	1.1	43	0.2	36	1.9	—	—	69	0.0	91	2.0	35	1.3	35	0.9
波黑	81	1.0	63	0.0	73	0.1	53	0.0	73	0.0	75	6.6	70	0.3	68	0.1
亚美尼亚	82	1.0	64	0.0	65	0.1	—	—	92	0.0	80	5.6	68	0.3	87	0.0
吉尔吉斯斯坦	83	1.0	66	0.0	99	0.0	69	0.0	89	0.0	77	6.5	77	0.2	90	0.0
马里	84	0.9	82	0.0	92	0.0	75	0.0	96	0.0	76	6.5	91	0.0	95	0.0
约旦	85	0.9	72	0.0	55	0.4	55	0.0	72	0.0	82	5.4	56	0.5	62	0.2
埃塞俄比亚	86	0.9	—	—	67	0.1	78	0.0	94	0.0	83	4.3	—	—	88	0.0
加纳	87	0.8	—	—	72	0.1	—	—	85	0.0	86	3.6	89	0.1	64	0.1
沙特阿拉伯	88	0.7	52	0.1	43	1.3	82	0.0	62	0.0	95	1.2	37	1.1	36	0.8
纳米比亚	89	0.6	—	—	97	0.0	—	—	83	0.0	87	3.5	90	0.1	77	0.0
斯里兰卡	90	0.5	42	0.2	69	0.1	80	0.0	77	0.0	90	2.2	51	0.5	63	0.1
阿塞拜疆	91	0.5	62	0.1	64	0.2	65	0.0	90	0.0	89	2.9	64	0.4	90	0.0
格鲁吉亚	92	0.5	55	0.1	75	0.1	42	0.1	87	0.0	88	2.9	67	0.3	88	0.0
塞尔维亚	93	0.3	58	0.1	44	1.1	81	0.0	61	0.1	—	—	57	0.5	61	0.2
博茨瓦纳	94	0.3	82	0.0	86	0.0	68	0.0	81	0.0	92	1.9	85	0.1	86	0.0
毛里求斯	95	0.3	78	0.0	95	0.0	70	0.0	88	0.0	93	1.7	82	0.1	69	0.1
塞内加尔	96	0.3	—	—	81	0.1	52	0.0	93	0.0	94	1.2	—	—	90	0.0
阿尔巴尼亚	97	0.2	76	0.0	87	0.0	—	—	91	0.0	96	1.1	75	0.2	80	0.0
尼泊尔	98	0.2	80	0.0	80	0.1	71	0.0	99	0.0	97	0.6	72	0.3	66	0.1
卡塔尔	99	0.1	—	—	74	0.1	—	—	100	0.0	99	0.0	55	0.5	77	0.0
柬埔寨	100	0.1	82	0.0	94	0.0	—	—	95	0.0	98	0.2	66	0.3	76	0.0
最高分	—	73.5	—	100.0	—	100.0	—	100.0	—	100.0	—	100.0	—	100.0	—	100.0
最低分	—	0.1	—	0.0	—	0.0	—	0.0	—	0.0	—	0.0	—	0.0	—	0.0
平均分	—	6.5	—	4.5	—	4.8	—	2.7	—	4.2	—	23.2	—	3.0	—	3.5
标准差	—	10.3	—	16.8	—	13.7	—	11.5	—	12.2	—	22.3	—	10.7	—	11.1

6.5 世界创新产出竞争力跨梯队变化

2015 年世界创新产出竞争力处于第一梯队（1~30 位）的依次为中国、美国、日本、韩国、新加坡、法国、德国、英国、荷兰、菲律宾、马来西亚、瑞士、哈萨克斯坦、越南、印度、爱尔兰、加拿大、意大利、泰国、墨西哥、俄罗斯、比利时、澳大利亚、巴西、瑞典、挪威、以色列、捷克、丹麦、西班牙，处于第二梯队（31~70 位）的依次为奥地利、哥斯达黎加、波兰、匈牙利、拉脱维亚、乌拉圭、土耳其、斯洛伐克、莫桑比克、希腊、伊朗、立陶宛、阿根廷、新西兰、吉尔吉斯斯坦、爱沙尼亚、芬兰、哥伦比亚、厄瓜多尔、印度尼西亚、罗马尼亚、克罗地亚、乌克兰、南非、卢森堡、巴拉圭、保加利亚、葡萄牙、智利、塞浦路斯、斯洛文尼亚、突尼斯、加纳、玻利维亚、亚美尼亚、阿曼、布基纳法索、格鲁吉亚、埃塞俄比亚、秘鲁，处于第三梯队（71~100 位）的依次为马其顿、危地马拉、卡塔尔、塞内加尔、白俄罗斯、萨尔瓦多、科威特、摩洛哥、蒙古、肯尼亚、巴基斯坦、埃及、纳米比亚、波黑、沙特阿拉伯、阿塞拜疆、马拉维、约旦、乌干达、阿尔巴尼亚、斯里兰卡、马里、坦桑尼亚、塞尔维亚、尼泊尔、柬埔寨、博茨瓦纳、马达加斯加、巴拿马、毛里求斯。

2011 年世界创新产出竞争力处于第一梯队（1~30 位）的依次为中国、美国、日本、韩国、新加坡、德国、法国、英国、马来西亚、荷兰、菲律宾、瑞士、哥斯达黎加、巴拿马、印度、塞浦路斯、加拿大、意大利、莫桑比克、墨西哥、泰国、爱尔兰、匈牙利、哈萨克斯坦、澳大利亚、捷克、比利时、越南、乌干达、瑞典，处于第二梯队（31~70 位）的依次为巴西、挪威、俄罗斯、丹麦、西班牙、奥地利、以色列、蒙古、爱沙尼亚、印度尼西亚、玻利维亚、土耳其、罗马尼亚、芬兰、波兰、新西兰、伊朗、希腊、巴拉圭、立陶宛、阿根廷、卢森堡、斯洛伐克、马达加斯加、拉脱维亚、南非、克罗地亚、保加利亚、坦桑尼亚、乌克兰、秘鲁、摩洛哥、马其顿、布基纳法索、萨尔瓦多、葡萄牙、斯洛文尼亚、智利、突尼斯、乌拉圭，处于第三梯队（71~100 位）的依次为哥伦比亚、肯尼亚、危地马拉、科威特、厄瓜多尔、阿曼、马拉维、巴基斯坦、白俄罗斯、埃及、波黑、亚美尼亚、吉尔吉斯斯坦、马里、约旦、埃塞俄比亚、加纳、沙特阿拉伯、纳米比亚、斯里兰卡、阿塞拜疆、格鲁吉亚、塞尔维亚、博茨瓦纳、毛里求斯、塞内加尔、阿尔巴尼亚、尼泊尔、卡塔尔、柬埔寨。

评价期内，一些国家的创新产出竞争力出现了跨梯队变化。哥斯达黎加、匈牙利、莫桑比克、塞浦路斯由第一梯队下降到第二梯队，乌干达、巴拿马由第一梯队下降到第三梯队，马其顿、萨尔瓦多、摩洛哥、蒙古、坦桑尼亚、马达加斯加由第二梯队下降到第三梯队；而俄罗斯、巴西、挪威、以色列、丹麦、西班牙由第二梯队上升到第一梯队，吉尔吉斯斯坦、哥伦比亚、厄瓜多尔、加纳、亚美尼亚、阿曼、格鲁吉亚、埃塞俄比亚由第三梯队上升到第二梯队。

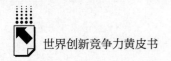
七 世界创新潜力竞争力评价与比较分析

7.1 世界创新潜力竞争力的评价结果

根据世界创新潜力竞争力的评价指标体系和数学模型，对 2011 ~ 2015 年世界创新潜力竞争力进行评价。表 7 - 1 列出了本评价期内世界创新潜力竞争力的排位和得分情况，图 7 - 1、图 7 - 2、图 7 - 3 直观地显示了 2011 年和 2015 年世界创新潜力竞争力的得分及其变化情况。

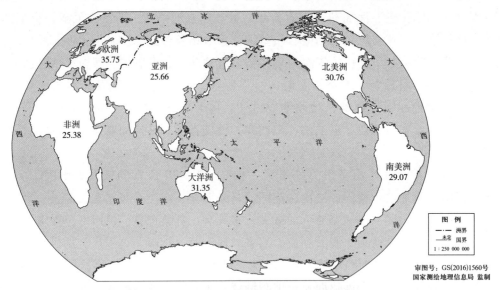

图 7 - 1　2011 年世界创新潜力竞争力得分情况

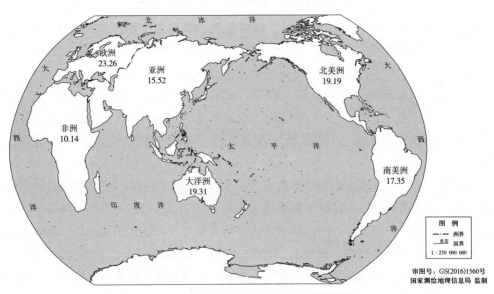

图 7 - 2　2015 年世界创新潜力竞争力得分情况

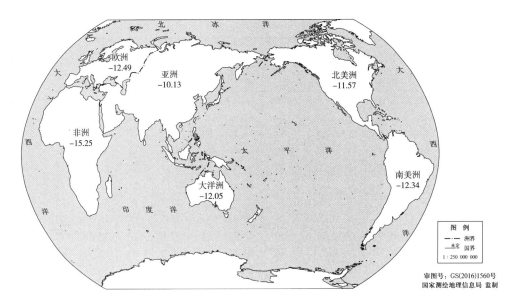

图 7 – 3　2011～2015 年世界创新潜力竞争力得分变化情况

表 7 – 1　2011～2015 年世界创新潜力竞争力评价比较

项目 国家	2015 年		2014 年		2013 年		2012 年		2011 年		2011～2015 年 综合变化	
	排名	得分	排名	得分	排名	得分	排名	得分	排名	得分	排名	得分
丹麦	1	49.7	1	53.4	1	51.7	1	56.4	1	61.3	0	-11.6
德国	2	46.8	3	51.0	4	49.4	2	55.3	2	60.7	0	-13.9
芬兰	3	46.3	4	50.6	3	50.4	3	54.8	3	58.7	0	-12.4
中国	4	46.0	6	48.2	8	45.7	6	51.3	6	56.3	2	-10.3
希腊	5	45.2	7	46.0	7	47.3	7	49.6	7	54.0	2	-8.7
法国	6	44.2	5	49.0	6	48.4	4	53.3	4	58.5	-2	-14.3
捷克	7	35.8	11	39.9	10	38.5	9	45.1	8	50.8	1	-14.9
格鲁吉亚	8	34.8	2	52.7	24	27.7	19	33.0	22	38.0	14	-3.3
爱沙尼亚	9	34.4	12	37.6	11	36.3	11	41.9	5	57.9	-4	-23.5
塞浦路斯	10	32.8	14	37.1	12	35.2	13	38.9	13	43.6	3	-10.8
哥斯达黎加	11	31.8	8	45.3	16	33.6	12	40.1	14	42.9	3	-11.0
哥伦比亚	12	30.7	16	34.3	19	33.3	15	38.7	17	39.9	5	-9.2
沙特阿拉伯	13	30.2	10	42.7	23	28.4	10	45.0	10	47.1	-3	-16.9
克罗地亚	14	29.5	20	31.2	20	31.6	17	37.1	20	38.7	6	-9.2
波黑	15	29.4	18	32.9	13	35.1	22	32.3	21	38.7	6	-9.3
萨尔瓦多	16	28.5	19	32.0	15	34.1	21	32.5	49	27.8	33	0.8
阿尔巴尼亚	17	28.0	9	43.8	18	33.3	8	45.7	9	48.5	-8	-20.5
厄瓜多尔	18	27.9	15	35.5	14	34.2	14	38.7	11	47.1	-7	-19.2
埃及	19	27.5	17	34.1	22	30.1	20	32.5	18	39.4	-1	-11.9
越南	20	24.4	77	13.5	45	19.7	78	16.1	88	19.2	68	5.2
危地马拉	21	24.2	22	27.7	25	25.6	27	30.1	27	36.1	6	-11.9

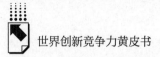

续表

项目 国家	2015 年		2014 年		2013 年		2012 年		2011 年		2011~2015 年 综合变化	
	排名	得分	排名	得分	排名	得分	排名	得分	排名	得分	排名	得分
美国	22	22.7	23	26.9	26	25.4	25	31.9	24	37.2	2	-14.4
加纳	23	22.0	31	24.6	27	24.8	30	29.0	29	35.2	6	-13.2
挪威	24	21.7	29	25.2	28	24.2	29	29.2	31	32.4	7	-10.8
埃塞俄比亚	25	21.4	28	25.4	17	33.4	23	32.3	33	31.9	8	-10.5
比利时	26	21.2	42	22.0	35	20.9	34	27.1	34	31.3	8	-10.1
爱尔兰	27	20.5	27	25.8	39	20.4	47	24.9	40	29.8	13	-9.3
韩国	28	20.1	30	24.8	31	22.8	28	29.4	26	36.1	-2	-16.0
巴基斯坦	29	20.0	98	9.3	89	8.9	94	12.5	89	18.9	60	1.1
澳大利亚	30	19.9	33	23.6	30	23.0	32	27.8	37	30.6	7	-10.7
智利	31	19.8	24	26.3	46	19.7	42	26.2	30	33.5	-1	-13.6
奥地利	32	19.1	36	22.9	34	21.6	35	27.0	43	28.8	11	-9.7
马其顿	33	19.0	13	37.5	21	31.6	5	51.3	39	30.1	6	-11.2
白俄罗斯	34	18.8	38	22.1	41	20.3	41	26.4	48	27.8	14	-9.0
土耳其	35	18.8	37	22.3	37	20.7	49	24.7	38	30.6	3	-11.8
新西兰	36	18.7	35	22.9	32	22.3	36	26.9	32	32.1	-4	-13.4
西班牙	37	18.6	40	22.1	38	20.6	46	25.1	50	27.7	13	-9.0
荷兰	38	18.4	41	22.0	33	21.7	33	27.2	28	36.0	-10	-17.6
瑞典	39	18.3	44	21.6	29	23.4	39	26.6	41	29.6	2	-11.3
阿根廷	40	18.3	46	21.1	44	19.9	40	26.4	35	30.9	-5	-12.6
菲律宾	41	18.2	25	26.1	5	48.5	18	36.2	15	41.5	-26	-23.3
俄罗斯	42	16.8	48	21.0	50	18.8	48	24.7	46	28.4	4	-11.6
蒙古	43	16.8	67	15.8	60	15.8	82	15.0	97	14.5	54	2.3
摩洛哥	44	16.7	21	29.6	42	20.2	26	30.8	12	46.1	-32	-29.4
波兰	45	16.6	45	21.3	49	19.0	38	26.7	47	28.2	2	-11.5
以色列	46	16.5	52	20.4	48	19.4	44	25.7	45	28.4	-1	-11.9
英国	47	16.5	53	20.0	51	18.7	56	23.1	57	26.0	10	-9.5
乌克兰	48	16.2	59	17.7	47	19.5	45	25.5	59	25.7	11	-9.5
保加利亚	49	16.2	43	21.9	53	18.3	55	23.1	55	26.5	6	-10.3
塞尔维亚	50	16.2	58	18.1	64	14.8	54	23.5	61	25.5	11	-9.3
斯洛文尼亚	51	16.0	47	21.0	36	20.8	37	26.9	25	36.9	-26	-20.9
巴拉圭	52	15.6	78	13.4	69	14.0	16	38.0	66	24.4	14	-8.9
印度	53	15.4	79	12.9	79	10.7	79	15.6	81	20.2	28	-4.8
葡萄牙	54	15.2	56	18.9	58	16.8	62	21.7	52	27.4	-2	-12.1
意大利	55	14.9	55	19.4	52	18.4	53	23.6	51	27.4	-4	-12.6
伊朗	56	14.5	65	16.7	66	14.5	65	20.6	68	23.9	12	-9.4
博茨瓦纳	57	14.4	32	23.7	9	39.3	43	26.1	16	40.5	-41	-26.1
斯洛伐克	58	14.3	62	17.1	62	15.5	52	23.9	60	25.6	2	-11.3
日本	59	14.2	54	19.4	54	18.3	58	23.0	56	26.4	-3	-12.2
拉脱维亚	60	14.1	51	20.5	55	17.5	57	23.0	42	29.5	-18	-15.4
乌拉圭	61	13.8	64	16.8	61	15.7	63	21.6	64	24.7	3	-10.9
阿曼	62	13.7	39	22.1	99	5.9	31	28.2	63	25.1	1	-11.4
罗马尼亚	63	13.3	68	15.7	72	13.6	66	20.6	84	19.8	21	-6.5

国\家\项\目	2015 年		2014 年		2013 年		2012 年		2011 年		2011~2015 年综合变化	
	排名	得分	排名	得分	排名	得分	排名	得分	排名	得分	排名	得分
立陶宛	64	13.3	49	20.8	43	19.9	50	24.5	36	30.7	−28	−17.4
科威特	65	12.8	34	23.1	2	51.1	24	32.0	19	39.0	−46	−26.2
匈牙利	66	12.0	60	17.4	56	17.3	61	22.2	44	28.5	−22	−16.5
卢森堡	67	12.0	72	14.8	71	13.7	88	14.5	67	23.9	0	−11.9
吉尔吉斯斯坦	68	11.9	71	15.2	74	12.5	69	20.1	83	20.0	15	−8.0
马来西亚	69	11.8	66	16.4	67	14.4	68	20.3	53	26.9	−16	−15.1
泰国	70	11.8	50	20.6	40	20.4	59	22.5	65	24.5	−5	−12.7
巴西	71	11.8	63	17.0	59	16.1	67	20.4	69	23.9	−2	−12.1
哈萨克斯坦	72	11.3	69	15.5	57	17.0	51	24.4	62	25.1	−10	−13.8
秘鲁	73	11.2	61	17.2	63	14.8	96	11.9	85	19.7	12	−8.5
亚美尼亚	74	11.0	70	15.5	86	9.8	77	16.4	73	22.6	−1	−11.6
毛里求斯	75	10.8	75	14.5	73	12.7	64	21.2	78	21.8	3	−11.0
约旦	76	10.6	89	11.4	68	14.3	93	13.2	94	16.7	18	−6.0
巴拿马	77	10.6	73	14.6	76	12.2	99	7.4	54	26.6	−23	−16.0
突尼斯	78	10.3	74	14.5	70	14.0	70	18.8	72	22.7	−6	−12.5
墨西哥	79	9.3	76	13.9	75	12.4	81	15.4	75	22.4	−4	−13.2
马里	80	8.9	57	18.7	65	14.5	60	22.5	23	37.5	−57	−28.6
瑞士	81	8.1	84	12.1	81	10.6	83	14.7	79	21.5	−2	−13.4
莫桑比克	82	7.9	92	10.7	88	9.2	87	14.6	80	21.1	−2	−13.2
南非	83	7.9	85	11.9	77	11.7	76	16.5	77	21.9	−6	−14.0
阿塞拜疆	84	7.5	90	11.1	97	6.4	92	13.6	99	12.6	15	−5.1
卡塔尔	85	7.4	80	12.6	78	11.4	75	16.8	58	25.8	−27	−18.4
加拿大	86	7.2	81	12.6	80	10.6	73	17.1	74	22.4	−12	−15.3
纳米比亚	87	7.1	26	26.0	83	10.2	74	16.9	76	22.2	−11	−15.0
玻利维亚	88	7.1	83	12.2	82	10.4	72	17.3	70	23.2	−18	−16.1
印度尼西亚	89	7.0	82	12.4	91	8.2	80	15.4	92	17.7	3	−10.7
塞内加尔	90	7.0	88	11.5	85	9.8	91	13.7	87	19.4	−3	−12.4
斯里兰卡	91	6.9	91	10.9	92	7.8	89	14.0	90	18.6	−1	−11.6
肯尼亚	92	6.7	86	11.8	87	9.7	71	18.1	82	20.1	−10	−13.4
新加坡	93	6.1	87	11.8	84	9.9	84	14.7	71	23.1	−22	−17.0
尼泊尔	94	5.9	93	10.3	100	5.7	95	12.1	96	15.5	2	−9.6
马拉维	95	5.8	95	9.6	96	6.9	98	8.4	91	17.9	−4	−12.0
柬埔寨	96	5.3	94	10.0	90	8.3	85	14.6	86	19.6	−10	−14.3
乌干达	97	5.0	97	9.5	94	7.3	90	13.7	95	16.2	−2	−11.3
坦桑尼亚	98	5.0	96	9.6	98	6.0	86	14.6	93	17.4	−5	−12.4
布基纳法索	99	4.7	99	5.1	93	7.6	100	6.4	100	10.7	1	−6.0
马达加斯加	100	4.4	100	3.4	95	7.3	97	11.9	98	14.5	−2	−10.1
最高分	—	**49.7**	—	**53.4**	—	**51.7**	—	**56.4**	—	**61.3**	—	**−11.6**
最低分	—	**4.4**	—	**3.4**	—	**5.7**	—	**6.4**	—	**10.7**	—	**−6.3**
平均分	—	**17.8**	—	**22.4**	—	**20.9**	—	**25.8**	—	**30.1**	—	**−12.3**
标准差	—	**10.4**	—	**11.4**	—	**11.7**	—	**11.3**	—	**11.4**	—	**−1.0**

由表 7 - 1 可知，2015 年，世界创新潜力竞争力的最高得分为 49.7 分，比 2011 年降低了 11.6 分；最低得分为 4.4 分，比 2011 年降低了 6.3 分；平均分为 17.8 分，比 2011 年下降了 12.3 分。这表明世界创新潜力竞争力的整体水平有较大幅度的下降。标准差为 10.4，比 2011 年下降了 1.0，表明创新潜力竞争力的国家间差距有所缩小。

世界创新潜力竞争力得分较高的主要是发达国家，2015 年，在排名前 10 位的国家中，8 个是发达国家，但排名前 30 位的国家中，发达国家仅有 14 个，发展中国家有 16 个，其中中国的得分达到 46.0 分，排在第 4 位。此外，有 3 个发达国家处于第三梯队。这在一定程度上说明发展中国家与发达国家的差距并不是很大。

7.2　世界创新潜力竞争力的综合排名及其变化

2015 年世界创新潜力竞争力排在第 1～10 位的国家依次为丹麦、德国、芬兰、中国、希腊、法国、捷克、格鲁吉亚、爱沙尼亚、塞浦路斯，排在第 11～20 位的国家依次为哥斯达黎加、哥伦比亚、沙特阿拉伯、克罗地亚、波黑、萨尔瓦多、阿尔巴尼亚、厄瓜多尔、埃及、越南，排在第 21～30 位的国家依次为危地马拉、美国、加纳、挪威、埃塞俄比亚、比利时、爱尔兰、韩国、巴基斯坦、澳大利亚，排在最后 10 位的国家依次为斯里兰卡、肯尼亚、新加坡、尼泊尔、马拉维、柬埔寨、乌干达、坦桑尼亚、布基纳法索、马达加斯加。

2011 年世界创新潜力竞争力排在第 1～10 位的国家依次为丹麦、德国、芬兰、法国、爱沙尼亚、中国、希腊、捷克、阿尔巴尼亚、沙特阿拉伯，排在第 11～20 位的国家依次为厄瓜多尔、摩洛哥、塞浦路斯、哥斯达黎加、菲律宾、博茨瓦纳、哥伦比亚、埃及、科威特、克罗地亚，排在第 21～30 位的国家依次为波黑、格鲁吉亚、马里、美国、斯洛文尼亚、韩国、危地马拉、荷兰、加纳、智利，排在最后 10 位的国家依次为马拉维、印度尼西亚、坦桑尼亚、约旦、乌干达、尼泊尔、蒙古、马达加斯加、阿塞拜疆、布基纳法索。

总的来看，世界创新潜力竞争力排在前 10 位的国家基本保持稳定，仅有 2 个国家发生了更替，但排在前 30 位的国家变化较大，有 8 个国家出现了更替。排名最后 10 位的国家变化也较大，有 4 个国家发生了更替。

2011～2015 年，各国创新潜力竞争力的排名变化情况见图 7 - 4。创新潜力竞争力排位上升的国家有 48 个，其中，上升最快的是越南，排位上升了 68 位，其次为巴基斯坦，上升了 60 位，排位上升了 10 位及以上的国家还有 18 个；排位下降的国家有 48 个，其中，下降幅度最大的是马里，下降了 57 位，其次是科威特，下降了 46 位，排位下降幅度达到 10 位及以上的国家还有 18 个；4 个国家的排位保持不变。

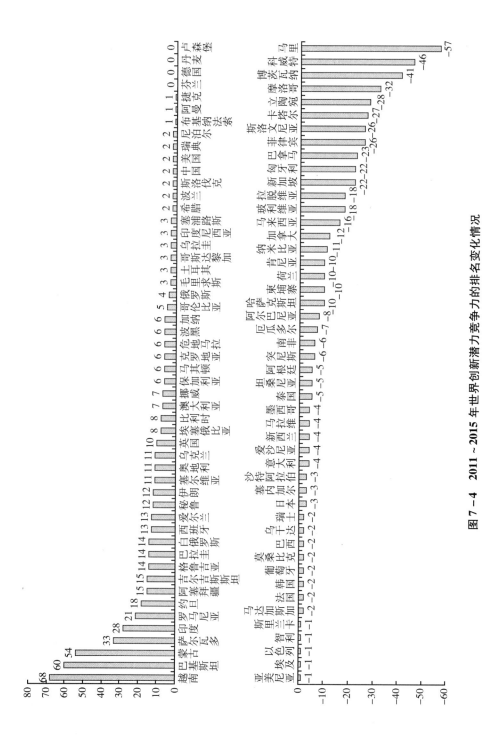

图7-4 2011~2015年世界创新潜力竞争力的排名变化情况

7.3 世界创新潜力竞争力的综合得分及其变化

世界创新潜力竞争力的平均得分呈波动下降趋势，由 2011 年的 61.3 分下降到 2015 年的 49.7 分，表明世界创新潜力竞争力的整体水平有较大幅度下降。

2011 年，丹麦和德国的创新潜力竞争力得分超过 60 分，其余国家均低于 60 分；其中，有 6 个国家介于 50 ~ 60 分，8 个国家介于 40 ~ 50 分，23 个国家介于 30 ~ 40 分，44 个国家介于 20 ~ 30 分（含 20 分），17 个国家介于 10 ~ 20 分，没有低于 10 分的国家。而到 2015 年，没有一个国家的得分超过 50 分，6 个国家介于 40 ~ 50 分，7 个国家介于 30 ~ 40 分，16 个国家介于 20 ~ 30 分（含 20 分），49 个国家介于 10 ~ 20 分，22 个国家低于 10 分。可见，各国创新潜力竞争力水平大幅下降。

为更加直观地比较分析各国创新潜力竞争力水平，我们将 2015 年各国创新潜力竞争力得分表现在图 7 - 5 中。

由图 7 - 5 可知，世界创新潜力竞争力的整体水平不高，发达国家的创新潜力竞争力得分普遍比发展中国家高，丹麦、德国、芬兰列前三位，但个别发达国家的创新潜力竞争力得分也很低，如 2015 年有 3 个发达国家的得分低于 10 分，处于第三梯队，1 个发达国家排在最后十位。一些发展中国家的得分很高，如中国的得分达到 46.0 分，排在第 4 位。

世界创新潜力竞争力的得分变化情况见表 7 - 2。创新潜力竞争力得分上升的国家只有 4 个，其中，上升最快的是越南，上升了 5.2 分，其次为蒙古，上升了 2.3 分；其余 96 个国家的得分下降，下降幅度最大的是摩洛哥，下降了 29.4 分，部分发达国家的得分下降幅度也比较大，如爱沙尼亚的得分下降了 23.5 分，斯洛文尼亚下降了 20.9 分。

表 7 - 2 2011 ~ 2015 年世界创新潜力竞争力总体得分变化情况

变化速度排序	国家	2011 年得分	2015 年得分	总体得分变化	2015 年总得分排名	变化速度排序	国家	2011 年得分	2015 年得分	总体得分变化	2015 年总得分排名
1	越南	19.2	24.4	5.2	20	13	希腊	54.0	45.2	- 8.8	5
2	蒙古	14.5	16.8	2.3	43	13	巴拉圭	24.4	15.6	- 8.8	52
3	巴基斯坦	18.9	20.0	1.1	29	15	白俄罗斯	27.8	18.8	- 9.0	34
4	萨尔瓦多	27.8	28.5	0.7	16	16	西班牙	27.7	18.6	- 9.1	37
5	格鲁吉亚	38.0	34.8	- 3.2	8	17	克罗地亚	39.9	30.7	- 9.2	14
6	印度	20.2	15.4	- 4.8	53	17	哥伦比亚	38.7	29.5	- 9.2	12
7	阿塞拜疆	12.6	7.5	- 5.1	84	19	塞尔维亚	25.5	16.2	- 9.3	50
8	约旦	10.7	4.7	- 6.0	76	19	爱尔兰	29.8	20.5	- 9.3	27
9	布基纳法索	16.7	10.6	- 6.1	99	19	波黑	38.7	29.4	- 9.3	15
10	罗马尼亚	19.8	13.3	- 6.5	63	22	伊朗	23.9	14.5	- 9.4	56
11	吉尔吉斯斯坦	20.0	11.9	- 8.1	68	23	乌克兰	25.7	16.2	- 9.5	48
12	秘鲁	19.7	11.2	- 8.5	73	23	英国	26.0	16.5	- 9.5	47

续表

变化速度排序	国家	2011年得分	2015年得分	总体得分变化	2015年总得分排名	变化速度排序	国家	2011年得分	2015年得分	总体得分变化	2015年总得分排名
25	尼泊尔	15.5	5.9	−9.6	94	64	泰国	24.5	11.8	−12.7	70
26	奥地利	28.8	19.1	−9.7	32	65	莫桑比克	22.4	9.3	−13.1	82
27	比利时	14.5	4.4	−10.1	26	66	墨西哥	21.1	7.9	−13.2	79
27	马达加斯加	31.3	21.2	−10.1	100	66	加纳	35.2	22.0	−13.2	23
29	保加利亚	56.3	46.0	−10.3	49	68	肯尼亚	21.5	8.1	−13.4	92
30	中国	26.5	16.2	−10.3	4	68	瑞士	20.1	6.7	−13.4	81
31	埃塞俄比亚	31.9	21.4	−10.5	25	68	新西兰	32.1	18.7	−13.4	36
32	澳大利亚	17.7	7.0	−10.7	30	71	智利	33.5	19.8	−13.7	31
32	印度尼西亚	32.4	21.7	−10.7	89	72	哈萨克斯坦	25.1	11.3	−13.8	72
32	挪威	30.6	19.9	−10.7	24	73	德国	60.7	46.8	−13.9	2
35	塞浦路斯	43.6	32.8	−10.8	10	74	南非	21.9	7.9	−14.0	83
36	乌拉圭	24.7	13.8	−10.9	61	75	柬埔寨	58.5	44.2	−14.3	96
37	毛里求斯	21.8	10.8	−11.0	75	75	法国	19.6	5.3	−14.3	6
38	哥斯达黎加	42.9	31.8	−11.1	11	77	美国	37.2	22.7	−14.5	22
38	马其顿	30.1	19.0	−11.1	33	78	捷克	50.8	35.8	−15.0	7
40	乌干达	16.2	5.0	−11.2	97	79	纳米比亚	26.9	11.8	−15.1	87
41	瑞典	29.6	18.3	−11.3	39	79	马来西亚	22.2	7.1	−15.1	69
41	斯洛伐克	25.6	14.3	−11.3	58	81	加拿大	22.4	7.2	−15.2	86
43	阿曼	25.1	13.7	−11.4	62	82	拉脱维亚	29.5	14.1	−15.4	60
44	波兰	61.3	49.7	−11.6	45	83	巴拿马	26.6	10.6	−16.0	77
44	俄罗斯	28.2	16.6	−11.6	42	83	韩国	36.1	20.1	−16.0	28
44	亚美尼亚	28.4	16.8	−11.6	74	85	玻利维亚	23.2	7.1	−16.1	88
44	丹麦	22.6	11.0	−11.6	1	86	匈牙利	28.5	12.0	−16.5	66
48	斯里兰卡	18.6	6.9	−11.7	91	87	沙特阿拉伯	47.1	30.2	−16.9	13
49	土耳其	30.6	18.8	−11.8	35	88	新加坡	23.1	6.1	−17.0	93
50	危地马拉	28.4	16.5	−11.9	21	89	立陶宛	30.7	13.3	−17.4	64
50	以色列	36.1	24.2	−11.9	46	90	荷兰	36.0	18.4	−17.6	38
50	卢森堡	23.9	12.0	−11.9	67	91	卡塔尔	25.8	7.4	−18.4	85
50	埃及	39.4	27.5	−11.9	19	92	厄瓜多尔	47.1	27.9	−19.2	18
54	马拉维	17.9	5.8	−12.1	95	93	阿尔巴尼亚	48.5	28.0	−20.5	17
54	巴西	23.9	11.8	−12.1	71	94	斯洛文尼亚	36.9	16.0	−20.9	51
56	葡萄牙	27.4	15.2	−12.2	54	95	菲律宾	41.5	18.2	−23.3	41
56	日本	26.4	14.2	−12.2	59	96	爱沙尼亚	57.9	34.4	−23.5	9
58	芬兰	19.4	7.0	−12.4	3	97	博茨瓦纳	40.5	14.4	−26.1	57
58	塞内加尔	17.4	5.0	−12.4	90	98	科威特	39.0	12.8	−26.2	65
58	坦桑尼亚	22.7	10.3	−12.4	98	99	马里	37.5	8.9	−28.6	80
58	突尼斯	58.7	46.3	−12.4	78	100	摩洛哥	46.1	16.7	−29.4	44
62	意大利	27.4	14.9	−12.5	55		平均分	**30.1**	**17.8**	**−12.3**	—
63	阿根廷	30.9	18.3	−12.6	40						

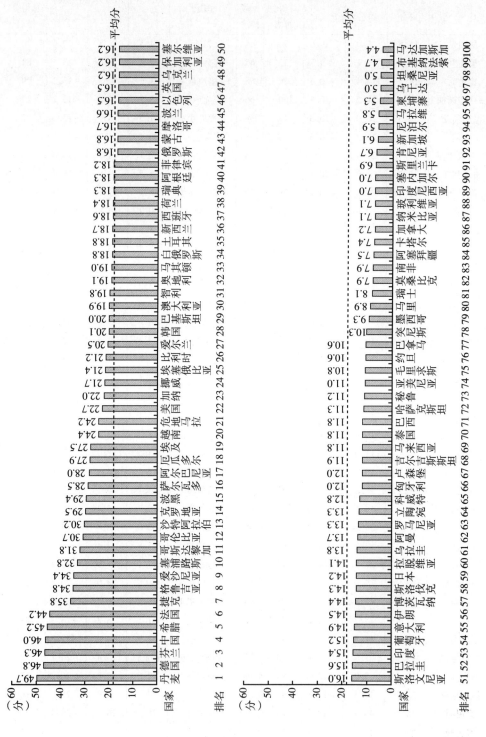

图 7-5　2015 年世界创新潜力竞争力的排位及得分情况

7.4 世界创新潜力竞争力的要素得分情况

表7-3和表7-4分别列出了2015年和2011年世界创新潜力竞争力6个三级指标的得分及排名波动情况。

从三级指标的得分变化来看，2011~2015年，公共教育支出占GDP比重、人均公共教育支出额、高等教育毛入学率这三个指标的得分略有上升，分别上升了0.5分、0.2分和0.3分，其余3个指标的得分下降，其中研发人员增长率、研发经费增长率的得分分别下降了28.4分和41.9分，导致世界创新潜力竞争力的得分大幅下降。

各三级指标得分比较高的国家，其创新潜力竞争力的得分也比较高，排名比较靠前，但存在"短板"的国家得分会受到严重影响，排名会大大降低。例如，加拿大的6个三级指标中，5个指标的排位变化都很小，但研发人员增长率的排位下降了43位，导致其创新潜力竞争力排位下降了12位。再如匈牙利，它的高等教育毛入学率、研发人员增长率的排位分别下降了11位和70位，即使研发经费增长率上升了6位，仍未阻止其创新潜力竞争力大幅下降22位。

为更好地分析各三级指标对二级指标创新潜力竞争力的贡献和作用，将各三级指标的得分与其权重相乘，折算为反映在二级指标上的得分，然后除以二级指标的总得分，则可得到各三级指标的贡献率，这样可以更加直观地看出每个三级指标对二级指标的贡献大小（见图7-6）。

由图可见，在创新潜力竞争力的各三级指标中，2015年，高等教育毛入学率对创

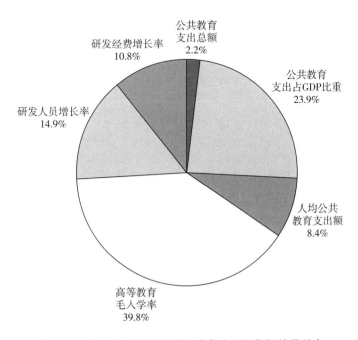

图7-6　2015年世界创新潜力竞争力三级指标的贡献率

表7-3 2015年世界创新潜力竞争力及三级指标的得分及排名情况

国家	项目	创新潜力竞争力		公共教育支出总额		公共教育支出占GDP比重		人均公共教育支出额		高等教育毛入学率		研发人员增长率		研发经费增长率	
		排名	得分	排名	得分	排名	得分	排名	得分	排名	得分	排名	得分	排名	得分
丹麦		1	49.7	8	2.9	7	96.9	1	100.0	14	72.5	35	14.3	36	11.4
德国		2	46.8	2	30.4	19	92.1	3	73.9	26	59.7	40	13.9	44	10.9
芬兰		3	46.3	10	2.3	1	100.0	2	82.5	8	76.5	79	8.9	75	7.6
中国		4	46.0	1	100.0	18	92.2	15	14.5	54	37.7	15	18.2	18	13.3
希腊		5	45.2	12	1.8	16	92.7	6	32.5	1	100.0	7	30.2	13	14.2
法国		6	44.2	3	22.8	9	95.8	4	68.2	31	56.2	74	11.7	49	10.5
捷克		7	35.8	13	1.7	10	95.3	5	32.6	29	56.7	16	17.7	43	10.9
格鲁吉亚		8	34.8	55	0.1	17	92.7	32	6.8	53	37.7	6	34.8	2	36.5
爱沙尼亚		9	34.4	48	0.2	13	94.6	7	31.5	23	60.8	83	8.0	37	11.4
塞浦路斯		10	32.8	50	0.2	11	95.3	8	31.1	37	52.4	82	8.7	62	9.4
哥斯达黎加		11	31.8	33	0.5	4	97.3	10	21.6	43	46.7	67	12.4	25	12.5
哥伦比亚		12	30.7	9	2.8	2	98.9	18	11.6	41	48.5	70	12.3	56	10.0
沙特阿拉伯		13	30.2	—	—	—	—	—	—	33	55.1	—	—	93	5.4
克罗地亚		14	29.5	34	0.5	5	97.3	9	21.9	—	—	24	15.2	20	12.8
波黑		15	29.4	52	0.1	8	96.1	29	7.9	—	—	4	36.8	89	5.8
萨尔瓦多		16	28.5	43	0.2	6	97.0	28	8.0	65	25.1	76	11.6	3	29.4
阿尔巴尼亚		17	28.0	—	—	—	—	—	—	39	50.7	—	—	94	5.3
厄瓜多尔		18	27.9	22	1.0	3	97.6	17	11.8	57	35.1	55	12.9	64	9.1
埃及		19	27.5	6	3.1	12	94.7	33	6.7	60	31.3	49	13.3	9	15.8
越南		20	24.4	47	0.2	35	8.7	75	0.4	66	24.8	66	12.4	1	100.0
危地马拉		21	24.2	29	0.6	15	92.7	31	7.0	74	18.6	44	13.5	23	12.6
美国		22	22.7	4	18.5	41	8.1	19	11.4	9	75.2	73	12.1	42	11.0
加纳		23	22.0	38	0.3	14	92.7	48	2.4	78	13.6	43	13.8	65	8.9
挪威		24	21.7	32	0.5	24	12.1	11	20.8	19	67.1	17	17.0	28	12.3
埃塞俄比亚		25	21.4	30	0.6	20	91.3	60	1.1	83	6.5	39	14.0	10	15.1
比利时		26	21.2	31	0.6	26	10.5	21	10.1	20	65.7	8	30.0	53	10.3

续表

国家	项目	创新潜力竞争力		公共教育支出总额		公共教育支出占GDP比重		人均公共教育支出额		高等教育毛入学率		研发人员增长率		研发经费增长率	
		排名	得分	排名	得分	排名	得分	排名	得分	排名	得分	排名	得分	排名	得分
爱尔兰		27	20.5	41	0.3	42	8.0	16	12.3	11	73.4	22	15.4	16	13.3
韩国		28	20.1	18	1.3	51	7.5	35	5.2	3	81.7	28	14.7	55	10.3
巴基斯坦		29	20.0	54	0.1	86	2.7	84	0.1	82	8.1	1	100.0	66	8.9
澳大利亚		30	19.9	17	1.3	48	7.8	20	11.2	4	79.2	58	12.8	77	7.3
智利		31	19.8	44	0.2	56	7.2	46	2.5	6	77.6	14	19.9	34	11.5
奥地利		32	19.1	36	0.4	39	8.4	26	9.1	16	71.4	37	14.1	39	11.2
马其顿		33	19.0	—	—	—	—	—	—	55	36.5	38	14.1	83	6.3
白俄罗斯		34	18.8	64	0.0	55	7.3	61	1.1	7	77.1	—	—	69	8.5
土耳其		35	18.8	24	0.8	59	6.9	51	1.9	2	83.1	57	12.9	78	7.2
新西兰		36	18.7	46	0.2	28	10.1	25	9.2	10	73.5	48	13.4	90	5.7
西班牙		37	18.6	21	1.0	64	5.9	39	4.1	5	78.6	75	11.7	48	10.6
荷兰		38	18.4	23	0.8	37	8.4	24	9.3	18	68.7	65	12.4	47	10.6
瑞典		39	18.3	25	0.7	22	12.7	14	14.7	35	54.4	25	14.9	24	12.5
阿根廷		40	18.3	27	0.6	42	8.0	43	2.7	13	72.6	68	12.4	15	13.5
菲律宾		41	18.2	—	—	—	—	—	—	61	30.9	53	13.0	45	10.8
俄罗斯		42	16.8	20	1.0	73	5.1	58	1.4	17	70.4	63	12.5	50	10.4
蒙古		43	16.8	85	0.0	62	6.6	71	0.7	24	59.9	—	—	—	—
摩洛哥		44	16.7	—	—	—	—	—	—	67	24.2	59	12.7	19	13.3
波兰		45	16.6	35	0.4	57	7.2	49	2.3	27	59.5	18	16.8	14	13.6
以色列		46	16.5	39	0.3	33	8.9	30	7.8	30	56.6	45	13.5	30	12.0
英国		47	16.5	5	3.1	34	8.8	23	9.5	40	49.2	19	16.6	35	11.5
乌克兰		48	16.2	59	0.1	32	9.1	76	0.4	15	72.1	80	8.7	81	6.8
保加利亚		49	16.2	70	0.0	70	5.5	63	1.0	21	64.7	13	19.9	88	6.0
塞尔维亚		50	16.2	75	0.0	66	5.7	69	0.8	38	50.8	11	25.2	11	14.6
斯洛文尼亚		51	16.0	68	0.0	40	8.3	38	4.3	12	72.6	88	2.5	70	8.4
巴拉圭		52	15.6	78	0.0	54	7.3	70	0.7	62	30.3	5	35.2	7	19.8

续表

项目 国家	创新潜力竞争力 排名	得分	公共教育支出总额 排名	得分	公共教育支出占GDP比重 排名	得分	人均公共教育支出额 排名	得分	高等教育毛入学率 排名	得分	研发人员增长率 排名	得分	研发经费增长率 排名	得分
印度	53	15.4	15	1.5	74	5.0	83	0.2	70	23.1	2	55.0	74	7.7
葡萄牙	54	15.2	49	0.2	49	7.6	40	3.7	36	54.0	21	15.5	52	10.3
意大利	55	14.9	16	1.4	69	5.5	37	4.6	34	54.6	46	13.5	61	9.5
伊朗	56	14.5	45	0.2	82	3.2	72	0.5	22	62.9	61	12.6	76	7.4
博茨瓦纳	57	14.4	—	—	—	—	—	—	68	23.6	47	13.4	86	6.1
斯洛伐克	58	14.3	61	0.1	65	5.8	44	2.6	45	46.1	81	8.7	4	22.3
日本	59	14.2	7	3.0	77	4.5	36	4.7	32	55.3	84	7.9	60	9.7
拉脱维亚	60	14.1	76	0.0	45	7.9	42	2.7	28	58.6	87	7.4	73	7.8
乌拉圭	61	13.8	69	0.0	63	6.1	45	2.5	42	48.4	20	16.1	57	9.9
阿曼	62	13.7	62	0.1	53	7.3	41	2.9	—	—	3	40.7	8	17.6
罗马尼亚	63	13.3	58	0.1	81	3.6	64	1.0	44	46.4	86	7.5	5	21.5
立陶宛	64	13.3	71	0.0	61	6.6	47	2.5	25	59.9	90	0.0	46	10.7
科威特	65	12.8	—	—	—	—	—	—	69	23.2	23	15.3	97	0.0
匈牙利	66	12.0	57	0.1	60	6.7	50	2.2	46	44.3	85	7.6	38	11.4
卢森堡	67	12.0	67	0.0	68	5.5	12	15.8	76	16.5	12	21.9	29	12.2
吉尔吉斯斯坦	68	11.9	88	0.0	38	8.4	82	0.2	49	40.8	—	—	54	10.3
马来西亚	69	11.8	42	0.3	52	7.3	53	1.8	71	22.4	10	26.4	21	12.8
泰国	70	11.8	40	0.3	67	5.6	65	0.9	48	42.5	89	0.2	6	21.2
巴西	71	11.8	11	2.1	31	9.4	52	1.9	47	44.0	71	12.2	96	1.1
哈萨克斯坦	72	11.3	60	0.1	85	2.9	62	1.1	50	40.0	56	12.9	41	11.0
秘鲁	73	11.2	53	0.1	72	5.3	66	0.9	56	35.1	—	—	12	14.3
亚美尼亚	74	11.0	91	0.0	84	3.0	77	0.3	52	38.5	—	—	17	13.3
毛里求斯	75	10.8	84	0.0	58	7.1	55	1.7	59	31.7	78	11.4	22	12.7
约旦	76	10.6	86	0.0	92	0.0	81	0.2	51	39.0	41	13.9	—	—
巴拿马	77	10.6	73	0.0	80	3.7	56	1.6	58	33.6	52	13.0	32	11.8
突尼斯	78	10.3	65	0.0	29	9.9	67	0.9	63	29.9	77	11.5	63	9.3

续表

项目 国家	创新潜力竞争力		公共教育支出总额		公共教育支出占GDP比重		人均公共教育支出额		高等教育毛入学率		研发人员增长率		研发经费增长率	
	排名	得分	排名	得分	排名	得分	排名	得分	排名	得分	排名	得分	排名	得分
墨西哥	79	9.3	19	1.2	44	8.0	54	1.8	64	25.8	60	12.7	87	6.1
马里	80	8.9	—	—	—	—	—	—	84	5.4	31	14.6	80	6.9
瑞士	81	8.1	26	0.6	50	7.6	13	15.6	86	4.0	64	12.5	71	8.3
莫桑比克	82	7.9	81	0.0	27	10.3	85	0.1	85	4.9	9	26.5	91	5.6
南非	83	7.9	37	0.4	30	9.4	59	1.3	77	16.4	51	13.0	82	6.7
阿塞拜疆	84	7.5	77	0.0	87	2.6	73	0.5	72	21.8	—	—	26	12.5
卡塔尔	85	7.4	56	0.1	76	4.6	22	10.1	80	12.1	33	14.5	95	3.2
加拿大	86	7.2	14	1.6	46	7.9	27	8.7	—	—	72	12.2	92	5.4
纳米比亚	87	7.1	80	0.0	21	14.1	57	1.5	—	—	42	13.8	84	6.3
玻利维亚	88	7.1	66	0.0	25	11.9	68	0.8	—	—	54	12.9	58	9.8
印度尼西亚	89	7.0	28	0.6	77	4.5	74	0.4	73	20.7	—	—	67	8.7
塞内加尔	90	7.0	79	0.0	23	12.2	80	0.2	81	8.5	30	14.7	85	6.2
斯里兰卡	91	6.9	72	0.0	89	1.7	78	0.3	75	16.8	69	12.3	51	10.3
肯尼亚	92	6.7	63	0.1	47	7.9	79	0.2	—	—	36	14.2	40	11.1
新加坡	93	6.1	51	0.2	83	3.2	34	5.9	—	—	62	12.6	68	8.6
尼泊尔	94	5.9	82	0.0	75	4.8	87	0.1	79	12.5	—	—	31	12.0
马拉维	95	5.8	89	0.0	36	8.6	90	0.0	91	0.0	29	14.7	33	11.6
柬埔寨	96	5.3	90	0.0	91	1.2	89	0.1	—	—	50	13.0	27	12.3
乌干达	97	5.0	83	0.0	88	1.8	91	0.0	89	3.5	26	14.9	59	9.7
坦桑尼亚	98	5.0	74	0.0	79	4.3	86	0.1	90	2.5	27	14.8	72	8.1
布基纳法索	99	4.7	87	0.0	70	5.5	88	0.1	87	3.5	32	14.5	—	—
马达加斯加	100	4.4	92	0.0	90	1.5	92	0.0	88	3.5	34	14.4	79	6.9
最高分	—	49.7	—	100.0	—	100.0	—	100.0	—	100.0	—	100.0	—	100.0
最低分	—	4.4	—	0.0	—	0.0	—	0.0	—	0.0	—	0.0	—	0.0
平均分	—	17.8	—	2.4	—	26.0	—	9.1	—	43.2	—	16.2	—	11.7
标准差	—	10.4	—	11.1	—	36.6	—	17.3	—	24.1	—	11.9	—	10.3

表7-4 2011年世界创新潜力竞争力及三级指标的得分及排名情况

项目 国家	创新潜力 竞争力 排名	得分	公共教育 支出总额 排名	得分	公共教育支出 占GDP比重 排名	得分	人均公共 教育支出额 排名	得分	高等教育 毛入学率 排名	得分	研发人员 增长率 排名	得分	研发经费 增长率 排名	得分
丹麦	1	61.3	7	4.7	7	95.9	1	100.0	14	71.0	26	47.8	71	48.1
德国	2	60.7	2	50.0	17	92.5	3	73.2	31	56.3	57	41.1	58	51.2
芬兰	3	58.7	11	3.8	3	98.0	2	84.0	4	88.6	84	30.9	78	46.7
法国	4	58.5	3	39.3	10	95.6	4	70.8	37	53.5	44	43.1	69	48.8
爱沙尼亚	5	57.9	48	0.3	13	94.2	8	27.8	21	65.0	8	60.4	1	100.0
中国	6	56.3	1	100.0	18	91.8	24	8.7	68	22.5	11	56.5	25	58.0
希腊	7	54.0	10	3.9	14	93.3	5	40.9	1	100.0	76	37.9	73	47.8
捷克	8	50.8	13	3.1	11	95.1	7	34.9	28	60.6	25	48.5	16	62.4
阿尔巴尼亚	9	48.5	—	—	—	—	—	—	43	45.7	—	—	57	51.3
沙特阿拉伯	10	47.1	—	—	—	—	—	—	51	37.9	—	—	35	56.3
厄瓜多尔	11	47.1	23	1.1	2	98.0	25	8.6	56	36.5	1	100.0	95	38.2
摩洛哥	12	46.1	—	—	—	—	—	—	76	14.4	2	77.9	—	—
塞浦路斯	13	43.6	44	0.4	8	95.8	6	39.7	47	42.7	77	37.5	84	45.8
哥斯达黎加	14	42.9	37	0.6	4	97.5	12	15.1	46	43.3	17	54.2	80	46.7
菲律宾	15	41.5	—	—	—	—	—	—	62	28.1	54	41.5	37	54.9
博茨瓦纳	16	40.5	—	—	—	—	—	—	75	15.3	47	42.5	11	63.7
哥伦比亚	17	39.9	6	4.8	1	100.0	15	12.2	48	39.9	88	24.0	23	58.6
埃及	18	39.4	12	3.2	12	94.6	38	4.5	66	24.0	48	42.4	5	67.8
科威特	19	39.0	—	—	—	—	—	—	65	24.5	65	40.3	51	52.2
克罗地亚	20	38.7	29	0.9	5	97.1	9	23.8	—	—	87	25.1	82	46.6
波黑	21	38.7	51	0.3	9	95.7	27	7.8	—	—	75	38.1	55	51.6
格鲁吉亚	22	38.0	53	0.2	15	93.3	31	5.8	61	28.4	79	35.5	9	64.9
马里	23	37.5	—	—	—	—	—	—	84	5.2	34	44.7	14	62.8
美国	24	37.2	4	22.7	44	7.5	26	8.5	3	89.2	27	47.6	75	47.5
斯洛文尼亚	25	36.9	65	0.1	39	8.2	37	4.5	6	78.6	5	66.9	12	63.3
韩国	26	36.1	21	1.6	58	6.3	40	3.6	2	92.2	9	58.2	39	54.7

续表

国家	创新潜力竞争力 排名	得分	公共教育支出总额 排名	得分	公共教育支出占GDP比重 排名	得分	人均公共教育支出额 排名	得分	高等教育毛入学率 排名	得分	研发人员增长率 排名	得分	研发经费增长率 排名	得分
危地马拉	27	36.1	35	0.6	16	92.7	36	4.9	74	16.4	49	42.2	22	59.4
荷兰	28	36.0	22	1.4	40	8.1	20	9.7	12	71.8	3	68.1	32	56.9
加纳	29	35.2	38	0.5	20	90.2	44	2.4	79	10.5	43	43.4	10	64.0
智利	30	33.5	49	0.3	68	5.2	52	1.9	16	69.4	7	62.7	18	61.4
挪威	31	32.4	28	0.9	26	10.0	10	21.4	19	67.5	38	44.4	61	50.2
新西兰	32	32.1	46	0.3	22	11.0	23	8.8	10	75.6	68	39.8	30	57.1
埃塞俄比亚	33	31.9	41	0.4	19	90.2	72	0.5	83	6.5	42	43.7	63	50.1
比利时	34	31.3	27	0.9	27	9.8	18	10.0	22	64.4	23	49.2	43	53.2
阿根廷	35	30.9	31	0.8	43	7.6	47	2.2	13	71.6	21	51.0	50	52.3
立陶宛	36	30.7	68	0.1	47	7.3	43	2.4	11	74.7	82	32.0	6	67.7
澳大利亚	37	30.6	18	2.0	48	7.2	17	10.4	7	77.2	56	41.1	86	45.7
土耳其	38	30.6	26	0.9	69	5.1	57	1.5	32	56.0	6	63.4	33	56.7
马其顿	39	30.1	—	—	—	—	—	—	55	36.6	89	4.4	66	49.4
爱尔兰	40	29.8	43	0.4	33	8.6	19	10.0	27	60.7	18	53.4	87	45.6
瑞典	41	29.6	24	1.0	25	10.0	14	12.7	17	68.3	80	35.4	62	50.2
拉脱维亚	42	29.5	75	0.0	52	6.9	46	2.2	24	62.1	67	39.8	8	65.9
奥地利	43	28.8	34	0.7	37	8.3	21	9.4	20	65.6	55	41.2	74	47.5
匈牙利	44	28.5	56	0.2	60	6.3	49	2.1	35	54.9	15	54.5	44	53.0
以色列	45	28.4	42	0.4	38	8.2	30	6.1	26	60.8	50	42.1	47	52.7
俄罗斯	46	28.4	16	2.2	72	4.7	53	1.8	15	70.7	60	40.9	65	49.8
波兰	47	28.2	32	0.7	56	6.6	48	2.2	18	67.6	78	37.0	38	54.8
白俄罗斯	48	27.8	63	0.1	54	6.7	59	1.0	5	79.3	—	—	54	51.8
萨尔瓦多	49	27.8	47	0.3	6	96.3	29	6.2	63	25.0	72	38.8	96	0.0
西班牙	50	27.7	17	2.0	53	6.8	35	5.1	8	77.2	83	31.6	89	43.4
意大利	51	27.4	15	2.6	67	5.3	34	5.2	25	61.1	41	43.7	81	46.6
葡萄牙	52	27.4	45	0.3	46	7.3	39	3.9	23	63.3	20	51.1	94	38.3

续表

国家	创新潜力竞争力		公共教育支出总额		公共教育支出占GDP比重		人均公共教育支出额		高等教育毛入学率		研发人员增长率		研发经费增长率	
	排名	得分	排名	得分	排名	得分	排名	得分	排名	得分	排名	得分	排名	得分
马来西亚	53	26.9	40	0.5	34	8.6	51	1.9	57	32.3	4	67.9	60	50.3
巴拿马	54	26.6	78	0.0	80	3.4	61	0.9	50	38.8	51	41.8	2	74.7
保加利亚	55	26.5	71	0.1	77	4.1	65	0.9	34	55.0	12	55.9	91	42.8
日本	56	26.4	5	6.3	76	4.3	32	5.7	33	55.2	74	38.1	67	49.0
英国	57	26.0	9	4.2	36	8.5	28	7.7	36	54.4	81	34.1	76	47.1
卡塔尔	58	25.8	54	0.2	70	5.0	16	11.6	80	10.0	14	54.7	3	73.5
乌克兰	59	25.7	50	0.3	29	9.4	68	0.7	9	77.1	86	26.5	93	40.3
斯洛伐克	60	25.6	61	0.1	71	4.9	45	2.3	38	51.6	64	40.3	41	54.1
塞尔维亚	61	25.5	70	0.1	62	6.0	62	0.9	41	47.5	19	51.5	77	47.1
哈萨克斯坦	62	25.1	58	0.1	85	2.6	58	1.0	45	44.5	22	49.9	49	52.6
阿曼	63	25.1	62	0.1	51	6.9	41	3.4	—	—	10	57.1	26	57.9
乌拉圭	64	24.7	69	0.1	64	5.8	50	2.0	29	58.2	85	29.7	48	52.6
泰国	65	24.5	39	0.5	57	6.6	66	0.8	40	48.5	71	38.9	53	51.8
巴拉圭	66	24.4	76	0.0	50	7.0	69	0.6	59	32.0	58	41.0	7	66.0
卢森堡	67	23.9	66	0.1	66	5.3	11	15.8	73	16.9	13	55.3	64	50.0
伊朗	68	23.9	36	0.6	75	4.3	63	0.9	44	44.6	61	40.8	52	52.0
巴西	69	23.9	8	4.2	23	8.5	42	2.4	49	39.9	66	40.2	72	48.0
玻利维亚	70	23.2	72	0.0	82	3.2	73	0.5	—	—	52	41.6	13	63.1
新加坡	71	23.1	52	0.2	28	9.6	33	5.4	—	—	24	49.0	27	57.8
突尼斯	72	22.7	64	0.1	81	3.3	67	0.8	60	31.8	28	47.4	79	46.7
亚美尼亚	73	22.6	90	0.0	42	7.6	76	0.3	42	46.9	—	—	15	62.5
加拿大	74	22.4	14	2.6	45	7.3	22	9.0	—	—	29	46.4	83	46.5
墨西哥	75	22.4	20	1.7	21	13.8	54	1.6	64	24.5	31	45.4	40	54.1
纳米比亚	76	22.2	79	0.0	32	9.0	56	1.5	—	—	46	42.6	46	52.9
南非	77	21.9	33	0.7	30	9.0	55	1.5	72	17.0	16	54.4	68	48.9
毛里求斯	78	21.8	88	0.0	78	3.7	60	1.0	58	32.2	73	38.5	36	55.4

续表

国家	创新潜力竞争力 排名	创新潜力竞争力 得分	公共教育支出总额 排名	公共教育支出总额 得分	公共教育支出占GDP比重 排名	公共教育支出占GDP比重 得分	人均公共教育支出额 排名	人均公共教育支出额 得分	高等教育毛入学率 排名	高等教育毛入学率 得分	研发人员增长率 排名	研发人员增长率 得分	研发经费增长率 排名	研发经费增长率 得分
瑞士	79	21.5	25	1.0	49	7.0	13	14.5	85	4.8	62	40.5	19	61.3
莫桑比克	80	21.1	81	0.0	31	9.2	85	0.1	86	3.7	39	44.2	4	69.4
印度	81	20.2	19	2.0	74	4.7	82	0.1	70	20.6	59	41.0	45	52.9
肯尼亚	82	20.1	67	0.1	41	7.7	83	0.1	—	—	40	43.9	70	48.5
吉尔吉斯斯坦	83	20.0	87	0.0	24	10.6	77	0.2	52	37.7	—	—	56	51.3
罗马尼亚	84	19.8	57	0.2	84	3.1	64	0.9	30	57.9	90	0.0	31	57.0
秘鲁	85	19.7	60	0.1	87	2.3	74	0.5	53	37.1	—	—	24	58.4
柬埔寨	86	19.6	92	0.0	92	0.0	91	0.0	—	—	53	41.5	34	56.4
塞内加尔	87	19.4	80	0.0	30	9.2	80	0.2	81	8.3	36	44.6	42	53.8
越南	88	19.2	55	0.2	55	6.7	78	0.2	69	22.4	63	40.4	88	45.3
巴基斯坦	89	18.9	59	0.1	89	1.4	87	0.0	82	7.4	45	42.7	17	61.8
斯里兰卡	90	18.6	77	0.0	90	0.6	81	0.2	77	13.5	69	39.8	28	57.3
马拉维	91	17.9	89	0.0	65	5.3	89	0.0	91	0.0	35	44.7	29	57.2
印度尼西亚	92	17.7	30	0.8	79	3.4	75	0.3	67	24.0	—	—	20	60.0
坦桑尼亚	93	17.4	74	0.0	59	6.3	84	0.1	90	2.1	33	44.9	59	51.1
约旦	94	16.7	86	0.0	91	0.2	79	0.2	54	36.9	30	46.0	—	—
乌干达	95	16.2	83	0.0	83	3.1	90	0.0	87	3.4	32	45.2	85	45.7
尼泊尔	96	15.5	82	0.0	73	4.7	88	0.0	78	12.7	—	—	21	59.9
蒙古	97	14.5	85	0.0	61	6.2	71	0.5	39	51.3	70	39.5	—	—
马达加斯加	98	14.5	91	0.0	86	2.6	92	0.0	89	3.0	—	—	92	41.6
阿塞拜疆	99	12.6	73	0.0	88	1.9	70	0.5	71	17.6	37	44.5	90	43.0
布基纳法索	100	10.7	84	0.0	63	6.0	86	0.1	88	3.1	—	—	—	—
最高分	—	61.3	—	100.0	—	100.0	—	100.0	—	100.0	—	100.0	—	100.0
最低分	—	10.7	—	0.0	—	0.0	—	0.0	—	0.0	—	0.0	—	0.0
平均分	—	30.1	—	3.1	—	25.5	—	8.9	—	42.9	—	44.6	—	53.6
标准差	—	11.4	—	12.3	—	36.7	—	17.7	—	25.2	—	12.7	—	10.4

新潜力竞争力的贡献率最高，达到39.8%；其次为公共教育支出占GDP比重，贡献率达到23.9%；研发人员增长率和研发经费增长率的贡献率分别为14.9%和10.8%，其余两个指标的贡献率相对较低，均低于10%。

7.5 世界创新潜力竞争力跨梯队变化

2015年世界创新潜力竞争力处于第一梯队（1~30位）的依次为丹麦、德国、芬兰、中国、希腊、法国、捷克、格鲁吉亚、爱沙尼亚、塞浦路斯、哥斯达黎加、哥伦比亚、沙特阿拉伯、克罗地亚、波黑、萨尔瓦多、阿尔巴尼亚、厄瓜多尔、埃及、越南、危地马拉、美国、加纳、挪威、埃塞俄比亚、比利时、爱尔兰、韩国、巴基斯坦、澳大利亚，处于第二梯队（31~70位）的依次为智利、奥地利、马其顿、白俄罗斯、土耳其、新西兰、西班牙、荷兰、瑞典、阿根廷、菲律宾、俄罗斯、蒙古、摩洛哥、波兰、以色列、英国、乌克兰、保加利亚、塞尔维亚、斯洛文尼亚、巴拉圭、印度、葡萄牙、意大利、伊朗、博茨瓦纳、斯洛伐克、日本、拉脱维亚、乌拉圭、阿曼、罗马尼亚、立陶宛、科威特、匈牙利、卢森堡、吉尔吉斯斯坦、马来西亚、泰国，处于第三梯队（71~100位）的依次为巴西、哈萨克斯坦、秘鲁、亚美尼亚、毛里求斯、约旦、巴拿马、突尼斯、墨西哥、马里、瑞士、莫桑比克、南非、阿塞拜疆、卡塔尔、加拿大、纳米比亚、玻利维亚、印度尼西亚、塞内加尔、斯里兰卡、肯尼亚、新加坡、尼泊尔、马拉维、柬埔寨、乌干达、坦桑尼亚、布基纳法索、马达加斯加。

2011年世界创新潜力竞争力处于第一梯队（1~30位）的依次为丹麦、德国、芬兰、法国、爱沙尼亚、中国、希腊、捷克、阿尔巴尼亚、沙特阿拉伯、厄瓜多尔、摩洛哥、塞浦路斯、哥斯达黎加、菲律宾、博茨瓦纳、哥伦比亚、埃及、科威特、克罗地亚、波黑、格鲁吉亚、马里、美国、斯洛文尼亚、韩国、危地马拉、荷兰、加纳、智利，处于第二梯队（31~70位）的依次为挪威、新西兰、埃塞俄比亚、比利时、阿根廷、立陶宛、澳大利亚、土耳其、马其顿、爱尔兰、瑞典、拉脱维亚、奥地利、匈牙利、以色列、俄罗斯、波兰、白俄罗斯、萨尔瓦多、西班牙、意大利、葡萄牙、马来西亚、巴拿马、保加利亚、日本、英国、卡塔尔、乌克兰、斯洛伐克、塞尔维亚、哈萨克斯坦、阿曼、乌拉圭、泰国、巴拉圭、卢森堡、伊朗、巴西、玻利维亚，处于第三梯队（71~100位）的依次为新加坡、突尼斯、亚美尼亚、加拿大、墨西哥、纳米比亚、南非、毛里求斯、瑞士、莫桑比克、印度、肯尼亚、吉尔吉斯斯坦、罗马尼亚、秘鲁、柬埔寨、塞内加尔、越南、巴基斯坦、斯里兰卡、马拉维、印度尼西亚、坦桑尼亚、约旦、乌干达、尼泊尔、蒙古、马达加斯加、阿塞拜疆、布基纳法索。

评价期内，一些国家的创新潜力竞争力出现了跨梯队变化。智利、菲律宾、摩洛哥、斯洛文尼亚、博茨瓦纳、科威特由第一梯队下降到第二梯队，马里从第一梯队直接下降到第三梯队，巴西、哈萨克斯坦、巴拿马、卡塔尔、玻利维亚由第二梯队下降到第三梯队；而萨尔瓦多、挪威、埃塞俄比亚、比利时、爱尔兰、澳大利亚由第二梯队上升到第一梯队，越南、巴基斯坦从第三梯队直接上升到第一梯队，蒙古、印度、罗马尼亚、吉尔吉斯斯坦从第三梯队上升到第二梯队。

八　世界创新竞争力的主要特征与变化趋势

世界创新竞争力的评价指标体系由 1 个一级指标、5 个二级指标和 32 个三级指标构成。世界创新竞争力是由创新基础竞争力、创新环境竞争力、创新投入竞争力、创新产出竞争力和创新潜力竞争力五个方面的内容组成的综合性评价体系。这五个方面的内容既互相独立又紧密联系，能够综合反映世界各国在创新基础、创新环境、创新投入、创新产出和创新潜力等五个方面的竞争能力和科技发展水平。同时，世界创新竞争力又能动态反映世界各国创新竞争力的变化特征和发展规律，有助于探寻世界创新竞争力发展的一般性规律和各国的主要特征。

本报告通过对 2011～2015 年世界创新竞争力的评价，全面、客观地分析世界创新竞争力的水平、差距及其变化态势，深刻认识和把握这些规律和特征，认清世界创新竞争力变化的实质和内在特性。这对于研究和发现提升世界创新竞争力的正确路径、方法和对策，指导各国有效提升国家创新竞争力，并根据各国具体情况和特殊国情采取相应的对策措施具有十分重要的意义。

8.1　世界创新竞争力的提升是五大创新因素共同作用的结果

世界创新竞争力是在世界格局发生变化、经济全球化趋势加速发展、国际竞争日趋激烈的背景下形成和发展起来的综合反映国家创新系统集成能力的量化指标体系。世界创新竞争力涵盖了创新基础竞争力、创新环境竞争力、创新投入竞争力、创新产出竞争力和创新潜力竞争力五大因素。这五大因素是世界性产业结构调整和基础创新的重要推动力，也是构建世界创新竞争力的重要环节。这五大因素以提高生产力水平、降低生产成本、减少资源损耗、激发经济活力、实现可持续发展为目标，各自独立又相互联系，获取并优化配置科技创新资源，促进创新能力提升，增强各国战略优势，综合反映和影响国家创新竞争力。从世界创新竞争力的评价指标体系设置和评价结果可以看出，五大因素综合构建并共同作用于一级指标世界创新竞争力，世界创新竞争力客观反映了世界各国创新竞争力的相对水平和动态趋势。

表 8 - 1 列出了 2011～2015 年世界上有代表性的 100 个国家的创新竞争力排位变化情况。创新竞争力是不断累积、全面提升的过程，因此世界各国创新竞争力排位相对较为稳定，变化幅度不大。2011～2015 年，100 个国家中有 12 个国家的排名保持不变，特别是美国和德国一直稳居世界创新竞争力的前两位。此外，51 个国家的排名变化幅度小于 5 位，21 个国家的排名变化幅度在 5～10 位，仅有 16 个国家的排位变化超过 10位。

表 8 – 1   2011～2015 年世界创新竞争力排位变化统计

排位变化幅度（位）	国家数（个）	比重（%）	排位变化	国家数（个）	比重（%）
>10	16	16	上升	8	8
			下降	8	8
5～10	21	21	上升	13	13
			下降	8	8
<5	51	51	上升	26	26
			下降	25	25
0	12	12		12	12

依据 100 个国家世界创新竞争力的排位先后将其分为三个梯队。处于前 30 位的国家为第一梯队，处于第 31～70 位的国家为第二梯队，处于第 71～100 位的国家为第三梯队，以此反映不同国家在世界创新竞争中所处的相对地位。与 2011 年相比较，只有少部分国家出现了跨梯队变化，大部分国家保持不变。比较明显的是，2015 年，原先处于第二梯队的希腊和越南进入了第一梯队，其他原处于第一梯队的国家大多继续处于第一梯队。而原先处于第三梯队的危地马拉、乌克兰、毛里求斯和亚美尼亚四个国家进入了第二梯队，但排名仍处于第 55 位之后。世界创新竞争力排位相对稳定，进一步表明创新竞争优势是多种因素长期积累、综合作用的结果，在短期内甚至较长一段时间内都难以发生较大改变。

相比一级指标，二级指标的排位变化幅度相对较大。但由于一级指标是五个二级指标综合作用的结果，因而反映在一级指标上的变化就相对较小。尽管如此，二级指标的明显短板也会拖累并拉低创新竞争力，导致创新竞争力排位下滑；同样，二级指标的明显跃升也会促进并提升整体创新竞争力，推动创新竞争力排位上移。因此，不仅需要分析一级指标的排名及动态变化，还需要对二级指标和三级指标进行深入而细致的分析。由此才能挖掘各个国家创新竞争力的本质特征，发现其发生变化的真正原因，从而有助于各国依据实际情况，参照世界创新竞争力排位靠前的国家的发展经验，制定和实施符合国情的创新战略，统筹协调各因素间的关系，补齐短板、发挥优势，保持和推动国家创新竞争优势的持续发挥。

因此，世界创新竞争力的提升是五大因素共同作用、长期积累的结果。通过动态比较，能够剔除某些年份某些国家受特殊因素影响的非正常排名结果，从而更加客观地分析世界创新竞争力的发展现状和未来趋势，为各国创新竞争力的提升提供参考和借鉴。

8.2   世界创新竞争力轻微下滑，区域间差异有所缩小

2011～2015 年，纳入评价的世界有代表性的 100 个国家整体创新竞争力水平出现了轻微下滑，平均得分从 2011 年的 22.8 分下降到 2015 年的 21.1 分（见图 8 – 1）。2008 年世界金融危机发生后，世界经济持续低迷，各国开始重视发展前沿先进技术，

并持续加大对基础设施和教育的投资。但从创新投入转化为创新能力、从带动制造业迅速发展到促进经济复苏需要一个过程，目前世界创新竞争力的轻微下滑反映了各国对创新活动的重视。与此同时，虽然美国是 2011～2015 年连续五年创新竞争力得分最高的国家，但其创新竞争力得分呈现下降趋势，且下降幅度超过平均得分变动水平。美国创新竞争力得分从 2011 年的 55.6 分下降到 2015 年的 50.8 分。由于世界创新竞争力是个相对指标，美国创新竞争力得分的下降说明世界各国正在通过技术创新降低劳动力成本、提升制造业竞争力，使得世界创新竞争力平均水平与最高水平的差距逐步缩小。

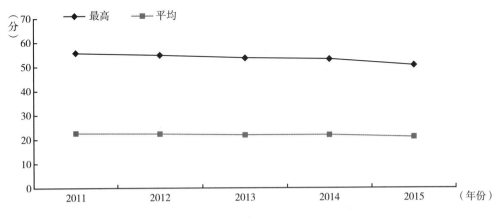

图 8－1　2011～2015 年世界创新竞争力平均得分变化情况

从世界各国创新竞争力得分升降来看，纳入评价的 100 个国家中只有 14 个国家的得分上升，平均上升了 0.9 分，有 86 个国家的得分下降，平均下降了 2.1 分。总体来看，得分下降的国家多于上升的国家，下降的总体平均得分超过上升的总体平均得分，因此，整体的创新竞争力得分呈现下降趋势。

从创新竞争力的二级指标变化情况来看，2011～2015 年，尽管创新环境竞争力和创新投入竞争力的平均得分分别上升了 5.3 分和 0.5 分，但创新潜力竞争力的平均得分下降了 12.9 分，此外，创新基础竞争力和创新产出竞争力的平均得分也有小幅度下降，分别下降了 0.9 分和 0.7 分，这说明各国对营造创新环境、加大创新投入等方面的举措取得了明显的效果，但如何提高创新潜力、打好创新基础和实现创新产出还是各国有待解决的问题。受五个指标的共同影响，世界创新竞争力综合得分下降比较明显。

此外，世界创新竞争力的区域差异仍十分明显。表 8－2 列出了六大洲各国创新竞争力的平均得分及处于第一、第二梯队的国家个数。从得分来看，在六大区域中，大洋洲的创新竞争力平均得分最高，欧洲次之，非洲最低。从第一、第二梯队的国家个数来看，欧洲各国创新竞争力整体实力较强，有 18 个国家处于第一梯队、15 个国家处于第二梯队。其中，西欧和北欧的创新竞争力表现尤为突出，北欧 4 国均处于第一梯队，西欧 6 国中有 5 个国家处于第一梯队，1 个国家处于第二梯队。亚洲的整体表现虽然不及大洋洲、北美洲和欧洲，但是东亚的表现十分亮眼。东亚4国中有3个国家位于第一梯队，1个国家位于第二梯队。

表8-2 六大洲创新竞争力的平均得分及处于第一、第二梯队的国家个数

		平均得分		第一梯队国家个数		第二梯队国家个数	
		2011年	2015年	2011年	2015年	2011年	2015年
亚洲	东亚(4)	32.2	29.2	3	3	1	1
	东南亚(7)	21.9	20.3	1	1	5	5
	南亚(4)	12.4	12.7	0	0	0	0
	西亚(11)	22.5	20.7	4	4	4	4
	中亚(3)	17.7	17.3	0	0	1	1
	合计(29)	**21.8**	**20.3**	**8**	**8**	**11**	**11**
欧洲	东欧(6)	24.1	22.9	2	2	2	2
	南欧(12)	23.0	22.0	3	3	9	9
	西欧(6)	31.9	29.9	5	5	1	1
	北欧(4)	34.0	31.0	4	4	0	0
	中欧(7)	28.7	26.9	4	4	3	3
	合计(35)	**27.1**	**25.5**	**18**	**18**	**15**	**15**
非洲	东非(4)	13.8	12.6	0	0	0	0
	南非(7)	15.4	13.2	0	0	2	2
	西非(4)	14.0	11.8	0	0	0	0
	北非(3)	19.7	17.2	0	0	2	2
	合计(18)	**15.5**	**13.4**	**0**	**0**	**4**	**4**
大洋洲(2)		**28.6**	**27.1**	**2**	**2**	**0**	**0**
北美洲(7)		**26.8**	**24.6**	**2**	**2**	**3**	**3**
南美洲(9)		**19.6**	**18.1**	**0**	**0**	**7**	**7**

8.3 创新投入、创新环境和创新基础是提升世界创新竞争力的关键因素

表8-3列出了2011年至2015年世界创新竞争力得分与5个二级指标得分的相关系数。从相关系数的大小来看，与创新竞争力得分相关系数最大的二级指标是创新投入竞争力，其次为创新环境竞争力和创新基础竞争力，这三个二级指标与创新竞争力的相关系数都超过0.7，远高于其他2个二级指标。从各年的变化情况来看，各指标的相关系数基本呈下降趋势，且下降速度接近。由此可见，创新投入、创新环境和创新基础是提升世界创新竞争力的关键因素。对于世界各国来说，加大教育、研发等创新投入，营造公平有序的创新环境，夯实创新基础，是在创新竞争力比拼中取得优势的根本途径。

表 8-3　创新竞争力得分与各要素相关系数

年份	创新基础 竞争力	创新环境 竞争力	创新投入 竞争力	创新产出 竞争力	创新潜力 竞争力
2011	0.741	0.800	0.867	0.611	0.521
2012	0.735	0.806	0.857	0.594	0.515
2013	0.734	0.792	0.852	0.600	0.508
2014	0.706	0.797	0.844	0.593	0.505
2015	0.718	0.779	0.879	0.588	0.510

　　图 8-2 和图 8-3 分别显示了 2011 年和 2015 年世界创新竞争力和创新投入竞争力的得分关系。从图中可以看出，世界创新竞争力和创新投入竞争力得分表现出很强的正相关线性关系。创新投入竞争力得分高的国家，创新竞争力的得分也比较高。因此，各国不仅要增加创新投入的资金数量、拓宽创新投入的投资渠道，而且要进一步完善创新机制、鼓励创新行为、提高创新投入效率，从而有效推动世界创新竞争力提高。

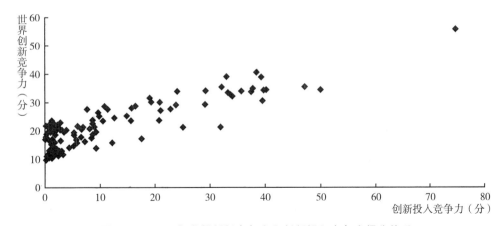

图 8-2　2011 年世界创新竞争力和创新投入竞争力得分关系

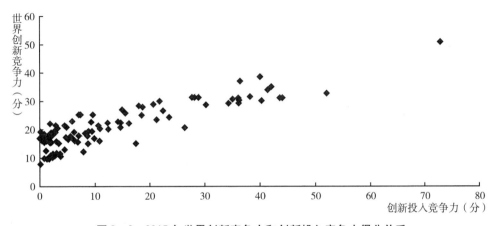

图 8-3　2015 年世界创新竞争力和创新投入竞争力得分关系

8.4 提升创新竞争力需要以经济发展水平为重要保障

创新投入的增加、创新环境的营造和创新基础的构建，从根本上考验一个国家的经济发展水平。当前，世界各国处于不同的发展阶段，经济社会发展水平和发展环境差异很大，因此创新投入、创新环境、创新基础各有不同，创新潜力和创新产出也存在明显差异，使得创新竞争力表现各不相同。由此可见，一个国家的经济发展水平是创新竞争力提升的重要保障，而创新竞争力的提升又能助推国家经济发展水平的跃升。图8－4、图8－5分别反映了2015年世界创新竞争力和各国GDP以及人均GDP的关系。

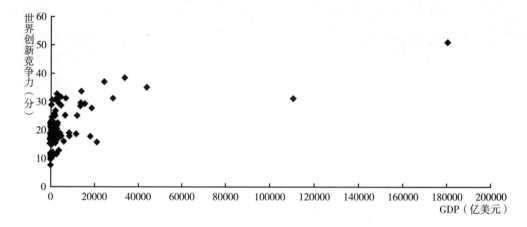

图8－4 世界创新竞争力与GDP的关系

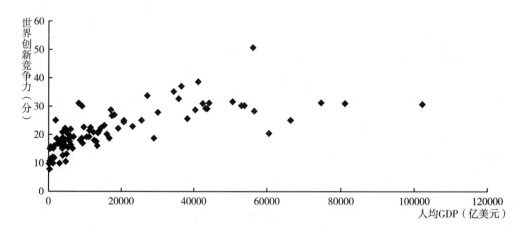

图8－5 世界创新竞争力与人均GDP的关系

图8－4表明经济规模（GDP）和创新竞争力存在一定的相关关系，GDP总量越大的国家，其创新竞争力得分越高，可见一个国家的经济实力与创新竞争力互为因果、互相促进。经济实力是创新竞争力的重要基础，特别是一些经济规模比较大的国家，更是表现出这一特征。其中，美国可谓一枝独秀，其GDP总量和创新竞争力得分都远远高于其他国家。经济实力越强、创新竞争力得分越突出，创新竞争力越强，越能推动一个

国家实现产业转型和经济腾飞。图 8-5 更清楚地表明，创新竞争力与人均 GDP 存在显著的正向关系，人均 GDP 越大，经济发展水平越高，创新竞争力得分越高。但也有一些特殊情况，如人均 GDP 最高的国家卢森堡，竞争力得分不是最高的，与最高得分美国存在较大差距，挪威和瑞士的情况与此类似。而美国和日本尽管人均 GDP 不是最高的，但由于经济总量大，创新竞争力得分高于其他国家。因此，对于各国来说，以经济基础为保障，加大创新投入，积极推动创新竞争力提升，是挖掘发展潜能、重塑竞争版图的主要手段。

九　世界创新竞争力的新格局和新态势

每一次科学技术的重大突破、自然科学领域的重大发现、原创性发明成果的应用都会对人类社会产生颠覆性的影响，并进而引发创新浪潮。各个国家和地区在创新浪潮中所处的位置决定了其国际竞争地位，瞄准创新浪潮的潮头位置，以科学技术为核心的创新竞争不仅成为全球经济社会发展最活跃的要素，推动了人类社会的进步，也在认识世界和改造世界中缔造了灿烂的人类文明。爱因斯坦曾说过："科学绝不是也永远不会是一本写完了的书，每一项重大成就都会带来新的问题，任何一个发展随时间的推移都会出现新的理想让我们来突破。"这句话生动地阐述了科学是人类揭秘未知世界的永无止境的探索，而与科学相伴而生的创新是人类社会永不褪色的热门话题。每一次科学技术发展累积的创新动能的集中式爆发所催生的科技革命，都极大地改变了人类的生产生活方式，促使世界创新竞争的版图重新调整，而创新本身的内涵也在创新深化的进程中不断拓展。创新从早期主要聚焦于技术层面，逐渐向全社会渗透，今天的创新早已不满足于在跟随和模仿中渐进式推进，不限制于机器化大生产时代的工业生产领域，不拘束于单个企业、单个行业或单个国家的个体完成，不禁锢于我们想得到和可预见的事物。在快速化、交互式、融合化、合作式的创新中，创新将经济社会发展的多个领域、多个产业、多个企业、多个国家联系在一起，形成了一个全面化、体系化的网络。在这个不断调整和变动的网络中，每个国家是其中的节点，彼此之间既要率先突破和创新领先，以吸引更多的资源和要素，又要兼顾网络的平衡和协调，通过外溢效应带动相关国家的创新发展。世界各国是在既合作又竞争、既包容又排斥的矛盾中不断推进创新竞争力提升的。

全球新一轮科技革命和产业革命方兴未艾，人类从未像现在这样一致地认可创新、利用创新和实现创新，人类也从未面临如此全面、广泛的创新，创新正以前所未有的速度推进。信息网络、智能制造、生物科技、新能源、新材料等成为全球研发投入的集中领域，正酝酿着产业变革的重大突破，新产业、新业态、新需求、新模式不断被创造，改变着人们的生活方式和思维方式，也改变着全球的创新布局和发展趋势。创新既是各国经济增长的内生动力源，也是各国激烈竞争的制高点，决定着国际地位和话语权，谁在全球创新中胜出，谁就能在世界经济中占据优势地位。这是一个创新创造美好的时代，也是一个创新引发变革的时代。

9.1 世界创新竞争力的新格局

如果说世界创新是驱动世界经济发展的发动机，那么创新竞争就是发动机的动力源，创新竞争的区域格局撑起了这台发动机的主架构，产业格局是发动机的实体材料，企业格局是发动机的零部件，技术格局是发动机运转的燃料，联动格局是发动机各部件协调工作的连接器。各组成部分和各环节共同作用确保创新竞争的动力源不断地释放出来，同时各组成部分和各环节内部的调整也会改变创新竞争动力作用的方式和速度，从而进一步影响世界创新竞争格局的变化。当前，在驱动新一轮经济增长中，创新成为世界各国一致的选择，从欧洲、美洲到亚洲，从大西洋到太平洋，创新浪潮风起云涌，科技创新中心层出不穷，创新正以前所未有的速度改变着人们的生产和生活方式，颠覆着人们的思维，也推动着世界发展方式的快速变革，为人类描绘了一幅充满信心和光明前景又颇具挑战的创新竞争新格局图景。

1. 区域格局：世界创新竞争主架构趋于协调

当前，世界大部分创新活动主要集中在高收入经济体，美国、日本、欧盟等科技投入仍占世界创新总投入的80%，科技领域投入的集中化趋势并未明显改变。但是，一部分新兴经济体的创新努力也不容忽视，中国、巴西、印度等发展中国家在世界创新竞争中的出色表现，不仅对长期由发达经济体把控的创新垄断格局形成冲击，而且逐渐成长为可以与发达经济体抗衡的竞争对手，改写着世界创新竞争的区域版图。2017年，世界知识产权组织发布的《全球创新指数报告》显示，瑞士继续稳居第一，已经连续7年位居排行榜榜首，紧随其后的是瑞典、荷兰、美国和英国。从表9－1可以看出，近5年全球创新指数处于前十位的国家和地区虽然位次有所变化，但变化的幅度并不大，这些国家和地区在世界创新竞争中拥有绝对优势，堪称世界创新的"领头羊"。在排名前25位的国家中，中国是一大亮点，中国近5年来排位持续上升，2016年跻身前25位，2017年又把位次提升了3位，位居第22位，打破了历年来前25位都由高收入经济体垄断的局面，这被誉为"在缩小发达国家和发展中国家差距方面迈出的具有象征意义的一步"[1]。

表9－1 全球创新指数排名前25位的国家近五年变化

国家（地区）	2013年	2014年	2015年	2016年	2017年
瑞　士	1	1	1	1	1
瑞　典	2	3	3	2	2
荷　兰	4	5	4	9	3
美　国	5	6	5	4	4
英　国	3	2	2	3	5

---

① 陈宏斌：《全球创新环境与G20国家创新竞争力提升》，《光明日报》2016年8月24日，第15版。

国家(地区)	2013 年	2014 年	2015 年	2016 年	2017 年
丹　　麦	9	8	10	8	6
新 加 坡	8	7	7	6	7
芬　　兰	6	4	6	5	8
德　　国	15	13	12	10	9
爱 尔 兰	10	11	8	7	10
韩　　国	18	16	14	11	11
卢 森 堡	12	9	9	12	12
冰　　岛	13	19	13	13	13
日　　本	22	21	19	16	14
法　　国	20	22	21	18	15
中国香港	7	10	11	14	16
以 色 列	14	15	22	21	17
加 拿 大	11	12	16	15	18
挪　　威	16	14	20	22	19
奥 地 利	23	20	18	20	20
新 西 兰	17	18	15	17	21
中　　国	35	29	29	25	22
澳 大 利 亚	19	17	17	19	23
捷　　克	28	26	24	27	24
爱 沙 尼 亚	25	24	23	24	25
比 利 时	21	23	25	23	27
马 耳 他	24	25	26	26	26

数据来源：2017 年《全球创新指数报告》。

从世界创新竞争力和全球创新指数的区域分布来看，两者的评价结果具有一致性，即创新竞争优势的各洲分布是不平衡的。2015 年，世界创新竞争力排名前 25 位的经济体中有 17 个在欧洲，2017 年，全球创新指数排名前 25 位的全球经济体中有 15 个在欧洲，并且多年来数量基本保持稳定，表明人力资本和研究、基础设施、商业成熟度方面的优势为欧洲赢得了稳定的创新竞争优势（见表 9 - 2）。数量排在第二位的是亚洲，新加坡、韩国、日本、中国、印度等经济体的创新表现抢眼，教育、研发、高科技产品出口等方面的改善使创新资源向东亚和东南亚地区集中。美国和加拿大是北美洲地区创新竞争的重要经济体，大洋洲地区主要是澳大利亚和新西兰的创新较为活跃，非洲地区没有入围的经济体。由于创新资源的流动和配置会自动选择创新基础较好的地区，全球区域不平衡的局面将会持续，但区域间差距有缩小的趋势，从世界创新竞争力评价得分可以看出，2011 年第 1 名和第 25 名得分差距为 27.5 分，2015 年两者的差距已缩小为 24.2 分，表明世界创新这台发动机的主架构在不断趋向协调和平衡。

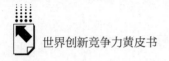

表9-2　全球创新指数和创新竞争力排名前25位经济体区位分布

单位：个

区域	全球创新指数排名前25位经济体数量		创新竞争力排名前25位经济体数量	
	2013年	2017年	2011年	2015年
欧　　洲	16	15	16	17
美　　洲	2	2	2	2
亚　　洲	5	6	6	5
大 洋 洲	2	2	1	1
非　　洲	0	0	0	0

2. 产业格局：世界创新竞争力的实体内容日益丰富

创新不是虚无缥缈的存在，也不是隐藏在实验室里的技术，创新只有依附于产业才能产生推动经济增长的强大力量，同时创新所缔造的新产业部门代表着产业结构升级的方向，推动着产业发展的巨大变革。产业作为构成创新发动机的实体材料，其质量的好坏直接决定着发动机的使用寿命，创新向产业的渗透和融合使发动机在更新换代中不断焕发出新的活力。2008年金融危机后，发达国家纷纷把经济发展的重心转移到以工业为主的实体经济领域，掀起了回归实体经济的浪潮，依托工业部门开展创新逐渐成为世界创新竞争的主战场。美国自2010年《美国制造业振兴法案》生效至今，其再工业化进程已有七年，致力于制造中高端、高附加值的产品专业生产，再次强化了美国全球科技创新的领先地位；自2013年德国提出"工业4.0"战略以来，各国仿效风起云涌，掀起了传统工业制造的智能革命，智能制造开始风靡全球；2013年开始，法国着力打造"工业新法国"，掀开法兰西新一轮工业革命，旨在建立更为互联互通、更具竞争力的法国工业；日本"新产业结构蓝图"方案提出，力争在自动驾驶、医疗护理、基础设施领域实现技术革新，加紧推进人工智能和机器人等尖端技术成果转化，从而克服由于人口减少对经济增长的威胁；中国的"中国制造2025"战略和"互联网＋"战略瞄准创新驱动、智能转型、绿色制造等，力争实现制造强国目标。

制造业是实体经济的重要支撑，制造业领域创新在经济发展中起着"定海神针"的作用，同时制造业领域的创新速度和程度也决定了未来一个国家和地区在国际上的地位。制造业的创新还会加速推进产业融合，如制造业和服务业的不断融合，新技术嵌入传统产业部门开辟传统产业发展的新路径，产业发展的边界逐渐模糊，并催生出新的产业和产业群，各产业之间技术和市场的重叠性凸显，带动制造业智能化、绿色化发展。当前，大数据、人工智能、物联网、虚拟现实、可穿戴设备、3D打印、石墨烯、基因测序、量子通信、区块链等一批前沿科技成果正逐渐应用于生产领域，加快推进产业化进程，同时也开辟了更为包容的全球价值链、更有弹性的商业模式、更趋开放的产业生态系统。产业成为世界创新竞争最现实的表现，也是各国创新竞争力强弱最直接的反映。

3. 企业格局：世界创新竞争力的主体要素更趋活跃

企业是组织和实施创新的主体，也是推动创新的能动力量，在市场经济的驱动下，对创新垄断利润的追求会驱动企业自觉地开展创新。在世界创新竞争中，大型跨国公司始终走在最前端，拥有自己的技术研发部门，集聚了一大批科技人员开展前沿技术攻关，配备了完善的实验室进行技术产品的模拟和反复试验。凭借对市场的敏锐性、创新的雄厚基础和实力，跨国公司聚集全球创新资源并进一步整合，保持技术领先优势。近十年来，以发达国家为主的跨国公司创新态势迅猛，全球500强研发支出占全球研发支出的比例超过65%，而且研发支出主要用于高技术领域。随着全球创新的发展，跨国公司的战略布局也有所调整，传统的生产模式是将研发环节布局在发达国家，把加工制造环节布局在发展中国家，随着新兴经济体技术和人才投资的不断加大，跨国公司也有把研发环节向外转移的趋势，极大地改变了传统的国际分工格局。

为顺应互联网、大数据、信息化的发展与挑战，迫于竞争压力和获取垄断利润的需要，跨国公司也在加紧创新布局，投入巨额资金开展创新以推动企业转型，这使得世界范围内的创新活动更加集中。例如，IBM宣布放弃传统的全球业务咨询和技术服务两大业务，专注发展为一家认知解决方案和云平台公司，同时还专注于人工智能、碳纳米管以及量子计算机等新技术的突破。惠普不断扩展服务型制造和云计算平台，施耐德开始专注于开发新能源，松下着力于开发新能源电池，索尼进军健康产业。跨国公司还通过并购加速创新布局，如谷歌收购Deep Mind、脸谱斥资20亿美元收购Oculus Rift等，这些跨国公司成功地在短期内聚集了大量的创新资源，推动了新兴产业的快速规模化发展。国际研调机构科睿唯安（Clarivate Analytics）根据对专利数据的深入分析，连续六年发布全球百强创新机构名单，从最新的2016年百大创新机构榜单来看，美国共有41家机构入选，日本入选的有34家，法国9家、德国4家、瑞士3家、韩国3家，瑞典、芬兰、荷兰、爱尔兰、中国大陆以及中国台湾各1家。这些入选企业主要集中在化工行业、汽车制造行业、家用电子行业、电子通信行业、医疗制造行业等，表明这些行业孕育着巨大的创新潜能，也是未来世界创新活动最集中的行业。企业创新会带动行业整体创新水平和能力的提升，并且随着行业的融合，企业跨行业创新的趋势也不断加强（见表9-3）。

表9-3 科睿唯安2016年发布的百强创新机构行业分布

行业	入围企业
化工行业	美国3M公司、空气产品公司、陶氏化学、杜邦公司、法国阿科玛、德国巴斯夫、拜尔、日东电工株式会社、信越集团、昭和电工株式会社
汽车制造行业	日本爱信精机株式会社、普利司通、本田汽车公司、捷太格特、日产汽车公司、丰田汽车公司、矢崎集团、美国德尔福汽车公司、法国法雷奥集团
家用电子行业	美国通用电气、耐克、韩国LG电子、日本松下、索尼公司、雅马哈集团
电子通信行业	美国苹果公司、英特尔公司、中国华为公司、瑞典爱立信公司、芬兰诺基亚公司、日本电信电话株式会社
医疗制造行业	美国贝克顿—迪金森公司、波士顿科学公司、强生公司、日本大金工业株式会社、川崎重工、神钢集团、小松集团、牧田株式会社、三菱重工、新日铁住金、奥林巴斯、住友电气工业株式会社、安川电机公司、爱尔兰美敦力公司、法国圣戈班集团

4. 技术格局：世界创新竞争力的新兴动能活跃

全球创新的纵深推进使创新广泛地渗透到经济社会发展的各个层面，创新的含义也从技术创新的狭隘定义逐步拓展为涵盖理论创新、制度创新、科技创新、文化创新等全领域的多维创新概念，全球创新竞争逐渐演变为全面创新的竞争。在全面创新中，技术创新仍然是主体，是核心所在，各个国家和地区加紧在前沿技术领域的攻关如同为创新这台发动机注入新的能源和燃料，确保全球创新和创新竞争既能推动创新前沿的开拓，又能为创新注入新的动力和活力。

当前，全球新一轮科技革命和产业变革风起云涌，第四次工业革命呼之欲出，人工智能、大数据、基因技术等新技术不断涌现并与产业发展深度融合，使移动互联网、超级计算机、无人驾驶汽车、神经技术人脑芯片、基因编辑新兴事物和现象变得无处不在，使曾经遥不可及的技术巅峰变成了眼前的事实，再次凸显了人类征服自然、征服世界、征服自我的伟大创新。新兴技术的出现早已突破传统生产领域的界限，涵盖了多个领域和多个学科，把各学科、各行业、经济体等有机地串联在一起。企鹅智酷结合麻省理工学院对全球具备商业化潜力的技术创新优势公司的研究，发布了《全球"可商业化"创新报告：50 家公司和 28 个技术领域》，该报告列出了全球 50 家可商业化、颇具创新潜力的公司主要涉及的技术（见图 9 – 1）。

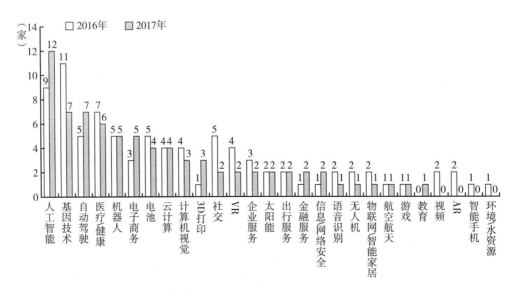

图 9 – 1　全球可商业化创新 50 家企业主要涉及的技术领域

数据来源：企鹅智库。

从图 9 – 1 可以看出，2017 年全球可商业化创新的 50 家企业涉及的技术中，人工智能技术排在第一位，其次是基因技术和自动驾驶技术，医疗/健康技术、机器人技术和电子商务技术紧随之后，与 2016 年相比，人工智能技术企业数超过了基因技术企业数，自动驾驶技术、机器人技术等也依托人工智能技术发展，人工智能技术成为技术创新中最耀眼的部分，也是全球创新竞争最聚焦和最激烈的领域。电子商务技术也逐渐受到关注，而环境/水资源、智能手机、AR 等技术关注度还不高。就全球技术创新着力推进的人工智能技术而言，其技术的区域分布也是不平衡的。根据《2017 全球人工智能人才白皮书》，人工智能发展依托于顶级人才，同时人工智能产业大量的核心技术和资源掌握在科技巨头企业手里。就初创企业而言，中国和美国的人工智能技术分布不同，在人工智能技术主要分布的 9 个领域中，2017 年，美国机器学习应用技术方面的初创企业数量最多，有 241 家，占本国人工智能技术初创企业的 22.4%，中国智能机器人技术方面的初创企业数量最多，有 125 家，占本国人工智能技术初创企业的 21.2%（见图 9－2）。

美国	41	33	91	62	144	24	241	190	252	初创企业数量及比例
	3.8%	3.1%	8.4%	5.8%	13.4%	2.2%	22.4%	17.6%	23.4%	
	自动驾驶辅助驾驶	处理器芯片	智能无人机	智能机器人	技术平台	语音识别	机器学习应用	计算机视觉	自然语言处理	
	5.2%	2.4%	8.6%	21.2%	5.9%	6.1%	10.3%	24.7%	15.6%	
中国	31	14	51	125	35	36	61	146	92	初创企业数量及比例

图 9－2　中国和美国人工智能热门领域初创企业数量及比例

5. 联动格局：世界创新竞争力的效应传导畅通

随着创新向纵深推进，创新对知识、信息、技术等方面的要求越来越高，特别是前沿领域技术和关键环节技术往往由一个国家或地区难以单独完成，需要多个国家和地区相互合作开展联合攻关。同时，一些人类所面临的问题也从区域问题逐渐演变为全球问题，如气候变化、粮食安全、健康、生态环境等，需要多个国家携手共同解决，创新影响的外部性和创新因素的内部化使创新模式也从"封闭式创新"走向"开放式创新"，从"独立式创新"转向"融合式创新"，推动了创新的全球化进程，并进而带动创新资源的全球化配置、创新活动的全球化拓展以及创新服务的全球化普及。以创新为纽带，各个国家和地区的创新分工与合作已日益形成了全球化的创新网络。由于全球创新网络的资源分布又是不平衡的，一些创新资源集中和创新活动活跃的地区逐渐成为创新中心，这些创新中心一方面集聚创新资源，另一方面通过扩散和外溢效应辐射和带动周边地区创新，成为全球创新网络中的重要节点，从而把全球资源和要素有效地结合在一起，同时也把创新效应向外传导，带动创新发动机更加协调地运转。

从国家的角度来看，全球的创新实力虽然分布不均衡，但是创新优势相对突出的国家或地区正逐渐发挥着地区"创新极"作用。根据 2017 年全球创新指数的评价结果，各区域创新实力较强的国家和地区，如北美地区的美国和加拿大，欧洲地区的瑞士、瑞典和荷兰，拉丁美洲和加勒比地区的智利、哥斯达黎加、墨西哥，北非和西亚的以色列、塞浦路斯、阿联酋，撒哈拉以南非洲地区的南非、毛里求斯、肯尼亚，东南亚和东亚地区的日本、韩国、新加坡、中国，中亚和南亚的印度、伊朗、哈萨克斯坦等，这些国家的创新贡献和努力支撑起创新网络的框架（见图 9－3）。从各个国家和地区内部的城市来看,一些城市也逐步成为全球重要的创新节点,如英国的伦敦在大数据、金融技术等数据技术方面有较强的优势,2016 年在技术领域获得了比欧洲其他国家更多的投资;美国纽约市的硅谷是全球公认的技术创新中心,集聚了全球最顶尖的技术、人才等创新资源;日本的东京是全球电子及机器人技术的领导者;以色列的特拉维夫是创业之邦的创业城市,智能化城市的发展促进了高科技、生命科学技术的飞跃;德国柏林充满活力的创业氛围和高素质的劳动力支撑了其创新发展;中国的上海凭借在金融市场上强大的区位优势及浦东大量的高科技园正孕育着世界领先的技术。此外,美国的华盛顿、芝加哥,中国的北京、深圳等城市也是重要的创新中心。这些创新中心既相互竞争,又优势互补,既有分工,又有合作,共同推动了创新网络的协调发展和全球创新竞争力水平的整体提升。

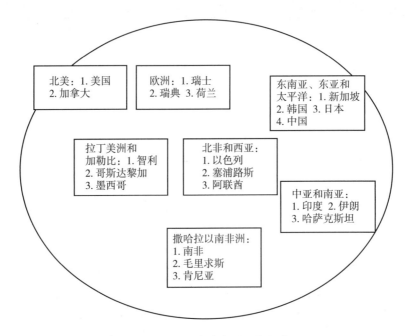

图 9 – 3　区域创新的主导国家和地区

9.2　世界创新竞争力的新态势

创新浪潮的全球涌动活跃了全球创新竞争的氛围,特别是科技创新成为各国抢占世界竞争制高点的战略利器,快速推动了全球生产和生活方式的变革,极大地改变着全球创新的版图。全面创新、全链创新、全球创新正从微观到宏观、从表面到深层、从实验室到产业化、从当前到未来等各个尺度向纵深推进,学科交叉融合更加深入、产业化发展边界更加模糊、新业态更加多样、创新合作更加普遍。在创新群体性跃进的进程中,创新变革的能量不断积蓄,世界创新竞争进一步呈现动态化、激烈化、多变化的态势,在竞争中把握创新合作与竞争的最佳尺度,在竞争中积累核心特色的创新优势,在竞争中突破传统经济增长思维的束缚,在竞争中构建全社会创新生态和网络。创新正在改变的世界没有哪个国家和地区可以预测和想象得到，只有搭上全球创新的快车，顺应世界创新竞争的态势，才能跟上全球创新的步伐，在国际上赢得声誉和地位。总体而言，世界创新竞争主要呈现以下态势。

1. 世界创新加速度显著提升创新竞争力的新位度

世界创新竞争的激烈程度与创新的普遍性和速度紧密相关，一般而言，创新越呈现普遍化、快速性推进，世界创新竞争就越激烈。在 2008 年金融危机之前，由第三次科技革命引发的创新已经持续了半个多世纪，以空间技术、原子能技术、计算机信息技术为代表的技术不断革新和演化，催生新的技术和产业部门，但创新边际动能递减使世界创新似乎陷入了瓶颈期。在这一时期，发达国家把经济发展的重心转向虚拟产业部门，而发展中国家依托廉价生产要素推动工业化进程并未引发过多的创新需求，世界创新竞争相对处于比较温和的时期，创新竞争的焦点也主要集中在生产领域。然而 2008 年金融危机成为世界创新的重要转折点，发达国家重振实体经济部门和开辟新的产业领域，发展中国家应对资源要素短缺开辟工业化新路径，创新不约而同地成为各国拯救经济的重要手段，而且此轮创新并不局限于原有创新的小修小补，而是旨在寻求重大技术突破从而引发新的技术变革，在引领新一轮创新中提升国际地位和创新主导权。世界创新正进入加速度时代，核心技术和关键领域的突破带领集成电路将从"硅时代"进入"石墨烯"时代，软件正进入"云时代"，移动通信正在开启 5G 时代，大数据、互联网、物联网的深度融合，网络、平台、业务、内容、终端的技术扩散和开辟的新生产生活方式正在塑造一个快速变革的时代。创新的快速推进引领全球创新竞争站在一个更高的方位和高度，不再仅限于某个领域或某项技术的竞争，而是更加着眼于高端技术和前沿技术的竞争，着眼于创新体系和创新制度的构建，着眼于技术创新的革命性突破，世界创新竞争步入了高端化时代，创新带来的革命性突破是创新竞争动力的重要源泉。

2. 世界创新竞争版图呈现多中心扩散化趋势

长期以来，世界创新呈现不平衡发展格局，创新资源和要素主要集中在欧美等发达国家和地区，世界创新竞争舞台上也以欧美国家和地区为主角。澳大利亚智库 2ThinKnow 评选出的 2014 年全球最具影响力的 100 个创新城市显示，全球科技创新中心的分布高度集中在美国、西欧等发达国家和地区，西欧、北美分别占 45% 和 34%，形成了全球创新网络的两大核心区，亚洲地区的力量尚显薄弱，其数量仅占 17%，只有北美地区的一半，各地区的创新中心又主要集中于大城市群，成为各地区创新的增长极。创新力量悬殊和创新资源分布不均衡决定了创新竞争主要是区域性活动，创新竞争的范围和程度都比较有限①。

近年来，全球化推动了创新资源在全球范围内的流动和配置，发达国家创新受经济增长缓慢的限制，发展中国家创新意识的觉醒使创新从发达国家开始向发展中国家扩散，从欧美地区向其他地区转移。中国、印度、巴西、俄罗斯等新兴经济体的创新能力

---

① 杜德斌、段德忠：《全球科技创新中心的空间分布、发展类型及演化趋势》，《上海城市规划》2015 年第 1 期。

不断增强，在全球创新中所占的份额持续增加，日本、韩国等在创新领域的部署吸引了全球创新资源的聚集。虽然欧美国家在创新竞争中仍占据绝对优势，但和其他地区的创新差距在不断缩小。据统计，美欧占全球研发投入总量的比例由61%降至52%，亚洲经济体的比例从33%升至40%[①]，全球创新中心呈现出由欧美向亚太、由大西洋向太平洋扩散的总体趋势[②]，创新竞争将会形成北美、东亚、欧盟"三足鼎立"的局面。全球创新的多点推动进一步平衡了全球创新竞争力量，同时也孕育了更多的创新极，在创新的扩散和波及效应推动下，带动更广大地区的创新，使创新成为全球更加普遍的现象，创新竞争也成为全球经济发展更强劲的动力。

3. 世界创新战略引领同质化与差异性并存

全球创新的快速推进和创新竞争的压力使各国纷纷开展创新战略布局以抢占未来科技创新制高点，在新一轮全球创新变革中率先突破，赢得先机。世界主要国家都面向未来的科技创新战略和行动提前部署，如美国在奥巴马总统执政期间连续多次推出国家创新战略，特朗普总统上台后，成立了"美国创新办公室"，特别关注技术与数据，并与著名高科技公司等商业巨头开展合作；德国以工业4.0战略为核心的高新技术战略成为全球科技创新和实体经济发展的标杆；英国最新发布的《技术与创新的未来2017》报告识别出国家着力发展的八大新兴技术，即先进材料、卫星、能源存储、机器人与自动控制、农业科技、再生医学、大数据和合成生物，并在这些技术领域投资6亿英镑；日本新出台的《科学技术创新综合战略2017》着力于构建面向创造创新人才、知识、资金良好循环的创新机制，加大力度推进科学技术创新，建设超智能社会5.0；中国的《国家创新驱动发展战略纲要》提出，通过科技创新和体制机制创新双轮驱动，建设国家创新体系，实现经济增长、产业分工、资源配置等方面的六大转变。可见，不同国家从自身的创新基础、创新资源、创新目标等实际出发，提出了不同的创新战略，旨在构建各自核心的创新优势，在全球创新竞争中形成更多的其他国家和地区无法比拟和超越的自主创新优势，这是全球创新竞争取胜的关键所在。各国创新战略虽然各不相同，但是创新的作用对象基本上都以实体经济为主，技术创新的焦点都集中在互联网、大数据、智能化等领域，注重创新体系的构建和创新生态环境的完善，在鼓励创新方面也着力于增加创新投入、重视创新激励、重视创新资源等，因此，创新竞争在一定程度上又具有同质化特征。创新竞争的同质化和差异化并存也驱动各个国家和地区在创新合作与竞争中寻求最佳的平衡方式。

4. 世界多维创新融合加速形成创新生态系统的颠覆和重构

创新生态系统是把创新看成一个系统化的过程，主要由研发中心、科技人才、风险资本产业、政治经济社会环境等构成，从纵向上是从研发到产业化应用的创新链，从横向上是集制度、政策、人才、资本、技术等多种要素于一体的大体系。传统的创新生态系统受经济发展体制的影响较大，在市场经济国家，创新遵循市场规律，自由宽松的市

---

① 万钢：《全球科技创新发展历程和竞争态势》，《行政管理改革》2016年第2期。
② 白春礼：《世界科技发展新趋势》，《人民日报》2015年7月5日，第5版。

场机制有利于激发市场主体的积极性，但是缺乏创新的顶层设计和制度约束，缺乏组织和管理；在行政干预较强的国家，自上而下的创新推动和制度安排限制了创新的作用空间，但是有利于创新资源的集中。这两种明显差异的创新生态系统都是单线式的作用机制，系统内各环节、各要素机械化、无序性难以形成创新竞争的合力。正在快速推进的世界创新也是一个多维创新融合的过程，数据成为创新的新兴生产要素，数字化成为创新变革的重要支撑，以平台经济为代表的信息经济的兴起等都为创新系统注入了新的要素；创新与商业模式、金融资本的深度融合也极大地推动了新兴产业的快速成长，开辟了新的商业模式、金融模式等；创新在生产领域的嵌入改变着产品的生产方式，个性化、多样化和定制化成为消费的主流。创新在多个层面、多个维度的渗透冲击着传统创新生态系统，也加速了各个国家在创新竞争中构建新兴创新生态系统，如美国把人才、教育、资本、技术、理念、管理等方面的优势，与联邦政府以及州等地方政府的扶持与引导，有效融合形成了独特的良性运转的创新生态系统，支撑着美国始终走在世界创新的前沿①。各个国家在创新系统的构建中必然会呈现政府引导与市场作用相结合、新兴创新要素投入与包容、创新制度的构建与自由创新环境的营造、创新文化和理念的更新等，形成多向度、网络化、联动化的创新生态系统。

十　提升世界创新竞争力的战略对策

世界正孕育着新一轮的科技革命，并在全球范围内引发经济、文化和社会等多个领域的深刻变革，且变革态势愈加迅猛。国际金融危机 10 年以来，全球经济增长复苏缓慢仍持续困扰世界各国，大部分国家选择以科技革命和科技创新为突破口，寻求经济增长的新动力源。从本质上看，创新是世界各国经济发展的原动力，各国综合国力的竞争实质上是创新竞争力的较量。顺应各国相互依存大势，各国积极参与世界创新竞争与合作，参与国际社会的良性互动，共同打造创新型世界经济。当前，全球经济正进入深度调整期，大规模创新资源在全球加速流动和布局，并深刻影响世界各国的国家创新系统。在开放创新范式下，创新已然成为一种数字化、互动化、协同化的全局性活动，人才、企业、区域和国家的创新行为日益明显地受到国际创新环境的影响和制约。加快优化世界创新环境，提升世界创新竞争力，激发全球经济发展新动能，推动全球经济稳定复苏，是世界各国突破经济发展瓶颈、实现经济可持续发展的重要战略目标。

10.1　健全全球创新机制，助推全球治理体系变革

随着互联网时代的来临，经济全球化进入新阶段——继贸易全球化、生产全球化和金融全球化后，世界已经进入创新全球化时代，全球价值链正在重塑。当今全球治理体系正处于历史转折的关键时期，健全全球创新机制，推进全球治理体系变革是顺应国际形势的需要。

---

① 张泰：《美国创新生态系统启示录　世界级企业是怎样生成的》，《中国经济周刊》2017 年第 8 期。

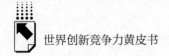

1. 创新成果转化机制，完善知识创新体系

当前，世界创新的投融资主体多元化、投融资模式开放化、投融资渠道多样化，为世界创新资本投入提供了丰裕的资本，但由于创新成果转化动力不足，创新研发和推广应用没有实现高效衔接，从而没有带来预期中的世界生产力大幅度提升[1]。推动世界各国加强基础研究，鼓励基础性、独创性技术的研发，加快原始创新、集成创新、引进消化吸收再创新体系建设，并在成熟的成果转化机制下，强调充分有效的知识产权保护，强调促进创新成果的经济效益转化，加快原始创新研究成果转化为现实生产力，促进产学研良性互动，以完善世界各国知识创新体系。世界各国尤其应当注重设计一套全面的知识和技术转化方案，进一步开拓全新和系统的激励机制，帮助创新企业更快融入全球经济价值链。实践证明，在世界范围内强调创新成果转化机制，需要全球科研机构、政府组织、企业（尤其是跨国公司集团）、中介服务机构等全方位的合作，并达成共识，最终形成以企业（尤其是跨国公司集团）为主体、以风险投融资为支撑、以高新技术产业为主导的成果转化机制，实现多领域、全方位、深层次的知识创新体系建设。

2. 创新全球治理机制，建立新型国际关系

随着全球经济失衡的不断深化，传统以发达国家为主导的世界经济秩序已经无法适应当前全球经济力量再重组的趋势，尤其是以新兴经济体为代表的发展中国家在全球经济治理中表现更加活跃，并发挥了非常重要的作用。因此，为适应正在发生深刻变化的世界新格局，要持续推进全球治理体制变革。全球治理机制的创新，既要求推动约束机制的创新，又要求实现利益机制的创新。一方面，通过一种创新的方式不断拓展和完善全球治理机制，促进全球治理机制更加公正化、合理化、法制化、现代化，实现全球治理在全球范围内的真正落实；另一方面，通过一种新的全球治理理念积极推进全球共同繁荣，在全球范围内构建政治互信、经济融合、文化包容的利益共同体、命运共同体和责任共同体，如"一带一路"倡议、亚洲基础设施投资银行等创新全球治理互利共赢合作平台建设，打造世界各国合作共享、共赢和共同的愿景，实现开放、包容、平衡的经济全球化。可见，以创新推进全球治理体系，建立新型国际关系，是世界经济健康、稳定和可持续发展的重要保障。

3. 创新世界竞争机制，引领全球竞争

提升世界各国创新能力，竞争机制是关键。创新战略已成为世界主要国家的核心战略，全球创新竞争呈现新格局[2]，世界竞争和创新出现了新的特征。从"互联网+"到"互联网+制造"再到"工业4.0"，颠覆式创新和逆向创新，对传统竞争提出了更高的要求，由追求某个领域、某个学科高精尖的竞争转向注重多领域、多学科融合创新的竞争，同时，强调以高端、高效的创新活动取代低端、低效的创新活动。当前的信息化时代，世界经济的各组成部分可以根据学科交叉、产业升级、市场需求来实现更高层面

---

① 陈颐、徐惠喜：《世界经济论坛发布〈2017~2018年全球竞争力报告〉——"创新+人才"成提升竞争力动力》，《经济日报》2017年9月28日，第8版。

② 万钢：《全球科技创新发展历程和竞争态势》，《行政管理改革》2016年第2期，第11~16页。

的创新,从而在激发市场创新动力的基础上,通过加快推进世界竞争机制创新,引领全球竞争,优化市场主体之间、生产要素之间的组合,实现世界创新竞争力的全面提升。在全球创新经济优势新竞争环境下,市场主体或为创新而竞争,或为竞争而创新,寻求平衡世界各国的竞争与合作关系机制,都将推动世界创新资源的优化配置,形成世界各国优势竞争的基础。

10.2 营造积极宽松的创新环境,共建共享创新发展成果

在世界范围内打造积极宽松的创新环境,推动政府、企业、高校研发机构及相关中介服务机构(包括咨询公司、技术服务公司、法律服务公司、人才服务公司、金融服务公司等)联动共建多方利益联盟,并形成相互联系的世界创新体系有机整体,促进创新主体与创新环境的良性互动和紧密联系,为世界创新构建成熟有效的创新环境。

1. 深化全球互联互通,共建多方利益联盟

深化全球互联互通,尤其是数字化基础设施互联互通,是世界各国发展的重要机遇。运用互联互通全球化的新思路,联动共建多方利益联盟,共建共享创新发展成果。首先,创新投融资模式,通过成立专项基金、建立专业金融机构、设立专项优惠贷款等方式,如中国—中东欧投资合作基金等,助力互联互通领域的国际基础设施合作,加快区域经济一体化,为世界创新协作与联动提供新动力;其次,加强世界创新服务网络建设,依托各类创新与创业载体(包括苗圃、孵化器、服务中心等)及国际商务、国际联系、文化融合等影响因素,构建全球互联互通新格局,推进创新服务;最后,进一步深化世界各国在平台、资源、人才、政策等各个层面的互联互通,联动共建多方利益联盟,共同推动世界创新发展。随着世界经济发展长周期带来的重心转移,发展中国家更要抓住经济全球化的新机遇,通过互联互通集结经济发展新动能,与发达国家共同迎接经济全球化新阶段,深化在全球范围内的经济合作和联动发展。

2. 强化政府服务意识,营造创新文化氛围

政府在国家创新体系中的关键作用,已成为世界各国政府和学界在探索创新路径过程中达成的普遍共识。实践证明,大规模的创新活动主要发生在政府与民间积极互动的国家,世界各国的政府凭借其职能和信用在营造创新文化氛围方面具有不可替代的特殊功能,推动世界各国政府职能转变,强化政府公共服务意识,有助于构建一个宽松、正向的创新环境。公共政策在创新中发挥着重要的引领和推动作用,一方面,通过制定前瞻性的创新政策,为科研机构和企业搭建桥梁,建立科研基金和风险资金,共同研发和应用前瞻性项目,形成政府引导下的产学研协同创新;另一方面,通过建立全局性的创新政策,积极引导创新资源向企业倾斜,积极推动企业(尤其是中小企业)成为创新活动的主体,激发企业创新创业的活力,加快提升企业的自主创新能力,形成企业主导的产业链创新。世界各国政府应当营造创新文化氛围,积极弘扬敢于冒险、崇尚创新、追求成功、宽容失败的创新文化①,强化知识产权保护,引导打造创新创业生态链,为

---

① 曾毅、甄澄:《积极营造创新文化氛围》,《人民日报》2013年3月17日,第1版。

世界各国的创新活动和创新联动提供制度保障。

3. 打造区域创新集群，助力创新空间发展

在当今创新驱动取代投资驱动的发展格局下，创新集群是经济增长极的首要动力①。一国创新集群越密集，则经济动力越强，区域创新集群越开放，则创新引力越强，也越具有可持续发展的能力。可见，区域创新集群有助于挖掘新的创新潜能。世界各国可以根据各个国家或区域的资源状况、经济水平、技术条件，打造富有区域特色的区域创新集群网络组织，不断吸引区域创新和集群创新的人才、制度、资本等创新要素聚集，营造良好的创新创业环境。同时，进一步形成产业集群和创新集群的良性互动，助益拓展新的创新空间和新的价值空间，大大改善创新的生态环境，从而提升世界各国产业发展的核心竞争力。值得一提的是，探索有利于构建区域创新集群的制度、文化和资源条件及其运行模式，共享区域创新集群的研发溢出、技术溢出和投资溢出效应，是一定时期内世界各国亟须突破的薄弱环节。发展中国家可以通过参与国际合作计划，建立国家间的创新合作机制，提高国家创新竞争力。

10.3 集成全球创新资源，重视企业创新效率

当前，全球创新资源分配不均，创新效率和转化应用较为薄弱，制约了世界各国创新竞争力的提升。同时，技术、人才和知识等创新资源跨国界流动日益频繁，为集成全球创新资源提供了良好的机会。在世界创新发展格局中，具备融合式和集成性的集成创新的发展趋势越来越显著。企业作为世界创新活动的主体单位，通过构建企业（尤其是跨国企业）的集成网络模式，加快全球创新资源整合重组，实现世界各国创新资源的优势互补，可以充分挖掘全球创新资源的市场价值和竞争优势，推动世界各国创新效率整体实现质的飞跃。

1. 充分利用跨国并购，加强研发中心全球布局

近年来，全球企业界跨国并购大型化、多元化、技术化趋势明显，使得国际直接投资结构发生重大变化，也引起了全球创新资源的重新整合和重组。世界各国可以充分利用外汇储备资源，通过提供贷款或适当补助，积极引导和配套资助企业进行跨国并购活动，并凭借跨国并购的方式迅速获取国际创新资源和竞争优势。实践证明，结合世界各国国内产业战略部署，跨国并购也能够为战略性新兴产业实现跨越式发展提供重要机遇。通过跨国并购可以获得其他国家相关领域的核心技术和知识产权，甚至可以获取国际上的创新平台和研发团队，并与各国国内已有的创新计划和研发体系耦合衔接，有效开展国际研发项目合作，为进一步构建研发中心网络全球布局奠定一定基础。此外，跨国并购也加快促进知识和创新在全球范围内流动、应用、践行和反馈，开放性和全球化的研发中心布局是世界各国全球化战略的重要方面。

2. 注重创新生态可持续性，助推世界创新城区建设

从全球科技创新的网络体系看，创新活动主要集中在若干创新生态良好、能够发挥

---

① 田桂玲：《区域创新链、创新集群与区域创新体系探讨》，《科学学与科学技术管理》2007 年第 7 期，第 197~198 页。

节点功能的城市①。全球创新资源更倾向于在城区空间集聚，通过"积木式"创新的方式，在产业转型升级的基础上，推进世界各区域、国家及城市迅速发展。第一，在可持续发展体系中，企业创新和城市创新以生态可持续性为基础，在注重全球创新资源整合优化和合理利用的同时，也需要强调创新生态的可持续性。第二，高度重视创新功能与城市功能的空间融合，技术创新与生态创新的区间耦合，通过创新培育区域发展新动能，加快建设智慧创新城市建设，助推世界创新城区建设。第三，建立知识产权保护、技术创新、金融业态和人才支撑等开放、共享、协同、高效的世界创新体系，打造健康、可持续发展的创新生态环境，重建全球治理体系，实现全球共建共享共谋创新系统，助推世界创新成果落地，从而更好地服务于世界各国实体经济。可见，依托全球创新链，尤其是全球区块链创新，在城区建设全球创新成果集散地，高度对标世界创新体系大循环，有助于进一步发挥世界范围内的高效率集聚优势。

3. 重视创新创业人才培养，吸收利用高端创新人才

从本质上来看，世界各国的创新驱动实际上是全球视野下的人才驱动，创新创业人才是开展创新活动不可或缺的行为主体。实践证明，引进海外高水平人才，开辟引智新渠道，通过吸收再创新吸引全球优秀人才创新创业，将大大促进企业创新效益和效率的提升。世界高水平院校、科研院所、创新人才的聚集是创新创业的重要支撑力量，其中，加快培育和引进具有创新意识、创新思维、创新能力和创新精神的创新创业人才，对提升世界各国创新竞争力至关重要。一是通过加强国家基础教育、高等教育和各种职业专业培训，深化创新创业教育理念，积极培育国内创新创业人才，形成内生育才机制；二是通过完善扶持政策、激励制度和优化人才发展环境，建立合理的创新创业效果评估机制，加快引进全球创新创业人才，形成外生引才机制；三是通过强化创新创业人才管理体制、评价激励机制和人才流动机制，激发世界各国创新创业人才活力，不断完善创新创业环境，保障人才形成用才留才机制。世界各国可以充分利用科技创新优化本国就业结构，加快推进聚才引才用才和留才的政策环境构建，推动世界经济的可持续发展。

---

① 薛其坤：《构建良好创新生态》，《人民日报》2017年7月24日。

II 分报告

Part 2 Sub Reports

Y.2

1

阿尔巴尼亚国家创新竞争力评价分析报告

阿尔巴尼亚地处欧洲南部，西隔亚得里亚海和奥特朗托海峡与意大利相望，南面则与希腊接壤，东临马其顿，东北是塞尔维亚、北接黑山共和国。国土面积约 2.87 万平方公里，边境线总长 472 公里。2015 年全国年末总人口为 288.92 万人，实现国内生产总值（GDP）113.9 亿美元，人均 GDP 为 3954 美元。本章通过对2011~2015 年阿尔巴尼亚国家创新竞争力及其各要素在全球的排名变化分析，为探寻阿尔巴尼亚国家创新竞争力的推动点及影响因素提供分析依据。

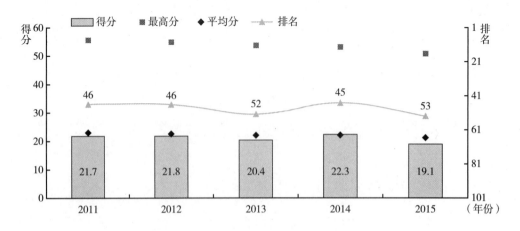

图 1-1　2011~2015 年国家创新竞争力得分和排名变化趋势

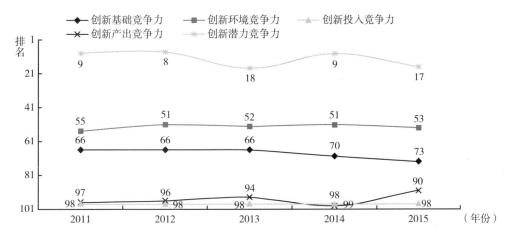

图1-2 2011~2015年国家创新竞争力二级指标排名变化趋势

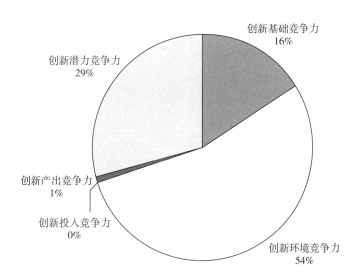

图1-3 2015年国家创新竞争力各二级指标的贡献率

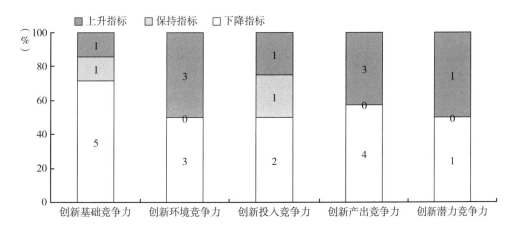

图1-4 2011~2015年国家创新竞争力指标动态变化结构

表 1-1　2011~2015 年阿尔巴尼亚国家创新竞争力各级指标得分及排名变化

项　目 指　标	2011 年		2013 年		2015 年		综合变化	
	得分	排名	得分	排名	得分	排名	得分变化	排名变化
国家创新竞争力	21.7	46	20.4	52	19.1	53	-2.7	-7
1 创新基础竞争力	15.8	66	18.9	66	15.2	73	-0.6	-7
1.1 GDP	0.0	90	0.0	91	0.0	94	0.0	-4
1.2 人均 GDP	3.5	68	3.6	69	3.5	71	0.0	-3
1.3 财政收入	0.0	45	0.0	48	0.0	45	0.0	0
1.4 人均财政收入	1.4	21	1.2	23	1.4	20	0.0	1
1.5 外国直接投资	55.7	45	59.7	52	34.9	47	-20.8	-2
1.6 受高等教育人员比重	45.8	57	63.6	56	61.9	64	16.1	-7
1.7 全社会劳动生产率	4.0	68	4.2	69	4.3	73	0.3	-5
2 创新环境竞争力	44.0	55	49.4	52	51.6	53	7.6	2
2.1 千人因特网用户数	51.8	45	58.9	48	63.4	50	11.6	-5
2.2 千人手机用户数	46.2	72	54.5	51	35.3	73	-10.8	-1
2.3 企业开业程序	66.7	27	73.3	22	73.3	29	6.7	-2
2.4 企业税负占利润比重	70.8	47	78.5	32	80.0	44	9.3	3
2.5 在线公共服务指数	28.5	75	31.4	70	57.3	61	28.7	14
2.6 ISO 9001 质量体系认证数	0.1	78	0.1	80	0.1	75	0.0	3
3 创新投入竞争力	0.2	98	0.2	98	0.2	98	0.0	0
3.1 研发经费支出总额	0.0	96	0.0	96	0.0	95	0.0	1
3.2 研发经费支出占 GDP 比重	0.7	95	0.7	96	0.7	95	0.0	0
3.3 人均研发经费支出	0.1	90	0.1	92	0.2	94	0.1	-4
3.4 研发人员总量	—	—	—	—	—	—	—	—
3.5 研究人员占从业人员比重	—	—	—	—	—	—	—	—
3.6 风险资本交易占 GDP 比重	0.0	58	0.0	71	0.0	79	0.0	-21
4 创新产出竞争力	0.2	97	0.2	94	0.4	90	0.2	7
4.1 专利授权数	0.0	76	0.0	76	0.0	78	0.0	-2
4.2 科技论文发表数	0.0	87	0.0	84	0.0	84	0.0	3
4.3 专利和许可收入	0.0	52	0.0	71	0.0	70	0.0	-18
4.4 高技术产品出口额	0.0	91	0.0	93	0.0	87	0.0	4
4.5 高技术产品出口比重	1.1	96	1.0	93	2.8	88	1.7	8
4.6 注册商标数	0.2	75	0.2	78	0.1	77	-0.1	-2
4.7 创意产品出口比重	0.0	80	0.0	79	0.0	83	0.0	-3
5 创新潜力竞争力	48.5	9	33.3	18	28.0	17	-20.5	-8
5.1 公共教育支出总额	—	—	—	—	—	—	—	—
5.2 公共教育支出占 GDP 比重	—	—	—	—	—	—	—	—
5.3 人均公共教育支出额	—	—	—	—	—	—	—	—
5.4 高等教育毛入学率	45.7	43	56.5	31	50.7	39	5.0	4
5.5 研发人员增长率	—	—	—	—	—	—	—	—
5.6 研发经费增长率	51.3	57	10.2	61	5.3	94	-46.0	-37

Y.3
2
阿根廷国家创新竞争力评价分析报告

　　阿根廷位于南美洲东南部，东濒大西洋，南与南极洲隔海相望，西同智利接壤，北接玻利维亚、巴拉圭，东北部与巴西和乌拉圭为邻。国土面积约278万平方公里，海岸线长4000多公里。2015年全国年末总人口为4341.7万人，实现国内生产总值（GDP）5847.1亿美元，人均GDP为13467美元。本章通过对2011~2015年阿根廷国家创新竞争力及其各要素在全球的排名变化分析，为探寻阿根廷国家创新竞争力的推动点及影响因素提供分析依据。

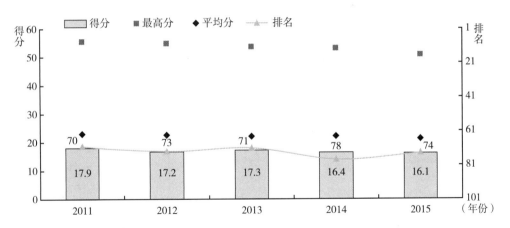

图2-1　2011~2015年国家创新竞争力得分和排名变化趋势

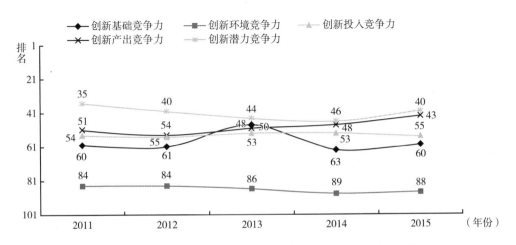

图2-2　2011~2015年国家创新竞争力二级指标排名变化趋势

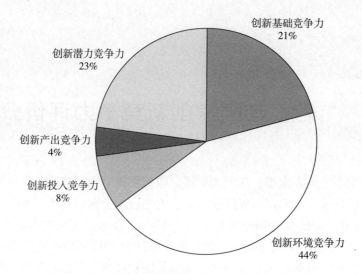

图 2 - 3   2015 年国家创新竞争力各二级指标的贡献率

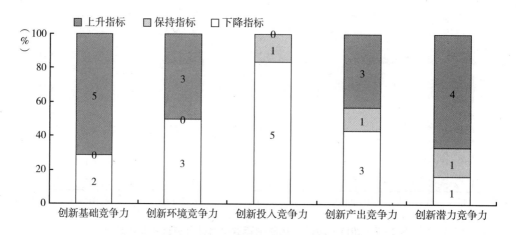

图 2 - 4   2011 ~ 2015 年国家创新竞争力指标动态变化结构

表 2 - 1   2011 ~ 2015 年阿根廷国家创新竞争力各级指标得分及排名变化

项　目 指　标	2011 年		2013 年		2015 年		综合变化	
	得分	排名	得分	排名	得分	排名	得分变化	排名变化
国家创新竞争力	17.9	70	17.3	71	16.1	74	- 1.8	- 4
1 创新基础竞争力	17.1	60	23.2	48	17.3	60	0.2	0
1.1 GDP	3.4	23	3.3	22	3.2	21	- 0.2	2
1.2 人均 GDP	10.7	44	11.1	44	12.9	39	2.2	5
1.3 财政收入	0.1	25	0.1	26	0.1	24	0.0	1
1.4 人均财政收入	0.4	34	0.4	32	0.3	31	- 0.1	3
1.5 外国直接投资	53.6	86	57.6	84	31.8	87	- 21.8	- 1
1.6 受高等教育人员比重	40.1	67	78.2	16	58.9	68	18.7	- 1
1.7 全社会劳动生产率	11.3	41	11.9	43	14.0	35	2.7	6

续表

项 目 指 标	2011 年		2013 年		2015 年		综合变化	
	得分	排名	得分	排名	得分	排名	得分变化	排名变化
2 创新环境竞争力	31.5	84	34.1	86	35.2	88	3.7	-4
2.1 千人因特网用户数	54.0	42	61.8	42	70.0	41	16.0	1
2.2 千人手机用户数	74.6	11	83.0	4	56.1	17	-18.5	-6
2.3 企业开业程序	13.3	95	13.3	95	13.3	96	0.0	-1
2.4 企业税负占利润比重	5.2	99	0.0	100	0.0	100	-5.2	-1
2.5 在线公共服务指数	40.2	47	44.1	53	69.5	40	29.3	7
2.6 ISO 9001 质量体系认证数	1.8	30	2.6	29	2.4	27	0.6	3
3 创新投入竞争力	6.6	54	6.5	53	6.3	55	-0.3	-1
3.1 研发经费支出总额	1.1	30	1.2	31	1.1	33	0.0	-3
3.2 研发经费支出占 GDP 比重	7.9	62	8.7	63	8.6	65	0.7	-3
3.3 人均研发经费支出	6.1	45	7.2	45	7.4	45	1.3	0
3.4 研发人员总量	3.7	22	3.4	25	3.2	27	-0.5	-5
3.5 研究人员占从业人员比重	17.5	39	17.6	41	17.6	42	0.1	-3
3.6 风险资本交易占 GDP 比重	3.1	41	1.0	50	0.0	79	-3.1	-38
4 创新产出竞争力	3.4	51	3.0	50	3.3	43	-0.1	8
4.1 专利授权数	0.4	34	0.5	30	0.4	27	0.0	7
4.2 科技论文发表数	1.9	35	1.9	37	1.9	37	0.0	-2
4.3 专利和许可收入	0.1	32	0.2	32	0.1	32	0.0	0
4.4 高技术产品出口额	0.4	42	0.3	43	0.3	41	-0.1	1
4.5 高技术产品出口比重	15.3	52	14.7	50	17.0	41	1.7	11
4.6 注册商标数	5.6	10	3.0	14	3.1	12	-2.4	-2
4.7 创意产品出口比重	0.2	59	0.1	63	0.1	71	-0.1	-12
5 创新潜力竞争力	30.9	35	19.9	44	18.3	40	-12.6	-5
5.1 公共教育支出总额	0.8	31	0.7	30	0.6	27	-0.2	4
5.2 公共教育支出占 GDP 比重	7.6	43	7.9	43	8.0	42	0.5	1
5.3 人均公共教育支出额	2.2	47	2.3	49	2.7	43	0.5	4
5.4 高等教育毛入学率	71.6	13	72.4	13	72.6	13	1.0	0
5.5 研发人员增长率	51.0	21	26.8	70	12.4	68	-38.6	-47
5.6 研发经费增长率	52.3	50	9.2	76	13.5	15	-38.8	35

Y.4

3

亚美尼亚国家创新竞争力评价分析报告

亚美尼亚是位于亚洲与欧洲交界处的外高加索南部的内陆国，西接土耳其，南与伊朗交界，北临格鲁吉亚，东临阿塞拜疆。国土面积约2.98万平方公里。2015年全国年末总人口为301.77万人，实现国内生产总值（GDP）105.29亿美元，人均GDP为3609.7美元。本章通过对2011~2015年亚美尼亚国家创新竞争力及其各要素在全球的排名变化分析，为探寻亚美尼亚国家创新竞争力的推动点及影响因素提供分析依据。

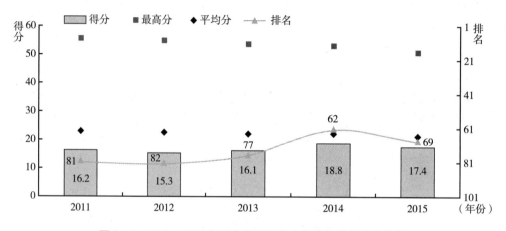

图3-1　2011~2015年国家创新竞争力得分和排名变化趋势

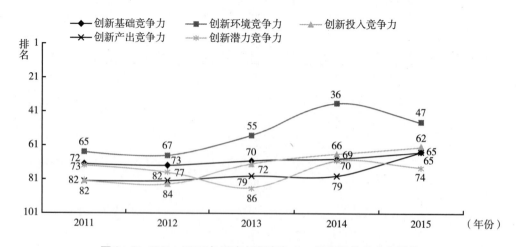

图3-2　2011~2015年国家创新竞争力二级指标排名变化趋势

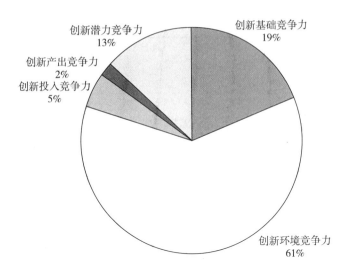

图 3-3 2015 年国家创新竞争力各二级指标的贡献率

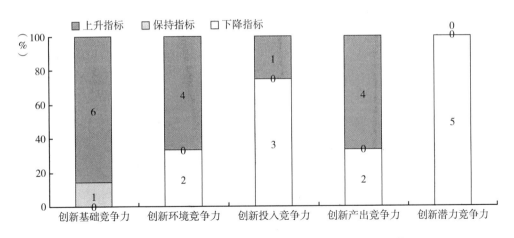

图 3-4 2011～2015 年国家创新竞争力指标动态变化结构

表 3-1 2011～2015 年亚美尼亚国家创新竞争力各级指标得分及排名变化

项目 指标	2011 年		2013 年		2015 年		综合变化	
	得分	排名	得分	排名	得分	排名	得分变化	排名变化
国家创新竞争力	16.2	81	16.1	77	17.4	69	1.1	12
1 创新基础竞争力	14.3	72	18.3	70	16.3	65	2.0	7
1.1 GDP	0.0	97	0.0	96	0.0	96	0.0	1
1.2 人均 GDP	2.7	77	3.1	76	3.2	77	0.4	0
1.3 财政收入	0.1	32	0.1	31	0.1	27	0.0	5
1.4 人均财政收入	3.9	13	4.2	13	4.5	11	0.6	2
1.5 外国直接投资	55.8	34	60.0	33	35.1	30	-20.6	4
1.6 受高等教育人员比重	35.2	69	58.0	68	68.4	41	33.2	28
1.7 全社会劳动生产率	2.4	81	2.8	81	2.9	80	0.5	1

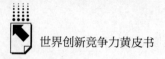

右上角"续表"

指标\项目	2011年 得分	2011年 排名	2013年 得分	2013年 排名	2015年 得分	2015年 排名	综合变化 得分变化	综合变化 排名变化
2 创新环境竞争力	41.8	65	48.5	55	53.0	47	11.2	18
2.1 千人因特网用户数	33.4	68	42.3	66	58.0	54	24.6	14
2.2 千人手机用户数	51.8	56	52.2	59	40.2	57	-11.6	-1
2.3 企业开业程序	80.0	10	86.7	3	86.7	5	6.7	5
2.4 企业税负占利润比重	70.3	48	74.6	44	93.1	7	22.8	41
2.5 在线公共服务指数	15.3	92	35.5	64	39.7	85	24.4	7
2.6 ISO 9001质量体系认证数	0.0	87	0.0	96	0.0	95	0.0	-8
3 创新投入竞争力	1.4	82	2.5	72	4.8	62	3.3	20
3.1 研发经费支出总额	0.0	86	0.0	87	0.0	90	0.0	-4
3.2 研发经费支出占GDP比重	4.8	72	4.1	76	5.5	78	0.7	-6
3.3 人均研发经费支出	0.9	73	0.9	73	1.2	74	0.3	-1
3.4 研发人员总量	—	—	—	—	—	—	—	—
3.5 研究人员占从业人员比重	—	—	—	—	—	—	—	—
3.6 风险资本交易占GDP比重	0.0	58	5.2	28	12.3	22	12.3	36
4 创新产出竞争力	1.0	82	1.0	79	1.7	65	0.7	17
4.1 专利授权数	0.0	64	0.0	64	0.0	66	0.0	-2
4.2 科技论文发表数	0.1	65	0.1	73	0.1	73	0.0	-8
4.3 专利和许可收入	—	—	—	—	—	—	—	—
4.4 高技术产品出口额	0.0	92	0.0	90	0.0	89	0.0	3
4.5 高技术产品出口比重	5.6	80	5.9	77	9.9	62	4.3	18
4.6 注册商标数	0.3	68	0.2	69	0.2	66	-0.1	2
4.7 创意产品出口比重	0.0	87	0.0	83	0.0	81	0.0	6
5 创新潜力竞争力	22.6	73	9.8	86	11.0	74	-11.6	-1
5.1 公共教育支出总额	0.0	90	0.0	91	0.0	91	0.0	-1
5.2 公共教育支出占GDP比重	3.3	81	2.4	85	3.0	84	-0.3	-3
5.3 人均公共教育支出额	0.3	76	0.3	77	0.3	77	0.0	-1
5.4 高等教育毛入学率	46.9	42	38.9	52	38.5	52	-8.4	-10
5.5 研发人员增长率	—	—	—	—	—	—	—	—
5.6 研发经费增长率	62.5	15	7.7	85	13.3	17	-49.2	-2

154

Y.5
4

澳大利亚国家创新竞争力评价分析报告

澳大利亚位于南太平洋和印度洋之间，东部隔塔斯曼海与新西兰相望，东北隔珊瑚海与巴布亚新几内亚和所罗门群岛相望，北部隔着阿拉弗拉海和帝汶海与印度尼西亚和东帝汶相望。国土面积约 769.2 万平方公里，海岸线长 32000 公里。2015 年全国年末总人口为 2379 万人，实现国内生产总值（GDP）13454 亿美元，人均 GDP 为 56554 美元。本章通过对 2011～2015 年澳大利亚国家创新竞争力及其各要素在全球的排名变化分析，为探寻澳大利亚国家创新竞争力的推动点及影响因素提供分析依据。

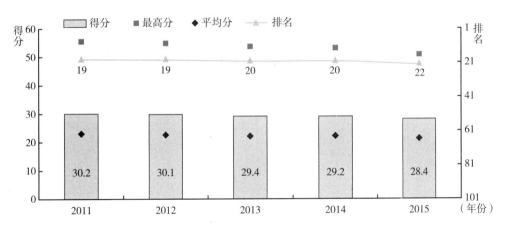

图 4 – 1　2011～2015 年国家创新竞争力得分和排名变化趋势

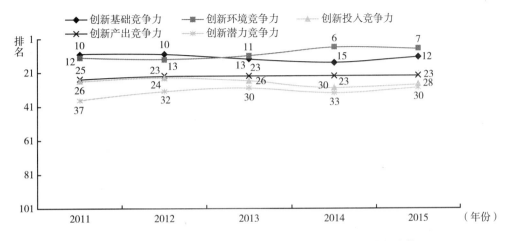

图 4 – 2　2011～2015 年国家创新竞争力二级指标排名变化趋势

155

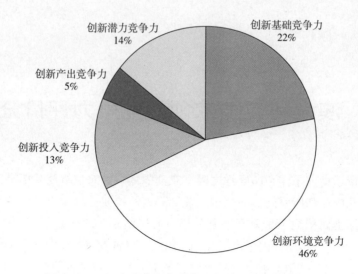

图 4 - 3　2015 年国家创新竞争力各二级指标的贡献率

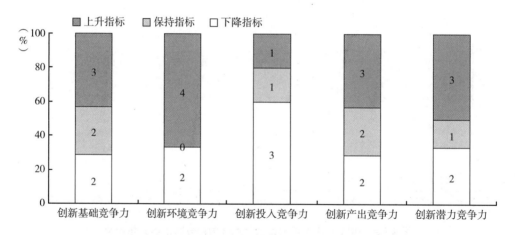

图 4 - 4　2011~2015 年国家创新竞争力指标动态变化结构

表 4 - 1　2011~2015 年澳大利亚国家创新竞争力各级指标得分及排名变化

项　　目 指　标	2011 年		2013 年		2015 年		综合变化	
	得分	排名	得分	排名	得分	排名	得分变化	排名变化
国家创新竞争力	30.2	19	29.4	20	28.4	22	-1.9	-3
1 创新基础竞争力	32.6	10	35.2	13	31.0	12	-1.6	-2
1.1 GDP	8.9	13	9.4	12	7.4	13	-1.5	0
1.2 人均 GDP	53.6	5	59.5	5	55.3	6	1.7	-1
1.3 财政收入	0.0	44	0.0	44	0.0	43	0.0	1
1.4 人均财政收入	0.2	43	0.2	43	0.2	42	0.0	1
1.5 外国直接投资	42.0	97	45.0	97	24.2	93	-17.9	4
1.6 受高等教育人员比重	76.1	6	77.8	18	77.8	15	1.8	-9
1.7 全社会劳动生产率	47.3	6	54.5	5	52.0	6	4.6	0

续表

指标 \ 项目	2011年		2013年		2015年		综合变化	
	得分	排名	得分	排名	得分	排名	得分变化	排名变化
2 创新环境竞争力	61.0	12	63.3	11	65.9	7	4.9	5
2.1 千人因特网用户数	84.8	14	87.4	14	86.3	19	1.4	−5
2.2 千人手机用户数	49.7	64	48.8	67	48.9	31	−0.8	33
2.3 企业开业程序	86.7	3	86.7	3	86.7	5	0.0	−2
2.4 企业税负占利润比重	62.2	75	64.4	73	71.3	73	9.0	2
2.5 在线公共服务指数	79.0	7	87.7	9	97.7	2	18.8	5
2.6 ISO 9001 质量体系认证数	3.7	20	5.1	13	4.7	12	0.9	8
3 创新投入竞争力	19.3	26	18.6	26	18.0	28	−1.3	−2
3.1 研发经费支出总额	4.9	13	5.0	13	4.0	14	−0.9	−1
3.2 研发经费支出占 GDP 比重	13.4	35	13.2	42	13.2	50	−0.2	−15
3.3 人均研发经费支出	51.5	14	57.3	15	47.6	18	−3.9	−4
3.4 研发人员总量	7.7	14	7.1	14	6.7	14	−1.0	0
3.5 研究人员占从业人员比重	—	—	—	—	—	—	—	—
3.6 风险资本交易占 GDP 比重	18.9	20	10.3	21	18.5	14	−0.5	6
4 创新产出竞争力	7.6	25	7.1	23	7.0	23	−0.7	2
4.1 专利授权数	7.5	7	6.2	7	6.4	6	−1.1	1
4.2 科技论文发表数	10.5	13	11.6	13	11.6	13	1.1	0
4.3 专利和许可收入	0.8	21	0.6	24	0.6	23	−0.1	−2
4.4 高技术产品出口额	1.1	33	0.8	33	0.8	33	−0.3	0
4.5 高技术产品出口比重	28.2	33	26.2	32	25.5	29	−2.7	4
4.6 注册商标数	4.4	12	3.3	12	3.4	11	−1.0	1
4.7 创意产品出口比重	1.2	29	0.7	34	0.6	34	−0.6	−5
5 创新潜力竞争力	30.6	37	23.0	30	19.9	30	−10.7	7
5.1 公共教育支出总额	2.0	18	1.8	17	1.3	17	−0.6	1
5.2 公共教育支出占 GDP 比重	7.2	48	7.7	46	7.8	48	0.6	0
5.3 人均公共教育支出额	10.4	17	11.9	17	11.2	20	0.8	−3
5.4 高等教育毛入学率	77.2	7	78.4	7	79.2	4	1.9	3
5.5 研发人员增长率	41.1	56	27.5	56	12.8	58	−28.3	−2
5.6 研发经费增长率	45.7	86	10.7	52	7.3	77	−38.4	9

Y.6
5
奥地利国家创新竞争力评价分析报告

　　奥地利位于中欧南部，东邻斯洛伐克和匈牙利，南接斯洛文尼亚和意大利，西连瑞士和列支敦士登，北与德国和捷克接壤。国土面积约8.4万平方公里，国境线长2400多公里。2015年全国年末总人口为863.84万人，实现国内生产总值（GDP）3769.7亿美元，人均GDP为43665美元。本章通过对2011~2015年奥地利国家创新竞争力及其各要素在全球的排名变化分析，为探寻奥地利国家创新竞争力的推动点及影响因素提供分析依据。

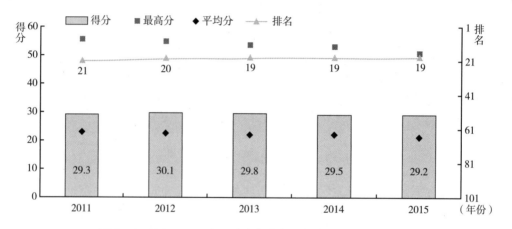

图 5-1　2011~2015 年国家创新竞争力得分和排名变化趋势

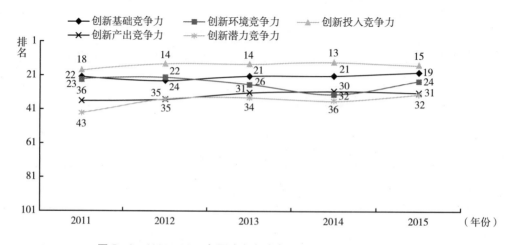

图 5-2　2011~2015 年国家创新竞争力二级指标排名变化趋势

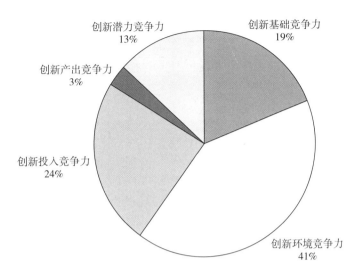

图 5 - 3 2015 年国家创新竞争力各二级指标的贡献率

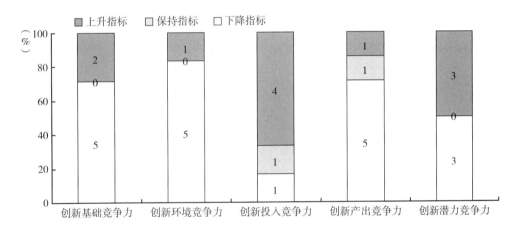

图 5 - 4 2011～2015 年国家创新竞争力指标动态变化结构

表 5 - 1 2011～2015 年奥地利国家创新竞争力各级指标得分及排名变化

项 目 指 标	2011 年		2013 年		2015 年		综合变化	
	得分	排名	得分	排名	得分	排名	得分变化	排名变化
国家创新竞争力	29.3	21	29.8	19	29.2	19	-0.1	2
1 创新基础竞争力	27.9	22	31.3	21	27.3	19	-0.6	3
1.1 GDP	2.7	27	2.5	27	2.1	28	-0.7	-1
1.2 人均 GDP	44.0	12	44.2	13	42.6	13	-1.4	-1
1.3 财政收入	0.0	58	0.0	56	0.0	52	0.0	6
1.4 人均财政收入	0.2	39	0.2	41	0.2	40	0.0	-1
1.5 外国直接投资	59.5	10	63.0	11	37.3	14	-22.2	-4
1.6 受高等教育人员比重	49.1	51	68.2	43	68.2	42	19.0	9
1.7 全社会劳动生产率	39.8	12	41.0	13	40.7	14	0.9	-2

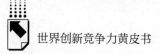

续表

指　　标　　　　　项　目	2011 年		2013 年		2015 年		综合变化	
	得分	排名	得分	排名	得分	排名	得分变化	排名变化
2 创新环境竞争力	55.2	23	58.0	26	60.2	24	4.9	-1
2.1 千人因特网用户数	84.0	16	84.3	19	85.6	20	1.6	-4
2.2 千人手机用户数	77.6	9	79.1	8	61.6	11	-15.9	-2
2.3 企业开业程序	53.3	61	53.3	64	53.3	64	0.0	-3
2.4 企业税负占利润比重	58.9	81	60.3	84	68.0	84	9.1	-3
2.5 在线公共服务指数	56.0	24	69.4	22	90.8	11	34.9	13
2.6 ISO 9001 质量体系认证数	1.6	34	1.8	34	1.5	35	-0.1	-1
3 创新投入竞争力	29.2	18	32.3	14	34.3	15	5.1	3
3.1 研发经费支出总额	2.3	20	2.6	20	2.7	20	0.4	0
3.2 研发经费支出占 GDP 比重	20.8	16	25.3	11	31.7	9	10.9	7
3.3 人均研发经费支出	65.5	11	81.6	6	88.2	6	22.7	5
3.4 研发人员总量	2.8	31	2.7	28	2.6	29	-0.2	2
3.5 研究人员占从业人员比重	65.5	10	67.4	10	71.2	9	5.8	1
3.6 风险资本交易占 GDP 比重	18.0	22	14.4	18	9.2	28	-8.8	-6
4 创新产出竞争力	5.5	36	5.6	31	5.0	31	-0.4	5
4.1 专利授权数	0.5	29	0.5	31	0.4	33	-0.1	-4
4.2 科技论文发表数	2.8	25	2.9	27	2.9	27	0.1	-2
4.3 专利和许可收入	0.8	20	0.8	21	0.7	22	-0.1	-2
4.4 高技术产品出口额	3.4	21	3.3	21	2.9	21	-0.6	0
4.5 高技术产品出口比重	25.2	34	27.9	27	25.2	30	0.0	4
4.6 注册商标数	0.7	47	0.5	49	0.4	51	-0.3	-4
4.7 创意产品出口比重	4.7	18	3.2	21	2.7	24	-2.0	-6
5 创新潜力竞争力	28.8	43	21.6	34	19.1	32	-9.7	11
5.1 公共教育支出总额	0.7	34	0.5	35	0.4	36	-0.3	-2
5.2 公共教育支出占 GDP 比重	8.3	37	8.2	40	8.4	39	0.1	-2
5.3 人均公共教育支出额	9.4	21	9.3	23	9.1	26	-0.3	-5
5.4 高等教育毛入学率	65.6	20	72.8	11	71.4	16	5.8	4
5.5 研发人员增长率	41.2	55	27.7	53	14.1	37	-27.0	18
5.6 研发经费增长率	47.5	74	10.9	49	11.2	39	-36.3	35

阿塞拜疆国家创新竞争力评价分析报告

　　阿塞拜疆共和国位于欧亚大陆交界处的南高加索地区东部，东濒里海，南接伊朗和土耳其，北与俄罗斯相邻，西傍格鲁吉亚和亚美尼亚，大、小高加索山自西向东穿越全境，余脉最终没入里海。国土面积约 8.6 万平方公里，陆地边境线总长 2657 公里，海岸线长 456 公里。2015 年全国年末总人口为 964.93 万人，实现国内生产总值（GDP）530.74 亿美元，人均 GDP 为 5500.3 美元。本章通过对 2011~2015 年阿塞拜疆国家创新竞争力及其各要素在全球的排名变化分析，为探寻阿塞拜疆国家创新竞争力的推动点及影响因素提供分析依据。

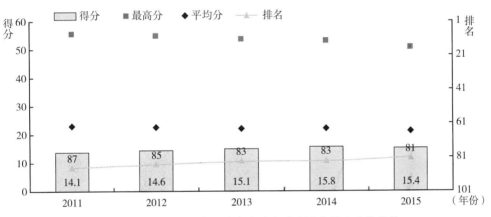

图 6-1　2011~2015 年国家创新竞争力得分和排名变化趋势

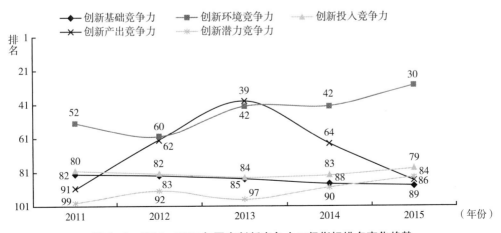

图 6-2　2011~2015 年国家创新竞争力二级指标排名变化趋势

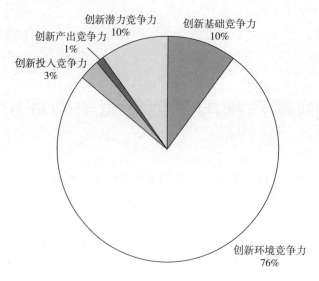

图 6 - 3　2015 年国家创新竞争力各二级指标的贡献率

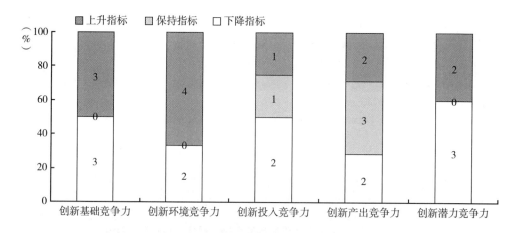

图 6 - 4　2011～2015 年国家创新竞争力指标动态变化结构

表 6 - 1　2011～2015 年阿塞拜疆国家创新竞争力各级指标得分及排名变化

项 目 指 标	2011 年		2013 年		2015 年		综合变化	
	得分	排名	得分	排名	得分	排名	得分变化	排名变化
国家创新竞争力	14.1	87	15.1	83	15.4	81	1.3	6
1 创新基础竞争力	11.3	82	12.2	85	7.5	89	-3.7	-7
1.1 GDP	0.4	57	0.4	59	0.3	65	-0.1	-8
1.2 人均 GDP	5.9	58	6.7	55	5.1	62	-0.9	-4
1.3 财政收入	0.0	78	0.0	74	0.0	70	0.0	8
1.4 人均财政收入	0.0	83	0.0	81	0.0	78	0.0	5
1.5 外国直接投资	55.6	52	59.7	49	34.9	46	-20.7	6
1.6 受高等教育人员比重	—	—	—	—	—	—	—	—
1.7 全社会劳动生产率	5.6	60	6.4	58	4.9	66	-0.7	-6

续表

项目 指标	2011 年		2013 年		2015 年		综合变化	
	得分	排名	得分	排名	得分	排名	得分变化	排名变化
2 创新环境竞争力	44.6	52	51.7	42	58.9	30	14.3	22
2.1 千人因特网用户数	52.9	44	76.0	26	78.2	28	25.2	16
2.2 千人手机用户数	52.7	50	49.3	65	37.8	64	-14.9	-14
2.3 企业开业程序	66.7	27	86.7	3	93.3	2	26.7	25
2.4 企业税负占利润比重	69.2	53	71.1	55	77.4	56	8.3	-3
2.5 在线公共服务指数	25.9	81	26.8	78	66.4	44	40.5	37
2.6 ISO 9001 质量体系认证数	0.0	81	0.1	74	0.1	77	0.1	4
3 创新投入竞争力	1.5	80	1.5	84	2.2	79	0.7	1
3.1 研发经费支出总额	0.1	67	0.1	70	0.1	71	0.0	-4
3.2 研发经费支出占 GDP 比重	4.1	76	4.0	77	6.3	72	2.3	4
3.3 人均研发经费支出	1.8	65	2.0	67	2.2	65	0.5	0
3.4 研发人员总量	—	—	—	—	—	—	—	—
3.5 研究人员占从业人员比重	—	—	—	—	—	—	—	—
3.6 风险资本交易占 GDP 比重	0.0	58	0.0	71	0.0	79	0.0	-21
4 创新产出竞争力	0.5	91	4.0	39	0.7	86	0.2	5
4.1 专利授权数	0.0	62	0.0	68	0.0	62	0.0	0
4.2 科技论文发表数	0.2	64	0.1	74	0.1	74	-0.1	-10
4.3 专利和许可收入	0.0	80	0.0	81	0.0	82	0.0	-2
4.4 高技术产品出口额	0.0	90	0.0	73	0.0	90	0.0	0
4.5 高技术产品出口比重	2.9	89	27.3	29	4.8	82	1.9	7
4.6 注册商标数	0.4	64	0.3	61	0.2	62	-0.2	2
4.7 创意产品出口比重	0.0	90	0.0	90	0.0	90	0.0	0
5 创新潜力竞争力	12.6	99	6.4	97	7.5	84	-5.1	15
5.1 公共教育支出总额	0.0	73	0.0	75	0.0	77	0.0	-4
5.2 公共教育支出占 GDP 比重	1.9	88	2.0	87	2.6	87	0.8	1
5.3 人均公共教育支出额	0.5	70	0.6	73	0.5	73	0.0	-3
5.4 高等教育毛入学率	17.6	71	18.9	73	21.8	72	4.2	-1
5.5 研发人员增长率	—	—	—	—	—	—	—	—
5.6 研发经费增长率	43.0	90	10.5	56	12.5	26	-30.5	64

Y.8
7
白俄罗斯国家创新竞争力评价分析报告

白俄罗斯位于欧洲中心，是一个内陆国家，与其接壤的国家有俄罗斯、拉脱维亚、波兰、立陶宛以及乌克兰。国土总面积20.76万平方公里，南北相距560公里，东西相距650公里。2015年全国年末总人口为948.96万人，实现国内生产总值（GDP）564.55亿美元，人均GDP为5949.1美元。本章通过对2011～2015年白俄罗斯国家创新竞争力及其各要素在全球的排名变化分析，为探寻白俄罗斯国家创新竞争力的推动点及影响因素提供分析依据。

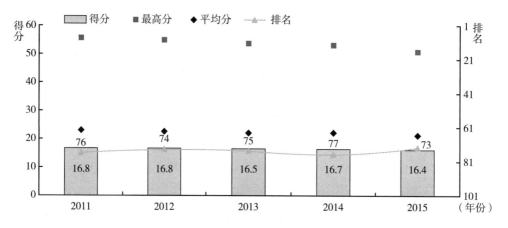

图7-1　2011～2015年国家创新竞争力得分和排名变化趋势

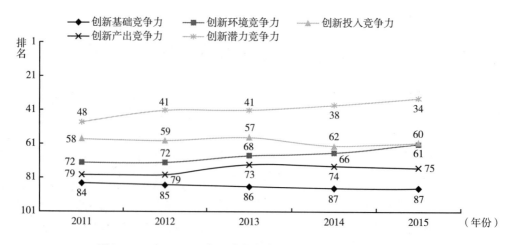

图7-2　2011～2015年国家创新竞争力二级指标排名变化趋势

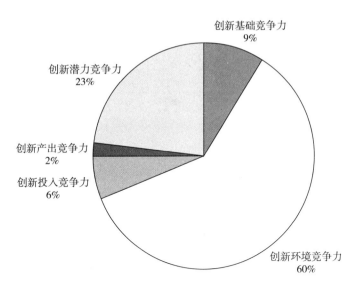

图 7-3 2015 年国家创新竞争力各二级指标的贡献率

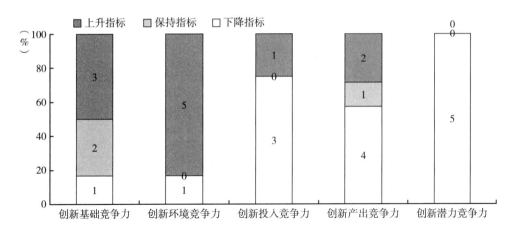

图 7-4 2011~2015 年国家创新竞争力指标动态变化结构

表 7-1 2011~2015 年白俄罗斯国家创新竞争力各级指标得分及排名变化

项目 指标	2011 年		2013 年		2015 年		综合变化	
	得分	排名	得分	排名	得分	排名	得分变化	排名变化
国家创新竞争力	16.8	76	16.5	75	16.4	73	-0.4	3
1 创新基础竞争力	10.9	84	12.2	86	7.6	87	-3.3	-3
1.1 GDP	0.4	60	0.4	57	0.3	62	-0.1	-2
1.2 人均 GDP	5.3	59	6.7	54	5.5	59	0.2	0
1.3 财政收入	0.0	86	0.0	77	0.0	67	0.0	19
1.4 人均财政收入	0.0	87	0.0	82	0.0	75	0.0	12
1.5 外国直接投资	54.9	75	59.5	61	34.7	62	-20.2	13
1.6 受高等教育人员比重	—	—	—	—	—	—	—	—
1.7 全社会劳动生产率	4.8	62	6.3	59	5.3	62	0.5	0

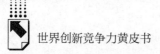
续表

项目 指标	2011 年		2013 年		2015 年		综合变化	
	得分	排名	得分	排名	得分	排名	得分变化	排名变化
2 创新环境竞争力	38.5	72	43.6	68	48.9	61	10.4	11
2.1 千人因特网用户数	41.7	58	55.6	51	62.3	51	20.6	7
2.2 千人手机用户数	54.5	45	56.1	47	44.2	47	−10.3	−2
2.3 企业开业程序	60.0	46	66.7	35	73.3	29	13.3	17
2.4 企业税负占利润比重	47.3	92	60.2	85	66.2	88	18.8	4
2.5 在线公共服务指数	27.2	80	22.8	79	45.8	76	18.6	4
2.6 ISO 9001 质量体系认证数	0.1	77	0.0	82	1.2	39	1.1	38
3 创新投入竞争力	5.7	58	5.1	57	5.2	60	−0.5	−2
3.1 研发经费支出总额	0.3	50	0.2	53	0.2	58	−0.1	−8
3.2 研发经费支出占 GDP 比重	16.0	28	13.4	41	13.8	48	−2.2	−20
3.3 人均研发经费支出	6.4	44	6.8	46	5.3	52	−1.1	−8
3.4 研发人员总量	—	—	—	—	—	—	—	—
3.5 研究人员占从业人员比重	—	—	—	—	—	—	—	—
3.6 风险资本交易占 GDP 比重	0.0	58	0.0	71	1.5	54	1.5	4
4 创新产出竞争力	1.1	79	1.5	73	1.3	75	0.2	4
4.1 专利授权数	0.6	28	0.4	35	0.3	38	−0.3	−10
4.2 科技论文发表数	0.3	59	0.2	59	0.2	59	−0.1	0
4.3 专利和许可收入	0.0	48	0.0	48	0.0	52	0.0	−4
4.4 高技术产品出口额	0.1	56	0.1	51	0.1	55	0.0	1
4.5 高技术产品出口比重	5.5	81	8.9	69	8.1	69	2.6	12
4.6 注册商标数	0.7	46	0.6	42	0.4	55	−0.3	−9
4.7 创意产品出口比重	0.4	47	0.4	46	0.2	48	−0.2	−1
5 创新潜力竞争力	27.8	48	20.3	41	18.8	34	−9.0	14
5.1 公共教育支出总额	0.1	63	0.1	63	0.0	64	−0.1	−1
5.2 公共教育支出占 GDP 比重	6.7	54	7.5	49	7.3	55	0.5	−1
5.3 人均公共教育支出额	1.0	59	1.3	58	1.1	61	0.1	−2
5.4 高等教育毛入学率	79.3	5	82.5	4	77.1	7	−2.3	−2
5.5 研发人员增长率	—	—	—	—	—	—	—	—
5.6 研发经费增长率	51.8	54	10.1	62	8.5	69	−43.2	−15

Y.9
8

比利时国家创新竞争力评价分析报告

比利时位于欧洲西部，北邻荷兰，东连德国，东南连卢森堡，南部和西部与法国接壤，西北濒临北海。国土面积约 3.1 万平方公里，海岸线长 66.5 公里。2015 年全国年末总人口为 1124.9 万人，实现国内生产总值（GDP）4549.9 亿美元，人均 GDP 为 40357 美元。本章通过对 2011～2015 年比利时国家创新竞争力及其各要素在全球的排名变化分析，为探寻比利时国家创新竞争力的推动点及影响因素提供分析依据。

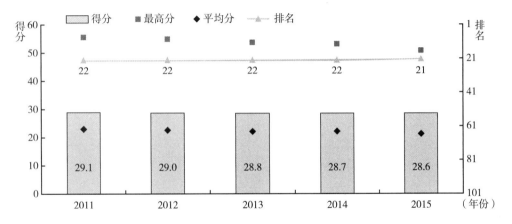

图 8-1　2011～2015 年国家创新竞争力得分和排名变化趋势

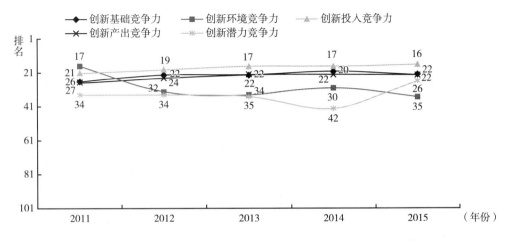

图 8-2　2011～2015 年国家创新竞争力二级指标排名变化趋势

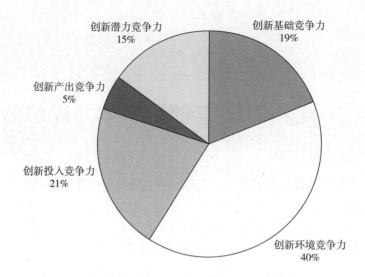

图 8 - 3　2015 年国家创新竞争力各二级指标的贡献率

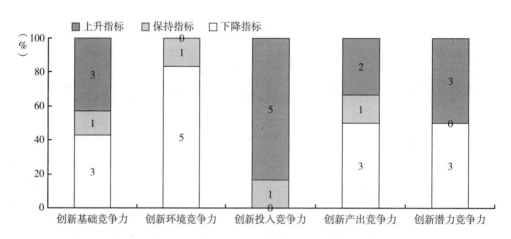

图 8 - 4　2011～2015 年国家创新竞争力指标动态变化结构

表 8 - 1　2011～2015 年比利时国家创新竞争力各级指标得分及排名变化

项目 指标	2011 年		2013 年		2015 年		综合变化	
	得分	排名	得分	排名	得分	排名	得分变化	排名变化
国家创新竞争力	29.1	22	28.8	22	28.6	21	-0.4	1
1 创新基础竞争力	26.5	26	30.9	22	26.9	22	0.4	4
1.1 GDP	3.4	25	3.1	25	2.5	24	-0.9	1
1.2 人均 GDP	41.0	17	40.7	17	39.4	17	-1.6	0
1.3 财政收入	0.0	56	0.0	55	0.0	51	0.0	5
1.4 人均财政收入	0.2	44	0.2	45	0.2	46	0.0	-2
1.5 外国直接投资	48.2	95	61.4	14	37.9	11	-10.2	84
1.6 受高等教育人员比重	49.4	50	66.3	48	64.8	52	15.4	-2
1.7 全社会劳动生产率	43.6	9	44.3	9	43.9	11	0.3	-2

续表

指标 \ 项目	2011 年		2013 年		2015 年		综合变化	
	得分	排名	得分	排名	得分	排名	得分变化	排名变化
2 创新环境竞争力	56.8	17	56.5	34	57.8	35	1.0	−18
2.1 千人因特网用户数	87.1	11	86.0	16	86.8	16	−0.3	−5
2.2 千人手机用户数	54.7	44	51.3	61	40.1	60	−14.6	−16
2.3 企业开业程序	86.7	3	86.7	3	86.7	5	0.0	−2
2.4 企业税负占利润比重	52.4	87	54.8	90	62.7	91	10.3	−4
2.5 在线公共服务指数	58.9	23	59.0	31	69.5	40	10.6	−17
2.6 ISO 9001 质量体系认证数	1.2	40	1.5	38	1.2	40	0.0	0
3 创新投入竞争力	23.8	21	28.4	17	30.2	16	6.4	5
3.1 研发经费支出总额	2.3	21	2.6	21	2.5	21	0.2	0
3.2 研发经费支出占 GDP 比重	16.8	26	20.6	21	24.9	19	8.1	7
3.3 人均研发经费支出	49.5	15	61.2	14	64.2	14	14.8	1
3.4 研发人员总量	3.2	26	3.1	27	3.4	25	0.2	1
3.5 研究人员占从业人员比重	61.9	13	63.5	11	72.1	7	10.2	6
3.6 风险资本交易占 GDP 比重	9.2	31	19.6	14	13.8	20	4.7	11
4 创新产出竞争力	7.0	27	7.1	22	7.1	22	0.1	5
4.1 专利授权数	0.2	40	0.3	38	0.2	44	0.0	−4
4.2 科技论文发表数	3.8	21	4.0	22	4.0	22	0.2	−1
4.3 专利和许可收入	2.1	14	2.6	14	2.6	13	0.5	1
4.4 高技术产品出口额	7.6	13	7.4	13	7.0	13	−0.6	0
4.5 高技术产品出口比重	21.6	37	23.3	33	24.5	31	3.0	6
4.6 注册商标数	—	—	—	—	—	—	—	—
4.7 创意产品出口比重	6.5	12	4.9	12	4.2	13	−2.3	−1
5 创新潜力竞争力	31.3	34	20.9	35	21.2	26	−10.1	8
5.1 公共教育支出总额	0.9	27	0.8	28	0.6	31	−0.4	−4
5.2 公共教育支出占 GDP 比重	9.8	27	10.4	29	10.5	26	0.7	1
5.3 人均公共教育支出额	10.0	18	10.2	19	10.1	21	0.1	−3
5.4 高等教育毛入学率	64.4	22	65.4	21	65.7	20	1.3	2
5.5 研发人员增长率	49.2	23	27.4	61	30.0	8	−19.2	15
5.6 研发经费增长率	53.2	43	11.2	44	10.3	53	−42.8	−10

Y.10

9

玻利维亚国家创新竞争力评价分析报告

　　玻利维亚位于南美洲中部，东北与巴西交界，东南毗邻巴拉圭，南邻阿根廷，西南邻智利，西接秘鲁。国土面积109.9万平方公里。2015年全国年末总人口为1072.5万人，实现国内生产总值（GDP）330亿美元，人均GDP为3077美元。本章通过对2011～2015年玻利维亚国家创新竞争力及其各要素在全球的排名变化分析，为探寻玻利维亚国家创新竞争力的推动点及影响因素提供分析依据。

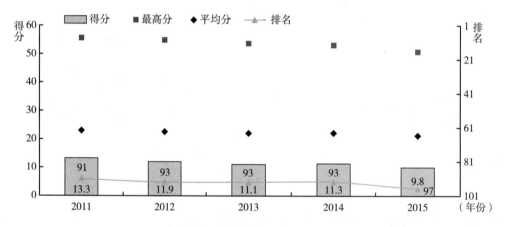

图9-1　2011～2015年国家创新竞争力得分和排名变化趋势

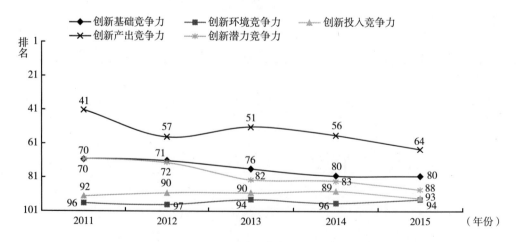

图9-2　2011～2015年国家创新竞争力二级指标排名变化趋势

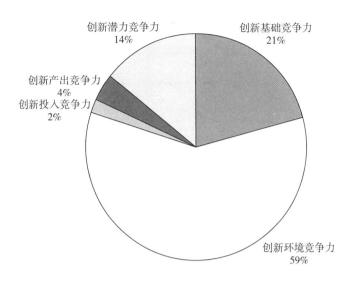

图 9 - 3　2015 年国家创新竞争力各二级指标的贡献率

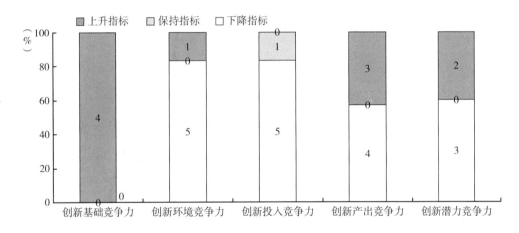

图 9 - 4　2011 ~ 2015 年国家创新竞争力指标动态变化结构

表 9 - 1　2011 ~ 2015 年玻利维亚国家创新竞争力各级指标得分及排名变化

项　目 指　标	2011 年		2013 年		2015 年		综合变化	
	得分	排名	得分	排名	得分	排名	得分变化	排名变化
国家创新竞争力	13.3	91	11.1	93	9.8	97	- 3.5	- 6
1 创新基础竞争力	14.8	70	16.1	76	10.1	80	- 4.7	- 10
1.1 GDP	0.1	79	0.2	76	0.1	76	0.0	3
1.2 人均 GDP	1.8	82	2.3	82	2.7	80	0.9	2
1.3 财政收入	—	—	—	—	—	—	—	—
1.4 人均财政收入	—	—	—	—	—	—	—	—
1.5 外国直接投资	55.7	46	59.6	58	35.0	40	- 20.6	6
1.6 受高等教育人员比重	—	—	—	—	—	—	—	—
1.7 全社会劳动生产率	1.7	83	2.3	83	2.6	82	0.9	1

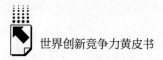

续表

指 标 / 项 目	2011 年		2013 年		2015 年		综合变化	
	得分	排名	得分	排名	得分	排名	得分变化	排名变化
2 创新环境竞争力	23.3	96	25.4	94	29.1	94	5.8	2
2.1 千人因特网用户数	31.3	71	36.9	74	43.9	72	12.7	−1
2.2 千人手机用户数	36.4	83	43.2	79	28.0	85	−8.4	−2
2.3 企业开业程序	13.3	95	13.3	95	13.3	96	0.0	−1
2.4 企业税负占利润比重	31.2	98	31.9	99	42.7	99	11.5	−1
2.5 在线公共服务指数	27.4	79	27.2	77	46.6	75	19.1	4
2.6 ISO 9001 质量体系认证数	0.1	75	0.1	77	0.1	79	0.0	−4
3 创新投入竞争力	0.9	92	0.9	90	0.9	93	0.0	−1
3.1 研发经费支出总额	0.0	85	0.0	85	0.0	85	0.0	0
3.2 研发经费支出占 GDP 比重	2.5	84	2.5	87	2.5	89	0.0	−5
3.3 人均研发经费支出	0.3	85	0.4	84	0.5	87	0.2	−2
3.4 研发人员总量	0.1	68	0.1	67	0.1	69	0.0	−1
3.5 研究人员占从业人员比重	2.2	69	2.1	69	2.1	70	−0.1	−1
3.6 风险资本交易占 GDP 比重	0.0	58	0.0	71	0.0	79	0.0	−21
4 创新产出竞争力	4.2	41	2.8	51	1.8	64	−2.4	−23
4.1 专利授权数	0.0	82	0.0	82	0.0	84	0.0	−2
4.2 科技论文发表数	0.0	91	0.0	92	0.0	92	0.0	−1
4.3 专利和许可收入	0.0	59	0.0	53	0.0	51	0.0	8
4.4 高技术产品出口额	0.0	80	0.0	80	0.0	86	0.0	−6
4.5 高技术产品出口比重	28.6	32	19.2	41	12.2	54	−16.4	−22
4.6 注册商标数	0.5	53	0.4	52	0.4	52	−0.1	1
4.7 创意产品出口比重	0.1	73	0.1	66	0.1	64	0.0	9
5 创新潜力竞争力	23.2	70	10.4	82	7.1	88	−16.1	−18
5.1 公共教育支出总额	0.0	72	0.0	74	0.0	66	0.0	6
5.2 公共教育支出占 GDP 比重	10.9	23	9.6	31	11.9	25	1.1	−2
5.3 人均公共教育支出额	0.5	73	0.6	74	0.8	68	0.3	5
5.4 高等教育毛入学率	—		—		—		—	
5.5 研发人员增长率	41.6	52	27.4	59	12.9	54	−28.6	−2
5.6 研发经费增长率	63.1	13	14.1	23	9.8	58	−53.3	−45

Y.11

10

波斯尼亚和黑塞哥维那国家创新
竞争力评价分析报告

波斯尼亚和黑塞哥维那位于原南斯拉夫中部，东邻塞尔维亚，东南部与黑山共和国接壤，西部及北部紧邻克罗地亚。国土面积约5.1万平方公里，海岸线长25公里。2015年全国年末总人口为381.04万人，实现国内生产总值（GDP）161.74亿美元，人均GDP为4574.1美元。本章通过对2011~2015年波斯尼亚和黑塞哥维那国家创新竞争力及其各要素在全球的排名变化分析，为探寻波斯尼亚和黑塞哥维那国家创新竞争力的推动点及影响因素提供分析依据。

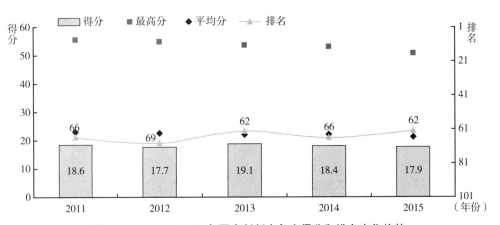

图10-1　2011~2015年国家创新竞争力得分和排名变化趋势

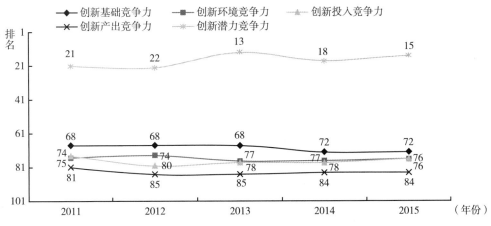

图10-2　2011~2015年国家创新竞争力二级指标排名变化趋势

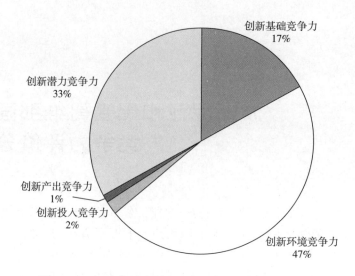

图 10 - 3　2015 年国家创新竞争力各二级指标的贡献率

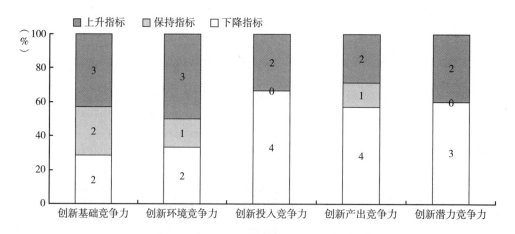

图 10 - 4　2011～2015 年国家创新竞争力指标动态变化结构

表 10 - 1　2011～2015 年波斯尼亚和黑塞哥维那国家创新竞争力各级指标得分及排名变化

项　　目 指　标	2011 年		2013 年		2015 年		综合变化	
	得分	排名	得分	排名	得分	排名	得分变化	排名变化
国家创新竞争力	18.6	66	19.1	62	17.9	62	- 0.7	4
1 创新基础竞争力	15.4	68	18.8	68	15.3	72	- 0.2	- 4
1.1 GDP	0.1	84	0.1	84	0.1	85	0.0	- 1
1.2 人均 GDP	4.1	67	4.1	67	4.1	67	0.0	0
1.3 财政收入	0.0	85	0.0	80	0.0	73	0.0	12
1.4 人均财政收入	0.0	82	0.0	80	0.0	74	0.0	8
1.5 外国直接投资	55.8	36	60.0	25	35.1	33	- 20.7	3
1.6 受高等教育人员比重	43.5	60	62.7	58	62.7	60	19.1	0
1.7 全社会劳动生产率	4.7	63	4.7	66	4.8	67	0.1	- 4

续表

指标＼项目	2011 年 得分	2011 年 排名	2013 年 得分	2013 年 排名	2015 年 得分	2015 年 排名	综合变化 得分变化	综合变化 排名变化
2 创新环境竞争力	36.1	75	38.4	77	42.0	76	5.8	−1
2.1 千人因特网用户数	50.5	49	59.5	46	65.4	47	14.8	2
2.2 千人手机用户数	37.4	82	39.2	85	26.9	87	−10.4	−5
2.3 企业开业程序	20.0	90	26.7	87	26.7	89	6.7	1
2.4 企业税负占利润比重	84.7	14	86.8	12	90.5	14	5.8	0
2.5 在线公共服务指数	23.6	84	18.0	88	42.0	82	18.4	2
2.6 ISO 9001 质量体系认证数	0.4	54	0.3	61	0.3	65	−0.2	−11
3 创新投入竞争力	1.8	74	2.2	78	2.4	76	0.6	−2
3.1 研发经费支出总额	0.0	83	0.0	83	0.0	86	0.0	−3
3.2 研发经费支出占 GDP 比重	5.1	71	6.2	70	5.0	79	−0.1	−8
3.3 人均研发经费支出	1.5	69	1.8	69	1.4	73	−0.1	−4
3.4 研发人员总量	0.0	79	0.0	78	0.1	72	0.1	7
3.5 研究人员占从业人员比重	4.0	63	5.2	57	7.7	55	3.7	8
3.6 风险资本交易占 GDP 比重	0.0	58	0.0	71	0.0	79	0.0	−21
4 创新产出竞争力	1.0	81	0.7	85	0.8	84	−0.2	−3
4.1 专利授权数	0.0	63	0.0	74	0.0	79	0.0	−16
4.2 科技论文发表数	0.1	73	0.1	79	0.1	79	0.0	−6
4.3 专利和许可收入	0.0	53	0.0	54	0.0	58	0.0	−5
4.4 高技术产品出口额	0.0	73	0.0	70	0.0	71	0.0	2
4.5 高技术产品出口比重	6.6	75	4.7	80	5.3	79	−1.2	−4
4.6 注册商标数	0.3	70	0.2	71	0.2	70	−0.1	0
4.7 创意产品出口比重	0.1	68	0.1	62	0.1	62	0.0	6
5 创新潜力竞争力	38.7	21	35.1	13	29.4	15	−9.3	6
5.1 公共教育支出总额	0.3	51	0.2	52	0.1	52	−0.2	−1
5.2 公共教育支出占 GDP 比重	95.7	9	95.8	8	96.1	8	0.4	1
5.3 人均公共教育支出额	7.8	27	7.7	28	7.9	29	0.1	−2
5.4 高等教育毛入学率	—	—	—	—	—	—	—
5.5 研发人员增长率	38.1	75	51.8	3	36.8	4	−1.3	71
5.6 研发经费增长率	51.6	55	20.0	11	5.8	89	−45.8	−34

Y.12

11

博茨瓦纳国家创新竞争力评价分析报告

　　博茨瓦纳位于非洲南部，南邻南非，西边为纳米比亚，东北与津巴布韦接壤。国土面积约58.2万平方公里。2015年全国年末总人口为226.25万人，实现国内生产总值（GDP）144.31亿美元，人均GDP为6532.1美元。本章通过对2011~2015年博茨瓦纳国家创新竞争力及其各要素在全球的排名变化分析，为探寻博茨瓦纳国家创新竞争力的推动点及影响因素提供分析依据。

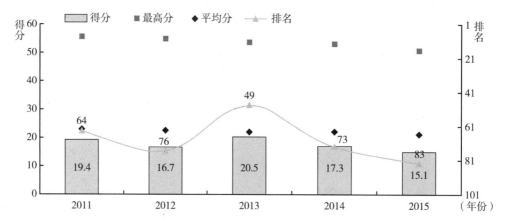

图 11-1　2011~2015 年国家创新竞争力得分和排名变化趋势

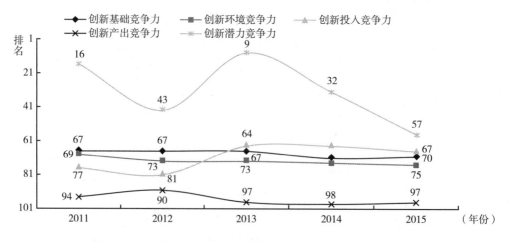

图 11-2　2011~2015 年国家创新竞争力二级指标排名变化趋势

176

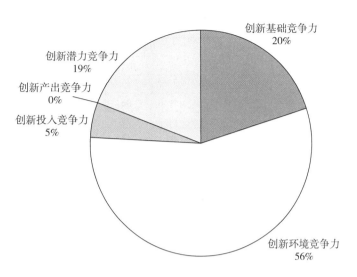

图 11-3 2015 年国家创新竞争力各二级指标的贡献率

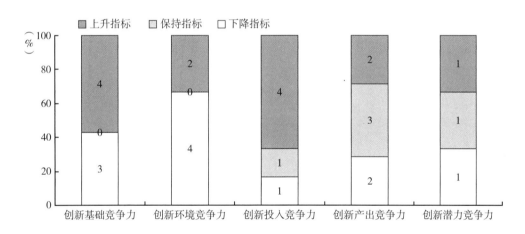

图 11-4 2011~2015 年国家创新竞争力指标动态变化结构

表 11-1 2011~2015 年博茨瓦纳国家创新竞争力各级指标得分及排名变化

项 目 指 标	2011 年		2013 年		2015 年		综合变化	
	得分	排名	得分	排名	得分	排名	得分变化	排名变化
国家创新竞争力	19.4	64	20.5	49	15.1	83	-4.3	-19
1 创新基础竞争力	15.5	67	18.9	67	15.4	70	-0.1	-3
1.1 GDP	0.1	85	0.1	88	0.0	87	-0.1	-2
1.2 人均 GDP	6.3	56	5.9	58	6.1	55	-0.2	1
1.3 财政收入	0.0	74	0.0	70	0.0	64	0.0	10
1.4 人均财政收入	0.2	36	0.3	34	0.3	32	0.1	4
1.5 外国直接投资	55.5	57	60.0	32	35.1	37	-20.5	20
1.6 受高等教育人员比重	40.4	64	60.6	65	60.6	67	20.1	-3
1.7 全社会劳动生产率	5.6	59	5.3	63	5.5	61	-0.1	-2

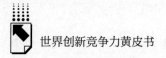

续表

指标\项目	2011 年		2013 年		2015 年		综合变化	
	得分	排名	得分	排名	得分	排名	得分变化	排名变化
2 创新环境竞争力	39.0	69	40.7	73	42.1	75	3.1	-6
2.1 千人因特网用户数	7.5	92	13.0	86	25.0	81	17.6	11
2.2 千人手机用户数	72.8	13	81.8	5	67.6	5	-5.2	8
2.3 企业开业程序	46.7	71	46.7	73	46.7	77	0.0	-6
2.4 企业税负占利润比重	88.6	6	84.0	17	89.1	19	0.5	-13
2.5 在线公共服务指数	18.5	87	18.6	87	24.4	93	5.9	-6
2.6 ISO 9001 质量体系认证数	0.0	93	0.0	98	0.0	98	0.0	-5
3 创新投入竞争力	1.6	77	3.5	64	3.4	67	1.9	10
3.1 研发经费支出总额	0.0	84	0.0	80	0.0	80	0.0	4
3.2 研发经费支出占 GDP 比重	4.7	73	11.0	53	11.0	58	6.4	15
3.3 人均研发经费支出	2.1	62	4.8	51	4.5	55	2.4	7
3.4 研发人员总量	0.0	87	0.0	87	0.0	87	0.0	0
3.5 研究人员占从业人员比重	2.7	66	5.2	57	5.2	60	2.5	6
3.6 风险资本交易占 GDP 比重	0.0	58	0.0	71	0.0	79	0.0	-21
4 创新产出竞争力	0.3	94	0.1	97	0.2	97	-0.1	-3
4.1 专利授权数	0.0	82	0.0	78	0.0	84	0.0	-2
4.2 科技论文发表数	0.0	86	0.0	86	0.0	86	0.0	0
4.3 专利和许可收入	0.0	81	0.0	80	0.0	80	0.0	1
4.4 高技术产品出口额	0.0	81	0.0	83	0.0	81	0.0	0
4.5 高技术产品出口比重	1.9	92	0.8	94	1.2	95	-0.7	-3
4.6 注册商标数	0.1	85	0.1	86	0.1	84	0.0	1
4.7 创意产品出口比重	0.0	86	0.0	85	0.0	86	0.0	0
5 创新潜力竞争力	40.5	16	39.3	9	14.4	57	-26.1	-41
5.1 公共教育支出总额	—	—	—	—	—	—	—	—
5.2 公共教育支出占 GDP 比重	—	—	—	—	—	—	—	—
5.3 人均公共教育支出额	—	—	—	—	—	—	—	—
5.4 高等教育毛入学率	15.3	75	20.4	71	23.6	68	8.4	7
5.5 研发人员增长率	42.5	47	31.5	15	13.4	47	-29.1	0
5.6 研发经费增长率	63.7	11	66.1	3	6.1	86	-57.6	-75

Y . 13

12

巴西国家创新竞争力评价分析报告

　　巴西位于南美洲东南部，北邻法属圭亚那、苏里南、圭亚那、委内瑞拉和哥伦比亚，西界秘鲁、玻利维亚，南接巴拉圭、阿根廷和乌拉圭。国土面积约851.49万平方公里，海岸线长约7400公里。2015年全国年末总人口为20785万人，实现国内生产总值（GDP）18037亿美元，人均GDP为8757.2美元。本章通过对2011~2015年巴西国家创新竞争力及其各要素在全球的排名变化分析，为探寻巴西国家创新竞争力的推动点及影响因素提供分析依据。

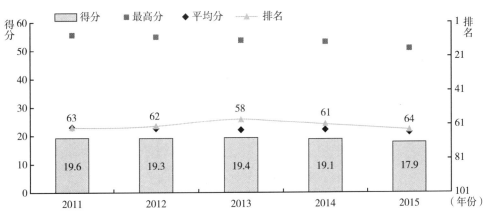

图12-1　2011~2015年国家创新竞争力得分和排名变化趋势

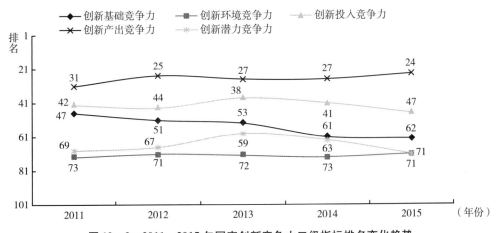

图12-2　2011~2015年国家创新竞争力二级指标排名变化趋势

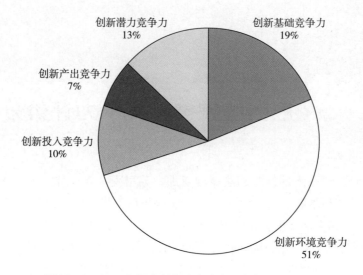

图 12 – 3　2015 年国家创新竞争力各二级指标的贡献率

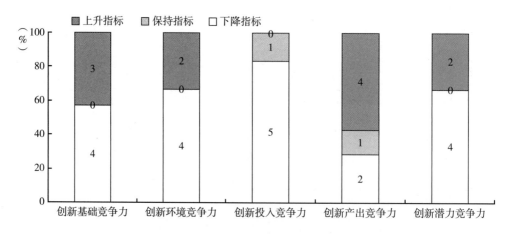

图 12 – 4　2011～2015 年国家创新竞争力指标动态变化结构

表 12 – 1　2011～2015 年巴西国家创新竞争力各级指标得分及排名变化

项　目 指　标	2011 年		2013 年		2015 年		综合变化	
	得分	排名	得分	排名	得分	排名	得分变化	排名变化
国家创新竞争力	19.6	63	19.4	58	17.9	64	-1.7	-1
1 创新基础竞争力	20.4	47	22.7	53	17.2	62	-3.3	-15
1.1 GDP	16.8	6	14.8	7	10.0	9	-6.9	-3
1.2 人均 GDP	11.1	43	10.5	46	8.3	52	-2.8	-9
1.3 财政收入	0.1	26	0.1	23	0.1	20	0.0	6
1.4 人均财政收入	0.1	70	0.1	65	0.1	61	0.0	9
1.5 外国直接投资	35.3	98	45.1	96	16.4	96	-19.0	2
1.6 受高等教育人员比重	69.5	13	78.4	15	77.6	16	8.1	-3
1.7 全社会劳动生产率	10.1	45	9.8	47	7.8	53	-2.3	-8

续表

指　标＼项　目	2011 年		2013 年		2015 年		综合变化	
	得分	排名	得分	排名	得分	排名	得分变化	排名变化
2 创新环境竞争力	37.7	73	42.4	72	45.1	71	7.4	2
2.1 千人因特网用户数	48.3	52	52.2	55	58.9	53	10.7	−1
2.2 千人手机用户数	57.7	34	66.3	29	45.7	44	−12.0	−10
2.3 企业开业程序	20.0	90	26.7	87	33.3	86	13.3	4
2.4 企业税负占利润比重	43.7	95	44.8	97	55.0	97	11.3	−2
2.5 在线公共服务指数	45.8	37	55.8	36	71.8	34	26.0	3
2.6 ISO 9001 质量体系认证数	10.9	9	8.6	10	6.0	11	−5.0	−2
3 创新投入竞争力	9.2	42	9.7	38	8.6	47	−0.6	−5
3.1 研发经费支出总额	8.0	10	8.5	9	5.7	11	−2.3	−1
3.2 研发经费支出占 GDP 比重	11.6	44	14.1	37	14.1	47	2.4	−3
3.3 人均研发经费支出	9.3	38	10.9	40	7.8	44	−1.5	−6
3.4 研发人员总量	10.6	11	9.6	11	9.0	11	−1.7	0
3.5 研究人员占从业人员比重	12.6	48	12.0	48	12.0	49	−0.5	−1
3.6 风险资本交易占 GDP 比重	3.2	40	3.1	39	3.1	43	−0.1	−3
4 创新产出竞争力	6.7	31	6.2	27	6.6	24	−0.1	7
4.1 专利授权数	1.4	20	1.1	20	0.9	18	−0.4	2
4.2 科技论文发表数	10.5	12	11.8	12	11.8	12	1.2	0
4.3 专利和许可收入	0.2	28	0.3	28	0.5	25	0.2	3
4.4 高技术产品出口额	1.8	28	1.5	29	1.6	29	−0.2	−1
4.5 高技术产品出口比重	21.0	39	19.6	40	23.2	32	2.2	7
4.6 注册商标数	11.0	4	8.8	4	7.5	5	−3.5	−1
4.7 创意产品出口比重	0.7	38	0.6	37	0.5	37	−0.2	1
5 创新潜力竞争力	23.9	69	16.1	59	11.8	71	−12.1	−2
5.1 公共教育支出总额	4.2	8	3.3	9	2.1	11	−2.1	−3
5.2 公共教育支出占 GDP 比重	8.5	35	9.1	34	9.4	31	0.8	4
5.3 人均公共教育支出额	2.4	42	2.4	46	1.9	52	−0.5	−10
5.4 高等教育毛入学率	39.9	49	41.7	51	44.0	47	4.2	2
5.5 研发人员增长率	40.2	66	27.0	68	12.2	71	−28.0	−5
5.6 研发经费增长率	48.0	72	13.3	27	1.1	96	−46.9	−24

Y.14

13

保加利亚国家创新竞争力评价分析报告

保加利亚位于欧洲巴尔干半岛东南部，北面与罗马尼亚接壤，东南毗邻土耳其，西南毗邻希腊和马其顿，西北面邻接塞尔维亚，东濒黑海。国土面积约 11 万平方公里，海岸线长 378 公里。2015 年全国年末总人口为 717.8 万人，实现国内生产总值（GDP）501.99 亿美元，人均 GDP 为 6993.5 美元。本章通过对 2011～2015 年保加利亚国家创新竞争力及其各要素在全球的排名变化分析，为探寻保加利亚国家创新竞争力的推动点及影响因素提供分析依据。

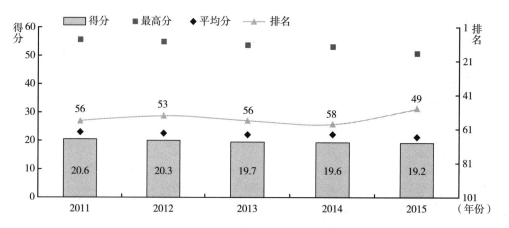

图 13-1　2011～2015 年国家创新竞争力得分和排名变化趋势

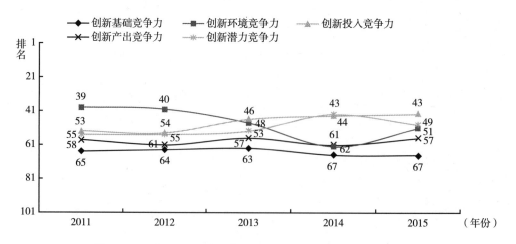

图 13-2　2011～2015 年国家创新竞争力二级指标排名变化趋势

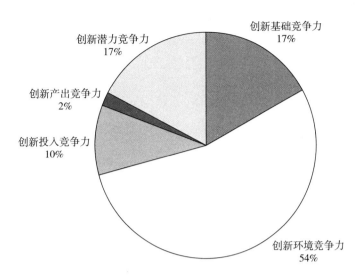

图 13 - 3　2015 年国家创新竞争力各二级指标的贡献率

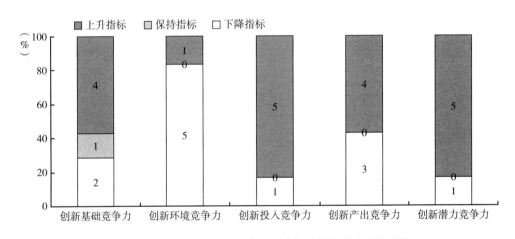

图 13 - 4　2011~2015 年国家创新竞争力指标动态变化结构

表 13 - 1　2011~2015 年保加利亚国家创新竞争力各级指标得分及排名变化

项　目 指　标	2011 年		2013 年		2015 年		综合变化	
	得分	排名	得分	排名	得分	排名	得分变化	排名变化
国家创新竞争力	20.6	56	19.7	56	19.2	49	- 1.4	7
1 创新基础竞争力	15.9	65	19.4	63	16.0	67	0.1	- 2
1.1 GDP	0.3	62	0.3	63	0.2	67	- 0.1	- 5
1.2 人均 GDP	6.5	55	6.5	56	6.5	54	0.0	1
1.3 财政收入	0.0	80	0.0	75	0.0	68	0.0	12
1.4 人均财政收入	0.0	84	0.0	79	0.0	73	0.0	11
1.5 外国直接投资	55.5	63	59.6	55	34.3	70	- 21.1	- 7
1.6 受高等教育人员比重	42.4	62	62.4	61	63.7	55	21.3	7
1.7 全社会劳动生产率	6.7	55	6.7	56	6.9	55	0.2	0

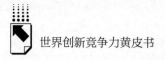

续表

指　标　＼　项　目	2011 年		2013 年		2015 年		综合变化	
	得分	排名	得分	排名	得分	排名	得分变化	排名变化
2 创新环境竞争力	51.6	39	50.0	48	52.3	51	0.7	−12
2.1 千人因特网用户数	50.7	48	54.4	53	56.3	57	5.6	−9
2.2 千人手机用户数	71.1	14	72.3	20	47.1	39	−24.0	−25
2.3 企业开业程序	66.7	27	66.7	35	66.7	40	0.0	−13
2.4 企业税负占利润比重	81.3	22	82.5	20	87.6	21	6.3	1
2.5 在线公共服务指数	37.8	55	22.3	80	54.2	67	16.4	−12
2.6 ISO 9001 质量体系认证数	1.9	27	2.1	32	1.9	33	0.0	−6
3 创新投入竞争力	6.7	53	8.3	46	9.5	43	2.8	10
3.1 研发经费支出总额	0.1	62	0.2	59	0.2	56	0.1	6
3.2 研发经费支出占 GDP 比重	9.6	54	12.4	48	15.9	37	6.3	17
3.3 人均研发经费支出	4.5	49	6.0	47	7.1	46	2.5	3
3.4 研发人员总量	0.9	47	0.8	50	0.9	49	0.0	−2
3.5 研究人员占从业人员比重	25.1	34	25.3	34	31.3	31	6.2	3
3.6 风险资本交易占 GDP 比重	0.0	58	5.2	28	1.5	54	1.5	4
4 创新产出竞争力	2.5	58	2.5	57	2.3	57	−0.3	1
4.1 专利授权数	0.1	61	0.0	60	0.0	72	−0.1	−11
4.2 科技论文发表数	0.6	51	0.6	52	0.6	52	0.0	−1
4.3 专利和许可收入	0.0	54	0.0	49	0.0	44	0.0	10
4.4 高技术产品出口额	0.2	49	0.2	46	0.2	45	0.0	4
4.5 高技术产品出口比重	16.1	48	16.2	44	14.4	45	−1.7	3
4.6 注册商标数	0.5	58	0.3	59	0.3	59	−0.2	−1
4.7 创意产品出口比重	0.3	52	0.2	50	0.3	45	0.0	7
5 创新潜力竞争力	26.5	55	18.3	53	16.2	49	−10.3	6
5.1 公共教育支出总额	0.1	71	0.0	69	0.0	70	−0.1	1
5.2 公共教育支出占 GDP 比重	4.1	77	5.2	72	5.5	70	1.4	7
5.3 人均公共教育支出额	0.9	65	1.0	62	1.0	63	0.2	2
5.4 高等教育毛入学率	55.0	34	60.1	25	64.7	21	9.7	13
5.5 研发人员增长率	55.9	12	31.6	14	19.9	13	−35.9	−1
5.6 研发经费增长率	42.8	91	11.7	38	6.0	88	−36.8	3

Y.15

14

布基纳法索国家创新竞争力评价分析报告

　　布基纳法索位于非洲西部沃尔特河上游，东邻贝宁、尼日尔，南与科特迪瓦、加纳、多哥交界，西部及北部与马里接壤。国土面积约 27.4 万平方公里。2015 年全国年末总人口为 1810.6 万人，实现国内生产总值（GDP）111.49 亿美元，人均 GDP 为 615.59 美元。本章通过对 2011～2015 年布基纳法索国家创新竞争力及其各要素在全球的排名变化分析，为探寻布基纳法索国家创新竞争力的推动点及影响因素提供分析依据。

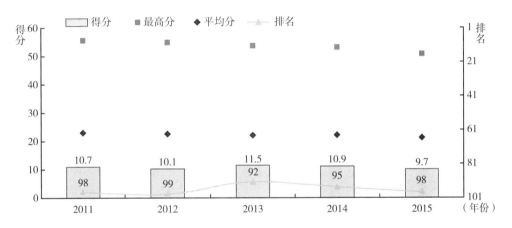

图 14 - 1　2011～2015 年国家创新竞争力得分和排名变化趋势

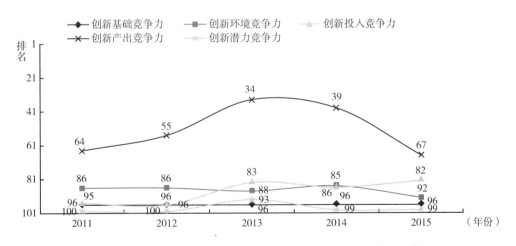

图 14 - 2　2011～2015 年国家创新竞争力二级指标排名变化趋势

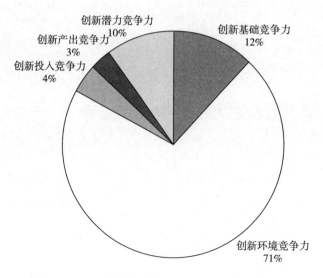

图 14 - 3   2015 年国家创新竞争力各二级指标的贡献率

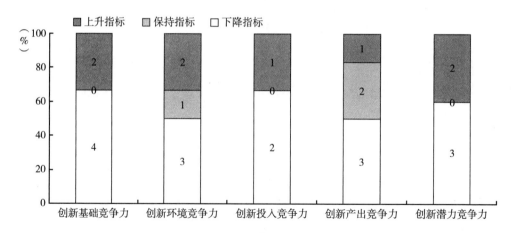

图 14 - 4   2011～2015 年国家创新竞争力指标动态变化结构

表 14 - 1   2011～2015 年布基纳法索国家创新竞争力各级指标得分及排名变化

指　　标 ＼ 项　　目	2011 年		2013 年		2015 年		综合变化	
	得分	排名	得分	排名	得分	排名	得分变化	排名变化
国家创新竞争力	10.7	98	11.5	92	9.7	98	-1.0	0
1 创新基础竞争力	9.5	96	10.2	96	6.1	96	-3.5	0
1.1 GDP	0.0	94	0.0	95	0.0	95	0.0	-1
1.2 人均 GDP	0.3	95	0.3	94	0.2	97	-0.1	-2
1.3 财政收入	0.1	35	0.1	30	0.1	30	0.0	5
1.4 人均财政收入	0.7	29	0.8	25	0.7	26	0.0	3
1.5 外国直接投资	55.9	27	59.9	34	35.1	36	-20.8	-9
1.6 受高等教育人员比重	—	—	—	—	—	—	—	—
1.7 全社会劳动生产率	0.3	94	0.3	95	0.3	95	0.0	-1

续表

指标＼项目	2011 年		2013 年		2015 年		综合变化	
	得分	排名	得分	排名	得分	排名	得分变化	排名变化
2 创新环境竞争力	31.0	86	33.5	88	34.5	92	3.6	-6
2.1 千人因特网用户数	2.1	97	6.6	93	7.7	95	5.7	2
2.2 千人手机用户数	18.0	95	24.0	94	22.0	91	4.0	4
2.3 企业开业程序	86.7	3	86.7	3	86.7	5	0.0	-2
2.4 企业税负占利润比重	66.6	61	69.7	62	76.2	62	9.6	-1
2.5 在线公共服务指数	12.3	96	14.2	94	14.5	98	2.2	-2
2.6 ISO 9001 质量体系认证数	0.0	92	0.0	92	0.0	92	0.0	0
3 创新投入竞争力	0.3	95	1.7	83	1.8	82	1.5	13
3.1 研发经费支出总额	—	—	—	—	—	—	—	—
3.2 研发经费支出占 GDP 比重	—	—	—	—	—	—	—	—
3.3 人均研发经费支出	—	—	—	—	—	—	—	—
3.4 研发人员总量	0.0	77	0.0	79	0.0	80	0.0	-3
3.5 研究人员占从业人员比重	0.9	72	0.9	73	0.9	73	0.0	-1
3.6 风险资本交易占 GDP 比重	0.0	58	4.1	32	4.6	37	4.6	21
4 创新产出竞争力	2.1	64	4.6	34	1.6	67	-0.6	-3
4.1 专利授权数	—	—	—	—	—	—	—	—
4.2 科技论文发表数	0.0	84	0.0	85	0.0	85	0.0	-1
4.3 专利和许可收入	0.0	72	0.0	75	0.0	74	0.0	-2
4.4 高技术产品出口额	0.0	98	0.0	88	0.0	93	0.0	5
4.5 高技术产品出口比重	12.7	58	27.8	28	9.4	64	-3.3	-6
4.6 注册商标数	0.0	92	0.0	92	0.0	92	0.0	0
4.7 创意产品出口比重	0.0	95	0.0	90	0.0	95	0.0	0
5 创新潜力竞争力	10.7	100	7.6	93	4.7	99	-6.0	1
5.1 公共教育支出总额	0.0	84	0.0	84	0.0	87	0.0	-3
5.2 公共教育支出占 GDP 比重	6.0	63	6.3	60	5.5	70	-0.5	-7
5.3 人均公共教育支出额	0.1	86	0.1	86	0.1	88	0.0	-2
5.4 高等教育毛入学率	3.1	88	3.6	87	3.5	87	0.4	1
5.5 研发人员增长率	44.5	37	28.2	42	14.5	32	-30.0	5
5.6 研发经费增长率	—	—	—	—	—	—	—	—

Y.16

15

柬埔寨国家创新竞争力评价分析报告

柬埔寨位于中南半岛，西部及西北部与泰国接壤，东北部与老挝交界，东部及东南部与越南毗邻，南部则面向暹罗湾。国土面积约18.1万平方公里，海岸线长约460公里。2015年全国年末总人口为1557.8万人，实现国内生产总值（GDP）180.5亿美元，人均GDP为1163.2美元。本章通过对2011～2015年柬埔寨国家创新竞争力及其各要素在全球的排名变化分析，为探寻柬埔寨国家创新竞争力的推动点及影响因素提供分析依据。

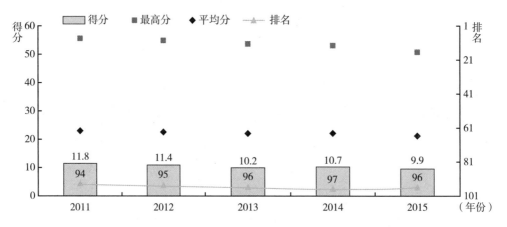

图15-1　2011～2015年国家创新竞争力得分和排名变化趋势

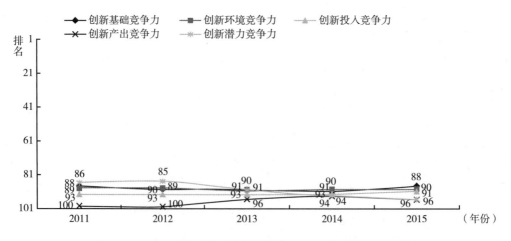

图15-2　2011～2015年国家创新竞争力二级指标排名变化趋势

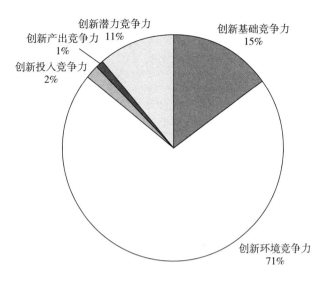

图 15 - 3 2015 年国家创新竞争力各二级指标的贡献率

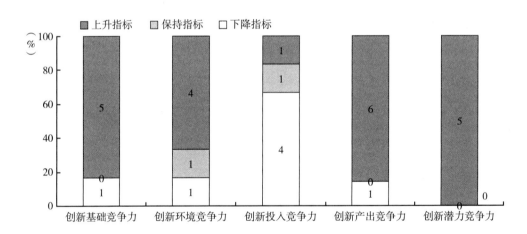

图 15 - 4 2011～2015 年国家创新竞争力指标动态变化结构

表 15 - 1 2011～2015 年柬埔寨国家创新竞争力各级指标得分及排名变化

项目 指标	2011 年		2013 年		2015 年		综合变化	
	得分	排名	得分	排名	得分	排名	得分变化	排名变化
国家创新竞争力	11.8	94	10.2	96	9.9	96	-1.9	-2
1 创新基础竞争力	10.4	88	11.3	90	7.6	88	-2.8	0
1.1 GDP	0.0	91	0.1	87	0.1	84	0.1	7
1.2 人均 GDP	0.5	91	0.6	91	0.8	89	0.3	2
1.3 财政收入	0.5	13	0.6	11	0.8	10	0.3	3
1.4 人均财政收入	5.5	10	6.5	10	8.7	9	3.2	1
1.5 外国直接投资	55.5	56	59.5	60	34.6	65	-20.9	-9
1.6 受高等教育人员比重	—	—	—	—	—	—	—	—
1.7 全社会劳动生产率	0.3	93	0.5	93	0.6	91	0.3	2

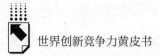

续表

指标　　　　项　目	2011 年		2013 年		2015 年		综合变化	
	得分	排名	得分	排名	得分	排名	得分变化	排名变化
2 创新环境竞争力	28.4	89	30.7	91	35.1	90	6.7	−1
2.1 千人因特网用户数	2.2	96	4.1	94	15.9	91	13.7	5
2.2 千人手机用户数	43.9	76	65.4	32	49.0	30	5.2	46
2.3 企业开业程序	33.3	83	26.7	87	53.3	64	20.0	19
2.4 企业税负占利润比重	85.7	13	87.9	10	92.3	10	6.6	3
2.5 在线公共服务指数	5.3	99	0.0	100	0.0	100	−5.3	−1
2.6 ISO 9001 质量体系认证数	0.0	94	0.0	95	0.0	94	0.0	0
3 创新投入竞争力	0.6	93	0.6	93	1.1	91	0.5	2
3.1 研发经费支出总额	0.0	89	0.0	86	0.0	91	0.0	−2
3.2 研发经费支出占 GDP 比重	3.1	79	3.1	80	3.1	84	0.0	−5
3.3 人均研发经费支出	0.1	92	0.1	93	0.2	92	0.1	0
3.4 研发人员总量	0.0	82	0.0	84	0.0	84	0.0	−2
3.5 研究人员占从业人员比重	0.4	77	0.4	78	0.4	78	0.0	−1
3.6 风险资本交易占 GDP 比重	0.0	58	0.0	71	3.1	43	3.1	15
4 创新产出竞争力	0.1	100	0.1	96	0.2	96	0.1	4
4.1 专利授权数	0.0	82	0.0	82	0.0	81	0.0	1
4.2 科技论文发表数	0.0	94	0.0	93	0.0	93	0.0	1
4.3 专利和许可收入	0.0	71	0.0	69	0.0	68	0.0	3
4.4 高技术产品出口额	0.0	95	0.0	87	0.0	76	0.0	19
4.5 高技术产品出口比重	0.2	98	0.5	97	1.4	93	1.3	5
4.6 注册商标数	0.3	66	0.3	60	0.0	90	−0.3	−24
4.7 创意产品出口比重	0.0	76	0.0	71	0.1	70	0.1	6
5 创新潜力竞争力	19.6	86	8.3	90	5.3	96	−14.3	−10
5.1 公共教育支出总额	0.0	92	0.0	89	0.0	90	0.0	2
5.2 公共教育支出占 GDP 比重	0.0	92	1.1	90	1.2	91	1.2	1
5.3 人均公共教育支出额	0.0	91	0.0	89	0.1	89	0.1	2
5.4 高等教育毛入学率	—	—	—	—	—	—	—	
5.5 研发人员增长率	41.5	53	27.5	57	13.0	50	−28.5	3
5.6 研发经费增长率	56.4	34	12.8	30	12.3	27	−44.1	7

Y.17

16

加拿大国家创新竞争力评价分析报告

　　加拿大位于北美洲最北端，西抵太平洋，东迄大西洋，北至北冰洋，东北部和丹麦领地格陵兰岛相望，东部和法属圣皮埃尔和密克隆群岛相望，南方与美国本土接壤，西北方与美国阿拉斯加州为邻。国土面积约998.5万平方公里，海岸线长202340公里。2015年全国年末总人口为3584.9万人，实现国内生产总值（GDP）15528亿美元，人均GDP为43316美元。本章通过对2011~2015年加拿大国家创新竞争力及其各要素在全球的排名变化分析，为探寻加拿大国家创新竞争力的推动点及影响因素提供分析依据。

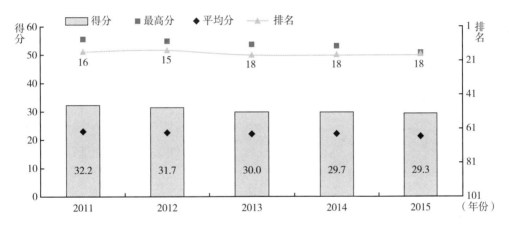

图 16－1　2011~2015 年国家创新竞争力得分和排名变化趋势

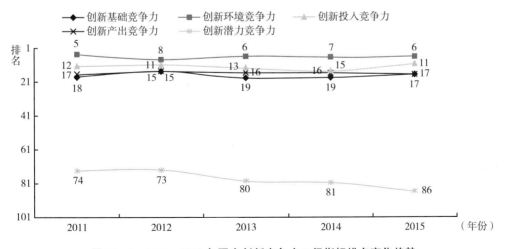

图 16－2　2011~2015 年国家创新竞争力二级指标排名变化趋势

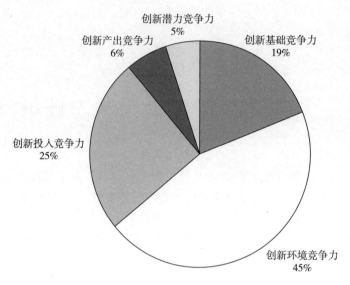

图 16 – 3 2015 年国家创新竞争力各二级指标的贡献率

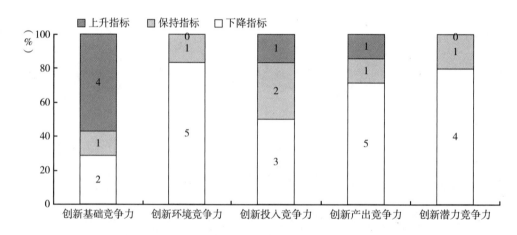

图 16 – 4 2011～2015 年国家创新竞争力指标动态变化结构

表 16 – 1 2011～2015 年加拿大国家创新竞争力各级指标得分及排名变化

项　目 指　标	2011 年		2013 年		2015 年		综合变化	
	得分	排名	得分	排名	得分	排名	得分变化	排名变化
国家创新竞争力	32.2	16	30.0	18	29.3	18	– 3.0	– 2
1 创新基础竞争力	29.2	18	31.5	19	28.3	17	– 0.8	1
1.1 GDP	11.5	11	11.0	11	8.6	10	– 2.9	1
1.2 人均 GDP	44.8	11	45.9	10	42.3	14	– 2.5	– 3
1.3 财政收入	0.0	48	0.0	47	0.0	46	0.0	2
1.4 人均财政收入	0.1	60	0.1	61	0.1	59	0.0	1
1.5 外国直接投资	58.7	12	56.6	90	43.1	6	– 15.6	6
1.6 受高等教育人员比重	51.1	46	67.1	46	66.2	46	15.1	0
1.7 全社会劳动生产率	37.9	16	40.0	15	37.9	17	0.0	– 1

续表

指标\项目	2011 年		2013 年		2015 年		综合变化	
	得分	排名	得分	排名	得分	排名	得分变化	排名变化
2 创新环境竞争力	65.7	5	66.1	6	66.2	6	0.5	-1
2.1 千人因特网用户数	88.6	10	89.9	10	90.5	11	1.8	-1
2.2 千人手机用户数	34.7	85	32.7	89	23.2	89	-11.5	-4
2.3 企业开业程序	93.3	2	93.3	2	93.3	2	0.0	0
2.4 企业税负占利润比重	87.5	8	88.8	8	92.2	11	4.8	-3
2.5 在线公共服务指数	87.1	3	88.3	8	95.4	4	8.3	-1
2.6 ISO 9001 质量体系认证数	2.7	24	3.2	23	2.2	28	-0.6	-4
3 创新投入竞争力	34.0	12	32.4	13	36.1	11	2.0	1
3.1 研发经费支出总额	6.0	12	5.7	12	4.5	12	-1.5	0
3.2 研发经费支出占 GDP 比重	12.8	39	12.7	46	12.9	51	0.1	-12
3.3 人均研发经费支出	41.2	18	42.7	20	35.7	22	-5.5	-4
3.4 研发人员总量	12.5	10	10.7	10	10.0	10	-2.5	0
3.5 研究人员占从业人员比重	60.1	17	53.2	17	53.2	21	-6.9	-4
3.6 风险资本交易占 GDP 比重	71.5	5	69.1	4	100.0	1	28.5	4
4 创新产出竞争力	9.8	17	9.5	16	8.7	17	-1.2	0
4.1 专利授权数	8.7	6	8.6	6	6.2	7	-2.5	-1
4.2 科技论文发表数	13.8	9	14.0	10	14.0	10	0.2	-1
4.3 专利和许可收入	2.7	12	3.6	10	3.5	12	0.8	0
4.4 高技术产品出口额	5.5	16	5.2	16	4.7	18	-0.7	-2
4.5 高技术产品出口比重	29.0	29	28.5	26	26.1	26	-2.9	3
4.6 注册商标数	3.5	15	2.7	16	2.5	17	-1.0	-2
4.7 创意产品出口比重	5.6	13	3.8	15	3.7	16	-1.9	-3
5 创新潜力竞争力	22.4	74	10.6	80	7.2	86	-15.3	-12
5.1 公共教育支出总额	2.6	14	2.1	14	1.6	14	-1.1	0
5.2 公共教育支出占 GDP 比重	7.6	42	7.7	48	7.9	46	0.3	-4
5.3 人均公共教育支出额	9.0	22	9.2	25	8.7	27	-0.4	-5
5.4 高等教育毛入学率	—		—		—		—	
5.5 研发人员增长率	46.4	29	25.7	77	12.2	72	-34.3	-43
5.6 研发经费增长率	46.5	83	8.5	81	5.4	92	-41.1	-9

Y.18

17

智利国家创新竞争力评价分析报告

　　智利位于南美洲西南部，东同阿根廷为邻，北与秘鲁、玻利维亚接壤，西临太平洋，南与南极洲隔海相望。国土面积约 75.7 万平方公里，海岸线总长约 1 万公里。2015 年全国年末总人口为 1794.8 万人，实现国内生产总值（GDP）2425.2 亿美元，人均 GDP 为 13653 美元。本章通过对 2011~2015 年智利国家创新竞争力及其各要素在全球的排名变化分析，为探寻智利国家创新竞争力的推动点及影响因素提供分析依据。

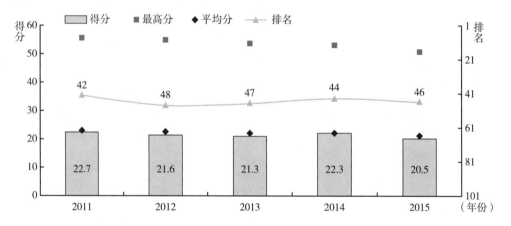

图 17-1　2011~2015 年国家创新竞争力得分和排名变化趋势

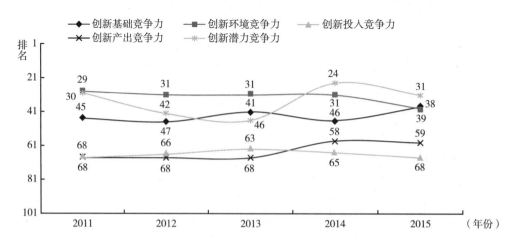

图 17-2　2011~2015 年国家创新竞争力二级指标排名变化趋势

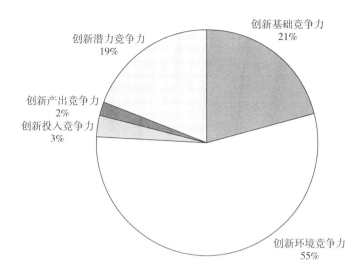

图 17 - 3 2015 年国家创新竞争力各二级指标的贡献率

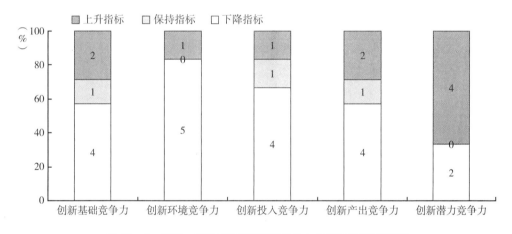

图 17 - 4 2011～2015 年国家创新竞争力指标动态变化结构

表 17 - 1 2011～2015 年智利国家创新竞争力各级指标得分及排名变化

指 标 \ 项 目	2011 年		2013 年		2015 年		综合变化	
	得分	排名	得分	排名	得分	排名	得分变化	排名变化
国家创新竞争力	22.7	42	21.3	47	20.5	46	- 2.2	- 4
1 创新基础竞争力	20.7	45	23.9	41	21.3	38	0.6	7
1.1 GDP	1.6	37	1.6	36	1.3	39	- 0.3	- 2
1.2 人均 GDP	12.4	35	13.8	36	13.1	38	0.7	- 3
1.3 财政收入	2.3	6	2.0	6	2.2	5	- 0.1	1
1.4 人均财政收入	21.5	6	19.1	7	21.8	6	0.3	0
1.5 外国直接投资	54.9	76	57.0	87	34.0	77	- 20.9	- 1
1.6 受高等教育人员比重	40.2	66	60.6	64	63.7	54	23.5	12
1.7 全社会劳动生产率	12.0	38	13.5	37	12.8	40	0.8	- 2

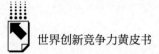

项　目 指　标	2011 年		2013 年		2015 年		综合变化	
	得分	排名	得分	排名	得分	排名	得分变化	排名变化
2 创新环境竞争力	54.6	29	57.2	31	56.0	39	1.4	−10
2.1 千人因特网用户数	55.4	39	59.7	45	64.5	49	9.2	−10
2.2 千人手机用户数	63.3	23	65.7	31	47.2	38	−16.1	−15
2.3 企业开业程序	60.0	46	60.0	53	60.0	55	0.0	−9
2.4 企业税负占利润比重	83.9	16	81.9	21	86.1	25	2.2	−9
2.5 在线公共服务指数	63.9	19	74.1	17	76.3	25	12.5	−6
2.6 ISO 9001 质量体系认证数	1.4	37	1.6	36	1.8	34	0.4	3
3 创新投入竞争力	2.7	68	3.5	63	3.2	68	0.5	0
3.1 研发经费支出总额	0.3	48	0.3	50	0.3	49	0.0	−1
3.2 研发经费支出占 GDP 比重	4.3	75	4.9	74	5.9	75	1.6	0
3.3 人均研发经费支出	3.9	52	5.0	50	5.2	53	1.3	−1
3.4 研发人员总量	0.4	56	0.4	55	0.5	53	0.1	3
3.5 研究人员占从业人员比重	7.2	52	6.4	54	7.3	56	0.1	−4
3.6 风险资本交易占 GDP 比重	0.0	58	4.1	32	0.0	79	0.0	−21
4 创新产出竞争力	2.1	68	2.0	68	2.1	59	0.0	9
4.1 专利授权数	0.4	32	0.3	37	0.3	34	−0.1	−2
4.2 科技论文发表数	1.1	46	1.2	45	1.2	45	0.1	1
4.3 专利和许可收入	0.0	43	0.0	45	0.0	47	0.0	−4
4.4 高技术产品出口额	0.1	57	0.1	57	0.1	57	0.0	0
4.5 高技术产品出口比重	9.9	66	10.0	65	11.1	58	1.2	8
4.6 注册商标数	2.6	20	1.8	23	1.5	24	−1.1	−4
4.7 创意产品出口比重	0.4	49	0.2	54	0.1	59	−0.2	−10
5 创新潜力竞争力	33.5	30	19.7	46	19.8	31	−13.6	−1
5.1 公共教育支出总额	0.3	49	0.3	45	0.2	44	−0.1	5
5.2 公共教育支出占 GDP 比重	5.2	68	6.2	61	7.2	56	2.0	12
5.3 人均公共教育支出额	1.9	52	2.4	48	2.5	46	0.6	6
5.4 高等教育毛入学率	69.4	16	75.9	9	77.6	6	8.3	10
5.5 研发人员增长率	62.7	7	18.7	87	19.9	14	−42.8	−7
5.6 研发经费增长率	61.4	18	14.5	21	11.5	34	−49.8	−16

Y.19

18

中国国家创新竞争力评价分析报告

中国位于东亚，东邻朝鲜，东北部、北部和西北部与俄罗斯、蒙古国、哈萨克斯坦、吉尔吉斯斯坦、塔吉克斯坦相邻，西部和西南部与阿富汗、巴基斯坦、印度、尼泊尔、不丹相邻，南邻越南、老挝、缅甸。陆地面积约 960 万平方公里，海岸线长 1.8 万公里。2015 年全国年末总人口为 137122 万人，实现国内生产总值（GDP）110647 亿美元，人均 GDP 为 8069.2 美元。本章通过对 2011~2015 年中国国家创新竞争力及其各要素在全球的排名变化分析，为探寻中国国家创新竞争力的推动点及影响因素提供分析依据。

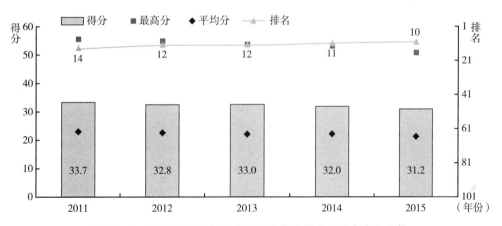

图 18~1　2011~2015 年国家创新竞争力得分和排名变化趋势

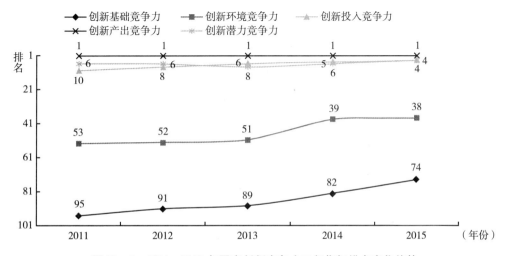

图 18-2　2011~2015 年国家创新竞争力二级指标排名变化趋势

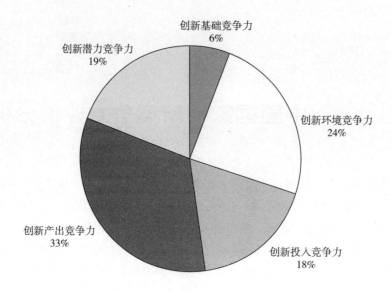

图18-3 2015年国家创新竞争力各二级指标的贡献率

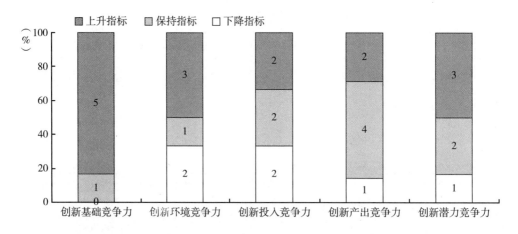

图18-4 2011~2015年国家创新竞争力指标动态变化结构

表18-1 2011~2015年中国国家创新竞争力各级指标得分及排名变化

项 目 指 标	2011年		2013年		2015年		综合变化	
	得分	排名	得分	排名	得分	排名	得分变化	排名变化
国家创新竞争力	33.7	14	33.0	12	31.2	10	-2.5	4
1 创新基础竞争力	9.6	95	11.5	89	15.1	74	5.5	21
1.1 GDP	48.8	2	57.5	2	61.3	2	12.6	0
1.2 人均GDP	4.6	62	5.9	57	7.6	53	3.0	9
1.3 财政收入	0.5	15	0.5	15	0.9	8	0.4	7
1.4 人均财政收入	0.1	75	0.1	71	0.1	57	0.0	18
1.5 外国直接投资	0.0	99	0.0	99	14.3	97	14.3	2
1.6 受高等教育人员比重	—	—	—	—	—	—	—	—
1.7 全社会劳动生产率	3.6	69	4.8	65	6.3	57	2.7	12

续表

指标 \ 项目	2011 年		2013 年		2015 年		综合变化	
	得分	排名	得分	排名	得分	排名	得分变化	排名变化
2 创新环境竞争力	44.5	53	49.5	51	56.9	38	12.5	15
2.1 千人因特网用户数	40.3	61	46.5	60	49.5	65	9.2	-4
2.2 千人手机用户数	31.5	89	37.7	86	28.0	86	-3.5	3
2.3 企业开业程序	13.3	95	20.0	92	33.3	86	20.0	9
2.4 企业税负占利润比重	44.1	94	45.3	96	55.3	96	11.1	-2
2.5 在线公共服务指数	37.7	56	47.4	48	75.6	28	37.9	28
2.6 ISO 9001 质量体系认证数	100.0	1	100.0	1	100.0	1	0.0	0
3 创新投入竞争力	37.4	10	40.1	6	43.5	4	6.1	6
3.1 研发经费支出总额	58.0	2	72.6	2	82.4	2	24.4	0
3.2 研发经费支出占 GDP 比重	29.4	6	31.2	5	33.3	7	3.9	-1
3.3 人均研发经费支出	10.1	35	14.1	35	17.1	34	7.0	1
3.4 研发人员总量	100.0	1	100.0	1	100.0	1	0.0	0
3.5 研究人员占从业人员比重	16.6	40	19.3	39	20.6	38	4.0	2
3.6 风险资本交易占 GDP 比重	10.2	30	3.1	39	7.7	31	-2.5	-1
4 创新产出竞争力	73.5	1	75.4	1	78.1	1	4.6	0
4.1 专利授权数	72.2	3	74.8	3	100.0	1	27.8	2
4.2 科技论文发表数	85.9	2	97.3	2	97.3	2	11.5	0
4.3 专利和许可收入	0.6	22	0.7	23	0.9	21	0.3	1
4.4 高技术产品出口额	100.0	1	100.0	1	100.0	1	0.0	0
4.5 高技术产品出口比重	55.7	8	54.8	8	48.5	10	-7.1	-2
4.6 注册商标数	100.0	1	100.0	1	100.0	1	0.0	0
4.7 创意产品出口比重	100.0	1	100.0	1	100.0	1	0.0	0
5 创新潜力竞争力	56.3	6	45.7	8	46.0	4	-10.3	2
5.1 公共教育支出总额	100.0	1	100.0	1	100.0	1	0.0	0
5.2 公共教育支出占 GDP 比重	91.8	18	92.2	18	92.2	18	0.4	0
5.3 人均公共教育支出额	8.7	24	11.1	18	14.5	15	5.8	9
5.4 高等教育毛入学率	22.5	68	26.8	65	37.7	54	15.2	14
5.5 研发人员增长率	56.5	11	29.8	23	18.2	15	-38.4	-4
5.6 研发经费增长率	58.0	25	14.6	20	13.3	18	-44.8	7

Y·20

19

哥伦比亚国家创新竞争力评价分析报告

哥伦比亚位于南美洲西北部，西临太平洋，北临加勒比海，东通委内瑞拉，东南通巴西，南与秘鲁、厄瓜多尔接壤，西北与巴拿马为邻。国土面积约114.2万平方公里。2015年全国年末总人口为4822.9万人，实现国内生产总值（GDP）2915.2亿美元，人均GDP为6044.5美元。本章通过对2011~2015年哥伦比亚国家创新竞争力及其各要素在全球的排名变化分析，为探寻哥伦比亚国家创新竞争力的推动点及影响因素提供分析依据。

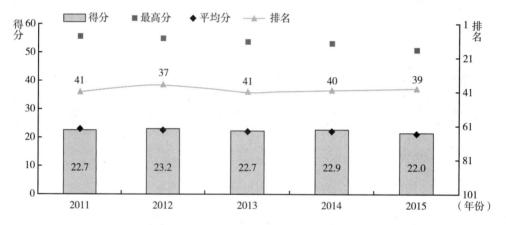

图 19-1　2011~2015 年国家创新竞争力得分和排名变化趋势

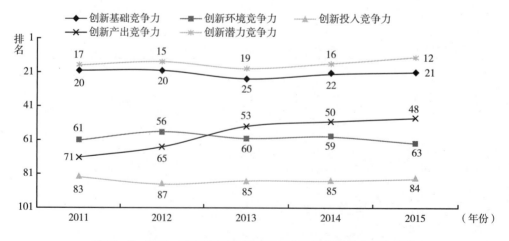

图 19-2　2011~2015 年国家创新竞争力二级指标排名变化趋势

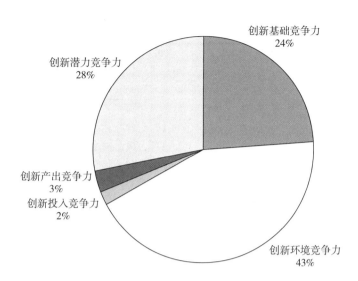

图 19－3　2015 年国家创新竞争力各二级指标的贡献率

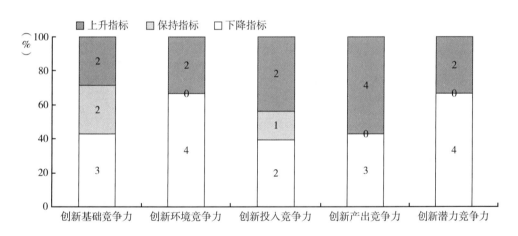

图 19－4　2011～2015 年国家创新竞争力指标动态变化结构

表 19－1　2011～2015 年哥伦比亚国家创新竞争力各级指标得分及排名变化

指　标 ＼ 项　目	2011 年		2013 年		2015 年		综合变化	
	得分	排名	得分	排名	得分	排名	得分变化	排名变化
国家创新竞争力	22.7	41	22.7	41	22.0	39	－0.7	2
1 创新基础竞争力	28.1	20	30.3	25	27.0	21	－1.1	－1
1.1 GDP	2.1	31	2.2	29	1.6	36	－0.5	－5
1.2 人均 GDP	6.0	57	6.8	53	5.6	57	－0.4	0
1.3 财政收入	12.1	4	12.2	4	12.4	3	0.3	1
1.4 人均财政收入	42.0	5	43.0	5	44.6	5	2.6	0
1.5 外国直接投资	54.4	81	57.7	83	32.9	82	－21.5	－1
1.6 受高等教育人员比重	74.9	7	83.6	6	86.7	3	11.8	4
1.7 全社会劳动生产率	5.6	61	6.4	57	5.3	63	－0.3	－2

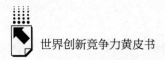

续表

指标 \ 项目	2011 年		2013 年		2015 年		综合变化	
	得分	排名	得分	排名	得分	排名	得分变化	排名变化
2 创新环境竞争力	42.5	61	45.8	60	47.5	63	5.0	−2
2.1 千人因特网用户数	42.5	56	52.9	54	55.5	58	13.0	−2
2.2 千人手机用户数	46.1	73	47.1	74	40.1	59	−5.9	14
2.3 企业开业程序	53.3	61	53.3	64	53.3	64	0.0	−3
2.4 企业税负占利润比重	34.6	97	38.7	98	53.8	98	19.1	−1
2.5 在线公共服务指数	74.8	10	77.8	13	77.9	24	3.1	−14
2.6 ISO 9001 质量体系认证数	3.8	19	5.2	12	4.3	13	0.5	6
3 创新投入竞争力	1.2	83	1.5	85	1.8	84	0.6	−1
3.1 研发经费支出总额	0.3	51	0.4	47	0.3	50	0.0	1
3.2 研发经费支出占 GDP 比重	2.8	80	3.8	78	4.9	80	2.1	0
3.3 人均研发经费支出	1.2	71	1.9	68	1.9	68	0.7	3
3.4 研发人员总量	0.6	53	0.4	57	0.3	57	−0.4	−4
3.5 研究人员占从业人员比重	—	—	—	—	—	—	—	—
3.6 风险资本交易占 GDP 比重	1.4	50	1.0	50	1.5	54	0.1	−4
4 创新产出竞争力	1.9	71	2.7	53	3.0	48	1.1	23
4.1 专利授权数	0.3	39	0.8	23	0.3	35	0.0	4
4.2 科技论文发表数	0.8	50	1.1	47	1.1	47	0.2	3
4.3 专利和许可收入	0.0	40	0.1	37	0.0	42	0.0	−2
4.4 高技术产品出口额	0.1	58	0.1	52	0.1	49	0.0	9
4.5 高技术产品出口比重	9.3	69	15.0	49	17.9	40	8.6	29
4.6 注册商标数	2.1	25	1.4	26	1.3	27	−0.8	−2
4.7 创意产品出口比重	0.3	50	0.2	49	0.2	51	−0.1	−1
5 创新潜力竞争力	39.9	17	33.3	19	30.7	12	−9.2	5
5.1 公共教育支出总额	4.8	6	4.3	5	2.8	9	−2.0	−3
5.2 公共教育支出占 GDP 比重	100.0	1	99.5	2	98.9	2	−1.1	−1
5.3 人均公共教育支出额	12.2	15	13.5	15	11.6	18	−0.6	−3
5.4 高等教育毛入学率	39.9	48	45.1	46	48.5	41	8.6	7
5.5 研发人员增长率	24.0	88	15.0	89	12.3	70	−11.8	18
5.6 研发经费增长率	58.6	23	22.4	9	10.0	56	−48.6	−33

Y.21
20
哥斯达黎加国家创新竞争力评价分析报告

哥斯达黎加位于中美洲地峡，属于北美洲，东临加勒比海，西靠北太平洋，北部与尼加拉瓜接壤，东南与巴拿马接壤。国土面积约 5.1 万平方公里，海岸线长 1290 公里。2015 年全国年末总人口为 480.79 万人，实现国内生产总值（GDP）548.4 亿美元，人均 GDP 为 11406 美元。本章通过对 2011～2015 年哥斯达黎加国家创新竞争力及其各要素在全球的排名变化分析，为探寻哥斯达黎加国家创新竞争力的推动点及影响因素提供分析依据。

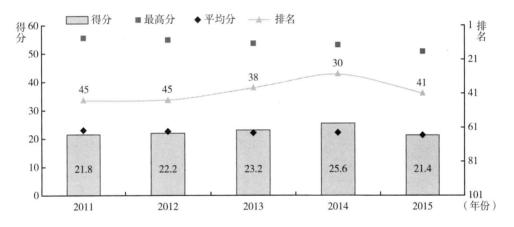

图 20-1　2011～2015 年国家创新竞争力得分和排名变化趋势

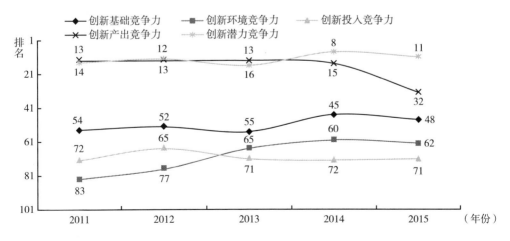

图 20-2　2011～2015 年国家创新竞争力二级指标排名变化趋势

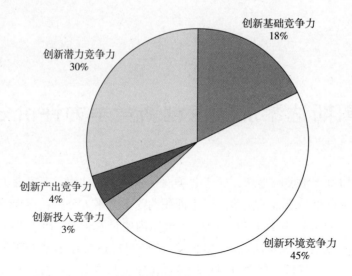

图 20 - 3 2015 年国家创新竞争力各二级指标的贡献率

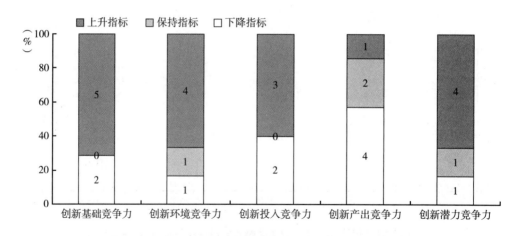

图 20 - 4 2011～2015 年国家创新竞争力指标动态变化结构

表 20 - 1 2011～2015 年哥斯达黎加国家创新竞争力各级指标得分及排名变化

项　目 指　标	2011 年		2013 年		2015 年		综合变化	
	得分	排名	得分	排名	得分	排名	得分变化	排名变化
国家创新竞争力	21.8	45	23.2	38	21.4	41	− 0.3	4
1 创新基础竞争力	19.1	54	22.5	55	19.6	48	0.5	6
1.1 GDP	0.2	69	0.3	66	0.3	63	0.1	6
1.2 人均 GDP	7.7	52	9.0	49	10.9	44	3.2	8
1.3 财政收入	0.4	16	0.4	16	0.5	13	0.1	3
1.4 人均财政收入	14.7	8	14.9	8	17.1	7	2.5	1
1.5 外国直接投资	55.3	67	59.4	65	34.3	71	− 21.0	− 4
1.6 受高等教育人员比重	47.7	54	64.0	53	62.7	59	15.0	− 5
1.7 全社会劳动生产率	7.6	54	9.2	50	11.2	45	3.6	9

续表

指 标 项 目	2011 年		2013 年		2015 年		综合变化	
	得分	排名	得分	排名	得分	排名	得分变化	排名变化
2 创新环境竞争力	32.0	83	44.5	65	48.2	62	16.2	21
2.1 千人因特网用户数	41.3	59	46.7	59	59.7	52	18.4	7
2.2 千人手机用户数	40.2	79	72.8	18	58.2	14	17.9	65
2.3 企业开业程序	26.7	85	46.7	73	46.7	77	20.0	8
2.4 企业税负占利润比重	51.8	89	54.8	90	62.9	90	11.1	-1
2.5 在线公共服务指数	32.2	63	45.9	50	61.8	51	29.6	12
2.6 ISO 9001 质量体系认证数	0.1	74	0.1	76	0.1	74	0.0	0
3 创新投入竞争力	1.9	72	2.7	71	2.9	71	0.9	1
3.1 研发经费支出总额	0.1	68	0.1	69	0.1	69	0.0	-1
3.2 研发经费支出占 GDP 比重	6.1	67	6.8	68	7.3	69	1.2	-2
3.3 人均研发经费支出	3.4	53	4.6	52	5.3	51	1.9	2
3.4 研发人员总量	0.1	66	0.1	68	0.2	64	0.1	2
3.5 研究人员占从业人员比重	—	—	—	—	—	—	—	—
3.6 风险资本交易占 GDP 比重	0.0	58	2.1	45	1.5	54	1.5	4
4 创新产出竞争力	12.8	13	12.8	13	4.7	32	-8.2	-19
4.1 专利授权数	0.0	74	0.0	63	0.0	59	0.0	15
4.2 科技论文发表数	0.1	82	0.1	82	0.1	82	0.0	0
4.3 专利和许可收入	0.0	84	0.0	84	0.0	84	0.0	0
4.4 高技术产品出口额	0.5	38	0.5	36	0.2	48	-0.4	-10
4.5 高技术产品出口比重	88.1	4	88.0	4	31.7	17	-56.4	-13
4.6 注册商标数	1.0	38	0.6	40	0.6	39	-0.4	-1
4.7 创意产品出口比重	0.1	71	0.1	70	0.0	73	-0.1	-2
5 创新潜力竞争力	42.9	14	33.6	16	31.8	11	-11.0	3
5.1 公共教育支出总额	0.6	37	0.5	34	0.5	33	-0.1	4
5.2 公共教育支出占 GDP 比重	97.5	4	98.2	3	97.3	4	-0.2	0
5.3 人均公共教育支出额	15.1	12	17.6	11	21.6	10	6.5	2
5.4 高等教育毛入学率	43.3	46	45.0	47	46.7	43	3.4	3
5.5 研发人员增长率	54.2	17	30.3	21	12.4	67	-41.8	-50
5.6 研发经费增长率	46.7	80	10.2	60	12.5	25	-34.1	55

Y.22

21

克罗地亚国家创新竞争力评价分析报告

克罗地亚位于欧洲东南部，隔亚得里亚海与意大利相望，北部的邻国是斯洛文尼亚和匈牙利，东面和南面则是塞尔维亚与波黑，国土面积约5.7万平方公里。2015年全国年末总人口为420.36万人，实现国内生产总值（GDP）486.76亿美元，人均GDP为11580美元。本章通过对2011～2015年克罗地亚国家创新竞争力及其各要素在全球的排名变化分析，为探寻克罗地亚国家创新竞争力的推动点及影响因素提供分析依据。

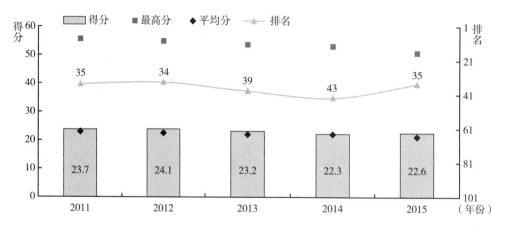

图21-1　2011～2015年国家创新竞争力得分和排名变化趋势

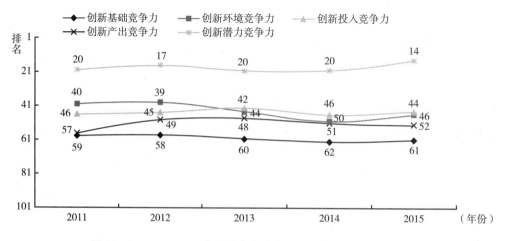

图21-2　2011～2015年国家创新竞争力二级指标排名变化趋势

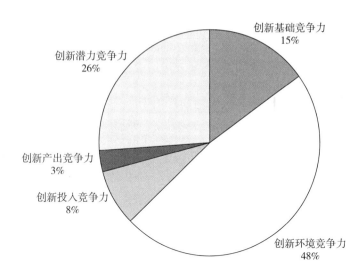

图 21 - 3　2015 年国家创新竞争力各二级指标的贡献率

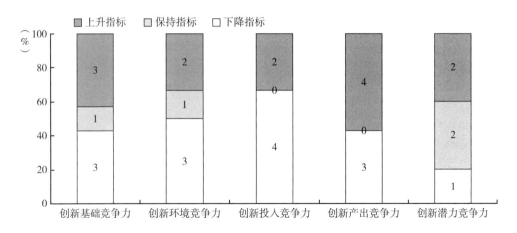

图 21 - 4　2011～2015 年国家创新竞争力指标动态变化结构

表 21 - 1　2011～2015 年克罗地亚国家创新竞争力各级指标得分及排名变化

指　标	项　目	2011 年		2013 年		2015 年		综合变化	
		得分	排名	得分	排名	得分	排名	得分变化	排名变化
国家创新竞争力		23.7	35	23.2	39	22.6	35	- 1.1	0
1 创新基础竞争力		17.4	59	20.9	60	17.2	61	- 0.2	- 2
1.1 GDP		0.4	59	0.3	61	0.2	68	- 0.2	- 9
1.2 人均 GDP		12.3	36	11.7	43	11.0	43	- 1.2	- 7
1.3 财政收入		0.0	61	0.0	60	0.0	54	0.0	7
1.4 人均财政收入		0.3	35	0.3	33	0.3	33	0.0	2
1.5 外国直接投资		55.5	62	59.7	47	35.1	31	- 20.4	31
1.6 受高等教育人员比重		40.3	65	61.2	63	61.7	65	21.4	0
1.7 全社会劳动生产率		13.2	34	13.1	39	12.3	43	- 1.0	- 9

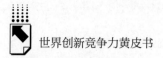

续表

指标 \ 项目	2011 年		2013 年		2015 年		综合变化	
	得分	排名	得分	排名	得分	排名	得分变化	排名变化
2 创新环境竞争力	51.1	40	51.6	44	54.2	46	3.0	−6
2.1 千人因特网用户数	61.4	34	69.3	34	70.4	39	9.1	−5
2.2 千人手机用户数	57.4	36	50.8	63	34.0	76	−23.4	−40
2.3 企业开业程序	53.3	61	53.3	64	53.3	64	0.0	−3
2.4 企业税负占利润比重	86.9	9	89.4	7	93.1	7	6.2	2
2.5 在线公共服务指数	47.0	35	45.6	51	73.3	30	26.3	5
2.6 ISO 9001 质量体系认证数	0.8	44	1.0	41	0.9	44	0.1	0
3 创新投入竞争力	8.6	46	8.7	42	9.4	44	0.8	2
3.1 研发经费支出总额	0.2	59	0.2	60	0.2	61	0.0	−2
3.2 研发经费支出占 GDP 比重	9.6	53	11.6	51	14.8	43	5.2	10
3.3 人均研发经费支出	8.5	41	10.1	42	10.9	39	2.4	2
3.4 研发人员总量	0.5	54	0.4	54	0.4	56	−0.1	−2
3.5 研究人员占从业人员比重	28.7	32	28.8	32	28.3	33	−0.4	−1
3.6 风险资本交易占 GDP 比重	3.9	36	1.0	50	1.5	54	−2.4	−18
4 创新产出竞争力	2.6	57	3.2	48	2.6	52	0.0	5
4.1 专利授权数	0.1	56	0.1	56	0.0	71	−0.1	−15
4.2 科技论文发表数	1.1	45	1.0	48	1.0	48	−0.1	−3
4.3 专利和许可收入	0.0	47	0.0	52	0.0	45	0.0	2
4.4 高技术产品出口额	0.1	52	0.1	50	0.1	50	0.0	2
4.5 高技术产品出口比重	16.3	47	20.7	38	16.9	42	0.6	5
4.6 注册商标数	0.5	54	0.3	64	0.1	79	−0.4	−25
4.7 创意产品出口比重	0.2	58	0.1	58	0.2	53	0.0	5
5 创新潜力竞争力	38.7	20	31.6	20	29.5	14	−9.2	6
5.1 公共教育支出总额	0.9	29	0.6	31	0.5	34	−0.4	−5
5.2 公共教育支出占 GDP 比重	97.1	5	96.7	6	97.3	5	0.1	0
5.3 人均公共教育支出额	23.8	9	22.3	10	21.9	9	−1.9	0
5.4 高等教育毛入学率	—	—	—	—	—	—	—	—
5.5 研发人员增长率	25.1	87	25.2	79	15.2	24	−9.9	63
5.6 研发经费增长率	46.6	82	13.3	28	12.8	20	−33.7	62

Y.23

22

塞浦路斯国家创新竞争力评价分析报告

　　塞浦路斯位于欧洲与亚洲交界处，处于地中海东北部，扼亚、非、欧三洲海上交通要冲，为地中海第三大岛。国土面积约 0.9 万平方公里；海岸线长 537 公里。2015 年全国年末总人口为 116.53 万人，实现国内生产总值（GDP）195.6 亿美元，人均 GDP 为 23075 美元。本章通过对 2011～2015 年塞浦路斯国家创新竞争力及其各要素在全球的排名变化分析，为探寻塞浦路斯国家创新竞争力的推动点及影响因素提供分析依据。

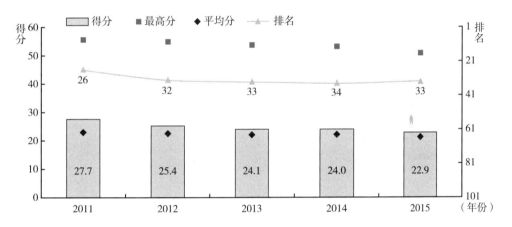

图 22－1　2011～2015 年国家创新竞争力得分和排名变化趋势

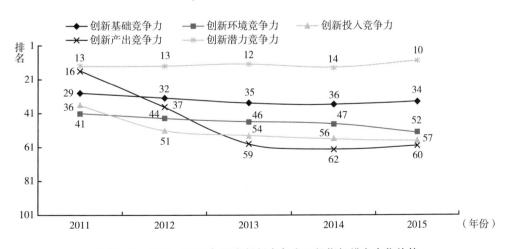

图 22－2　2011～2015 年国家创新竞争力二级指标排名变化趋势

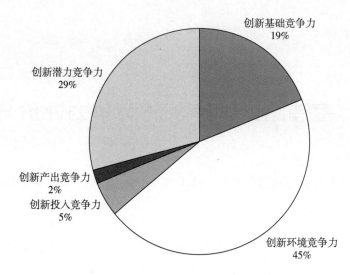

图 22 - 3　2015 年国家创新竞争力各二级指标的贡献率

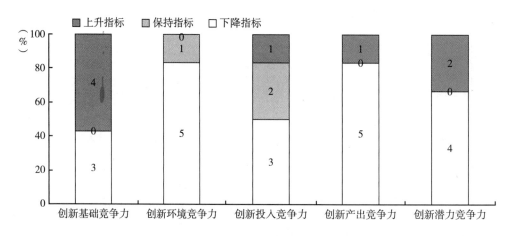

图 22 - 4　2011～2015 年国家创新竞争力指标动态变化结构

表 22 - 1　2011～2015 年塞浦路斯国家创新竞争力各级指标得分及排名变化

项　目　指　标	2011 年		2013 年		2015 年		综合变化	
	得分	排名	得分	排名	得分	排名	得分变化	排名变化
国家创新竞争力	27.7	26	24.1	33	22.9	33	-4.8	-7
1 创新基础竞争力	24.2	29	25.8	35	22.2	34	-2.0	-5
1.1 GDP	0.1	77	0.1	82	0.1	83	0.0	-6
1.2 人均 GDP	27.6	24	24.3	25	22.4	26	-5.3	-2
1.3 财政收入	0.0	88	0.0	83	0.0	76	0.0	12
1.4 人均财政收入	0.1	71	0.1	69	0.1	67	0.0	4
1.5 外国直接投资	54.9	77	59.9	36	38.0	10	-16.8	67
1.6 受高等教育人员比重	67.7	16	79.6	12	79.9	9	12.2	7
1.7 全社会劳动生产率	18.7	29	16.8	30	14.9	33	-3.8	-4

续表

指标＼项目	2011 年		2013 年		2015 年		综合变化	
	得分	排名	得分	排名	得分	排名	得分变化	排名变化
2 创新环境竞争力	49.8	41	50.8	46	51.6	52	1.8	-11
2.1 千人因特网用户数	60.4	35	67.8	36	72.5	35	12.1	0
2.2 千人手机用户数	45.8	74	42.4	81	29.6	83	-16.2	-9
2.3 企业开业程序	66.7	27	66.7	35	66.7	40	0.0	-13
2.4 企业税负占利润比重	86.2	11	86.5	13	89.5	16	3.3	-5
2.5 在线公共服务指数	39.7	48	41.2	56	51.1	71	11.5	-23
2.6 ISO 9001 质量体系认证数	0.3	61	0.2	69	0.3	63	0.0	-2
3 创新投入竞争力	11.2	36	6.0	54	5.9	57	-5.3	-21
3.1 研发经费支出总额	0.0	81	0.0	82	0.0	81	0.0	0
3.2 研发经费支出占 GDP 比重	5.3	70	6.0	73	7.6	68	2.3	2
3.3 人均研发经费支出	8.1	42	8.1	43	8.2	42	0.1	0
3.4 研发人员总量	0.1	71	0.1	72	0.1	75	0.0	-4
3.5 研究人员占从业人员比重	13.5	46	13.3	45	13.3	47	-0.1	-1
3.6 风险资本交易占 GDP 比重	40.0	9	8.2	26	6.2	33	-33.8	-24
4 创新产出竞争力	9.9	16	2.5	59	2.0	60	-7.9	-44
4.1 专利授权数	0.0	81	0.0	80	0.0	84	0.0	-3
4.2 科技论文发表数	0.2	63	0.2	61	0.2	61	0.0	2
4.3 专利和许可收入	—	—	—	—	—	—	—	—
4.4 高技术产品出口额	0.0	74	0.0	82	0.0	85	0.0	-11
4.5 高技术产品出口比重	58.9	6	14.5	53	11.6	57	-47.3	-51
4.6 注册商标数	0.1	81	0.1	82	0.1	86	0.0	-5
4.7 创意产品出口比重	0.0	80	0.0	79	0.0	81	0.0	-1
5 创新潜力竞争力	43.6	13	35.2	12	32.8	10	-10.8	3
5.1 公共教育支出总额	0.4	44	0.3	50	0.2	50	-0.2	-6
5.2 公共教育支出占 GDP 比重	95.8	8	95.2	11	95.3	11	-0.5	-3
5.3 人均公共教育支出额	39.7	6	34.1	6	31.1	8	-8.6	-2
5.4 高等教育毛入学率	42.7	47	42.7	49	52.4	37	9.7	10
5.5 研发人员增长率	37.5	77	27.9	48	8.7	82	-28.8	-5
5.6 研发经费增长率	45.8	84	11.0	48	9.4	62	-36.3	22

Y.24
23
捷克国家创新竞争力评价分析报告

捷克位于欧洲中部，东靠斯洛伐克，南邻奥地利，西接德国，北毗波兰。国土面积约7.9万平方公里。2015年全国年末总人口为1054.6万人，实现国内生产总值（GDP）1851.6亿美元，人均GDP为17557美元。本章通过对2011~2015年捷克国家创新竞争力及其各要素在全球的排名变化分析，为探寻捷克国家创新竞争力的推动点及影响因素提供分析依据。

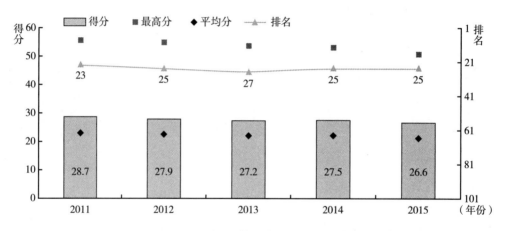

图23-1 2011~2015年国家创新竞争力得分和排名变化趋势

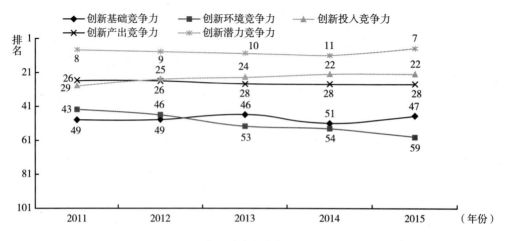

图23-2 2011~2015年国家创新竞争力二级指标排名变化趋势

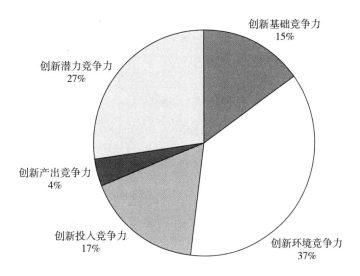

图 23－3　2015 年国家创新竞争力各二级指标的贡献率

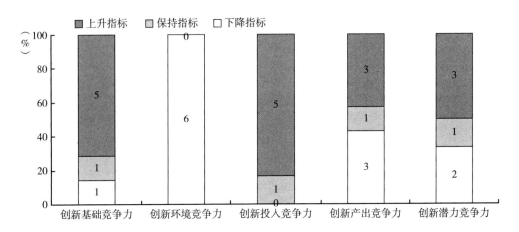

图 23－4　2011～2015 年国家创新竞争力指标动态变化结构

表 23－1　2011～2015 年捷克国家创新竞争力各级指标得分及排名变化

指标 ＼ 项目	2011 年		2013 年		2015 年		综合变化	
	得分	排名	得分	排名	得分	排名	得分变化	排名变化
国家创新竞争力	28.7	23	27.2	27	26.6	25	−2.1	−2
1 创新基础竞争力	20.0	49	23.3	46	19.7	47	−0.4	2
1.1 GDP	1.4	41	1.2	44	1.0	45	−0.4	−4
1.2 人均 GDP	18.5	31	17.3	32	16.9	31	−1.6	0
1.3 财政收入	0.1	29	0.1	28	0.1	26	0.0	3
1.4 人均财政收入	1.4	22	1.3	20	1.4	21	0.0	1
1.5 外国直接投资	55.2	70	60.1	17	35.8	21	−19.5	49
1.6 受高等教育人员比重	46.1	56	66.3	49	66.0	48	19.9	8
1.7 全社会劳动生产率	17.4	32	16.5	31	16.5	30	−0.9	2

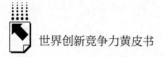

续表

指标 \ 项目	2011 年		2013 年		2015 年		综合变化	
	得分	排名	得分	排名	得分	排名	得分变化	排名变化
2 创新环境竞争力	49.5	43	48.9	53	49.6	59	0.2	−16
2.1 千人因特网用户数	75.1	22	77.2	25	82.8	23	7.7	−1
2.2 千人手机用户数	60.6	27	61.9	35	44.0	49	−16.6	−22
2.3 企业开业程序	53.3	61	53.3	64	53.3	64	0.0	−3
2.4 企业税负占利润比重	59.7	79	62.0	82	69.0	82	9.4	−3
2.5 在线公共服务指数	43.3	44	33.7	67	45.0	78	1.8	−34
2.6 ISO 9001 质量体系认证数	4.9	14	4.9	14	3.6	18	−1.3	−4
3 创新投入竞争力	16.4	29	19.5	24	22.4	22	6.0	7
3.1 研发经费支出总额	1.1	29	1.3	28	1.4	29	0.3	0
3.2 研发经费支出占 GDP 比重	18.5	20	26.2	9	33.8	6	15.3	14
3.3 人均研发经费支出	24.7	24	33.3	23	37.8	21	13.1	3
3.4 研发人员总量	2.3	35	2.3	34	2.4	32	0.1	3
3.5 研究人员占从业人员比重	50.7	21	53.2	17	55.8	19	5.1	2
3.6 风险资本交易占 GDP 比重	1.2	53	1.0	50	3.1	43	1.9	10
4 创新产出竞争力	7.0	26	6.0	28	5.7	28	−1.3	−2
4.1 专利授权数	0.3	38	0.2	41	0.2	41	−0.1	−3
4.2 科技论文发表数	3.2	23	3.4	23	3.4	23	0.2	0
4.3 专利和许可收入	0.2	29	0.3	27	0.4	28	0.2	1
4.4 高技术产品出口额	5.1	18	3.8	20	3.8	20	−1.4	−2
4.5 高技术产品出口比重	35.1	23	30.0	23	28.1	22	−7.0	1
4.6 注册商标数	0.8	44	0.6	43	0.5	45	−0.3	−1
4.7 创意产品出口比重	4.3	21	3.6	17	3.7	15	−0.6	6
5 创新潜力竞争力	50.8	8	38.5	10	35.8	7	−14.9	1
5.1 公共教育支出总额	3.1	13	2.2	13	1.7	13	−1.4	0
5.2 公共教育支出占 GDP 比重	95.1	11	95.2	10	95.3	10	0.2	1
5.3 人均公共教育支出额	34.9	7	32.2	7	32.6	5	−2.3	2
5.4 高等教育毛入学率	60.6	28	59.0	28	56.7	29	−3.8	−1
5.5 研发人员增长率	48.5	25	28.4	37	17.7	16	−30.7	9
5.6 研发经费增长率	62.4	16	13.6	24	10.9	43	−51.5	−27

丹麦国家创新竞争力评价分析报告

丹麦位于欧洲北部，北部隔北海和波罗的海与瑞典和挪威相望，并与之合称为斯堪的纳维亚国家，南部与德国接壤，国土面积约 4.3 万平方公里。2015 年全国年末总人口为 568.35 万人，实现国内生产总值（GDP）3013.1 亿美元，人均 GDP 为 53015 美元。本章通过对 2011～2015 年丹麦国家创新竞争力及其各要素在全球的排名变化分析，为探寻丹麦国家创新竞争力的推动点及影响因素提供分析依据。

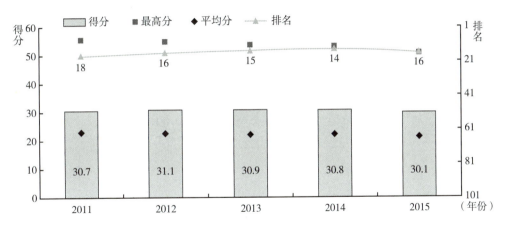

图 24-1　2011～2015 年国家创新竞争力得分和排名变化趋势

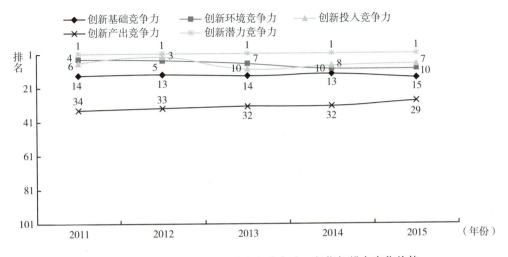

图 24-2　2011～2015 年国家创新竞争力二级指标排名变化趋势

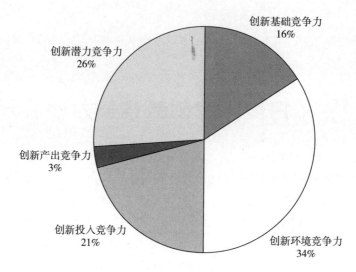

图 24 - 3 2015 年国家创新竞争力各二级指标的贡献率

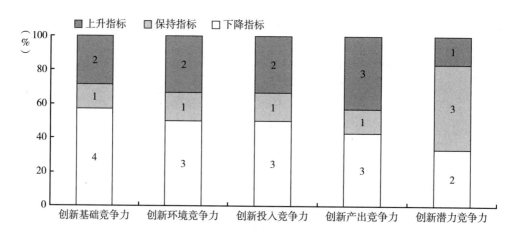

图 24 - 4 2011～2015 年国家创新竞争力指标动态变化结构

表 24 - 1 2011～2015 年丹麦国家创新竞争力各级指标得分及排名变化

指　标 ＼ 项　目	2011 年		2013 年		2015 年		综合变化	
	得分	排名	得分	排名	得分	排名	得分变化	排名变化
国家创新竞争力	30.7	18	30.9	15	30.1	16	- 0.5	2
1 创新基础竞争力	31.1	14	34.4	14	30.0	15	- 1.1	- 1
1.1 GDP	2.2	30	2.0	31	1.6	31	- 0.5	- 1
1.2 人均 GDP	53.2	6	53.7	6	51.8	9	- 1.4	- 3
1.3 财政收入	0.1	37	0.1	36	0.1	33	0.0	4
1.4 人均财政收入	1.8	17	1.6	17	1.6	17	- 0.2	0
1.5 外国直接投资	55.7	43	63.0	10	36.8	15	- 18.9	28
1.6 受高等教育人员比重	57.2	36	70.5	36	68.6	39	11.3	- 3
1.7 全社会劳动生产率	47.5	5	50.4	6	49.7	8	2.2	- 3

续表

项　目 指　标	2011 年		2013 年		2015 年		综合变化	
	得分	排名	得分	排名	得分	排名	得分变化	排名变化
2 创新环境竞争力	65.9	4	65.7	7	65.3	10	-0.5	-6
2.1 千人因特网用户数	96.0	5	99.5	3	98.9	3	2.9	2
2.2 千人手机用户数	63.2	24	60.0	38	46.6	41	-16.5	-17
2.3 企业开业程序	80.0	10	80.0	14	80.0	15	0.0	-5
2.4 企业税负占利润比重	82.1	20	83.1	19	89.5	16	7.5	4
2.5 在线公共服务指数	73.4	12	70.9	21	76.3	25	3.0	-13
2.6 ISO 9001 质量体系认证数	0.6	51	0.6	51	0.6	51	0.0	0
3 创新投入竞争力	39.4	6	37.0	10	40.1	7	0.7	-1
3.1 研发经费支出总额	1.7	25	1.7	26	1.7	26	0.0	-1
3.2 研发经费支出占 GDP 比重	19.0	18	20.4	22	24.7	21	5.7	-3
3.3 人均研发经费支出	72.4	7	79.9	7	83.5	8	11.1	-1
3.4 研发人员总量	3.0	30	2.7	29	2.6	30	-0.3	0
3.5 研究人员占从业人员比重	95.1	4	91.4	2	92.7	2	-2.4	2
3.6 风险资本交易占 GDP 比重	45.4	8	25.8	12	35.4	7	-10.0	1
4 创新产出竞争力	5.7	34	5.4	32	5.5	29	-0.2	5
4.1 专利授权数	0.0	65	0.1	47	0.1	45	0.1	20
4.2 科技论文发表数	2.7	28	3.0	26	3.0	26	0.3	2
4.3 专利和许可收入	1.8	15	1.8	17	1.7	16	-0.1	-1
4.4 高技术产品出口额	2.0	25	1.6	27	1.7	28	-0.4	-3
4.5 高技术产品出口比重	29.6	28	29.1	24	30.1	20	0.4	8
4.6 注册商标数	0.4	62	0.3	66	0.2	65	-0.2	-3
4.7 创意产品出口比重	3.2	25	2.1	25	1.9	25	-1.3	0
5 创新潜力竞争力	61.3	1	51.7	1	49.7	1	-11.6	0
5.1 公共教育支出总额	4.7	7	3.7	7	2.9	8	-1.9	-1
5.2 公共教育支出占 GDP 比重	95.9	7	96.1	7	96.9	7	1.0	0
5.3 人均公共教育支出额	100.0	1	100.0	1	100.0	1	0.0	0
5.4 高等教育毛入学率	71.0	14	73.6	10	72.5	14	1.5	0
5.5 研发人员增长率	47.8	26	26.2	74	14.3	35	-33.5	-9
5.6 研发经费增长率	48.1	71	10.5	55	11.4	36	-36.7	35

厄瓜多尔国家创新竞争力评价分析报告

　　厄瓜多尔位于南美洲西北部，北与哥伦比亚相邻，南接秘鲁，西临太平洋。国土面积约25.6万平方公里，海岸线长约930公里。2015年全国年末总人口为1614.4万人，实现国内生产总值（GDP）1001.8亿美元，人均GDP为6205.1美元。本章通过对2011~2015年厄瓜多尔国家创新竞争力及其各要素在全球的排名变化分析，为探寻厄瓜多尔国家创新竞争力的推动点及影响因素提供分析依据。

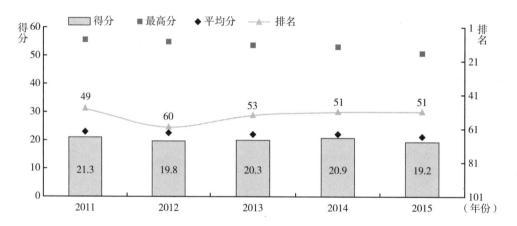

图25-1　2011~2015年国家创新竞争力得分和排名变化趋势

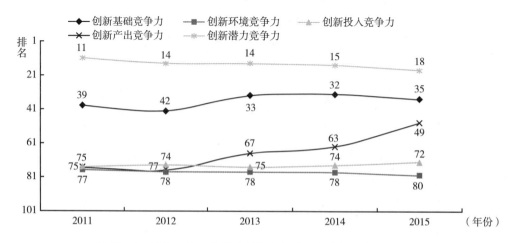

图25-2　2011~2015年国家创新竞争力二级指标排名变化趋势

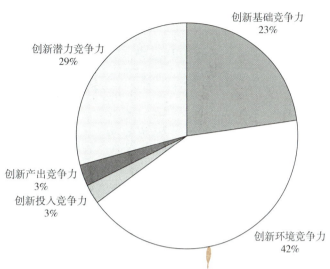

图 25 - 3 2015 年国家创新竞争力各二级指标的贡献率

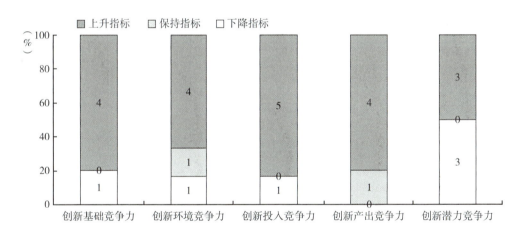

图 25 - 4 2011~2015 年国家创新竞争力指标动态变化结构

表 25 - 1 2011~2015 年厄瓜多尔国家创新竞争力各级指标得分及排名变化

项目 指标	2011 年		2013 年		2015 年		综合变化	
	得分	排名	得分	排名	得分	排名	得分变化	排名变化
国家创新竞争力	21.3	49	20.3	53	19.2	51	-2.1	-2
1 创新基础竞争力	21.8	39	26.2	33	22.2	35	0.3	4
1.1 GDP	0.5	55	0.5	55	0.5	53	0.0	2
1.2 人均 GDP	4.2	65	5.1	64	5.8	56	1.5	9
1.3 财政收入	—	—	—	—	—	—	—	—
1.4 人均财政收入	—	—	—	—	—	—	—	—
1.5 外国直接投资	55.7	40	59.8	42	34.8	60	-21.0	-20
1.6 受高等教育人员比重	44.4	59	60.1	66	63.6	57	19.2	2
1.7 全社会劳动生产率	4.4	65	5.5	62	6.2	58	1.8	7

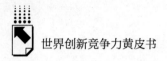
续表

指标 \ 项目	2011 年		2013 年		2015 年		综合变化	
	得分	排名	得分	排名	得分	排名	得分变化	排名变化
2 创新环境竞争力	34.3	77	36.8	78	40.1	80	5.8	−3
2.1 千人因特网用户数	32.8	70	40.5	69	48.1	68	15.3	2
2.2 千人手机用户数	47.4	68	48.1	70	21.6	92	−25.8	−24
2.3 企业开业程序	20.0	90	20.0	92	26.7	89	6.7	1
2.4 企业税负占利润比重	74.5	38	76.5	39	83.0	35	8.5	3
2.5 在线公共服务指数	30.7	66	35.3	65	61.1	53	30.3	13
2.6 ISO 9001 质量体系认证数	0.4	55	0.5	52	0.4	55	0.0	0
3 创新投入竞争力	1.8	75	2.3	75	2.8	72	1.1	3
3.1 研发经费支出总额	0.1	64	0.1	65	0.2	62	0.1	2
3.2 研发经费支出占 GDP 比重	5.8	69	6.2	71	7.0	70	1.3	−1
3.3 人均研发经费支出	1.8	64	2.3	64	2.8	63	1.0	1
3.4 研发人员总量	0.2	62	0.4	56	0.4	55	0.2	7
3.5 研究人员占从业人员比重	2.7	66	4.7	62	5.2	60	2.5	6
3.6 风险资本交易占 GDP 比重	0.0	58	0.0	71	1.5	54	1.5	4
4 创新产出竞争力	1.4	75	2.0	67	2.9	49	1.5	26
4.1 专利授权数	0.0	75	—	—	—	—	—	—
4.2 科技论文发表数	0.0	85	0.1	83	0.1	83	0.1	2
4.3 专利和许可收入	—	—	—	—	—	—	—	—
4.4 高技术产品出口额	0.0	78	0.0	74	0.0	70	0.0	8
4.5 高技术产品出口比重	7.0	73	8.8	70	13.5	50	6.6	23
4.6 注册商标数	1.2	36	0.9	36	0.8	36	−0.4	0
4.7 创意产品出口比重	0.0	82	0.0	81	0.0	78	0.0	4
5 创新潜力竞争力	47.1	11	34.2	14	27.9	18	−19.2	−7
5.1 公共教育支出总额	1.1	23	1.0	23	1.0	22	−0.2	1
5.2 公共教育支出占 GDP 比重	98.0	2	98.0	4	97.6	3	−0.3	−1
5.3 人均公共教育支出额	8.6	25	10.1	20	11.8	17	3.2	8
5.4 高等教育毛入学率	36.5	56	36.3	54	35.1	57	−1.4	−1
5.5 研发人员增长率	100.0	1	42.0	5	12.9	55	−87.1	−54
5.6 研发经费增长率	38.2	95	17.7	13	9.1	64	−29.1	31

埃及国家创新竞争力评价分析报告

埃及位于非洲东北部，南接苏丹，西连利比亚，东临红海与以色列接壤，北临地中海与欧洲隔海相通，东与约旦和沙特阿拉伯相望。国土面积约 100.2 万平方公里，海岸线长 2700 公里。2015 年全国年末总人口为 9150.8 万人，实现国内生产总值（GDP）3327 亿美元，人均 GDP 为 3547.7 美元。本章通过对 2011～2015 年埃及国家创新竞争力及其各要素在全球的排名变化分析，为探寻埃及国家创新竞争力的推动点及影响因素提供分析依据。

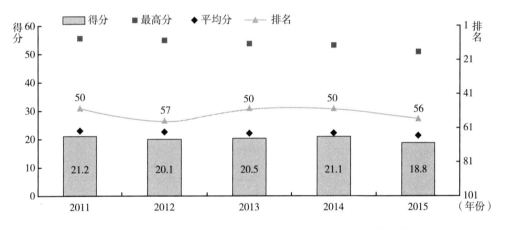

图 26-1　2011～2015 年国家创新竞争力得分和排名变化趋势

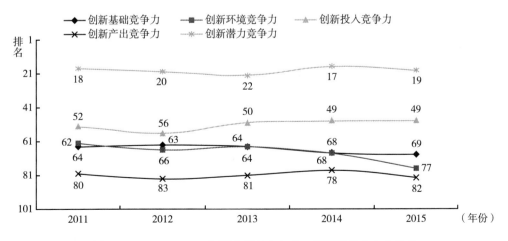

图 26-2　2011～2015 年国家创新竞争力二级指标排名变化趋势

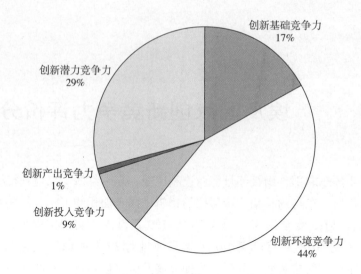

图 26 - 3　2015 年国家创新竞争力各二级指标的贡献率

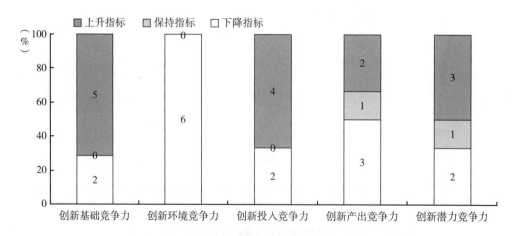

图 26 - 4　2011 ～ 2015 年国家创新竞争力指标动态变化结构

表 26 - 1　2011 ～ 2015 年埃及国家创新竞争力各级指标得分及排名变化

指　　标 项　　目	2011 年		2013 年		2015 年		综合变化	
	得分	排名	得分	排名	得分	排名	得分变化	排名变化
国家创新竞争力	21.2	50	20.5	50	18.8	56	- 2.5	- 6
1 创新基础竞争力	16.5	64	19.3	64	15.6	69	- 1.0	- 5
1.1 GDP	1.5	40	1.7	35	1.8	29	0.3	11
1.2 人均 GDP	2.1	81	2.5	80	3.1	78	1.1	3
1.3 财政收入	0.0	47	0.0	43	0.0	40	0.0	7
1.4 人均财政收入	0.0	77	0.0	74	0.1	68	0.1	9
1.5 外国直接投资	56.1	22	59.0	72	33.1	81	- 23.0	- 59
1.6 受高等教育人员比重	52.9	42	68.1	44	65.9	49	13.0	- 7
1.7 全社会劳动生产率	3.1	73	3.9	71	5.0	65	1.8	8

续表

指标 \ 项目	2011 年		2013 年		2015 年		综合变化	
	得分	排名	得分	排名	得分	排名	得分变化	排名变化
2 创新环境竞争力	42.2	62	44.8	64	41.7	77	-0.5	-15
2.1 千人因特网用户数	26.5	75	28.7	77	34.1	78	7.5	-3
2.2 千人手机用户数	50.0	62	57.8	43	37.7	66	-12.3	-4
2.3 企业开业程序	60.0	46	60.0	53	60.0	55	0.0	-9
2.4 企业税负占利润比重	65.2	66	70.4	58	73.3	70	8.1	-4
2.5 在线公共服务指数	50.9	29	50.9	43	44.3	79	-6.6	-50
2.6 ISO 9001 质量体系认证数	0.8	45	0.8	47	0.8	47	0.0	-2
3 创新投入竞争力	6.9	52	7.4	50	8.2	49	1.2	3
3.1 研发经费支出总额	1.1	32	1.3	29	1.5	27	0.4	5
3.2 研发经费支出占 GDP 比重	17.1	25	18.3	25	19.5	29	2.4	-4
3.3 人均研发经费支出	2.9	58	3.8	57	4.5	54	1.6	4
3.4 研发人员总量	3.1	27	3.2	26	3.8	21	0.7	6
3.5 研究人员占从业人员比重	16.1	42	16.7	42	18.0	40	1.9	2
3.6 风险资本交易占 GDP 比重	1.2	51	1.0	50	1.5	54	0.3	-3
4 创新产出竞争力	1.1	80	0.8	81	0.9	82	-0.2	-2
4.1 专利授权数	0.2	43	0.2	44	0.1	46	-0.1	-3
4.2 科技论文发表数	1.9	36	2.2	35	2.2	35	0.3	1
4.3 专利和许可收入	—	—	—	—	—	—	—	—
4.4 高技术产品出口额	0.0	69	0.0	75	0.0	72	0.0	-3
4.5 高技术产品出口比重	2.0	91	1.1	92	1.5	91	-0.6	0
4.6 注册商标数	1.3	35	0.9	33	1.0	33	-0.3	2
4.7 创意产品出口比重	0.9	35	0.7	36	0.6	36	-0.3	-1
5 创新潜力竞争力	39.4	18	30.1	22	27.5	19	-11.9	-1
5.1 公共教育支出总额	3.2	12	3.1	10	3.1	6	-0.1	6
5.2 公共教育支出占 GDP 比重	94.6	12	93.9	13	94.7	12	0.1	0
5.3 人均公共教育支出额	4.5	38	5.2	34	6.7	33	2.2	5
5.4 高等教育毛入学率	24.0	66	27.0	64	31.3	60	7.3	6
5.5 研发人员增长率	42.4	48	30.4	19	13.3	49	-29.1	-1
5.6 研发经费增长率	67.8	5	21.1	10	15.8	9	-52.1	-4

27

萨尔瓦多国家创新竞争力评价分析报告

萨尔瓦多位于中美洲北部，北临洪都拉斯，南濒太平洋，西部、西北部同危地马拉接壤，东临太平洋丰塞卡湾。国土面积约2.1万平方公里，海岸线长260公里。2015年全国年末总人口为612.66万人，实现国内生产总值（GDP）260.52亿美元，人均GDP为4127.1美元。本章通过对2011～2015年萨尔瓦多国家创新竞争力及其各要素在全球的排名变化分析，为探寻萨尔瓦多国家创新竞争力的推动点及影响因素提供分析依据。

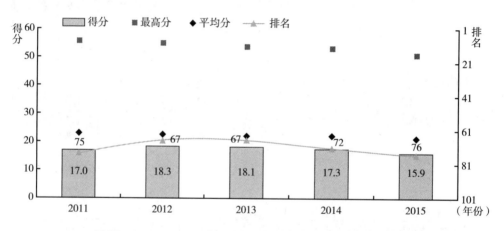

图27-1　2011～2015年国家创新竞争力得分和排名变化趋势

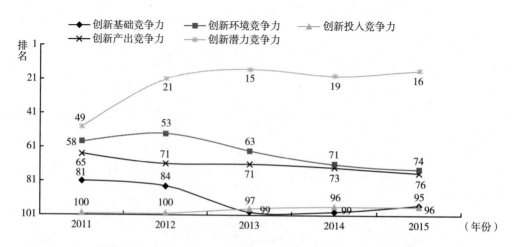

图27-2　2011～2015年国家创新竞争力二级指标排名变化趋势

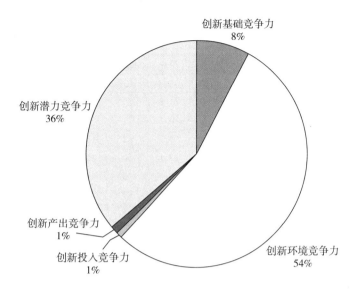

图 27 - 3 2015 年国家创新竞争力各二级指标的贡献率

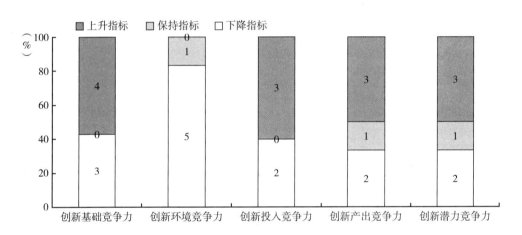

图 27 - 4 2011~2015 年国家创新竞争力指标动态变化结构

表 27 - 1 2011~2015 年萨尔瓦多国家创新竞争力各级指标得分及排名变化

项 目 指 标	2011 年		2013 年		2015 年		综合变化	
	得分	排名	得分	排名	得分	排名	得分变化	排名变化
国家创新竞争力	17.0	75	18.1	67	15.9	76	-1.1	-1
1 创新基础竞争力	11.3	81	9.5	99	6.1	95	-5.2	-14
1.1 GDP	0.1	81	0.1	81	0.1	80	0.0	1
1.2 人均 GDP	2.9	73	3.1	75	3.7	68	0.8	5
1.3 财政收入	0.0	90	0.0	85	0.0	78	0.0	12
1.4 人均财政收入	0.0	89	0.0	86	0.0	80	0.0	9
1.5 外国直接投资	55.8	29	60.0	24	35.0	39	-20.8	-10
1.6 受高等教育人员比重	17.3	75	0.0	76	0.0	76	-17.3	-1
1.7 全社会劳动生产率	3.3	71	3.5	76	4.1	74	0.8	-3

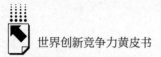
指　　标 　　　　　　项　目	2011 年		2013 年		2015 年		综合变化	
	得分	排名	得分	排名	得分	排名	得分变化	排名变化
2 创新环境竞争力	43.6	58	44.9	63	42.9	74	-0.7	-16
2.1 千人因特网用户数	19.3	79	21.8	79	24.4	83	5.1	-4
2.2 千人手机用户数	65.5	19	70.3	22	55.4	19	-10.2	0
2.3 企业开业程序	53.3	61	53.3	64	53.3	64	0.0	-3
2.4 企业税负占利润比重	74.1	40	72.1	50	78.2	52	4.1	-12
2.5 在线公共服务指数	49.0	32	51.9	40	45.8	76	-3.2	-44
2.6 ISO 9001 质量体系认证数	0.1	73	0.1	79	0.1	81	0.0	-8
3 创新投入竞争力	0.1	100	0.2	97	0.6	96	0.5	4
3.1 研发经费支出总额	0.0	95	0.0	93	0.0	89	0.0	6
3.2 研发经费支出占 GDP 比重	0.5	96	1.0	93	2.3	90	1.8	6
3.3 人均研发经费支出	0.1	94	0.2	91	0.6	83	0.5	11
3.4 研发人员总量	0.0	85	0.0	86	0.0	86	0.0	-1
3.5 研究人员占从业人员比重	—		—		—		—	
3.6 风险资本交易占 GDP 比重	0.0	58	0.0	71	0.0	79	0.0	-21
4 创新产出竞争力	2.1	65	1.6	71	1.3	76	-0.8	-11
4.1 专利授权数	—		—		0.0	73	—	
4.2 科技论文发表数	0.0	100	0.0	100	0.0	100	0.0	0
4.3 专利和许可收入	0.0	76	0.0	47	0.0	48	0.0	28
4.4 高技术产品出口额	0.0	63	0.0	64	0.0	65	0.0	-2
4.5 高技术产品出口比重	12.0	63	9.0	68	8.3	67	-3.8	-4
4.6 注册商标数	0.5	52	0.4	54	0.5	41	0.0	11
4.7 创意产品出口比重	0.1	66	0.1	64	0.1	65	0.0	1
5 创新潜力竞争力	27.8	49	34.1	15	28.5	16	0.8	33
5.1 公共教育支出总额	0.3	47	0.3	48	0.2	43	-0.1	4
5.2 公共教育支出占 GDP 比重	96.3	6	96.7	5	97.0	6	0.7	0
5.3 人均公共教育支出额	6.2	29	6.5	31	8.0	28	1.8	1
5.4 高等教育毛入学率	25.0	63	25.9	67	25.1	65	0.1	-2
5.5 研发人员增长率	38.8	72	26.7	71	11.6	76	-27.2	-4
5.6 研发经费增长率	0.0	96	48.5	5	29.4	3	29.4	93

爱沙尼亚国家创新竞争力评价分析报告

爱沙尼亚位于欧洲东北部，东与俄罗斯接壤，南与拉脱维亚相邻，北邻芬兰湾，与芬兰隔海相望，西南濒里加湾。国土面积约4.5万平方公里，海岸线长3794公里。2015年全国年末总人口为131.46万人，实现国内生产总值（GDP）224.6亿美元，人均GDP为17075美元。本章通过对2011~2015年爱沙尼亚国家创新竞争力及其各要素在全球的排名变化分析，为探寻爱沙尼亚国家创新竞争力的推动点及影响因素提供分析依据。

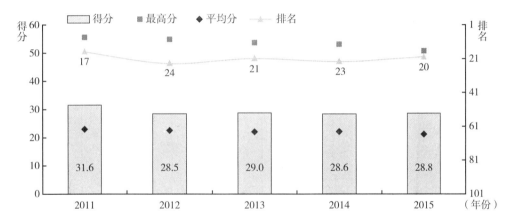

图 28－1　2011～2015 年国家创新竞争力得分和排名变化趋势

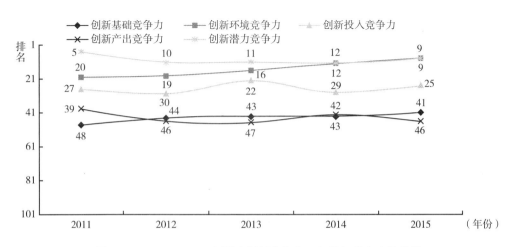

图 28－2　2011～2015 年国家创新竞争力二级指标排名变化趋势

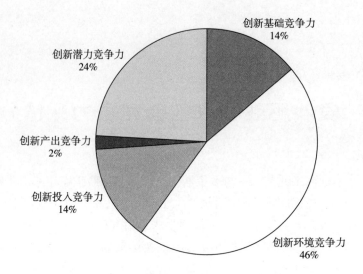

图 28 – 3　2015 年国家创新竞争力各二级指标的贡献率

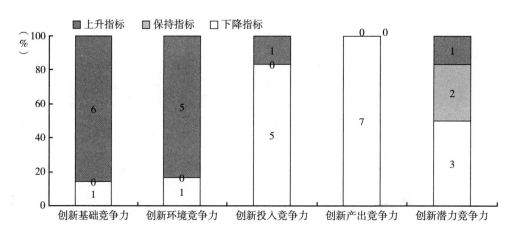

图 28 – 4　2011～2015 年国家创新竞争力指标动态变化结构

表 28 – 1　2011～2015 年爱沙尼亚国家创新竞争力各级指标得分及排名变化

项　目 指　标	2011 年		2013 年		2015 年		综合变化	
	得分	排名	得分	排名	得分	排名	得分变化	排名变化
国家创新竞争力	31.6	17	29.0	21	28.8	20	-2.7	-3
1 创新基础竞争力	20.2	48	23.8	43	20.4	41	0.3	7
1.1 GDP	0.1	80	0.1	79	0.1	81	0.0	-1
1.2 人均 GDP	14.8	34	16.5	33	16.5	32	1.6	2
1.3 财政收入	0.0	93	0.0	87	0.0	80	0.0	13
1.4 人均财政收入	0.0	93	0.0	88	0.0	82	0.0	11
1.5 外国直接投资	55.3	68	60.0	26	35.2	24	-20.0	44
1.6 受高等教育人员比重	57.9	34	74.5	25	75.6	24	17.8	10
1.7 全社会劳动生产率	13.2	35	15.2	33	15.6	31	2.5	4

续表

指标＼项目	2011 年		2013 年		2015 年		综合变化	
	得分	排名	得分	排名	得分	排名	得分变化	排名变化
2 创新环境竞争力	56.4	20	61.6	16	65.5	9	9.1	11
2.1 千人因特网用户数	81.6	18	83.0	20	90.4	12	8.8	6
2.2 千人手机用户数	69.2	18	75.1	15	57.1	15	−12.1	3
2.3 企业开业程序	73.3	19	73.3	22	86.7	5	13.3	14
2.4 企业税负占利润比重	52.3	88	62.2	80	69.8	79	17.6	9
2.5 在线公共服务指数	61.8	20	75.6	16	88.5	13	26.7	7
2.6 ISO 9001 质量体系认证数	0.3	57	0.4	57	0.4	58	0.1	−1
3 创新投入竞争力	19.0	27	20.1	22	20.7	25	1.7	2
3.1 研发经费支出总额	0.2	56	0.1	66	0.1	66	−0.1	−10
3.2 研发经费支出占 GDP 比重	29.2	7	22.4	20	22.9	23	−6.3	−16
3.3 人均研发经费支出	31.3	23	27.2	25	24.9	25	−6.4	−2
3.4 研发人员总量	0.3	58	0.3	59	0.3	61	0.0	−3
3.5 研究人员占从业人员比重	41.3	26	39.5	28	36.1	28	−5.2	−2
3.6 风险资本交易占 GDP 比重	11.7	28	30.9	11	40.0	6	28.3	22
4 创新产出竞争力	4.3	39	3.2	47	3.2	46	−1.1	−7
4.1 专利授权数	0.1	60	0.0	68	0.0	74	−0.1	−14
4.2 科技论文发表数	0.3	56	0.3	57	0.3	57	0.0	−1
4.3 专利和许可收入	0.0	49	0.0	62	0.0	61	0.0	−12
4.4 高技术产品出口额	0.3	44	0.2	45	0.2	46	−0.1	−2
4.5 高技术产品出口比重	28.9	30	21.4	34	21.5	36	−7.4	−6
4.6 注册商标数	0.2	80	0.1	79	0.1	81	−0.1	−1
4.7 创意产品出口比重	0.4	46	0.4	44	0.3	47	−0.1	−1
5 创新潜力竞争力	57.9	5	36.3	11	34.4	9	−23.5	−4
5.1 公共教育支出总额	0.3	48	0.3	47	0.2	48	−0.1	0
5.2 公共教育支出占 GDP 比重	94.2	13	94.3	12	94.6	13	0.4	0
5.3 人均公共教育支出额	27.8	8	30.5	8	31.5	7	3.7	1
5.4 高等教育毛入学率	65.0	21	66.0	20	60.8	23	−4.2	−2
5.5 研发人员增长率	60.4	8	24.2	83	8.0	83	−52.4	−75
5.6 研发经费增长率	100.0	1	2.5	94	11.4	37	−88.6	−36

Y.30

29

埃塞俄比亚国家创新竞争力评价分析报告

埃塞俄比亚位于非洲东北部，东与吉布提、索马里毗邻，西北和苏丹交界，南和肯尼亚接壤，北接厄立特里亚。国土面积约110.4万平方公里。2015年全国年末总人口为9939.1万人，实现国内生产总值（GDP）644.64亿美元，人均GDP为645.46美元。本章通过对2011～2015年埃塞俄比亚国家创新竞争力及其各要素在全球的排名变化分析，为探寻埃塞俄比亚国家创新竞争力的推动点及影响因素提供分析依据。

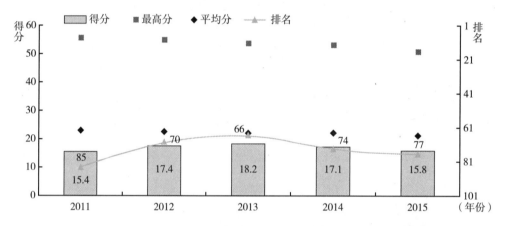

图29-1　2011～2015年国家创新竞争力得分和排名变化趋势

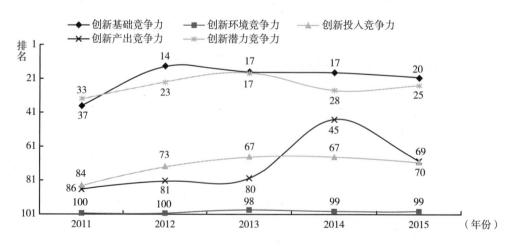

图29-2　2011～2015年国家创新竞争力二级指标排名变化趋势

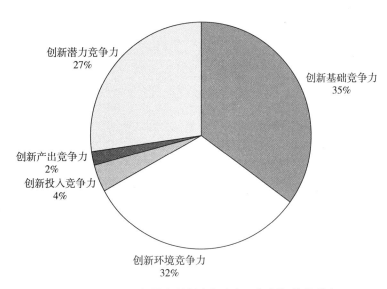

图 29 - 3 2015 年国家创新竞争力各二级指标的贡献率

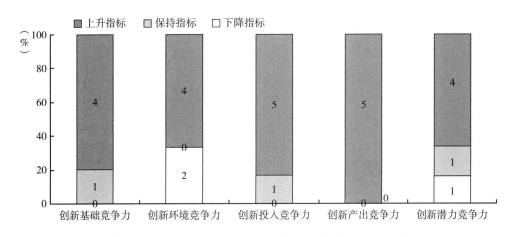

图 29 - 4 2011 ~ 2015 年国家创新竞争力指标动态变化结构

表 29 - 1 2011 ~ 2015 年埃塞俄比亚国家创新竞争力各级指标得分及排名变化

项 目 指 标	2011 年		2013 年		2015 年		综合变化	
	得分	排名	得分	排名	得分	排名	得分变化	排名变化
国家创新竞争力	15.4	85	18.2	66	15.8	77	0.4	8
1 创新基础竞争力	22.3	37	32.1	17	27.2	20	4.9	17
1.1 GDP	0.2	74	0.3	69	0.3	58	0.1	16
1.2 人均 GDP	0.0	100	0.1	98	0.3	96	0.3	4
1.3 财政收入	0.0	71	—	—	—	—	—	—
1.4 人均财政收入	0.0	90	—	—	—	—	—	—
1.5 外国直接投资	55.7	39	60.0	28	35.1	35	-20.6	4
1.6 受高等教育人员比重	100.0	1	100.0	1	100.0	1	0.0	0
1.7 全社会劳动生产率	0.0	100	0.1	98	0.3	97	0.3	3

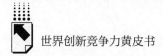
指标 项目	2011 年		2013 年		2015 年		综合变化	
	得分	排名	得分	排名	得分	排名	得分变化	排名变化
2 创新环境竞争力	20.5	100	21.4	98	25.5	99	5.0	1
2.1 千人因特网用户数	0.0	100	1.7	97	8.0	94	8.0	6
2.2 千人手机用户数	0.0	100	0.0	100	2.5	99	2.5	1
2.3 企业开业程序	20.0	90	13.3	95	13.3	96	−6.7	−6
2.4 企业税负占利润比重	78.4	28	78.4	33	79.0	49	0.7	−21
2.5 在线公共服务指数	24.8	82	34.6	66	50.4	72	25.6	10
2.6 ISO 9001 质量体系认证数	0.0	88	0.0	89	0.0	84	0.0	4
3 创新投入竞争力	1.2	84	3.1	67	3.1	70	1.8	14
3.1 研发经费支出总额	0.1	75	0.2	58	0.2	54	0.1	21
3.2 研发经费支出占 GDP 比重	6.6	65	14.9	32	14.9	42	8.2	23
3.3 人均研发经费支出	0.1	93	0.4	85	0.6	84	0.5	9
3.4 研发人员总量	0.3	60	0.3	60	0.3	60	0.0	0
3.5 研究人员占从业人员比重	0.4	77	0.9	73	0.9	73	0.4	4
3.6 风险资本交易占 GDP 比重	0.0	58	2.1	45	1.5	54	1.5	4
4 创新产出竞争力	0.9	86	1.0	80	1.5	69	0.7	17
4.1 专利授权数	—	—	—	—	—	—	—	—
4.2 科技论文发表数	0.1	67	0.2	65	0.2	65	0.1	2
4.3 专利和许可收入	0.0	78	0.0	77	0.0	76	0.0	2
4.4 高技术产品出口额	0.0	94	0.0	92	0.0	88	0.0	6
4.5 高技术产品出口比重	4.3	83	4.8	79	7.5	73	3.2	10
4.6 注册商标数	—	—	—	—	—	—	—	—
4.7 创意产品出口比重	0.0	88	0.0	85	0.0	86	0.0	2
5 创新潜力竞争力	31.9	33	33.4	17	21.4	25	−10.5	8
5.1 公共教育支出总额	0.4	41	0.5	36	0.6	30	0.2	11
5.2 公共教育支出占 GDP 比重	90.2	19	91.3	19	91.3	20	1.1	−1
5.3 人均公共教育支出额	0.5	72	0.8	68	1.1	60	0.6	12
5.4 高等教育毛入学率	6.5	83	6.7	83	6.5	83	0.0	0
5.5 研发人员增长率	43.7	42	32.0	12	14.0	39	−29.7	3
5.6 研发经费增长率	50.1	63	69.1	2	15.1	10	−35.1	53

Y . 31
30
芬兰国家创新竞争力评价分析报告

芬兰位于欧洲北部，与瑞典、挪威、俄罗斯接壤，南临芬兰湾，西濒波的尼亚湾。国土面积约33.8万平方公里，海岸线长1100公里。2015年全国年末总人口为547.95万人，实现国内生产总值（GDP）2323.6亿美元，人均GDP为42405美元。本章通过对2011～2015年芬兰国家创新竞争力及其各要素在全球的排名变化分析，为探寻芬兰国家创新竞争力的推动点及影响因素提供分析依据。

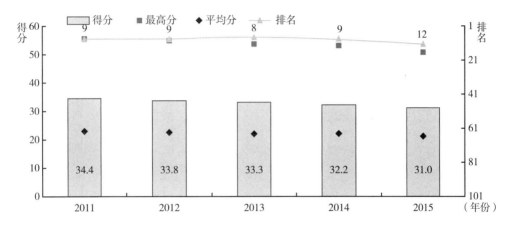

图30-1　2011～2015年国家创新竞争力得分和排名变化趋势

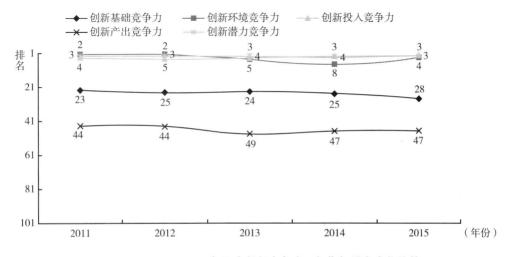

图30-2　2011～2015年国家创新竞争力二级指标排名变化趋势

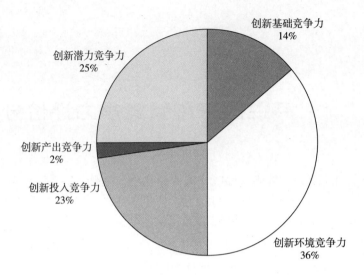

图 30 - 3　2015 年国家创新竞争力各二级指标的贡献率

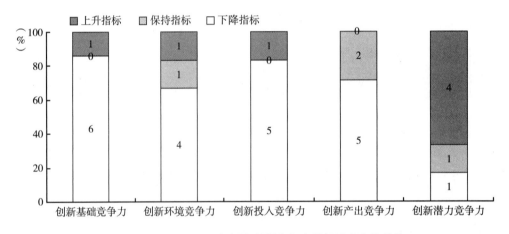

图 30 - 4　2011～2015 年国家创新竞争力指标动态变化结构

表 30 - 1　2011～2015 年芬兰国家创新竞争力各级指标得分及排名变化

项　目　指　标	2011 年		2013 年		2015 年		综合变化	
	得分	排名	得分	排名	得分	排名	得分变化	排名变化
国家创新竞争力	34.4	9	33.3	8	31.0	12	- 3.4	- 3
1 创新基础竞争力	27.6	23	30.4	24	25.6	28	- 2.0	- 5
1.1 GDP	1.7	35	1.6	38	1.3	40	- 0.5	- 5
1.2 人均 GDP	43.7	13	43.5	14	41.4	15	- 2.3	- 2
1.3 财政收入	0.0	66	0.0	64	0.0	60	0.0	6
1.4 人均财政收入	0.2	48	0.2	47	0.2	50	0.0	- 2
1.5 外国直接投资	56.5	21	59.4	64	29.7	89	- 26.7	- 68
1.6 受高等教育人员比重	50.5	48	65.4	51	64.6	53	14.1	- 5
1.7 全社会劳动生产率	40.7	10	42.5	11	41.8	12	1.1	- 2

续表

指标 \ 项目	2011 年		2013 年		2015 年		综合变化	
	得分	排名	得分	排名	得分	排名	得分变化	排名变化
2 创新环境竞争力	66.7	2	66.9	5	67.6	4	0.9	-2
2.1 千人因特网用户数	94.8	6	96.2	6	95.0	7	0.2	-1
2.2 千人手机用户数	84.0	3	67.1	28	50.3	28	-33.7	-25
2.3 企业开业程序	86.7	3	86.7	3	86.7	5	0.0	-2
2.4 企业税负占利润比重	70.0	49	71.0	56	78.9	50	8.9	-1
2.5 在线公共服务指数	63.9	18	79.2	12	93.9	5	30.0	13
2.6 ISO 9001 质量体系认证数	0.9	43	1.1	40	0.9	43	0.0	0
3 创新投入竞争力	40.1	4	40.3	4	43.8	3	3.7	1
3.1 研发经费支出总额	1.9	24	1.6	27	1.4	30	-0.5	-6
3.2 研发经费支出占 GDP 比重	26.2	9	24.6	14	25.9	18	-0.3	-9
3.3 人均研发经费支出	82.0	3	78.1	9	70.1	12	-11.9	-9
3.4 研发人员总量	3.0	28	2.6	30	2.3	33	-0.7	-5
3.5 研究人员占从业人员比重	97.3	3	91.4	2	88.0	4	-9.3	-1
3.6 风险资本交易占 GDP 比重	30.3	12	43.3	6	75.4	2	45.1	10
4 创新产出竞争力	3.9	44	3.1	49	3.2	47	-0.8	-3
4.1 专利授权数	0.4	37	0.3	39	0.3	37	-0.1	0
4.2 科技论文发表数	2.4	32	2.5	32	2.5	32	0.1	0
4.3 专利和许可收入	2.7	13	2.8	13	2.0	15	-0.7	-2
4.4 高技术产品出口额	1.2	31	0.7	34	0.7	34	-0.5	-3
4.5 高技术产品出口比重	20.0	42	14.7	52	16.4	44	-3.6	-2
4.6 注册商标数	0.4	63	0.3	65	0.2	67	-0.2	-4
4.7 创意产品出口比重	0.6	40	0.4	41	0.4	42	-0.2	-2
5 创新潜力竞争力	58.7	3	50.4	3	46.3	3	-12.4	0
5.1 公共教育支出总额	3.8	11	3.0	11	2.3	10	-1.6	1
5.2 公共教育支出占 GDP 比重	98.0	3	100.0	1	100.0	1	2.0	2
5.3 人均公共教育支出额	84.0	2	84.3	2	82.5	2	-1.5	0
5.4 高等教育毛入学率	88.6	4	82.5	3	76.5	8	-12.1	-4
5.5 研发人员增长率	30.9	84	24.6	81	8.9	79	-22.0	5
5.6 研发经费增长率	46.7	78	7.9	84	7.6	75	-39.1	3

Y.32
31
法国国家创新竞争力评价分析报告

　　法国位于欧洲西部，与比利时、卢森堡、瑞士、德国、意大利、西班牙、安道尔、摩纳哥接壤，西北隔英吉利海峡与英国相望，濒临北海、英吉利海峡、大西洋和地中海四大海域。国土面积约 67.3 万平方公里；海岸线长 2700 公里。2015 年全国年末总人口为 6653.8 万人，实现国内生产总值（GDP）24336 亿美元，人均 GDP 为 36527 美元。本章通过对 2011～2015 年法国国家创新竞争力及其各要素在全球的排名变化分析，为探寻法国国家创新竞争力的推动点及影响因素提供分析依据。

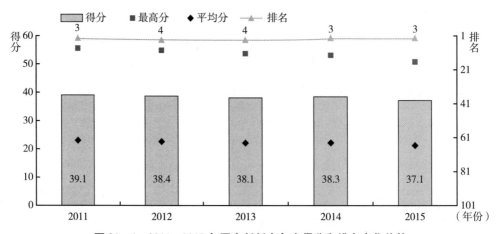

图 31－1　2011～2015 年国家创新竞争力得分和排名变化趋势

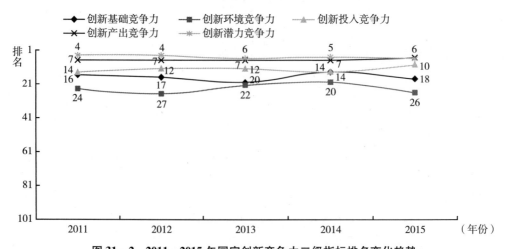

图 31－2　2011～2015 年国家创新竞争力二级指标排名变化趋势

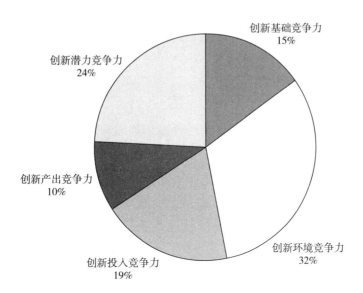

图 31 - 3 2015 年国家创新竞争力各二级指标的贡献率

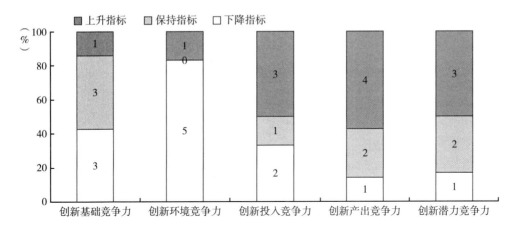

图 31 - 4 2011～2015 年国家创新竞争力指标动态变化结构

表 31 - 1 2011～2015 年法国国家创新竞争力各级指标得分及排名变化

项目 指标	2011 年		2013 年		2015 年		综合变化	
	得分	排名	得分	排名	得分	排名	得分变化	排名变化
国家创新竞争力	39.1	3	38.1	4	37.1	3	- 2.0	0
1 创新基础竞争力	30.0	16	31.5	20	27.5	18	- 2.5	- 2
1.1 GDP	18.4	5	16.8	5	13.5	6	- 5.0	- 1
1.2 人均 GDP	37.7	19	37.2	19	35.6	19	- 2.0	0
1.3 财政收入	0.1	31	0.1	34	0.1	31	0.0	0
1.4 人均财政收入	0.2	47	0.2	46	0.2	47	0.0	0
1.5 外国直接投资	60.8	6	56.2	91	34.7	64	- 26.1	- 58
1.6 受高等教育人员比重	54.2	40	70.3	37	69.2	38	15.1	2
1.7 全社会劳动生产率	38.9	14	39.8	16	39.2	16	0.3	- 2

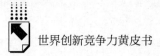

指标 \ 项目	2011 年		2013 年		2015 年		综合变化	
	得分	排名	得分	排名	得分	排名	得分变化	排名变化
2 创新环境竞争力	55.2	24	58.9	22	59.3	26	4.1	−2
2.1 千人因特网用户数	83.0	17	85.7	17	86.4	18	3.4	−1
2.2 千人手机用户数	43.8	77	43.7	77	33.4	78	−10.4	−1
2.3 企业开业程序	73.3	19	73.3	22	73.3	29	0.0	−10
2.4 企业税负占利润比重	44.8	93	46.4	95	59.2	94	14.4	−1
2.5 在线公共服务指数	75.0	9	92.9	5	93.9	5	18.9	4
2.6 ISO 9001 质量体系认证数	11.3	8	11.5	9	9.5	9	−1.8	−1
3 创新投入竞争力	33.0	14	34.1	12	36.3	10	3.3	4
3.1 研发经费支出总额	13.0	6	13.2	6	12.7	6	−0.3	0
3.2 研发经费支出占 GDP 比重	17.4	23	19.3	23	23.3	22	5.9	1
3.3 人均研发经费支出	47.0	17	52.7	17	54.3	16	7.3	1
3.4 研发人员总量	19.6	7	18.6	7	17.2	9	−2.4	−2
3.5 研究人员占从业人员比重	68.6	8	68.7	8	68.7	10	0.1	−2
3.6 风险资本交易占 GDP 比重	32.4	11	32.0	10	41.5	5	9.1	6
4 创新产出竞争力	18.6	7	17.5	7	18.2	6	−0.4	1
4.1 专利授权数	4.3	10	4.1	9	3.5	9	−0.8	1
4.2 科技论文发表数	17.3	7	17.6	7	17.6	7	0.3	0
4.3 专利和许可收入	12.4	6	10.3	7	12.0	7	−0.4	−1
4.4 高技术产品出口额	23.1	7	20.2	6	18.8	6	−4.3	1
4.5 高技术产品出口比重	51.2	12	52.6	10	50.6	6	−0.6	6
4.6 注册商标数	6.7	9	4.8	9	4.5	9	−2.2	0
4.7 创意产品出口比重	15.3	7	12.7	6	20.4	3	5.1	4
5 创新潜力竞争力	58.5	4	48.4	6	44.2	6	−14.3	−2
5.1 公共教育支出总额	39.3	3	30.3	3	22.8	3	−16.5	0
5.2 公共教育支出占 GDP 比重	95.6	10	95.7	9	95.8	9	0.2	1
5.3 人均公共教育支出额	70.8	4	69.3	4	68.2	4	−2.5	0
5.4 高等教育毛入学率	53.5	37	56.1	34	56.2	31	2.8	6
5.5 研发人员增长率	43.1	44	28.2	43	11.7	74	−31.4	−30
5.6 研发经费增长率	48.8	69	11.1	45	10.5	49	−38.3	20

32

格鲁吉亚国家创新竞争力评价分析报告

　　格鲁吉亚位于连接欧亚大陆的外高加索中西部，西临黑海，西南与土耳其接壤，北与俄罗斯接壤，东南和阿塞拜疆及亚美尼亚毗邻，国土面积约 7 万平方公里。2015 年全国年末总人口为 371.71 万人，实现国内生产总值（GDP）139.94 亿美元，人均 GDP 为 3764.6 美元。本章通过对 2011~2015 年格鲁吉亚国家创新竞争力及其各要素在全球的排名变化分析，为探寻格鲁吉亚国家创新竞争力的推动点及影响因素提供分析依据。

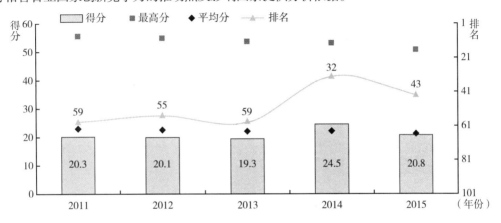

图 32 - 1　2011~2015 年国家创新竞争力得分和排名变化趋势

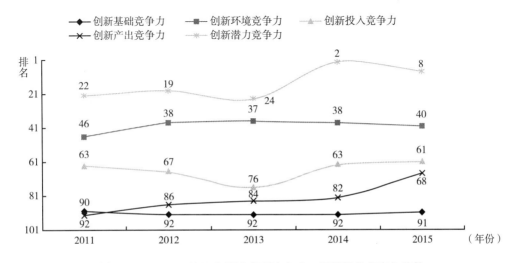

图 32 - 2　2011~2015 年国家创新竞争力二级指标排名变化趋势

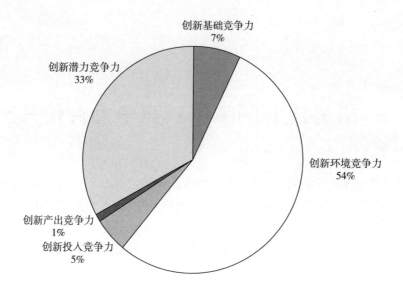

图 32－3　2015 年国家创新竞争力各二级指标的贡献率

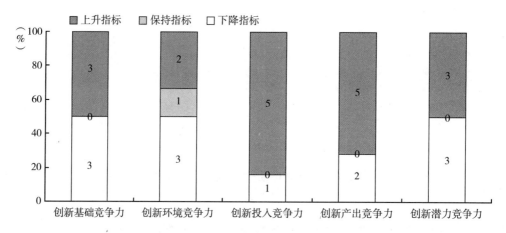

图 32－4　2011～2015 年国家创新竞争力指标动态变化结构

表 32－1　2011～2015 年格鲁吉亚国家创新竞争力各级指标得分及排名变化

项目 指标	2011 年		2013 年		2015 年		综合变化	
	得分	排名	得分	排名	得分	排名	得分变化	排名变化
国家创新竞争力	20.3	59	19.3	59	20.8	43	0.5	20.3
1 创新基础竞争力	10.2	90	11.1	92	6.9	91	－3.3	－1
1.1 GDP	0.1	86	0.1	85	0.0	88	－0.1	－2
1.2 人均 GDP	2.9	74	3.5	71	3.4	76	0.4	－2
1.3 财政收入	0.0	89	0.0	82	0.0	75	0.0	14
1.4 人均财政收入	0.0	86	0.0	84	0.0	76	0.0	10
1.5 外国直接投资	55.6	50	59.8	44	34.8	57	－20.9	－7
1.6 受高等教育人员比重	—	—	—	—	—	—	—	—
1.7 全社会劳动生产率	2.4	80	3.0	79	2.9	79	0.5	1

续表

指标＼项目	2011 年		2013 年		2015 年		综合变化	
	得分	排名	得分	排名	得分	排名	得分变化	排名变化
2 创新环境竞争力	49.0	46	54.6	37	55.9	40	6.9	6
2.1 千人因特网用户数	32.9	69	43.8	65	44.0	71	11.1	-2
2.2 千人手机用户数	47.8	67	53.8	54	47.0	40	-0.9	27
2.3 企业开业程序	86.7	3	86.7	3	86.7	5	0.0	-2
2.4 企业税负占利润比重	91.5	5	92.0	5	96.0	5	4.5	0
2.5 在线公共服务指数	34.9	60	51.4	42	61.8	51	26.9	9
2.6 ISO 9001 质量体系认证数	0.0	83	0.0	83	0.0	88	0.0	-5
3 创新投入竞争力	3.8	63	2.3	76	4.8	61	1.0	2
3.1 研发经费支出总额	0.0	94	0.0	95	0.0	84	0.0	10
3.2 研发经费支出占 GDP 比重	1.3	91	1.3	91	6.8	71	5.5	20
3.3 人均研发经费支出	0.2	87	0.3	89	1.6	71	1.4	16
3.4 研发人员总量	0.1	63	0.1	65	0.3	59	0.2	4
3.5 研究人员占从业人员比重	8.1	51	7.7	53	14.2	46	6.1	5
3.6 风险资本交易占 GDP 比重	13.0	26	4.1	32	6.2	33	-6.9	-7
4 创新产出竞争力	0.5	92	0.8	84	1.6	68	1.1	24
4.1 专利授权数	0.1	55	0.1	49	0.1	54	0.0	1
4.2 科技论文发表数	0.1	75	0.1	76	0.1	76	0.0	-1
4.3 专利和许可收入	0.0	65	0.0	65	0.0	75	0.0	-10
4.4 高技术产品出口额	0.0	87	0.0	85	0.0	82	0.0	5
4.5 高技术产品出口比重	2.9	88	4.9	78	10.5	61	7.6	27
4.6 注册商标数	0.3	67	0.2	67	0.2	64	-0.1	3
4.7 创意产品出口比重	0.0	88	0.0	85	0.0	86	0.0	2
5 创新潜力竞争力	38.0	22	27.7	24	34.8	8	-3.3	14
5.1 公共教育支出总额	0.2	53	0.2	55	0.1	55	-0.1	-2
5.2 公共教育支出占 GDP 比重	93.3	15	93.2	15	92.7	17	-0.6	-2
5.3 人均公共教育支出额	5.8	31	6.8	30	6.8	32	0.9	-1
5.4 高等教育毛入学率	28.4	61	31.0	60	37.7	53	9.3	8
5.5 研发人员增长率	35.5	79	25.8	76	34.8	6	-0.7	73
5.6 研发经费增长率	64.9	9	9.4	74	36.5	2	-28.4	7

Y.34

33
德国国家创新竞争力评价分析报告

德国位于欧洲中部，东邻波兰、捷克，南接奥地利、瑞士，西接荷兰、比利时、卢森堡、法国，北接丹麦，濒临北海和波罗的海。国土面积约35.7万平方公里，海岸线长2389公里。2015年全国年末总人口为8168万人，实现国内生产总值（GDP）33636亿美元，人均GDP为41177美元。本章通过对2011~2015年德国国家创新竞争力及其各要素在全球的排名变化分析，为探寻德国国家创新竞争力的推动点及影响因素提供分析依据。

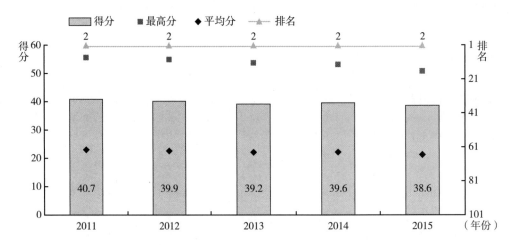

图33-1 2011~2015年国家创新竞争力得分和排名变化趋势

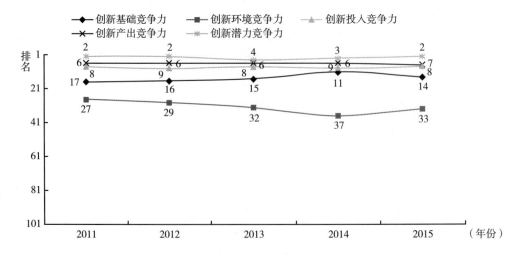

图33-2 2011~2015年国家创新竞争力二级指标排名变化趋势

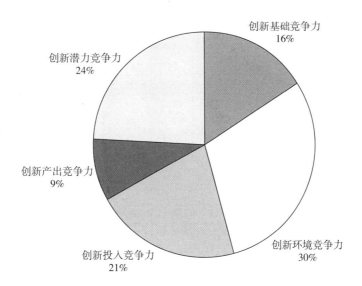

图 33 - 3 2015 年国家创新竞争力各二级指标的贡献率

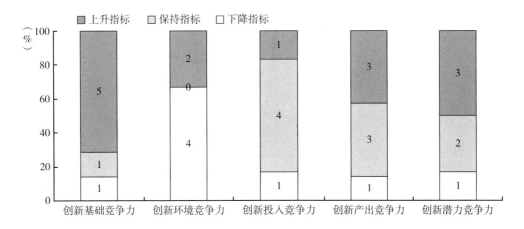

图 33 - 4 2011～2015 年国家创新竞争力指标动态变化结构

表 33 - 1 2011～2015 年德国国家创新竞争力各级指标得分及排名变化

项　目 指　标	2011 年		2013 年		2015 年		综合变化	
	得分	排名	得分	排名	得分	排名	得分变化	排名变化
国家创新竞争力	40.7	2	39.2	2	38.6	2	- 2.1	0
1 创新基础竞争力	29.2	17	33.1	15	30.3	14	1.1	3
1.1 GDP	24.2	4	22.5	4	18.6	4	- 5.6	0
1.2 人均 GDP	40.3	18	40.7	16	40.2	16	- 0.1	2
1.3 财政收入	0.1	36	0.1	35	0.1	32	0.0	4
1.4 人均财政收入	0.1	57	0.1	58	0.1	56	0.0	1
1.5 外国直接投资	58.4	14	67.2	6	53.6	3	- 4.8	11
1.6 受高等教育人员比重	45.3	58	63.2	57	62.1	63	16.8	- 5
1.7 全社会劳动生产率	36.4	20	37.6	18	37.8	18	1.4	2

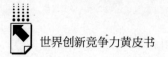
续表

指标 \ 项目	2011年		2013年		2015年		综合变化	
	得分	排名	得分	排名	得分	排名	得分变化	排名变化
2 创新环境竞争力	54.9	27	57.0	32	58.1	33	3.2	-6
2.1 千人因特网用户数	86.8	12	88.2	13	89.5	15	2.8	-3
2.2 千人手机用户数	52.5	51	57.5	45	40.6	56	-11.9	-5
2.3 企业开业程序	46.7	71	46.7	73	46.7	77	0.0	-6
2.4 企业税负占利润比重	63.9	71	62.8	77	70.3	76	6.5	-5
2.5 在线公共服务指数	60.5	22	64.9	25	83.2	20	22.7	2
2.6 ISO 9001 质量体系认证数	19.1	5	21.9	3	18.1	3	-1.0	2
3 创新投入竞争力	38.5	8	38.5	8	39.9	8	1.5	0
3.1 研发经费支出总额	22.4	4	22.5	4	23.1	4	0.6	0
3.2 研发经费支出占 GDP 比重	22.9	13	24.8	12	30.6	12	7.7	1
3.3 人均研发经费支出	66.0	9	73.7	11	80.3	9	14.3	0
3.4 研发人员总量	25.7	5	24.0	5	22.4	5	-3.3	0
3.5 研究人员占从业人员比重	65.0	11	62.7	12	64.8	14	-0.2	-3
3.6 风险资本交易占 GDP 比重	28.7	14	23.7	13	18.5	14	-10.2	0
4 创新产出竞争力	20.1	6	18.2	6	17.8	7	-2.3	-1
4.1 专利授权数	4.9	8	5.0	8	4.1	8	-0.8	0
4.2 科技论文发表数	24.1	4	24.5	4	24.5	4	0.4	0
4.3 专利和许可收入	8.7	7	10.6	6	12.2	6	3.5	1
4.4 高技术产品出口额	40.1	2	34.6	2	33.5	2	-6.6	0
4.5 高技术产品出口比重	32.3	25	32.7	19	31.4	19	-0.9	6
4.6 注册商标数	5.0	11	3.5	10	3.5	10	-1.5	1
4.7 创意产品出口比重	25.5	3	16.9	4	15.4	6	-10.1	-3
5 创新潜力竞争力	60.7	2	49.4	4	46.8	2	-13.9	0
5.1 公共教育支出总额	50.0	2	39.1	2	30.4	2	-19.6	0
5.2 公共教育支出占 GDP 比重	92.5	17	92.4	17	92.1	19	-0.4	-2
5.3 人均公共教育支出额	73.2	3	73.2	3	73.9	3	0.7	0
5.4 高等教育毛入学率	56.3	31	55.1	35	59.7	26	3.4	5
5.5 研发人员增长率	41.1	57	26.9	69	13.9	40	-27.2	17
5.6 研发经费增长率	51.2	58	9.7	70	10.9	44	-40.3	14

34
加纳国家创新竞争力评价分析报告

加纳位于非洲西部,东毗多哥,西邻科特迪瓦,南濒大西洋,北接布基纳法索。国土面积约 23.9 万平方公里,海岸线长 562 公里。2015 年全国年末总人口为 2741 万人,实现国内生产总值(GDP)375.43 亿美元,人均 GDP 为 1361.1 美元。本章通过对 2011~2015 年加纳国家创新竞争力及其各要素在全球的排名变化分析,为探寻加纳国家创新竞争力的推动点及影响因素提供分析依据。

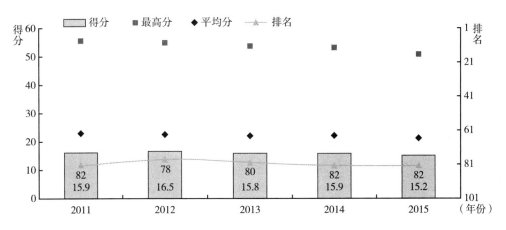

图 34-1 2011~2015 年国家创新竞争力得分和排名变化趋势

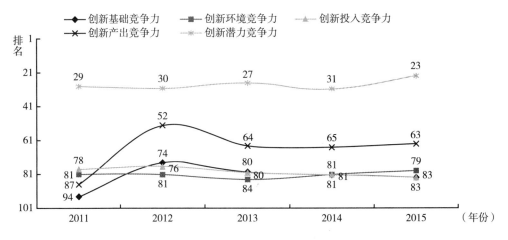

图 34-2 2011~2015 年国家创新竞争力二级指标排名变化趋势

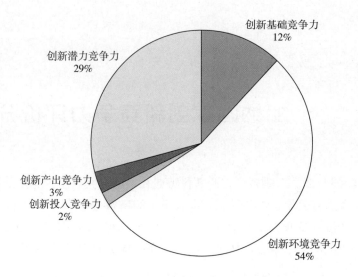

图 34 – 3 2015 年国家创新竞争力各二级指标的贡献率

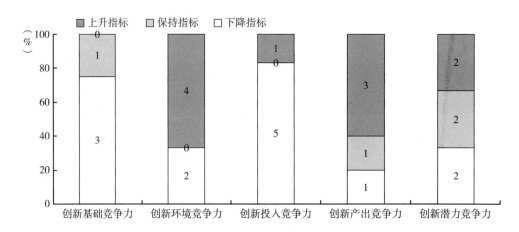

图 34 – 4 2011～2015 年国家创新竞争力指标动态变化结构

表 34 – 1 2011～2015 年加纳国家创新竞争力各级指标得分及排名变化

项目 指标	2011 年		2013 年		2015 年		综合变化	
	得分	排名	得分	排名	得分	排名	得分变化	排名变化
国家创新竞争力	15. 9	82	15. 8	80	15. 2	82	- 0. 8	0
1 创新基础竞争力	9. 6	94	15. 5	80	9. 1	83	- 0. 5	11
1. 1 GDP	0. 2	71	0. 3	67	0. 2	73	0. 0	- 2
1. 2 人均 GDP	1. 1	84	1. 3	85	1. 0	87	- 0. 1	- 3
1. 3 财政收入	0. 0	84	—		—			
1. 4 人均财政收入	0. 0	92	—		—			
1. 5 外国直接投资	55. 1	73	59. 2	68	34. 3	73	- 20. 8	0
1. 6 受高等教育人员比重	—		—		—			
1. 7 全社会劳动生产率	1. 1	86	1. 3	84	1. 0	88	- 0. 1	- 2

续表

指 标 \ 项 目	2011 年 得分	2011 年 排名	2013 年 得分	2013 年 排名	2015 年 得分	2015 年 排名	综合变化 得分变化	综合变化 排名变化
2 创新环境竞争力	32.6	81	34.3	84	41.1	79	8.5	2
2.1 千人因特网用户数	8.6	89	10.1	91	20.7	85	12.2	4
2.2 千人手机用户数	38.9	81	49.6	64	47.4	37	8.5	44
2.3 企业开业程序	60.0	46	53.3	64	53.3	64	−6.7	−18
2.4 企业税负占利润比重	75.9	31	77.4	35	83.1	34	7.2	−3
2.5 在线公共服务指数	12.3	95	15.5	92	42.0	82	29.6	13
2.6 ISO 9001 质量体系认证数	0.0	96	0.0	89	0.0	90	0.0	6
3 创新投入竞争力	1.6	78	2.1	80	1.8	83	0.2	−5
3.1 研发经费支出总额	0.1	66	0.1	68	0.1	74	0.0	−8
3.2 研发经费支出占 GDP 比重	7.7	63	7.7	66	7.7	66	0.0	−3
3.3 人均研发经费支出	0.7	75	0.8	74	0.7	81	0.0	−6
3.4 研发人员总量	0.1	74	0.1	75	0.1	77	0.0	−3
3.5 研究人员占从业人员比重	0.9	72	0.9	73	0.9	73	0.0	−1
3.6 风险资本交易占 GDP 比重	0.0	58	3.1	39	1.5	54	1.5	4
4 创新产出竞争力	0.8	87	2.1	64	1.9	63	1.1	24
4.1 专利授权数	—	—	—	—	—	—	—	—
4.2 科技论文发表数	0.1	72	0.1	72	0.1	72	0.0	0
4.3 专利和许可收入	—	—	—	—	—	—	—	—
4.4 高技术产品出口额	0.0	85	0.0	77	0.0	77	0.0	8
4.5 高技术产品出口比重	3.6	86	9.9	66	9.2	65	5.6	21
4.6 注册商标数	0.1	89	0.2	72	0.2	74	0.1	15
4.7 创意产品出口比重	0.1	64	0.0	74	0.0	75	−0.1	−11
5 创新潜力竞争力	35.2	29	24.8	27	22.0	23	−13.2	6
5.1 公共教育支出总额	0.5	38	0.5	37	0.3	38	−0.2	0
5.2 公共教育支出占 GDP 比重	90.2	20	90.7	20	92.7	14	2.5	6
5.3 人均公共教育支出额	2.4	44	2.8	43	2.4	48	0.0	−4
5.4 高等教育毛入学率	10.5	79	12.4	79	13.6	78	3.1	1
5.5 研发人员增长率	43.4	43	27.9	49	13.8	43	−29.6	0
5.6 研发经费增长率	64.0	10	14.4	22	8.9	65	−55.1	−55

Y.36
35
希腊国家创新竞争力评价分析报告

　　希腊位于欧洲东南部，北部与保加利亚、马其顿、阿尔巴尼亚接壤，东北与土耳其的欧洲部分接壤，西南濒爱奥尼亚海，东临爱琴海，南隔地中海与非洲大陆相望。国土面积约13.2万平方公里，海岸线长15021公里。2015年全国年末总人口为1082.1万人，实现国内生产总值（GDP）1948.6亿美元，人均 GDP 为18008美元。本章通过对2011～2015年希腊国家创新竞争力及其各要素在全球的排名变化分析，为探寻希腊国家创新竞争力的推动点及影响因素提供分析依据。

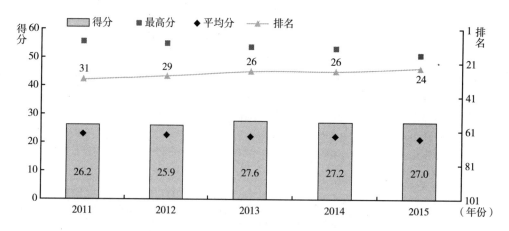

图 35 - 1　2011～2015 年国家创新竞争力得分和排名变化趋势

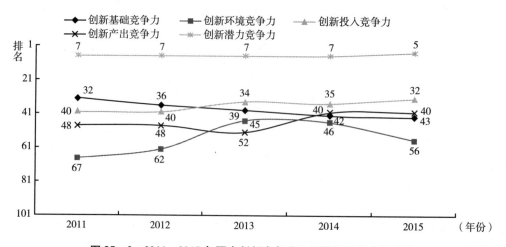

图 35 - 2　2011～2015 年国家创新竞争力二级指标排名变化趋势

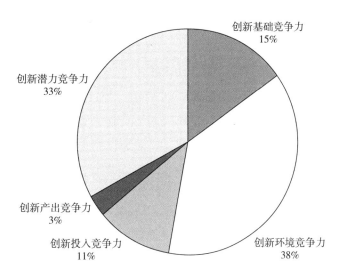

图 35-3 2015 年国家创新竞争力各二级指标的贡献率

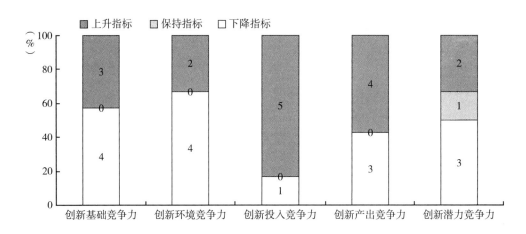

图 35-4 2011~2015 年国家创新竞争力指标动态变化结构

表 35-1 2011~2015 年希腊国家创新竞争力各级指标得分及排名变化

项目 指标	2011 年		2013 年		2015 年		综合变化	
	得分	排名	得分	排名	得分	排名	得分变化	排名变化
国家创新竞争力	26.2	31	27.6	26	27.0	24	0.8	7
1 创新基础竞争力	23.0	32	24.3	39	20.1	43	-2.9	-11
1.1 GDP	1.8	33	1.4	39	1.0	42	-0.8	-9
1.2 人均 GDP	22.1	26	19.0	29	17.4	30	-4.8	-4
1.3 财政收入	0.0	63	0.0	61	0.0	59	0.0	4
1.4 人均财政收入	0.1	65	0.1	63	0.1	62	0.0	3
1.5 外国直接投资	56.0	24	59.0	70	35.5	22	-20.6	2
1.6 受高等教育人员比重	58.0	33	69.9	39	67.1	45	9.1	-12
1.7 全社会劳动生产率	23.0	26	20.6	27	19.5	28	-3.5	-2

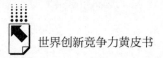

续表

指标 项目	2011 年		2013 年		2015 年		综合变化	
	得分	排名	得分	排名	得分	排名	得分变化	排名变化
2 创新环境竞争力	40.8	67	51.3	45	51.1	56	10.3	11
2.1 千人因特网用户数	54.7	40	61.8	43	67.3	44	12.5	-4
2.2 千人手机用户数	52.2	54	52.3	58	38.7	62	-13.5	-8
2.3 企业开业程序	33.3	83	73.3	22	73.3	29	40.0	54
2.4 企业税负占利润比重	63.6	72	67.3	69	69.7	80	6.1	-8
2.5 在线公共服务指数	39.5	50	50.2	44	55.7	64	16.2	-14
2.6 ISO 9001 质量体系认证数	1.6	33	2.8	25	2.1	29	0.5	4
3 创新投入竞争力	9.6	40	12.2	34	15.0	32	5.5	8
3.1 研发经费支出总额	0.5	42	0.5	41	0.5	40	0.0	2
3.2 研发经费支出占 GDP 比重	6.0	68	8.6	64	12.5	53	6.4	15
3.3 人均研发经费支出	9.6	36	12.0	39	14.3	38	4.7	-2
3.4 研发人员总量	1.9	39	2.0	37	2.1	37	0.3	2
3.5 研究人员占从业人员比重	39.5	27	50.2	21	59.2	17	19.8	10
3.6 风险资本交易占 GDP 比重	0.0	58	0.0	71	1.5	54	1.5	4
4 创新产出竞争力	3.6	48	2.7	52	3.5	40	-0.1	8
4.1 专利授权数	0.2	44	0.1	50	0.1	50	-0.1	-6
4.2 科技论文发表数	2.8	27	2.7	28	2.7	28	-0.1	-1
4.3 专利和许可收入	0.1	38	0.0	40	0.0	41	-0.1	-3
4.4 高技术产品出口额	0.3	47	0.2	49	0.2	44	-0.1	3
4.5 高技术产品出口比重	21.0	38	15.3	47	20.7	37	-0.3	1
4.6 注册商标数	0.4	61	0.4	55	0.3	56	-0.1	5
4.7 创意产品出口比重	0.6	41	0.5	40	0.4	40	-0.2	1
5 创新潜力竞争力	54.0	7	47.3	7	45.2	5	-8.7	2
5.1 公共教育支出总额	3.9	10	2.5	12	1.8	12	-2.1	-2
5.2 公共教育支出占 GDP 比重	93.3	14	93.5	14	92.7	16	-0.7	-2
5.3 人均公共教育支出额	40.9	5	34.8	5	32.5	6	-8.4	-1
5.4 高等教育毛入学率	100.0	1	100.0	1	100.0	1	0.0	0
5.5 研发人员增长率	37.9	76	36.7	7	30.2	7	-7.7	69
5.6 研发经费增长率	47.8	73	16.4	14	14.2	13	-33.6	60

危地马拉国家创新竞争力评价分析报告

危地马拉位于中美洲北部，西部和北部与墨西哥、东北与伯利兹、东南与洪都拉斯和萨尔瓦多接壤，东临加勒比海的洪都拉斯湾，南濒太平洋。国土面积约 10.9 万平方公里，海岸线长 500 公里。2015 年全国年末总人口为 1634.3 万人，实现国内生产总值（GDP）637.68 亿美元，人均 GDP 为 3923.6 美元。本章通过对 2011~2015 年危地马拉国家创新竞争力及其各要素在全球的排名变化分析，为探寻危地马拉国家创新竞争力的推动点及影响因素提供分析依据。

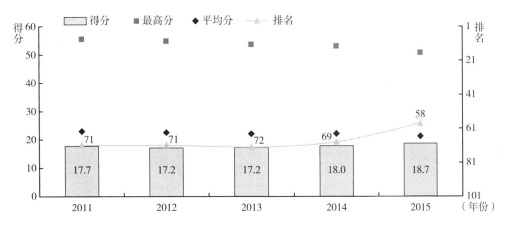

图 36 - 1 2011~2015 年国家创新竞争力得分和排名变化趋势

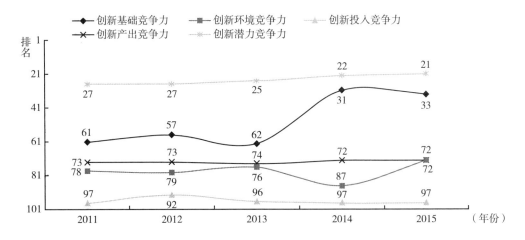

图 36 - 2 2011~2015 年国家创新竞争力二级指标排名变化趋势

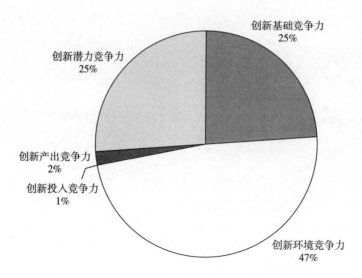

图 36 - 3   2015 年国家创新竞争力各二级指标的贡献率

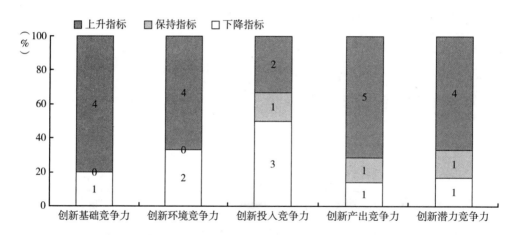

图 36 - 4   2011~2015 年国家创新竞争力指标动态变化结构

表 36 - 1   2011~2015 年危地马拉国家创新竞争力各级指标得分及排名变化

指标　　　　　　项　目	2011 年		2013 年		2015 年		综合变化	
	得分	排名	得分	排名	得分	排名	得分变化	排名变化
国家创新竞争力	17.7	71	17.2	72	18.7	58	1.0	13
1 创新基础竞争力	16.7	61	19.7	62	22.9	33	6.2	28
1.1 GDP	0.3	65	0.3	65	0.3	59	0.0	6
1.2 人均 GDP	2.5	79	2.8	79	3.5	73	1.1	6
1.3 财政收入	0.0	73	0.0	69	—	—	—	—
1.4 人均财政收入	0.0	81	0.0	78	—	—	—	—
1.5 外国直接投资	55.6	53	59.7	53	34.8	55	-20.8	-2
1.6 受高等教育人员比重	55.4	37	71.5	34	71.5	34	16.1	3
1.7 全社会劳动生产率	3.1	75	3.5	74	4.5	70	1.4	5

续表

指标＼项目	2011 年		2013 年		2015 年		综合变化	
	得分	排名	得分	排名	得分	排名	得分变化	排名变化
2 创新环境竞争力	33.8	78	38.9	76	44.5	72	10.6	6
2.1 千人因特网用户数	12.1	84	18.1	82	24.6	82	12.5	2
2.2 千人手机用户数	65.3	20	69.4	24	37.9	63	−27.3	−43
2.3 企业开业程序	26.7	85	60.0	53	60.0	55	33.3	30
2.4 企业税负占利润比重	68.3	57	70.1	61	79.3	48	10.9	9
2.5 在线公共服务指数	30.6	67	15.4	93	64.9	47	34.3	20
2.6 ISO 9001 质量体系认证数	0.1	76	0.1	78	0.1	80	0.0	−4
3 创新投入竞争力	0.2	97	0.4	96	0.5	97	0.3	0
3.1 研发经费支出总额	0.0	88	0.0	89	0.0	92	0.0	−4
3.2 研发经费支出占 GDP 比重	0.8	94	0.8	95	0.8	94	0.0	0
3.3 人均研发经费支出	0.1	91	0.1	94	0.2	93	0.1	−2
3.4 研发人员总量	0.0	86	0.0	85	0.0	85	0.0	1
3.5 研究人员占从业人员比重	0.4	77	0.4	78	0.4	78	0.0	−1
3.6 风险资本交易占 GDP 比重	0.0	58	1.0	50	1.5	54	1.5	4
4 创新产出竞争力	1.5	73	1.5	74	1.4	72	−0.1	1
4.1 专利授权数	0.0	73	0.0	71	0.0	70	0.0	3
4.2 科技论文发表数	0.0	98	0.0	94	0.0	94	0.0	4
4.3 专利和许可收入	0.0	51	0.0	56	0.0	55	0.0	−4
4.4 高技术产品出口额	0.0	64	0.0	61	0.0	62	0.0	2
4.5 高技术产品出口比重	9.5	67	9.6	67	9.5	63	0.0	4
4.6 注册商标数	0.7	48	0.5	47	0.4	48	−0.3	0
4.7 创意产品出口比重	0.1	65	0.1	64	0.1	63	0.0	2
5 创新潜力竞争力	36.1	27	25.6	25	24.2	21	−11.9	6
5.1 公共教育支出总额	0.6	35	0.6	33	0.6	29	0.0	6
5.2 公共教育支出占 GDP 比重	92.7	16	92.7	16	92.7	15	0.0	1
5.3 人均公共教育支出额	4.9	36	5.4	33	7.0	31	2.1	5
5.4 高等教育毛入学率	16.4	74	16.0	77	18.6	74	2.2	0
5.5 研发人员增长率	42.2	49	27.7	52	13.5	44	−28.7	5
5.6 研发经费增长率	59.4	22	11.5	40	12.6	23	−46.8	−1

Y.38
37
匈牙利国家创新竞争力评价分析报告

匈牙利位于欧洲中部，与奥地利、斯洛伐克、乌克兰、罗马尼亚、塞尔维亚、克罗地亚和斯洛文尼亚接壤。国土面积约 9.3 万平方公里，边境线长 2246 公里。2015 年全国年末总人口为 984.3 万人，实现国内生产总值（GDP）1217.2 亿美元，人均 GDP 为 12366 美元。本章通过对 2011 ~ 2015 年匈牙利国家创新竞争力及其各要素在全球的排名变化分析，为探寻匈牙利国家创新竞争力的推动点及影响因素提供分析依据。

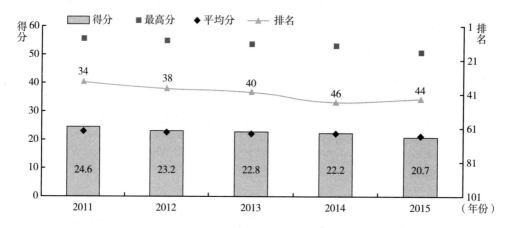

图 37 – 1　2011 ~ 2015 年国家创新竞争力得分和排名变化趋势

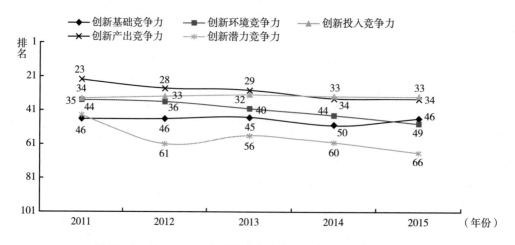

图 37 – 2　2011 ~ 2015 年国家创新竞争力二级指标排名变化趋势

254

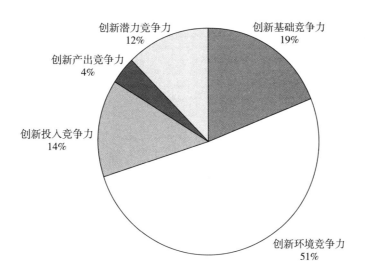

图 37 - 3 2015 年国家创新竞争力各二级指标的贡献率

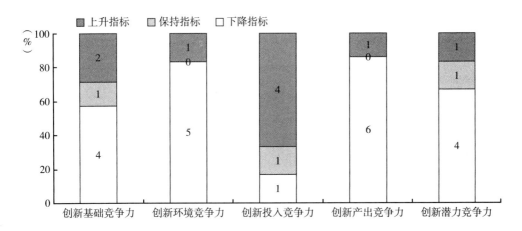

图 37 - 4 2011~2015 年国家创新竞争力指标动态变化结构

表 37 - 1 2011~2015 年匈牙利国家创新竞争力各级指标得分及排名变化

指标 \ 项目	2011 年		2013 年		2015 年		综合变化	
	得分	排名	得分	排名	得分	排名	得分变化	排名变化
国家创新竞争力	24.6	34	22.8	40	20.7	44	-3.8	-10
1 创新基础竞争力	20.6	46	23.5	45	19.7	46	-0.9	0
1.1 GDP	0.9	51	0.8	52	0.6	50	-0.3	1
1.2 人均 GDP	11.9	40	11.7	42	11.8	42	-0.1	-2
1.3 财政收入	0.9	9	0.8	10	0.9	9	0.0	0
1.4 人均财政收入	14.4	9	14.1	9	16.3	8	2.0	1
1.5 外国直接投资	55.4	64	60.0	23	34.4	69	-21.1	-5
1.6 受高等教育人员比重	48.0	53	64.7	52	61.0	66	13.0	-13
1.7 全社会劳动生产率	12.8	36	12.7	40	12.7	41	-0.1	-5

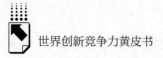
指　标 项　目	2011 年		2013 年		2015 年		综合变化	
	得分	排名	得分	排名	得分	排名	得分变化	排名变化
2 创新环境竞争力	52.8	35	52.8	40	52.6	49	-0.2	-14
2.1 千人因特网用户数	72.4	27	75.7	28	73.7	34	1.3	-7
2.2 千人手机用户数	56.6	37	54.7	49	41.8	53	-14.8	-16
2.3 企业开业程序	73.3	19	66.7	35	66.7	40	-6.7	-21
2.4 企业税负占利润比重	57.8	83	62.6	78	70.6	75	12.8	8
2.5 在线公共服务指数	54.3	25	54.2	37	61.1	53	6.8	-28
2.6 ISO 9001 质量体系认证数	2.6	25	2.8	26	2.0	30	-0.7	-5
3 创新投入竞争力	12.6	34	14.5	32	14.7	33	2.1	1
3.1 研发经费支出总额	0.6	39	0.7	38	0.7	38	0.1	1
3.2 研发经费支出占 GDP 比重	17.4	24	22.4	19	26.5	16	9.2	8
3.3 人均研发经费支出	15.0	30	19.5	30	20.9	29	5.9	1
3.4 研发人员总量	1.7	40	1.7	40	1.6	40	-0.1	0
3.5 研究人员占从业人员比重	39.0	28	40.8	27	36.9	27	-2.1	1
3.6 风险资本交易占 GDP 比重	1.6	48	2.1	45	1.5	54	-0.1	-6
4 创新产出竞争力	8.3	23	5.8	29	4.5	34	-3.8	-11
4.1 专利授权数	0.2	46	0.5	29	0.1	47	-0.1	-1
4.2 科技论文发表数	1.5	41	1.5	43	1.5	43	0.0	-2
4.3 专利和许可收入	1.8	16	1.6	18	1.3	19	-0.5	-3
4.4 高技术产品出口额	4.5	19	2.6	25	2.1	26	-2.4	-7
4.5 高技术产品出口比重	49.0	13	33.2	18	25.8	28	-23.2	-15
4.6 注册商标数	0.4	60	0.3	62	0.2	63	-0.2	-3
4.7 创意产品出口比重	0.9	34	0.8	32	0.8	31	-0.1	3
5 创新潜力竞争力	28.5	44	17.3	56	12.0	66	-16.5	-22
5.1 公共教育支出总额	0.2	56	0.1	59	0.1	57	-0.1	-1
5.2 公共教育支出占 GDP 比重	6.3	60	5.5	66	6.7	60	0.4	0
5.3 人均公共教育支出额	2.1	49	1.9	54	2.2	50	0.1	-1
5.4 高等教育毛入学率	54.9	35	51.4	37	44.3	46	-10.6	-11
5.5 研发人员增长率	54.5	15	29.5	27	7.6	85	-47.0	-70
5.6 研发经费增长率	53.0	44	15.4	17	11.4	38	-41.6	6

印度国家创新竞争力评价分析报告

印度位于亚洲南部，东北部同孟加拉国、尼泊尔、不丹和中国接壤，东部与缅甸为邻，东南部与斯里兰卡隔海相望，西北部与巴基斯坦交界，东临孟加拉湾，西濒阿拉伯海。国土面积约 298 万平方公里，海岸线长 5560 公里。2015 年全国年末总人口为 131105 万人，实现国内生产总值（GDP）21118 亿美元，人均 GDP 为 1613.2 美元。本章通过对 2011～2015 年印度国家创新竞争力及其各要素在全球的排名变化分析，为探寻印度国家创新竞争力的推动点及影响因素提供分析依据。

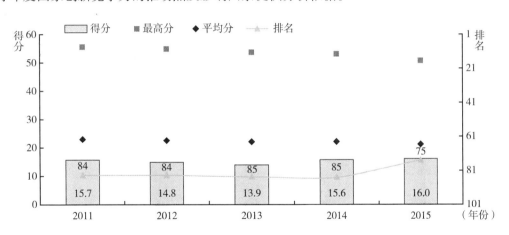

图 38-1　2011～2015 年国家创新竞争力得分和排名变化趋势

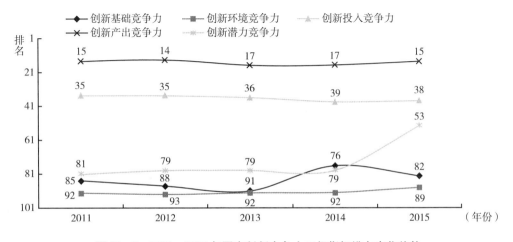

图 38-2　2011～2015 年国家创新竞争力二级指标排名变化趋势

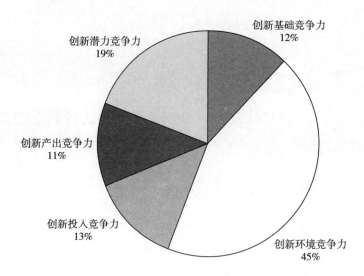

图 38 - 3 2015 年国家创新竞争力各二级指标的贡献率

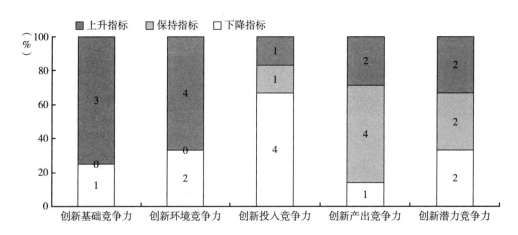

图 38 - 4 2011～2015 年国家创新竞争力指标动态变化结构

表 38 - 1 2011～2015 年印度国家创新竞争力各级指标得分及排名变化

项　目 指　标	2011 年		2013 年		2015 年		综合变化	
	得分	排名	得分	排名	得分	排名	得分变化	排名变化
国家创新竞争力	15.7	84	13.9	85	16.0	75	0.3	9
1 创新基础竞争力	10.8	85	11.2	91	9.6	82	-1.2	3
1.1 GDP	11.7	10	11.1	10	11.7	7	0.0	3
1.2 人均 GDP	1.0	86	1.0	86	1.2	85	0.3	1
1.3 财政收入	0.8	10	1.0	9	—	—	—	—
1.4 人均财政收入	0.1	64	0.1	54	—	—	—	—
1.5 外国直接投资	50.1	93	52.8	94	24.0	94	-26.1	-1
1.6 受高等教育人员比重	—	—	—	—	—	—	—	—
1.7 全社会劳动生产率	1.3	84	1.3	85	1.7	83	0.4	1

续表

指 标 ＼ 项 目	2011 年		2013 年		2015 年		综合变化	
	得分	排名	得分	排名	得分	排名	得分变化	排名变化
2 创新环境竞争力	25.4	92	27.6	92	35.1	89	9.7	3
2.1 千人因特网用户数	9.7	87	13.1	85	23.4	84	13.7	3
2.2 千人手机用户数	32.1	88	26.7	92	20.7	93	-11.4	-5
2.3 企业开业程序	13.3	95	13.3	95	20.0	94	6.7	1
2.4 企业税负占利润比重	47.7	90	52.3	92	61.0	93	13.2	-3
2.5 在线公共服务指数	38.0	54	44.0	54	73.3	30	35.2	24
2.6 ISO 9001 质量体系认证数	11.4	7	15.9	7	12.4	6	1.0	1
3 创新投入竞争力	12.1	35	10.8	36	10.8	38	-1.3	-3
3.1 研发经费支出总额	11.3	7	10.7	7	10.1	7	-1.1	0
3.2 研发经费支出占 GDP 比重	23.8	12	23.8	15	21.4	25	-2.3	-13
3.3 人均研发经费支出	2.1	63	2.1	66	2.2	66	0.1	-3
3.4 研发人员总量	14.9	9	13.5	9	17.5	8	2.7	1
3.5 研究人员占从业人员比重	4.5	61	4.3	64	4.3	64	-0.2	-3
3.6 风险资本交易占 GDP 比重	16.2	24	10.3	21	9.2	28	-6.9	-4
4 创新产出竞争力	10.2	15	9.3	17	9.2	15	-1.0	0
4.1 专利授权数	2.2	15	1.2	18	1.7	13	-0.5	2
4.2 科技论文发表数	19.7	6	22.6	6	22.6	6	3.0	0
4.3 专利和许可收入	0.2	27	0.3	26	0.4	27	0.1	0
4.4 高技术产品出口额	2.8	24	3.0	23	2.5	24	-0.3	0
4.5 高技术产品出口比重	14.8	53	16.4	43	14.2	46	-0.6	7
4.6 注册商标数	14.3	3	11.0	3	13.1	3	-1.3	0
4.7 创意产品出口比重	17.2	5	10.8	7	10.1	7	-7.2	-2
5 创新潜力竞争力	20.2	81	10.7	79	15.4	53	-4.8	28
5.1 公共教育支出总额	2.0	19	1.6	18	1.5	15	-0.4	4
5.2 公共教育支出占 GDP 比重	4.7	74	4.8	74	5.0	74	0.4	0
5.3 人均公共教育支出额	0.1	82	0.2	83	0.2	83	0.1	-1
5.4 高等教育毛入学率	20.6	70	21.1	70	23.1	70	2.4	0
5.5 研发人员增长率	41.0	59	27.2	65	55.0	2	14.0	57
5.6 研发经费增长率	52.9	45	9.3	75	7.7	74	-45.2	-29

Y.40

39

印度尼西亚国家创新竞争力评价分析报告

　　印度尼西亚位于亚洲东南部，与巴布亚新几内亚、东帝汶、马来西亚接壤，与泰国、新加坡、菲律宾、澳大利亚等国隔海相望。国土面积约190.5万平方公里，海岸线长54716公里。2015年全国年末总人口为25756万人，实现国内生产总值（GDP）8612.6亿美元，人均GDP为3336.1美元。本章通过对2011～2015年印度尼西亚国家创新竞争力及其各要素在全球的排名变化分析，为探寻印度尼西亚国家创新竞争力的推动点及影响因素提供分析依据。

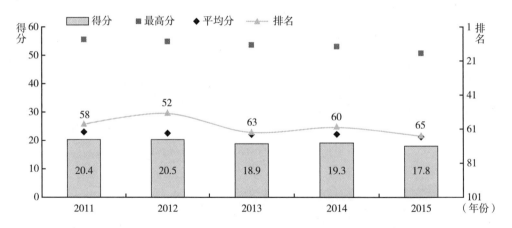

图 39-1　2011～2015 年国家创新竞争力得分和排名变化趋势

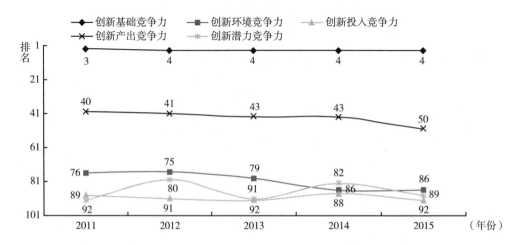

图 39-2　2011～2015 年国家创新竞争力二级指标排名变化趋势

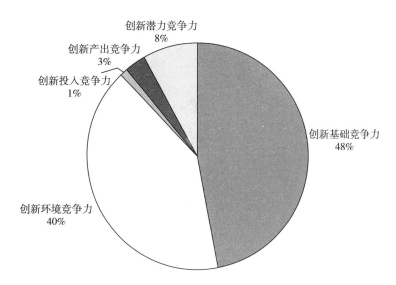

图 39 – 3 2015 年国家创新竞争力各二级指标的贡献率

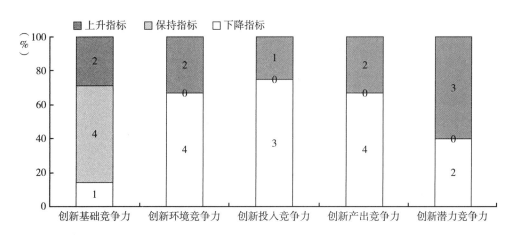

图 39 – 4 2011～2015 年国家创新竞争力指标动态变化结构

表 39 – 1 2011～2015 年印度尼西亚国家创新竞争力各级指标得分及排名变化

项目 指标	2011 年		2013 年		2015 年		综合变化	
	得分	排名	得分	排名	得分	排名	得分变化	排名变化
国家创新竞争力	20.4	58	18.9	63	17.8	65	– 2.6	– 7
1 创新基础竞争力	43.9	3	45.7	4	42.1	4	– 1.8	– 1
1.1 GDP	5.7	17	5.4	17	4.7	16	– 1.0	1
1.2 人均 GDP	2.8	75	2.9	77	2.9	79	0.1	– 4
1.3 财政收入	100.0	1	100.0	1	100.0	1	0.0	0
1.4 人均财政收入	66.0	3	66.4	3	67.6	3	1.6	0
1.5 外国直接投资	53.1	87	56.7	88	31.9	86	– 21.2	1
1.6 受高等教育人员比重	77.1	5	85.4	5	84.7	5	7.7	0
1.7 全社会劳动生产率	2.8	78	2.9	80	3.0	78	0.2	0

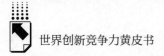

指　标 ＼ 项　目	2011 年		2013 年		2015 年		综合变化	
	得分	排名	得分	排名	得分	排名	得分变化	排名变化
2 创新环境竞争力	35.1	76	36.4	79	35.9	86	0.8	−10
2.1 千人因特网用户数	12.1	85	13.0	87	19.1	87	7.0	−2
2.2 千人手机用户数	48.5	66	60.2	37	48.7	33	0.2	33
2.3 企业开业程序	40.0	77	33.3	84	26.7	89	−13.3	−12
2.4 企业税负占利润比重	79.9	24	78.6	30	85.4	30	5.5	−6
2.5 在线公共服务指数	28.8	74	30.5	72	32.8	89	4.0	−15
2.6 ISO 9001 质量体系认证数	1.5	35	3.1	24	2.9	23	1.4	12
3 创新投入竞争力	0.9	89	0.7	92	1.1	92	0.2	−3
3.1 研发经费支出总额	0.5	41	0.5	42	0.4	45	−0.1	−4
3.2 研发经费支出占 GDP 比重	2.0	88	2.0	88	2.0	92	0.0	−4
3.3 人均研发经费支出	0.4	81	0.4	83	0.4	89	0.0	−8
3.4 研发人员总量	—	—	—	—	—	—	—	—
3.5 研究人员占从业人员比重	—	—	—	—	—	—	—	—
3.6 风险资本交易占 GDP 比重	0.8	55	0.0	71	1.5	54	0.7	1
4 创新产出竞争力	4.3	40	3.5	43	2.8	50	−1.5	−10
4.1 专利授权数	—	—	—	—	0.5	25	—	—
4.2 科技论文发表数	0.4	54	0.7	51	0.7	51	0.3	3
4.3 专利和许可收入	0.1	37	0.0	41	0.0	43	−0.1	−6
4.4 高技术产品出口额	1.3	29	0.9	32	0.8	32	−0.5	−3
4.5 高技术产品出口比重	18.0	44	14.3	54	12.5	53	−5.5	−9
4.6 注册商标数	3.8	14	3.3	13	2.3	19	−1.6	−5
4.7 创意产品出口比重	2.2	26	1.9	26	2.7	23	0.5	3
5 创新潜力竞争力	17.7	92	8.2	91	7.0	89	−10.7	3
5.1 公共教育支出总额	0.8	30	0.7	29	0.6	28	−0.2	2
5.2 公共教育支出占 GDP 比重	3.4	79	3.8	78	4.5	77	1.2	2
5.3 人均公共教育支出额	0.3	75	0.4	75	0.4	74	0.1	1
5.4 高等教育毛入学率	24.0	67	27.9	63	20.7	73	−3.3	−6
5.5 研发人员增长率	—	—	—	—	—	—	—	—
5.6 研发经费增长率	60.0	20	8.4	82	8.7	67	−51.2	−47

伊朗国家创新竞争力评价分析报告

　　伊朗位于亚洲西南部，北邻亚美尼亚、阿塞拜疆、土库曼斯坦，西与土耳其和伊拉克接壤，东面与巴基斯坦和阿富汗相连，与哈萨克斯坦和俄罗斯隔海相望，南面濒临波斯湾、霍尔木兹海峡和阿曼湾。国土面积约 164.8 万平方公里。2015 年全国年末总人口为 7910.9 万人，实现国内生产总值（GDP）3934.4 亿美元，人均 GDP 为 4957.6 美元。本章通过对 2011～2015 年伊朗国家创新竞争力及其各要素在全球的排名变化分析，为探寻伊朗国家创新竞争力的推动点及影响因素提供分析依据。

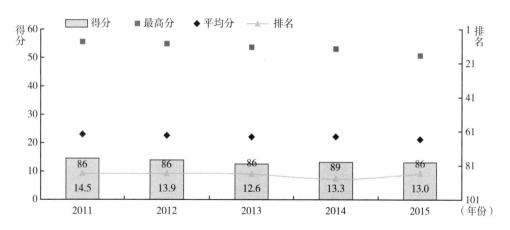

图 40 - 1　2011～2015 年国家创新竞争力得分和排名变化趋势

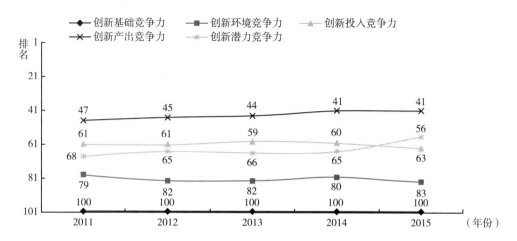

图 40 - 2　2011～2015 年国家创新竞争力二级指标排名变化趋势

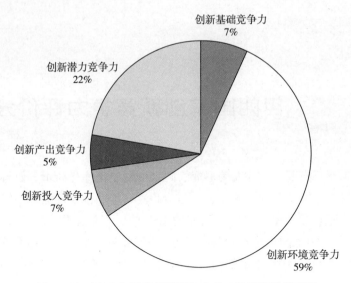

图 40-3　2015 年国家创新竞争力各二级指标的贡献率

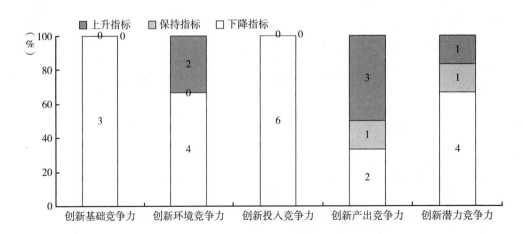

图 40-4　2011~2015 年国家创新竞争力指标动态变化结构

表 40-1　2011~2015 年伊朗国家创新竞争力各级指标得分及排名变化

项目\指标	2011 年		2013 年		2015 年		综合变化	
	得分	排名	得分	排名	得分	排名	得分变化	排名变化
国家创新竞争力	14.5	86	12.6	86	13.0	86	-1.5	0
1 创新基础竞争力	6.5	100	5.5	100	4.5	100	-2.1	0
1.1 GDP	3.8	21	3.0	26	2.1	26	-1.6	-5
1.2 人均 GDP	6.5	54	5.5	60	4.5	64	-2.0	-10
1.3 财政收入	—		—		—			
1.4 人均财政收入	—		—		—			
1.5 外国直接投资	—		—		—			
1.6 受高等教育人员比重	—		—		—			
1.7 全社会劳动生产率	9.3	46	8.1	53	6.7	56	-2.6	-10

续表

指标 \ 项目	2011 年		2013 年		2015 年		综合变化	
	得分	排名	得分	排名	得分	排名	得分变化	排名变化
2 创新环境竞争力	33.6	79	34.9	82	38.2	83	4.7	-4
2.1 千人因特网用户数	19.4	78	29.3	76	42.8	74	23.5	4
2.2 千人手机用户数	32.7	87	35.0	88	28.6	84	-4.1	3
2.3 企业开业程序	53.3	61	46.7	73	53.3	64	0.0	-3
2.4 企业税负占利润比重	65.3	65	67.2	70	74.0	69	8.8	-4
2.5 在线公共服务指数	29.7	71	30.5	71	29.8	90	0.1	-19
2.6 ISO 9001 质量体系认证数	1.1	41	1.0	42	0.9	42	-0.2	-1
3 创新投入竞争力	5.1	61	4.7	59	4.6	63	-0.5	-2
3.1 研发经费支出总额	0.9	34	0.8	36	0.6	39	-0.3	-5
3.2 研发经费支出占 GDP 比重	6.7	64	6.3	69	6.3	73	-0.4	-9
3.3 人均研发经费支出	2.8	59	2.6	63	2.0	67	-0.7	-8
3.4 研发人员总量	4.2	21	3.6	22	3.4	26	-0.8	-5
3.5 研究人员占从业人员比重	15.7	43	15.0	44	15.0	44	-0.7	-1
3.6 风险资本交易占 GDP 比重	0.0	58	0.0	71	0.0	79	0.0	-21
4 创新产出竞争力	3.7	47	3.5	44	3.4	41	-0.2	6
4.1 专利授权数	1.5	19	1.3	17	0.8	20	-0.6	-1
4.2 科技论文发表数	8.0	15	8.0	15	8.0	15	0.0	0
4.3 专利和许可收入	—	—	—	—	—	—	—	—
4.4 高技术产品出口额	0.1	54	0.1	55	0.1	53	0.0	1
4.5 高技术产品出口比重	8.9	70	8.4	72	7.8	71	-1.1	-1
4.6 注册商标数	2.2	23	2.1	20	3.0	13	0.7	10
4.7 创意产品出口比重	1.2	28	1.0	28	1.0	27	-0.3	1
5 创新潜力竞争力	23.9	68	14.5	66	14.5	56	-9.4	12
5.1 公共教育支出总额	0.6	36	0.3	42	0.2	45	-0.4	-9
5.2 公共教育支出占 GDP 比重	4.3	75	3.4	81	3.2	82	-1.1	-7
5.3 人均公共教育支出额	0.9	63	0.7	71	0.5	72	-0.4	-9
5.4 高等教育毛入学率	44.6	44	52.2	36	62.9	22	18.3	22
5.5 研发人员增长率	40.8	61	27.3	64	12.6	61	-28.2	0
5.6 研发经费增长率	52.0	52	3.2	92	7.4	76	-44.7	-24

Y.42
41
爱尔兰国家创新竞争力评价分析报告

　　爱尔兰位于欧洲西部爱尔兰岛的中南部，西临大西洋，东靠爱尔兰海，东北与英国的北爱尔兰接壤，与英国隔海相望，是北美洲通向欧洲的通道。国土面积7.03万平方公里，海岸线长3169公里。2015年全国年末总人口为464.37万人，实现国内生产总值（GDP）2837.2亿美元，人均GDP为60664美元。本章通过对2011~2015年爱尔兰国家创新竞争力及其各要素在全球的排名变化分析，为探寻爱尔兰国家创新竞争力的推动点及影响因素提供分析依据。

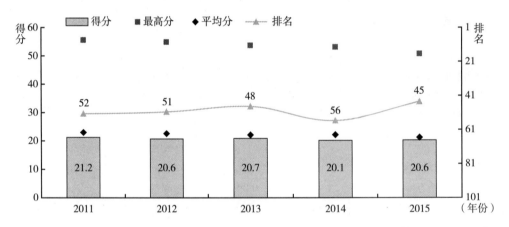

图41-1　2011~2015年国家创新竞争力得分和排名变化趋势

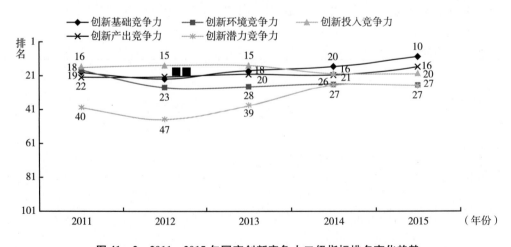

图41-2　2011~2015年国家创新竞争力二级指标排名变化趋势

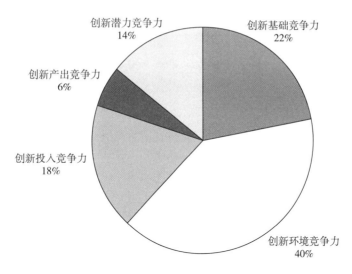

图 41 - 3　2015 年国家创新竞争力各二级指标的贡献率

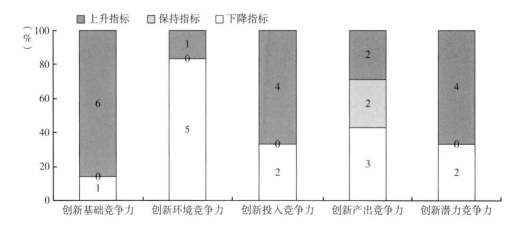

图 41 - 4　2011 ~ 2015 年国家创新竞争力指标动态变化结构

表 41 - 1　2011 ~ 2015 年爱尔兰国家创新竞争力各级指标得分及排名变化

项目 指标	2011 年		2013 年		2015 年		综合变化	
	得分	排名	得分	排名	得分	排名	得分变化	排名变化
国家创新竞争力	21.2	52	20.7	48	20.6	45	- 0.6	7
1 创新基础竞争力	29.0	19	31.9	18	32.4	10	3.4	9
1.1 GDP	1.5	39	1.4	40	1.5	37	0.0	2
1.2 人均 GDP	45.2	10	45.6	11	59.4	5	14.1	5
1.3 财政收入	0.0	72	0.0	68	0.0	63	0.0	9
1.4 人均财政收入	0.2	52	0.1	51	0.2	49	0.0	3
1.5 外国直接投资	49.8	94	56.6	89	28.9	90	- 20.8	4
1.6 受高等教育人员比重	61.9	23	73.4	29	73.9	29	12.0	- 6
1.7 全社会劳动生产率	44.4	8	46.4	8	63.0	4	18.6	4

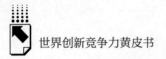
续表

指标 \ 项目	2011 年		2013 年		2015 年		综合变化	
	得分	排名	得分	排名	得分	排名	得分变化	排名变化
2 创新环境竞争力	56.8	18	57.7	28	59.3	27	2.5	−9
2.1 千人因特网用户数	79.9	19	81.7	21	81.5	24	1.7	−5
2.2 千人手机用户数	51.9	55	48.0	72	33.9	77	−17.9	−22
2.3 企业开业程序	80.0	10	80.0	14	80.0	15	0.0	−5
2.4 企业税负占利润比重	82.9	18	83.6	18	88.4	20	5.4	−2
2.5 在线公共服务指数	45.4	40	52.2	39	71.0	36	25.6	4
2.6 ISO 9001 质量体系认证数	0.7	46	0.9	43	0.8	49	0.1	−3
3 创新投入竞争力	31.9	16	30.5	15	26.4	20	−5.5	−4
3.1 研发经费支出总额	0.7	37	0.7	37	0.8	36	0.1	1
3.2 研发经费支出占 GDP 比重	11.8	43	12.8	44	12.4	54	0.6	−11
3.3 人均研发经费支出	38.2	20	42.8	19	48.5	17	10.3	3
3.4 研发人员总量	1.1	46	1.1	46	1.3	42	0.2	4
3.5 研究人员占从业人员比重	50.2	22	53.2	17	63.1	15	12.9	7
3.6 风险资本交易占 GDP 比重	89.2	3	72.2	3	32.3	9	−56.9	−6
4 创新产出竞争力	8.5	22	8.1	20	9.2	16	0.7	6
4.1 专利授权数	0.1	53	0.1	55	0.0	60	−0.1	−7
4.2 科技论文发表数	1.7	38	1.7	42	1.7	42	0.0	−4
4.3 专利和许可收入	4.1	9	4.1	9	6.0	9	1.9	0
4.4 高技术产品出口额	5.2	17	3.9	18	5.2	16	0.0	1
4.5 高技术产品出口比重	46.8	15	45.5	11	50.4	9	3.6	6
4.6 注册商标数	0.2	73	0.2	74	0.2	73	0.0	0
4.7 创意产品出口比重	1.6	27	0.9	29	0.8	30	−0.8	−3
5 创新潜力竞争力	29.8	40	20.4	39	20.5	27	−9.3	13
5.1 公共教育支出总额	0.4	43	0.3	43	0.3	41	−0.1	2
5.2 公共教育支出占 GDP 比重	8.6	33	7.7	45	8.0	42	−0.6	−9
5.3 人均公共教育支出额	10.0	19	9.2	24	12.3	16	2.3	3
5.4 高等教育毛入学率	60.7	27	66.2	19	73.4	11	12.7	16
5.5 研发人员增长率	53.4	18	28.7	33	15.4	22	−37.9	−4
5.6 研发经费增长率	45.6	87	10.6	54	13.3	16	−32.2	71

Y.43
42
以色列国家创新竞争力评价分析报告

　　以色列地处地中海东南沿岸，亚洲西部，是亚、非、欧三大洲结合处，北靠黎巴嫩、东临叙利亚和约旦、西南则为埃及，国土面积约2.57万平方公里。2015年全国年末总人口为838.01万人，实现国内生产总值（GDP）2994.2亿美元，人均GDP为35729美元。本章通过对2011～2015年以色列国家创新竞争力及其各要素在全球的排名变化分析，为探寻以色列国家创新竞争力的推动点及影响因素提供分析依据。

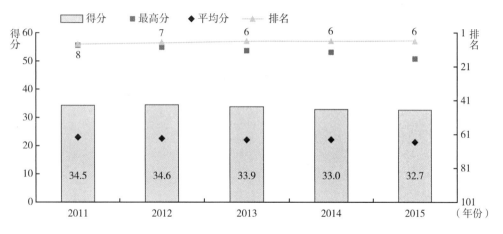

图 42 – 1　2011～2015 年国家创新竞争力得分和排名变化趋势

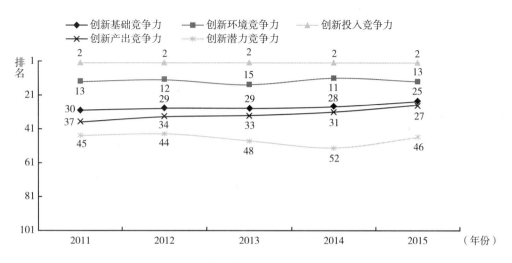

图 42 – 2　2011～2015 年国家创新竞争力二级指标排名变化趋势

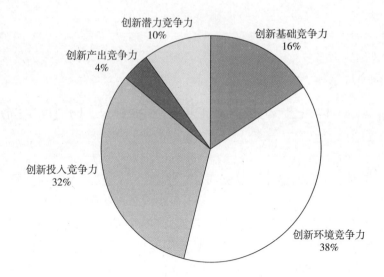

图 42 – 3   2015 年国家创新竞争力各二级指标的贡献率

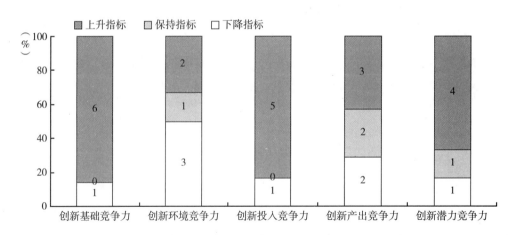

图 42 – 4   2011~2015 年国家创新竞争力指标动态变化结构

表 42 – 1   2011~2015 年以色列国家创新竞争力各级指标得分及排名变化

项　目 指　标	2011 年		2013 年		2015 年		综合变化	
	得分	排名	得分	排名	得分	排名	得分变化	排名变化
国家创新竞争力	34.5	8	33.9	6	32.7	6	-1.8	2
1 创新基础竞争力	24.0	30	28.2	29	25.8	25	1.8	5
1.1 GDP	1.6	36	1.7	34	1.6	32	0.0	4
1.2 人均 GDP	28.9	23	31.8	22	34.8	20	6.0	3
1.3 财政收入	0.0	46	0.0	46	0.0	44	0.0	2
1.4 人均财政收入	0.5	31	0.5	29	0.5	27	0.0	4
1.5 外国直接投资	56.0	25	58.1	80	34.7	63	-21.3	-38
1.6 受高等教育人员比重	51.0	47	71.6	33	71.6	33	20.6	14
1.7 全社会劳动生产率	29.7	22	33.4	22	37.3	19	7.6	3

续表

指　　　标 \ 项　　目	2011 年		2013 年		2015 年		综合变化	
	得分	排名	得分	排名	得分	排名	得分变化	排名变化
2 创新环境竞争力	59.8	13	62.1	15	63.0	13	3.3	0
2.1 千人因特网用户数	73.4	26	73.1	31	80.2	26	6.8	0
2.2 千人手机用户数	59.4	30	58.6	42	49.3	29	-10.1	1
2.3 企业开业程序	73.3	19	73.3	22	73.3	29	0.0	-10
2.4 企业税负占利润比重	81.7	21	80.8	24	86.9	22	5.2	-1
2.5 在线公共服务指数	68.0	14	83.5	10	85.5	17	17.5	-3
2.6 ISO 9001 质量体系认证数	2.9	23	3.5	21	3.1	20	0.2	3
3 创新投入竞争力	49.9	2	54.6	2	51.9	2	2.0	0
3.1 研发经费支出总额	2.3	22	2.6	22	2.7	19	0.4	3
3.2 研发经费支出占 GDP 比重	33.7	5	36.3	4	40.8	4	7.1	1
3.3 人均研发经费支出	69.8	8	84.4	4	92.9	3	23.1	5
3.4 研发人员总量	4.3	20	4.5	18	4.3	18	0.0	2
3.5 研究人员占从业人员比重	97.8	2	100.0	1	100.0	1	2.2	1
3.6 风险资本交易占 GDP 比重	91.4	2	100.0	1	70.8	3	-20.7	-1
4 创新产出竞争力	5.3	37	5.2	33	6.1	27	0.8	10
4.1 专利授权数	2.1	16	0.7	27	1.3	16	-0.9	0
4.2 科技论文发表数	2.7	29	2.7	29	2.7	29	0.0	0
4.3 专利和许可收入	0.9	19	0.8	22	0.9	20	0.0	-1
4.4 高技术产品出口额	0.0	65	0.0	67	0.0	68	0.0	-3
4.5 高技术产品出口比重	30.2	27	31.7	22	37.1	15	6.9	12
4.6 注册商标数	0.6	50	0.5	51	0.4	47	-0.2	3
4.7 创意产品出口比重	0.5	45	0.3	47	0.4	41	-0.1	4
5 创新潜力竞争力	28.4	45	19.4	48	16.5	46	-11.9	-1
5.1 公共教育支出总额	0.4	42	0.4	41	0.3	39	-0.1	3
5.2 公共教育支出占 GDP 比重	8.2	38	8.8	35	8.9	33	0.7	5
5.3 人均公共教育支出额	6.1	30	7.0	29	7.8	30	1.6	0
5.4 高等教育毛入学率	60.8	26	59.9	26	56.6	30	-4.2	-4
5.5 研发人员增长率	42.1	50	27.6	55	13.5	45	-28.6	5
5.6 研发经费增长率	52.7	47	12.7	31	12.0	30	-40.7	17

Y.44

43

意大利国家创新竞争力评价分析报告

意大利位于欧洲，主要由南欧的亚平宁半岛及两个位于地中海的岛屿西西里岛与萨丁岛组成，北方的阿尔卑斯山地区与法国、瑞士、奥地利以及斯洛文尼亚接壤，其领土还包围着两个微型国家：圣马力诺与梵蒂冈。国土面积为30.1万平方公里，海岸线长7200多公里。2015年全国年末总人口为6073.1万人，实现国内生产总值（GDP）18249亿美元，人均GDP为30049美元。本章通过对2011~2015年意大利国家创新竞争力及其各要素在全球的排名变化分析，为探寻意大利国家创新竞争力的推动点及影响因素提供分析依据。

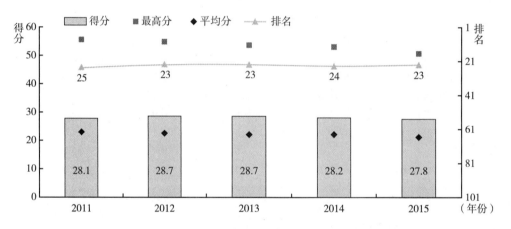

图43-1 2011~2015年国家创新竞争力得分和排名变化趋势

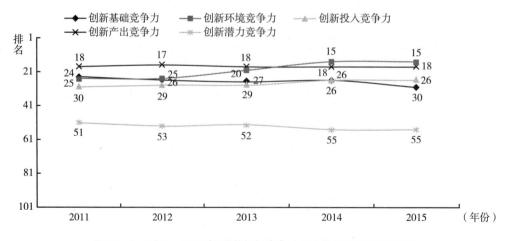

图43-2 2011~2015年国家创新竞争力二级指标排名变化趋势

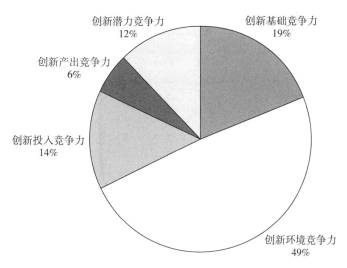

图 43 - 3 2015 年国家创新竞争力各二级指标的贡献率

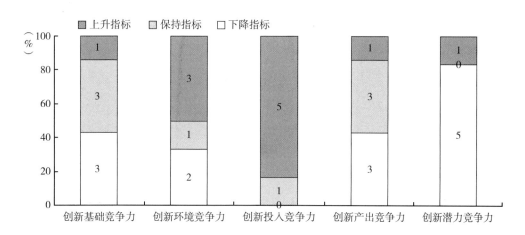

图 43 - 4 2011~2015 年国家创新竞争力指标动态变化结构

表 43 - 1 2011~2015 年意大利国家创新竞争力各级指标得分及排名变化

项　目 指　标	2011 年		2013 年		2015 年		综合变化	
	得分	排名	得分	排名	得分	排名	得分变化	排名变化
国家创新竞争力	28.1	25	28.7	23	27.8	23	- 0.3	2
1 创新基础竞争力	27.4	24	29.1	27	24.8	30	- 2.6	- 6
1.1 GDP	14.6	8	12.7	9	10.1	8	- 4.5	0
1.2 人均 GDP	32.9	22	30.9	23	29.2	22	- 3.7	0
1.3 财政收入	0.1	39	0.0	38	0.0	37	- 0.1	2
1.4 人均财政收入	0.1	55	0.1	56	0.1	55	0.0	0
1.5 外国直接投资	60.1	8	60.2	16	36.1	18	- 23.9	- 10
1.6 受高等教育人员比重	46.6	55	63.9	54	63.7	56	17.1	- 1
1.7 全社会劳动生产率	37.6	18	36.0	19	34.7	20	- 2.9	- 2

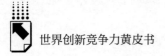

续表

指标 \ 项目	2011 年		2013 年		2015 年		综合变化	
	得分	排名	得分	排名	得分	排名	得分变化	排名变化
2 创新环境竞争力	55.2	25	60.1	20	62.6	15	7.4	10
2.1 千人因特网用户数	57.7	38	60.2	44	65.9	45	8.2	−7
2.2 千人手机用户数	79.7	6	80.7	7	53.7	23	−25.9	−17
2.3 企业开业程序	60.0	46	60.0	53	66.7	40	6.7	6
2.4 企业税负占利润比重	43.0	96	48.0	94	57.6	95	14.7	1
2.5 在线公共服务指数	35.8	58	58.9	32	86.3	16	50.5	42
2.6 ISO 9001 质量体系认证数	55.2	2	52.8	2	45.4	2	−9.8	0
3 创新投入竞争力	15.8	30	17.1	29	18.7	26	2.9	4
3.1 研发经费支出总额	6.1	11	6.3	11	6.2	10	0.1	1
3.2 研发经费支出占 GDP 比重	10.2	50	12.1	50	15.1	39	4.8	11
3.3 人均研发经费支出	24.2	25	27.4	24	28.9	24	4.7	1
3.4 研发人员总量	8.0	13	7.9	13	7.6	13	−0.4	0
3.5 研究人员占从业人员比重	44.8	25	48.1	24	48.1	23	3.2	2
3.6 风险资本交易占 GDP 比重	1.4	49	1.0	50	6.2	33	4.8	16
4 创新产出竞争力	9.6	18	8.8	18	8.1	18	−1.5	0
4.1 专利授权数	2.7	12	2.9	11	2.0	11	−0.7	1
4.2 科技论文发表数	14.4	8	16.1	8	16.1	8	1.7	0
4.3 专利和许可收入	3.3	11	2.9	12	2.4	14	−0.8	−3
4.4 高技术产品出口额	6.8	15	5.3	15	4.9	17	−2.0	−2
4.5 高技术产品出口比重	15.9	49	14.7	51	13.6	49	−2.2	0
4.6 注册商标数	3.1	17	2.2	19	1.9	21	−1.2	−4
4.7 创意产品出口比重	20.9	4	17.6	3	15.8	4	−5.1	0
5 创新潜力竞争力	27.4	51	18.4	52	14.9	55	−12.6	−4
5.1 公共教育支出总额	2.6	15	2.0	15	1.4	16	−1.2	−1
5.2 公共教育支出占 GDP 比重	5.3	67	5.4	67	5.5	69	0.2	−2
5.3 人均公共教育支出额	5.2	34	4.9	36	4.6	37	−0.6	−3
5.4 高等教育毛入学率	61.1	25	57.3	29	54.6	34	−6.5	−9
5.5 研发人员增长率	43.7	41	30.1	22	13.5	46	−30.3	−5
5.6 研发经费增长率	46.6	81	10.7	53	9.5	61	−37.1	20

Y.45
44
日本国家创新竞争力评价分析报告

日本位于东亚，领土由北海道、本州、四国、九州四个大岛及7200多个小岛组成，总面积37.8万平方公里。2015年全国年末总人口为12696万人，实现国内生产总值（GDP）43831亿美元，人均GDP为34474美元。本章通过对2011～2015年日本国家创新竞争力及其各要素在全球的排名变化分析，为探寻日本国家创新竞争力的推动点及影响因素提供分析依据。

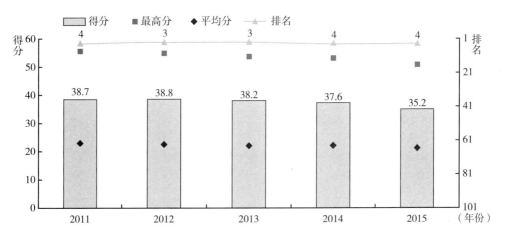

图44-1　2011～2015年国家创新竞争力得分和排名变化趋势

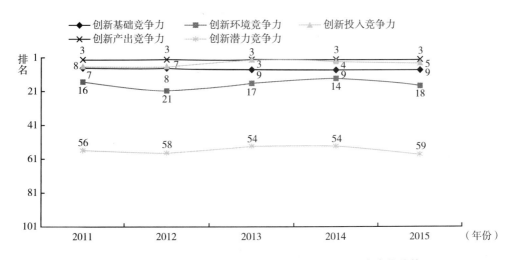

图44-2　2011～2015年国家创新竞争力二级指标排名变化趋势

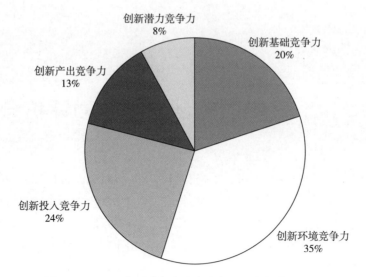

图 44-3　2015 年国家创新竞争力各二级指标的贡献率

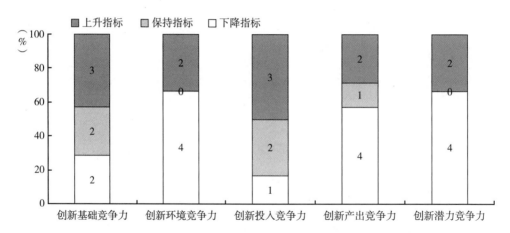

图 44-4　2011~2015 年国家创新竞争力指标动态变化结构

表 44-1　2011~2015 年日本国家创新竞争力各级指标得分及排名变化

项目\指标	2011 年		2013 年		2015 年		综合变化	
	得分	排名	得分	排名	得分	排名	得分变化	排名变化
国家创新竞争力	38.7	4	38.2	3	35.2	4	-3.5	0
1 创新基础竞争力	37.8	8	39.7	9	35.0	9	-2.7	-1
1.1 GDP	39.7	3	30.9	3	24.3	3	-15.4	0
1.2 人均 GDP	41.4	16	35.4	21	33.6	21	-7.8	-5
1.3 财政收入	4.3	5	4.1	5	4.5	4	0.2	1
1.4 人均财政收入	5.4	12	5.3	11	6.1	10	0.8	2
1.5 外国直接投资	84.2	2	100.0	1	75.3	2	-8.9	0
1.6 受高等教育人员比重	51.6	45	69.2	40	69.3	37	17.7	8
1.7 全社会劳动生产率	37.9	17	33.2	23	32.2	22	-5.7	-5

续表

指　标　　　　项　目	2011 年		2013 年		2015 年		综合变化	
	得分	排名	得分	排名	得分	排名	得分变化	排名变化
2 创新环境竞争力	57.5	16	61.5	17	61.2	18	3.7	−2
2.1 千人因特网用户数	84.4	15	92.6	8	95.7	4	11.3	11
2.2 千人手机用户数	49.5	65	54.6	50	45.7	45	−3.8	20
2.3 企业开业程序	53.3	61	53.3	64	53.3	64	0.0	−3
2.4 企业税负占利润比重	61.9	76	62.1	81	69.0	82	7.2	−6
2.5 在线公共服务指数	73.7	11	88.7	7	87.0	14	13.3	−3
2.6 ISO 9001 质量体系认证数	22.0	3	17.9	4	16.1	4	−5.9	−1
3 创新投入竞争力	39.3	7	41.2	3	42.0	5	2.7	2
3.1 研发经费支出总额	35.0	3	36.0	3	34.4	3	−0.5	0
3.2 研发经费支出占 GDP 比重	21.8	14	28.9	8	35.1	5	13.3	9
3.3 人均研发经费支出	64.6	12	74.8	10	77.2	10	12.6	2
3.4 研发人员总量	50.2	3	44.8	3	41.2	3	−9.0	0
3.5 研究人员占从业人员比重	61.9	13	58.8	16	59.2	17	−2.7	−4
3.6 风险资本交易占 GDP 比重	2.0	46	4.1	32	4.6	37	2.6	9
4 创新产出竞争力	32.8	3	30.4	3	23.7	3	−9.1	0
4.1 专利授权数	100.0	1	99.7	2	52.7	3	−47.3	−2
4.2 科技论文发表数	25.6	3	25.1	3	25.1	3	−0.5	0
4.3 专利和许可收入	23.5	2	24.7	2	29.3	3	5.8	−1
4.4 高技术产品出口额	27.7	4	18.8	7	16.5	7	−11.2	−3
4.5 高技术产品出口比重	37.7	21	34.1	17	31.6	18	−6.0	3
4.6 注册商标数	7.7	7	6.3	6	6.9	6	−0.8	1
4.7 创意产品出口比重	7.6	11	4.0	13	3.9	14	−3.6	−3
5 创新潜力竞争力	26.4	56	18.3	54	14.2	59	−12.2	−3
5.1 公共教育支出总额	6.3	5	4.2	6	3.0	7	−3.3	−2
5.2 公共教育支出占 GDP 比重	4.3	76	4.4	75	4.5	77	0.2	−1
5.3 人均公共教育支出额	5.7	32	4.9	35	4.7	36	−1.1	−4
5.4 高等教育毛入学率	55.2	33	56.3	32	55.3	32	0.1	1
5.5 研发人员增长率	38.1	74	27.7	51	7.9	84	−30.2	−10
5.6 研发经费增长率	49.0	67	12.0	35	9.7	60	−39.2	7

Y.46

45

约旦国家创新竞争力评价分析报告

约旦位于亚洲西部，阿拉伯半岛西北部，西与巴勒斯坦、以色列为邻，北与叙利亚接壤，东北与伊拉克交界，东南和南部与沙特阿拉伯相连，国土面积约8.93万平方公里。2015年全国年末总人口为759.45万人，实现国内生产总值（GDP）375.17亿美元，人均GDP为4096.1美元。本章通过对2011～2015年约旦国家创新竞争力及其各要素在全球的排名变化分析，为探寻约旦国家创新竞争力的推动点及影响因素提供分析依据。

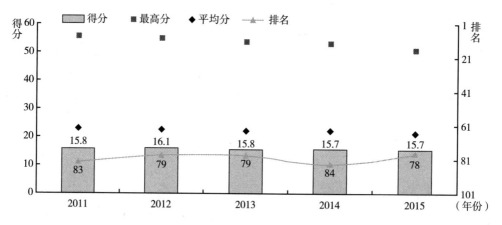

图45-1　2011～2015年国家创新竞争力得分和排名变化趋势

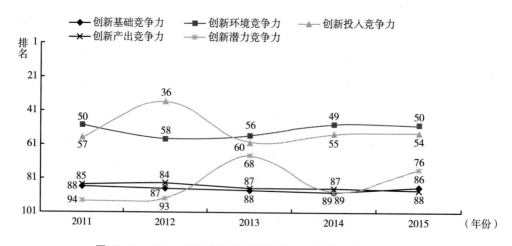

图45-2　2011～2015年国家创新竞争力二级指标排名变化趋势

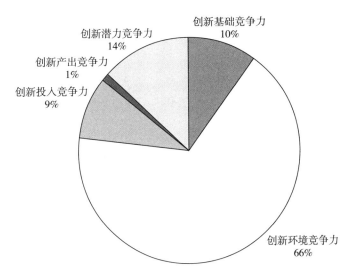

图 45 - 3　2015 年国家创新竞争力各二级指标的贡献率

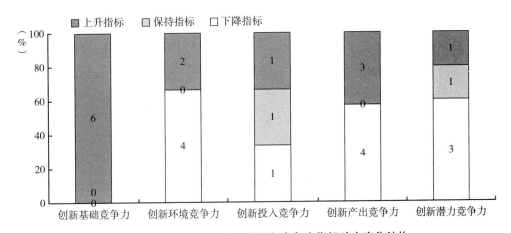

图 45 - 4　2011~2015 年国家创新竞争力指标动态变化结构

表 45 - 1　2011~2015 年约旦国家创新竞争力各级指标得分及排名变化

指　标　　　　项　目	2011 年		2013 年		2015 年		综合变化	
	得分	排名	得分	排名	得分	排名	得分变化	排名变化
国家创新竞争力	15.8	83	15.8	79	15.7	78	-0.1	5
1 创新基础竞争力	10.8	86	11.7	88	7.9	86	-2.9	0
1.1 GDP	0.1	75	0.2	75	0.2	74	0.1	1
1.2 人均 GDP	3.0	71	3.2	74	3.7	70	0.7	1
1.3 财政收入	0.0	91	0.0	84	0.0	77	0.0	14
1.4 人均财政收入	0.0	91	0.0	87	0.0	81	0.0	10
1.5 外国直接投资	55.5	60	59.6	59	34.8	58	-20.7	2
1.6 受高等教育人员比重	—	—	—	—	—	—	—	—
1.7 全社会劳动生产率	6.2	56	7.5	55	8.9	49	2.7	7

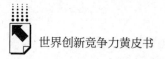
续表

指标　项目	2011 年		2013 年		2015 年		综合变化	
	得分	排名	得分	排名	得分	排名	得分变化	排名变化
2 创新环境竞争力	44.9	50	47.7	56	52.4	50	7.4	0
2.1 千人因特网用户数	36.6	66	41.7	67	52.8	61	16.3	5
2.2 千人手机用户数	53.4	48	70.3	23	73.0	2	19.6	46
2.3 企业开业程序	60.0	46	60.0	53	60.0	55	0.0	-9
2.4 企业税负占利润比重	80.4	23	80.6	27	85.6	28	5.2	-5
2.5 在线公共服务指数	39.2	52	33.7	68	42.7	80	3.5	-28
2.6 ISO 9001 质量体系认证数	0.1	66	0.1	71	0.1	72	0.0	-6
3 创新投入竞争力	5.7	57	4.5	60	6.9	54	1.1	3
3.1 研发经费支出总额	—	—	—	—	—	—	—	—
3.2 研发经费支出占 GDP 比重	—	—	—	—	—	—	—	—
3.3 人均研发经费支出	—	—	—	—	—	—	—	—
3.4 研发人员总量	0.1	65	0.1	64	0.1	65	0.0	0
3.5 研究人员占从业人员比重	8.5	50	8.2	52	8.2	54	-0.4	-4
3.6 风险资本交易占 GDP 比重	8.6	32	5.2	28	12.3	22	3.7	10
4 创新产出竞争力	0.9	85	0.6	87	0.6	88	-0.3	-3
4.1 专利授权数	0.0	72	0.0	72	0.0	64	0.0	8
4.2 科技论文发表数	0.4	55	0.4	56	0.4	56	0.0	-1
4.3 专利和许可收入	0.0	55	0.0	60	0.0	59	0.0	-4
4.4 高技术产品出口额	0.0	72	0.0	71	0.0	73	0.0	-1
4.5 高技术产品出口比重	5.4	82	3.2	85	3.4	86	-2.0	-4
4.6 注册商标数	0.5	56	0.4	56	0.4	54	-0.1	2
4.7 创意产品出口比重	0.2	62	0.1	61	0.1	55	-0.1	7
5 创新潜力竞争力	16.7	94	14.3	68	10.6	76	-6.0	18
5.1 公共教育支出总额	0.0	86	0.0	87	0.0	86	0.0	0
5.2 公共教育支出占 GDP 比重	0.2	91	0.0	92	0.0	92	-0.2	-1
5.3 人均公共教育支出额	0.2	79	0.2	80	0.2	81	0.0	-2
5.4 高等教育毛入学率	36.9	54	42.8	48	39.0	51	2.0	3
5.5 研发人员增长率	46.0	30	28.3	39	13.9	41	-32.1	-11
5.6 研发经费增长率	—	—	—	—	—	—	—	—

哈萨克斯坦国家创新竞争力评价分析报告

　　哈萨克斯坦是一个位于中亚的内陆国家，是世界上最大的内陆国，与俄罗斯、中华人民共和国、吉尔吉斯斯坦、乌兹别克斯坦、土库曼斯坦等国接壤，并与伊朗、阿塞拜疆隔里海相望。国土面积272.49万平方公里。2015年全国年末总人口为1754.4万人，实现国内生产总值（GDP）1843.9亿美元，人均GDP为10510美元。本章通过对2011~2015年哈萨克斯坦国家创新竞争力及其各要素在全球的排名变化分析，为探寻哈萨克斯坦国家创新竞争力的推动点及影响因素提供分析依据。

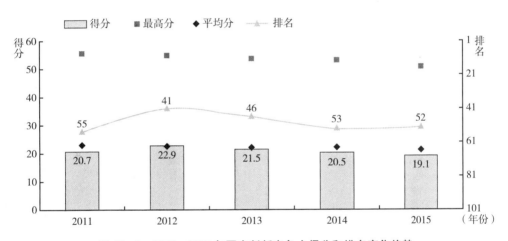

图46-1　2011~2015年国家创新竞争力得分和排名变化趋势

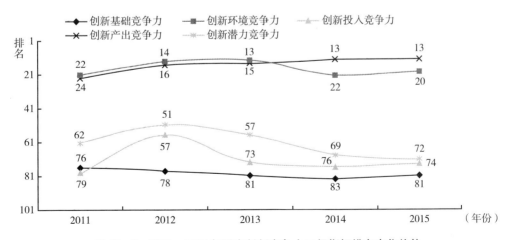

图46-2　2011~2015年国家创新竞争力二级指标排名变化趋势

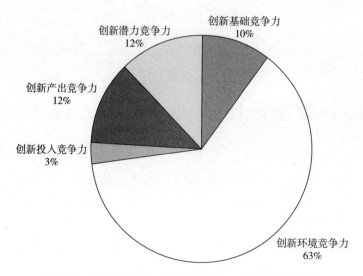

图 46-3　2015 年国家创新竞争力各二级指标的贡献率

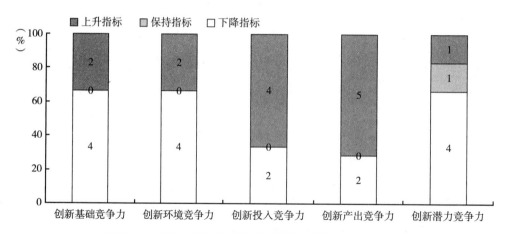

图 46-4　2011~2015 年国家创新竞争力指标动态变化结构

表 46-1　2011~2015 年哈萨克斯坦国家创新竞争力各级指标得分及排名变化

项　目 指　标	2011 年		2013 年		2015 年		综合变化	
	得分	排名	得分	排名	得分	排名	得分变化	排名变化
国家创新竞争力	20.7	55	21.5	46	19.1	52	-1.6	3
1 创新基础竞争力	13.2	76	14.6	81	9.8	81	-3.5	-5
1.1 GDP	1.2	44	1.4	41	1.0	46	-0.2	-2
1.2 人均 GDP	9.8	45	12.0	40	10.0	46	0.2	-1
1.3 财政收入	0.6	11	0.5	13	0.4	14	-0.2	-3
1.4 人均财政收入	5.5	11	5.0	12	3.7	12	-1.8	-1
1.5 外国直接投资	53.8	85	57.8	81	34.1	76	-19.7	9
1.6 受高等教育人员比重	—	—	—	—	—	—	—	—
1.7 全社会劳动生产率	8.6	50	11.0	45	9.4	47	0.8	3

续表

项目 指标	2011 年		2013 年		2015 年		综合变化	
	得分	排名	得分	排名	得分	排名	得分变化	排名变化
2 创新环境竞争力	55.6	22	62.4	13	60.6	20	5.0	2
2.1 千人因特网用户数	53.6	43	65.2	38	73.7	33	20.2	10
2.2 千人手机用户数	78.9	8	96.6	2	61.4	12	-17.5	-4
2.3 企业开业程序	60.0	46	60.0	53	66.7	40	6.7	6
2.4 企业税负占利润比重	79.6	26	80.8	24	85.8	27	6.2	-1
2.5 在线公共服务指数	61.1	21	71.8	20	75.6	28	14.5	-7
2.6 ISO 9001 质量体系认证数	0.2	63	0.2	66	0.2	69	0.0	-6
3 创新投入竞争力	1.5	79	2.4	73	2.6	74	1.0	5
3.1 研发经费支出总额	0.1	63	0.2	63	0.1	64	0.0	-1
3.2 研发经费支出占 GDP 比重	2.4	86	2.6	86	3.5	82	1.1	4
3.3 人均研发经费支出	1.7	66	2.3	65	2.4	64	0.7	2
3.4 研发人员总量	0.5	55	0.8	48	0.8	50	0.3	5
3.5 研究人员占从业人员比重	4.5	61	8.6	51	8.6	53	4.1	8
3.6 风险资本交易占 GDP 比重	0.0	58	0.0	71	0.0	79	0.0	-21
4 创新产出竞争力	7.9	24	10.9	15	11.3	13	3.4	11
4.1 专利授权数	0.8	25	0.1	46	0.4	28	-0.4	-3
4.2 科技论文发表数	0.1	79	0.2	62	0.2	62	0.1	17
4.3 专利和许可收入	0.0	77	0.0	76	0.0	73	0.0	4
4.4 高技术产品出口额	0.6	37	0.5	35	0.5	36	-0.1	1
4.5 高技术产品出口比重	53.2	11	74.5	5	77.6	4	24.4	7
4.6 注册商标数	0.6	49	0.5	46	0.4	50	-0.2	-1
4.7 创意产品出口比重	0.0	77	0.0	82	0.0	76	0.0	1
5 创新潜力竞争力	25.1	62	17.0	57	11.3	72	-13.8	-10
5.1 公共教育支出总额	0.1	58	0.1	57	0.1	60	0.0	-2
5.2 公共教育支出占 GDP 比重	2.6	85	2.6	84	2.9	85	0.4	0
5.3 人均公共教育支出额	1.0	58	1.3	59	1.1	62	0.1	-4
5.4 高等教育毛入学率	44.5	45	45.1	45	40.0	50	-4.5	-5
5.5 研发人员增长率	49.9	22	39.4	6	12.9	56	-37.1	-34
5.6 研发经费增长率	52.6	49	13.4	25	11.0	41	-41.5	8

Y.48
47
肯尼亚国家创新竞争力评价分析报告

肯尼亚位于非洲东部，东邻索马里，南接坦桑尼亚，西连乌干达，北与埃塞俄比亚、南苏丹交界，东南濒临印度洋。国土面积约58.26万平方公里，海岸线长536公里。2015年全国年末总人口为4605万人，实现国内生产总值（GDP）637.68亿美元，人均GDP为1350美元。本章通过对2011～2015年肯尼亚国家创新竞争力及其各要素在全球的排名变化分析，为探寻肯尼亚国家创新竞争力的推动点及影响因素提供分析依据。

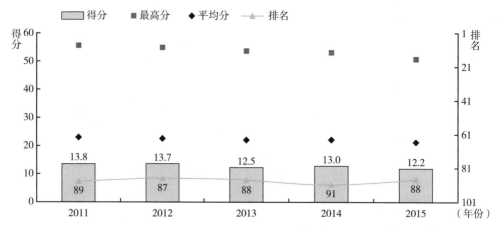

图 47-1 2011～2015 年国家创新竞争力得分和排名变化趋势

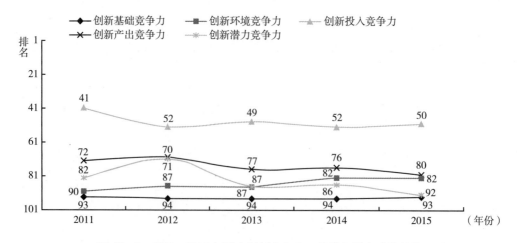

图 47-2 2011～2015 年国家创新竞争力二级指标排名变化趋势

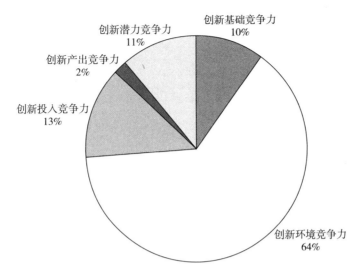

图 47-3　2015 年国家创新竞争力各二级指标的贡献率

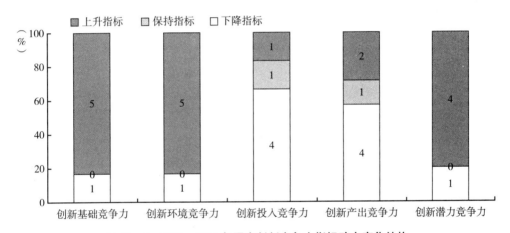

图 47-4　2011～2015 年国家创新竞争力指标动态变化结构

表 47-1　2011～2015 年肯尼亚国家创新竞争力各级指标得分及排名变化

项　目 指　标	2011 年		2013 年		2015 年		综合变化	
	得分	排名	得分	排名	得分	排名	得分变化	排名变化
国家创新竞争力	13.8	89	12.5	88	12.2	88	-1.7	1
1 创新基础竞争力	9.6	93	10.4	94	6.3	93	-3.3	0
1.1 GDP	0.2	70	0.3	64	0.3	60	0.1	10
1.2 人均 GDP	0.5	90	0.8	89	1.0	88	0.4	2
1.3 财政收入	0.1	38	0.1	37	0.1	29	0.0	9
1.4 人均财政收入	0.2	40	0.2	38	0.3	34	0.1	6
1.5 外国直接投资	55.8	31	59.9	38	34.9	52	-20.9	-21
1.6 受高等教育人员比重	—	—	—	—	—	—	—	—
1.7 全社会劳动生产率	0.8	88	1.1	87	1.3	86	0.6	2

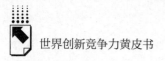
续表

项目 指标	2011 年		2013 年		2015 年		综合变化	
	得分	排名	得分	排名	得分	排名	得分变化	排名变化
2 创新环境竞争力	28.3	90	33.9	87	38.9	82	10.5	8
2.1 千人因特网用户数	29.1	74	39.1	72	44.5	70	15.4	4
2.2 千人手机用户数	28.5	91	27.3	91	22.1	90	−6.5	1
2.3 企业开业程序	26.7	85	33.3	84	33.3	86	6.7	−1
2.4 企业税负占利润比重	60.7	77	73.2	49	79.6	45	18.9	32
2.5 在线公共服务指数	24.8	83	30.3	73	53.4	68	28.7	15
2.6 ISO 9001 质量体系认证数	0.1	71	0.2	65	0.2	67	0.1	4
3 创新投入竞争力	9.3	41	7.4	49	7.9	50	−1.4	−9
3.1 研发经费支出总额	0.2	53	0.2	54	0.3	52	0.1	1
3.2 研发经费支出占 GDP 比重	17.7	22	17.7	26	17.7	35	0.0	−13
3.3 人均研发经费支出	1.0	72	1.3	71	1.6	72	0.5	0
3.4 研发人员总量	0.7	49	0.7	51	0.6	51	−0.1	−2
3.5 研究人员占从业人员比重	13.9	45	13.3	45	13.3	47	−0.6	−2
3.6 风险资本交易占 GDP 比重	22.1	18	11.3	19	13.8	20	−8.3	−2
4 创新产出竞争力	1.9	72	1.2	77	1.1	80	−0.8	−8
4.1 专利授权数	0.0	69	0.0	70	0.0	74	0.0	−5
4.2 科技论文发表数	0.2	61	0.2	63	0.2	63	0.0	−2
4.3 专利和许可收入	0.0	44	0.0	44	0.0	39	0.0	5
4.4 高技术产品出口额	0.0	75	0.0	72	0.0	75	0.0	0
4.5 高技术产品出口比重	12.3	61	7.6	73	7.1	74	−5.2	−13
4.6 注册商标数	0.3	65	0.3	63	0.3	57	0.0	8
4.7 创意产品出口比重	0.0	74	0.0	77	0.0	77	0.0	−3
5 创新潜力竞争力	20.1	82	9.7	87	6.7	92	−13.4	−10
5.1 公共教育支出总额	0.1	67	0.1	64	0.1	63	0.0	4
5.2 公共教育支出占 GDP 比重	7.7	41	7.9	44	7.9	47	0.2	−6
5.3 人均公共教育支出额	0.1	83	0.2	81	0.2	79	0.1	4
5.4 高等教育毛入学率	—	—	—	—	—	—	—	—
5.5 研发人员增长率	43.9	40	28.1	47	14.2	36	−29.7	4
5.6 研发经费增长率	48.5	70	12.5	33	11.1	40	−37.5	30

Y.49
48
韩国国家创新竞争力评价分析报告

韩国位于东亚朝鲜半岛南部，三面环海，西部濒临黄海，东南是朝鲜海峡，东部濒临日本海，北面隔三八线非军事区与朝鲜相邻。国土面积约10万平方公里，海岸线长5259公里。2015年全国年末总人口为5061.7万人，实现国内生产总值（GDP）13828亿美元，人均GDP为27105美元。本章通过对2011~2015年韩国国家创新竞争力及其各要素在全球的排名变化分析，为探寻韩国国家创新竞争力的推动点及影响因素提供分析依据。

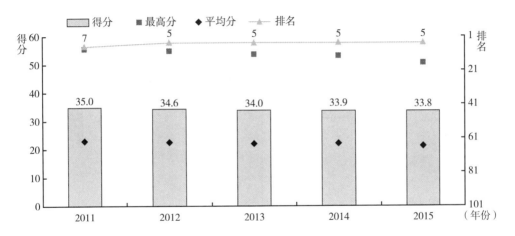

图 48 – 1　2011~2015 年国家创新竞争力得分和排名变化趋势

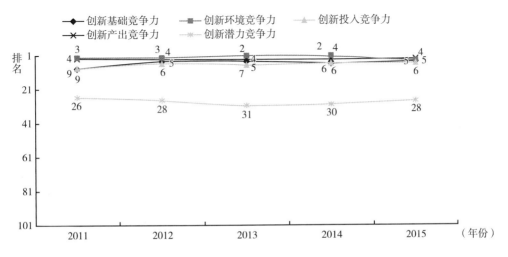

图 48 – 2　2011~2015 年国家创新竞争力二级指标排名变化趋势

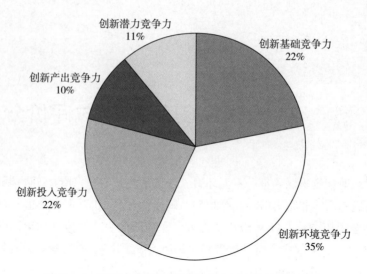

图48－3 2015年国家创新竞争力各二级指标的贡献率

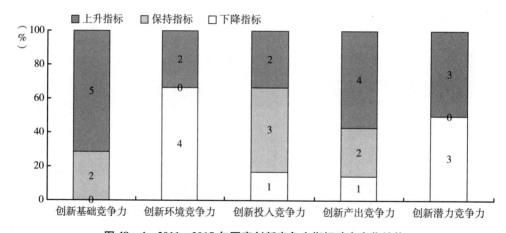

图48－4 2011～2015年国家创新竞争力指标动态变化结构

表48－1 2011～2015年韩国国家创新竞争力各级指标得分及排名变化

指　标 \ 项　目	2011 年		2013 年		2015 年		综合变化	
	得分	排名	得分	排名	得分	排名	得分变化	排名变化
国家创新竞争力	35.0	7	34.0	5	33.8	5	－1.2	2
1 创新基础竞争力	37.5	9	43.4	5	41.7	5	4.2	4
1.1 GDP	7.7	14	7.8	14	7.6	11	－0.1	3
1.2 人均 GDP	20.6	28	22.5	26	26.3	24	5.8	4
1.3 财政收入	23.8	3	27.4	3	27.5	2	3.7	1
1.4 人均财政收入	77.4	2	90.9	2	94.6	2	17.3	0
1.5 外国直接投资	60.7	7	64.3	8	41.2	7	－19.5	0
1.6 受高等教育人员比重	53.6	41	70.1	38	69.8	35	16.3	6
1.7 全社会劳动生产率	19.0	28	21.0	26	25.1	25	6.1	3

续表

项 目 指 标	2011 年		2013 年		2015 年		综合变化	
	得分	排名	得分	排名	得分	排名	得分变化	排名变化
2 创新环境竞争力	66.6	3	67.9	2	66.8	5	0.2	−2
2.1 千人因特网用户数	89.5	9	88.8	12	92.0	10	2.5	−1
2.2 千人手机用户数	51.4	57	51.4	60	41.5	54	−9.9	3
2.3 企业开业程序	73.3	19	86.7	3	86.7	5	13.3	14
2.4 企业税负占利润比重	74.8	36	76.9	37	82.7	37	7.9	−1
2.5 在线公共服务指数	100.0	1	99.0	2	93.9	5	−6.1	−4
2.6 ISO 9001 质量体系认证数	10.7	10	4.4	19	4.1	15	−6.6	−5
3 创新投入竞争力	37.8	9	39.2	7	41.4	6	3.6	3
3.1 研发经费支出总额	13.8	5	15.0	5	15.1	5	1.3	0
3.2 研发经费支出占 GDP 比重	44.2	3	47.6	3	48.8	3	4.6	0
3.3 人均研发经费支出	65.6	10	79.1	8	84.8	7	19.2	3
3.4 研发人员总量	22.2	6	21.9	6	22.2	6	0.0	0
3.5 研究人员占从业人员比重	66.4	9	68.2	9	74.2	6	7.9	3
3.6 风险资本交易占 GDP 比重	14.4	25	3.1	39	3.1	43	−11.4	−18
4 创新产出竞争力	21.8	4	22.0	4	19.0	4	−2.9	0
4.1 专利授权数	39.7	4	45.8	4	28.4	4	−11.4	0
4.2 科技论文发表数	13.1	10	14.3	9	14.3	9	1.1	1
4.3 专利和许可收入	3.6	10	3.4	11	5.0	10	1.4	0
4.4 高技术产品出口额	26.7	6	23.3	5	22.8	5	−3.9	1
4.5 高技术产品出口比重	55.5	9	55.0	7	50.6	7	−4.9	2
4.6 注册商标数	9.6	5	8.5	5	8.7	4	−0.9	1
4.7 创意产品出口比重	4.7	16	3.6	18	3.2	21	−1.6	−5
5 创新潜力竞争力	36.1	26	22.8	31	20.1	28	−16.0	−2
5.1 公共教育支出总额	1.6	21	1.3	19	1.3	18	−0.2	3
5.2 公共教育支出占 GDP 比重	6.3	58	6.3	56	7.5	51	1.2	7
5.3 人均公共教育支出额	3.6	40	4.0	39	5.2	35	1.6	5
5.4 高等教育毛入学率	92.2	2	86.5	2	81.7	3	−10.5	−1
5.5 研发人员增长率	58.2	9	27.6	54	14.7	28	−43.5	−19
5.6 研发经费增长率	54.7	39	10.8	50	10.3	55	−44.5	−16

49

科威特国家创新竞争力评价分析报告

科威特位于西亚地区阿拉伯半岛东北部、波斯湾西北部，南部与沙特阿拉伯、北部与伊拉克接壤，同伊朗隔海相望。国土面积约 1.78 万平方公里，海岸线长 290 公里。2015 年全国年末总人口为 389.21 万人，实现国内生产总值（GDP）1140.4 亿美元，人均 GDP 为 28975 美元。本章通过对 2011～2015 年科威特国家创新竞争力及其各要素在全球的排名变化分析，为探寻科威特国家创新竞争力的推动点及影响因素提供分析依据。

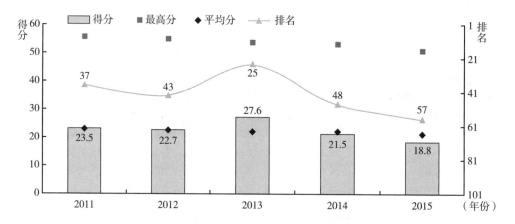

图 49-1　2011～2015 年国家创新竞争力得分和排名变化趋势

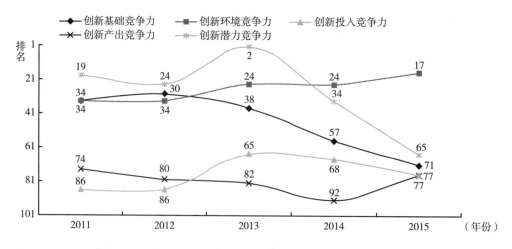

图 49-2　2011～2015 年国家创新竞争力二级指标排名变化趋势

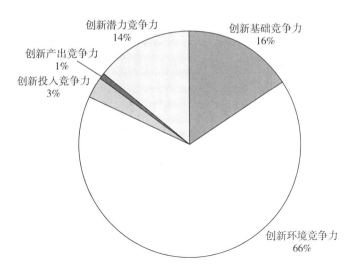

图 49 - 3　2015 年国家创新竞争力各二级指标的贡献率

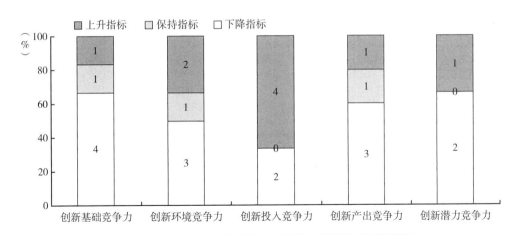

图 49 - 4　2011～2015 年国家创新竞争力指标动态变化结构

表 49 - 1　2011～2015 年科威特国家创新竞争力各级指标得分及排名变化

项　目 指　标	2011 年		2013 年		2015 年		综合变化	
	得分	排名	得分	排名	得分	排名	得分变化	排名变化
国家创新竞争力	23.5	37	27.6	25	18.8	57	-4.8	-20
1 创新基础竞争力	22.8	34	24.4	38	15.3	71	-7.6	-37
1.1 GDP	1.0	50	1.0	50	0.6	51	-0.4	-1
1.2 人均 GDP	41.5	15	42.4	15	28.2	23	-13.3	-8
1.3 财政收入	0.0	75	0.0	72	0.0	72	0.0	3
1.4 人均财政收入	0.1	58	0.1	62	0.0	72	-0.1	-14
1.5 外国直接投资	57.7	16	64.2	9	36.7	16	-20.9	0
1.6 受高等教育人员比重	—	—	—	—	—	—	—	—
1.7 全社会劳动生产率	36.8	19	38.8	17	26.2	23	-10.6	-4

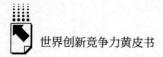
续表

指标　　　　项目	2011 年		2013 年		2015 年		综合变化	
	得分	排名	得分	排名	得分	排名	得分变化	排名变化
2 创新环境竞争力	53.2	34	58.3	24	62.1	17	8.9	17
2.1 千人因特网用户数	70.0	30	78.7	23	83.6	22	13.6	8
2.2 千人手机用户数	79.5	7	100.0	1	100.0	1	20.5	6
2.3 企业开业程序	26.7	85	26.7	87	26.7	89	0.0	-4
2.4 企业税负占利润比重	97.0	2	95.5	3	98.7	2	1.7	0
2.5 在线公共服务指数	45.8	36	48.7	46	63.4	49	17.5	-13
2.6 ISO 9001 质量体系认证数	0.1	67	0.2	68	0.1	71	0.0	-4
3 创新投入竞争力	1.2	86	3.2	65	2.4	77	1.1	9
3.1 研发经费支出总额	0.1	73	0.2	56	0.1	67	0.0	6
3.2 研发经费支出占 GDP 比重	1.3	90	4.2	75	4.2	81	2.9	9
3.3 人均研发经费支出	4.1	50	13.3	36	8.0	43	3.9	7
3.4 研发人员总量	0.0	84	0.0	83	0.0	83	0.0	1
3.5 研究人员占从业人员比重	1.8	71	1.7	72	1.7	72	-0.1	-1
3.6 风险资本交易占 GDP 比重	0.0	58	0.0	71	0.0	79	0.0	-21
4 创新产出竞争力	1.4	74	0.8	82	1.2	77	-0.2	-3
4.1 专利授权数	—	—	—	—	—	—	—	—
4.2 科技论文发表数	0.2	62	0.2	64	0.2	64	0.0	-2
4.3 专利和许可收入	—	—	—	—	—	—	—	—
4.4 高技术产品出口额	0.0	70	0.0	68	0.0	66	0.0	4
4.5 高技术产品出口比重	5.8	78	2.9	86	5.1	80	-0.7	-2
4.6 注册商标数	0.9	40	0.7	39	0.6	40	-0.3	0
4.7 创意产品出口比重	0.3	53	0.2	53	0.2	54	-0.1	-1
5 创新潜力竞争力	39.0	19	51.1	2	12.8	65	-26.2	-46
5.1 公共教育支出总额	—	—	—	—	—	—	—	—
5.2 公共教育支出占 GDP 比重	—	—	—	—	—	—	—	—
5.3 人均公共教育支出额	—	—	—	—	—	—	—	—
5.4 高等教育毛入学率	24.5	65	24.0	68	23.2	69	-1.3	-4
5.5 研发人员增长率	40.3	65	29.5	28	15.3	23	-24.9	42
5.6 研发经费增长率	52.2	51	100.0	1	0.0	97	-52.2	-46

Y.51
50
吉尔吉斯斯坦国家创新竞争力评价分析报告

吉尔吉斯斯坦位于中亚内陆，北部与哈萨克斯坦相接，西边则为乌兹别克斯坦，西南为塔吉克斯坦，东边紧邻中国，国土面积约 19.99 万平方公里。2015 年全国年末总人口为 595.69 万人，实现国内生产总值（GDP）66.782 亿美元，人均 GDP 为 1121.1 美元。本章通过对 2011～2015 年吉尔吉斯斯坦国家创新竞争力及其各要素在全球的排名变化分析，为探寻吉尔吉斯斯坦国家创新竞争力的推动点及影响因素提供分析依据。

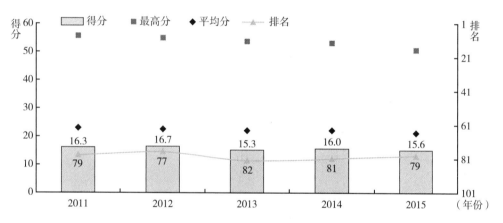

图 50－1　2011～2015 年国家创新竞争力得分和排名变化趋势

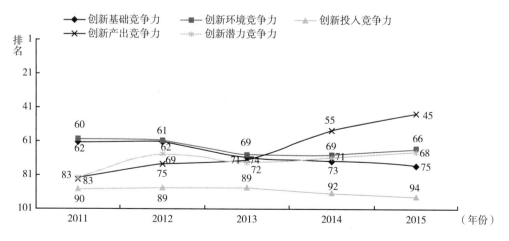

图 50－2　2011～2015 年国家创新竞争力二级指标排名变化趋势

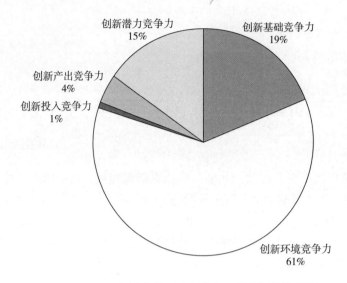

图 50 – 3　2015 年国家创新竞争力各二级指标的贡献率

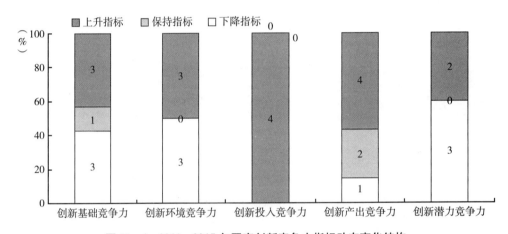

图 50 – 4　2011 ~ 2015 年国家创新竞争力指标动态变化结构

表 50 – 1　2011 ~ 2015 年吉尔吉斯斯坦国家创新竞争力各级指标得分及排名变化

项目 指标	2011 年		2013 年		2015 年		综合变化	
	得分	排名	得分	排名	得分	排名	得分变化	排名变化
国家创新竞争力	16.3	79	15.3	82	15.6	79	- 0.7	0
1 创新基础竞争力	16.7	62	18.3	71	14.7	75	- 2.0	- 13
1.1 GDP	0.0	100	0.0	99	0.0	99	0.0	1
1.2 人均 GDP	0.7	88	0.8	87	0.7	90	0.0	- 2
1.3 财政收入	0.0	69	0.0	62	0.0	56	0.0	13
1.4 人均财政收入	0.1	54	0.2	48	0.2	41	0.1	13
1.5 外国直接投资	55.7	42	59.9	40	34.9	51	- 20.8	- 9
1.6 受高等教育人员比重	59.4	28	66.2	50	66.2	47	6.8	- 19
1.7 全社会劳动生产率	0.7	90	0.9	90	0.9	90	0.2	0

续表

指标 \ 项目	2011 年		2013 年		2015 年		综合变化	
	得分	排名	得分	排名	得分	排名	得分变化	排名变化
2 创新环境竞争力	43.0	60	43.5	69	47.1	66	4.1	-6
2.1 千人因特网用户数	17.8	80	21.7	80	28.0	79	10.2	1
2.2 千人手机用户数	56.2	40	57.8	44	48.9	32	-7.2	8
2.3 企业开业程序	80.0	10	80.0	14	80.0	15	0.0	-5
2.4 企业税负占利润比重	75.4	34	80.7	26	86.0	26	10.6	8
2.5 在线公共服务指数	28.9	73	20.7	81	39.7	85	10.8	-12
2.6 ISO 9001 质量体系认证数	0.0	97	0.0	99	0.0	100	0.0	-3
3 创新投入竞争力	0.9	90	0.9	89	0.9	94	0.0	-4
3.1 研发经费支出总额	0.0	93	0.0	94	0.0	94	0.0	-1
3.2 研发经费支出占 GDP 比重	3.6	78	3.3	79	3.3	83	-0.3	-5
3.3 人均研发经费支出	0.2	88	0.2	90	0.2	91	0.0	-3
3.4 研发人员总量	—	—	—	—	—	—	—	—
3.5 研究人员占从业人员比重	—	—	—	—	—	—	—	—
3.6 风险资本交易占 GDP 比重	0.0	58	0.0	71	0.0	79	0.0	-21
4 创新产出竞争力	1.0	83	1.6	72	3.2	45	2.3	38
4.1 专利授权数	0.0	66	0.0	67	0.0	61	0.0	5
4.2 科技论文发表数	0.0	99	0.0	99	0.0	99	0.0	0
4.3 专利和许可收入	0.0	69	0.0	66	0.0	71	0.0	-2
4.4 高技术产品出口额	0.0	89	0.0	86	0.0	80	0.0	9
4.5 高技术产品出口比重	6.5	77	10.7	63	22.4	33	15.9	44
4.6 注册商标数	0.2	77	0.2	75	0.1	76	-0.1	1
4.7 创意产品出口比重	0.0	90	0.0	90	0.0	90	0.0	0
5 创新潜力竞争力	20.0	83	12.5	74	11.9	68	-8.0	15
5.1 公共教育支出总额	0.0	87	0.0	86	0.0	88	0.0	-1
5.2 公共教育支出占 GDP 比重	10.6	24	10.7	26	8.4	38	-2.2	-14
5.3 人均公共教育支出额	0.2	77	0.3	78	0.2	82	0.0	-5
5.4 高等教育毛入学率	37.7	52	42.6	50	40.8	49	3.0	3
5.5 研发人员增长率	—	—	—	—	—	—	—	—
5.6 研发经费增长率	51.3	56	9.2	77	10.3	54	-41.0	2

51

拉脱维亚国家创新竞争力评价分析报告

　　拉脱维亚位于欧洲东北部，西邻波罗的海，东与俄罗斯、白俄罗斯二国相邻，北临爱沙尼亚，南临立陶宛。国土面积约 6.46 万平方公里，海岸线长 307 公里。2015 年全国年末总人口为 197.75 万人，实现国内生产总值（GDP）270.26 亿美元，人均 GDP 为 13667 美元。本章通过对 2011~2015 年拉脱维亚国家创新竞争力及其各要素在全球的排名变化分析，为探寻拉脱维亚国家创新竞争力的推动点及影响因素提供分析依据。

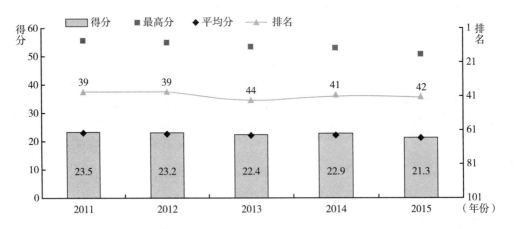

图 51-1　2011~2015 年国家创新竞争力得分和排名变化趋势

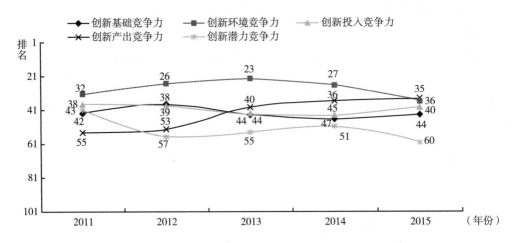

图 51-2　2011~2015 年国家创新竞争力二级指标排名变化趋势

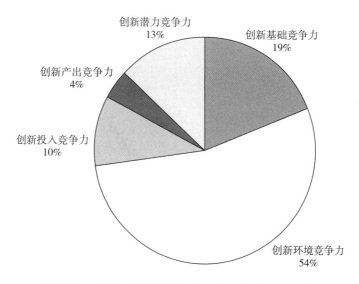

图 51 - 3   2015 年国家创新竞争力各二级指标的贡献率

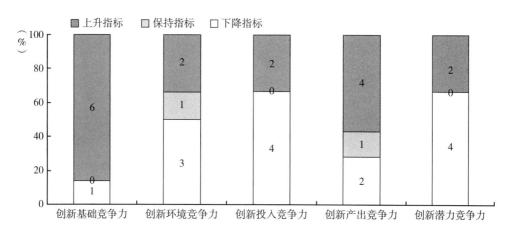

图 51 - 4   2011 ~ 2015 年国家创新竞争力指标动态变化结构

表 51 - 1   2011 ~ 2015 年拉脱维亚国家创新竞争力各级指标得分及排名变化

项　目 指　标	2011 年		2013 年		2015 年		综合变化	
	得分	排名	得分	排名	得分	排名	得分变化	排名变化
国家创新竞争力	23. 5	39	22. 4	44	21. 3	42	- 2. 2	- 3
1 创新基础竞争力	21. 0	43	23. 6	44	20. 0	44	- 1. 0	- 1
1. 1 GDP	0. 1	76	0. 1	77	0. 1	79	0. 0	- 3
1. 2 人均 GDP	11. 6	42	13. 0	39	13. 1	37	1. 5	5
1. 3 财政收入	0. 0	87	0. 0	81	0. 0	74	0. 0	13
1. 4 人均财政收入	0. 1	74	0. 1	72	0. 1	69	0. 0	5
1. 5 外国直接投资	55. 5	58	59. 9	37	35. 0	44	- 20. 6	14
1. 6 受高等教育人员比重	69. 0	14	79. 7	11	78. 9	13	9. 9	1
1. 7 全社会劳动生产率	10. 8	43	12. 2	41	12. 6	42	1. 8	1

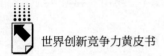

续表

指标 \ 项目	2011 年		2013 年		2015 年		综合变化	
	得分	排名	得分	排名	得分	排名	得分变化	排名变化
2 创新环境竞争力	54.0	32	58.5	23	57.7	36	3.8	-4
2.1 千人因特网用户数	74.3	23	78.5	24	80.5	25	6.2	-2
2.2 千人手机用户数	53.5	47	59.8	39	46.2	42	-7.3	5
2.3 企业开业程序	80.0	10	80.0	14	80.0	15	0.0	-5
2.4 企业税负占利润比重	72.0	43	75.4	42	80.5	42	8.5	1
2.5 在线公共服务指数	43.7	43	56.8	35	58.8	56	15.1	-13
2.6 ISO 9001 质量体系认证数	0.3	59	0.4	58	0.4	59	0.1	0
3 创新投入竞争力	10.4	38	8.6	44	10.6	40	0.2	-2
3.1 研发经费支出总额	0.1	69	0.1	74	0.1	75	0.0	-6
3.2 研发经费支出占 GDP 比重	9.0	57	8.3	65	10.3	62	1.3	-5
3.3 人均研发经费支出	7.6	43	7.9	44	9.0	41	1.4	2
3.4 研发人员总量	0.3	59	0.2	61	0.2	62	-0.1	-3
3.5 研究人员占从业人员比重	27.4	33	24.9	35	25.8	35	-1.6	-2
3.6 风险资本交易占 GDP 比重	18.3	21	10.3	21	18.5	14	0.2	7
4 创新产出竞争力	2.7	55	3.9	40	4.2	35	1.5	20
4.1 专利授权数	0.1	57	0.0	57	0.0	56	-0.1	1
4.2 科技论文发表数	0.3	58	0.3	58	0.3	58	0.0	0
4.3 专利和许可收入	0.0	57	0.0	59	0.0	63	0.0	-6
4.4 高技术产品出口额	0.1	55	0.2	48	0.2	47	0.1	8
4.5 高技术产品出口比重	17.8	45	26.4	31	28.4	21	10.6	24
4.6 注册商标数	0.2	76	0.2	77	0.1	78	-0.1	-2
4.7 创意产品出口比重	0.2	55	0.2	52	0.2	49	0.0	6
5 创新潜力竞争力	29.5	42	17.5	55	14.1	60	-15.4	-18
5.1 公共教育支出总额	0.0	75	0.0	71	0.0	76	0.0	-1
5.2 公共教育支出占 GDP 比重	6.9	52	11.1	25	7.9	45	1.0	7
5.3 人均公共教育支出额	2.2	46	3.5	41	2.7	42	0.5	4
5.4 高等教育毛入学率	62.1	24	60.5	24	58.6	28	-3.5	-4
5.5 研发人员增长率	39.8	67	22.4	85	7.4	87	-32.4	-20
5.6 研发经费增长率	65.9	8	7.6	87	7.8	73	-58.1	-65

Y.53
52
立陶宛国家创新竞争力评价分析报告

　　立陶宛位于波罗的海东岸，东南邻白俄罗斯，西南是俄罗斯的加里宁格勒州和波兰，北临拉脱维亚。国土面积6.53万平方公里，海岸线长90公里。2015年全国年末总人口为290.49万人，实现国内生产总值（GDP）414.02亿美元，人均GDP为14252美元。本章通过对2011~2015年立陶宛国家创新竞争力及其各要素在全球的排名变化分析，为探寻立陶宛国家创新竞争力的推动点及影响因素提供分析依据。

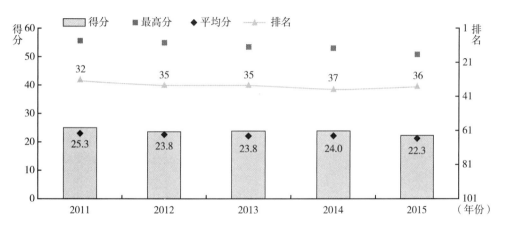

图52-1　2011~2015年国家创新竞争力得分和排名变化趋势

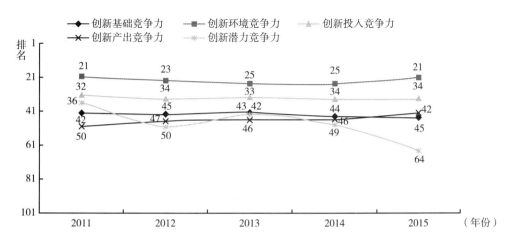

图52-2　2011~2015年国家创新竞争力二级指标排名变化趋势

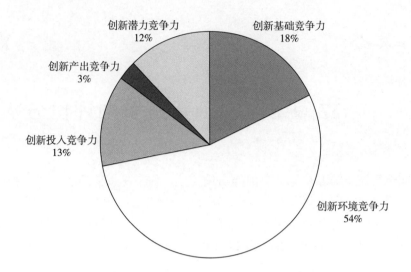

图 52 – 3 2015 年国家创新竞争力各二级指标的贡献率

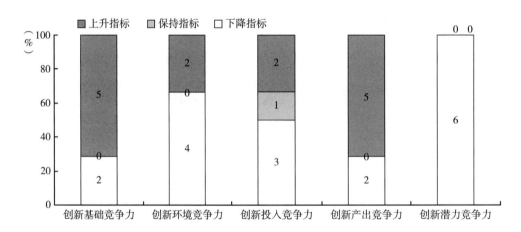

图 52 – 4 2011~2015 年国家创新竞争力指标动态变化结构

表 52 – 1 2011~2015 年立陶宛国家创新竞争力各级指标得分及排名变化

项目\n指标	2011 年		2013 年		2015 年		综合变化	
	得分	排名	得分	排名	得分	排名	得分变化	排名变化
国家创新竞争力	25.3	32	23.8	35	22.3	36	−2.9	−4
1 创新基础竞争力	21.2	42	23.8	42	19.9	45	−1.3	−3
1.1 GDP	0.2	68	0.2	70	0.2	72	0.0	−4
1.2 人均 GDP	12.1	37	13.6	37	13.7	36	1.5	1
1.3 财政收入	0.0	92	0.0	86	0.0	79	0.0	13
1.4 人均财政收入	0.0	88	0.0	85	0.0	79	0.0	9
1.5 外国直接投资	55.5	59	60.0	29	34.9	45	−20.6	14
1.6 受高等教育人员比重	69.0	14	79.4	13	77.5	17	8.5	−3
1.7 全社会劳动生产率	11.6	39	13.2	38	13.3	38	1.8	1

指标＼项目	2011 年		2013 年		2015 年		综合变化	
	得分	排名	得分	排名	得分	排名	得分变化	排名变化
2 创新环境竞争力	56.1	21	58.3	25	60.3	21	4.2	0
2.1 千人因特网用户数	67.7	31	71.1	32	72.1	36	4.4	−5
2.2 千人手机用户数	81.9	4	76.1	14	52.4	26	−29.5	−22
2.3 企业开业程序	66.7	27	66.7	35	80.0	15	13.3	12
2.4 企业税负占利润比重	66.2	62	68.3	66	75.2	65	9.0	−3
2.5 在线公共服务指数	53.7	26	67.0	24	81.7	21	27.9	5
2.6 ISO 9001 质量体系认证数	0.5	53	0.4	55	0.4	56	0.0	−3
3 创新投入竞争力	14.8	32	13.7	33	14.7	34	−0.2	−2
3.1 研发经费支出总额	0.1	61	0.2	61	0.2	57	0.1	4
3.2 研发经费支出占 GDP 比重	12.7	40	14.5	35	19.1	30	6.4	10
3.3 人均研发经费支出	11.2	33	14.5	33	17.4	33	6.2	0
3.4 研发人员总量	0.6	51	0.6	53	0.5	52	−0.1	−1
3.5 研究人员占从业人员比重	38.6	29	36.1	29	33.9	30	−4.7	−1
3.6 风险资本交易占 GDP 比重	25.8	15	16.5	15	16.9	17	−8.8	−2
4 创新产出竞争力	3.4	50	3.3	46	3.4	42	0.0	8
4.1 专利授权数	0.0	67	0.0	66	0.0	57	0.0	10
4.2 科技论文发表数	0.5	52	0.5	54	0.5	54	0.0	−2
4.3 专利和许可收入	0.0	73	0.0	46	0.0	50	0.0	23
4.4 高技术产品出口额	0.3	45	0.3	42	0.3	40	0.0	5
4.5 高技术产品出口比重	22.0	35	21.0	35	22.3	34	0.3	1
4.6 注册商标数	0.3	69	0.2	70	0.2	72	−0.1	−3
4.7 创意产品出口比重	0.7	37	0.7	35	0.6	33	−0.1	4
5 创新潜力竞争力	30.7	36	19.9	43	13.3	64	−17.4	−28
5.1 公共教育支出总额	0.1	68	0.0	70	0.0	71	−0.1	−3
5.2 公共教育支出占 GDP 比重	7.3	47	6.3	58	6.6	61	−0.7	−14
5.3 人均公共教育支出额	2.4	43	2.4	47	2.5	47	0.1	−4
5.4 高等教育毛入学率	74.7	11	65.1	22	59.9	25	−14.8	−14
5.5 研发人员增长率	32.0	82	30.8	18	0.0	90	−32.0	−8
5.6 研发经费增长率	67.7	6	14.8	19	10.7	46	−57.0	−40

Y.54

53

卢森堡国家创新竞争力评价分析报告

卢森堡位于欧洲西北部，被邻国法国、德国和比利时包围，是一个内陆小国，国土面积 2586.4 平方公里。2015 年全国年末总人口为 56.96 万人，实现国内生产总值（GDP）580.48 亿美元，人均 GDP 为 101910 美元。本章通过对 2011～2015 年卢森堡国家创新竞争力及其各要素在全球的排名变化分析，为探寻卢森堡国家创新竞争力的推动点及影响因素提供分析依据。

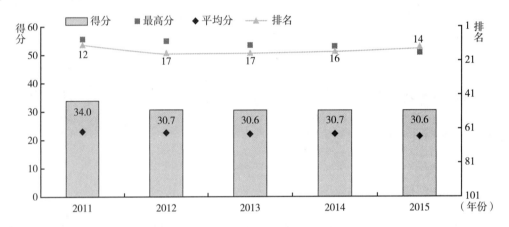

图 53-1　2011～2015 年国家创新竞争力得分和排名变化趋势

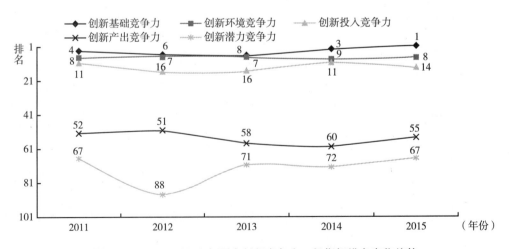

图 53-2　2011～2015 年国家创新竞争力二级指标排名变化趋势

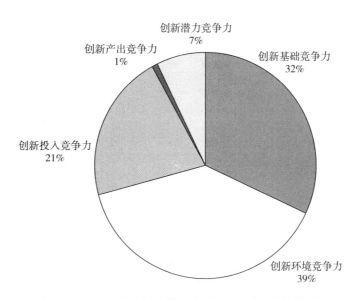

图 53 - 3　2015 年国家创新竞争力各二级指标的贡献率

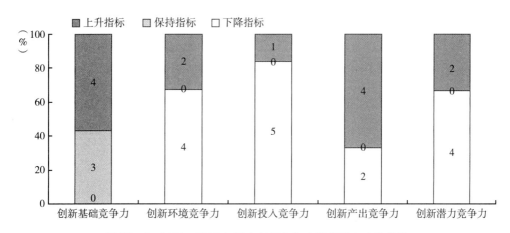

图 53 - 4　2011 ~ 2015 年国家创新竞争力指标动态变化结构

表 53 - 1　2011 ~ 2015 年卢森堡国家创新竞争力各级指标得分及排名变化

项　目 指　标	2011 年		2013 年		2015 年		综合变化	
	得分	排名	得分	排名	得分	排名	得分变化	排名变化
国家创新竞争力	34.0	12	30.6	17	30.6	14	- 3.4	- 2
1 创新基础竞争力	43.8	4	42.0	7	53.3	1	9.5	3
1.1 GDP	0.3	61	0.3	60	0.3	61	0.0	0
1.2 人均 GDP	100.0	1	100.0	1	100.0	1	0.0	0
1.3 财政收入	0.0	81	0.0	76	0.0	69	0.0	12
1.4 人均财政收入	0.4	33	0.4	31	0.4	29	0.0	4
1.5 外国直接投资	48.0	96	22.0	98	100.0	1	52.0	95
1.6 受高等教育人员比重	57.5	35	71.5	35	72.1	32	14.5	3
1.7 全社会劳动生产率	100.0	1	100.0	1	100.0	1	0.0	0

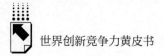
续表

指标 \ 项目	2011 年		2013 年		2015 年		综合变化	
	得分	排名	得分	排名	得分	排名	得分变化	排名变化
2 创新环境竞争力	63.3	8	65.6	8	65.6	8	2.2	0
2.1 千人因特网用户数	96.3	4	98.6	5	100.0	1	3.7	3
2.2 千人手机用户数	74.1	12	74.5	17	57.0	16	−17.0	−4
2.3 企业开业程序	73.3	19	73.3	22	73.3	29	0.0	−10
2.4 企业税负占利润比重	88.3	7	88.4	9	92.6	9	4.3	−2
2.5 在线公共服务指数	48.0	33	58.8	33	70.2	37	22.2	−4
2.6 ISO 9001 质量体系认证数	0.1	79	0.1	72	0.1	76	0.0	3
3 创新投入竞争力	35.7	11	29.1	16	35.0	14	−0.7	−3
3.1 研发经费支出总额	0.2	57	0.1	64	0.2	63	0.0	−6
3.2 研发经费支出占 GDP 比重	10.4	47	9.8	57	11.8	56	1.4	−9
3.3 人均研发经费支出	74.4	6	71.6	12	77.2	11	2.8	−5
3.4 研发人员总量	0.2	61	0.2	62	0.2	63	0.0	−2
3.5 研究人员占从业人员比重	100.0	1	85.4	4	91.4	3	−8.6	−2
3.6 风险资本交易占 GDP 比重	29.0	13	7.2	27	29.2	10	0.2	3
4 创新产出竞争力	3.3	52	2.5	58	2.4	55	−0.9	−3
4.1 专利授权数	0.0	70	0.0	62	0.0	55	0.0	15
4.2 科技论文发表数	0.1	70	0.2	67	0.2	67	0.1	3
4.3 专利和许可收入	0.5	23	1.1	19	1.3	18	0.8	5
4.4 高技术产品出口额	0.2	48	0.1	54	0.1	52	−0.1	−4
4.5 高技术产品出口比重	19.0	43	13.4	55	12.9	52	−6.1	−9
4.6 注册商标数	—	—	—	—	—	—	—	—
4.7 创意产品出口比重	0.1	70	0.1	67	0.1	68	0.0	2
5 创新潜力竞争力	23.9	67	13.7	71	12.0	67	−11.9	0
5.1 公共教育支出总额	0.1	66	0.1	67	0.0	67	−0.1	−1
5.2 公共教育支出占 GDP 比重	5.3	66	5.4	68	5.5	68	0.2	−2
5.3 人均公共教育支出额	15.8	11	15.6	12	15.8	12	0.0	−1
5.4 高等教育毛入学率	16.9	73	17.0	75	16.5	76	−0.4	−3
5.5 研发人员增长率	55.3	13	31.4	17	21.9	12	−33.4	1
5.6 研发经费增长率	50.0	64	12.5	32	12.2	29	−37.9	35

马其顿国家创新竞争力评价分析报告

马其顿位于欧洲东南部巴尔干半岛，属于内陆国家，东邻保加利亚，北邻塞尔维亚和黑山，西邻阿尔巴尼亚，南邻希腊，国土面积约 2.57 万平方公里。2015 年全国年末总人口为 207.85 万人，实现国内生产总值（GDP）100.52 亿美元，人均 GDP 为 4834.1 美元。本章通过对 2011～2015 年马其顿国家创新竞争力及其各要素在全球的排名变化分析，为探寻马其顿国家创新竞争力的推动点及影响因素提供分析依据。

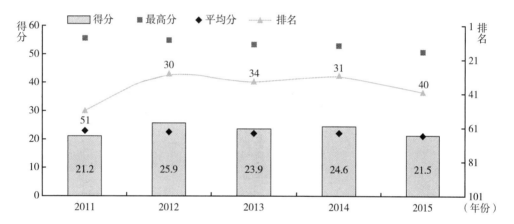

图 54－1　2011～2015 年国家创新竞争力得分和排名变化趋势

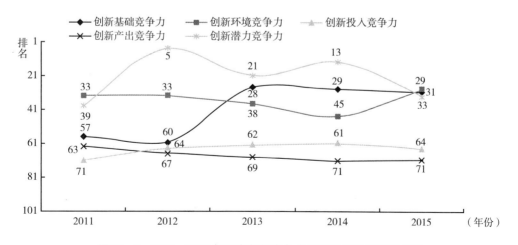

图 54－2　2011～2015 年国家创新竞争力二级指标排名变化趋势

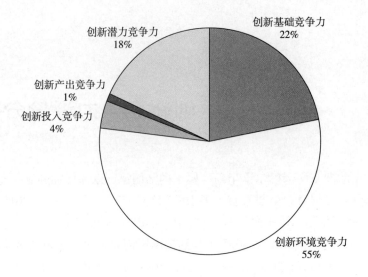

图 54 - 3　2015 年国家创新竞争力各二级指标的贡献率

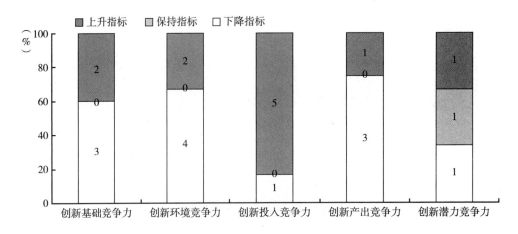

图 54 - 4　2011 ~ 2015 年国家创新竞争力指标动态变化结构

表 54 - 1　2011 ~ 2015 年马其顿国家创新竞争力各级指标得分及排名变化

项　目 指　标	2011 年		2013 年		2015 年		综合变化	
	得分	排名	得分	排名	得分	排名	得分变化	排名变化
国家创新竞争力	21.2	51	23.9	34	21.5	40	0.3	11
1 创新基础竞争力	18.1	57	28.3	28	23.7	31	5.6	26
1.1 GDP	0.0	95	0.0	97	0.0	97	0.0	-2
1.2 人均 GDP	4.1	66	4.3	66	4.4	65	0.3	1
1.3 财政收入	0.0	59	—		—		—	
1.4 人均财政收入	0.8	26	—		—		—	
1.5 外国直接投资	55.8	35	60.0	30	35.1	32	-20.7	3
1.6 受高等教育人员比重	61.8	24	72.7	31	74.4	26	12.5	-2
1.7 全社会劳动生产率	4.2	66	4.5	68	4.7	69	0.5	-3

续表

指　　标 ＼ 项　目	2011 年		2013 年		2015 年		综合变化	
	得分	排名	得分	排名	得分	排名	得分变化	排名变化
2 创新环境竞争力	53.5	33	53.9	38	58.9	29	5.4	4
2.1 千人因特网用户数	60.2	36	67.6	37	71.1	38	10.9	−2
2.2 千人手机用户数	50.0	60	48.4	68	31.4	80	−18.6	−20
2.3 企业开业程序	80.0	10	86.7	3	93.3	2	13.3	8
2.4 企业税负占利润比重	100.0	1	100.0	1	98.7	2	−1.3	−1
2.5 在线公共服务指数	30.5	68	20.4	82	58.8	56	28.2	12
2.6 ISO 9001 质量体系认证数	0.1	69	0.2	70	0.1	70	0.0	−1
3 创新投入竞争力	2.2	71	3.7	62	4.5	64	2.3	7
3.1 研发经费支出总额	0.0	87	0.0	84	0.0	83	0.0	4
3.2 研发经费支出占 GDP 比重	4.5	74	9.6	59	11.6	57	7.0	17
3.3 人均研发经费支出	1.4	70	3.1	61	3.6	59	2.2	11
3.4 研发人员总量	0.1	76	0.1	69	0.1	68	0.0	8
3.5 研究人员占从业人员比重	7.2	52	9.4	50	11.6	50	4.4	2
3.6 风险资本交易占 GDP 比重	0.0	58	0.0	71	0.0	79	0.0	−21
4 创新产出竞争力	2.1	63	1.9	69	1.4	71	−0.7	−8
4.1 专利授权数	—	—	—	—	—	—	—	—
4.2 科技论文发表数	0.1	77	0.1	78	0.1	78	0.0	−1
4.3 专利和许可收入	0.0	56	0.0	61	0.0	62	0.0	−6
4.4 高技术产品出口额	0.0	71	0.0	66	0.0	69	0.0	2
4.5 高技术产品出口比重	8.4	71	7.4	74	5.6	78	−2.8	−7
4.6 注册商标数	—	—	—	—	—	—	—	—
4.7 创意产品出口比重	—	—	—	—	—	—	—	—
5 创新潜力竞争力	30.1	39	31.6	21	19.0	33	−11.2	6
5.1 公共教育支出总额	—	—	—	—	—	—	—	—
5.2 公共教育支出占 GDP 比重	—	—	—	—	—	—	—	—
5.3 人均公共教育支出额	—	—	—	—	—	—	—	—
5.4 高等教育毛入学率	36.6	55	35.3	56	36.5	55	−0.2	0
5.5 研发人员增长率	4.4	89	32.6	10	14.1	38	9.7	51
5.6 研发经费增长率	49.4	66	26.9	7	6.3	83	−43.1	−17

Y.56

55

马达加斯加国家创新竞争力评价分析报告

马达加斯加是非洲岛国，位于印度洋西部，隔莫桑比克海峡与非洲大陆相望，国土面积约59.1万平方公里。2015年全国年末总人口为2423.5万人，实现国内生产总值（GDP）97.387亿美元，人均GDP为401.86美元。本章通过对2011~2015年马达加斯加国家创新竞争力及其各要素在全球的排名变化分析，为探寻马达加斯加国家创新竞争力的推动点及影响因素提供分析依据。

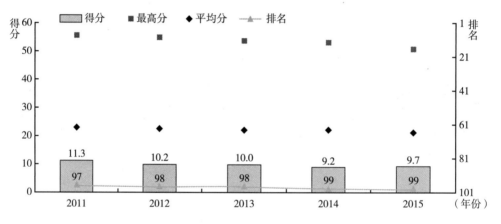

图55-1　2011~2015年国家创新竞争力得分和排名变化趋势

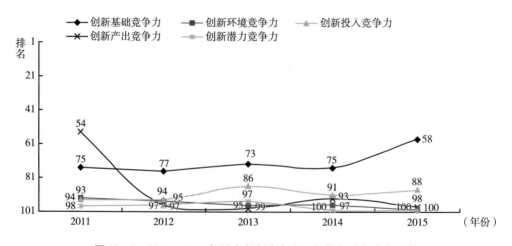

图55-2　2011~2015年国家创新竞争力二级指标排名变化趋势

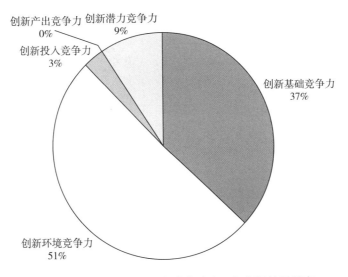

图 55-3　2015 年国家创新竞争力各二级指标的贡献率

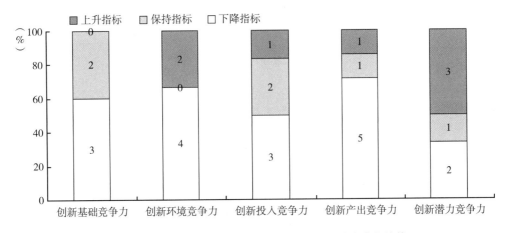

图 55-4　2011~2015 年国家创新竞争力指标动态变化结构

表 55-1　2011~2015 年马达加斯加国家创新竞争力各级指标得分及排名变化

项目 指标	2011 年		2013 年		2015 年		综合变化	
	得分	排名	得分	排名	得分	排名	得分变化	排名变化
国家创新竞争力	11.3	97	10.0	98	9.7	99	-1.7	-2
1 创新基础竞争力	13.6	75	17.2	73	18.0	58	4.4	17
1.1 GDP	0.0	98	0.0	98	0.0	98	0.0	0
1.2 人均 GDP	0.1	99	0.1	99	0.0	99	-0.1	0
1.3 财政收入	0.2	21	0.2	21	—	—	—	—
1.4 人均财政收入	1.3	24	1.3	21	—	—	—	—
1.5 外国直接投资	55.7	41	59.9	39	35.0	42	-20.7	-1
1.6 受高等教育人员比重	38.2	68	59.0	67	55.1	71	17.0	-3
1.7 全社会劳动生产率	0.1	99	0.1	99	0.0	100	-0.1	-1

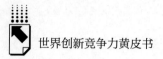
指标 项目	2011 年		2013 年		2015 年		综合变化	
	得分	排名	得分	排名	得分	排名	得分变化	排名变化
2 创新环境竞争力	25.0	93	23.9	97	24.5	100	−0.5	−7
2.1 千人因特网用户数	0.9	99	0.0	100	0.0	100	−0.9	−1
2.2 千人手机用户数	13.6	97	5.9	98	3.2	98	−10.4	−1
2.3 企业开业程序	53.3	61	53.3	64	46.7	77	−6.7	−16
2.4 企业税负占利润比重	68.0	58	71.9	51	78.8	51	10.8	7
2.5 在线公共服务指数	14.4	93	12.4	95	18.3	95	4.0	−2
2.6 ISO 9001 质量体系认证数	0.0	90	0.0	91	0.0	86	0.0	4
3 创新投入竞争力	0.6	94	1.4	86	1.4	88	0.9	6
3.1 研发经费支出总额	0.0	90	0.0	91	0.0	96	0.0	−6
3.2 研发经费支出占 GDP 比重	2.8	82	2.8	83	0.3	96	−2.4	−14
3.3 人均研发经费支出	0.0	95	0.0	95	0.0	95	0.0	0
3.4 研发人员总量	0.1	73	0.1	73	0.1	73	0.0	0
3.5 研究人员占从业人员比重	0.4	77	0.4	78	0.4	78	0.0	−1
3.6 风险资本交易占 GDP 比重	0.0	58	5.2	28	7.7	31	7.7	27
4 创新产出竞争力	3.0	54	0.1	99	0.1	98	−2.9	−44
4.1 专利授权数	0.0	71	0.0	73	0.0	76	0.0	−5
4.2 科技论文发表数	0.0	90	0.0	90	0.0	90	0.0	0
4.3 专利和许可收入	0.0	50	0.0	55	0.0	56	0.0	−6
4.4 高技术产品出口额	0.0	79	0.0	98	0.0	98	0.0	−19
4.5 高技术产品出口比重	20.9	40	0.6	95	0.4	97	−20.5	−57
4.6 注册商标数	0.1	84	0.1	85	0.1	85	0.0	−1
4.7 创意产品出口比重	0.0	75	0.0	71	0.0	74	0.0	1
5 创新潜力竞争力	14.5	98	7.3	95	4.4	100	−10.1	−2
5.1 公共教育支出总额	0.0	91	0.0	92	0.0	92	0.0	−1
5.2 公共教育支出占 GDP 比重	2.6	86	1.2	89	1.5	90	−1.0	−4
5.3 人均公共教育支出额	0.0	92	0.0	92	0.0	92	0.0	0
5.4 高等教育毛入学率	3.0	89	3.2	89	3.5	88	0.5	1
5.5 研发人员增长率	39.5	70	28.1	46	14.4	34	−25.2	36
5.6 研发经费增长率	41.6	92	11.5	39	6.9	79	−34.7	13

马拉维国家创新竞争力评价分析报告

马拉维位于非洲东南部，是个内陆国家，北与坦桑尼亚接壤，东、南与莫桑比克交界，西与赞比亚为邻，国土面积 11.8 万平方公里。2015 年全国年末总人口为 1721.5 万人，实现国内生产总值（GDP）63.732 亿美元，人均 GDP 为 362.66 美元。本章通过对 2011~2015 年马拉维国家创新竞争力及其各要素在全球的排名变化分析，为探寻马拉维国家创新竞争力的推动点及影响因素提供分析依据。

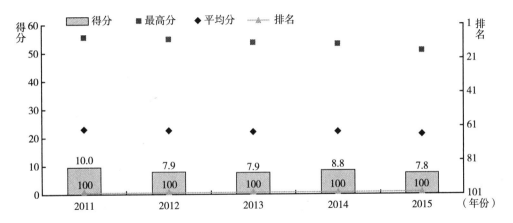

图 56-1　2011~2015 年国家创新竞争力得分和排名变化趋势

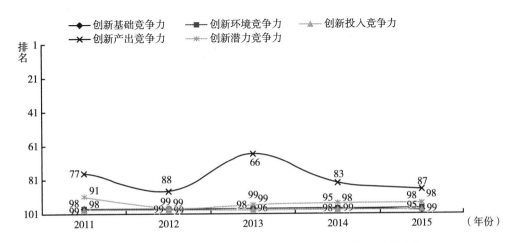

图 56-2　2011~2015 年国家创新竞争力二级指标排名变化趋势

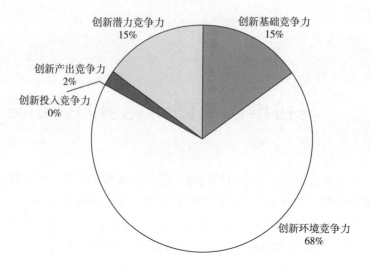

图 56 - 3　2015 年国家创新竞争力各二级指标的贡献率

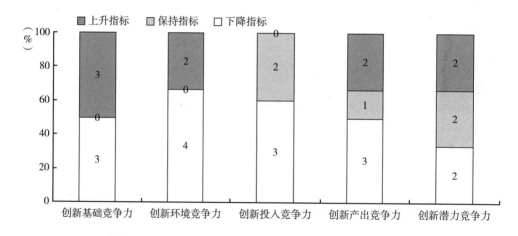

图 56 - 4　2011～2015 年国家创新竞争力指标动态变化结构

表 56 - 1　2011～2015 年马拉维国家创新竞争力各级指标得分及排名变化

项　目 指　标	2011 年		2013 年		2015 年		综合变化	
	得分	排名	得分	排名	得分	排名	得分变化	排名变化
国家创新竞争力	10.0	100	7.9	100	7.8	100	- 2.2	0
1 创新基础竞争力	9.4	98	10.0	98	5.9	99	- 3.5	- 1
1.1 GDP	0.0	99	0.0	100	0.0	100	0.0	- 1
1.2 人均 GDP	0.1	98	0.0	100	0.0	100	- 0.1	- 2
1.3 财政收入	0.0	52	0.0	50	0.0	39	0.0	13
1.4 人均财政收入	0.2	46	0.2	36	0.4	30	0.2	16
1.5 外国直接投资	55.7	44	59.9	35	35.0	41	- 20.7	3
1.6 受高等教育人员比重	—	—	—	—	—	—	—	—
1.7 全社会劳动生产率	0.2	98	0.0	100	0.0	99	- 0.2	- 1

续表

指标＼项目	2011 年		2013 年		2015 年		综合变化	
	得分	排名	得分	排名	得分	排名	得分变化	排名变化
2 创新环境竞争力	21.2	98	20.6	99	26.3	98	5.1	0
2.1 千人因特网用户数	2.4	94	2.2	96	5.5	97	3.1	−3
2.2 千人手机用户数	5.5	99	3.1	99	0.0	100	−5.5	−1
2.3 企业开业程序	40.0	77	40.0	81	53.3	64	13.3	13
2.4 企业税负占利润比重	79.6	26	76.7	38	81.6	40	2.0	−14
2.5 在线公共服务指数	0.0	100	1.6	99	17.6	96	17.6	4
2.6 ISO 9001 质量体系认证数	0.0	95	0.0	94	0.0	97	0.0	−2
3 创新投入竞争力	0.2	99	0.2	99	0.2	99	0.0	0
3.1 研发经费支出总额	0.0	97	0.0	97	0.0	97	0.0	0
3.2 研发经费支出占 GDP 比重	0.0	97	0.0	97	0.0	97	0.0	0
3.3 人均研发经费支出	—	—	—	—	—	—	—	—
3.4 研发人员总量	0.0	78	0.0	80	0.0	81	0.0	−3
3.5 研究人员占从业人员比重	0.9	72	0.9	73	0.9	73	0.0	−1
3.6 风险资本交易占 GDP 比重	0.0	58	0.0	71	0.0	79	0.0	−21
4 创新产出竞争力	1.2	77	2.0	66	0.7	87	−0.5	−10
4.1 专利授权数	0.0	82	0.0	82	0.0	81	0.0	1
4.2 科技论文发表数	0.0	83	0.0	89	0.0	89	0.0	−6
4.3 专利和许可收入	—	—	—	—	—	—	—	—
4.4 高技术产品出口额	0.0	97	0.0	95	0.0	94	0.0	3
4.5 高技术产品出口比重	6.9	74	12.1	58	4.1	84	−2.8	−10
4.6 注册商标数	0.1	87	0.1	90	0.1	87	0.0	0
4.7 创意产品出口比重	0.0	90	0.0	96	0.0	95	0.0	−5
5 创新潜力竞争力	17.9	91	6.9	96	5.8	95	−12.0	−4
5.1 公共教育支出总额	0.0	89	0.0	90	0.0	89	0.0	0
5.2 公共教育支出占 GDP 比重	5.3	65	7.9	42	8.6	36	3.3	29
5.3 人均公共教育支出额	0.0	89	0.0	90	0.0	90	0.0	−1
5.4 高等教育毛入学率	0.0	91	0.0	91	0.0	91	0.0	0
5.5 研究人员增长率	44.7	35	28.3	40	14.7	29	−30.0	6
5.6 研发经费增长率	57.2	29	5.1	90	11.6	33	−45.6	−4

马来西亚国家创新竞争力评价分析报告

马来西亚被南中国海分为两个部分：位于马来半岛的马来西亚半岛（北接泰国，南部与新加坡隔柔佛海峡相望）及位于加里曼丹岛北部的马来西亚沙巴州、砂拉越州（南接印度尼西亚，文莱夹在沙巴州和砂拉越州之间），国土面积约 33.03 万平方公里。2015 年全国年末总人口为 3033.1 万人，实现国内生产总值（GDP）2962.8 亿美元，人均 GDP 为 9643.6 美元。本章通过对 2011～2015 年马来西亚国家创新竞争力及其各要素在全球的排名变化分析，为探寻马来西亚国家创新竞争力的推动点及影响因素提供分析依据。

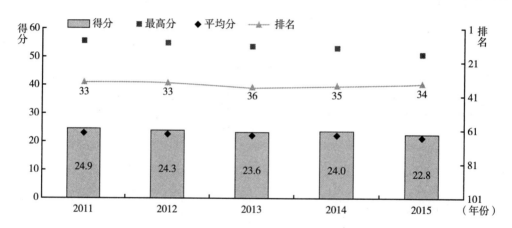

图 57 - 1 2011～2015 年国家创新竞争力得分和排名变化趋势

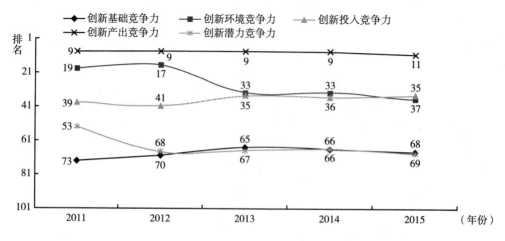

图 57 - 2 2011～2015 年国家创新竞争力二级指标排名变化趋势

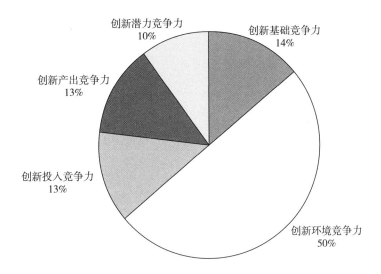

图 57 - 3　2015 年国家创新竞争力各二级指标的贡献率

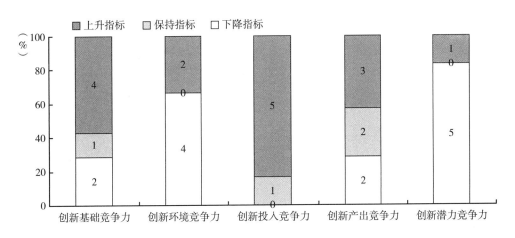

图 57 - 4　2011~2015 年国家创新竞争力指标动态变化结构

表 57 - 1　2011~2015 年马来西亚国家创新竞争力各级指标得分及排名变化

项 目 指 标	2011 年		2013 年		2015 年		综合变化	
	得分	排名	得分	排名	得分	排名	得分变化	排名变化
国家创新竞争力	24.9	33	23.6	36	22.8	34	- 2.2	- 1
1 创新基础竞争力	14.3	73	19.1	65	15.8	68	1.5	5
1.1 GDP	1.9	32	1.9	32	1.6	34	- 0.3	- 2
1.2 人均 GDP	8.7	47	9.3	48	9.1	47	0.4	0
1.3 财政收入	0.0	54	0.0	52	0.0	49	0.0	5
1.4 人均财政收入	0.1	68	0.1	66	0.1	64	0.0	4
1.5 外国直接投资	56.6	19	60.6	15	34.8	54	- 21.8	- 35
1.6 受高等教育人员比重	23.4	71	52.1	70	55.3	70	31.9	1
1.7 全社会劳动生产率	9.2	47	9.7	48	9.6	46	0.4	1

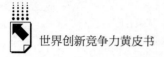
续表

指标＼项目	2011 年 得分	2011 年 排名	2013 年 得分	2013 年 排名	2015 年 得分	2015 年 排名	综合变化 得分变化	综合变化 排名变化
2 创新环境竞争力	56.7	19	56.9	33	57.5	37	0.7	−18
2.1 千人因特网用户数	64.8	33	58.7	49	71.8	37	7.0	−4
2.2 千人手机用户数	62.5	25	72.0	21	54.7	21	−7.8	4
2.3 企业开业程序	66.7	27	66.7	35	66.7	40	0.0	−13
2.4 企业税负占利润比重	74.8	36	71.7	52	77.3	57	2.5	−21
2.5 在线公共服务指数	67.3	15	67.8	23	70.2	37	2.9	−22
2.6 ISO 9001 质量体系认证数	4.2	17	4.7	16	4.1	16	−0.1	1
3 创新投入竞争力	9.8	39	11.7	35	14.2	35	4.4	4
3.1 研发经费支出总额	1.5	26	1.8	24	2.1	23	0.6	3
3.2 研发经费支出占 GDP 比重	19.3	17	23.1	16	31.8	8	12.4	9
3.3 人均研发经费支出	12.4	32	16.4	31	19.8	32	7.4	0
3.4 研发人员总量	3.5	24	3.5	24	4.2	20	0.7	4
3.5 研究人员占从业人员比重	20.2	38	21.5	37	24.5	37	4.3	1
3.6 风险资本交易占 GDP 比重	2.1	45	4.1	32	3.1	43	1.0	2
4 创新产出竞争力	16.9	9	15.7	9	14.5	11	−2.4	−2
4.1 专利授权数	1.0	23	1.0	22	0.8	21	−0.2	2
4.2 科技论文发表数	3.6	22	4.3	21	4.3	21	0.6	1
4.3 专利和许可收入	0.1	33	0.1	36	0.1	34	0.0	−1
4.4 高技术产品出口额	13.4	10	10.8	10	10.3	10	−3.0	0
4.5 高技术产品出口比重	93.6	3	88.5	3	80.7	3	−12.9	0
4.6 注册商标数	2.1	26	1.7	25	1.7	23	−0.4	3
4.7 创意产品出口比重	4.7	17	3.5	19	3.6	18	−1.1	−1
5 创新潜力竞争力	26.9	53	14.4	67	11.8	69	−15.1	−16
5.1 公共教育支出总额	0.5	40	0.4	39	0.3	42	−0.2	−2
5.2 公共教育支出占 GDP 比重	8.6	34	8.6	36	7.3	52	−1.3	−18
5.3 人均公共教育支出额	1.9	51	2.1	51	1.8	53	−0.1	−2
5.4 高等教育毛入学率	32.3	57	32.6	58	22.4	71	−10.0	−14
5.5 研发人员增长率	67.9	4	27.4	60	26.4	10	−41.4	−6
5.6 研发经费增长率	50.3	60	15.3	18	12.8	21	−37.4	39

Y.59
58
马里国家创新竞争力评价分析报告

　　马里是西非的一个内陆国家，北临阿尔及利亚、东临尼日尔、南临布基纳法索和科特迪瓦、西南临几内亚、西临毛里塔尼亚和塞内加尔，国土面积约124.02万平方公里。2015年全国年末总人口为1760万人，实现国内生产总值（GDP）127.47亿美元，人均GDP为729.72美元。本章通过对2011～2015年马里国家创新竞争力及其各要素在全球的排名变化分析，为探寻马里国家创新竞争力的推动点及影响因素提供分析依据。

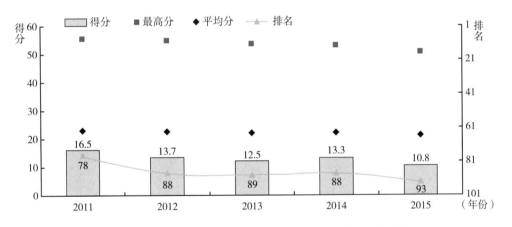

图58-1　2011～2015年国家创新竞争力得分和排名变化趋势

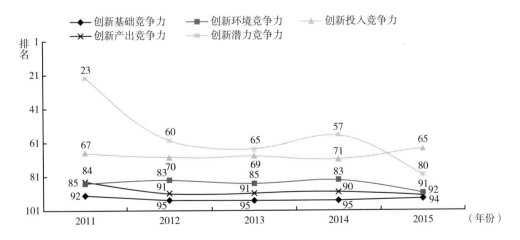

图58-2　2011～2015年国家创新竞争力二级指标排名变化趋势

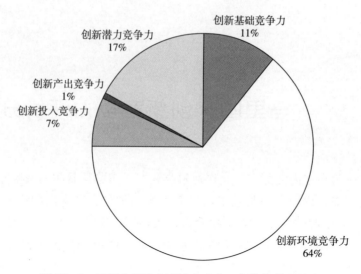

图 58 - 3 2015 年国家创新竞争力各二级指标的贡献率

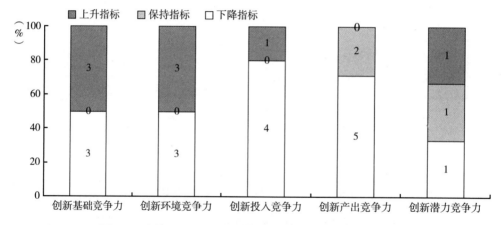

图 58 - 4 2011 ~ 2015 年国家创新竞争力指标动态变化结构

表 58 - 1 2011 ~ 2015 年马里国家创新竞争力各级指标得分及排名变化

指标 \ 项目	2011 年		2013 年		2015 年		综合变化	
	得分	排名	得分	排名	得分	排名	得分变化	排名变化
国家创新竞争力	16.5	78	12.5	89	10.8	93	- 5.7	- 15
1 创新基础竞争力	9.6	92	10.3	95	6.2	94	- 3.4	- 2
1.1 GDP	0.0	89	0.0	90	0.0	90	0.0	- 1
1.2 人均 GDP	0.4	92	0.4	93	0.4	94	0.0	- 2
1.3 财政收入	0.1	34	0.1	33	0.1	28	0.0	6
1.4 人均财政收入	0.7	28	0.7	27	0.8	25	0.1	3
1.5 外国直接投资	55.7	37	60.0	31	35.1	29	- 20.6	8
1.6 受高等教育人员比重	—		—		—		—	
1.7 全社会劳动生产率	0.7	91	0.6	91	0.6	92	- 0.1	- 1

续表

指标＼项目	2011 年		2013 年		2015 年		综合变化	
	得分	排名	得分	排名	得分	排名	得分变化	排名变化
2 创新环境竞争力	31.4	85	34.2	85	34.6	91	3.2	-6
2.1 千人因特网用户数	1.2	98	0.5	99	6.6	96	5.4	2
2.2 千人手机用户数	33.2	86	62.4	33	52.5	25	19.3	61
2.3 企业开业程序	80.0	10	73.3	22	73.3	29	-6.7	-19
2.4 企业税负占利润比重	58.6	82	63.5	74	70.7	74	12.1	8
2.5 在线公共服务指数	15.4	91	5.6	96	4.6	99	-10.8	-8
2.6 ISO 9001 质量体系认证数	0.0	98	0.0	100	0.0	99	0.0	-1
3 创新投入竞争力	2.8	67	2.8	69	3.7	65	0.9	2
3.1 研发经费支出总额	0.0	77	0.0	78	0.0	79	0.0	-2
3.2 研发经费支出占 GDP 比重	13.6	34	13.6	40	13.6	49	0.0	-15
3.3 人均研发经费支出	—	—	—	—	—	—	—	—
3.4 研发人员总量	0.0	81	0.0	82	0.0	82	0.0	-1
3.5 研究人员占从业人员比重	0.4	77	0.4	78	0.4	78	0.0	-1
3.6 风险资本交易占 GDP 比重	0.0	58	0.0	71	4.6	37	4.6	21
4 创新产出竞争力	0.9	84	0.4	91	0.3	92	-0.6	-8
4.1 专利授权数	0.0	82	0.0	82	0.0	84	0.0	-2
4.2 科技论文发表数	0.0	92	0.0	97	0.0	97	0.0	-5
4.3 专利和许可收入	0.0	75	0.0	79	0.0	81	0.0	-6
4.4 高技术产品出口额	0.0	96	0.0	96	0.0	97	0.0	-1
4.5 高技术产品出口比重	6.5	76	2.5	87	2.4	89	-4.2	-13
4.6 注册商标数	0.0	91	0.0	91	0.0	91	0.0	0
4.7 创意产品出口比重	0.0	95	0.0	96	0.0	95	0.0	0
5 创新潜力竞争力	37.5	23	14.5	65	8.9	80	-28.6	-57
5.1 公共教育支出总额	—	—	—	—	—	—	—	—
5.2 公共教育支出占 GDP 比重	—	—	—	—	—	—	—	—
5.3 人均公共教育支出额	—	—	—	—	—	—	—	—
5.4 高等教育毛入学率	5.2	84	5.6	84	5.4	84	0.2	0
5.5 研发人员增长率	44.7	34	28.2	41	14.6	31	-30.1	3
5.6 研发经费增长率	62.8	14	9.8	66	6.9	80	-55.9	-66

Y.60

59

毛里求斯国家创新竞争力评价分析报告

　　毛里求斯为非洲东部一岛国，位于印度洋西南方，国土面积2040平方公里。2015年全国年末总人口为126.26万人，实现国内生产总值（GDP）116.82亿美元，人均GDP为9252.1美元。本章通过对2011~2015年毛里求斯国家创新竞争力及其各要素在全球的排名变化分析，为探寻毛里求斯国家创新竞争力的推动点及影响因素提供分析依据。

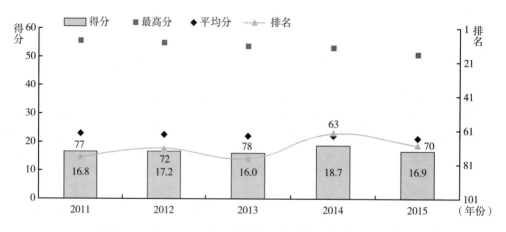

图 59-1　2011~2015 年国家创新竞争力得分和排名变化趋势

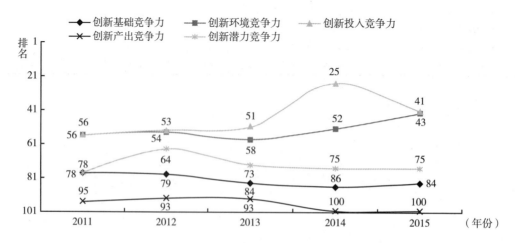

图 59-2　2011~2015 年国家创新竞争力二级指标排名变化趋势

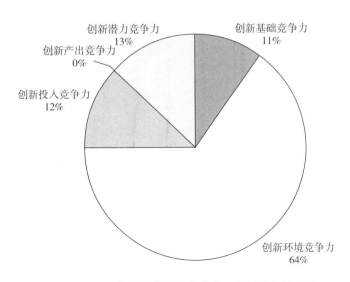

图 59 - 3　2015 年国家创新竞争力各二级指标的贡献率

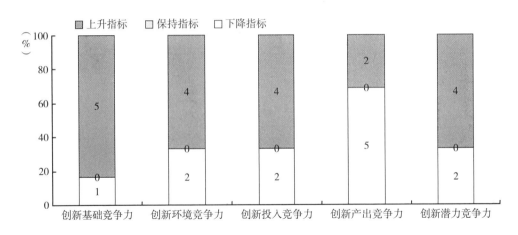

图 59 - 4　2011 ~ 2015 年国家创新竞争力指标动态变化结构

表 59 - 1　2011 ~ 2015 年毛里求斯国家创新竞争力各级指标得分及排名变化

项目 指标	2011 年		2013 年		2015 年		综合变化	
	得分	排名	得分	排名	得分	排名	得分变化	排名变化
国家创新竞争力	16.8	77	16.0	78	16.9	70	0.1	7
1 创新基础竞争力	12.1	78	12.8	84	8.9	84	- 3.2	- 6
1.1 GDP	0.0	93	0.0	94	0.0	92	0.0	1
1.2 人均 GDP	7.7	51	8.2	51	8.8	49	1.1	2
1.3 财政收入	0.0	68	0.0	63	0.0	57	0.0	11
1.4 人均财政收入	0.7	27	0.7	26	0.8	24	0.1	3
1.5 外国直接投资	56.1	23	59.7	51	35.1	38	- 21.0	- 15
1.6 受高等教育人员比重	—	—	—	—	—	—	—	—
1.7 全社会劳动生产率	7.9	52	8.3	52	8.8	51	0.9	1

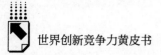

续表

项目 指标	2011 年		2013 年		2015 年		综合变化	
	得分	排名	得分	排名	得分	排名	得分变化	排名变化
2 创新环境竞争力	44.0	56	47.3	58	54.9	43	11.0	13
2.1 千人因特网用户数	36.6	65	40.3	70	49.3	66	12.7	-1
2.2 千人手机用户数	49.8	63	58.9	41	53.0	24	3.2	39
2.3 企业开业程序	66.7	27	66.7	35	66.7	40	0.0	-13
2.4 企业税负占利润比重	82.6	19	84.7	15	91.9	13	9.3	6
2.5 在线公共服务指数	28.0	77	33.2	69	68.7	42	40.7	35
2.6 ISO 9001 质量体系认证数	0.1	80	0.1	75	0.1	78	0.0	2
3 创新投入竞争力	5.8	56	7.0	51	9.8	41	4.0	15
3.1 研发经费支出总额	0.1	74	0.1	71	0.1	72	0.0	2
3.2 研发经费支出占 GDP 比重	19.0	19	23.0	17	26.3	17	7.3	2
3.3 人均研发经费支出	10.7	34	14.1	34	15.5	36	4.8	-2
3.4 研发人员总量	0.0	90	0.0	89	0.0	89	0.0	1
3.5 研究人员占从业人员比重	4.9	59	4.7	62	4.7	63	-0.2	-4
3.6 风险资本交易占 GDP 比重	0.0	58	0.0	71	12.3	22	12.3	36
4 创新产出竞争力	0.3	95	0.2	93	0.0	100	-0.3	-5
4.1 专利授权数	0.0	78	0.0	77	0.0	79	0.0	-1
4.2 科技论文发表数	0.0	95	0.0	91	0.0	91	0.0	4
4.3 专利和许可收入	0.0	68	0.0	67	0.0	72	0.0	-4
4.4 高技术产品出口额	0.0	88	0.0	94	0.0	99	0.0	-11
4.5 高技术产品出口比重	1.7	93	1.1	91	0.1	98	-1.6	-5
4.6 注册商标数	0.1	82	0.1	84	0.1	83	0.0	-1
4.7 创意产品出口比重	0.1	69	0.1	69	0.1	68	0.0	1
5 创新潜力竞争力	21.8	78	12.7	73	10.8	75	-11.0	3
5.1 公共教育支出总额	0.0	88	0.0	88	0.0	84	0.0	4
5.2 公共教育支出占 GDP 比重	3.7	78	4.3	76	7.1	58	3.5	20
5.3 人均公共教育支出额	1.0	60	1.1	61	1.7	55	0.7	5
5.4 高等教育毛入学率	32.2	58	35.6	55	31.7	59	-0.5	-1
5.5 研发人员增长率	38.5	73	26.6	72	11.4	78	-27.2	-5
5.6 研发经费增长率	55.4	36	8.3	83	12.7	22	-42.7	14

墨西哥国家创新竞争力评价分析报告

墨西哥是北美洲的一个国家，北部同美国接壤，西南濒临太平洋，东部濒临加勒比海与墨西哥湾，南部与伯利兹、危地马拉接壤，国土面积约197.26万平方公里。2015年全国年末总人口为12702万人，实现国内生产总值（GDP）11510亿美元，人均GDP为9143.1美元。本章通过对2011～2015年墨西哥国家创新竞争力及其各要素在全球的排名变化分析，为探寻墨西哥国家创新竞争力的推动点及影响因素提供分析依据。

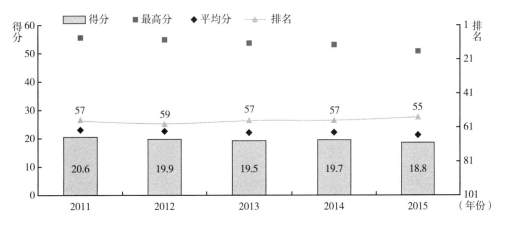

图60-1 2011～2015年国家创新竞争力得分和排名变化趋势

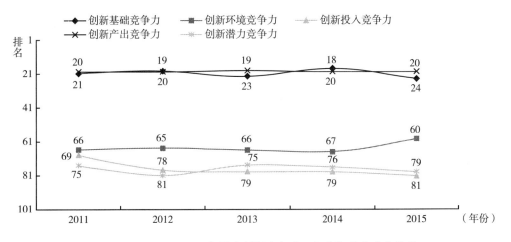

图60-2 2011～2015年国家创新竞争力二级指标排名变化趋势

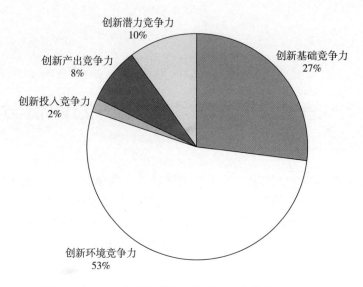

图 60 - 3　2015 年国家创新竞争力各二级指标的贡献率

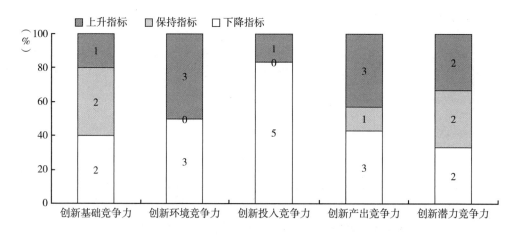

图 60 - 4　2011～2015 年国家创新竞争力指标动态变化结构

表 60 - 1　2011～2015 年墨西哥国家创新竞争力各级指标得分及排名变化

指　　标　　项　　目	2011 年		2013 年		2015 年		综合变化	
	得分	排名	得分	排名	得分	排名	得分变化	排名变化
国家创新竞争力	20.6	57	19.5	57	18.8	55	-1.9	2
1 创新基础竞争力	28.1	21	30.5	23	25.8	24	-2.3	-3
1.1 GDP	7.5	15	7.5	15	6.3	15	-1.2	0
1.2 人均 GDP	8.2	48	8.8	50	8.6	50	0.4	-2
1.3 财政收入	—	—	—	—	—	—	—	—
1.4 人均财政收入	—	—	—	—	—	—	—	—
1.5 外国直接投资	53.0	88	50.5	95	28.3	91	-24.7	-3
1.6 受高等教育人员比重	62.7	21	76.3	21	76.3	21	13.7	0
1.7 全社会劳动生产率	8.9	49	9.5	49	9.4	48	0.5	1

续表

指　标　项　目	2011 年		2013 年		2015 年		综合变化	
	得分	排名	得分	排名	得分	排名	得分变化	排名变化
2 创新环境竞争力	41.1	66	44.4	66	49.4	60	8.3	6
2.1 千人因特网用户数	39.0	62	44.0	64	57.2	55	18.1	7
2.2 千人手机用户数	35.5	84	36.8	87	24.8	88	-10.7	-4
2.3 企业开业程序	60.0	46	60.0	53	60.0	55	0.0	-9
2.4 企业税负占利润比重	57.1	85	60.4	83	67.9	86	10.7	-1
2.5 在线公共服务指数	53.3	27	63.3	28	84.0	18	30.7	9
2.6 ISO 9001 质量体系认证数	1.8	32	2.1	33	2.5	26	0.8	6
3 创新投入竞争力	2.5	69	2.1	79	2.1	81	-0.4	-12
3.1 研发经费支出总额	0.9	35	0.9	34	0.7	37	-0.2	-2
3.2 研发经费支出占 GDP 比重	2.8	83	2.8	84	2.8	86	0.0	-3
3.3 人均研发经费支出	1.6	67	1.8	70	1.6	70	0.0	-3
3.4 研发人员总量	3.0	29	2.0	36	1.9	38	-1.1	-9
3.5 研究人员占从业人员比重	6.3	54	4.3	64	4.3	64	-2.0	-10
3.6 风险资本交易占 GDP 比重	0.6	57	1.0	50	1.5	54	1.0	3
4 创新产出竞争力	9.0	20	8.2	19	7.3	20	-1.7	0
4.1 专利授权数	4.8	9	3.7	10	2.6	10	-2.2	-1
4.2 科技论文发表数	2.9	24	3.2	25	3.2	25	0.3	-1
4.3 专利和许可收入	0.1	36	1.9	16	0.2	30	0.1	6
4.4 高技术产品出口额	8.9	12	8.1	12	8.3	12	-0.7	0
4.5 高技术产品出口比重	35.6	22	32.3	20	27.7	23	-7.9	-1
4.6 注册商标数	7.2	8	5.6	8	5.7	7	-1.5	1
4.7 创意产品出口比重	3.5	24	2.8	22	3.2	20	-0.3	4
5 创新潜力竞争力	22.4	75	12.4	75	9.3	79	-13.2	-4
5.1 公共教育支出总额	1.7	20	1.2	21	1.2	19	-0.5	1
5.2 公共教育支出占 GDP 比重	7.3	45	6.0	62	8.0	44	0.7	1
5.3 人均公共教育支出额	1.6	54	1.5	55	1.8	54	0.2	0
5.4 高等教育毛入学率	24.5	64	26.0	66	25.8	64	1.3	0
5.5 研发人员增长率	45.4	31	28.2	45	12.7	60	-32.7	-29
5.6 研发经费增长率	54.1	40	11.3	43	6.1	87	-48.0	-47

Y.62

61

蒙古国家创新竞争力评价分析报告

　　蒙古地处亚洲中部的蒙古高原，东、南、西三面与中国接壤，北面同俄罗斯的西伯利亚为邻，国土面积约 156.65 万平方公里，边境线总长 8219 公里。2015 年全国年末总人口为 259.91 万人，实现国内生产总值（GDP）117.41 亿美元，人均 GDP 为 3944.2 美元。本章通过对 2011～2015 年蒙古国家创新竞争力及其各要素在全球的排名变化分析，为探寻蒙古国家创新竞争力的推动点及影响因素提供分析依据。

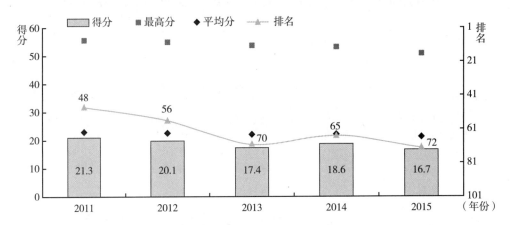

图 61-1　2011～2015 年国家创新竞争力得分和排名变化趋势

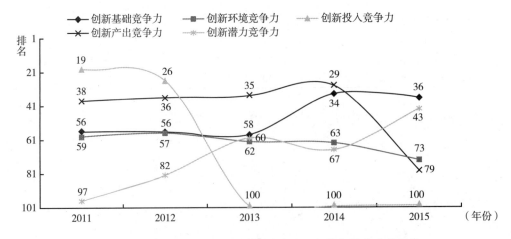

图 61-2　2011～2015 年国家创新竞争力二级指标排名变化趋势

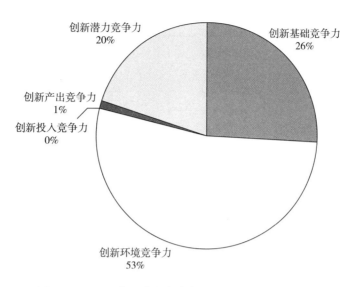

图 61 - 3　2015 年国家创新竞争力各二级指标的贡献率

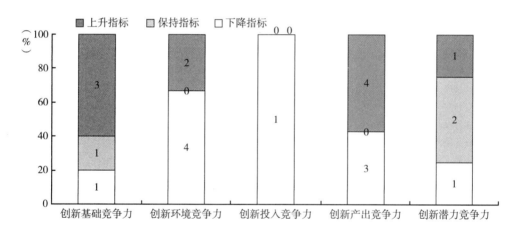

图 61 - 4　2011～2015 年国家创新竞争力指标动态变化结构

表 61 - 1　2011～2015 年蒙古国家创新竞争力各级指标得分及排名变化

指　标　　　　　项　　目	2011 年		2013 年		2015 年		综合变化	
	得分	排名	得分	排名	得分	排名	得分变化	排名变化
国家创新竞争力	21.3	48	17.4	70	16.7	72	-4.6	-24
1 创新基础竞争力	18.8	56	21.6	58	21.5	36	2.7	20
1.1 GDP	0.0	96	0.0	93	0.0	91	0.0	5
1.2 人均 GDP	3.0	72	3.6	70	3.5	72	0.6	0
1.3 财政收入	0.3	17	0.4	17	—	—	—	—
1.4 人均财政收入	18.3	7	21.6	6	—	—	—	—
1.5 外国直接投资	54.8	79	59.5	62	35.1	27	-19.6	52
1.6 受高等教育人员比重	52.4	43	62.5	60	65.0	50	12.7	-7
1.7 全社会劳动生产率	3.1	76	3.8	72	3.9	75	0.8	1

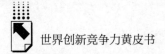

续表

指 标 项 目	2011 年		2013 年		2015 年		综合变化	
	得分	排名	得分	排名	得分	排名	得分变化	排名变化
2 创新环境竞争力	43.1	59	45.2	62	44.1	73	1.0	−14
2.1 千人因特网用户数	12.3	83	16.0	83	18.5	89	6.2	−6
2.2 千人手机用户数	50.9	59	45.5	76	34.6	75	−16.4	−16
2.3 企业开业程序	60.0	46	73.3	22	73.3	29	13.3	17
2.4 企业税负占利润比重	83.7	17	84.7	15	89.4	18	5.7	−1
2.5 在线公共服务指数	51.6	28	51.5	41	48.9	73	−2.7	−45
2.6 ISO 9001 质量体系认证数	0.0	98	0.0	96	0.0	96	0.0	2
3 创新投入竞争力	25.1	19	0.0	100	0.0	100	−25.1	−81
3.1 研发经费支出总额	—	—	—	—	—	—	—	—
3.2 研发经费支出占 GDP 比重	—	—	—	—	—	—	—	—
3.3 人均研发经费支出	—	—	—	—	—	—	—	—
3.4 研发人员总量	—	—	—	—	—	—	—	—
3.5 研究人员占从业人员比重	—	—	—	—	—	—	—	—
3.6 风险资本交易占 GDP 比重	25.1	16	0.0	71	0.0	79	−25.1	−63
4 创新产出竞争力	4.9	38	4.6	35	1.1	79	−3.8	−41
4.1 专利授权数	0.0	67	0.0	65	0.1	53	0.1	14
4.2 科技论文发表数	0.0	89	0.0	87	0.0	87	0.0	2
4.3 专利和许可收入	0.0	67	0.0	74	0.0	69	0.0	−2
4.4 高技术产品出口额	0.0	86	0.0	84	0.0	95	0.0	−9
4.5 高技术产品出口比重	34.2	24	32.2	21	7.6	72	−26.6	−48
4.6 注册商标数	0.1	86	0.1	87	0.2	75	0.1	11
4.7 创意产品出口比重	0.0	95	0.0	90	0.0	86	0.0	9
5 创新潜力竞争力	14.5	97	15.8	60	16.8	43	2.3	54
5.1 公共教育支出总额	0.0	85	0.0	83	0.0	85	0.0	0
5.2 公共教育支出占 GDP 比重	6.2	61	6.3	59	6.6	62	0.3	−1
5.3 人均公共教育支出额	0.5	71	0.6	72	0.7	71	0.2	0
5.4 高等教育毛入学率	51.3	39	56.2	33	59.9	24	8.7	15
5.5 研发人员增长率	—	—	—	—	—	—	—	—
5.6 研发经费增长率	—	—	—	—	—	—	—	—

Y. 63
62
摩洛哥国家创新竞争力评价分析报告

　　摩洛哥是非洲西北部的一个沿海阿拉伯国家，东部以及东南部与阿尔及利亚接壤，南部紧接西撒哈拉，西部濒临大西洋，北部和西班牙、葡萄牙隔海相望。国土面积约44.7万平方公里，海岸线长1700多公里。2015年全国年末总人口为3437.8万人，实现国内生产总值（GDP）1005.9亿美元，人均GDP为2847.3美元。本章通过对2011～2015年摩洛哥国家创新竞争力及其各要素在全球的排名变化分析，为探寻摩洛哥国家创新竞争力的推动点及影响因素提供分析依据。

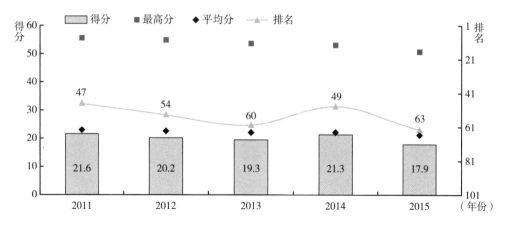

图62-1　2011～2015年国家创新竞争力得分和排名变化趋势

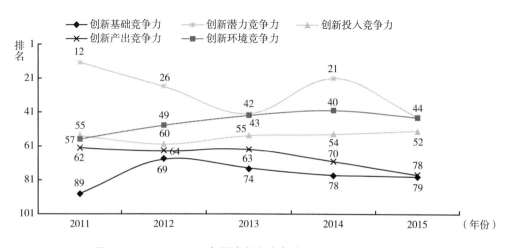

图62-2　2011～2015年国家创新竞争力二级指标排名变化趋势

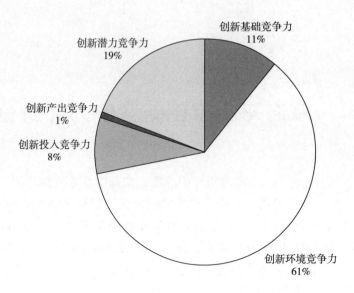

图 62 - 3　2015 年国家创新竞争力各二级指标的贡献率

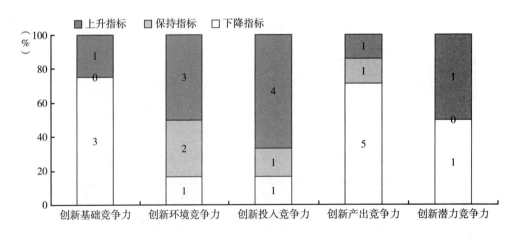

图 62 - 4　2011～2015 年国家创新竞争力指标动态变化结构

表 62 - 1　2011～2015 年摩洛哥国家创新竞争力各级指标得分及排名变化

指　　标　　项　　目	2011 年		2013 年		2015 年		综合变化	
	得分	排名	得分	排名	得分	排名	得分变化	排名变化
国家创新竞争力	21.6	47	19.3	60	17.9	63	-3.7	-16
1 创新基础竞争力	10.3	89	16.5	74	10.2	79	-0.1	10
1.1 GDP	0.6	53	0.6	53	0.5	52	-0.1	1
1.2 人均 GDP	2.3	80	2.5	81	2.4	82	0.1	-2
1.3 财政收入	0.0	50	—	—	—	—	—	—
1.4 人均财政收入	0.1	63	—	—	—	—	—	—
1.5 外国直接投资	55.3	65	59.2	66	34.4	68	-20.9	-3
1.6 受高等教育人员比重	—	—	—	—	—	—	—	—
1.7 全社会劳动生产率	3.2	72	3.5	75	3.6	77	0.4	-5

续表

指标　　　项目	2011 年		2013 年		2015 年		综合变化	
	得分	排名	得分	排名	得分	排名	得分变化	排名变化
2 创新环境竞争力	43.6	57	51.6	43	54.3	44	10.7	13
2.1 千人因特网用户数	48.7	51	57.6	50	56.8	56	8.1	−5
2.2 千人手机用户数	55.0	43	62.1	34	45.9	43	−9.1	0
2.3 企业开业程序	66.7	27	73.3	22	80.0	15	13.3	12
2.4 企业税负占利润比重	60.0	78	63.0	76	70.1	77	10.1	1
2.5 在线公共服务指数	31.0	65	53.6	38	72.5	33	41.5	32
2.6 ISO 9001 质量体系认证数	0.2	62	0.3	62	0.3	62	0.1	0
3 创新投入竞争力	5.9	55	5.9	55	7.1	52	1.2	3
3.1 研发经费支出总额	0.3	45	0.4	43	0.4	44	0.1	1
3.2 研发经费支出占 GDP 比重	13.1	38	15.6	29	18.7	32	5.6	6
3.3 人均研发经费支出	2.4	61	3.1	62	3.5	60	1.0	1
3.4 研发人员总量	2.1	36	1.9	38	2.2	36	0.1	0
3.5 研究人员占从业人员比重	13.5	46	13.3	45	14.6	45	1.1	1
3.6 风险资本交易占 GDP 比重	3.9	37	1.0	50	3.1	43	−0.8	−6
4 创新产出竞争力	2.2	62	2.2	63	1.2	78	−1.0	−16
4.1 专利授权数	0.4	33	0.3	36	0.3	36	−0.1	−3
4.2 科技论文发表数	0.5	53	0.6	53	0.6	53	0.1	0
4.3 专利和许可收入	0.0	62	0.0	72	0.0	67	0.0	−5
4.4 高技术产品出口额	0.2	50	0.2	47	0.1	56	−0.1	−6
4.5 高技术产品出口比重	13.1	57	13.3	56	6.7	76	−6.4	−19
4.6 注册商标数	0.8	45	0.6	44	0.5	42	−0.3	3
4.7 创意产品出口比重	0.2	59	0.1	58	0.1	60	−0.1	−1
5 创新潜力竞争力	46.1	12	20.2	42	16.7	44	−29.4	−32
5.1 公共教育支出总额	—	—	—	—	—	—	—	—
5.2 公共教育支出占 GDP 比重	—	—	—	—	—	—	—	—
5.3 人均公共教育支出额	—	—	—	—	—	—	—	—
5.4 高等教育毛入学率	14.4	76	19.8	72	24.2	67	9.8	9
5.5 研发人员增长率	77.9	2	27.3	62	12.7	59	−65.1	−57
5.6 研发经费增长率	—	—	13.3	26	13.3	19	—	—

Y.64

63

莫桑比克国家创新竞争力评价分析报告

　　莫桑比克位于非洲东南部，南邻南非、斯威士兰，西界津巴布韦、赞比亚、马拉维，北接坦桑尼亚，东濒印度洋，隔莫桑比克海峡与马达加斯加相望。国土面积约79.94万平方公里，海岸线长2630公里。2015年全国年末总人口为2797.8万人，实现国内生产总值（GDP）147.98亿美元，人均GDP为528.31美元。本章通过对2011～2015年莫桑比克国家创新竞争力及其各要素在全球的排名变化分析，为探寻莫桑比克国家创新竞争力的推动点及影响因素提供分析依据。

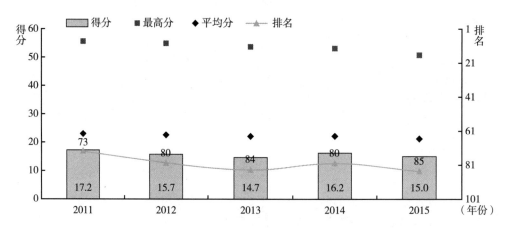

图 63-1　2011～2015 年国家创新竞争力得分和排名变化趋势

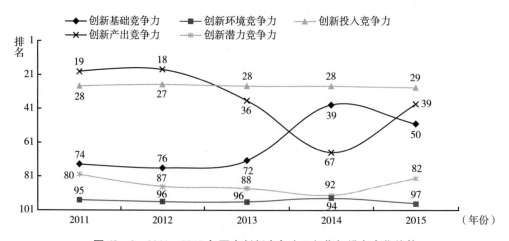

图 63-2　2011～2015 年国家创新竞争力二级指标排名变化趋势

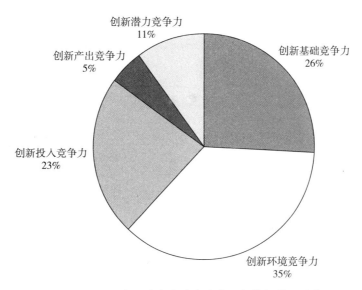

图 63 - 3 2015 年国家创新竞争力各二级指标的贡献率

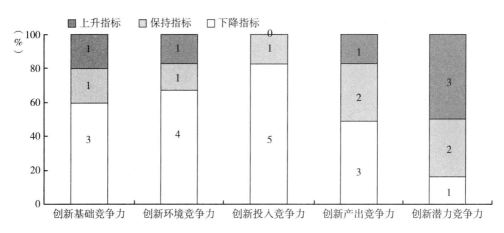

图 63 - 4 2011～2015 年国家创新竞争力指标动态变化结构

表 63 - 1 2011～2015 年莫桑比克国家创新竞争力各级指标得分及排名变化

指标 项目	2011 年		2013 年		2015 年		综合变化	
	得分	排名	得分	排名	得分	排名	得分变化	排名变化
国家创新竞争力	17.2	73	14.7	84	15.0	85	-2.1	-12
1 创新基础竞争力	14.1	74	17.4	72	19.4	50	5.3	24
1.1 GDP	0.0	88	0.1	86	0.0	86	0.0	2
1.2 人均 GDP	0.1	97	0.2	97	0.2	98	0.1	-1
1.3 财政收入	0.0	64	0.0	57	—	—	—	—
1.4 人均财政收入	0.0	80	0.1	73	—	—	—	—
1.5 外国直接投资	55.0	74	58.3	78	34.0	78	-21.0	-4
1.6 受高等教育人员比重	43.3	61	62.5	59	62.5	61	19.2	0
1.7 全社会劳动生产率	0.2	97	0.3	96	0.2	98	0.0	-1

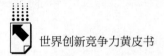

续表

指标项目	2011 年		2013 年		2015 年		综合变化	
	得分	排名	得分	排名	得分	排名	得分变化	排名变化
2 创新环境竞争力	23.6	95	24.9	96	26.7	97	3.1	-2
2.1 千人因特网用户数	3.5	93	2.6	95	5.2	98	1.7	-5
2.2 千人手机用户数	9.0	98	12.7	97	18.7	95	9.7	3
2.3 企业开业程序	40.0	77	40.0	81	40.0	84	0.0	-7
2.4 企业税负占利润比重	72.0	43	74.4	46	80.4	43	8.4	0
2.5 在线公共服务指数	17.3	88	19.5	86	16.0	97	-1.3	-9
2.6 ISO 9001 质量体系认证数	0.0	88	0.0	88	0.0	91	0.0	-3
3 创新投入竞争力	17.4	28	17.5	28	17.4	29	0.0	-1
3.1 研发经费支出总额	0.3	46	0.4	45	0.3	48	0.0	-2
3.2 研发经费支出占 GDP 比重	100.0	1	100.0	1	100.0	1	0.0	0
3.3 人均研发经费支出	3.1	56	3.8	58	3.4	61	0.2	-5
3.4 研发人员总量	0.1	75	0.1	76	0.1	76	0.0	-1
3.5 研究人员占从业人员比重	0.9	72	0.9	73	0.9	73	0.0	-1
3.6 风险资本交易占 GDP 比重	0.0	58	0.0	71	0.0	79	0.0	-21
4 创新产出竞争力	9.6	19	4.6	36	3.7	39	-5.9	-20
4.1 专利授权数	—	—	—	—	—	—	—	—
4.2 科技论文发表数	0.0	93	0.0	96	0.0	96	0.0	-3
4.3 专利和许可收入	0.0	79	0.0	78	0.0	79	0.0	0
4.4 高技术产品出口额	0.0	76	0.0	69	0.0	83	0.0	-7
4.5 高技术产品出口比重	57.1	7	27.1	30	21.9	35	-35.2	-28
4.6 注册商标数	0.2	79	0.2	76	0.2	71	0.0	8
4.7 创意产品出口比重	0.0	95	0.0	96	0.0	95	0.0	0
5 创新潜力竞争力	21.1	80	9.2	88	7.9	82	-13.2	-2
5.1 公共教育支出总额	0.0	81	0.0	81	0.0	81	0.0	0
5.2 公共教育支出占 GDP 比重	9.2	31	10.1	30	10.3	27	1.1	4
5.3 人均公共教育支出额	0.1	85	0.1	85	0.1	85	0.0	0
5.4 高等教育毛入学率	3.7	86	4.2	85	4.9	85	1.2	1
5.5 研发人员增长率	44.2	39	28.2	44	26.5	9	-17.6	30
5.6 研发经费增长率	69.4	4	12.9	29	5.6	91	-63.8	-87

纳米比亚国家创新竞争力评价分析报告

纳米比亚位于非洲西南部，北靠安哥拉和赞比亚，东连博茨瓦纳，南接南非。国土面积约82.4万平方公里，海岸线长1600公里。2015年全国年末总人口为245.88万人，实现国内生产总值（GDP）114.92亿美元，人均GDP为4737.7美元。本章通过对2011～2015年纳米比亚国家创新竞争力及其各要素在全球的排名变化分析，为探寻纳米比亚国家创新竞争力的推动点及影响因素提供分析依据。

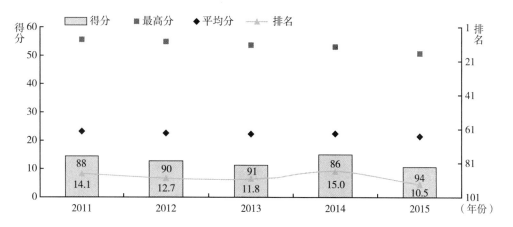

图64-1 2011～2015年国家创新竞争力得分和排名变化趋势

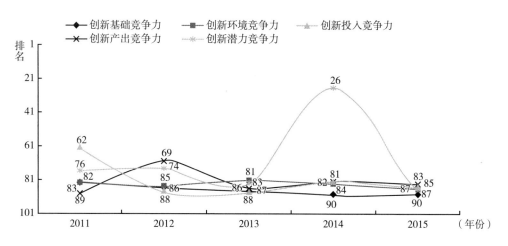

图64-2 2011～2015年国家创新竞争力二级指标排名变化趋势

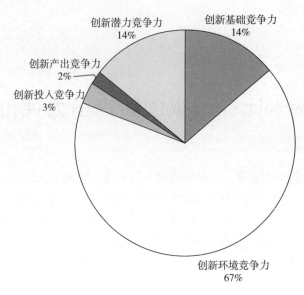

图 64 - 3　2015 年国家创新竞争力各二级指标的贡献率

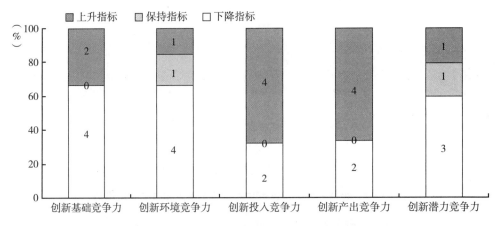

图 64 - 4　2011 ~ 2015 年国家创新竞争力指标动态变化结构

表 64 - 1　2011 ~ 2015 年纳米比亚国家创新竞争力各级指标得分及排名变化

指　　标　　　　　项　　　　目	2011 年		2013 年		2015 年		综合变化	
	得分	排名	得分	排名	得分	排名	得分变化	排名变化
国家创新竞争力	14.1	88	11.8	91	10.5	94	- 3.5	- 6
1 创新基础竞争力	11.0	83	11.8	87	7.5	90	- 3.5	- 7
1.1 GDP	0.0	92	0.0	92	0.0	93	0.0	- 1
1.2 人均 GDP	4.5	63	4.5	65	4.3	66	- 0.2	- 3
1.3 财政收入	0.0	76	0.0	71	0.0	65	0.0	11
1.4 人均财政收入	0.2	50	0.2	37	0.2	36	0.0	14
1.5 外国直接投资	55.7	47	59.8	43	34.9	48	- 20.8	- 1
1.6 受高等教育人员比重	—	—	—	—	—	—	—	—
1.7 全社会劳动生产率	5.7	58	5.9	61	5.7	59	0.0	- 1

续表

指标　　项目	2011 年		2013 年		2015 年		综合变化	
	得分	排名	得分	排名	得分	排名	得分变化	排名变化
2 创新环境竞争力	32.1	82	35.2	81	35.2	87	3.2	-5
2.1 千人因特网用户数	11.8	86	11.8	88	19.5	86	7.7	0
2.2 千人手机用户数	46.5	71	55.9	48	35.4	72	-11.1	-1
2.3 企业开业程序	40.0	77	40.0	81	40.0	84	0.0	-7
2.4 企业税负占利润比重	86.4	10	87.7	11	92.1	12	5.6	-2
2.5 在线公共服务指数	7.7	98	16.0	91	24.4	93	16.8	5
2.6 ISO 9001 质量体系认证数	0.0	90	0.0	93	0.0	93	0.0	-3
3 创新投入竞争力	4.4	62	1.0	88	1.8	85	-2.6	-23
3.1 研发经费支出总额	0.0	91	0.0	92	0.0	88	0.0	3
3.2 研发经费支出占 GDP 比重	2.0	89	2.0	89	5.6	77	3.7	12
3.3 人均研发经费支出	0.6	77	0.6	78	1.7	69	1.1	8
3.4 研发人员总量	0.0	89	0.0	88	0.0	88	0.0	1
3.5 研究人员占从业人员比重	3.6	64	3.4	66	3.4	66	-0.2	-2
3.6 风险资本交易占 GDP 比重	20.4	19	0.0	71	0.0	79	-20.4	-60
4 创新产出竞争力	0.6	89	0.6	86	0.9	83	0.3	6
4.1 专利授权数	—	—	—	—	—	—	—	—
4.2 科技论文发表数	0.0	97	0.0	95	0.0	95	0.0	2
4.3 专利和许可收入	0.0	82	0.0	82	0.0	83	0.0	-1
4.4 高技术产品出口额	0.0	83	0.0	81	0.0	74	0.0	9
4.5 高技术产品出口比重	3.5	87	3.5	84	5.1	81	1.6	6
4.6 注册商标数	0.1	90	0.1	80	0.2	69	0.1	21
4.7 创意产品出口比重	0.0	77	0.0	77	0.0	78	0.0	-1
5 创新潜力竞争力	22.2	76	10.2	83	7.1	87	-15.0	-11
5.1 公共教育支出总额	0.0	79	0.0	80	0.0	80	0.0	-1
5.2 公共教育支出占 GDP 比重	13.8	21	13.8	21	14.1	21	0.3	0
5.3 人均公共教育支出额	1.5	56	1.5	56	1.5	57	0.0	-1
5.4 高等教育毛入学率	—	—	—	—	—	—	—	—
5.5 研发人员增长率	42.6	46	27.9	50	13.8	42	-28.8	4
5.6 研发经费增长率	52.9	46	7.6	86	6.3	84	-46.6	-38

Y.66
65
尼泊尔国家创新竞争力评价分析报告

　　尼泊尔是内陆山国,位于喜马拉雅山中段南麓,北与中国西藏接壤,东、西、南三面被印度包围。国土面积约14.7万平方公里,国境线长2400多公里。2015年全国年末总人口为2851.4万人,实现国内生产总值(GDP)213.14亿美元,人均GDP为743.77美元。本章通过对2011~2015年尼泊尔国家创新竞争力及其各要素在全球的排名变化分析,为探寻尼泊尔国家创新竞争力的推动点及影响因素提供分析依据。

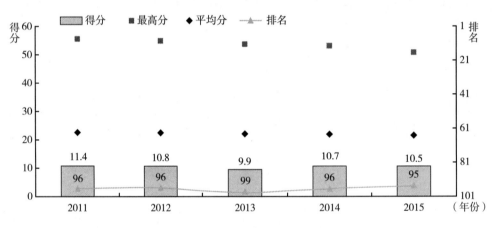

图65-1　2011~2015年国家创新竞争力得分和排名变化趋势

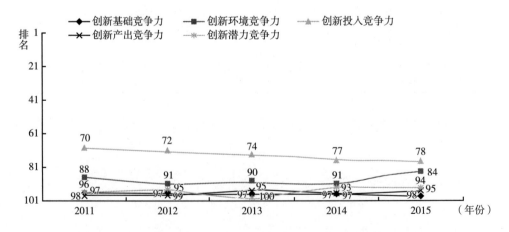

图65-2　2011~2015年国家创新竞争力二级指标排名变化趋势

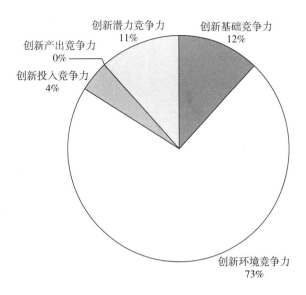

图 65 – 3　2015 年国家创新竞争力各二级指标的贡献率

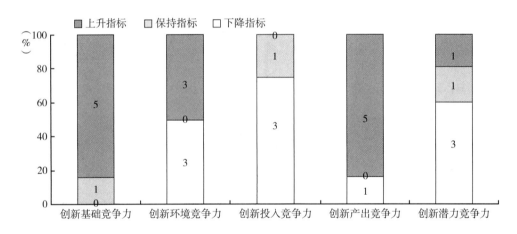

图 65 – 4　2011～2015 年国家创新竞争力指标动态变化结构

表 65 – 1　2011～2015 年尼泊尔国家创新竞争力各级指标得分及排名变化

指　标　　　　项　　目	2011 年		2013 年		2015 年		综合变化	
	得分	排名	得分	排名	得分	排名	得分变化	排名变化
国家创新竞争力	11.4	96	9.9	99	10.5	95	– 0.9	1
1 创新基础竞争力	9.4	97	10.1	97	6.0	98	– 3.4	– 1
1.1 GDP	0.1	83	0.1	83	0.1	82	0.0	1
1.2 人均 GDP	0.3	94	0.3	95	0.4	93	0.1	1
1.3 财政收入	0.0	53	0.0	49	0.0	42	0.0	11
1.4 人均财政收入	0.1	66	0.1	55	0.2	48	0.1	18
1.5 外国直接投资	55.8	28	60.0	21	35.2	26	– 20.7	2
1.6 受高等教育人员比重	—	—	—	—	—	—	—	—
1.7 全社会劳动生产率	0.2	96	0.2	97	0.3	96	0.1	0

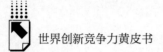

续表

指 标 项 目	2011 年		2013 年		2015 年		综合变化	
	得分	排名	得分	排名	得分	排名	得分变化	排名变化
2 创新环境竞争力	29.5	88	31.2	90	37.8	84	8.3	4
2.1 千人因特网用户数	8.6	89	11.2	89	14.4	93	5.8	-4
2.2 千人手机用户数	18.7	94	30.4	90	30.3	81	11.7	13
2.3 企业开业程序	60.0	46	60.0	53	60.0	55	0.0	-9
2.4 企业税负占利润比重	77.2	29	80.3	29	85.6	28	8.4	1
2.5 在线公共服务指数	12.7	94	5.1	97	36.6	87	24.0	7
2.6 ISO 9001 质量体系认证数	0.0	84	0.0	85	0.0	85	0.0	-1
3 创新投入竞争力	2.3	70	2.3	74	2.3	78	0.0	-8
3.1 研发经费支出总额	0.0	78	0.0	79	0.0	78	0.0	0
3.2 研发经费支出占 GDP 比重	8.9	58	8.9	61	8.9	63	0.0	-5
3.3 人均研发经费支出	0.3	84	0.3	88	0.4	90	0.1	-6
3.4 研发人员总量	—	—	—	—	—	—	—	—
3.5 研究人员占从业人员比重	—	—	—	—	—	—	—	—
3.6 风险资本交易占 GDP 比重	0.0	58	0.0	71	0.0	79	0.0	-21
4 创新产出竞争力	0.2	98	0.2	95	0.3	95	0.1	3
4.1 专利授权数	0.0	80	0.0	80	0.0	69	0.0	11
4.2 科技论文发表数	0.1	80	0.1	77	0.1	77	0.0	3
4.3 专利和许可收入	—	—	—	—	—	—	—	—
4.4 高技术产品出口额	0.0	99	0.0	97	0.0	96	0.0	3
4.5 高技术产品出口比重	0.6	97	0.6	96	1.2	96	0.6	1
4.6 注册商标数	0.3	72	0.2	72	0.2	68	-0.1	4
4.7 创意产品出口比重	0.1	66	0.1	68	0.1	67	0.0	-1
5 创新潜力竞争力	15.5	96	5.7	100	5.9	94	-9.6	2
5.1 公共教育支出总额	0.0	82	0.0	82	0.0	82	0.0	0
5.2 公共教育支出占 GDP 比重	4.7	73	4.0	77	4.8	75	0.1	-2
5.3 人均公共教育支出额	0.0	88	0.0	88	0.1	87	0.1	1
5.4 高等教育毛入学率	12.7	78	14.7	78	12.5	79	-0.2	-1
5.5 研发人员增长率	—	—	—	—	—	—	—	—
5.6 研发经费增长率	59.9	21	9.5	73	12.0	31	-47.9	-10

荷兰国家创新竞争力评价分析报告

　　荷兰位于欧洲西部，东面与德国为邻，南接比利时。西、北濒临北海，地处莱茵河、马斯河和斯凯尔特河三角洲。国土面积约 4.2 万平方公里。2015 年全国年末总人口为 1694 万人，实现国内生产总值（GDP）7503.2 亿美元，人均 GDP 为 44293 美元。本章通过对 2011~2015 年荷兰国家创新竞争力及其各要素在全球的排名变化分析，为探寻荷兰国家创新竞争力的推动点及影响因素提供分析依据。

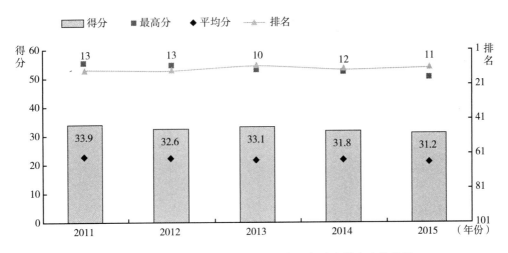

图 66-1　2011~2015 年国家创新竞争力得分和排名变化趋势

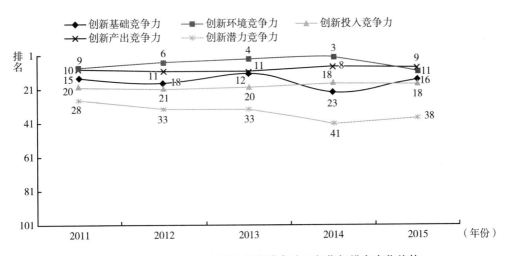

图 66-2　2011~2015 年国家创新竞争力二级指标排名变化趋势

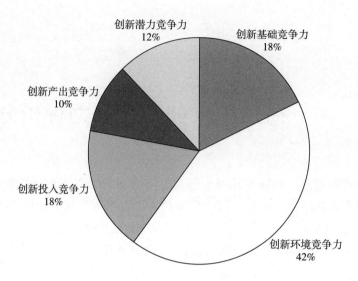

图 66-3　2015 年国家创新竞争力各二级指标的贡献率

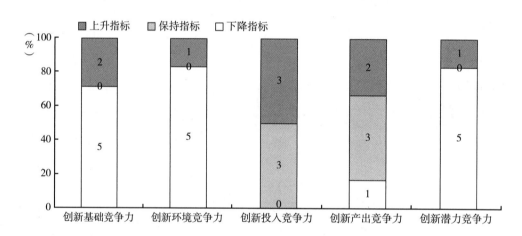

图 66-4　2011～2015 年国家创新竞争力指标动态变化结构

表 66-1　2011～2015 年荷兰国家创新竞争力各级指标得分及排名变化

指　标　项　目	2011 年		2013 年		2015 年		综合变化	
	得分	排名	得分	排名	得分	排名	得分变化	排名变化
国家创新竞争力	33.9	13	33.1	10	31.2	11	-2.7	2
1 创新基础竞争力	31.0	15	35.8	12	28.5	16	-2.5	-1
1.1 GDP	5.7	16	5.2	18	4.1	18	-1.6	-2
1.2 人均 GDP	46.1	8	45.2	12	43.3	11	-2.8	-3
1.3 财政收入	0.0	51	0.0	51	0.0	47	0.0	4
1.4 人均财政收入	0.2	41	0.2	44	0.2	44	0.0	-3
1.5 外国直接投资	65.4	4	84.1	3	37.3	13	-28.1	-9
1.6 受高等教育人员比重	58.7	31	75.1	23	74.4	27	15.7	4
1.7 全社会劳动生产率	40.6	11	40.7	14	40.1	15	-0.5	-4

续表

指标　　　　项目	2011 年		2013 年		2015 年		综合变化	
	得分	排名	得分	排名	得分	排名	得分变化	排名变化
2 创新环境竞争力	62.6	9	67.1	4	65.3	11	2.7	-2
2.1 千人因特网用户数	97.8	3	98.8	4	95.5	5	-2.3	-2
2.2 千人手机用户数	57.7	35	54.5	52	44.2	48	-13.6	-13
2.3 企业开业程序	66.7	27	80.0	14	80.0	15	13.3	12
2.4 企业税负占利润比重	69.5	51	71.3	53	76.5	60	6.9	-9
2.5 在线公共服务指数	79.7	6	93.7	4	92.4	9	12.7	-3
2.6 ISO 9001 质量体系认证数	4.3	15	4.4	18	3.5	19	-0.7	-4
3 创新投入竞争力	24.0	20	25.7	20	28.0	18	4.0	2
3.1 研发经费支出总额	3.4	15	3.5	15	3.4	15	0.0	0
3.2 研发经费支出占 GDP 比重	14.7	33	16.6	27	20.3	27	5.6	6
3.3 人均研发经费支出	48.6	16	54.8	16	57.4	15	8.9	1
3.4 研发人员总量	4.7	17	5.2	16	4.8	17	0.1	0
3.5 研究人员占从业人员比重	61.9	13	62.7	12	65.2	13	3.4	0
3.6 风险资本交易占 GDP 比重	10.8	29	11.3	19	16.9	17	6.2	12
4 创新产出竞争力	16.0	10	15.2	11	15.6	9	-0.3	1
4.1 专利授权数	0.9	24	0.7	26	0.4	31	-0.5	-7
4.2 科技论文发表数	7.1	16	7.4	16	7.4	16	0.2	0
4.3 专利和许可收入	22.4	3	23.3	3	32.2	2	9.8	1
4.4 高技术产品出口额	14.7	9	12.3	9	10.7	9	-4.0	0
4.5 高技术产品出口比重	42.7	18	41.4	13	37.5	14	-5.2	4
4.6 注册商标数	—	—	—	—	—	—	—	—
4.7 创意产品出口比重	7.9	10	5.8	10	5.6	10	-2.3	0
5 创新潜力竞争力	36.0	28	21.7	33	18.4	38	-17.6	-10
5.1 公共教育支出总额	1.4	22	1.1	22	0.8	23	-0.6	-1
5.2 公共教育支出占 GDP 比重	8.1	40	8.3	39	8.4	37	0.3	3
5.3 人均公共教育支出额	9.7	20	9.5	21	9.3	24	-0.4	-4
5.4 高等教育毛入学率	71.8	12	71.0	16	68.7	18	-3.1	-6
5.5 研发人员增长率	68.1	3	29.2	29	12.4	65	-55.6	-62
5.6 研发经费增长率	56.9	32	10.8	51	10.6	47	-46.3	-15

Y.68
67
新西兰国家创新竞争力评价分析报告

　　新西兰位于太平洋西南部，领土由南岛、北岛两大岛屿组成，以库克海峡分隔，南岛邻近南极洲，北岛与斐济及汤加相望。国土面积约 26.9 万平方公里，海岸线长 6900公里。2015 年全国年末总人口为 459.57 万人，实现国内生产总值（GDP）1755.6 亿美元，人均 GDP 为 38202 美元。本章通过对 2011~2015 年新西兰国家创新竞争力及其各要素在全球的排名变化分析，为探寻新西兰国家创新竞争力的推动点及影响因素提供分析依据。

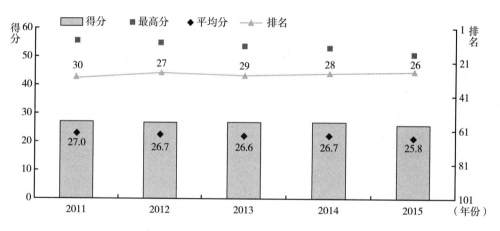

图 67 - 1　2011~2015 年国家创新竞争力得分和排名变化趋势

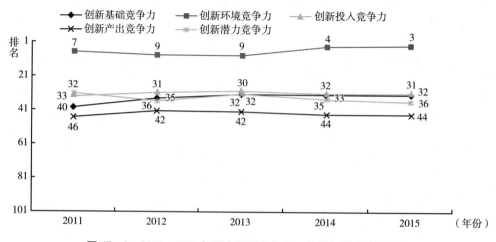

图 67 - 2　2011~2015 年国家创新竞争力二级指标排名变化趋势

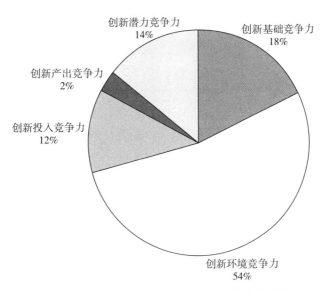

图 67 - 3 2015 年国家创新竞争力各二级指标的贡献率

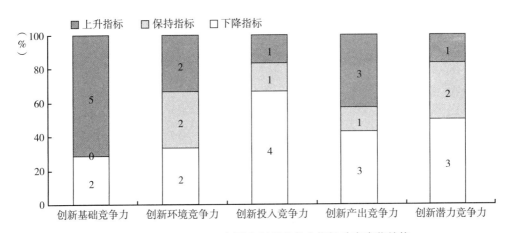

图 67 - 4 2011～2015 年国家创新竞争力指标动态变化结构

表 67 - 1 2011～2015 年新西兰国家创新竞争力各级指标得分及排名变化

指　标　　项　目	2011 年		2013 年		2015 年		综合变化	
	得分	排名	得分	排名	得分	排名	得分变化	排名变化
国家创新竞争力	27.0	30	26.6	29	25.8	26	-1.2	4
1 创新基础竞争力	21.7	40	26.9	32	23.4	32	1.7	8
1.1 GDP	1.0	47	1.1	48	0.9	48	-0.1	-1
1.2 人均 GDP	33.0	21	37.5	18	37.3	18	4.3	3
1.3 财政收入	0.0	65	0.0	65	0.0	58	0.0	7
1.4 人均财政收入	0.2	37	0.2	42	0.2	39	0.0	-2
1.5 外国直接投资	55.5	61	59.7	54	35.2	23	-20.3	38
1.6 受高等教育人员比重	33.7	70	56.0	69	56.0	69	22.3	1
1.7 全社会劳动生产率	28.6	23	33.6	21	34.1	21	5.5	2

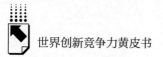
续表

指 标 项 目	2011 年		2013 年		2015 年		综合变化	
	得分	排名	得分	排名	得分	排名	得分变化	排名变化
2 创新环境竞争力	63.5	7	64.8	9	68.3	3	4.7	4
2.1 千人因特网用户数	86.7	13	86.7	15	90.2	13	3.5	0
2.2 千人手机用户数	52.3	53	48.2	69	43.3	51	−9.0	2
2.3 企业开业程序	100.0	1	100.0	1	100.0	1	0.0	0
2.4 企业税负占利润比重	74.5	38	75.9	40	81.8	39	7.3	−1
2.5 在线公共服务指数	67.3	16	77.6	14	93.9	5	26.6	11
2.6 ISO 9001 质量体系认证数	0.4	56	0.5	54	0.4	57	0.0	−1
3 创新投入竞争力	14.2	33	15.1	30	15.5	31	1.4	2
3.1 研发经费支出总额	0.4	44	0.4	44	0.3	47	−0.1	−3
3.2 研发经费支出占 GDP 比重	9.3	55	8.7	62	8.7	64	−0.7	−9
3.3 人均研发经费支出	22.2	28	23.9	26	21.3	28	−0.9	0
3.4 研发人员总量	1.2	42	1.2	45	1.1	45	−0.1	−3
3.5 研究人员占从业人员比重	46.6	23	46.4	25	46.4	25	−0.3	−2
3.6 风险资本交易占 GDP 比重	5.1	35	10.3	21	15.4	19	10.3	16
4 创新产出竞争力	3.7	46	3.7	42	3.2	44	−0.4	2
4.1 专利授权数	2.0	17	1.7	15	1.2	17	−0.8	0
4.2 科技论文发表数	1.7	39	1.7	40	1.7	40	0.0	−1
4.3 专利和许可收入	0.3	26	0.3	29	0.2	31	−0.1	−5
4.4 高技术产品出口额	0.1	53	0.1	53	0.1	54	0.0	−1
4.5 高技术产品出口比重	20.1	41	20.8	37	18.1	39	−1.9	2
4.6 注册商标数	1.3	34	1.0	32	1.0	32	−0.3	2
4.7 创意产品出口比重	0.2	54	0.2	51	0.2	52	0.0	2
5 创新潜力竞争力	32.1	32	22.3	32	18.7	36	−13.4	−4
5.1 公共教育支出总额	0.3	46	0.3	44	0.2	46	−0.1	0
5.2 公共教育支出占 GDP 比重	11.0	22	10.5	27	10.1	28	−0.8	−6
5.3 人均公共教育支出额	8.8	23	9.5	22	9.2	25	0.4	−2
5.4 高等教育毛入学率	75.6	10	72.2	14	73.5	10	−2.1	0
5.5 研发人员增长率	39.8	68	31.8	13	13.4	48	−26.5	20
5.6 研发经费增长率	57.1	30	9.6	71	5.7	90	−51.4	−60

挪威国家创新竞争力评价分析报告

挪威位于北欧斯堪的纳维亚半岛西部，西临挪威海，与丹麦隔海相望。国土面积约 38.5 万平方公里，海岸线长 2.1 万公里。2015 年全国年末总人口为 519.02 万人，实现国内生产总值（GDP）3865.8 亿美元，人均 GDP 为 74505 美元。本章通过对 2011 ~ 2015 年挪威国家创新竞争力及其各要素在全球的排名变化分析，为探寻挪威国家创新竞争力的推动点及影响因素提供分析依据。

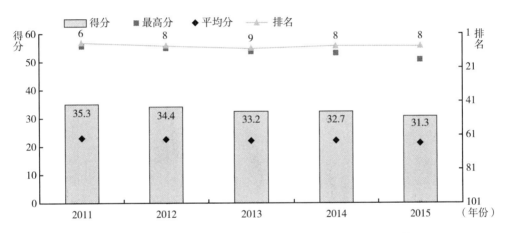

图 68 - 1 2011 ~ 2015 年国家创新竞争力得分和排名变化趋势

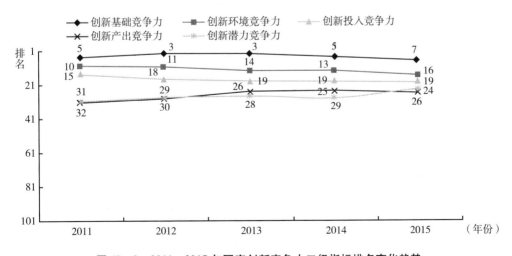

图 68 - 2 2011 ~ 2015 年国家创新竞争力二级指标排名变化趋势

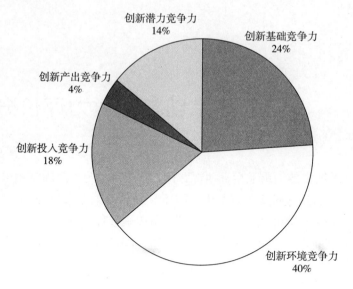

图 68 – 3　2015 年国家创新竞争力各二级指标的贡献率

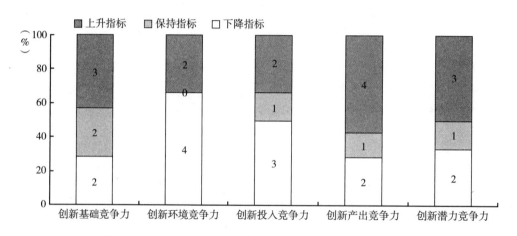

图 68 – 4　2011~2015 年国家创新竞争力指标动态变化结构

表 68 – 1　2011~2015 年挪威国家创新竞争力各级指标得分及排名变化

指　　标　　项　　目	2011 年		2013 年		2015 年		综合变化	
	得分	排名	得分	排名	得分	排名	得分变化	排名变化
国家创新竞争力	35.3	6	33.2	9	31.3	8	–4.1	–2
1 创新基础竞争力	43.0	5	46.2	3	38.3	7	–4.8	–2
1.1 GDP	3.2	26	3.1	24	2.1	27	–1.1	–1
1.2 人均 GDP	86.8	2	90.4	2	73.0	3	–13.8	–1
1.3 财政收入	0.1	22	0.1	25	0.1	22	0.0	0
1.4 人均财政收入	3.7	14	3.3	14	3.3	13	–0.5	1
1.5 外国直接投资	56.5	20	62.7	12	39.6	9	–16.9	11
1.6 受高等教育人员比重	74.1	8	81.7	8	82.0	7	7.9	1
1.7 全社会劳动生产率	76.6	2	82.2	2	67.8	2	–8.8	0

续表

指　　标　　项　　目	2011 年		2013 年		2015 年		综合变化	
	得分	排名	得分	排名	得分	排名	得分变化	排名变化
2 创新环境竞争力	62.6	10	62.3	14	62.5	16	-0.1	-6
2.1 千人因特网用户数	100.0	1	100.0	1	99.4	2	-0.6	-1
2.2 千人手机用户数	56.0	41	52.5	57	37.8	65	-18.2	-24
2.3 企业开业程序	73.3	19	73.3	22	80.0	15	6.7	4
2.4 企业税负占利润比重	68.5	56	70.3	59	77.7	54	9.2	2
2.5 在线公共服务指数	77.0	8	76.7	15	79.4	23	2.4	-15
2.6 ISO 9001 质量体系认证数	0.7	47	0.8	48	0.8	48	0.2	-1
3 创新投入竞争力	32.1	15	25.8	19	27.6	19	-4.5	-4
3.1 研发经费支出总额	1.2	28	1.2	30	1.3	32	0.1	-4
3.2 研发经费支出占 GDP 比重	9.0	56	9.6	58	14.4	46	5.4	10
3.3 人均研发经费支出	56.0	13	63.8	13	68.7	13	12.8	0
3.4 研发人员总量	2.1	37	1.9	39	1.9	39	-0.2	-2
3.5 研究人员占从业人员比重	64.6	12	62.7	12	68.7	10	4.1	2
3.6 风险资本交易占 GDP 比重	59.8	6	15.5	16	10.8	26	-49.0	-20
4 创新产出竞争力	6.5	32	6.3	26	6.2	26	-0.3	6
4.1 专利授权数	0.7	27	0.5	28	0.4	29	-0.3	-2
4.2 科技论文发表数	2.3	33	2.4	33	2.4	33	0.1	0
4.3 专利和许可收入	0.3	25	0.2	31	0.4	26	0.1	-1
4.4 高技术产品出口额	1.0	36	0.9	31	0.8	31	-0.2	5
4.5 高技术产品出口比重	39.8	19	38.9	15	38.7	13	-1.2	6
4.6 注册商标数	1.0	39	0.8	38	0.7	38	-0.3	1
4.7 创意产品出口比重	0.3	51	0.3	48	0.2	50	-0.1	1
5 创新潜力竞争力	32.4	31	24.2	28	21.7	24	-10.8	7
5.1 公共教育支出总额	0.9	28	0.8	26	0.5	32	-0.4	-4
5.2 公共教育支出占 GDP 比重	10.0	26	11.9	23	12.1	24	2.2	2
5.3 人均公共教育支出额	21.4	10	25.1	9	20.8	11	-0.6	-1
5.4 高等教育毛入学率	67.5	19	68.9	18	67.1	19	-0.4	0
5.5 研发人员增长率	44.4	38	27.4	58	17.0	17	-27.3	21
5.6 研发经费增长率	50.2	61	11.0	47	12.3	28	-38.0	33

Y . 70
69
阿曼国家创新竞争力评价分析报告

　　阿曼位于阿拉伯半岛东南部，地处波斯湾通往印度洋的要道，西北界阿拉伯联合酋长国，西连沙特阿拉伯，西南邻也门共和国。东北与东南濒临阿曼湾和阿拉伯海。国土面积约 30.95 万平方公里，海岸线长 1700 公里。2015 年全国年末总人口为 449.05 万人，实现国内生产总值（GDP）698.32 亿美元，人均 GDP 为 16627 美元。本章通过对 2011~2015 年阿曼国家创新竞争力及其各要素在全球的排名变化分析，为探寻阿曼国家创新竞争力的推动点及影响因素提供分析依据。

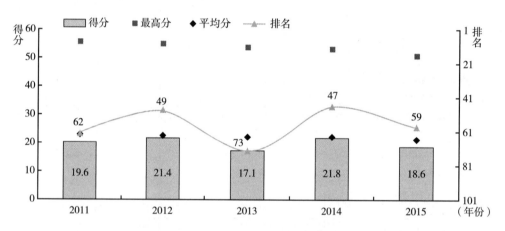

图 69 -1　2011~2015 年国家创新竞争力得分和排名变化趋势

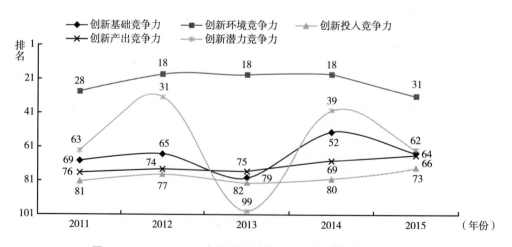

图 69 -2　2011~2015 年国家创新竞争力二级指标排名变化趋势

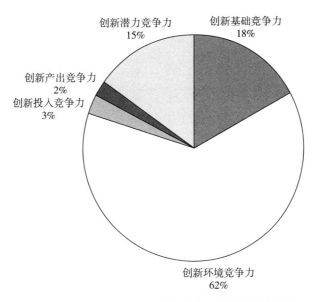

图 69-3 2015 年国家创新竞争力各二级指标的贡献率

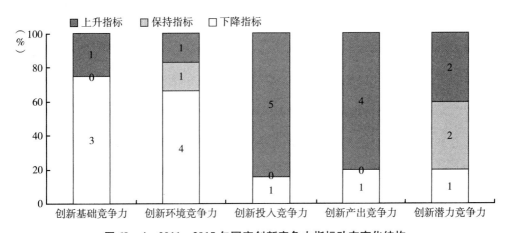

图 69-4 2011~2015 年国家创新竞争力指标动态变化结构

表 69-1 2011~2015 年阿曼国家创新竞争力各级指标得分及排名变化

指 标 项 目	2011 年		2013 年		2015 年		综合变化	
	得分	排名	得分	排名	得分	排名	得分变化	排名变化
国家创新竞争力	19.6	62	17.1	73	18.6	59	-1.0	3
1 创新基础竞争力	15.4	69	15.9	79	16.5	64	1.1	5
1.1 GDP	0.4	56	0.4	56	0.4	57	0.0	-1
1.2 人均 GDP	17.9	32	18.5	31	16.0	33	-1.9	-1
1.3 财政收入	0.0	83	0.0	78	—	—	—	—
1.4 人均财政收入	0.0	76	0.0	75	—	—	—	—
1.5 外国直接投资	55.8	32	59.9	41	36.1	19	-19.7	13
1.6 受高等教育人员比重	—	—	—	—	—	—	—	—
1.7 全社会劳动生产率	18.0	31	16.4	32	13.4	37	-4.6	-6

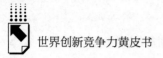

续表

指标 项目	2011 年		2013 年		2015 年		综合变化	
	得分	排名	得分	排名	得分	排名	得分变化	排名变化
2 创新环境竞争力	54.9	28	60.6	18	58.8	31	3.9	−3
2.1 千人因特网用户数	50.8	47	68.9	35	75.1	30	24.4	17
2.2 千人手机用户数	80.1	5	78.1	10	62.9	9	−17.2	−4
2.3 企业开业程序	66.7	27	66.7	35	66.7	40	0.0	−13
2.4 企业税负占利润比重	86.2	11	86.1	14	90.4	15	4.2	−4
2.5 在线公共服务指数	45.4	39	63.6	27	57.3	61	11.8	−22
2.6 ISO 9001 质量体系认证数	0.1	68	0.2	67	0.2	68	0.1	0
3 创新投入竞争力	1.5	81	1.7	82	2.7	73	1.2	8
3.1 研发经费支出总额	0.0	79	0.1	75	0.1	70	0.1	9
3.2 研发经费支出占 GDP 比重	2.4	87	3.0	81	5.6	76	3.3	11
3.3 人均研发经费支出	3.1	57	3.9	55	5.6	50	2.5	7
3.4 研发人员总量	0.0	80	0.0	81	0.0	79	0.0	1
3.5 研究人员占从业人员比重	3.1	65	2.1	69	3.0	67	−0.1	−2
3.6 风险资本交易占 GDP 比重	0.0	58	1.0	50	1.5	54	1.5	4
4 创新产出竞争力	1.2	76	1.4	75	1.6	66	0.4	10
4.1 专利授权数	—	—	—	—	—	—	—	—
4.2 科技论文发表数	0.1	66	0.2	69	0.2	69	0.1	−3
4.3 专利和许可收入	—	—	—	—	—	—	—	—
4.4 高技术产品出口额	0.0	67	0.0	65	0.0	63	0.0	4
4.5 高技术产品出口比重	5.6	79	6.9	76	7.8	70	2.1	9
4.6 注册商标数	0.1	83	0.1	83	0.1	82	0.0	1
4.7 创意产品出口比重	0.0	82	0.0	76	0.0	78	0.0	4
5 创新潜力竞争力	25.1	63	5.9	99	13.7	62	−11.4	1
5.1 公共教育支出总额	0.1	62	0.1	62	0.1	62	0.0	0
5.2 公共教育支出占 GDP 比重	6.9	51	7.0	51	7.3	53	0.3	−2
5.3 人均公共教育支出额	3.4	41	3.3	42	2.9	41	−0.5	0
5.4 高等教育毛入学率	—	—	—	—	—	—	—	—
5.5 研发人员增长率	57.1	10	16.2	88	40.7	3	−16.3	7
5.6 研发经费增长率	57.9	26	2.8	93	17.6	8	−40.3	18

巴基斯坦国家创新竞争力评价分析报告

　　巴基斯坦位于南亚次大陆西北部，南濒阿拉伯海，东、北、西三面分别与印度、中国、阿富汗和伊朗为邻。国土面积约 88 万平方公里，海岸线长 840 公里。2015 年全国年末总人口为 18892 万人，实现国内生产总值（GDP）2710.5 亿美元，人均 GDP 为 1431.2 美元。本章通过对 2011~2015 年巴基斯坦国家创新竞争力及其各要素在全球的排名变化分析，为探寻巴基斯坦国家创新竞争力的推动点及影响因素提供分析依据。

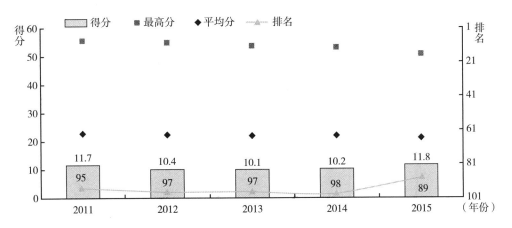

图 70-1　2011~2015 年国家创新竞争力得分和排名变化趋势

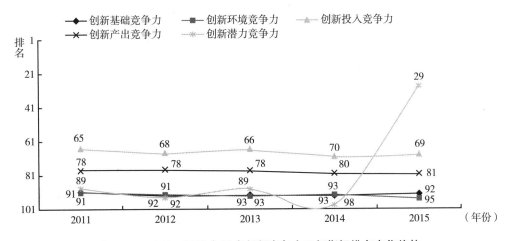

图 70-2　2011~2015 年国家创新竞争力二级指标排名变化趋势

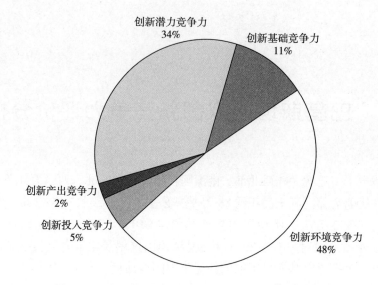

图 70 – 3 2015 年国家创新竞争力各二级指标的贡献率

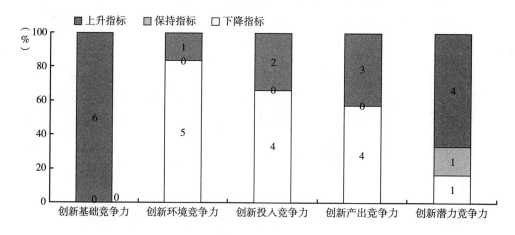

图 70 – 4 2011～2015 年国家创新竞争力指标动态变化结构

表 70 – 1 2011～2015 年巴基斯坦国家创新竞争力各级指标得分及排名变化

指 标 项 目	2011 年		2013 年		2015 年		综合变化	
	得分	排名	得分	排名	得分	排名	得分变化	排名变化
国家创新竞争力	11.7	95	10.1	97	11.8	89	0.1	6
1 创新基础竞争力	9.9	91	10.6	93	6.6	92	− 3.3	− 1
1.1 GDP	1.3	43	1.4	42	1.5	38	0.2	5
1.2 人均 GDP	0.8	87	0.8	88	1.1	86	0.3	1
1.3 财政收入	0.2	20	0.2	18	0.3	15	0.1	5
1.4 人均财政收入	0.2	51	0.2	39	0.2	37	0.0	14
1.5 外国直接投资	55.6	55	59.7	48	34.9	49	− 20.7	6
1.6 受高等教育人员比重	—	—	—	—	—	—	—	—
1.7 全社会劳动生产率	1.1	85	1.2	86	1.6	84	0.5	1

续表

指　标　项　目	2011 年		2013 年		2015 年		综合变化	
	得分	排名	得分	排名	得分	排名	得分变化	排名变化
2 创新环境竞争力	25.6	91	26.7	93	28.2	95	2.6	−4
2.1 千人因特网用户数	8.6	89	8.6	92	14.8	92	6.2	−3
2.2 千人手机用户数	25.7	92	26.3	93	15.0	96	−10.7	−4
2.3 企业开业程序	26.7	85	26.7	87	26.7	89	0.0	−4
2.4 企业税负占利润比重	70.0	49	77.7	34	82.9	36	12.9	13
2.5 在线公共服务指数	21.6	86	20.0	84	29.0	92	7.4	−6
2.6 ISO 9001 质量体系认证数	1.0	42	0.9	44	0.9	46	−0.1	−4
3 创新投入竞争力	3.1	65	3.2	66	3.1	69	0.0	−4
3.1 研发经费支出总额	0.6	40	0.5	40	0.5	41	−0.1	−1
3.2 研发经费支出占 GDP 比重	10.4	48	9.5	60	7.7	67	−2.7	−19
3.3 人均研发经费支出	0.7	74	0.7	75	0.7	78	0.0	−4
3.4 研发人员总量	2.0	38	2.0	35	3.4	24	1.4	14
3.5 研究人员占从业人员比重	4.9	59	5.2	57	6.4	57	1.5	2
3.6 风险资本交易占 GDP 比重	0.0	58	1.0	50	0.0	79	0.0	−21
4 创新产出竞争力	1.1	78	1.1	78	1.0	81	−0.1	−3
4.1 专利授权数	0.2	45	0.1	50	0.0	58	−0.2	−13
4.2 科技论文发表数	1.6	40	1.9	38	1.9	38	0.3	2
4.3 专利和许可收入	0.0	60	0.0	64	0.0	57	0.0	3
4.4 高技术产品出口额	0.1	59	0.1	58	0.0	61	−0.1	−2
4.5 高技术产品出口比重	3.8	85	3.8	81	2.9	87	−0.9	−2
4.6 注册商标数	1.3	30	1.1	30	1.3	26	0.0	4
4.7 创意产品出口比重	1.0	33	0.8	33	0.4	38	−0.6	−5
5 创新潜力竞争力	18.9	89	8.9	89	20.0	29	1.1	60
5.1 公共教育支出总额	0.1	59	0.1	58	0.1	54	0.0	5
5.2 公共教育支出占 GDP 比重	1.4	89	2.1	86	2.7	86	1.3	3
5.3 人均公共教育支出额	0.0	87	0.1	87	0.1	84	0.1	3
5.4 高等教育毛入学率	7.4	82	8.8	81	8.1	82	0.7	0
5.5 研发人员增长率	42.7	45	34.0	8	100.0	1	57.3	44
5.6 研发经费增长率	61.8	17	8.5	80	8.9	66	−52.9	−49

巴拿马国家创新竞争力评价分析报告

　　巴拿马位于中美洲的巴拿马地峡上，东连哥伦比亚，南濒太平洋，西接哥斯达黎加，北临加勒比海。国土面积约 7.55 万平方公里，海岸线长 2988 公里，陆界线长 555 公里。2015 年全国年末总人口为 392.91 万人，实现国内生产总值（GDP）521.32 亿美元，人均 GDP 为 13134 美元。本章通过对 2011～2015 年巴拿马国家创新竞争力及其各要素在全球的排名变化分析，为探寻巴拿马国家创新竞争力的推动点及影响因素提供分析依据。

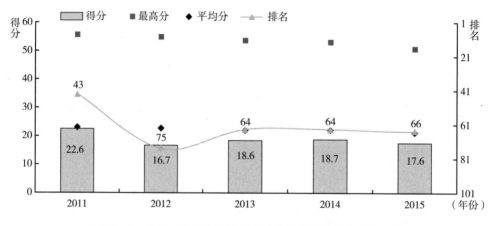

图 71 - 1　2011～2015 年国家创新竞争力得分和排名变化趋势

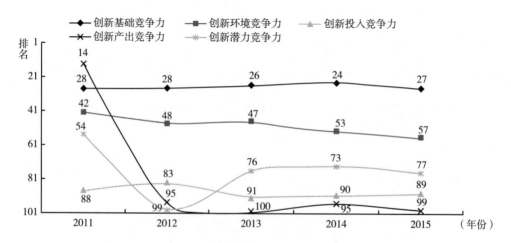

图 71 - 2　2011～2015 年国家创新竞争力二级指标排名变化趋势

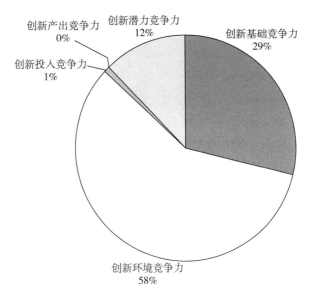

图 71 - 3 2015 年国家创新竞争力各二级指标的贡献率

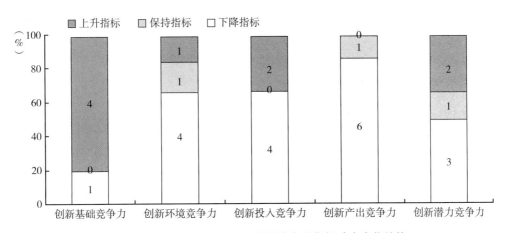

图 71 - 4 2011～2015 年国家创新竞争力指标动态变化结构

表 71 - 1 2011～2015 年巴拿马国家创新竞争力各级指标得分及排名变化

指标 项目	2011 年		2013 年		2015 年		综合变化	
	得分	排名	得分	排名	得分	排名	得分变化	排名变化
国家创新竞争力	22.6	43	18.6	64	17.6	66	-5.0	-23
1 创新基础竞争力	24.3	28	29.5	26	25.6	27	1.3	1
1.1 GDP	0.2	72	0.2	73	0.3	66	0.1	6
1.2 人均 GDP	7.7	49	10.0	47	12.6	40	4.9	9
1.3 财政收入	—	—	—	—	—	—	—	—
1.4 人均财政收入	—	—	—	—	—	—	—	—
1.5 外国直接投资	55.1	72	59.0	69	33.9	79	-21.2	-7
1.6 受高等教育人员比重	50.4	49	68.0	45	68.0	44	17.6	5
1.7 全社会劳动生产率	8.1	51	10.3	46	13.2	39	5.1	12

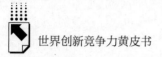
续表

指标 项目	2011 年		2013 年		2015 年		综合变化	
	得分	排名	得分	排名	得分	排名	得分变化	排名变化
2 创新环境竞争力	49.8	42	50.4	47	50.6	57	0.8	-15
2.1 千人因特网用户数	45.0	54	44.6	61	50.5	64	5.5	-10
2.2 千人手机用户数	91.9	2	81.8	6	70.3	4	-21.6	-2
2.3 企业开业程序	66.7	27	73.3	22	73.3	29	6.6	-2
2.4 企业税负占利润比重	65.7	64	73.6	48	79.5	46	13.8	18
2.5 在线公共服务指数	29.1	72	28.9	76	29.8	90	0.7	-18
2.6 ISO 9001 质量体系认证数	0.0	82	0.1	81	0.1	82	0.1	0
3 创新投入竞争力	1.1	88	0.9	91	1.2	89	0.1	-1
3.1 研发经费支出总额	0.0	82	0.0	90	0.0	93	0.0	-11
3.2 研发经费支出占 GDP 比重	2.8	81	0.9	94	0.9	93	-1.9	-12
3.3 人均研发经费支出	1.6	68	0.6	76	0.8	77	-0.8	-9
3.4 研发人员总量	0.0	83	0.0	90	0.0	90	0.0	-7
3.5 研究人员占从业人员比重	2.2	69	2.6	67	2.6	68	0.4	1
3.6 风险资本交易占 GDP 比重	0.0	58	1.0	50	3.1	43	3.1	15
4 创新产出竞争力	11.3	14	0.1	100	0.1	99	-11.2	-85
4.1 专利授权数	0.1	50	0.1	52	0.0	67	-0.1	-17
4.2 科技论文发表数	0.0	88	0.0	88	0.0	88	0.0	0
4.3 专利和许可收入	0.0	58	0.0	58	0.0	64	0.0	-6
4.4 高技术产品出口额	1.0	34	0.0	99	0.0	100	-1.0	-66
4.5 高技术产品出口比重	76.4	5	0.1	98	0.0	99	-76.4	-94
4.6 注册商标数	0.8	42	0.5	48	0.4	49	-0.4	-7
4.7 创意产品出口比重	0.7	39	0.0	90	0.0	90	-0.7	-51
5 创新潜力竞争力	26.6	54	12.2	76	10.6	77	-16.0	-23
5.1 公共教育支出总额	0.0	78	0.0	77	0.0	73	0.0	5
5.2 公共教育支出占 GDP 比重	3.4	80	3.5	80	3.7	80	0.3	0
5.3 人均公共教育支出额	0.9	61	1.2	60	1.6	56	0.7	5
5.4 高等教育毛入学率	38.8	50	34.7	57	33.6	58	-5.2	-8
5.5 研发人员增长率	41.8	51	29.8	24	13.0	52	-28.8	-1
5.6 研发经费增长率	74.7	2	4.3	91	11.8	32	-62.9	-30

Y.73

72

巴拉圭国家创新竞争力评价分析报告

巴拉圭是南美洲中部的内陆国家，北与玻利维亚接壤，东邻巴西，西、南同阿根廷交界。国土面积约40.68万平方公里。2015年全国年末总人口为663.91万人，实现国内生产总值（GDP）272.83亿美元，人均 GDP 为4109.4美元。本章通过对2011～2015年巴拉圭国家创新竞争力及其各要素在全球的排名变化分析，为探寻巴拉圭国家创新竞争力的推动点及影响因素提供分析依据。

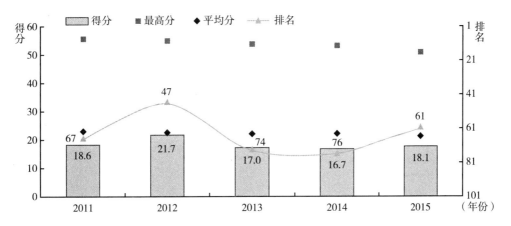

图72-1 2011～2015年国家创新竞争力得分和排名变化趋势

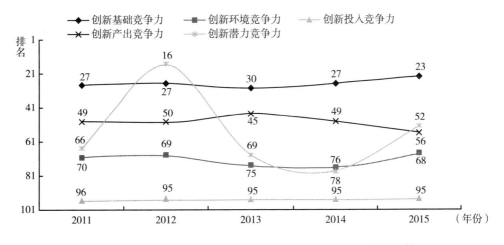

图72-2 2011～2015年国家创新竞争力二级指标排名变化趋势

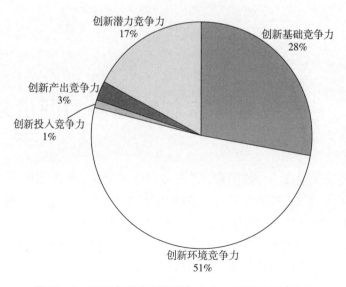

图 72 - 3　2015 年国家创新竞争力各二级指标的贡献率

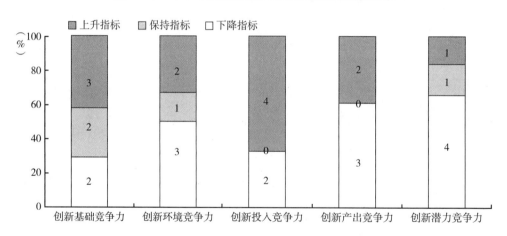

图 72 - 4　2011～2015 年国家创新竞争力指标动态变化结构

表 72 - 1　2011～2015 年巴拉圭国家创新竞争力各级指标得分及排名变化

指　　　标　　　项　　　目	2011 年		2013 年		2015 年		综合变化	
	得分	排名	得分	排名	得分	排名	得分变化	排名变化
国家创新竞争力	18.6	67	17.0	74	18.1	61	- 0.5	6
1 创新基础竞争力	25.8	27	27.6	30	25.9	23	0.1	4
1.1 GDP	0.1	78	0.1	78	0.1	78	0.0	0
1.2 人均 GDP	3.1	70	3.7	68	3.7	69	0.6	1
1.3 财政收入	1.8	7	1.8	7	2.2	6	0.4	1
1.4 人均财政收入	46.9	4	46.2	4	58.4	4	11.5	0
1.5 外国直接投资	55.7	38	60.0	19	35.1	34	- 20.6	4
1.6 受高等教育人员比重	70.1	12	77.9	17	77.9	14	7.8	-2
1.7 全社会劳动生产率	3.1	74	3.6	73	3.6	76	0.5	-2

续表

指　　标　　项　　目	2011 年		2013 年		2015 年		综合变化	
	得分	排名	得分	排名	得分	排名	得分变化	排名变化
2 创新环境竞争力	39.0	70	39.8	75	46.2	68	7.2	2
2.1 千人因特网用户数	25.6	76	36.8	75	43.2	73	17.6	3
2.2 千人手机用户数	46.7	69	46.9	75	34.8	74	−11.9	−5
2.3 企业开业程序	60.0	46	60.0	53	60.0	55	0.0	−9
2.4 企业税负占利润比重	73.9	41	75.4	42	81.2	41	7.3	0
2.5 在线公共服务指数	27.7	78	19.8	85	58.0	58	30.3	20
2.6 ISO 9001 质量体系认证数	0.1	72	0.1	72	0.1	73	0.0	−1
3 创新投入竞争力	0.2	96	0.4	95	0.6	95	0.4	1
3.1 研发经费支出总额	0.0	92	0.0	88	0.0	87	0.0	5
3.2 研发经费支出占 GDP 比重	0.9	93	1.6	90	2.5	88	1.6	5
3.3 人均研发经费支出	0.2	89	0.4	87	0.7	80	0.5	9
3.4 研发人员总量	0.0	88	0.1	74	0.1	74	0.1	14
3.5 研究人员占从业人员比重	0.4	77	0.4	78	0.4	78	0.0	−1
3.6 风险资本交易占 GDP 比重	0.0	58	0.0	71	0.0	79	0.0	−21
4 创新产出竞争力	3.5	49	3.3	45	2.4	56	−1.1	−7
4.1 专利授权数	—	—	—	—	—	—	—	—
4.2 科技论文发表数	0.0	96	0.0	98	0.0	98	0.0	−2
4.3 专利和许可收入	—	—	—	—	—	—	—	—
4.4 高技术产品出口额	0.0	82	0.0	78	0.0	79	0.0	3
4.5 高技术产品出口比重	15.7	50	15.2	48	10.7	60	−5.0	−10
4.6 注册商标数	1.6	28	1.2	29	1.0	30	−0.6	−2
4.7 创意产品出口比重	0.0	84	0.0	90	0.0	83	0.0	1
5 创新潜力竞争力	24.4	66	14.0	69	15.6	52	−8.8	14
5.1 公共教育支出总额	0.0	76	0.0	76	0.0	78	0.0	−2
5.2 公共教育支出占 GDP 比重	7.0	50	7.0	52	7.3	54	0.3	−4
5.3 人均公共教育支出额	0.6	69	0.7	69	0.7	70	0.1	−1
5.4 高等教育毛入学率	32.0	59	31.3	59	30.3	62	−1.7	−3
5.5 研发人员增长率	41.0	58	27.3	63	35.2	5	−5.8	53
5.6 研发经费增长率	66.0	7	17.9	12	19.8	7	−46.2	0

73
秘鲁国家创新竞争力评价分析报告

秘鲁位于南美洲西部，北邻厄瓜多尔、哥伦比亚，东界巴西，南接智利，东南与玻利维亚毗邻，西濒太平洋。国土面积约 128.5 万平方公里，海岸线长 2254 公里。2015 年全国年末总人口为 3137.7 万人，实现国内生产总值（GDP）1892.1 亿美元，人均 GDP 为 6030.3 美元。本章通过对 2011～2015 年秘鲁国家创新竞争力及其各要素在全球的排名变化分析，为探寻秘鲁国家创新竞争力的推动点及影响因素提供分析依据。

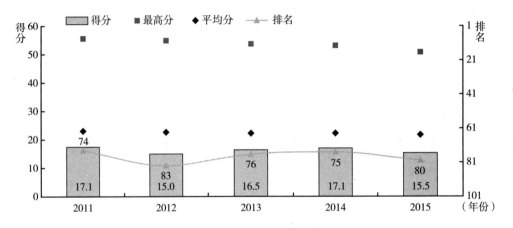

图 73-1　2011～2015 年国家创新竞争力得分和排名变化趋势

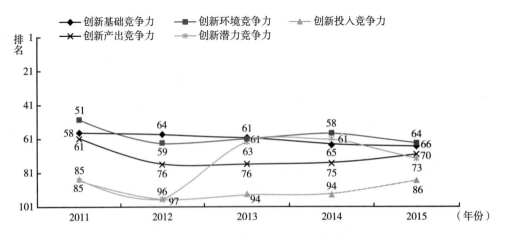

图 73-2　2011～2015 年国家创新竞争力二级指标排名变化趋势

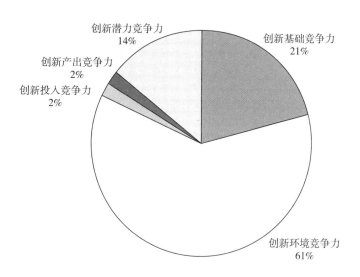

图 73 - 3　2015 年国家创新竞争力各二级指标的贡献率

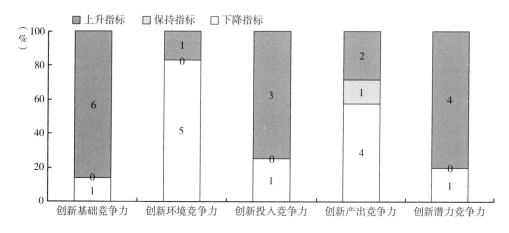

图 73 - 4　2011 ~ 2015 年国家创新竞争力指标动态变化结构

表 73 - 1　2011 ~ 2015 年秘鲁国家创新竞争力各级指标得分及排名变化

指　标　　　　项　　目	2011 年		2013 年		2015 年		综合变化	
	得分	排名	得分	排名	得分	排名	得分变化	排名变化
国家创新竞争力	17.1	74	16.5	76	15.5	80	- 1.6	- 6
1 创新基础竞争力	17.6	58	20.4	61	16.2	66	- 1.4	- 8
1.1 GDP	1.1	46	1.2	45	1.0	44	- 0.1	2
1.2 人均 GDP	4.7	61	5.5	61	5.6	58	0.9	3
1.3 财政收入	0.0	62	0.0	58	0.0	53	0.0	9
1.4 人均财政收入	0.0	78	0.0	76	0.0	71	0.0	7
1.5 外国直接投资	54.1	84	57.5	85	32.8	83	- 21.3	1
1.6 受高等教育人员比重	59.3	30	73.3	30	68.5	40	9.2	- 10
1.7 全社会劳动生产率	4.1	67	5.0	64	5.1	64	1.0	3

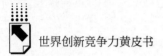
续表

指标 项目	2011 年		2013 年		2015 年		综合变化	
	得分	排名	得分	排名	得分	排名	得分变化	排名变化
2 创新环境竞争力	44.7	51	45.4	61	47.4	64	2.7	−13
2.1 千人因特网用户数	37.8	63	39.3	71	39.4	75	1.6	−12
2.2 千人手机用户数	52.5	52	43.4	78	37.1	69	−15.4	−17
2.3 企业开业程序	66.7	27	66.7	35	66.7	40	0.0	−13
2.4 企业税负占利润比重	71.4	45	74.5	45	79.4	47	8.0	−2
2.5 在线公共服务指数	39.3	51	48.1	47	61.1	53	21.8	−2
2.6 ISO 9001 质量体系认证数	0.3	57	0.4	56	0.4	54	0.1	3
3 创新投入竞争力	1.2	85	0.4	94	1.5	86	0.3	−1
3.1 研发经费支出总额	0.1	71	0.1	73	0.1	68	0.0	3
3.2 研发经费支出占 GDP 比重	1.3	92	1.2	92	2.1	91	0.8	1
3.3 人均研发经费支出	0.4	80	0.5	81	0.8	76	0.4	4
3.4 研发人员总量	—	—	—	—	—	—	—	—
3.5 研究人员占从业人员比重	—	—	—	—	—	—	—	—
3.6 风险资本交易占 GDP 比重	3.2	39	0.0	71	3.1	43	−0.1	−4
4 创新产出竞争力	2.2	61	1.4	76	1.5	70	−0.7	−9
4.1 专利授权数	0.2	48	0.8	24	0.1	48	−0.1	0
4.2 科技论文发表数	0.1	71	0.1	70	0.1	70	0.0	1
4.3 专利和许可收入	0.0	63	0.0	63	0.0	53	0.0	10
4.4 高技术产品出口额	0.1	60	0.0	63	0.0	64	−0.1	−4
4.5 高技术产品出口比重	13.4	55	7.3	75	8.9	66	−4.5	−11
4.6 注册商标数	1.8	27	1.4	27	1.3	28	−0.5	−1
4.7 创意产品出口比重	0.2	57	0.2	55	0.1	61	−0.1	−4
5 创新潜力竞争力	19.7	85	14.8	63	11.2	73	−8.5	12
5.1 公共教育支出总额	0.1	60	0.1	56	0.1	53	0.0	7
5.2 公共教育支出占 GDP 比重	2.3	87	3.7	79	5.3	72	3.0	15
5.3 人均公共教育支出额	0.5	74	0.7	70	0.9	66	0.4	8
5.4 高等教育毛入学率	37.1	53	36.3	53	35.1	56	−2.0	−3
5.5 研发人员增长率	—	—	—	—	—	—	—	—
5.6 研发经费增长率	58.4	24	33.3	6	14.3	12	−44.1	12

菲律宾国家创新竞争力评价分析报告

　　菲律宾位于亚洲东南部，北隔巴士海峡与中国台湾省遥遥相对，南和西南隔西里伯斯海、巴拉巴克海峡与印度尼西亚、马来西亚相望，西濒南中国海，东临太平洋。国土面积约 29.97 万平方公里，海岸线长约 18533 公里。2015 年全国年末总人口为 10070 万人，实现国内生产总值（GDP）2927.7 亿美元，人均 GDP 为 2878.3 美元。本章通过对 2011～2015 年菲律宾国家创新竞争力及其各要素在全球的排名变化分析，为探寻菲律宾国家创新竞争力的推动点及影响因素提供分析依据。

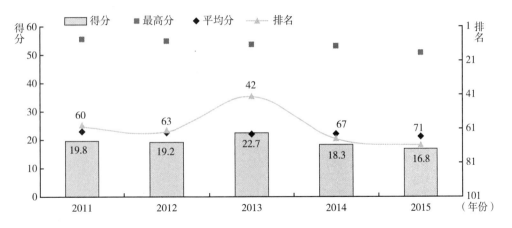

图 74 - 1　2011～2015 年国家创新竞争力得分和排名变化趋势

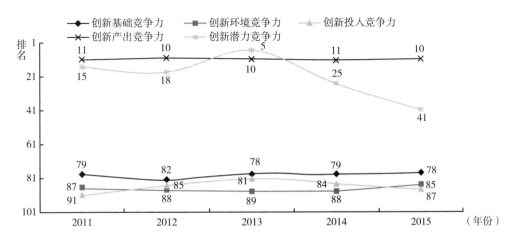

图 74 - 2　2011～2015 年国家创新竞争力二级指标排名变化趋势

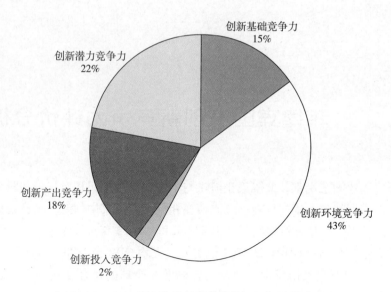

图 74-3　2015 年国家创新竞争力各二级指标的贡献率

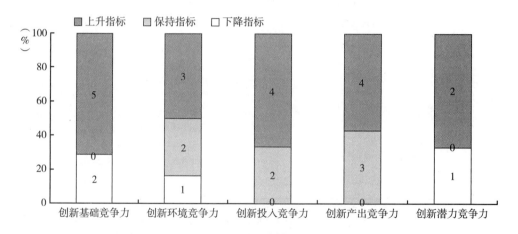

图 74-4　2011～2015 年国家创新竞争力指标动态变化结构

表 74-1　2011～2015 年菲律宾国家创新竞争力各级指标得分及排名变化

指标项目	2011 年		2013 年		2015 年		综合变化	
	得分	排名	得分	排名	得分	排名	得分变化	排名变化
国家创新竞争力	19.8	60	22.7	42	16.8	71	-3.0	-11
1 创新基础竞争力	11.9	79	16.0	78	12.5	78	0.6	1
1.1 GDP	1.4	42	1.6	37	1.6	35	0.2	7
1.2 人均 GDP	1.7	83	2.1	83	2.5	81	0.8	2
1.3 财政收入	0.1	24	0.1	22	0.1	18	0.0	6
1.4 人均财政收入	0.2	42	0.2	40	0.2	38	0.0	4
1.5 外国直接投资	55.9	26	60.0	22	35.1	28	-20.8	-2
1.6 受高等教育人员比重	22.1	72	45.8	73	44.8	74	22.7	-2
1.7 全社会劳动生产率	1.9	82	2.4	82	2.8	81	0.9	1

续表

指标 项目	2011 年		2013 年		2015 年		综合变化	
	得分	排名	得分	排名	得分	排名	得分变化	排名变化
2 创新环境竞争力	29.9	87	31.9	89	36.7	85	6.8	2
2.1 千人因特网用户数	30.2	72	36.9	73	39.2	76	9.0	-4
2.2 千人手机用户数	46.6	70	47.4	73	40.1	58	-6.5	12
2.3 企业开业程序	0.0	100	0.0	100	0.0	100	0.0	0
2.4 企业税负占利润比重	64.9	67	68.7	65	75.0	66	10.1	1
2.5 在线公共服务指数	37.3	57	37.7	60	64.9	47	27.6	10
2.6 ISO 9001 质量体系认证数	0.6	50	0.8	50	0.8	50	0.2	0
3 创新投入竞争力	0.9	91	1.9	81	1.5	87	0.6	4
3.1 研发经费支出总额	0.1	60	0.2	55	0.2	55	0.1	5
3.2 研发经费支出占 GDP 比重	2.5	85	2.9	82	2.9	85	0.4	0
3.3 人均研发经费支出	0.3	86	0.4	82	0.5	86	0.2	0
3.4 研发人员总量	0.6	52	1.2	44	1.2	44	0.6	8
3.5 研究人员占从业人员比重	0.9	72	2.6	67	2.6	68	1.7	4
3.6 风险资本交易占 GDP 比重	0.8	56	4.1	32	1.5	54	0.7	2
4 创新产出竞争力	15.0	11	15.2	10	15.3	10	0.3	1
4.1 专利授权数	0.5	30	0.8	24	0.6	24	0.1	6
4.2 科技论文发表数	0.2	60	0.2	60	0.2	60	0.0	0
4.3 专利和许可收入	0.0	64	0.0	68	0.0	60	0.0	4
4.4 高技术产品出口额	2.8	23	3.9	19	4.7	19	1.9	4
4.5 高技术产品出口比重	100.0	1	100.0	1	100.0	1	0.0	0
4.6 注册商标数	1.3	29	1.2	28	1.2	29	-0.1	0
4.7 创意产品出口比重	0.4	48	0.4	42	0.6	34	0.2	14
5 创新潜力竞争力	41.5	15	48.5	5	18.2	41	-23.3	-26
5.1 公共教育支出总额	—	—	—	—	—	—	—	—
5.2 公共教育支出占 GDP 比重	—	—	—	—	—	—	—	—
5.3 人均公共教育支出额	—	—	—	—	—	—	—	—
5.4 高等教育毛入学率	28.1	62	30.0	62	30.9	61	2.8	1
5.5 研发人员增长率	41.5	54	100.0	1	13.0	53	-28.5	1
5.6 研发经费增长率	54.9	37	15.4	16	10.8	45	-44.1	-8

Y.76

75

波兰国家创新竞争力评价分析报告

　　波兰位于欧洲大陆中部，中欧东北部。东部和东北部分别与立陶宛、白俄罗斯、乌克兰和俄罗斯的"飞地"加里宁格勒州接壤，南部与捷克和斯洛伐克毗邻，西部与德国相连，北临波罗的海并与瑞典和丹麦遥遥相望。国土面积约 31.27 万平方公里，海岸线长 528 公里。2015 年全国年末总人口为 3798.6 万人，实现国内生产总值（GDP）4773.4 亿美元，人均 GDP 为 12566 美元。本章通过对 2011~2015 年波兰国家创新竞争力及其各要素在全球的排名变化分析，为探寻波兰国家创新竞争力的推动点及影响因素提供分析依据。

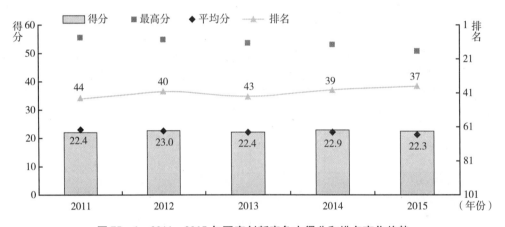

图 75-1　2011~2015 年国家创新竞争力得分和排名变化趋势

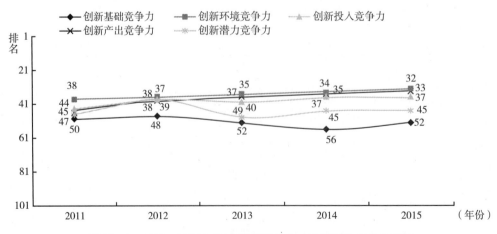

图 75-2　2011~2015 年国家创新竞争力二级指标排名变化趋势

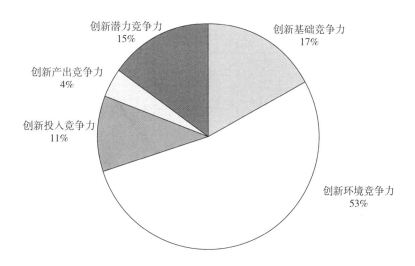

图 75 - 3 2015 年国家创新竞争力各二级指标的贡献率

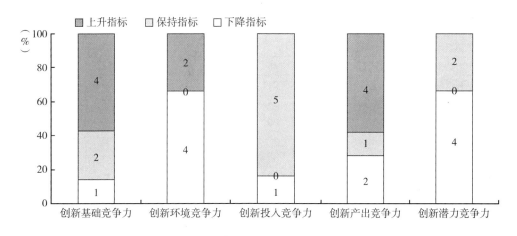

图 75 - 4 2011~2015 年国家创新竞争力指标动态变化结构

表 75 - 1 2011~2015 年波兰国家创新竞争力各级指标得分及排名变化

指标 项目	2011 年		2013 年		2015 年		综合变化	
	得分	排名	得分	排名	得分	排名	得分变化	排名变化
国家创新竞争力	22.4	44	22.4	43	22.3	37	- 0.2	7
1 创新基础竞争力	19.8	50	22.8	52	19.1	52	- 0.7	- 2
1.1 GDP	3.4	24	3.1	23	2.6	23	- 0.8	1
1.2 人均 GDP	11.7	41	11.9	41	12.0	41	0.3	0
1.3 财政收入	0.0	41	0.0	41	0.0	38	0.0	3
1.4 人均财政收入	0.2	49	0.2	49	0.2	45	0.0	4
1.5 外国直接投资	52.6	90	58.9	77	32.4	84	- 20.4	6
1.6 受高等教育人员比重	59.4	28	73.7	28	74.2	28	14.8	0
1.7 全社会劳动生产率	11.5	40	11.9	44	12.3	44	0.8	- 4

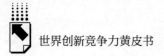
续表

指标项目	2011 年		2013 年		2015 年		综合变化	
	得分	排名	得分	排名	得分	排名	得分变化	排名变化
2 创新环境竞争力	51.6	38	56.4	35	58.7	32	7.1	6
2.1 千人因特网用户数	65.9	32	65.0	39	68.5	43	2.6	-11
2.2 千人手机用户数	64.6	21	74.7	16	54.0	22	-10.6	-1
2.3 企业开业程序	66.7	27	80.0	14	80.0	15	13.3	12
2.4 企业税负占利润比重	69.1	54	70.8	57	77.0	58	7.9	-4
2.5 在线公共服务指数	39.1	53	44.0	54	68.7	42	29.6	11
2.6 ISO 9001 质量体系认证数	4.2	16	4.1	20	3.7	17	-0.5	-1
3 创新投入竞争力	8.6	44	9.5	40	12.3	37	3.7	7
3.1 研发经费支出总额	1.5	27	1.8	25	2.0	24	0.5	3
3.2 研发经费支出占 GDP 比重	10.9	45	13.8	38	19.0	31	8.1	14
3.3 人均研发经费支出	9.3	39	12.2	38	15.2	37	5.9	2
3.4 研发人员总量	4.8	16	4.8	17	5.0	16	0.2	0
3.5 研究人员占从业人员比重	22.4	36	23.6	36	26.6	34	4.2	2
3.6 风险资本交易占 GDP 比重	2.9	42	1.0	50	6.2	33	3.3	9
4 创新产出竞争力	3.9	45	4.4	37	4.6	33	0.7	12
4.1 专利授权数	1.3	21	1.0	21	0.7	22	-0.6	-1
4.2 科技论文发表数	6.1	18	7.0	18	7.0	18	0.9	0
4.3 专利和许可收入	0.2	30	0.2	30	0.3	29	0.1	1
4.4 高技术产品出口额	1.9	27	2.2	26	2.4	25	0.5	2
4.5 高技术产品出口比重	12.7	59	15.9	45	16.5	43	3.8	16
4.6 注册商标数	1.3	33	0.9	34	0.7	37	-0.6	-4
4.7 创意产品出口比重	4.1	22	3.4	20	4.4	12	0.3	10
5 创新潜力竞争力	28.2	47	19.0	49	16.6	45	-11.6	2
5.1 公共教育支出总额	0.7	32	0.6	32	0.4	35	-0.3	-3
5.2 公共教育支出占 GDP 比重	6.6	56	7.0	53	7.2	57	0.6	-1
5.3 人均公共教育支出额	2.2	48	2.2	50	2.3	49	0.1	-1
5.4 高等教育毛入学率	67.6	18	64.3	23	59.5	27	-8.1	-9
5.5 研发人员增长率	37.0	78	30.3	20	16.8	18	-20.2	60
5.6 研发经费增长率	54.8	38	9.6	72	13.6	14	-41.2	24

葡萄牙国家创新竞争力评价分析报告

葡萄牙位于欧洲伊比利亚半岛的西南部，东北连西班牙，西南濒大西洋。国土面积约9.22万平方公里，海岸线长832公里。2015年全国年末总人口为1035.8万人，实现国内生产总值（GDP）1990.8亿美元，人均GDP为19220美元。本章通过对2011～2015年葡萄牙国家创新竞争力及其各要素在全球的排名变化分析，为探寻葡萄牙国家创新竞争力的推动点及影响因素提供分析依据。

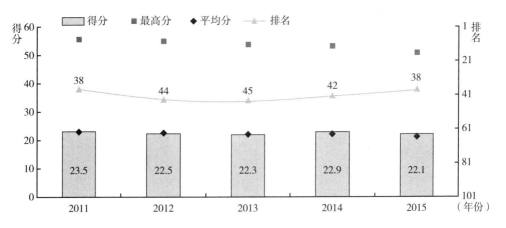

图76-1　2011～2015年国家创新竞争力得分和排名变化趋势

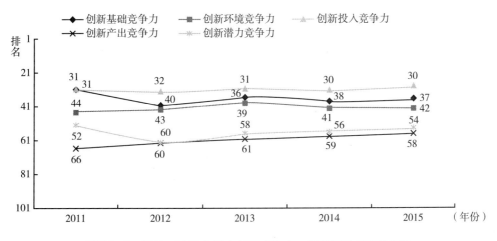

图76-2　2011～2015年国家创新竞争力二级指标排名变化趋势

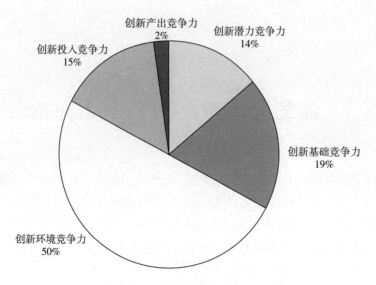

图 76 - 3　2015 年国家创新竞争力各二级指标的贡献率

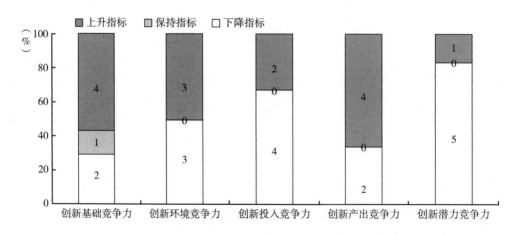

图 76 - 4　2011～2015 年国家创新竞争力指标动态变化结构

表 76 - 1　2011～2015 年葡萄牙国家创新竞争力各级指标得分及排名变化

指　标　项　目	2011 年		2013 年		2015 年		综合变化	
	得分	排名	得分	排名	得分	排名	得分变化	排名变化
国家创新竞争力	23.5	38	22.3	45	22.1	38	-1.4	0
1 创新基础竞争力	23.2	31	24.6	36	21.4	37	-1.8	-6
1.1 GDP	1.5	38	1.3	43	1.1	41	-0.4	-3
1.2 人均 GDP	19.8	30	18.8	30	18.6	29	-1.2	1
1.3 财政收入	0.0	67	0.0	66	0.0	62	0.0	5
1.4 人均财政收入	0.1	69	0.1	68	0.1	65	0.0	4
1.5 外国直接投资	57.3	17	59.0	75	34.8	56	-22.5	-39
1.6 受高等教育人员比重	65.9	18	75.1	24	77.2	18	11.3	0
1.7 全社会劳动生产率	18.1	30	17.9	29	18.2	29	0.1	1

续表

指 标 项 目	2011 年		2013 年		2015 年		综合变化	
	得分	排名	得分	排名	得分	排名	得分变化	排名变化
2 创新环境竞争力	49.3	44	53.1	39	55.4	42	6.1	2
2.1 千人因特网用户数	58.6	37	64.2	40	69.2	42	10.6	-5
2.2 千人手机用户数	56.3	38	52.6	56	37.4	68	-18.9	-30
2.3 企业开业程序	66.7	27	73.3	22	73.3	29	6.6	-2
2.4 企业税负占利润比重	66.7	60	68.8	64	76.6	59	9.9	1
2.5 在线公共服务指数	45.8	38	57.0	34	73.3	30	27.5	8
2.6 ISO 9001 质量体系认证数	1.8	31	2.7	28	2.6	25	0.8	6
3 创新投入竞争力	15.7	31	14.8	31	16.2	30	0.5	1
3.1 研发经费支出总额	1.0	33	0.8	35	0.8	35	-0.2	-2
3.2 研发经费支出占 GDP 比重	15.1	32	15.4	30	17.8	34	2.7	-2
3.3 人均研发经费支出	21.6	29	21.3	29	21.8	27	0.2	2
3.4 研发人员总量	3.3	25	2.5	31	2.4	31	-0.9	-6
3.5 研究人员占从业人员比重	46.6	23	44.6	26	45.1	26	-1.5	-3
3.6 风险资本交易占 GDP 比重	6.4	33	4.1	32	9.2	28	2.8	5
4 创新产出竞争力	2.1	66	2.2	61	2.1	58	0.0	8
4.1 专利授权数	0.1	59	0.0	59	0.0	68	-0.1	-9
4.2 科技论文发表数	2.8	26	3.3	24	3.3	24	0.5	2
4.3 专利和许可收入	0.1	39	0.0	42	0.1	38	0.0	1
4.4 高技术产品出口额	0.4	43	0.4	41	0.3	39	-0.1	4
4.5 高技术产品出口比重	7.9	72	8.7	71	8.3	68	0.4	4
4.6 注册商标数	1.3	31	0.9	35	0.9	34	-0.4	-3
4.7 创意产品出口比重	—	—	—	—	—	—	—	—
5 创新潜力竞争力	27.4	52	16.8	58	15.2	54	-12.2	-2
5.1 公共教育支出总额	0.3	45	0.3	49	0.2	49	-0.1	-4
5.2 公共教育支出占 GDP 比重	7.3	46	7.7	46	7.6	49	0.3	-3
5.3 人均公共教育支出额	3.9	39	3.8	40	3.7	40	-0.2	-1
5.4 高等教育毛入学率	63.3	23	59.8	27	54.0	36	-9.3	-13
5.5 研发人员增长率	51.1	20	20.1	86	15.5	21	-35.6	-1
5.6 研发经费增长率	38.3	94	9.0	78	10.3	52	-28.0	42

Y.78

77

卡塔尔国家创新竞争力评价分析报告

　　卡塔尔是亚洲西部的一个阿拉伯国家，位于波斯湾西南岸的卡塔尔半岛上，与阿联酋和沙特阿拉伯接壤。国土面积约1.15万平方公里，海岸线长550公里。2015年全国年末总人口为223.54万人，实现国内生产总值（GDP）1646.4亿美元，人均GDP为66347美元。本章通过对2011~2015年卡塔尔国家创新竞争力及其各要素在全球的排名变化分析，为探寻卡塔尔国家创新竞争力的推动点及影响因素提供分析依据。

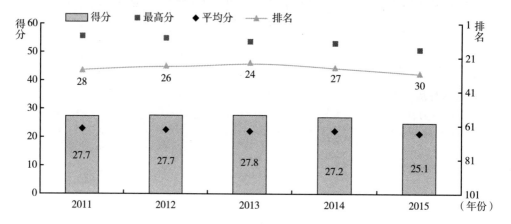

图77-1　2011~2015年国家创新竞争力得分和排名变化趋势

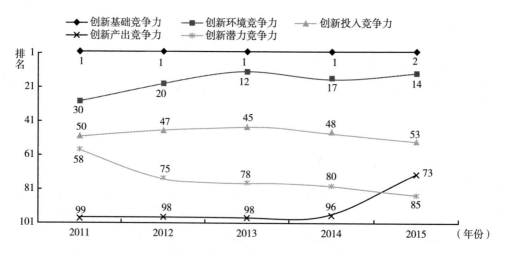

图77-2　2011~2015年国家创新竞争力二级指标排名变化趋势

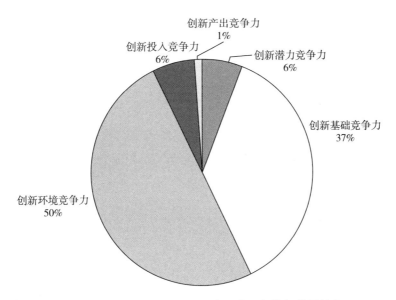

图 77-3 2015 年国家创新竞争力各二级指标的贡献率

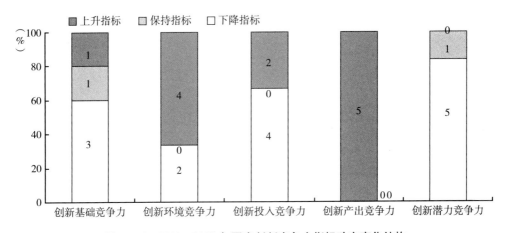

图 77-4 2011~2015 年国家创新竞争力指标动态变化结构

表 77-1 2011~2015 年卡塔尔国家创新竞争力各级指标得分及排名变化

指标 项目	2011 年		2013 年		2015 年		综合变化	
	得分	排名	得分	排名	得分	排名	得分变化	排名变化
国家创新竞争力	27. 7	28	27. 8	24	25. 1	30	-2. 6	-2
1 创新基础竞争力	50. 4	1	55. 5	1	46. 5	2	-3. 9	-1
1. 1 GDP	1. 0	48	1. 2	46	0. 9	49	-0. 1	-1
1. 2 人均 GDP	74. 2	4	77. 6	3	65. 0	4	-9. 2	0
1. 3 财政收入	—	—	—	—	—	—	—	—
1. 4 人均财政收入	—	—	—	—	—	—	—	—
1. 5 外国直接投资	58. 1	15	62. 5	13	36. 1	20	-22. 0	-5
1. 6 受高等教育人员比重	70. 5	11	81. 0	9	81. 0	8	10. 5	3
1. 7 全社会劳动生产率	48. 1	4	55. 5	4	49. 8	7	1. 7	-3

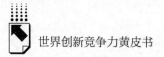
续表

指　标　　项　目	2011 年		2013 年		2015 年		综合变化	
	得分	排名	得分	排名	得分	排名	得分变化	排名变化
2 创新环境竞争力	54.4	30	63.3	12	62.8	14	8.4	16
2.1 千人因特网用户数	73.5	25	89.4	11	95.2	6	21.7	19
2.2 千人手机用户数	58.6	33	76.9	13	62.5	10	3.9	23
2.3 企业开业程序	53.3	61	53.3	64	53.3	64	0.0	−3
2.4 企业税负占利润比重	96.4	3	96.5	2	100.0	1	3.6	2
2.5 在线公共服务指数	44.5	42	63.2	29	65.6	45	21.1	−3
2.6 ISO 9001 质量体系认证数	0.1	70	0.3	63	0.2	66	0.1	4
3 创新投入竞争力	7.6	50	8.4	45	7.1	53	−0.5	−3
3.1 研发经费支出总额	0.3	49	0.3	51	0.2	53	−0.1	−4
3.2 研发经费支出占 GDP 比重	6.1	66	6.1	72	6.1	74	0.0	−8
3.3 人均研发经费支出	33.6	22	37.5	21	29.2	23	−4.4	−1
3.4 研发人员总量	0.1	72	0.1	71	0.1	71	0.0	1
3.5 研究人员占从业人员比重	5.4	57	5.2	57	5.2	60	−0.2	−3
3.6 风险资本交易占 GDP 比重	0.0	58	1.0	50	1.5	54	1.5	4
4 创新产出竞争力	0.1	99	0.1	98	1.4	73	1.3	26
4.1 专利授权数	—	—	—	—	—	—	—	—
4.2 科技论文发表数	0.1	74	0.2	66	0.2	66	0.1	8
4.3 专利和许可收入	—	—	—	—	—	—	—	—
4.4 高技术产品出口额	0.0	100	0.0	100	0.0	67	0.0	33
4.5 高技术产品出口比重	0.0	99	0.0	99	6.4	77	6.4	22
4.6 注册商标数	0.5	55	0.4	53	0.4	53	−0.1	2
4.7 创意产品出口比重	0.0	77	0.0	74	0.1	66	0.1	11
5 创新潜力竞争力	25.8	58	11.4	78	7.4	85	−18.4	−27
5.1 公共教育支出总额	0.2	54	0.2	54	0.1	56	−0.1	−2
5.2 公共教育支出占 GDP 比重	5.0	70	5.2	71	4.6	76	−0.4	−6
5.3 人均公共教育支出额	11.6	16	12.8	16	10.1	22	−1.5	−6
5.4 高等教育毛入学率	10.0	80	10.2	80	12.1	80	2.1	0
5.5 研发人员增长率	54.7	14	29.0	32	14.5	33	−40.2	−19
5.6 研发经费增长率	73.5	3	11.3	42	3.2	95	−70.3	−92

罗马尼亚国家创新竞争力评价分析报告

罗马尼亚位于东南欧巴尔干半岛东北部。北和东北分别与乌克兰和摩尔多瓦为邻，南接保加利亚，西南和西北分别与塞尔维亚和匈牙利接壤，东南临黑海。国土面积约23.84万平方公里，海岸线长245公里。2015年全国年末总人口为1981.5万人，实现国内生产总值（GDP）1775.2亿美元，人均GDP为8958.8美元。本章通过对2011~2015年罗马尼亚国家创新竞争力及其各要素在全球的排名变化分析，为探寻罗马尼亚国家创新竞争力的推动点及影响因素提供分析依据。

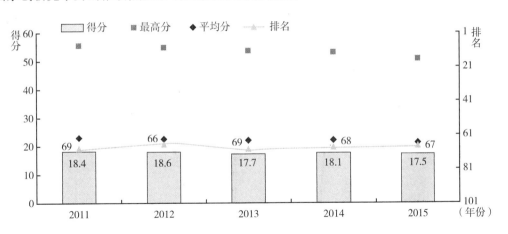

图78-1 2011~2015年国家创新竞争力得分和排名变化趋势

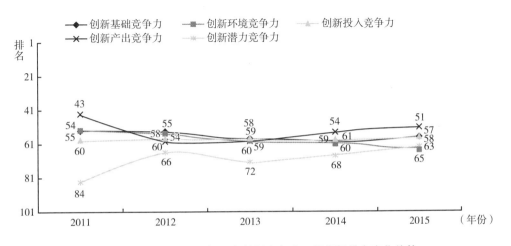

图78-2 2011~2015年国家创新竞争力二级指标排名变化趋势

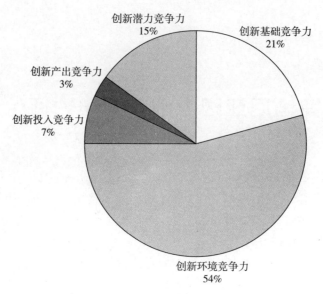

图78-3　2015年国家创新竞争力各二级指标的贡献率

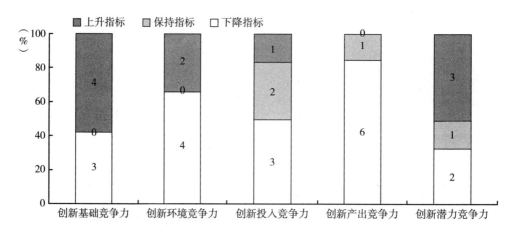

图78-4　2011～2015年国家创新竞争力指标动态变化结构

表78-1　2011～2015年罗马尼亚国家创新竞争力各级指标得分及排名变化

指标　　项目	2011年		2013年		2015年		综合变化	
	得分	排名	得分	排名	得分	排名	得分变化	排名变化
国家创新竞争力	18.4	69	17.7	69	17.5	67	-0.9	2
1 创新基础竞争力	19.0	55	21.6	59	18.4	57	-0.6	-2
1.1 GDP	1.2	45	1.1	47	0.3	47	-0.3	-2
1.2 人均 GDP	7.7	50	8.2	52	8.5	51	0.8	-1
1.3 财政收入	0.0	55	0.0	53	0.0	48	0.0	7
1.4 人均财政收入	0.1	61	0.1	59	0.1	53	0.0	8
1.5 外国直接投资	55.3	66	59.0	73	34.2	75	-21.1	-9
1.6 受高等教育人员比重	60.8	25	74.2	26	76.6	20	15.8	5
1.7 全社会劳动生产率	7.8	53	8.5	51	8.9	50	1.1	3

续表

指标 项目	2011 年		2013 年		2015 年		综合变化	
	得分	排名	得分	排名	得分	排名	得分变化	排名变化
2 创新环境竞争力	44.1	54	46.2	59	47.2	65	3.1	-11
2.1 千人因特网用户数	42.1	57	50.8	56	55.4	59	13.3	-2
2.2 千人手机用户数	51.2	58	48.0	71	35.7	71	-15.5	-13
2.3 企业开业程序	60.0	46	66.7	35	66.7	40	6.7	6
2.4 企业税负占利润比重	65.8	63	68.0	67	75.7	64	9.9	-1
2.5 在线公共服务指数	39.6	49	36.5	62	42.7	80	3.1	-31
2.6 ISO 9001 质量体系认证数	5.5	12	7.2	11	7.0	10	1.5	2
3 创新投入竞争力	5.3	60	5.0	58	5.7	58	0.4	2
3.1 研发经费支出总额	0.4	43	0.3	49	0.4	43	0.0	0
3.2 研发经费支出占 GDP 比重	8.7	59	7.2	67	11.0	59	2.3	0
3.3 人均研发经费支出	4.9	47	4.4	53	6.3	48	1.4	-1
3.4 研发人员总量	1.2	43	1.3	43	1.1	46	-0.1	-3
3.5 研究人员占从业人员比重	15.2	44	15.9	43	15.5	43	0.3	1
3.6 风险资本交易占 GDP 比重	1.2	52	1.0	50	0.0	79	-1.2	-27
4 创新产出竞争力	4.0	43	2.4	60	2.7	51	-1.3	-8
4.1 专利授权数	0.2	47	0.2	45	0.1	49	-0.1	-2
4.2 科技论文发表数	2.5	30	2.7	30	2.7	30	0.2	0
4.3 专利和许可收入	0.2	31	0.1	34	0.1	35	-0.1	-4
4.4 高技术产品出口额	1.1	32	0.5	37	0.6	35	-0.5	-3
4.5 高技术产品出口比重	22.0	36	11.6	60	14.1	47	-7.9	-11
4.6 注册商标数	0.8	43	0.6	41	0.5	44	-0.3	-1
4.7 创意产品出口比重	1.1	30	0.8	31	0.7	32	-0.4	-2
5 创新潜力竞争力	19.8	84	13.6	72	13.3	63	-6.5	21
5.1 公共教育支出总额	0.2	57	0.1	60	0.1	58	-0.1	-1
5.2 公共教育支出占 GDP 比重	3.1	84	3.0	82	3.6	81	0.5	3
5.3 人均公共教育支出额	0.9	64	0.9	63	1.0	64	0.1	0
5.4 高等教育毛入学率	57.9	30	47.0	43	46.4	44	-11.5	-14
5.5 研发人员增长率	0.0	90	28.5	34	7.5	86	7.5	4
5.6 研发经费增长率	57.0	31	1.9	95	21.5	5	-35.5	26

Y.80
79
俄罗斯国家创新竞争力评价分析报告

俄罗斯位于欧洲东部和亚洲大陆北部，其欧洲领土的大部分处于东欧平原。北邻北冰洋，东濒太平洋，西接大西洋，西北临波罗的海、芬兰湾。国土面积约 1709.82 万平方公里，海岸线长 37653 公里。2015 年全国年末总人口为 14410 万人，实现国内生产总值（GDP）13659 亿美元，人均 GDP 为 9329.3 美元。本章通过对 2011~2015 年俄罗斯国家创新竞争力及其各要素在全球的排名变化分析，为探寻俄罗斯国家创新竞争力的推动点及影响因素提供分析依据。

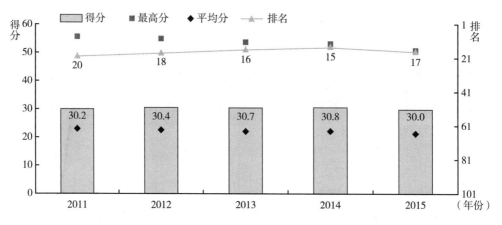

图 79-1 2011~2015 年国家创新竞争力得分和排名变化趋势

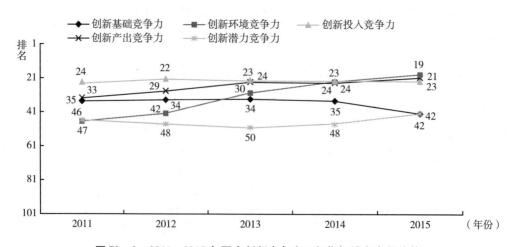

图 79-2 2011~2015 年国家创新竞争力二级指标排名变化趋势

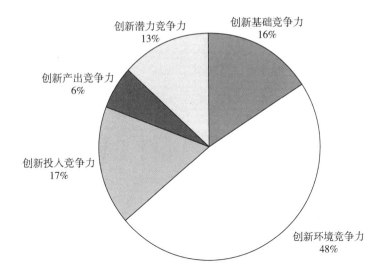

图 79 - 3　2015 年国家创新竞争力各二级指标的贡献率

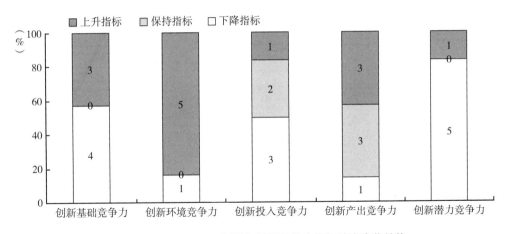

图 79 - 4　2011～2015 年国家创新竞争力指标动态变化结构

表 79 - 1　2011～2015 年俄罗斯国家创新竞争力各级指标得分及排名变化

指　标　　项　目	2011 年		2013 年		2015 年		综合变化	
	得分	排名	得分	排名	得分	排名	得分变化	排名变化
国家创新竞争力	30. 2	20	30. 7	16	30. 0	17	- 0. 2	3
1 创新基础竞争力	22. 8	35	26. 0	34	20. 3	42	- 2. 5	- 7
1. 1 GDP	13. 1	9	13. 3	8	7. 5	12	- 5. 6	- 3
1. 2 人均 GDP	12. 0	38	13. 4	38	8. 8	48	- 3. 2	- 10
1. 3 财政收入	1. 5	8	1. 4	8	1. 4	7	- 0. 1	1
1. 4 人均财政收入	1. 6	19	1. 6	18	1. 7	16	0. 1	3
1. 5 外国直接投资	58. 7	13	64. 8	7	39. 8	8	- 18. 9	5
1. 6 受高等教育人员比重	62. 0	22	75. 2	22	74. 5	25	12. 5	- 3
1. 7 全社会劳动生产率	10. 4	44	12. 1	42	8. 3	52	- 2. 1	- 8

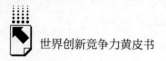

续表

指标 项目	2011 年		2013 年		2015 年		综合变化	
	得分	排名	得分	排名	得分	排名	得分变化	排名变化
2 创新环境竞争力	47.7	47	57.3	30	60.6	19	12.9	28
2.1 千人因特网用户数	51.8	45	70.6	33	74.3	31	22.5	14
2.2 千人手机用户数	70.6	15	77.0	12	63.0	8	-7.6	7
2.3 企业开业程序	53.3	61	66.7	35	80.0	15	26.7	46
2.4 企业税负占利润比重	62.6	74	63.1	75	71.7	71	9.1	3
2.5 在线公共服务指数	42.9	45	61.7	30	71.8	34	28.9	11
2.6 ISO 9001 质量体系认证数	5.1	13	4.6	17	3.1	21	-2.0	-8
3 创新投入竞争力	20.9	24	19.8	23	21.7	23	0.8	1
3.1 研发经费支出总额	8.2	9	8.0	10	8.2	9	0.0	0
3.2 研发经费支出占 GDP 比重	15.5	29	14.8	33	26.9	15	11.4	14
3.3 人均研发经费支出	13.6	31	14.7	32	16.2	35	2.6	-4
3.4 研发人员总量	34.0	4	29.8	4	28.0	4	-6.0	0
3.5 研究人员占从业人员比重	51.6	19	48.5	23	49.4	22	-2.2	-3
3.6 风险资本交易占 GDP 比重	2.3	44	3.1	39	1.5	54	-0.8	-10
4 创新产出竞争力	6.4	33	6.7	24	7.2	21	0.8	12
4.1 专利授权数	12.6	5	11.4	5	9.7	5	-2.9	0
4.2 科技论文发表数	8.2	14	8.6	14	8.6	14	0.4	0
4.3 专利和许可收入	0.5	24	0.6	25	0.6	24	0.1	0
4.4 高技术产品出口额	1.2	30	1.5	28	1.7	27	0.5	3
4.5 高技术产品出口比重	17.2	46	20.3	39	25.9	27	8.7	19
4.6 注册商标数	4.2	13	3.4	11	2.8	14	-1.4	-1
4.7 创意产品出口比重	1.1	31	1.3	27	0.9	28	-0.2	3
5 创新潜力竞争力	28.4	46	18.8	50	16.8	42	-11.6	4
5.1 公共教育支出总额	2.2	16	1.9	16	1.0	20	-1.2	-4
5.2 公共教育支出占 GDP 比重	4.7	72	4.8	73	5.1	73	0.4	-1
5.3 人均公共教育支出额	1.8	53	2.0	52	1.4	58	-0.4	-5
5.4 高等教育毛入学率	70.7	15	70.6	17	70.4	17	-0.3	-2
5.5 研发人员增长率	40.9	60	26.2	73	12.5	63	-28.4	-3
5.6 研发经费增长率	49.8	65	7.2	89	10.4	50	-39.4	15

沙特阿拉伯国家创新竞争力评价分析报告

沙特阿拉伯位于阿拉伯半岛。东濒波斯湾，西临红海，同约旦、伊拉克、科威特、阿联酋、阿曼、也门等国接壤。国土面积约 225 万平方公里，海岸线长 2437 公里。2015 年全国年末总人口为 3154 万人，实现国内生产总值（GDP）6542.7 亿美元，人均 GDP 为 20733 美元。本章通过对 2011～2015 年沙特阿拉伯国家创新竞争力及其各要素在全球的排名变化分析，为探寻沙特阿拉伯国家创新竞争力的推动点及影响因素提供分析依据。

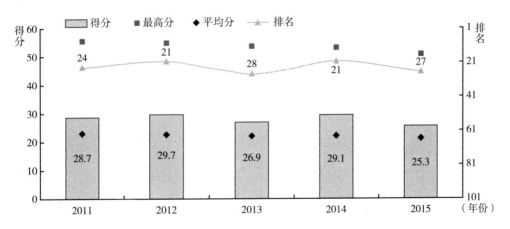

图 80-1　2011～2015 年国家创新竞争力得分和排名变化趋势

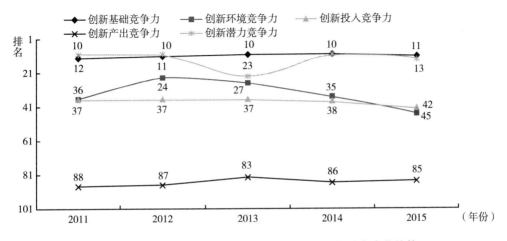

图 80-2　2011～2015 年国家创新竞争力二级指标排名变化趋势

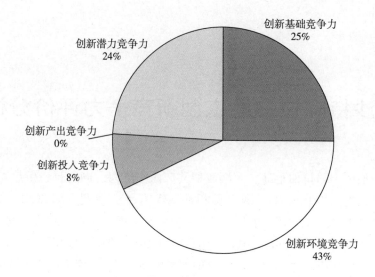

图 80 – 3　2015 年国家创新竞争力各二级指标的贡献率

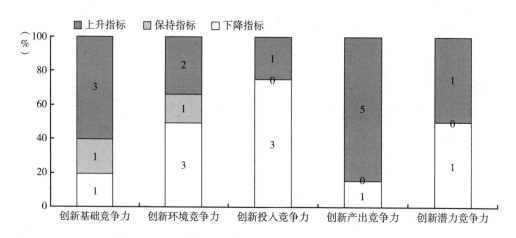

图 80 – 4　2011~2015 年国家创新竞争力指标动态变化结构

表 80 – 1　2011~2015 年沙特阿拉伯国家创新竞争力各级指标得分及排名变化

指　标　　项　目	2011 年		2013 年		2015 年		综合变化	
	得分	排名	得分	排名	得分	排名	得分变化	排名变化
国家创新竞争力	28.7	24	26.9	28	25.3	27	-3.4	-3
1 创新基础竞争力	32.5	12	37.2	10	31.4	11	-1.1	1
1.1 GDP	4.3	20	4.4	19	3.6	20	-0.7	0
1.2 人均 GDP	20.3	29	21.7	27	20.1	27	-0.2	2
1.3 财政收入	—	—	—	—	—	—	—	—
1.4 人均财政收入	—	—	—	—	—	—	—	—
1.5 外国直接投资	52.8	89	59.0	74	34.3	72	-18.5	17
1.6 受高等教育人员比重	59.7	27	73.7	27	73.7	30	14.0	-3
1.7 全社会劳动生产率	25.3	25	27.0	24	25.4	24	0.1	1

续表

指标　　项目	2011 年		2013 年		2015 年		综合变化	
	得分	排名	得分	排名	得分	排名	得分变化	排名变化
2 创新环境竞争力	52.3	36	57.9	27	54.3	45	2.0	-9
2.1 千人因特网用户数	50.2	50	62.5	41	70.2	40	20.0	10
2.2 千人手机用户数	100.0	1	96.3	3	71.5	3	-28.5	-2
2.3 企业开业程序	20.0	90	20.0	92	20.0	94	0.0	-4
2.4 企业税负占利润比重	93.2	4	93.6	4	97.1	4	3.9	0
2.5 在线公共服务指数	49.6	31	74.0	18	65.5	45	16.6	-14
2.6 ISO 9001 质量体系认证数	0.6	49	0.9	46	1.0	41	0.4	8
3 创新投入竞争力	10.8	37	10.4	37	9.7	42	-1.1	-5
3.1 研发经费支出总额	2.9	18	2.7	19	2.2	22	-0.7	-4
3.2 研发经费支出占 GDP 比重	16.5	27	15.1	31	15.1	40	-1.4	-13
3.3 人均研发经费支出	23.6	26	23.8	28	20.0	31	-3.6	-5
3.4 研发人员总量	—		—		—			
3.5 研究人员占从业人员比重	—		—		—			
3.6 风险资本交易占 GDP 比重	0.0	58	0.0	71	1.5	54	1.5	4
4 创新产出竞争力	0.7	88	0.8	83	0.8	85	0.1	3
4.1 专利授权数	0.1	52	0.1	54	0.2	40	0.1	12
4.2 科技论文发表数	1.3	43	1.8	39	1.8	39	0.5	4
4.3 专利和许可收入	—		—		—			
4.4 高技术产品出口额	0.0	62	0.1	60	0.0	59	0.0	3
4.5 高技术产品出口比重	1.2	95	1.4	90	1.5	92	0.3	3
4.6 注册商标数	1.1	37	0.8	37	0.9	35	-0.2	2
4.7 创意产品出口比重	0.8	36	0.5	38	0.3	43	-0.5	-7
5 创新潜力竞争力	47.1	10	28.4	23	30.2	13	-16.9	-3
5.1 公共教育支出总额	—		—		—			
5.2 公共教育支出占 GDP 比重	—		—		—			
5.3 人均公共教育支出额	—		—		—			
5.4 高等教育毛入学率	37.9	51	49.5	41	55.1	33	17.2	18
5.5 研发人员增长率	—		—		—			
5.6 研发经费增长率	56.3	35	7.4	88	5.4	93	-50.9	-58

Y.82

81

塞内加尔国家创新竞争力评价分析报告

塞内加尔位于非洲西部突出部位的最西端，北接毛里塔尼亚，东邻马里，南接几内亚和几内亚比绍，西临佛得角群岛。国土面积约为 19.7 万平方公里，海岸线长 700 公里。2015 年全国年末总人口为 1512.9 万人，实现国内生产总值（GDP）136.1 亿美元，人均 GDP 为 908.3 美元。本章通过对 2011～2015 年塞内加尔国家创新竞争力及其各要素在全球的排名变化分析，为探寻塞内加尔国家创新竞争力的推动点及影响因素提供分析依据。

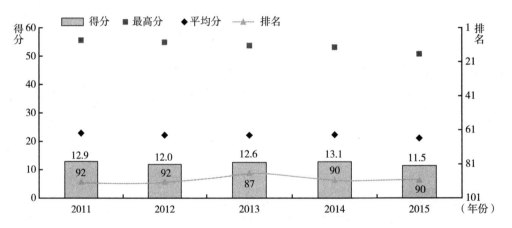

图 81-1　2011～2015 年国家创新竞争力得分和排名变化趋势

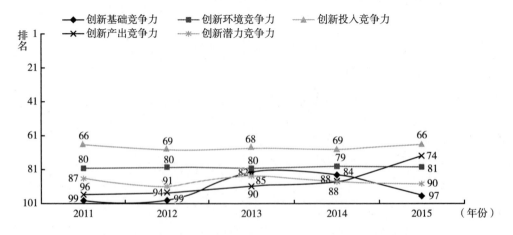

图 81-2　2011～2015 年国家创新竞争力二级指标排名变化趋势

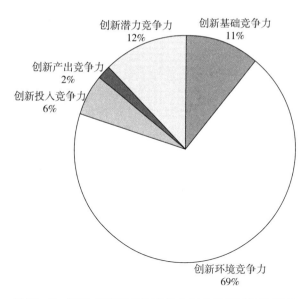

图 81 - 3 2015 年国家创新竞争力各二级指标的贡献率

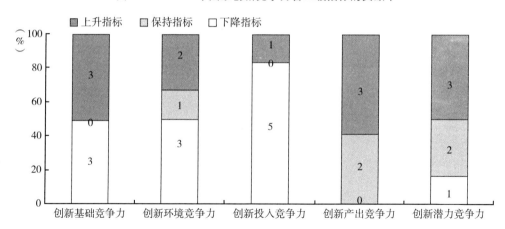

图 81 - 4 2011~2015 年国家创新竞争力指标动态变化结构

表 81 - 1 2011~2015 年塞内加尔国家创新竞争力各级指标得分及排名变化

指标 项目	2011 年		2013 年		2015 年		综合变化	
	得分	排名	得分	排名	得分	排名	得分变化	排名变化
国家创新竞争力	12.9	92	12.6	87	11.5	90	-1.4	2
1 创新基础竞争力	8.4	99	13.7	82	6.0	97	-2.4	2
1.1 GDP	0.1	87	0.1	89	0.0	89	-0.1	-2
1.2 人均 GDP	0.6	89	0.6	90	0.5	91	-0.1	-2
1.3 财政收入	0.1	23	0.1	24	0.1	19	0.0	4
1.4 人均财政收入	1.4	23	1.2	24	1.4	22	0.0	1
1.5 外国直接投资	55.8	30	60.0	27	—	—	—	—
1.6 受高等教育人员比重	0.0	76	33.1	75	33.1	75	33.1	1
1.7 全社会劳动生产率	1.1	87	1.1	88	1.0	89	-0.1	-2

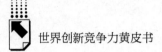

续表

指标 项目	2011 年		2013 年		2015 年		综合变化	
	得分	排名	得分	排名	得分	排名	得分变化	排名变化
2 创新环境竞争力	33.4	80	35.9	80	39.4	81	6.0	-1
2.1 千人因特网用户数	9.4	88	11.0	90	18.8	88	9.4	0
2.2 千人手机用户数	30.4	90	40.3	84	32.0	79	1.6	11
2.3 企业开业程序	80.0	10	80.0	14	80.0	15	0.0	-5
2.4 企业税负占利润比重	63.9	70	66.2	72	71.5	72	7.6	-2
2.5 在线公共服务指数	16.5	90	17.8	89	34.4	88	17.9	2
2.6 ISO 9001 质量体系认证数	0.0	86	0.0	87	0.0	89	0.0	-3
3 创新投入竞争力	2.9	66	2.9	68	3.7	66	0.8	0
3.1 研发经费支出总额	0.0	80	0.0	81	0.0	82	0.0	-2
3.2 研发经费支出占 GDP 比重	10.4	49	10.4	55	10.4	61	0.0	-12
3.3 人均研发经费支出	0.6	78	0.6	79	0.6	85	0.0	-7
3.4 研发人员总量	0.3	57	0.3	58	0.3	58	0.0	-1
3.5 研究人员占从业人员比重	6.3	54	6.0	55	6.0	58	-0.3	-4
3.6 风险资本交易占 GDP 比重	0.0	58	0.0	71	4.6	37	4.6	21
4 创新产出竞争力	0.3	96	0.5	90	1.4	74	1.1	22
4.1 专利授权数	—	—	—	—	—	—	—	—
4.2 科技论文发表数	0.1	81	0.1	81	0.1	81	0.0	0
4.3 专利和许可收入	0.0	70	0.0	70	0.0	66	0.0	4
4.4 高技术产品出口额	0.0	93	0.0	89	0.0	84	0.0	9
4.5 高技术产品出口比重	1.2	94	2.3	88	6.8	75	5.6	19
4.6 注册商标数	—	—	—	—	—	—	—	—
4.7 创意产品出口比重	0.0	90	0.0	85	0.0	90	0.0	0
5 创新潜力竞争力	19.4	87	9.8	85	7.0	90	-12.4	-3
5.1 公共教育支出总额	0.0	80	0.0	79	0.0	79	0.0	1
5.2 公共教育支出占 GDP 比重	9.2	30	11.7	24	12.2	23	3.0	7
5.3 人均公共教育支出额	0.2	80	0.2	79	0.2	80	0.0	0
5.4 高等教育毛入学率	8.3	81	8.4	82	8.5	81	0.2	0
5.5 研发人员增长率	44.6	36	28.4	38	14.7	30	-29.9	6
5.6 研发经费增长率	53.8	42	10.4	57	6.2	85	-47.6	-43

塞尔维亚国家创新竞争力评价分析报告

　　塞尔维亚位于欧洲东南部，与黑山共和国、波斯尼亚和黑塞哥维那、克罗地亚、匈牙利、罗马尼亚、保加利亚、马其顿及阿尔巴尼亚接壤，国土面积约为8.8万平方公里。2015年全国年末总人口为709.54万人，实现国内生产总值（GDP）371.6亿美元，人均GDP为5237.3美元。本章通过对2011~2015年塞尔维亚国家创新竞争力及其各要素在全球的排名变化分析，为探寻塞尔维亚国家创新竞争力的推动点及影响因素提供分析依据。

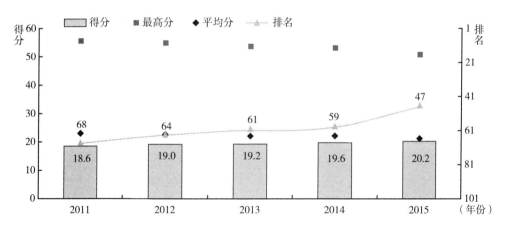

图82-1　2011~2015年国家创新竞争力得分和排名变化趋势

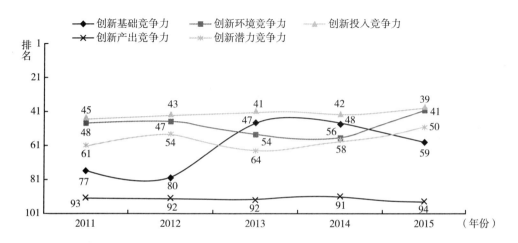

图82-2　2011~2015年国家创新竞争力二级指标排名变化趋势

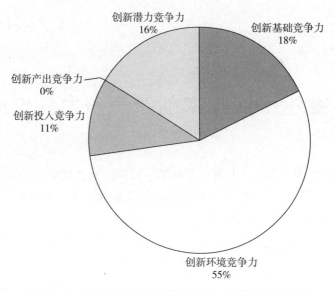

图 82 – 3　2015 年国家创新竞争力各二级指标的贡献率

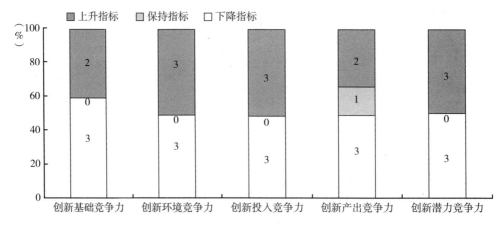

图 82 – 4　2011～2015 年国家创新竞争力指标动态变化结构

表 82 – 1　2011～2015 年塞尔维亚国家创新竞争力各级指标得分及排名变化

指标　　　　　项目	2011 年		2013 年		2015 年		综合变化	
	得分	排名	得分	排名	得分	排名	得分变化	排名变化
国家创新竞争力	18.6	68	19.2	61	20.2	47	1.6	21
1 创新基础竞争力	12.3	77	23.2	47	18.0	59	5.7	18
1.1 GDP	0.3	66	0.2	72	0.2	75	−0.1	−9
1.2 人均 GDP	5.3	60	5.3	62	4.8	63	−0.5	−3
1.3 财政收入	0.1	27	—	—	—	—	—	—
1.4 人均财政收入	2.2	16	—	—	—	—	—	—
1.5 外国直接投资	54.8	80	59.6	57	34.6	67	−20.2	13
1.6 受高等教育人员比重	17.5	74	45.1	74	45.1	73	27.6	1
1.7 全社会劳动生产率	5.9	57	6.0	60	5.5	60	−0.4	−3

续表

指标　项目	2011 年		2013 年		2015 年		综合变化	
	得分	排名	得分	排名	得分	排名	得分变化	排名变化
2 创新环境竞争力	46.2	48	48.8	54	55.7	41	9.5	7
2.1 千人因特网用户数	44.5	55	54.8	52	65.6	46	21.1	9
2.2 千人手机用户数	64.0	22	56.5	46	42.6	52	−21.4	−30
2.3 企业开业程序	60.0	46	66.7	35	66.7	40	6.7	6
2.4 企业税负占利润比重	75.5	33	77.0	36	77.5	55	2.0	−22
2.5 在线公共服务指数	32.0	64	37.2	61	80.9	22	48.9	42
2.6 ISO 9001 质量体系认证数	1.2	39	0.9	45	0.9	45	−0.3	−6
3 创新投入竞争力	8.6	45	8.7	41	10.8	39	2.2	6
3.1 研发经费支出总额	0.2	58	0.2	62	0.2	59	0.0	−1
3.2 研发经费支出占 GDP 比重	13.2	37	14.2	36	21.1	26	7.9	11
3.3 人均研发经费支出	5.1	46	5.7	48	7.0	47	1.9	−1
3.4 研发人员总量	0.9	48	0.8	49	0.9	47	0.0	1
3.5 研究人员占从业人员比重	32.3	31	31.3	30	35.6	29	3.3	2
3.6 风险资本交易占 GDP 比重	0.0	58	0.0	71	0.0	79	0.0	−21
4 创新产出竞争力	0.3	93	0.3	92	0.3	94	0.0	−1
4.1 专利授权数	0.1	58	0.0	57	0.0	63	−0.1	−5
4.2 科技论文发表数	1.1	44	1.2	44	1.2	44	0.1	0
4.3 专利和许可收入	0.0	42	0.0	43	0.0	46	0.0	−4
4.4 高技术产品出口额	0.1	61	0.1	59	0.1	58	0.0	3
4.5 高技术产品出口比重	—	—	—	—	—	—	—	—
4.6 注册商标数	0.5	57	0.3	57	0.3	58	−0.2	−1
4.7 创意产品出口比重	0.2	61	0.1	57	0.1	55	−0.1	6
5 创新潜力竞争力	25.5	61	14.8	64	16.2	50	−9.3	11
5.1 公共教育支出总额	0.1	70	0.0	73	0.0	75	−0.1	−5
5.2 公共教育支出占 GDP 比重	6.0	62	6.0	63	5.7	66	−0.3	−4
5.3 人均公共教育支出额	0.9	62	0.9	64	0.8	69	−0.1	−7
5.4 高等教育毛入学率	47.5	41	50.8	39	50.8	38	3.3	3
5.5 研发人员增长率	51.5	19	29.2	31	25.2	11	−26.3	8
5.6 研发经费增长率	47.1	77	1.8	96	14.6	11	−32.5	66

新加坡国家创新竞争力评价分析报告

　　新加坡毗邻马六甲海峡南口，北隔狭窄的柔佛海峡与马来西亚紧邻。南隔新加坡海峡与印度尼西亚的民丹岛和巴淡岛都有轮渡联系。新加坡土地面积719.1平方公里，海岸线总长200余公里。2015年全国年末总人口为553.5万人，实现国内生产总值（GDP）2968.4亿美元，人均GDP为53630美元。本章通过对2011~2015年新加坡国家创新竞争力及其各要素在全球的排名变化分析，为探寻新加坡国家创新竞争力的推动点及影响因素提供分析依据。

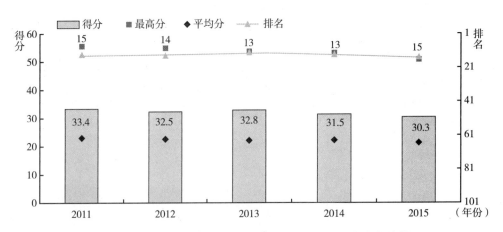

图83-1　2011~2015年国家创新竞争力得分和排名变化趋势

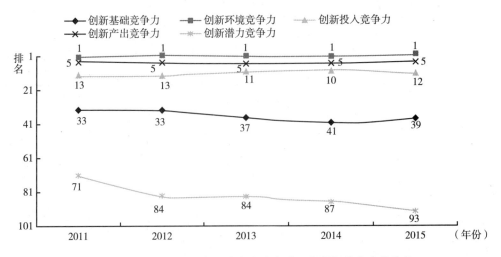

图83-2　2011~2015年国家创新竞争力二级指标排名变化趋势

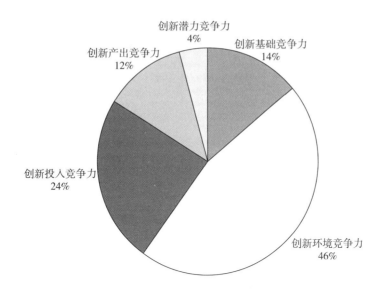

图 83 - 3　2015 年国家创新竞争力各二级指标的贡献率

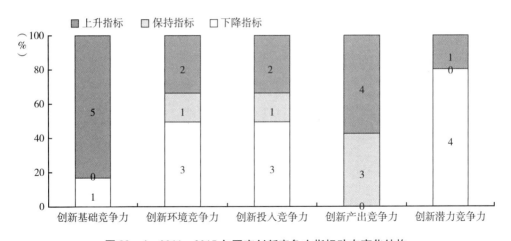

图 83 - 4　2011~2015 年国家创新竞争力指标动态变化结构

表 83 - 1　2011~2015 年新加坡国家创新竞争力各级指标得分及排名变化

指　标　　　项　　目	2011 年		2013 年		2015 年		综合变化	
	得分	排名	得分	排名	得分	排名	得分变化	排名变化
国家创新竞争力	33.4	15	32.8	13	30.3	15	- 3.1	0
1 创新基础竞争力	22.9	33	24.5	37	20.5	39	- 2.4	- 6
1.1 GDP	1.7	34	1.8	33	1.6	33	- 0.1	1
1.2 人均 GDP	45.8	9	49.1	8	52.5	8	6.7	1
1.3 财政收入	0.0	70	0.0	67	0.0	61	0.0	9
1.4 人均财政收入	0.2	53	0.1	52	0.2	52	0.0	1
1.5 外国直接投资	51.6	92	54.2	92	23.1	95	- 28.5	- 3
1.6 受高等教育人员比重	—		—		—			
1.7 全社会劳动生产率	38.3	15	42.0	12	45.7	10	7.4	5

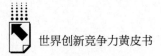
续表

指　标　项　目	2011 年		2013 年		2015 年		综合变化	
	得分	排名	得分	排名	得分	排名	得分变化	排名变化
2 创新环境竞争力	67.7	1	73.8	1	70.0	1	2.3	0
2.1 千人因特网用户数	75.7	21	84.6	18	83.7	21	8.0	0
2.2 千人手机用户数	75.2	10	78.9	9	56.0	18	−19.2	−8
2.3 企业开业程序	86.7	3	86.7	3	86.7	5	0.0	−2
2.4 企业税负占利润比重	84.5	15	90.0	6	94.7	6	10.2	9
2.5 在线公共服务指数	82.2	5	100.0	1	96.9	3	14.7	2
2.6 ISO 9001 质量体系认证证数	2.2	26	2.3	30	2.0	31	−0.2	−5
3 创新投入竞争力	33.3	13	36.5	11	36.0	12	2.7	1
3.1 研发经费支出总额	2.0	23	1.9	23	1.9	25	−0.1	−2
3.2 研发经费支出占 GDP 比重	27.3	8	26.1	10	29.3	13	2.0	−5
3.3 人均研发经费支出	89.3	2	93.7	2	100.0	1	10.7	1
3.4 研发人员总量	2.5	34	2.4	33	2.3	35	−0.2	−1
3.5 研究人员占从业人员比重	61.4	16	59.7	15	59.7	16	−1.7	0
3.6 风险资本交易占 GDP 比重	17.1	23	35.1	8	23.1	13	6.0	10
4 创新产出竞争力	20.1	5	19.2	5	18.9	5	−1.2	0
4.1 专利授权数	2.5	13	2.0	12	2.0	12	−0.5	1
4.2 科技论文发表数	2.4	31	2.6	31	2.6	31	0.2	0
4.3 专利和许可收入	1.3	17	2.5	15	4.2	11	2.9	6
4.4 高技术产品出口额	27.7	5	24.2	4	23.6	4	−4.1	1
4.5 高技术产品出口比重	97.4	2	95.4	2	92.9	2	−4.5	0
4.6 注册商标数	1.3	32	1.1	31	1.0	31	−0.3	1
4.7 创意产品出口比重	8.2	9	6.7	9	6.1	9	−2.1	0
5 创新潜力竞争力	23.1	71	9.9	84	6.1	93	−17.0	−22
5.1 公共教育支出总额	0.2	52	0.2	53	0.2	51	0.0	1
5.2 公共教育支出占 GDP 比重	3.2	82	2.9	83	3.2	83	0.0	−1
5.3 人均公共教育支出额	5.4	33	5.4	32	5.9	34	0.5	−1
5.4 高等教育毛入学率	—	—	—	—	—	—	—	—
5.5 研发人员增长率	49.0	24	29.5	26	12.6	62	−36.4	−38
5.6 研发经费增长率	57.8	27	11.3	41	8.6	68	−49.2	−41

Y.85

84

斯洛伐克国家创新竞争力评价分析报告

斯洛伐克位于欧洲中部地区，属于内陆国。北临波兰，东接乌克兰，南界匈牙利，西南与奥地利接壤，西连捷克。国土面积为4.9万平方公里。2015年全国年末总人口为542.38万人，实现国内生产总值（GDP）872.68亿美元，人均GDP为16090美元。本章通过对2011～2015年斯洛伐克国家创新竞争力及其各要素在全球的排名变化分析，为探寻斯洛伐克国家创新竞争力的推动点及影响因素提供分析依据。

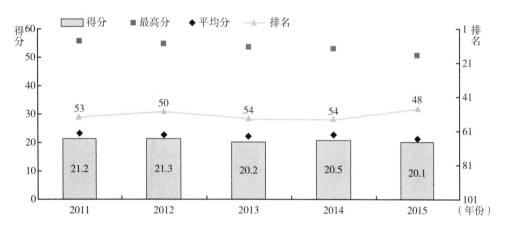

图84-1　2011～2015年国家创新竞争力得分和排名变化趋势

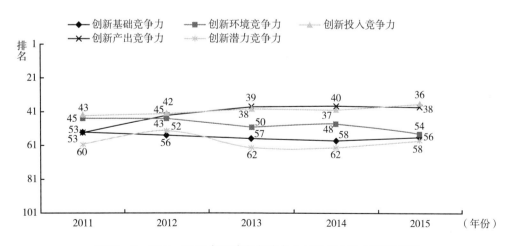

图84-2　2011～2015年国家创新竞争力二级指标排名变化趋势

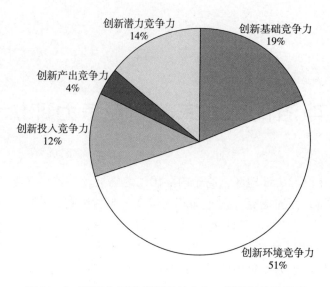

图 84 - 3　2015 年国家创新竞争力各二级指标的贡献率

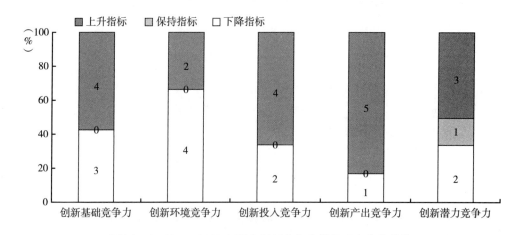

图 84 - 4　2011~2015 年国家创新竞争力指标动态变化结构

表 84 - 1　2011~2015 年斯洛伐克国家创新竞争力各级指标得分及排名变化

指标　　　　项目	2011 年		2013 年		2015 年		综合变化	
	得分	排名	得分	排名	得分	排名	得分变化	排名变化
国家创新竞争力	21.2	53	20.2	54	20.1	48	-1.1	5
1 创新基础竞争力	19.2	53	22.2	57	18.5	56	-0.7	-3
1.1 GDP	0.6	54	0.6	54	0.4	55	-0.2	-1
1.2 人均 GDP	15.5	33	15.7	34	15.5	34	0.0	-1
1.3 财政收入	0.0	77	0.0	73	0.0	66	0.0	11
1.4 人均财政收入	0.1	73	0.1	70	0.1	66	0.0	7
1.5 外国直接投资	55.2	71	60.1	18	35.2	25	-20.0	46
1.6 受高等教育人员比重	48.5	52	63.6	55	63.4	58	14.9	-6
1.7 全社会劳动生产率	14.5	33	15.1	34	15.1	32	0.6	1

续表

指标 项目	2011 年		2013 年		2015 年		综合变化	
	得分	排名	得分	排名	得分	排名	得分变化	排名变化
2 创新环境竞争力	49.1	45	49.5	50	51.4	54	2.3	−9
2.1 千人因特网用户数	79.4	20	81.3	22	86.8	17	7.4	3
2.2 千人手机用户数	52.7	49	53.2	55	43.5	50	−9.2	−1
2.3 企业开业程序	66.7	27	60.0	53	66.7	40	0.0	−13
2.4 企业税负占利润比重	59.5	80	62.6	78	68.0	84	8.5	−4
2.5 在线公共服务指数	34.9	59	38.6	59	41.2	84	6.3	−25
2.6 ISO 9001 质量体系认证数	1.5	36	1.5	37	1.9	32	0.4	4
3 创新投入竞争力	9.0	43	9.6	39	12.5	36	3.5	7
3.1 研发经费支出总额	0.2	52	0.3	52	0.4	46	0.2	6
3.2 研发经费支出占 GDP 比重	8.4	60	11.3	52	19.7	28	11.3	32
3.3 人均研发经费支出	9.4	37	13.2	37	20.2	30	10.8	7
3.4 研发人员总量	1.1	45	1.0	47	0.9	48	−0.2	−3
3.5 研究人员占从业人员比重	34.5	30	30.9	31	30.5	32	−4.0	−2
3.6 风险资本交易占 GDP 比重	0.0	58	1.0	50	3.1	43	3.1	15
4 创新产出竞争力	3.1	53	4.1	38	3.8	38	0.7	15
4.1 专利授权数	0.1	51	0.0	61	0.0	65	−0.1	−14
4.2 科技论文发表数	0.9	47	1.1	46	1.1	46	0.2	1
4.3 专利和许可收入	0.0	66	0.0	50	0.0	49	0.0	17
4.4 高技术产品出口额	1.0	35	1.4	30	1.2	30	0.2	5
4.5 高技术产品出口比重	15.3	51	20.9	36	19.4	38	4.1	13
4.6 注册商标数	—	—	—	—	—	—	—	—
4.7 创意产品出口比重	1.1	32	0.8	30	0.8	29	−0.3	3
5 创新潜力竞争力	25.6	60	15.5	62	14.3	58	−11.3	2
5.1 公共教育支出总额	0.1	61	0.1	61	0.1	61	0.0	0
5.2 公共教育支出占 GDP 比重	4.9	71	5.8	70	5.8	65	0.9	6
5.3 人均公共教育支出额	2.3	45	2.4	44	2.6	44	0.3	1
5.4 高等教育毛入学率	51.6	38	49.0	42	46.1	45	−5.5	−7
5.5 研发人员增长率	40.3	64	24.4	82	8.7	81	−31.6	−17
5.6 研发经费增长率	54.1	41	11.7	37	22.3	4	−31.8	37

Y.86

85

斯洛文尼亚国家创新竞争力评价分析报告

斯洛文尼亚位于中欧南部，毗邻阿尔卑斯山。西邻意大利，西南通往亚得里亚海，东部和南部被克罗地亚包围，东北有匈牙利，北接奥地利。国土面积约为 2.1 万平方公里。2015 年全国年末总人口为 206.35 万人，实现国内生产总值（GDP）427.77 亿美元，人均 GDP 为 20730 美元。本章通过对 2011~2015 年斯洛文尼亚国家创新竞争力及其各要素在全球的排名变化分析，为探寻斯洛文尼亚国家创新竞争力的推动点及影响因素提供分析依据。

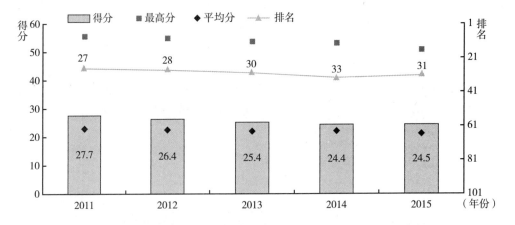

图 85-1　2011~2015 年国家创新竞争力得分和排名变化趋势

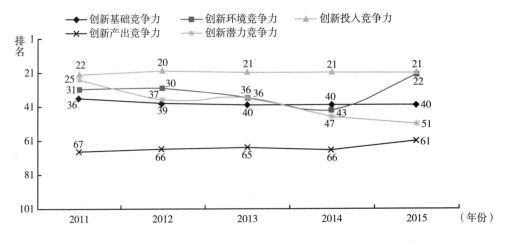

图 85-2　2011~2015 年国家创新竞争力二级指标排名变化趋势

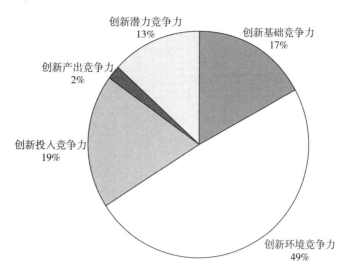

图 85 - 3 2015 年国家创新竞争力各二级指标的贡献率

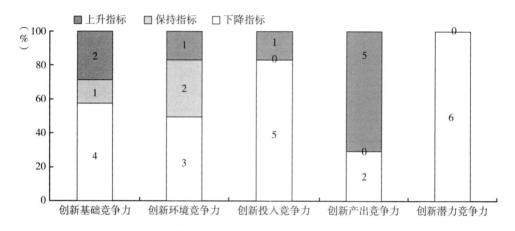

图 85 - 4 2011~2015 年国家创新竞争力指标动态变化结构

表 85 - 1 2011~2015 年斯洛文尼亚国家创新竞争力各级指标得分及排名变化

指 标 项 目	2011 年		2013 年		2015 年		综合变化	
	得分	排名	得分	排名	得分	排名	得分变化	排名变化
国家创新竞争力	27.7	27	25.4	30	24.5	31	-3.2	-4
1 创新基础竞争力	22.5	36	24.1	40	20.5	40	-2.0	-4
1.1 GDP	0.3	63	0.3	68	0.2	71	-0.1	-8
1.2 人均 GDP	21.3	27	20.1	28	20.1	28	-1.2	-1
1.3 财政收入	0.0	82	0.0	79	0.0	71	0.0	11
1.4 人均财政收入	0.1	67	0.1	67	0.1	63	0.0	4
1.5 外国直接投资	55.7	48	60.0	20	34.7	61	-21.0	-13
1.6 受高等教育人员比重	60.0	26	68.7	41	68.1	43	8.1	-17
1.7 全社会劳动生产率	20.1	27	19.8	28	20.2	27	0.1	0

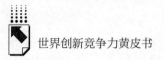
续表

指　标　项　目	2011 年		2013 年		2015 年		综合变化	
	得分	排名	得分	排名	得分	排名	得分变化	排名变化
2 创新环境竞争力	54.2	31	55.1	36	60.3	22	6.1	9
2.1 千人因特网用户数	71.7	29	75.7	27	74.0	32	2.3	-3
2.2 千人手机用户数	50.0	61	50.9	62	38.8	61	-11.2	0
2.3 企业开业程序	80.0	10	80.0	14	80.0	15	0.0	-5
2.4 企业税负占利润比重	75.9	31	78.6	30	84.4	31	8.5	0
2.5 在线公共服务指数	47.2	34	44.7	52	84.0	18	36.8	16
2.6 ISO 9001 质量体系认证数	0.6	48	0.8	49	0.5	52	-0.1	-4
3 创新投入竞争力	22.8	22	24.7	21	23.5	21	0.7	1
3.1 研发经费支出总额	0.3	47	0.3	48	0.3	51	0.0	-4
3.2 研发经费支出占 GDP 比重	25.1	10	29.9	7	30.7	11	5.6	-1
3.3 人均研发经费支出	38.6	19	44.2	18	40.6	20	2.0	-1
3.4 研发人员总量	0.6	50	0.6	52	0.5	54	-0.1	-4
3.5 研究人员占从业人员比重	72.2	7	71.2	7	65.7	12	-6.5	-5
3.6 风险资本交易占 GDP 比重	0.0	58	2.1	45	3.1	43	3.1	15
4 创新产出竞争力	2.1	67	2.1	65	2.0	61	-0.1	6
4.1 专利授权数	0.1	53	0.1	53	0.1	52	0.0	1
4.2 科技论文发表数	0.9	49	0.8	50	0.8	50	-0.1	-1
4.3 专利和许可收入	0.0	45	0.0	39	0.0	40	0.0	5
4.4 高技术产品出口额	0.3	46	0.3	44	0.3	42	0.0	4
4.5 高技术产品出口比重	12.5	60	12.6	57	12.1	55	-0.4	5
4.6 注册商标数	0.2	74	0.1	88	0.1	89	-0.1	-15
4.7 创意产品出口比重	0.6	43	0.4	43	0.4	39	-0.2	4
5 创新潜力竞争力	36.9	25	20.8	36	16.0	51	-20.9	-26
5.1 公共教育支出总额	0.1	65	0.1	66	0.0	68	-0.1	-3
5.2 公共教育支出占 GDP 比重	8.2	39	8.1	41	8.3	40	0.1	-1
5.3 人均公共教育支出额	4.5	37	4.2	37	4.3	38	-0.2	-1
5.4 高等教育毛入学率	78.6	6	77.2	8	72.6	12	-6.0	-6
5.5 研发人员增长率	66.9	5	25.4	78	2.5	88	-64.4	-83
5.6 研发经费增长率	63.3	12	10.1	63	8.4	70	-54.9	-58

南非国家创新竞争力评价分析报告

南非地处南半球，位于非洲大陆最南端。其东、南、西三面被印度洋和大西洋环抱，陆地上与纳米比亚、博茨瓦纳、津巴布韦、莫桑比克和斯威士兰接壤，莱索托为南非国中国。国土面积约为121.9万平方公里。2015年全国年末总人口为5501.2万人，实现国内生产总值（GDP）3174.1亿美元，人均GDP为5769.8美元。本章通过对2011~2015年南非国家创新竞争力及其各要素在全球的排名变化分析，为探寻南非国家创新竞争力的推动点及影响因素提供分析依据。

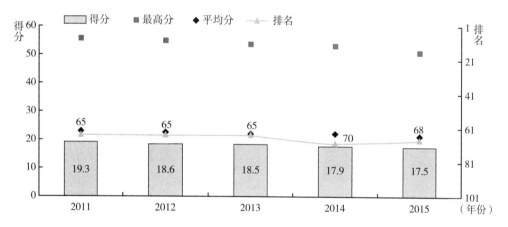

图86-1 2011~2015年国家创新竞争力得分和排名变化趋势

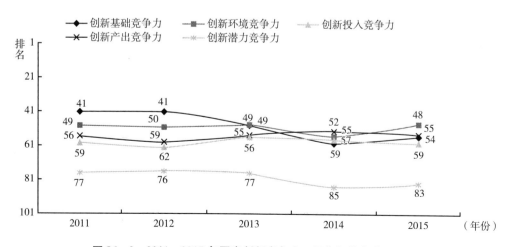

图86-2 2011~2015年国家创新竞争力二级指标排名变化趋势

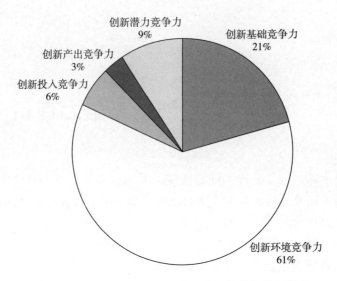

图 86-3　2015 年国家创新竞争力各二级指标的贡献率

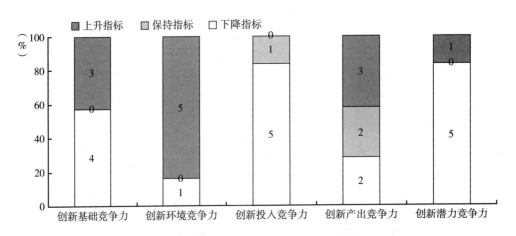

图 86-4　2011~2015 年国家创新竞争力指标动态变化结构

表 86-1　2011~2015 年南非国家创新竞争力各级指标得分及排名变化

指标　　　项　目	2011 年		2013 年		2015 年		综合变化	
	得分	排名	得分	排名	得分	排名	得分变化	排名变化
国家创新竞争力	19.3	65	18.5	65	17.5	68	-1.8	-3
1 创新基础竞争力	21.6	41	23.1	49	18.6	55	-3.0	-14
1.1 GDP	2.6	28	2.2	30	1.7	30	-0.9	-2
1.2 人均 GDP	6.7	53	5.8	59	5.3	61	-1.4	-8
1.3 财政收入	0.1	33	0.1	32	0.1	25	0.0	8
1.4 人均财政收入	0.2	38	0.2	35	0.3	35	0.1	3
1.5 外国直接投资	54.8	78	59.6	56	36.4	17	-18.4	61
1.6 受高等教育人员比重	77.6	4	86.1	3	79.3	11	1.7	-7
1.7 全社会劳动生产率	8.9	48	7.7	54	7.1	54	-1.8	-6

续表

指标　　　　项目	2011 年		2013 年		2015 年		综合变化	
	得分	排名	得分	排名	得分	排名	得分 变化	排名 变化
2 创新环境竞争力	45.1	49	49.7	49	52.9	48	7.8	1
2.1 千人因特网用户数	35.6	67	47.3	57	51.3	63	15.7	4
2.2 千人手机用户数	60.1	29	72.6	19	65.3	6	5.2	23
2.3 企业开业程序	66.7	27	66.7	35	60.0	55	-6.7	-28
2.4 企业税负占利润比重	76.9	30	81.0	23	86.1	23	9.2	7
2.5 在线公共服务指数	30.2	70	29.5	74	53.4	68	23.2	2
2.6 ISO 9001 质量体系认证数	1.3	38	1.4	39	1.5	36	0.2	2
3 创新投入竞争力	5.3	59	5.3	56	5.5	59	0.2	0
3.1 研发经费支出总额	1.1	31	1.1	32	0.9	34	-0.2	-3
3.2 研发经费支出占 GDP 比重	9.9	52	12.1	49	12.1	55	2.2	-3
3.3 人均研发经费支出	4.9	48	5.3	49	4.5	56	-0.4	-8
3.4 研发人员总量	1.5	41	1.6	41	1.5	41	0.0	0
3.5 研究人员占从业人员比重	9.4	49	10.7	49	10.7	51	1.3	-2
3.6 风险资本交易占 GDP 比重	5.1	34	1.0	50	3.1	43	-2.0	-9
4 创新产出竞争力	2.7	56	2.6	55	2.5	54	-0.2	2
4.1 专利授权数	2.2	14	1.7	14	1.3	15	-0.9	-1
4.2 科技论文发表数	2.1	34	2.3	34	2.3	34	0.2	0
4.3 专利和许可收入	0.1	34	0.1	35	0.1	33	0.0	1
4.4 高技术产品出口额	0.5	39	0.4	38	0.4	38	-0.1	1
4.5 高技术产品出口比重	10.8	65	11.1	61	11.1	59	0.3	6
4.6 注册商标数	2.4	21	2.0	21	1.8	22	-0.6	-1
4.7 创意产品出口比重	0.5	44	0.4	45	0.3	44	-0.2	0
5 创新潜力竞争力	21.9	77	11.7	77	7.9	83	-14.0	-6
5.1 公共教育支出总额	0.7	33	0.5	38	0.4	37	-0.3	-4
5.2 公共教育支出占 GDP 比重	9.0	32	9.1	33	9.4	30	0.4	2
5.3 人均公共教育支出额	1.5	55	1.3	57	1.3	59	-0.2	-4
5.4 高等教育毛入学率	17.0	72	17.2	74	16.4	77	-0.6	-5
5.5 研发人员增长率	54.4	16	32.1	11	13.0	51	-41.4	-35
5.6 研发经费增长率	48.9	68	9.8	68	6.7	82	-42.2	-14

Y.88
87
西班牙国家创新竞争力评价分析报告

　　西班牙地处欧洲与非洲的交界处,西邻葡萄牙,北濒比斯开湾,东北部与法国及安道尔接壤,南隔直布罗陀海峡与非洲的摩洛哥相望。国土总面积为50.6万平方公里,其海岸线长约7800公里。2015年全国年末总人口为4644.4万人,实现国内生产总值(GDP)11930亿美元,人均GDP为25684美元。本章通过对2011~2015年西班牙国家创新竞争力及其各要素在全球的排名变化分析,为探寻西班牙国家创新竞争力的推动点及影响因素提供分析依据。

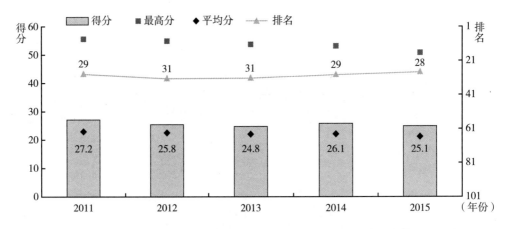

图87-1　2011~2015年国家创新竞争力得分和排名变化趋势

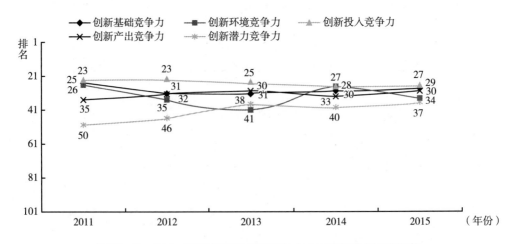

图87-2　2011~2015年国家创新竞争力二级指标排名变化趋势

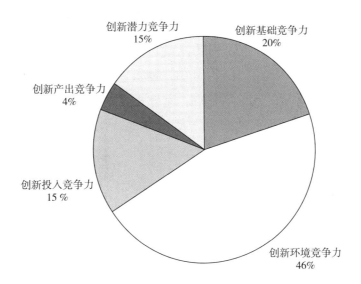

图 87-3　2015 年国家创新竞争力各二级指标的贡献率

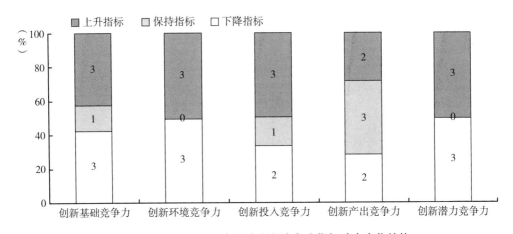

图 87-4　2011~2015 年国家创新竞争力指标动态变化结构

表 87-1　2011~2015 年西班牙国家创新竞争力各级指标得分及排名变化

指标 项目	2011 年		2013 年		2015 年		综合变化	
	得分	排名	得分	排名	得分	排名	得分变化	排名变化
国家创新竞争力	27.2	29	24.8	31	25.1	28	-2.1	1
1 创新基础竞争力	26.6	25	26.9	31	25.3	29	-1.3	-4
1.1 GDP	9.6	12	8.1	13	6.6	14	-3.0	-2
1.2 人均 GDP	27.3	25	25.5	24	24.9	25	-2.4	0
1.3 财政收入	0.0	57	0.0	54	0.0	50	0.0	7
1.4 人均财政收入	0.0	79	0.0	77	0.0	70	0.0	9
1.5 外国直接投资	59.1	11	53.2	93	45.2	5	-13.9	6
1.6 受高等教育人员比重	64.8	19	76.8	20	75.6	23	10.8	-4
1.7 全社会劳动生产率	25.3	24	24.5	25	24.8	26	-0.5	-2

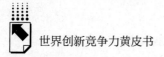

续表

指标项目	2011 年		2013 年		2015 年		综合变化	
	得分	排名	得分	排名	得分	排名	得分变化	排名变化
2 创新环境竞争力	55.2	26	51.9	41	57.9	34	2.7	−8
2.1 千人因特网用户数	72.0	28	74.6	29	80.0	27	8.0	1
2.2 千人手机用户数	54.4	46	48.8	66	36.2	70	−18.2	−24
2.3 企业开业程序	40.0	77	33.3	84	60.0	55	20.0	22
2.4 企业税负占利润比重	71.2	46	55.6	89	69.4	81	−1.8	−35
2.5 在线公共服务指数	73.0	13	82.3	11	90.8	11	17.8	2
2.6 ISO 9001 质量体系认证数	20.5	4	16.6	6	11.2	8	−9.3	−4
3 创新投入竞争力	21.0	23	19.2	25	18.5	27	−2.5	−4
3.1 研发经费支出总额	4.7	14	4.2	14	4.0	13	−0.7	1
3.2 研发经费支出占 GDP 比重	12.0	42	12.8	45	15.0	41	3.0	1
3.3 人均研发经费支出	23.5	27	23.9	27	24.6	26	1.1	1
3.4 研发人员总量	9.9	12	8.4	12	7.6	12	−2.3	0
3.5 研究人员占从业人员比重	51.6	19	50.2	21	47.6	24	−3.8	−5
3.6 风险资本交易占 GDP 比重	24.2	17	15.5	16	12.3	22	−11.9	−5
4 创新产出竞争力	5.7	35	5.7	30	5.3	30	−0.4	5
4.1 专利授权数	1.2	22	1.1	19	0.7	23	−0.5	−1
4.2 科技论文发表数	12.5	11	12.9	11	12.9	11	0.4	0
4.3 专利和许可收入	1.0	18	0.9	20	1.3	17	0.3	1
4.4 高技术产品出口额	2.9	22	2.9	24	2.6	23	−0.3	−1
4.5 高技术产品出口比重	13.9	54	15.6	46	13.5	51	−0.4	3
4.6 注册商标数	3.4	16	2.7	17	2.5	16	−0.9	0
4.7 创意产品出口比重	4.7	19	3.7	16	3.5	19	−1.2	0
5 创新潜力竞争力	27.7	50	20.6	38	18.6	37	−9.1	13
5.1 公共教育支出总额	2.0	17	1.3	20	1.0	21	−1.0	−4
5.2 公共教育支出占 GDP 比重	6.8	53	5.7	65	5.9	64	−0.9	−11
5.3 人均公共教育支出额	5.1	35	4.1	38	4.1	39	−1.0	−4
5.4 高等教育毛入学率	77.2	8	78.9	6	78.6	5	1.4	3
5.5 研发人员增长率	31.6	83	24.9	80	11.7	75	−19.9	8
5.6 研发经费增长率	43.4	89	8.7	79	10.6	48	−32.8	41

Y.89
88
斯里兰卡国家创新竞争力评价分析报告

斯里兰卡是印度洋上的岛国，在南亚次大陆南端，西北隔保克海峡与印度半岛相望。南北长432公里，东西宽224公里，国土面积约为6.6万平方公里。2015年全国年末总人口为2096.6万人，实现国内生产总值（GDP）806.12亿美元，人均GDP为3844.9美元。本章通过对2011~2015年斯里兰卡国家创新竞争力及其各要素在全球的排名变化分析，为探寻斯里兰卡国家创新竞争力的推动点及影响因素提供分析依据。

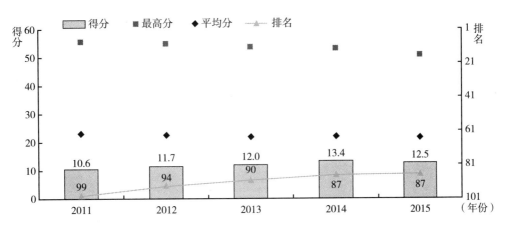

图88-1 2011~2015年国家创新竞争力得分和排名变化趋势

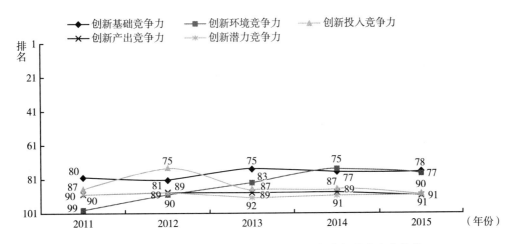

图88-2 2011~2015年国家创新竞争力二级指标排名变化趋势

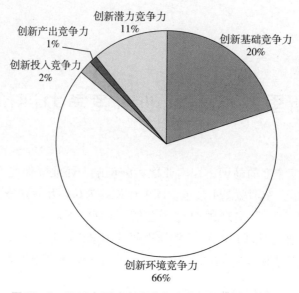

图 88-3　2015 年国家创新竞争力各二级指标的贡献率

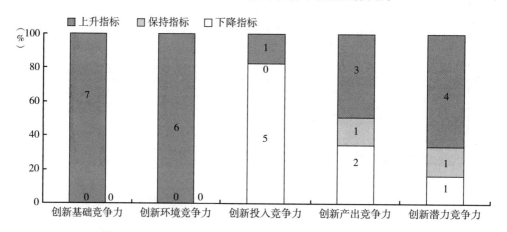

图 88-4　2011~2015 年国家创新竞争力指标动态变化结构

表 88-1　2011~2015 年斯里兰卡国家创新竞争力各级指标得分及排名变化

指标项目	2011 年		2013 年		2015 年		综合变化	
	得分	排名	得分	排名	得分	排名	得分变化	排名变化
国家创新竞争力	10.6	99	12.0	90	12.5	87	1.9	12
1 创新基础竞争力	11.8	80	16.2	75	12.9	77	1.1	3
1.1 GDP	0.4	58	0.4	58	0.4	56	0.0	2
1.2 人均 GDP	2.5	78	2.9	78	3.4	74	0.9	4
1.3 财政收入	0.1	30	0.1	29	0.1	21	0.0	9
1.4 人均财政收入	0.6	30	0.6	28	0.8	23	0.2	7
1.5 外国直接投资	55.7	49	59.8	45	35.0	43	-20.7	6
1.6 受高等教育人员比重	20.2	73	46.0	72	46.0	72	25.8	1
1.7 全社会劳动生产率	2.9	77	3.5	77	4.4	72	1.5	5

续表

指标 项目	2011 年		2013 年		2015 年		综合变化	
	得分	排名	得分	排名	得分	排名	得分变化	排名变化
2 创新环境竞争力	20.8	99	34.4	83	41.2	78	20.4	21
2.1 千人因特网用户数	15.0	81	20.5	81	27.7	80	12.7	1
2.2 千人手机用户数	40.1	80	41.9	82	37.5	67	-2.6	13
2.3 企业开业程序	46.7	71	46.7	73	53.3	64	6.6	7
2.4 企业税负占利润比重	0.0	100	55.7	88	65.2	89	65.2	11
2.5 在线公共服务指数	23.1	85	41.1	57	63.4	49	40.3	36
2.6 ISO 9001 质量体系认证数	0.2	65	0.3	64	0.3	64	0.1	1
3 创新投入竞争力	1.2	87	1.1	87	1.2	90	0.0	-3
3.1 研发经费支出总额	0.1	70	0.0	76	0.0	77	-0.1	-7
3.2 研发经费支出占 GDP 比重	3.6	77	2.6	85	2.6	87	-1.0	-10
3.3 人均研发经费支出	0.6	76	0.5	80	0.6	82	0.0	-6
3.4 研发人员总量	0.1	64	0.1	63	0.1	66	0.0	-2
3.5 研究人员占从业人员比重	2.7	66	2.1	69	2.1	70	-0.6	-4
3.6 风险资本交易占 GDP 比重	0.0	58	1.0	50	1.5	54	1.5	4
4 创新产出竞争力	0.5	90	0.5	89	0.4	91	-0.1	-1
4.1 专利授权数	0.2	42	0.1	48	0.1	50	-0.1	-8
4.2 科技论文发表数	0.1	69	0.2	68	0.2	68	0.1	1
4.3 专利和许可收入	—	—	—	—	—	—	—	—
4.4 高技术产品出口额	0.0	77	0.0	76	0.0	78	0.0	-1
4.5 高技术产品出口比重	2.2	90	2.0	89	1.6	90	-0.6	0
4.6 注册商标数	0.5	51	0.5	50	0.4	46	-0.1	5
4.7 创意产品出口比重	0.1	63	0.1	60	0.1	58	0.0	5
5 创新潜力竞争力	18.6	90	7.8	92	6.9	91	-11.7	-1
5.1 公共教育支出总额	0.0	77	0.0	78	0.0	72	0.0	5
5.2 公共教育支出占 GDP 比重	0.6	90	0.3	91	1.7	89	1.1	1
5.3 人均公共教育支出额	0.2	81	0.2	82	0.3	78	0.1	3
5.4 高等教育毛入学率	13.5	77	16.6	76	16.8	75	3.3	2
5.5 研发人员增长率	39.8	69	29.7	25	12.3	69	-27.5	0
5.6 研发经费增长率	57.3	28	0.0	97	10.3	51	-47.0	-23

Y.90
89
瑞典国家创新竞争力评价分析报告

瑞典位于斯堪的纳维亚半岛，西邻挪威，东北与芬兰接壤，与丹麦、德国、波兰、俄罗斯、立陶宛、拉脱维亚和爱沙尼亚隔海相望。国土面积约为45万平方公里，海岸线长7624千米。2015年全国年末总人口为979.92万人，实现国内生产总值（GDP）4956.9亿美元，人均GDP为50585美元。本章通过对2011~2015年瑞典国家创新竞争力及其各要素在全球的排名变化分析，为探寻瑞典国家创新竞争力的推动点及影响因素提供分析依据。

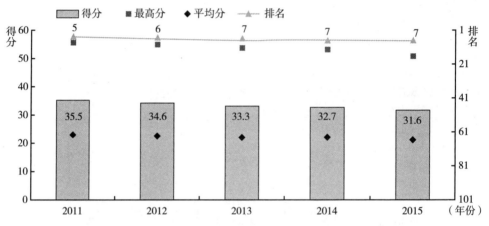

图89-1　2011~2015年国家创新竞争力得分和排名变化趋势

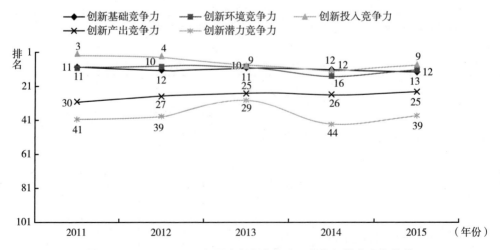

图89-2　2011~2015年国家创新竞争力二级指标排名变化趋势

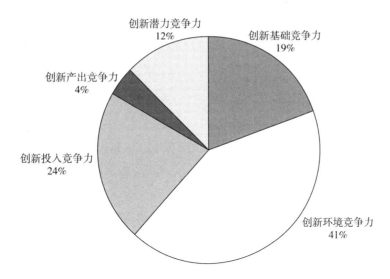

图 89 - 3　2015 年国家创新竞争力各二级指标的贡献率

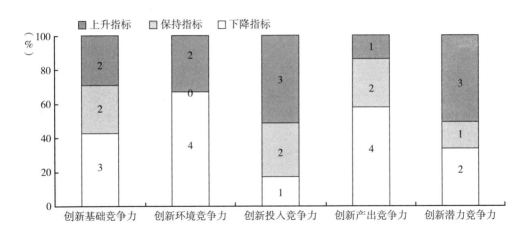

图 89 - 4　2011~2015 年国家创新竞争力指标动态变化结构

表 89 - 1　2011~2015 年瑞典国家创新竞争力各级指标得分及排名变化

指标　　　项目	2011 年		2013 年		2015 年		综合变化	
	得分	排名	得分	排名	得分	排名	得分变化	排名变化
国家创新竞争力	35.5	5	33.3	7	31.6	7	-3.9	-2
1 创新基础竞争力	32.6	11	36.0	11	31.0	13	-1.6	-2
1.1 GDP	3.6	22	3.4	21	2.7	22	-0.9	0
1.2 人均 GDP	51.3	7	52.9	7	49.5	10	-1.8	-3
1.3 财政收入	0.1	28	0.1	27	0.1	23	0.0	5
1.4 人均财政收入	1.7	18	1.5	19	1.6	18	-0.1	0
1.5 外国直接投资	59.9	9	67.3	5	37.9	12	-22.0	-3
1.6 受高等教育人员比重	66.1	17	79.0	14	79.2	12	13.1	5
1.7 全社会劳动生产率	45.2	7	47.6	7	45.8	9	0.6	-2

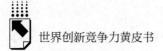
续表

指标 项目	2011 年		2013 年		2015 年		综合变化	
	得分	排名	得分	排名	得分	排名	得分变化	排名变化
2 创新环境竞争力	61.5	11	63.5	10	64.3	12	2.8	-1
2.1 千人因特网用户数	99.2	2	99.7	2	92.8	9	-6.4	-7
2.2 千人手机用户数	59.0	32	60.3	36	47.7	35	-11.3	-3
2.3 企业开业程序	86.7	3	86.7	3	86.7	5	0.0	-2
2.4 企业税负占利润比重	57.7	84	60.1	86	70.1	77	12.4	7
2.5 在线公共服务指数	64.4	17	72.5	19	87.0	14	22.6	3
2.6 ISO 9001 质量体系认证数	1.9	28	1.8	35	1.5	37	-0.4	-9
3 创新投入竞争力	47.1	3	37.1	9	38.2	9	-8.9	-6
3.1 研发经费支出总额	3.1	17	3.2	16	3.1	16	0.0	1
3.2 研发经费支出占 GDP 比重	21.5	15	22.5	18	27.9	14	6.4	1
3.3 人均研发经费支出	78.7	4	86.9	3	89.9	4	11.2	0
3.4 研发人员总量	3.7	23	4.3	19	4.3	19	0.6	4
3.5 研究人员占从业人员比重	75.3	5	72.5	5	74.7	5	-0.6	0
3.6 风险资本交易占 GDP 比重	100.0	1	33.0	9	29.2	10	-70.8	-9
4 创新产出竞争力	6.8	30	6.5	25	6.3	25	-0.5	5
4.1 专利授权数	0.4	31	0.2	40	0.2	39	-0.2	-8
4.2 科技论文发表数	4.4	20	4.7	20	4.7	20	0.3	0
4.3 专利和许可收入	5.4	8	6.1	8	7.1	8	1.7	0
4.4 高技术产品出口额	4.0	20	3.1	22	2.7	22	-1.3	-2
4.5 高技术产品出口比重	28.9	31	28.5	25	26.9	24	-2.0	7
4.6 注册商标数	0.8	41	0.6	45	0.5	43	-0.3	-2
4.7 创意产品出口比重	3.6	23	2.3	24	1.7	26	-1.9	-3
5 创新潜力竞争力	29.6	41	23.4	29	18.3	39	-11.3	2
5.1 公共教育支出总额	1.0	24	1.0	25	0.7	25	-0.3	-1
5.2 公共教育支出占 GDP 比重	10.0	25	12.6	22	12.7	22	2.7	3
5.3 人均公共教育支出额	12.7	14	15.4	13	14.7	14	2.0	0
5.4 高等教育毛入学率	68.3	17	57.2	30	54.4	35	-13.9	-18
5.5 研发人员增长率	35.4	80	44.1	4	14.9	25	-20.5	55
5.6 研发经费增长率	50.2	62	10.2	59	12.5	24	-37.7	38

Y.91
90
瑞士国家创新竞争力评价分析报告

瑞士是中欧国家之一，东界奥地利、列支敦士登，南邻意大利，西临法国，北连德国。国土面积约为4.1万平方公里，水域面积占国土面积的4.2%。2015年全国年末总人口为828.14万人，实现国内生产总值（GDP）6707.9亿美元，人均GDP为80990美元。本章通过对2011~2015年瑞士国家创新竞争力及其各要素在全球的排名变化分析，为探寻瑞士国家创新竞争力的推动点及影响因素提供分析依据。

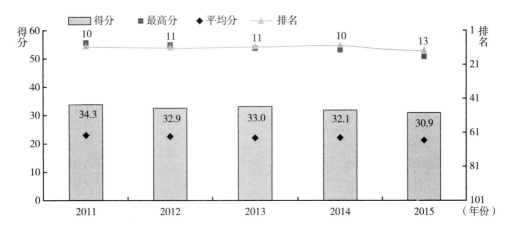

图90-1　2011~2015年国家创新竞争力得分和排名变化趋势

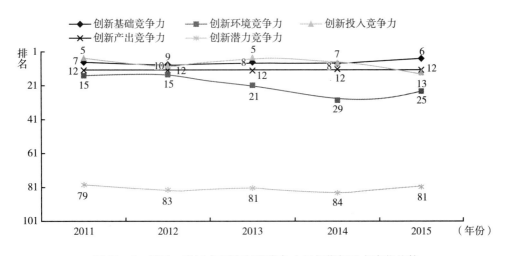

图90-2　2011~2015年国家创新竞争力二级指标排名变化趋势

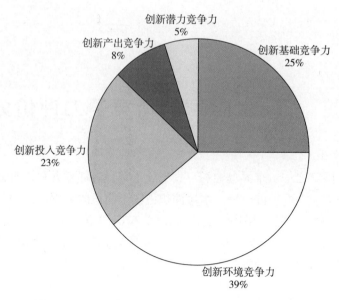

图 90 - 3　2015 年国家创新竞争力各二级指标的贡献率

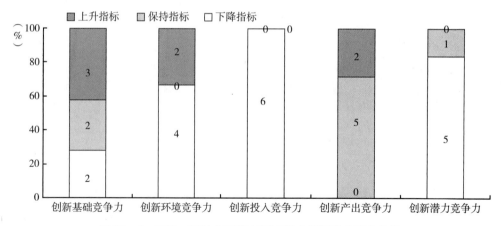

图 90 - 4　2011～2015 年国家创新竞争力指标动态变化结构

表 90 - 1　2011～2015 年瑞士国家创新竞争力各级指标得分及排名变化

指标　　　项目	2011 年		2013 年		2015 年		综合变化	
	得分	排名	得分	排名	得分	排名	得分变化	排名变化
国家创新竞争力	34.3	10	33.0	11	30.9	13	-3.4	-3
1 创新基础竞争力	38.2	7	41.1	8	38.8	6	0.6	1
1.1 GDP	4.4	19	4.1	20	3.7	19	-0.7	0
1.2 人均 GDP	75.9	3	74.3	4	79.4	2	3.5	1
1.3 财政收入	0.0	60	0.0	59	0.0	55	0.0	5
1.4 人均财政收入	0.2	45	0.2	50	0.2	51	0.0	-6
1.5 外国直接投资	61.3	5	70.4	4	45.5	4	-15.8	1
1.6 受高等教育人员比重	64.1	20	77.2	19	76.1	22	12.0	-2
1.7 全社会劳动生产率	61.5	3	61.8	3	67.0	3	5.5	0

续表

指标 项目	2011 年		2013 年		2015 年		综合变化	
	得分	排名	得分	排名	得分	排名	得分变化	排名变化
2 创新环境竞争力	59.0	15	60.0	21	59.3	25	0.3	-10
2.1 千人因特网用户数	91.0	8	90.5	9	89.9	14	-1.1	-6
2.2 千人手机用户数	62.4	26	67.2	27	50.8	27	-11.6	-1
2.3 企业开业程序	66.7	27	66.7	35	66.7	40	0.0	-13
2.4 企业税负占利润比重	79.7	25	81.3	22	86.1	23	6.4	2
2.5 在线公共服务指数	50.1	30	50.0	45	58.0	58	7.9	-28
2.6 ISO 9001 质量体系认证数	4.0	18	4.7	15	4.2	14	0.2	4
3 创新投入竞争力	39.6	5	40.2	5	35.9	13	-3.7	-8
3.1 研发经费支出总额	3.3	16	3.1	17	2.8	18	-0.5	-2
3.2 研发经费支出占 GDP 比重	18.4	21	18.4	24	18.4	33	0.0	-12
3.3 人均研发经费支出	100.0	1	100.0	1	95.3	2	-4.7	-1
3.4 研发人员总量	2.7	33	2.4	32	2.3	34	-0.4	-1
3.5 研究人员占从业人员比重	75.3	5	72.1	6	72.1	7	-3.2	-2
3.6 风险资本交易占 GDP 比重	38.1	10	45.4	5	24.6	12	-13.5	-2
4 创新产出竞争力	13.2	12	13.1	12	12.5	12	-0.7	0
4.1 专利授权数	0.2	49	0.2	43	0.2	42	0.0	7
4.2 科技论文发表数	4.7	19	5.1	19	5.1	19	0.4	0
4.3 专利和许可收入	12.8	5	14.5	4	13.0	5	0.2	0
4.4 高技术产品出口额	11.0	11	9.5	11	9.6	11	-1.4	0
4.5 高技术产品出口比重	53.6	10	53.8	9	50.6	8	-3.0	2
4.6 注册商标数	0.1	88	0.1	89	0.1	88	0.0	0
4.7 创意产品出口比重	10.1	8	8.2	8	8.9	8	-1.2	0
5 创新潜力竞争力	21.5	79	10.6	81	8.1	81	-13.4	-2
5.1 公共教育支出总额	1.0	25	0.8	27	0.6	26	-0.4	-1
5.2 公共教育支出占 GDP 比重	7.0	49	7.2	50	7.6	50	0.6	-1
5.3 人均公共教育支出额	14.5	13	14.2	14	15.6	13	1.1	0
5.4 高等教育毛入学率	4.8	85	4.1	86	4.0	86	-0.8	-1
5.5 研发人员增长率	40.5	62	27.2	66	12.5	64	-28.0	-2
5.6 研发经费增长率	61.3	19	9.8	67	8.3	71	-53.0	-52

Y.92

91

坦桑尼亚国家创新竞争力评价分析报告

坦桑尼亚位于非洲东部、赤道以南，北与肯尼亚和乌干达交界，南与赞比亚、马拉维、莫桑比克接壤，西与卢旺达、布隆迪和刚果（金）为临，东临印度洋。国土面积94.5万平方公里。2015年全国年末总人口为5347万人，实现国内生产总值（GDP）456.28亿美元，人均GDP为872.29美元。本章通过对2011~2015年坦桑尼亚国家创新竞争力及其各要素在全球的排名变化分析，为探寻坦桑尼亚国家创新竞争力的推动点及影响因素提供分析依据。

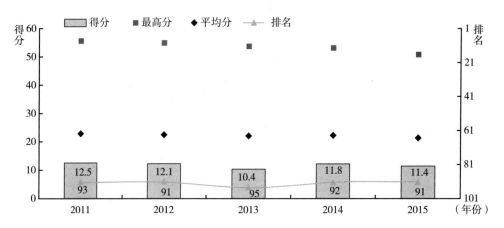

图91-1　2011~2015年国家创新竞争力得分和排名变化趋势

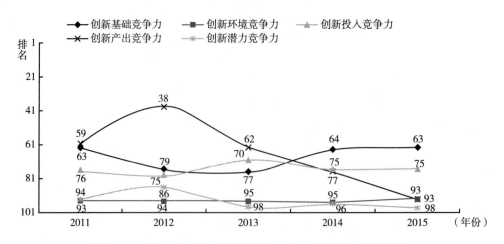

图91-2　2011~2015年国家创新竞争力二级指标排名变化趋势

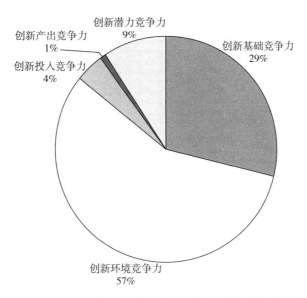

图 91 - 3　2015 年国家创新竞争力各二级指标的贡献率

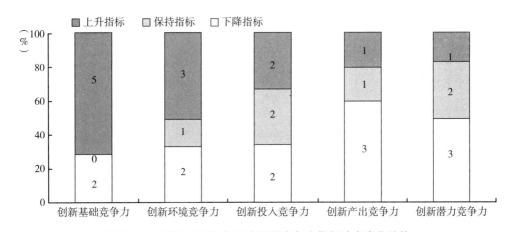

图 91 - 4　2011~2015 年国家创新竞争力指标动态变化结构

表 91 - 1　2011~2015 年坦桑尼亚国家创新竞争力各级指标得分及排名变化

指 标　　　项 目	2011 年		2013 年		2015 年		综合变化	
	得分	排名	得分	排名	得分	排名	得分变化	排名变化
国家创新竞争力	12.5	93	10.4	95	11.4	91	-1.1	2
1 创新基础竞争力	16.6	63	16.1	77	16.5	63	-0.1	0
1.1 GDP	0.2	73	0.2	74	0.2	69	0.0	4
1.2 人均 GDP	0.3	93	0.5	92	0.5	92	0.2	1
1.3 财政收入	0.5	14	0.6	12	0.7	11	0.2	3
1.4 人均财政收入	1.6	20	1.9	16	2.3	15	0.7	5
1.5 外国直接投资	55.6	54	59.5	63	34.6	66	-21.0	-12
1.6 受高等教育人员比重	58.0	32	49.2	71	76.8	19	18.8	13
1.7 全社会劳动生产率	0.3	92	0.5	92	0.6	93	0.3	-1

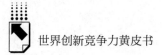

续表

指标项目	2011 年		2013 年		2015 年		综合变化	
	得分	排名	得分	排名	得分	排名	得分变化	排名变化
2 创新环境竞争力	24.3	94	25.1	95	32.8	93	8.5	1
2.1 千人因特网用户数	2.3	95	1.5	98	1.3	99	-1.0	-4
2.2 千人手机用户数	22.1	93	17.5	95	19.6	94	-2.7	-1
2.3 企业开业程序	40.0	77	46.7	73	46.7	77	6.7	0
2.4 企业税负占利润比重	64.5	69	67.1	71	74.2	67	9.7	2
2.5 在线公共服务指数	16.7	89	17.8	90	55.0	65	38.3	24
2.6 ISO 9001 质量体系认证数	0.0	98	0.0	86	0.0	83	0.0	15
3 创新投入竞争力	1.8	76	2.8	70	2.5	75	0.7	1
3.1 研发经费支出总额	0.1	65	0.1	67	0.1	65	0.0	0
3.2 研发经费支出占 GDP 比重	10.0	51	12.6	47	12.6	52	2.6	-1
3.3 人均研发经费支出	0.4	82	0.6	77	0.7	79	0.3	3
3.4 研发人员总量	0.1	69	0.1	77	0.1	78	0.0	-9
3.5 研究人员占从业人员比重	0.0	83	0.0	83	0.0	83	0.0	0
3.6 风险资本交易占 GDP 比重	0.0	58	3.1	39	1.5	54	1.5	4
4 创新产出竞争力	2.4	59	2.2	62	0.3	93	-2.1	-34
4.1 专利授权数	—	—	—	—	—	—	—	—
4.2 科技论文发表数	0.1	78	0.1	80	0.1	80	0.0	-2
4.3 专利和许可收入	0.0	83	0.0	83	0.0	77	0.0	6
4.4 高技术产品出口额	0.0	84	0.0	79	0.0	91	0.0	-7
4.5 高技术产品出口比重	11.7	64	11.0	62	1.4	94	-10.3	-30
4.6 注册商标数	—	—	—	—	—	—	—	—
4.7 创意产品出口比重	0.1	72	0.0	73	0.0	72	-0.1	0
5 创新潜力竞争力	17.4	93	6.0	98	5.0	98	-12.4	-5
5.1 公共教育支出总额	0.0	74	0.0	72	0.0	74	0.0	0
5.2 公共教育支出占 GDP 比重	6.3	59	6.3	57	4.3	79	-2.0	-20
5.3 人均公共教育支出额	0.1	84	0.1	84	0.1	86	0.0	-2
5.4 高等教育毛入学率	2.1	90	2.6	90	2.5	90	0.4	0
5.5 研发人员增长率	44.9	33	0.0	90	14.8	27	-30.1	6
5.6 研发经费增长率	51.1	59	26.9	8	8.1	72	-43.0	-13

泰国国家创新竞争力评价分析报告

泰国位于中南半岛中部，其西部与北部和缅甸接壤，东北边是老挝，东南是柬埔寨，南边狭长的半岛与马来西亚相连，国土面积约为51.3万平方公里。2015年全国年末总人口为6795.9万人，实现国内生产总值（GDP）3992.3亿美元，人均GDP为5814.9美元。本章通过对2011~2015年泰国国家创新竞争力及其各要素在全球的排名变化分析，为探寻泰国国家创新竞争力的推动点及影响因素提供分析依据。

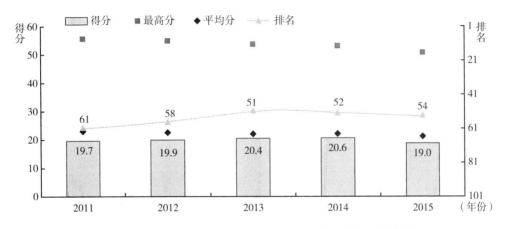

图92-1　2011~2015年国家创新竞争力得分和排名变化趋势

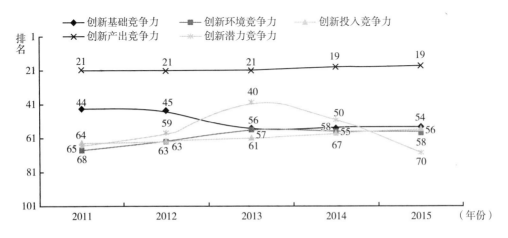

图92-2　2011~2015年国家创新竞争力二级指标排名变化趋势

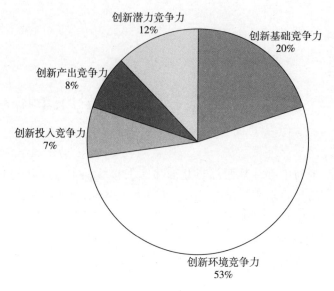

图 92 - 3　2015 年国家创新竞争力各二级指标的贡献率

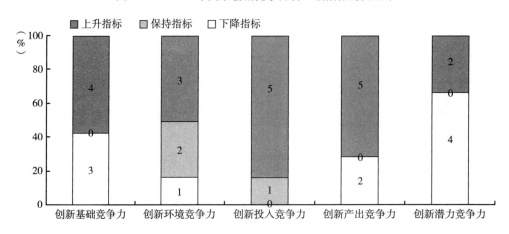

图 92 - 4　2011～2015 年国家创新竞争力指标动态变化结构

表 92 - 1　2011～2015 年泰国国家创新竞争力各级指标得分及排名变化

指标　项目	2011 年		2013 年		2015 年		综合变化	
	得分	排名	得分	排名	得分	排名	得分变化	排名变化
国家创新竞争力	19.7	61	20.4	51	19.0	54	-0.7	7
1 创新基础竞争力	20.9	44	22.4	56	18.9	54	-2.0	-10
1.1 GDP	2.4	29	2.5	28	2.2	25	-0.2	4
1.2 人均 GDP	4.5	64	5.1	63	5.4	60	0.9	4
1.3 财政收入	0.2	19	0.2	20	0.2	17	0.0	2
1.4 人均财政收入	0.4	32	0.5	30	0.5	28	0.1	4
1.5 外国直接投资	57.0	18	59.0	71	33.9	80	-23.1	-62
1.6 受高等教育人员比重	78.6	3	85.5	4	85.5	4	6.9	-1
1.7 全社会劳动生产率	3.5	70	4.2	70	4.5	71	1.0	-1

续表

指标 项目	2011 年		2013 年		2015 年		综合变化	
	得分	排名	得分	排名	得分	排名	得分变化	排名变化
2 创新环境竞争力	40.5	68	47.4	57	50.4	58	9.9	10
2.1 千人因特网用户数	24.4	77	28.2	78	37.7	77	13.3	0
2.2 千人手机用户数	56.3	39	69.2	25	59.2	13	2.9	26
2.3 企业开业程序	60.0	46	66.7	35	66.7	40	6.7	6
2.4 企业税负占利润比重	64.8	68	80.5	28	83.1	33	18.3	35
2.5 在线公共服务指数	34.6	61	36.1	63	52.7	70	18.1	−9
2.6 ISO 9001 质量体系认证数	2.9	22	3.5	22	3.0	22	0.1	0
3 创新投入竞争力	3.4	64	3.9	61	6.3	56	2.9	8
3.1 研发经费支出总额	0.8	36	1.0	33	1.4	28	0.6	8
3.2 研发经费支出占 GDP 比重	8.0	61	9.8	56	15.6	38	7.6	23
3.3 人均研发经费支出	2.7	60	3.9	56	5.9	49	3.2	11
3.4 研发人员总量	2.8	32	3.6	21	3.7	23	0.9	9
3.5 研究人员占从业人员比重	5.4	57	5.2	57	9.4	52	4.0	5
3.6 风险资本交易占 GDP 比重	1.0	54	0.0	71	1.5	54	0.5	0
4 创新产出竞争力	8.9	21	8.0	21	7.9	19	−1.0	2
4.1 专利授权数	0.4	35	0.4	34	0.4	32	0.0	3
4.2 科技论文发表数	1.8	37	2.1	36	2.1	36	0.2	1
4.3 专利和许可收入	0.0	41	0.0	38	0.1	37	0.1	4
4.4 高技术产品出口额	7.3	14	6.1	14	6.2	15	−1.1	−1
4.5 高技术产品出口比重	44.7	17	40.8	14	40.4	11	−4.3	6
4.6 注册商标数	2.8	19	2.5	18	2.5	18	−0.3	1
4.7 创意产品出口比重	5.0	14	3.9	14	3.6	17	−1.4	−3
5 创新潜力竞争力	24.5	65	20.4	40	11.8	70	−12.7	−5
5.1 公共教育支出总额	0.5	39	0.4	40	0.3	40	−0.2	−1
5.2 公共教育支出占 GDP 比重	6.6	57	5.3	69	5.6	67	−1.0	−10
5.3 人均公共教育支出额	0.8	66	0.8	67	0.9	65	0.1	1
5.4 高等教育毛入学率	48.5	40	46.2	44	42.5	48	−6.0	−8
5.5 研发人员增长率	38.9	71	54.2	2	0.2	89	−38.7	−18
5.6 研发经费增长率	51.8	53	15.5	15	21.2	6	−30.6	47

Y. 94

93

突尼斯国家创新竞争力评价分析报告

突尼斯北部和东部面临地中海，隔突尼斯海峡与意大利的西西里岛相望，东南与利比亚为邻，西与阿尔及利亚接壤。国土面积约为 16.4 万平方公里，拥有长达 1300 公里的海岸线。2015 年全国年末总人口为 1125.4 万人，实现国内生产总值（GDP）431.57亿美元，人均 GDP 为 3828.1 美元。本章通过对 2011～2015 年突尼斯国家创新竞争力及其各要素在全球的排名变化分析，为探寻突尼斯国家创新竞争力的推动点及影响因素提供分析依据。

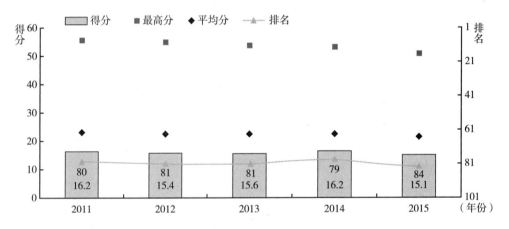

图 93 -1   2011～2015 年国家创新竞争力得分和排名变化趋势

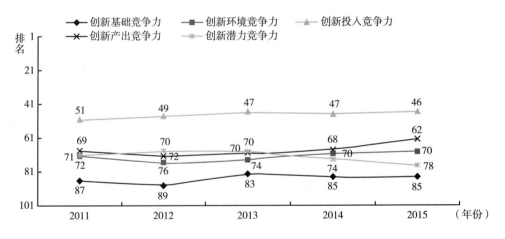

图 93 -2   2011～2015 年国家创新竞争力二级指标排名变化趋势

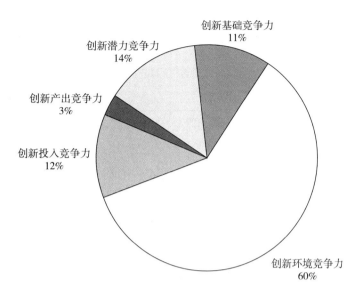

图 93-3　2015 年国家创新竞争力各二级指标的贡献率

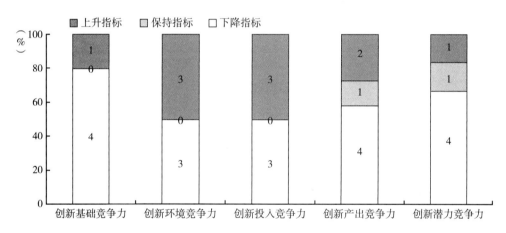

图 93-4　2011~2015 年国家创新竞争力指标动态变化结构

表 93-1　2011~2015 年突尼斯国家创新竞争力各级指标得分及排名变化

指标　　　　项　目	2011 年		2013 年		2015 年		综合变化	
	得分	排名	得分	排名	得分	排名	得分变化	排名变化
国家创新竞争力	16.2	80	15.6	81	15.1	84	-1.1	-4
1 创新基础竞争力	10.7	87	13.6	83	8.6	85	-2.1	2
1.1 GDP	0.3	67	0.2	71	0.2	70	-0.1	-3
1.2 人均 GDP	3.4	69	3.4	72	3.4	75	0.0	-6
1.3 财政收入	0.0	79	—	—	—	—	—	—
1.4 人均财政收入	0.0	85	0.0	83	0.0	77	0.0	8
1.5 外国直接投资	55.8	33	59.8	46	34.9	50	-20.9	-17
1.6 受高等教育人员比重	—	—	—	—	—	—	—	—
1.7 全社会劳动生产率	4.5	64	4.6	67	4.7	68	0.2	-4

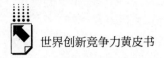

续表

指 标 项 目	2011 年		2013 年		2015 年		综合变化	
	得分	排名	得分	排名	得分	排名	得分变化	排名变化
2 创新环境竞争力	38.7	71	40.4	74	45.6	70	6.9	1
2.1 千人因特网用户数	41.1	60	44.3	63	47.6	69	6.5	-9
2.2 千人手机用户数	55.6	42	54.2	53	47.5	36	-8.1	6
2.3 企业开业程序	46.7	71	46.7	73	46.7	77	0.0	-6
2.4 企业税负占利润比重	47.5	91	50.9	93	61.3	92	13.8	-1
2.5 在线公共服务指数	41.2	46	46.2	49	70.2	37	29.0	9
2.6 ISO 9001 质量体系认证数	0.2	64	0.3	59	0.3	61	0.1	3
3 创新投入竞争力	7.1	51	8.0	47	8.8	46	1.7	5
3.1 研发经费支出总额	0.2	55	0.2	57	0.2	60	0.0	-5
3.2 研发经费支出占 GDP 比重	15.1	31	15.7	28	17.0	36	1.9	-5
3.3 人均研发经费支出	3.9	51	4.2	54	4.2	57	0.3	-6
3.4 研发人员总量	1.2	44	1.3	42	1.2	43	0.0	1
3.5 研究人员占从业人员比重	22.4	36	25.8	33	25.8	35	3.4	1
3.6 风险资本交易占 GDP 比重	0.0	58	1.0	50	4.6	37	4.6	21
4 创新产出竞争力	2.0	69	1.7	70	1.9	62	-0.1	7
4.1 专利授权数	0.2	41	0.2	42	0.2	43	0.0	-2
4.2 科技论文发表数	0.9	48	1.0	49	1.0	49	0.1	-1
4.3 专利和许可收入	0.0	46	0.0	51	0.0	54	0.0	-8
4.4 高技术产品出口额	0.2	51	0.1	56	0.1	51	-0.1	0
4.5 高技术产品出口比重	12.1	62	10.0	64	11.9	56	-0.2	6
4.6 注册商标数	0.3	71	0.2	68	0.3	61	0.0	10
4.7 创意产品出口比重	0.2	56	0.2	56	0.1	57	-0.1	-1
5 创新潜力竞争力	22.7	72	14.0	70	10.3	78	-12.5	-6
5.1 公共教育支出总额	0.1	64	0.1	65	0.0	65	-0.1	-1
5.2 公共教育支出占 GDP 比重	9.6	28	9.6	32	9.9	29	0.3	-1
5.3 人均公共教育支出额	0.8	67	0.8	66	0.9	67	0.1	0
5.4 高等教育毛入学率	31.8	60	30.5	61	29.9	63	-1.9	-3
5.5 研发人员增长率	47.4	28	33.3	9	11.5	77	-35.9	-49
5.6 研发经费增长率	46.7	79	9.8	69	9.3	63	-37.4	16

土耳其国家创新竞争力评价分析报告

土耳其横跨欧亚两洲，北临黑海，南临地中海，东南与叙利亚、伊拉克接壤，西临爱琴海，与希腊以及保加利亚接壤，东部与格鲁吉亚、亚美尼亚、阿塞拜疆和伊朗接壤，国土面积约为78.3万平方公里。2015年全国年末总人口为7866.6万人，实现国内生产总值（GDP）8593.8亿美元，人均GDP为10980美元。本章通过对2011～2015年土耳其国家创新竞争力及其各要素在全球的排名变化分析，为探寻土耳其国家创新竞争力的推动点及影响因素提供分析依据。

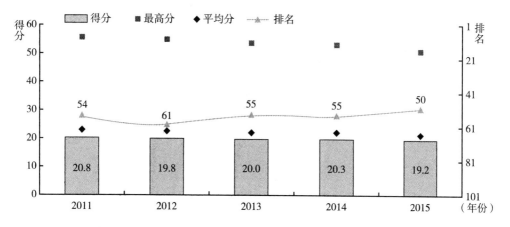

图94-1　2011～2015年国家创新竞争力得分和排名变化趋势

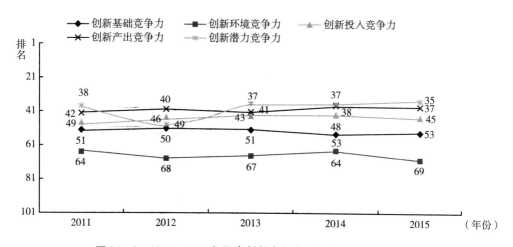

图94-2　2011～2015年国家创新竞争力二级指标排名变化趋势

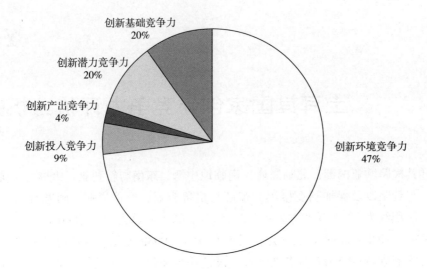

图 94-3 2015 年国家创新竞争力各二级指标的贡献率

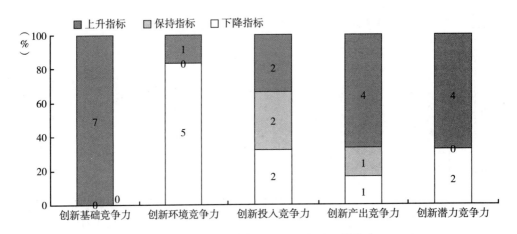

图 94-4 2011~2015 年国家创新竞争力指标动态变化结构

表 94-1 2011~2015 年土耳其国家创新竞争力各级指标得分及排名变化

指 标 项 目	2011 年		2013 年		2015 年		综合变化	
	得分	排名	得分	排名	得分	排名	得分变化	排名变化
国家创新竞争力	20.8	54	20.0	55	19.2	50	-1.6	4
1 创新基础竞争力	19.3	51	22.9	51	19.0	53	-0.3	-2
1.1 GDP	5.3	18	5.7	16	4.7	17	-0.6	1
1.2 人均 GDP	9.5	46	10.8	45	10.5	45	1.0	1
1.3 财政收入	0.0	43	0.0	40	0.1	34	0.1	9
1.4 人均财政收入	0.1	72	0.1	64	0.1	60	0.0	12
1.5 外国直接投资	52.5	91	57.5	86	31.3	88	-21.2	3
1.6 受高等教育人员比重	55.3	38	72.1	32	72.7	31	17.4	7
1.7 全社会劳动生产率	12.4	37	14.2	35	13.8	36	1.4	1

续表

指标　　项目	2011 年		2013 年		2015 年		综合变化	
	得分	排名	得分	排名	得分	排名	得分变化	排名变化
2 创新环境竞争力	42.0	64	43.6	67	45.6	69	3.6	−5
2.1 千人因特网用户数	45.4	53	47.0	58	53.2	60	7.8	−7
2.2 千人手机用户数	41.2	78	40.3	83	30.0	82	−11.2	−4
2.3 企业开业程序	60.0	46	60.0	53	53.3	64	−6.7	−18
2.4 企业税负占利润比重	69.0	55	71.2	54	76.4	61	7.4	−6
2.5 在线公共服务指数	32.7	62	40.5	58	58.0	58	25.3	4
2.6 ISO 9001 质量体系认证数	3.6	21	2.8	27	2.9	24	−0.7	−3
3 创新投入竞争力	8.0	49	8.7	43	8.9	45	0.9	4
3.1 研发经费支出总额	2.7	19	3.0	18	2.8	17	0.1	2
3.2 研发经费支出占 GDP 比重	12.4	41	13.1	43	14.8	44	2.4	−3
3.3 人均研发经费支出	8.6	40	10.4	41	10.3	40	1.7	0
3.4 研发人员总量	5.5	15	6.0	15	5.6	15	0.1	0
3.5 研究人员占从业人员比重	16.6	40	18.5	40	18.5	39	1.9	1
3.6 风险资本交易占 GDP 比重	2.4	43	1.0	50	1.5	54	−0.9	−11
4 创新产出竞争力	4.1	42	3.8	41	3.8	37	−0.3	5
4.1 专利授权数	0.4	36	0.4	32	0.5	26	0.1	10
4.2 科技论文发表数	6.7	17	7.4	17	7.4	17	0.7	0
4.3 专利和许可收入	—	—	—	—	—	—	—	—
4.4 高技术产品出口额	0.4	40	0.4	40	0.4	37	0.0	3
4.5 高技术产品出口比重	4.0	84	3.8	82	4.1	83	0.1	1
4.6 注册商标数	8.4	6	5.8	7	5.2	8	−3.2	−2
4.7 创意产品出口比重	4.7	20	5.2	11	5.2	11	0.5	9
5 创新潜力竞争力	30.6	38	20.7	37	18.8	35	−11.8	3
5.1 公共教育支出总额	0.9	26	1.0	24	0.8	24	−0.1	2
5.2 公共教育支出占 GDP 比重	5.1	69	6.6	55	6.9	59	1.8	10
5.3 人均公共教育支出额	1.5	57	1.9	53	1.9	51	0.4	6
5.4 高等教育毛入学率	56.0	32	71.5	15	83.1	2	27.1	30
5.5 研发人员增长率	63.4	6	31.4	16	12.9	57	−50.5	−51
5.6 研发经费增长率	56.7	33	12.0	34	7.2	78	−49.5	−45

乌干达国家创新竞争力评价分析报告

　　乌干达位于非洲东部，东邻肯尼亚，南接坦桑尼亚和卢旺达，西接刚果（金），北连南苏丹。全境大部位于东非高原，国土面积约为24.2万平方公里。2015年全国年末总人口为3903.2万人，实现国内生产总值（GDP）278.56亿美元，人均GDP为693.9美元。本章通过对2011~2015年乌干达国家创新竞争力及其各要素在全球的排名变化分析，为探寻乌干达国家创新竞争力的推动点及影响因素提供分析依据。

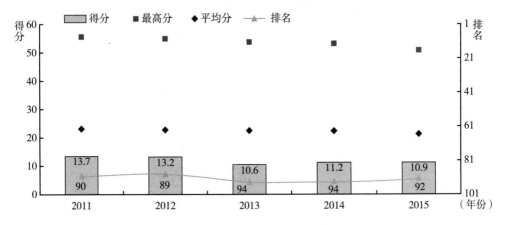

图95-1　2011~2015年国家创新竞争力得分和排名变化趋势

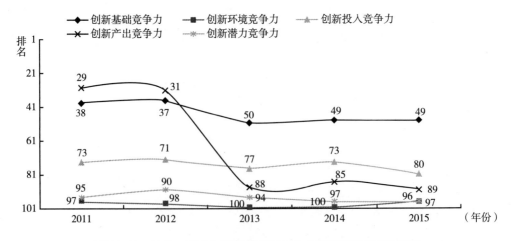

图95-2　2011~2015年国家创新竞争力二级指标排名变化趋势

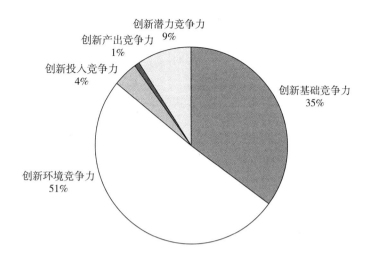

图 95－3 2015 年国家创新竞争力各二级指标的贡献率

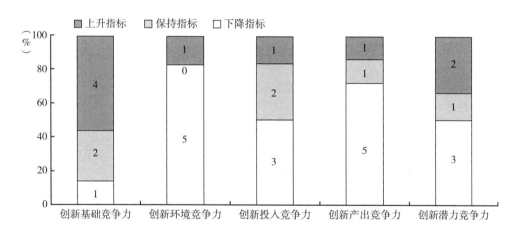

图 95－4 2011～2015 年国家创新竞争力指标动态变化结构

表 95－1 2011～2015 年乌干达国家创新竞争力各级指标得分及排名变化

指 标 项 目	2011 年		2013 年		2015 年		综合变化	
	得分	排名	得分	排名	得分	排名	得分变化	排名变化
国家创新竞争力	13.7	90	10.6	94	10.9	92	－2.8	－2
1 创新基础竞争力	21.9	38	22.9	50	19.4	49	－2.5	－11
1.1 GDP	0.1	82	0.1	80	0.1	77	0.0	5
1.2 人均 GDP	0.2	96	0.3	96	0.3	95	0.1	1
1.3 财政收入	0.5	12	0.5	14	0.5	12	0.0	0
1.4 人均财政收入	2.5	15	2.3	15	2.4	14	－0.1	1
1.5 外国直接投资	55.6	51	59.7	50	34.8	53	－20.8	－2
1.6 受高等教育人员比重	94.4	2	97.2	2	97.2	2	2.8	0
1.7 全社会劳动生产率	0.3	95	0.3	94	0.4	94	0.1	1

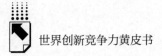
续表

指　标　项　目	2011 年		2013 年		2015 年		综合变化	
	得分	排名	得分	排名	得分	排名	得分变化	排名变化
2 创新环境竞争力	21.4	97	19.9	100	27.6	96	6.2	1
2.1 千人因特网用户数	12.9	82	14.3	84	16.2	90	3.3	−8
2.2 千人手机用户数	17.7	96	12.8	96	6.4	97	−11.3	−1
2.3 企业开业程序	13.3	95	13.3	95	13.3	96	0.0	−1
2.4 企业税负占利润比重	75.3	35	74.0	47	82.4	38	7.1	−3
2.5 在线公共服务指数	9.3	97	5.0	98	47.3	74	38.0	23
2.6 ISO 9001 质量体系认证数	0.0	85	0.0	84	0.0	87	0.0	−2
3 创新投入竞争力	1.9	73	2.2	77	2.2	80	0.3	−7
3.1 研发经费支出总额	0.1	72	0.1	72	0.1	73	0.0	−1
3.2 研发经费支出占 GDP 比重	10.8	46	10.8	54	10.8	60	0.0	−14
3.3 人均研发经费支出	0.3	83	0.4	86	0.5	88	0.2	−5
3.4 研发人员总量	0.1	70	0.1	70	0.1	70	0.0	0
3.5 研究人员占从业人员比重	0.0	83	0.0	83	0.0	83	0.0	0
3.6 风险资本交易占 GDP 比重	0.0	58	2.1	45	1.5	54	1.5	4
4 创新产出竞争力	6.8	29	0.6	88	0.5	89	−6.3	−60
4.1 专利授权数	0.0	79	0.0	78	0.0	81	0.0	−2
4.2 科技论文发表数	0.1	76	0.1	75	0.1	75	0.0	1
4.3 专利和许可收入	0.0	61	0.0	57	0.0	65	0.0	−4
4.4 高技术产品出口额	0.0	66	0.0	91	0.0	92	0.0	−26
4.5 高技术产品出口比重	47.3	14	3.8	83	3.4	85	−43.9	−71
4.6 注册商标数	0.2	78	0.1	81	0.1	80	−0.1	−2
4.7 创意产品出口比重	0.0	90	0.0	85	0.0	90	0.0	0
5 创新潜力竞争力	16.2	95	7.3	94	5.0	97	−11.2	−2
5.1 公共教育支出总额	0.0	83	0.0	85	0.0	83	0.0	0
5.2 公共教育支出占 GDP 比重	3.1	83	1.4	88	1.8	88	−1.3	−5
5.3 人均公共教育支出额	0.0	90	0.0	91	0.0	91	0.0	−1
5.4 高等教育毛入学率	3.4	87	3.2	88	3.5	89	0.1	−2
5.5 研发人员增长率	45.2	32	28.4	35	14.9	26	−30.3	6
5.6 研发经费增长率	45.7	85	11.0	46	9.7	59	−36.0	26

Y .97

96

乌克兰国家创新竞争力评价分析报告

　　乌克兰位于欧洲东部,东接俄罗斯、南濒黑海,北与白俄罗斯毗邻,西与波兰、斯洛伐克、匈牙利、罗马尼亚和摩尔多瓦诸国相连。国土面积约为 60.4 万平方公里。2015 年全国年末总人口为 4515.4 万人,实现国内生产总值(GDP)910.31 亿美元,人均 GDP 为 2124.7 美元。本章通过对 2011~2015 年乌克兰国家创新竞争力及其各要素在全球的排名变化分析,为探寻乌克兰国家创新竞争力的推动点及影响因素提供分析依据。

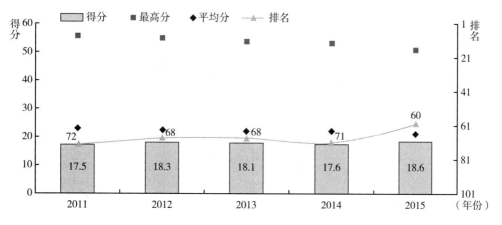

图 96 - 1　2011~2015 年国家创新竞争力得分和排名变化趋势

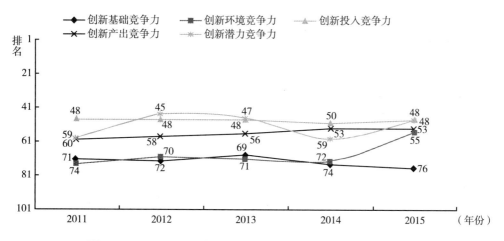

图 96 - 2　2011~2015 年国家创新竞争力二级指标排名变化趋势

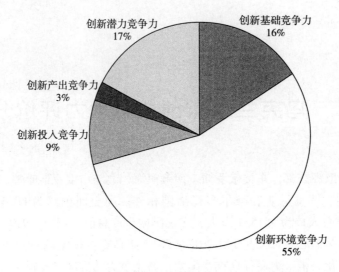

图 96 – 3　2015 年国家创新竞争力各二级指标的贡献率

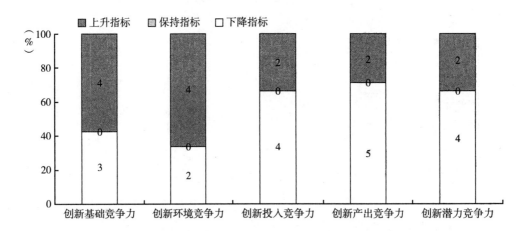

图 96 – 4　2011～2015 年国家创新竞争力指标动态变化结构

表 96 – 1　2011～2015 年乌克兰国家创新竞争力各级指标得分及排名变化

指标　　　　项目	2011 年		2013 年		2015 年		综合变化	
	得分	排名	得分	排名	得分	排名	得分变化	排名变化
国家创新竞争力	17.5	72	18.1	68	18.6	60	1.1	12
1 创新基础竞争力	14.7	71	18.3	69	14.4	76	-0.3	-5
1.1 GDP	1.0	49	1.1	49	0.5	54	-0.5	-5
1.2 人均 GDP	2.8	76	3.3	73	1.7	83	-1.1	-7
1.3 财政收入	0.0	42	0.0	42	0.0	35	0.0	7
1.4 人均财政收入	0.1	56	0.1	53	0.2	43	0.1	13
1.5 外国直接投资	54.2	83	58.9	76	34.2	74	-20.0	9
1.6 受高等教育人员比重	42.2	63	61.8	62	62.5	62	20.3	1
1.7 全社会劳动生产率	2.6	79	3.1	78	1.6	85	-1.0	-6

续表

指标　　　项目	2011 年		2013 年		2015 年		综合变化	
	得分	排名	得分	排名	得分	排名	得分变化	排名变化
2 创新环境竞争力	36.6	74	42.4	71	51.3	55	14.7	19
2.1 千人因特网用户数	29.9	73	41.2	68	48.4	67	18.5	6
2.2 千人手机用户数	59.1	31	68.0	26	54.7	20	-4.4	11
2.3 企业开业程序	46.7	71	66.7	35	80.0	15	33.3	56
2.4 企业税负占利润比重	52.9	86	58.0	87	67.6	87	14.7	-1
2.5 在线公共服务指数	30.5	69	20.2	83	56.5	63	26.0	6
2.6 ISO 9001 质量体系认证数	0.5	52	0.5	53	0.4	60	-0.1	-8
3 创新投入竞争力	8.3	48	7.5	48	8.4	48	0.1	0
3.1 研发经费支出总额	0.7	38	0.7	39	0.4	42	-0.3	-4
3.2 研发经费支出占 GDP 比重	15.5	30	14.8	34	21.9	24	6.6	6
3.3 人均研发经费支出	3.3	55	3.7	59	2.8	62	-0.5	-7
3.4 研发人员总量	4.4	19	3.6	23	2.8	28	-1.6	-9
3.5 研究人员占从业人员比重	24.2	35	21.0	38	18.0	40	-6.2	-5
3.6 风险资本交易占 GDP 比重	1.9	47	1.0	50	4.6	37	2.7	10
4 创新产出竞争力	2.3	60	2.6	56	2.6	53	0.3	7
4.1 专利授权数	1.7	18	1.3	16	0.8	19	-0.9	-1
4.2 科技论文发表数	1.5	42	1.7	41	1.7	41	0.2	1
4.3 专利和许可收入	0.1	35	0.1	33	0.1	36	0.0	-1
4.4 高技术产品出口额	0.4	41	0.4	39	0.3	43	-0.1	-2
4.5 高技术产品出口比重	9.5	68	12.0	59	13.7	48	4.2	20
4.6 注册商标数	2.1	24	1.8	24	1.5	25	-0.6	-1
4.7 创意产品出口比重	0.6	42	0.5	39	0.3	46	-0.3	-4
5 创新潜力竞争力	25.7	59	19.5	47	16.2	48	-9.5	11
5.1 公共教育支出总额	0.3	50	0.3	46	0.1	59	-0.2	-9
5.2 公共教育支出占 GDP 比重	9.4	29	10.4	28	9.1	32	-0.3	-3
5.3 人均公共教育支出额	0.7	68	0.9	65	0.4	76	-0.3	-8
5.4 高等教育毛入学率	77.1	9	72.5	12	72.1	15	-5.0	-6
5.5 研发人员增长率	26.5	86	23.1	84	8.7	80	-17.8	6
5.6 研发经费增长率	40.3	93	9.9	65	6.8	81	-33.5	12

Y.98

97

英国国家创新竞争力评价分析报告

英国位于西欧，被北海、凯尔特海、爱尔兰海和大西洋包围。东临北海与比利时、荷兰、德国、丹麦和挪威等国相望，西临爱尔兰。国土面积约为 24.4 万平方公里。2015 年全国年末总人口为 6512.9 万人，实现国内生产总值（GDP）28611 亿美元，人均 GDP 为 43930 美元。本章通过对 2011～2015 年英国国家创新竞争力及其各要素在全球的排名变化分析，为探寻英国国家创新竞争力的推动点及影响因素提供分析依据。

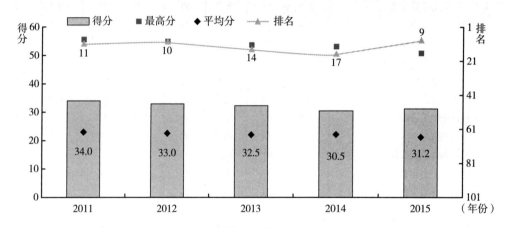

图 97－1　2011～2015 年国家创新竞争力得分和排名变化趋势

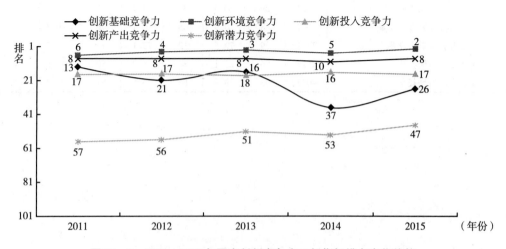

图 97－2　2011～2015 年国家创新竞争力二级指标排名变化趋势

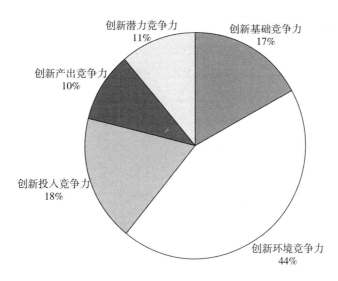

图 97 - 3　2015 年国家创新竞争力各二级指标的贡献率

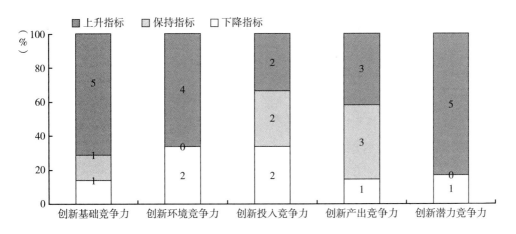

图 97 - 4　2011～2015 年国家创新竞争力指标动态变化结构

表 97 - 1　2011～2015 年英国国家创新竞争力各级指标得分及排名变化

指　　标　　项　　目	2011 年		2013 年		2015 年		综合变化	
	得分	排名	得分	排名	得分	排名	得分变化	排名变化
国家创新竞争力	34.0	11	32.5	14	31.2	9	-2.8	2
1 创新基础竞争力	32.3	13	32.4	16	25.7	26	-6.6	-13
1.1 GDP	16.8	7	16.3	6	15.8	5	-1.0	2
1.2 人均 GDP	35.4	20	37.1	20	42.9	12	7.5	8
1.3 财政收入	0.0	40	0.0	39	0.0	36	0.0	4
1.4 人均财政收入	0.1	59	0.1	60	0.1	58	0.0	1
1.5 外国直接投资	68.8	3	57.8	82	0.0	98	-68.8	-95
1.6 受高等教育人员比重	72.0	10	80.4	10	79.9	10	7.9	0
1.7 全社会劳动生产率	32.6	21	34.9	20	41.1	13	8.5	8

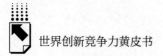

续表

指　标　　　　项　　　目	2011 年		2013 年		2015 年		综合变化	
	得分	排名	得分	排名	得分	排名	得分变化	排名变化
2 创新环境竞争力	65.5	6	67.6	3	69.3	2	3.8	4
2.1 千人因特网用户数	91.2	7	94.3	7	94.3	8	3.1	-1
2.2 千人手机用户数	60.3	28	59.7	40	44.5	46	-15.8	-18
2.3 企业开业程序	66.7	27	66.7	35	80.0	15	13.3	12
2.4 企业税负占利润比重	72.8	42	75.6	41	83.6	32	10.8	10
2.5 在线公共服务指数	85.8	4	92.6	6	100.0	1	14.2	3
2.6 ISO 9001 质量体系认证数	16.2	6	16.7	5	13.7	5	-2.5	1
3 创新投入竞争力	29.2	17	27.7	18	28.8	17	-0.4	0
3.1 研发经费支出总额	9.1	8	9.1	8	9.4	8	0.3	0
3.2 研发经费支出占 GDP 比重	13.4	36	13.8	39	14.6	45	1.2	-9
3.3 人均研发经费支出	34.0	21	37.4	22	41.1	19	7.1	2
3.4 研发人员总量	19.1	8	18.1	8	18.0	7	-1.1	1
3.5 研究人员占从业人员比重	52.9	18	50.6	20	54.1	20	1.2	-2
3.6 风险资本交易占 GDP 比重	46.5	7	37.1	7	35.4	7	-11.1	0
4 创新产出竞争力	17.2	8	15.9	8	15.8	8	-1.4	0
4.1 专利授权数	3.0	11	1.9	13	1.5	14	-1.5	-3
4.2 科技论文发表数	23.0	5	23.6	5	23.6	5	0.4	0
4.3 专利和许可收入	13.7	4	13.5	5	15.5	4	1.8	0
4.4 高技术产品出口额	15.2	8	12.4	8	12.5	8	-2.7	0
4.5 高技术产品出口比重	46.1	16	44.4	12	39.2	12	-6.9	4
4.6 注册商标数	2.8	18	2.7	15	2.7	15	-0.1	3
4.7 创意产品出口比重	16.3	6	13.1	5	15.4	5	-0.9	1
5 创新潜力竞争力	26.0	57	18.7	51	16.5	47	-9.5	10
5.1 公共教育支出总额	4.2	9	3.4	8	3.1	5	-1.1	4
5.2 公共教育支出占 GDP 比重	8.5	36	8.4	38	8.8	34	0.3	2
5.3 人均公共教育支出额	7.7	28	7.9	27	9.5	23	1.8	5
5.4 高等教育毛入学率	54.4	36	51.3	38	49.2	40	-5.2	-4
5.5 研发人员增长率	34.1	81	29.2	30	16.6	19	-17.5	62
5.6 研发经费增长率	47.1	76	12.0	36	11.5	35	-35.6	41

美国国家创新竞争力评价分析报告

美国位于北美洲中部，北与加拿大接壤，南靠墨西哥湾，西临太平洋，东濒大西洋，国土面积约为962.9万平方公里，海岸线长22680公里。2015年全国年末总人口为32142万人，实现国内生产总值（GDP）180366亿美元，人均GDP为56207美元。本章通过对2011~2015年美国国家创新竞争力及其各要素在全球的排名变化分析，为探寻美国国家创新竞争力的推动点及影响因素提供分析依据。

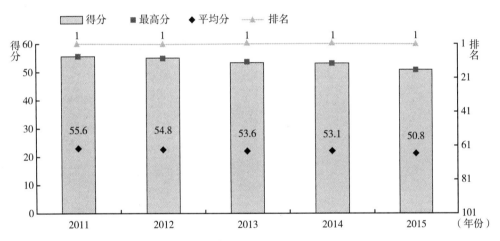

图98-1 2011~2015年国家创新竞争力得分和排名变化趋势

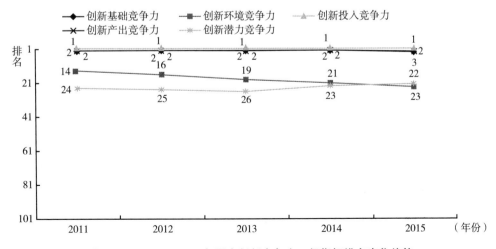

图98-2 2011~2015年国家创新竞争力二级指标排名变化趋势

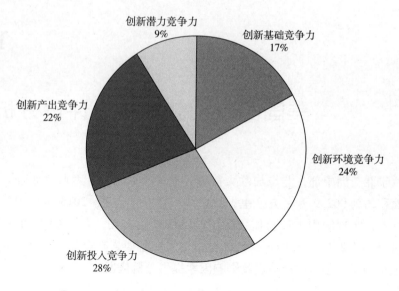

图 98 - 3 2015 年国家创新竞争力各二级指标的贡献率

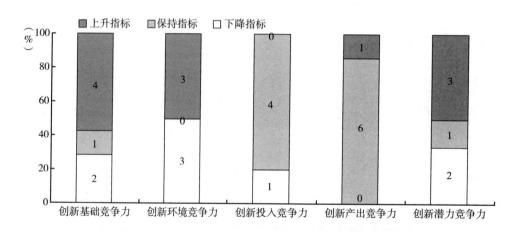

图 98 - 4 2011 ~ 2015 年国家创新竞争力指标动态变化结构

表 98 - 1 2011 ~ 2015 年美国国家创新竞争力各级指标得分及排名变化

指 标 项 目	2011 年		2013 年		2015 年		综合变化	
	得分	排名	得分	排名	得分	排名	得分变化	排名变化
国家创新竞争力	55.6	1	53.6	1	50.8	1	-4.8	0
1 创新基础竞争力	47.8	2	50.0	2	42.8	3	-5.0	-1
1.1 GDP	100.0	1	100.0	1	100.0	1	0.0	0
1.2 人均 GDP	42.8	14	46.2	9	55.0	7	12.2	7
1.3 财政收入	0.2	18	0.2	19	0.2	16	0.0	2
1.4 人均财政收入	0.1	62	0.1	57	0.1	54	0.0	8
1.5 外国直接投资	100.0	1	92.5	2	25.7	92	-74.3	-91
1.6 受高等教育人员比重	51.9	44	66.7	47	65.0	51	13.1	-7
1.7 全社会劳动生产率	39.6	13	44.2	10	53.9	5	14.3	8

续表

指标 项目	2011 年		2013 年		2015 年		综合变化	
	得分	排名	得分	排名	得分	排名	得分变化	排名变化
2 创新环境竞争力	59.1	14	60.3	19	60.2	23	1.1	-9
2.1 千人因特网用户数	74.3	24	74.3	30	75.5	29	1.2	-5
2.2 千人手机用户数	44.0	75	42.8	80	41.1	55	-2.9	20
2.3 企业开业程序	66.7	27	66.7	35	66.7	40	0.0	-13
2.4 企业税负占利润比重	63.1	73	67.5	68	74.2	67	11.1	6
2.5 在线公共服务指数	96.4	2	97.1	3	92.4	9	-4.0	-7
2.6 ISO 9001 质量体系认证数	10.0	11	13.6	8	11.3	7	1.3	4
3 创新投入竞争力	74.6	1	74.5	1	72.7	1	-1.9	0
3.1 研发经费支出总额	100.0	1	100.0	1	100.0	1	0.0	0
3.2 研发经费支出占 GDP 比重	24.7	11	24.7	13	24.7	20	0.0	-9
3.3 人均研发经费支出	76.3	5	83.2	5	89.8	5	13.5	0
3.4 研发人员总量	95.1	2	88.1	2	84.3	2	-10.8	0
3.5 研究人员占从业人员比重	—	—	—	—	—	—	—	—
3.6 风险资本交易占 GDP 比重	77.0	4	76.3	2	64.6	4	-12.4	0
4 创新产出竞争力	59.3	2	57.7	2	55.5	2	-3.8	0
4.1 专利授权数	94.2	2	100.0	1	83.0	2	-11.2	0
4.2 科技论文发表数	100.0	1	100.0	1	100.0	1	0.0	0
4.3 专利和许可收入	100.0	1	100.0	1	100.0	1	0.0	0
4.4 高技术产品出口额	31.9	3	26.5	3	27.8	3	-4.1	0
4.5 高技术产品出口比重	39.1	20	36.2	16	35.8	16	-3.3	4
4.6 注册商标数	22.0	2	17.5	2	17.8	2	-4.2	0
4.7 创意产品出口比重	28.1	2	23.4	2	24.0	2	-4.1	0
5 创新潜力竞争力	37.2	24	25.4	26	22.7	22	-14.5	2
5.1 公共教育支出总额	22.7	4	18.1	4	18.5	4	-4.2	0
5.2 公共教育支出占 GDP 比重	7.5	44	7.0	54	8.1	41	0.6	3
5.3 人均公共教育支出额	8.5	26	8.6	26	11.4	19	2.9	7
5.4 高等教育毛入学率	89.2	3	80.5	5	75.2	9	-14.0	-6
5.5 研发人员增长率	47.6	27	28.4	36	12.1	73	-35.5	-46
5.6 研发经费增长率	47.5	75	10.0	64	11.0	42	-36.5	33

Y.100

99

乌拉圭国家创新竞争力评价分析报告

　　乌拉圭位于南美洲东南部，乌拉圭河与拉普拉塔河的东岸。东南濒临大西洋，北同巴西接壤，西与乌拉圭交界。国土面积约为 17.6 万平方公里，海岸线长约 600 公里。2015 年全国年末总人口为 343.16 万人，实现国内生产总值（GDP）532.74 亿美元，人均 GDP 为 15525 美元。本章通过对 2011～2015 年乌拉圭国家创新竞争力及其各要素在全球的排名变化分析，为探寻乌拉圭国家创新竞争力的推动点及影响因素提供分析依据。

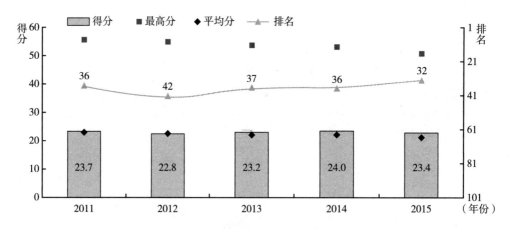

图 99－1　2011～2015 年国家创新竞争力得分和排名变化趋势

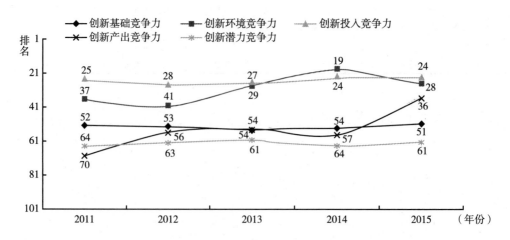

图 99－2　2011～2015 年国家创新竞争力二级指标排名变化趋势

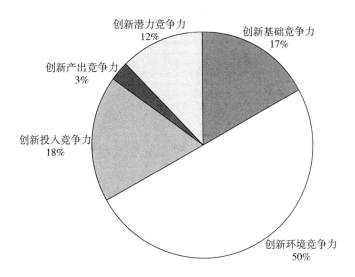

图 99 - 3　2015 年国家创新竞争力各二级指标的贡献率

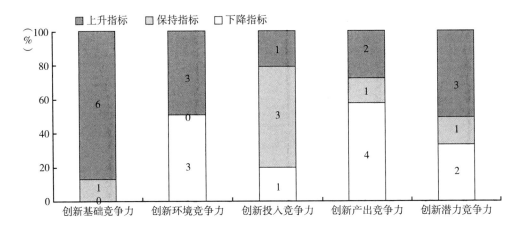

图 99 - 4　2011～2015 年国家创新竞争力指标动态变化结构

表 99 - 1　2011～2015 年乌拉圭国家创新竞争力各级指标得分及排名变化

指　　标　　项　　目	2011 年		2013 年		2015 年		综合变化	
	得分	排名	得分	排名	得分	排名	得分变化	排名变化
国家创新竞争力	23.7	36	23.2	37	23.4	32	−0.3	4
1 创新基础竞争力	19.2	52	22.5	54	19.3	51	0.1	1
1.1 GDP	0.3	64	0.3	62	0.3	64	0.0	0
1.2 人均 GDP	12.0	39	14.6	35	14.9	35	2.9	4
1.3 财政收入	0.0	49	0.0	45	0.0	41	0.0	8
1.4 人均财政收入	1.1	25	1.2	22	1.5	19	0.4	6
1.5 外国直接投资	55.3	69	59.2	67	34.8	59	−20.5	10
1.6 受高等教育人员比重	55.0	39	68.4	42	69.4	36	14.4	3
1.7 全社会劳动生产率	10.9	42	13.8	36	14.3	34	3.4	8

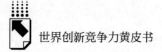
续表

指　标　项　目	2011 年		2013 年		2015 年		综合变化	
	得分	排名	得分	排名	得分	排名	得分变化	排名变化
2 创新环境竞争力	51.7	37	57.3	29	59.0	28	7.3	9
2.1 千人因特网用户数	54.4	41	59.4	47	64.9	48	10.5	−7
2.2 千人手机用户数	69.8	17	78.1	11	63.1	7	−6.7	10
2.3 企业开业程序	73.3	19	73.3	22	73.3	29	0.0	−10
2.4 企业税负占利润比重	67.4	59	69.3	63	75.9	63	8.5	−4
2.5 在线公共服务指数	45.1	41	63.6	26	76.3	25	31.2	16
2.6 ISO 9001 质量体系认证数	0.3	60	0.3	60	0.4	53	0.1	7
3 创新投入竞争力	20.7	25	18.1	27	21.2	24	0.5	1
3.1 研发经费支出总额	0.0	76	0.0	77	0.0	76	0.0	0
3.2 研发经费支出占 GDP 比重	87.7	2	77.2	2	90.9	2	3.2	0
3.3 人均研发经费支出	3.4	54	3.6	60	4.0	58	0.6	−4
3.4 研发人员总量	0.1	67	0.1	66	0.1	67	0.0	0
3.5 研究人员占从业人员比重	—	—	—	—	—	—	—	—
3.6 风险资本交易占 GDP 比重	12.2	27	9.3	25	10.8	26	−1.4	1
4 创新产出竞争力	2.0	70	2.6	54	3.8	36	1.8	34
4.1 专利授权数	0.0	77	0.0	75	0.0	77	0.0	0
4.2 科技论文发表数	0.1	68	0.1	71	0.1	71	0.0	−3
4.3 专利和许可收入	0.0	74	0.0	73	0.0	78	0.0	−4
4.4 高技术产品出口额	0.0	68	0.0	62	0.0	60	0.0	8
4.5 高技术产品出口比重	13.2	56	17.6	42	26.1	25	12.9	31
4.6 注册商标数	0.5	59	0.3	58	0.3	60	−0.2	−1
4.7 创意产品出口比重	0.0	84	0.0	84	0.0	85	0.0	−1
5 创新潜力竞争力	24.7	64	15.7	61	13.8	61	−10.9	3
5.1 公共教育支出总额	0.1	69	0.1	68	0.0	69	−0.1	0
5.2 公共教育支出占 GDP 比重	5.8	64	5.8	64	6.1	63	0.3	1
5.3 人均公共教育支出额	2.0	50	2.4	45	2.5	45	0.5	5
5.4 高等教育毛入学率	58.2	29	49.7	40	48.4	42	−9.8	−13
5.5 研发人员增长率	29.7	85	25.8	75	16.1	20	−13.6	65
5.6 研发经费增长率	52.6	48	10.4	58	9.9	57	−42.7	−9

Y.101
100
越南国家创新竞争力评价分析报告

越南位于东南亚的中南半岛东部，北与中国广西、中国云南接壤，西与老挝、柬埔寨交界，东面和南面濒临南海。国土面积约为 33 万平方公里，海岸线长 3260 公里。2015 年全国年末总人口为 9171.3 万人，实现国内生产总值（GDP）1932.4 亿美元，人均 GDP 为 2107 美元。本章通过对 2011～2015 年越南国家创新竞争力及其各要素在全球的排名变化分析，为探寻越南国家创新竞争力的推动点及影响因素提供分析依据。

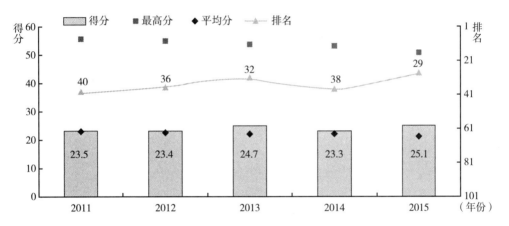

图 100-1 2011～2015 年国家创新竞争力得分和排名变化趋势

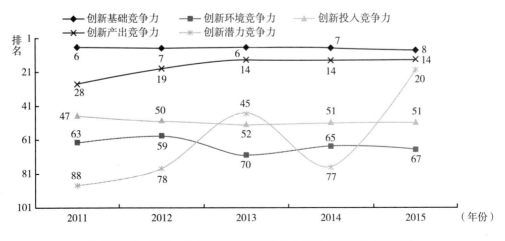

图 100-2 2011～2015 年国家创新竞争力二级指标排名变化趋势

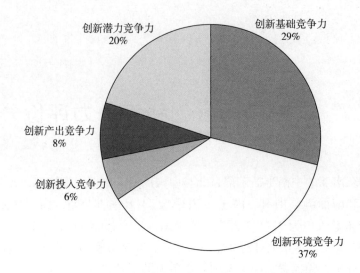

图 100 - 3　2015 年国家创新竞争力各二级指标的贡献率

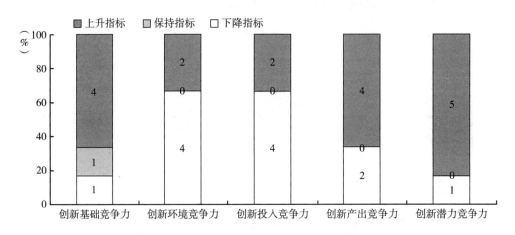

图 100 - 4　2011 ~ 2015 年国家创新竞争力指标动态变化结构

表 100 - 1　2011 ~ 2015 年越南国家创新竞争力各级指标得分及排名变化

指　标　　　项　目	2011 年		2013 年		2015 年		综合变化	
	得分	排名	得分	排名	得分	排名	得分变化	排名变化
国家创新竞争力	23.5	40	24.7	32	25.1	29	1.6	11
1 创新基础竞争力	40.7	6	42.6	6	36.4	8	- 4.3	- 2
1.1 GDP	0.8	52	1.0	51	1.0	43	0.2	9
1.2 人均 GDP	1.0	85	1.4	84	1.7	84	0.7	1
1.3 财政收入	54.4	2	53.8	2	—	—	—	—
1.4 人均财政收入	100.0	1	100.0	1	100.0	1	0.0	0
1.5 外国直接投资	54.3	82	58.1	79	31.9	85	- 22.4	- 3
1.6 受高等教育人员比重	73.5	9	83.0	7	82.6	6	9.1	3
1.7 全社会劳动生产率	0.8	89	1.0	89	1.3	87	0.5	2

续表

指标 项目	2011 年		2013 年		2015 年		综合变化	
	得分	排名	得分	排名	得分	排名	得分变化	排名变化
2 创新环境竞争力	42.2	63	43.2	70	46.8	67	4.6	−4
2.1 千人因特网用户数	36.8	64	44.4	62	52.1	62	15.3	2
2.2 千人手机用户数	70.4	16	66.1	30	47.8	34	−22.6	−18
2.3 企业开业程序	46.7	71	46.7	73	46.7	77	0.0	−6
2.4 企业税负占利润比重	69.3	52	70.2	60	77.8	53	8.5	−1
2.5 在线公共服务指数	28.2	76	29.4	75	55.0	65	26.8	11
2.6 ISO 9001 质量体系认证数	1.8	29	2.2	31	1.4	38	−0.4	−9
3 创新投入竞争力	8.5	47	7.0	52	7.4	51	−1.1	−4
3.1 研发经费支出总额	0.2	54	0.4	46	1.3	31	1.1	23
3.2 研发经费支出占 GDP 比重	36.5	4	30.3	6	30.8	10	−5.7	−6
3.3 人均研发经费支出	0.4	79	1.0	72	1.1	75	0.7	4
3.4 研发人员总量	4.5	18	4.1	20	3.8	22	−0.7	−4
3.5 研究人员占从业人员比重	6.3	54	6.0	55	6.0	58	−0.3	−4
3.6 风险资本交易占 GDP 比重	3.2	38	0.0	71	1.5	54	−1.7	−16
4 创新产出竞争力	6.9	28	11.3	14	10.6	14	3.7	14
4.1 专利授权数	0.8	26	0.4	33	0.4	30	−0.4	−4
4.2 科技论文发表数	0.3	57	0.4	55	0.4	55	0.1	2
4.3 专利和许可收入	—	—	—	—	—	—	—	—
4.4 高技术产品出口额	2.0	26	5.0	17	7.0	14	5.0	12
4.5 高技术产品出口比重	31.3	26	57.3	6	50.8	5	19.5	21
4.6 注册商标数	2.3	22	1.9	22	2.0	20	−0.3	2
4.7 创意产品出口比重	4.7	15	2.8	22	3.0	22	−1.7	−7
5 创新潜力竞争力	19.2	88	19.7	45	24.4	20	5.2	68
5.1 公共教育支出总额	0.2	55	0.2	51	0.2	47	0.0	8
5.2 公共教育支出占 GDP 比重	6.7	55	8.4	37	8.7	35	2.0	20
5.3 人均公共教育支出额	0.2	78	0.3	76	0.4	75	0.2	3
5.4 高等教育毛入学率	22.4	69	22.1	69	24.8	66	2.4	3
5.5 研发人员增长率	40.4	63	27.1	67	12.4	66	−28.0	−3
5.6 研发经费增长率	45.3	88	59.8	4	100.0	1	54.7	87

Ⅲ 专题分析报告

Part 3　Special Reports

Y.102

专题一

全面创新与全球创新浪潮

摘　要： 当前，中国经济发展进入新常态，经济增速逐渐放缓。调整经济结构，转变经济增长方式，是今后一个时期中国经济发展的主旋律。全面创新改革是转变经济增长方式、推动经济向高质量发展的根本出路。本文首先从理论创新、制度创新、科技创新、文化创新等四个方面阐述了全面创新的内涵及特征。其次，以欧盟、美国、日本及印度为例，比较世界典型国家和地区推动全面创新的举措，并总结可借鉴的经验。最后，回顾中国推动全面创新的演变历程，并总结全面创新改革试验区的建设实践。研究表明："创新驱动发展"已成为世界各国提高国家竞争力的必然选择；欧盟、美国、日本及印度等国家和地区从国家层面强调创新战略规划，注重基础研究以及新兴产业的发展，并大力推进产学研相结合发展模式；中国全面创新改革试验区的建设仍处于先行先试阶段，推动全面创新的经验仍显不足。本文最后从构建创新人才体系、破除制约创新发展的体制机制障碍、增加基础研究投入以及倡导文化创新等四个方面提出中国进一步加快推进全面创新的可行政策建议。

一　全面创新的背景及意义

（一）全面创新提出的时代背景

全面创新有利于对冲经济下行。2008年国际金融危机爆发以来，中国经济增长速度逐渐放缓，经济下行压力逐渐增加。国际金融危机爆发以前的 2000～2007 年，中国国内生产总值的增长率一直维持在 8% 以上，最高达到 14.2%（2007 年）。然而，2008年以后，中国国内生产总值的增长率开始有所下降，2016 年只有 6.7%，相当于最高水平的一半。中国经济进入了低速发展的轨道。一方面，受国际金融危机的影响，国际出口市场相对低迷，国际需求相对萎缩。2014 年 3 月份，中国出口增长目标为 7%，但年终实际只有 2%。2015 年和 2016 年，货物出口额连续两年下降，分别下降 1.8% 和1.9%。另一方面，国内成本上升和人民币实际汇率趋势性升值也降低了出口产品的国际竞争力。在过去的几十年间，中国能够迅速成为"世界工厂"，得益于廉价的劳动力、政府的税收优惠政策以及较低的环保标准等因素。这些因素大大降低了出口产品的生产成本，使得"中国制造"迅速占领国际市场。伴随中国经济的快速增长，国内的劳动力、土地等要素价格快速上升，政府的税收优惠政策减少，环保标准也显著提高，这都使得"中国制造"的成本优势逐渐丧失。

具体来看，首先，据统计，2000 年，农民工群体的平均月工资只有 563 元，而到2014 年，已经上升为 2864 元。2014 年是 2000 年的 5 倍，年平均增速为 12.3%。即使剔除价格因素的影响，农民工群体实际平均工资增速也在 9.6% 左右，仍然非常高。2000 年，城镇单位就业人员平均工资为 9333 元，而 2016 年为 67569 元，是 2000 年的7 倍多。同时，国际劳工组织（International Labor Organization）在 2016 年的一份报告中称，到 2014 年，中国的平均名义月薪为 685 美元，越南、菲律宾和泰国分别为 212 美元、216 美元和 408 美元。因此，国内劳动力成本大幅上升。其次，2006 年第一季度，全国主要监测城市工业地价为 485 元/平方米。2017 年第一季度，全国主要监测城市工业地价为 787 元/平方米。2017 年第一季度每平方米的售价是 2006 年第一季度的 1.6倍。因此，国内土地价格也明显上升。再次，伴随环境污染的加剧，人们的生活环境受到了极大的威胁和挑战。而且，中国的水资源日渐匮乏，已经是世界上公认的 13 个最缺水的国家之一。荒漠化和沙化形势依然十分严峻。国家林业局发布的第五次全国荒漠化和沙化土地监测结果表明，中国荒漠化和沙化土地面积分别占国土面积的 1/4 以上和1/6 以上。为改善国内环境，从中央政府到地方政府，对环境保护治理的力度都在不断加大。2014 年 9 月 1 日，国家发展改革委、财政部和环境保护部联合下发通知，要求在 2015 年 6 月底前，各省（自治区、直辖市）要将废气中的二氧化硫和氮氧化物排污费征收标准调整至不低于每污染当量 1.2 元，将污水中的化学需氧量、氨氮和 5 项主要重金属（铅、汞、铬、镉、类金属砷）污染物排污费征收标准调整至不低于每污染当量 1.4元。这直接造成企业排污费的大幅上涨。与之前的排污费征收标准相比，新标准分别上升了一倍。因此，环保标准的提高带来了环保成本的增加。最后，自 2005 年 7 月中国人民银行实施人民币汇率形成机制改革以来，人民币对美元汇率由 2005 年 12 月的 8.07 猛升到 2017 年 12 月的 6.53，升幅达 24%。人民币的升值也在一定程度上抑制了出口。总的来说，国内成本普遍上涨，企业利润率被大幅压缩，中国经济发展受到了限制。

总之，在外需不足以及国内成本上升的形势下，中国经济增长乏力，亟须增速换挡。中国经济发展进入了新常态。在新常态下，中国经济运行长期向好的发展态势基本稳定，但是新常态对中国经济的发展方式和经济结构提出了严峻的挑战，"转方式、调结构、稳增长"成为新常态的主旋律。也就是说，中国经济发展需要在变中求进，要从追求速度向追求质量转变，在改造提升传统动能的同时，培育发展新动能。新常态下"转方式、调结构、稳增长"的关键驱动因素是创新发展。所谓创新发展，就是要转变传统的要素驱动模式，将创新作为驱动中国经济发展的关键动能，进而形成以创新为主要引领和支撑的经济体系、发展模式，引领激励全社会形成创新风气，从"中国制造"走向"中国智造"。于是，在多次国家重要会议中，创新发展成为党和国家领导人的重要议题。党的十八大报告中明确指出，要着力增强创新驱动发展新动力，使经济发展更多依靠科技进步、劳动者素质提高和管理创新驱动，创新驱动被提升为国家发展战略。中央财经领导小组第七次会议进一步明确，实施创新驱动发展战略就是要推动以科技创新为核心的全面创新，习近平阐述了实施创新驱动发展战略的基本要求并强调了全面创新改革的重要性，部署在一些省市进行全面创新改革试验，建立具有创新示范和带动作用的全面创新改革试验区作为区域性创新平台。2015 年 5 月，中央全面深化改革领导小组第十二次会议审议通过了《关于在部分区域系统推进全面创新改革试验的总体方案》。由此，中央政府和地方政府吹响了全面创新的冲锋号。进一步，十八届五中全会明确了全面创新之于国家发展的重要地位。公报指出："要不断推进理论创新、制度创新、科技创新、文化创新等各方面创新，让创新贯穿党和国家一切工作，让创新在全社会蔚然成风。"可以说，全面创新是大势所趋，是中国经济发展的必由之路。

（二）全面创新的重要意义

创新是引领国家经济社会发展的重要驱动力，是决胜全面建成小康社会、实现中华民族伟大复兴中国梦的根本途径。改革开放以来，中国的经济发展取得了令世人瞩目的成就，经济总量已经超过日本，成为仅次于美国的世界第二大经济体。但是，这些成就多是依赖高投入、高消耗的粗放型发展。单位 GDP 产生的废水、废气、固体废物要远高于发达国家的标准。比如，据相关统计，中国二氧化硫的排放量大约是日本的 68.7倍、德国的 26.4 倍、美国的 60 倍。可以说，现如今，中国的经济发展与土地、资源、环境的矛盾日益突出。与此同时，中国的人口红利也正在逐渐丧失，全球经济疲软，贸易保护主义趋势加剧。因此，中国要想在发展过程中摆脱国内外不利环境的制约，必须敢于创新、勇于变革，让创新活力竞相迸发，才能突破经济增长和发展的瓶颈。正如习近平指出的："我国经济发展要突破瓶颈、解决深层次矛盾和问题，根本出路在于创新，关键是要靠科技力量。"

创新是经济发展的灵魂，是企业成功的抓手。这是人类经济社会发展的规律。首先，人类的发展史就是一部创新的历史。在原始经济社会，人类采用简陋的石器、棍棒等生产工具，从事简单的农业活动。当铁制农具出现以后，人类由原始经济迈入了农业经济，人类开始从事复杂的农业生产活动，如耕种、饲养等。再到后来，机器的生产和普及应用，又推动人类社会从农业经济过渡到工业经济。现如今，人工智能、量子通信、生物技术、虚拟现实等前沿技术的问世，标志着后工业经济时代的来临。因此，从原始经济到农业经济再到工业经济、后工业经济，都源于创新发展的推动，是人类文明社会的进步。其次，伴随经济全球化进程的推进，国内外市场竞争愈演愈烈。企业欲巩固自己的市场地位，实现长远发展，创新是最有效的秘诀。习近平曾指出："企业持续发展之基、市场制胜之道在于创新。"一方面，创新可以提高企业的生产效率，增强市场竞争力；另一方面，创新可以提高产品的附加值，使企业获取更高的利润。因此，不断坚持创新是企业生存和发展的根本出路。如果企业的竞争优势仅仅来自廉价的劳动力和丰富的自然资源，而不是核心技术和专利，那么企业的发展是不可持续的，在可预见的未来必将被淘汰出局。只有通过创新，才能有效转变企业的生产方式，进而在市场竞争中获得优势和成长。

创新是世界大势所趋，是国家命运所系。首先，供需矛盾依然是今日世界面临的最大矛盾。人类的需求是无限的，而地球的资源是有限的。伴随世界人口的不断增长，需求也在不断增加，这一矛盾也正变得越来越突出，而创新显然是解决这一矛盾的最好途径。其次，创新强则国运昌，创新弱则国运殆。现代国家之间的竞争，归根结底是综合国力的竞争，是科技水平、创新实力的竞争。欧美国家抓住蒸汽机革命、电气革命和信息技术革命等重大机遇，迅速提高本国的综合国力和国际竞争力，赢得了国家之间的竞争，而跃升为世界大国和世界强国。比如，第一次工业革命让英国成为"日不落帝国"，第二次工业革命让美国成为世界霸主。中国则因为历史原因，错过了两次工业革命。第三次科技革命时期，中国虽然觉醒了，并奋起追赶，但只是搭上了末班车，并没有完全赶上。这导致中国在前两次工业革命时期处于落后挨打的尴尬局面，在第三次科技革命时期处于落后跟跑的被动局面。现如今，全球新一轮的科技革命、产业变革和军事变革正在孕育兴起，产业化进程加速推进，颠覆性技术不断涌现，国际产业分工将发生重大调整，世界竞争格局也将发生重大变化。中国面临着难得的机遇和挑战。唯有创新，中国才能搭上这一轮综合性革命的列车，并在此次革命浪潮中占据主动权。强如美国、德国都在积极强化创新部署，如美国实施了再工业化战略、德国制定了工业4.0战略。相对于这些发达国家，中国的创新基础依然薄弱、创新力量仍显不足。中国只有把创新放在发展全局的核心位置，并以领先开放的制度作支撑，才能紧扣世界创新发展脉搏，后来居上，领跑世界创新发展潮流。

二　全面创新的内涵与特征

党的十八届五中全会强调要破解中国当前的发展难题，实现"十三五"发展目标，必须全面确立"创新、协调、绿色、开放、共享"五大发展理念，将创新发展置于国家发展战略布局的首要位置，明确了创新发展的重要性。在此基础上，全会公报进一步对创新发展理念进行了详细阐述，强调创新发展就是要把创新作为国家发展的核心，就是要坚持推进包括理论、制度、科技、文化等各方面在内的全面创新，进而在党和国家一切工作中贯穿创新理念，构建全社会创新的发展格局。党的十八届五中全会明确了全面创新的根本内涵：全面创新是包括理论、制度、科技、文化等各方面创新在内的全面创新，是贯穿党和国家一切工作的深度创新，是在全社会蔚然成风的广泛创新。

理论创新是"脑动力"创新，是经济社会发展和改革的先导，也是其他创新活动的核心和灵魂。理论创新不是摒弃旧理论、排斥多样化理论，而是继承和发扬旧理论，比较和吸收多样化理论，是新旧理论、多样化理论的大融合。理论创新应坚持问题导向，不是"拍脑袋"决策，是实事求是，是在实践中求创新。中国的发展道路是党和国家领导人带领全国各族人民在实践中摸索出来的中国特色社会主义道路。它是开创性的，没有先例可以参照，没有经验可循，更没有完全适用的理论作指导。中国必须摸着石头过河，在实践中学习、调整、总结，坚定不移地推进理论创新。邓小平同志曾经指出，"我们现在所干的事业是一项新事业，马克思没讲过，我们的前人没有做过，其他社会主义国家也没有干过，所以没有现成的经验可学。我们只能在干中学，在实践中摸索"。因此，在各个时期，中国形成了大量的理论创新。其中，两次历史性的理论创新是毛泽东思想和中国特色社会主义理论体系。党的十八大以来，习近平总书记又提出治国理政的新理念、新思想、新战略。总之，中国仍然处于社会主义初级阶段。面向未来，面对挑战，中国必须不断进行理论创新，为人类文明进步贡献智慧。在坚持理论创新的同时，我们要兼具理论自信。理论自信是理论创新的前提，只有在保持理论自信的同时，推进理论创新，才能真正发挥理论创新的先导作用。

制度创新是"原动力"创新，是持续创新的保障。保守的制度会对科技创新形成约束，成为经济社会发展的桎梏。只有破除体制机制障碍，才能最大限度地释放科技创新的巨大潜能。1978 年改革开放以后，中国逐渐从计划经济向社会主义市场经济转轨，经济制度发生了重大转变，如撤销人民公社、招商引资、鼓励和支持民营经济发展等。这些制度创新为中国经济的发展注入了活力，推动了中国迅速崛起。对于中国而言，制度创新显得尤为重要。制度创新的主体囊括了政府、企业、科研院所、高等院校等。就政府而言，制度创新的目的是为中国经济社会发展提供更加完善的经济制度、社会治理模式、法律制度等。因此，政府层面的制度创新又可以看作政府为推动全面深化改革、经济又好又快发展、建设美丽新中国所做的努力。就企业而言，制度创新的目的是通过降低交易费用，使科学技术更快地转化为生产力。比如，实施科研成果奖励制度、建立技术服务体系等。就高等院校而言，制度创新的目的是通过丰富教育方式、健全教育体系来提高教育水平，培养中国经济社会发展需要的高素质人才。制度创新最重要的是要保持制度自信，要坚信中国特色社会主义制度是具有制度优势的先进制度。正如习近平同志所指出的，"中国特色社会主义制度是当代中国发展进步的根本制度保障，是具有鲜明中国特色、明显制度优势、强大自我完善能力的先进制度"。

科技创新是"主动力"创新，是全面创新的核心。党的十八大提出："科技创新是提高社会生产力和综合国力的战略支撑，必须摆在国家发展全局的核心位置。"科技创新对于国家经济社会发展的巨大作用是不言而喻的。科技兴则民族兴，科技强则国家强。尤其是在全球创新竞争日趋激烈的形势下，中国只有抓住机遇，不断推动科技创新，积极抢占未来发展的制高点，才能成为新工业革命的领跑者。习近平指出："当今世界，科技创新已经成为提高综合国力的关键支撑，成为社会生产方式和生活方式变革进步的强大引领，谁牵住了科技创新这个牛鼻子，谁走好了科技创新这步先手棋，谁就能占领先机、赢得优势。"科技包含基础研究和技术两部分。因此，科技创新也应该包含基础研究创新和技术发明两部分。基础研究创新的主体是科研院所、高等学校。基础研究创新取决于科学家、专家学者。通过增加基础研究经费投入、建立完备的基础研究资助体系以及推动科研基地迅速发展等方式为科学家、专家学者营造良好的科研环境，有助于提高基础研究创新水平。而技术发明的主体是企业。技术发明取决于企业家。通过厘清政府与市场的关系、依法保护企业家财产权和知识产权等方式为企业家营造良好的营商环境，进而壮大企业家主体，发扬企业家精神，提高技术发明水平。实际上，科技创新是企业将基础研究创新、技术发明应用到生产过程，并创造出新的价值，如提高生产效率、开发出新产品或新服务等。按照诺斯的观点，科技创新又可以看作企业为降低生产的直接成本所做的努力。也就是说，科技创新是以实现新价值为判断标准，如果仅仅是发现或发明，而没有实现进一步的新价值转化，那么就不属于科技创新的范畴。因此，基础研究创新是技术发明的基础和源泉，将基础研究创新与技术发明割裂开来是不正确的。只有实现产学研结合，才能产生协同创新效应。

文化创新是"软实力"创新，是培植民族永葆生命力和凝聚力的基础，为各类创新活动提供不竭的动力。文化创新就是对优秀的传统民族文化进行传播交流以及在继承基础上的发扬壮大，也就是要实现文化增殖。文化创新来源于社会实践。一方面，社会实践会不断出现新问题，对现有文化提出挑战，倒逼文化创新；另一方面，社会实践的发展，又会为文化创新提供源源不断的资源，推动文化创新。同时，社会实践是检验文化创新的标准。文化创新最终要回归社会实践。如果文化创新不能推动社会实践的发展，也就难以被继承和发扬。因此，文化创新要坚持正确的方向，既不能抛弃传统，又要与时俱进、具有时代精神，既要坚持民族文化，又要吸收外来文化。文化创新的前提是要保持文化自信。习近平指出，"文明特别是思想文化是一个国家、一个民族的灵魂。无论哪一个国家、哪一个民族，如果不珍惜自己的思想文化，丢掉了思想文化这个灵魂，这个国家、这个民族是立不起来的"。因此，如果不能保持文化自信，文化创新也就无从谈起。中国是四大文明古国之一，有着优秀的传统文化底蕴。而且，在继承传统文化的基础上，我们又形成了富有时代特征、鲜明独特、奋发向上的革命文化以及社会主义先进文化。总之，我们有充足的理由坚信中国的文化是优秀的、先进的。伴随经济全球化的快速发展，世界各国、各民族的不同文化实现了进一步的交流和融合。但是，面对西方文化的扩张和渗透，如果不能保持文化自信，就会被同化和湮没，使整个民族文化陷入危机。现在的中国是开放的、包容的，我们不能再走回头路，不能闭关锁国或采取保护政策来抵制和排斥西方文化，这些极端措施会阻碍人类文明的进步。最有效的途径就是要保持文化自信，保持民族文化的独立品格。同时，在保持文化自信的基础上，实现文化创新，使民族文化焕发出强大的生机和活力，提高其在国内外的影响力。

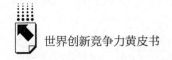

三 全球创新浪潮：世界典型国家和地区
推动全面创新的举措及经验

"创新驱动发展"已成为世界各国提高国家竞争力的必然选择。无论是发达国家还是发展中国家，要想在世界创新浪潮中抢占先机，成为世界创新的引领者，就必须制定和实施一系列政策来激励创新、支持创新，提高创新能力。因此，世界各国相继出台国家创新战略，建立国家创新机构或组织。比较典型的国家或组织有美国、日本、欧盟和印度。

（一）欧盟

自成立以来，欧盟就非常重视创新发展，先后制定并实施了一系列鼓励和推动创新的政策措施。从 2000 年开始，欧盟每年都会就成员国的创新政策编制年度报告。从 2001 年开始，欧盟又通过评估创新指标，定期发布成员国的创新成绩表——"欧洲创新记分牌"（European Innovation Scoreboard，EIS）。2011 年后，"欧洲创新记分牌"修订为更加完善的"创新联盟记分牌"（Innovation Union Scoreboard，IUS）。通过比较和分析欧盟成员国在创新政策和创新指标上的优势和劣势，为欧盟成员国的创新发展提供经验借鉴。2015 年，欧盟委员会宣布修改现有的欧盟版权法，这将会促进欧盟的学术创新。欧盟在推动创新的过程中，非常注重大众的广泛参与。欧盟通过将创新资源向中小企业倾斜、推动科技资源开放共享等措施来鼓励大众创新。

世纪之交，欧洲经济一体化进程顺利，欧盟经济发展势头良好。但面对经济全球化，欧盟难掩经济发展僵化的弊端。2000 年 3 月，欧盟提出了"里斯本战略"。其目标是希望通过鼓励创新，探索面向知识社会的创新 2.0 模式，发挥欧盟的经济发展潜力，将欧盟建设成"世界上最富竞争力和以知识经济为基础的最具有活力的经济体"。但是，在"里斯本战略"实施的前五年，欧盟并没有达到预期目标。在 2005 年，欧盟委员会对"里斯本战略"作出了进一步的调整，确定未来三年以经济增长和就业为优先目标，但仍然要继续加大科研投入。通过此次战略调整，欧盟的经济增长和就业都收到了显著的成效，尤其是缩小了与美国在创新能力上的差距。在"里斯本战略"的基础上，2007～2013 年欧盟实施第七个科研框架规划。其主要内容包括：①为信息、能源、环保、生命科学等优先领域提供研究经费；②建立欧洲研究理事会，推动科研工作发展；③创造更好的教育和研究环境，提升科研水平；④为中小企业创新提供服务，加强企业间的合作研究。

2008 年的国际金融危机让欧盟各国的经济发展遭受重创。随后，希腊主权债务危机的蔓延更是雪上加霜，欧洲社会的不满情绪与日俱增。创新是解决这些问题的唯一办法。因此，欧盟提出要建立创新型欧洲，探索欧洲复兴之路，力图保持在全球经济的领先地位。2010 年 3 月，欧盟委员会出台了未来十年欧盟经济发展计划——"欧盟 2020 战略"。"欧盟 2020 战略"是继"里斯本战略"之后，欧盟推出的又一个十年经济发展战略。这项战略实施的重点之一，就是要实现以知识和创新为主的智能型增长。欧盟提出增加研发投入和调整研发经费的重点分配领域，加强创新理念向产品和服务转化、创新成果的市场化转化。根据欧洲统计局发布的报告，研发投入占欧盟 GDP 比重由 2005 年的 1.82% 提升至 2011 年的 2.03%。同时，欧盟还提出了"创新型联盟"计划，即通过采取综合性和战略性的创新路径来建设创新型联盟。该项计划对重大社会挑战的创新给予优先支持，并带动所有相关方和所有地区参与创新活动。同样，为延续第七个科研框架规划，2014 年欧盟正式启动"地平线 2020"。该项科研规划旨在整合欧盟各国的科研资源，提高科研效率，促进科技创新，其主要内容包括基础研究、应用技术、应对人类面临的共同挑战等三个方面。相对于第七个科研框架规划，"地平线 2020"的科研预算进一步上涨，大约提高了 21.2%。

总的来看，就欧盟而言，创新政策年度报告的发布、创新指标的评估、版权法的修改等政策措施，都促进了欧盟的创新发展。但相对于这些政策，真正对欧盟的创新发展产生深远影响的重大战略是"里斯本战略"和"欧盟 2020 战略"。实际上，无论是"里斯本战略"，还是"欧盟 2020 战略"，欧盟更多的是依赖科研投入的增加来推动创新发展。

（二）美国

自 20 世纪中期以来，作为全球创新活动的中心，美国一直占据世界科技创新的领先者地位。根据美国国家科学基金会公布的 2016 年科学与工程指标报告，美国是全球科学与工程支出最多的国家，占全球研发经费总数的 27%。过去十年间，世界前 1% 的引用论文中，美国的高被引用论文数量为 69976 篇，远远超过第二名（英国，25880 篇）及第三名（中国，20131 篇）。

20 世纪之初，美国政府坚持以市场为导向实现科技创新资源配置，政府部门在创新领域的作用较小。自 20 世纪 60 年代肯尼迪执政开始，美国政府日益认识到市场资源配置的盲目性和缺陷，进而逐步加大创新战略政策支持。2008 年全球金融危机爆发后，世界各国积极探索经济转型及结构调整模式，创新驱动日益成为各国推动经济发展的首选路径。奥巴马执政时期，美国对外发布《美国创新战略：推动可持续增长和高质量就业》（2009），首次将"美国创新战略"作为国家发展战略。两年后（2011 年），在对《美国创新战略：推动可持续增长和高质量就业》进行修订的基础上，《美国创新战略：确保我们的经济增长与繁荣》（2011）对外发布。2015年，这一报告再次经过修订，并发布《美国国家创新战略》（2015）。三份报告从创新驱动战略、形式、目标及优先领域等方面进行了不同程度的修改，其具体变化见表 1-1。

表 1 – 1　美国创新战略 2009 年、2011 年、2015 年对比分析

	目标	主体	行动方案	优先领域
第一版 (2009)	推动可持续增长和高质量就业	政府、企业、高校	对创新的基本要素进行投资;推动形成竞争市场,激励有效创业;促进国家在优先领域取得有效突破	清洁能源技术、汽车技术、卫生保健技术及应对 21 世纪大挑战的其他技术等
第二版 (2011)	确保我们的经济增长与繁荣	政府、企业、高校及个人	推动五项新的行动方案,包括无线计划、专利改革、K12 教育、清洁能源技术开发、创业美国计划,向美国创新要素进行投资,推进基于市场机制的创新,推进优先领域的重大突破	清洁能源技术、生物技术、纳米技术、先进制造业、空间技术、卫生医疗技术、教育技术等
第三版 (2015)	创造一个良好的创新生态系统	政府、企业、高校及个人	通过三大战略(创造高质量就业岗位和实现持续经济增长、推动国家优先领域突破、建设创新型政府)进一步激活三大创新要素(投资创新生态环境基础要素、推动私营部门创新、建设创新型国家)	先进制造业、精密医疗技术、大脑计划项目、先进汽车技术、智慧城市建设、清洁能源和节能技术、教育技术、太空探索领域和计算机新领域

　　从上述分析可以看出,自 2009 年美国创新战略第一版发布以来,其政策目标始终为促进美国经济增长并提高美国国际竞争力,在行动主体及行动方案上均保持了一定的连续性及动态性。

　　重视创新要素,不断支持并完善对教育、科研、基础设施及移民等创新要素的投资。2009 年、2011 年及 2015 年发布的美国创新战略均强调加大对创新要素的投资,2009 年及 2011 年发布的美国创新战略均将"教育、科研及基础设施"概括为三大核心创新要素,2015 年发布的美国创新战略在这三大要素的基础上补充了移民要素,这一变化既体现了美国创新政策的延续性及动态性,又表明了美国对强化创新要素举措的高度重视。

　　重视私营机构的创新活力,通过立法、财税等间接方式持续引导及鼓励企业开展创新活动。受金融危机等因素的影响,美国 2009 年发布的创新战略更多地聚焦于政府部门在创新活动中的支持作用,未提及企业的创新主体功能。2011 年发布的美国创新战略明确了企业在创新活动中的重要引擎作用,并在 2015 年最新发布的美国创新战略中进一步明确了立法、财税等间接鼓励和引导中小企业进行技术创新的方案举措。

　　大力支持新兴技术产业发展,推进关键技术的研发及应用。通过 2009 年、2011 年及 2015 年三版美国创新战略报告可以发现,美国一直将新兴技术产业的发展作为促进经济增长并扩大就业规模的重要举措。2009 年第一版美国创新战略发布至今,连续三版的美国创新战略均对优先发展领域及关键技术进行明确表述,制造业、清洁能源、医疗卫生、交通技术、生物技术及教育技术等领域一直是美国优先发展的产业方向。值得注意的是,自 2011 年起,计算机技术、空间技术、精准医疗、智慧城市等先后被纳入

美国创新战略。

构建产学研密切合作的创新环境。美国政府一直重视产学研的合作共赢，并实施了一系列产学研合作计划及举措，通过产学研有机合作，加速科技创新成果的商业化过程，进一步引导及促进创新行为，鼓励更多更好的科技创新成果产出。2015年，最新版的美国创新战略将此前的产学研互动交流进一步优化为建设全国范围的创新生态环境，从而实现创新资源、创新主体、基础设施等核心要素的有机结合，进一步加速科技发展。

总体来说，美国创新驱动战略的重要特点体现为：以市场为基础配置创新资源，最大限度发挥私营企业的创新能力，政府作为创新推动者仅进行必要的弱干预。

（三）日本

20世纪50~60年代，为快速摆脱第二次世界大战失败的不利影响，日本政府实行贸易主导型的经济发展战略，大力引导本国企业大量引进先进技术，通过引进技术的消化吸收再创新，重化工业在出口的扶持下快速发展。其后，随着第一次石油危机冲击及国内外经济环境的变化，能源产业及资源消耗较高的产业发展受到明显制约。根据世界科技革命发发展趋势，日本政府逐步推动本国产业向知识密集型转变，并先后提出了"技术立国"等经济发展新战略。1995年，日本政府在传统的技术立国战略基础上进一步强调创新的重要作用，公布《科学技术基本法》，技术立国发展战略正式进入了"科技创新立国"战略时期。进入21世纪后，日本政府对这一科技创新立国战略进一步加以丰富和发展，先后发布IT立国战略（2000）、知识产权立国战略（2002）、创新立国战略（2007）等全面推进科技创新发展的新举措，从制度、人才等方面配合与推进科技创新立国战略。

1995年至今，为进一步提高本国科技优势，强化科学技术对新兴产业的支撑作用，日本政府先后出台了连续五期科学技术基本计划（五年一期），确定日本五年科技创新发展目标和方向，对日本科技创新发展起到总览全局的作用。《第三期科学技术基本计划（2006~2010）》明确指出，"政府应加强推进研究开发投资重点化战略的力度"，明确重点推进环境、生命科学、信息通信、纳米技术和材料几个领域的科技创新活动。2011年8月发布的日本《第四期科学技术基本计划（2011~2015）》重点强调了科技创新在引领日本灾后复兴工作中的作用。《第五期科学技术基本计划（2016~2020）》最为重要的战略目标是实现超级智能社会。自2012年安倍内阁第二次执政以来，内阁府每年公布一期科学技术创新综合战略，明确每年的科技创新具体计划及实施方案，发展创新经济。科学技术创新综合战略日益成为日本国家科技创新战略的纲领性文件，明确了日本政府科技创新的行动计划和改革思路。2016年5月，日本内阁会议通过《科学技术创新综合战略2016》，这是根据第五期基本计划制定的首个综合战略，包括实现超智能社会（Society 5.0）、加强年轻研究人员的培养、促进女性人才活跃力量发展、整体推进大学改革和研究经费改革、创新构建人才、知识、资金的良性循环系统，加强科学技术创新的推进功能等五项重点项目。2017年6月，日本通过《科学技术创新综合战略 2017》。《科学技术创新综合战略 2017》明确通过五方面主要措施来推进超级智能社会 5.0 建设，具体包括：①通过推进官产学一体化来有效激发青年科研工作者及投资公司的积极性；②通过"战略创新创造项目"加强从基础研究到产业化的一体化；③通过构建大数据平台建立知识型社会。

日本在实践中逐渐形成了"三位一体"（即政府战略驱动、科研人员兴趣驱动、产业项目驱动）的基础研究推进方式，不仅增强了核心技术创新能力，还提高了核心技术的产业转化能力，推动日本经济进一步发展。

（四）印度

相对于美欧日，印度的综合国力和社会生产力并不领先，但增长速度是最快的，这在很大程度上得益于印度创新能力的提高。根据全球创新指数（GII）排名，2016 年，印度的排名从第 81 位上升为第 66 位。2017 年，印度又从第 66 位上升为第 60 位。也就是说，印度的创新能力连续两年攀升。同样，根据世界经济论坛发布的《2016～2017 年全球竞争力报告》，印度的全球竞争力指数排名继续上升至第 39 位，而且创新能力得分近年来也快速上升，并在 2015 年超过中国和南非，跃居金砖国家首位。总的来看，印度的创新能力明显优于发展水平相当的其他国家，已经跃升为亚洲新兴的创新中心。

印度政府从国家层面强化科技创新战略规划。印度政府采纳了印度学者普拉哈拉德（Prahalad）的"金字塔底层"创新战略。普拉哈拉德认为，全球超过 40 亿的贫困人口并不是社会负担，而是无穷无尽的创新之源。基于此，印度政府进一步开辟了新的创新方式——包容性创新。如果企业通过技术与商业模式的创新来解决"金字塔底层群体"的需求，或者企业充分利用"金字塔底层群体"的创新能力，不仅可以改善"金字塔底层群体"的经济社会福利，缓解和消除贫困，而且还将推动"草根创新"，增强全社会的创新能力。总体上看，印度政府提出的包容性创新理念是：创新政策从"为了科学的政策"向"为了人民的科学政策"转变，创新模式从"精英式创新"向"草根式创新"转变。可以说，包容性创新是一种低成本的逆向创新，是创新的新方式、新思路。这种创新方式是面向所有群体的，尤其是"金字塔底层群体"，所以很人性化。结合包容性创新的理念，印度政府推出与包容性创新政策紧密结合的科技创新政策，即《2013 年科学、技术与创新政策》（STI）。而且，印度政府联合大学、企业出台了一系列举措。①设立包容性创新基金和地方创新基金。一方面，在社会民生领域，将创新链条早期的项目作为重点资助对象。通常情况下，由于这些项目具有风险高、收益低的特点，传统的风险投资并不愿意介入。另一方面，为各地差异性的发展问题探寻针对性的解决方案。②设立包容性创新计划。为鼓励和支持"金字塔底层群体"的创意和发明，推动"草根创新"，印度工业联合会与安捷伦公司联合设立创新计划。③构建"蜜蜂网络"。各级政府与民间机构、教育机构、研究所、农业机构以及乡村发展机构等通力合作，发起对全国性创新成果的收集、展示和推广活动，尤其是重点关注"金字塔底层群体"的创新成果。④探索预算外补助金和创新税收激励的新方式。这种新方式旨在支持政府所属科研院所和高等院校的创新思想、创新设计以及创新意愿。

印度在信息技术、医药卫生等高端产业领域处于全球领先地位。就信息技术而言，根据世界银行的一项调查，印度占据了全球软件开发市场 16.7% 的份额。因此，比尔·盖茨在访问印度时曾表示，"21 世纪的软件大国，不是美国，也不是欧洲，而可能是印度"。当然，印度信息技术的崛起与印度政府的战略决策密不可分。比如：免除海内外公司进出口软件的双重赋税、全部产品用于出口的软件商可免征所得税等优惠政策，吸引了"微软""英特尔""西门子"等信息技术领域的国际巨头在印度设立研制中心和生产基地；专门成立了信息技术部负责制定相关的规划和政策；出台了《信息技术法案》，为信息技术的发展提供法律框架；等等。这些政策措施对印度国内信息技术的创新发展产生了巨大的推动作用。就医药卫生而言，印度制药业的发展始于仿制，完全照搬西方工艺仿制西方跨国制药公司的专利药。由于印度仿制药的疗效与专利药相似，而且价格低廉，促进了印度仿制药出口的快速增长。印度是全球制药业出口增长最快的地区之一。2005 年，印度占全球非专利药市场销售总额的三分之一。2015～2016年，印度的医药出口额为 129.1 亿美元，同比增长 11.4%。如今印度的制药业进入新的发展时期，仿制生产减少，创新开发增多。印度政府不仅加强了医药产品的专利保护，还加大了对制药业的投入。2015 年，印度政府批准设立了六个制药园区，投资额达到 2690 万美元。许多印度制药企业还不断加强与跨国制药公司的互动，联合研发新药，并在海外设立新药研发机构。从政府到企业，这些政策措施都推动了印度制药业的创新发展。

低成本的逆向创新是印度创新成功的关键。印度政府从保护发展到引导创新的发展策略，直接推动了信息技术、医药卫生等产业的崛起。

四　中国推动全面创新的政策举措及改革实践

（一）面向创新驱动发展战略的中国全面创新政策演变历程

与其他国家的情况类似，中国全面创新推进政策也来源于科技政策，中国全面创新政策的演变历程即是科技政策与经济政策及产业政策的动态协同过程。基于此，面向创新驱动发展战略的中国全面创新政策演变历程可以划分为以下三个阶段。

第一阶段，以科技管理体制改革及技术引进为主的初级阶段。从改革开放到 20 世纪末期，我国经济增长主要依靠出口、投资及消费"三驾马车"的拉动力量。这一时期我国科技创新处于初步形成阶段，主要包括体制创新以及引进国外先进技术后的初级再创新。

第二阶段，从自主创新到创新型国家的推进阶段。20 世纪末 21 世纪初，我国逐渐将创新驱动作为进一步推动经济更好更快发展的关键动力，科技创新成为经济增长的新引擎。2006 年 1 月，全国科学技术大会指出了科技创新的优先发展战略地位，强调自主创新的重要作用，将增强自主创新能力作为推进产业结构调整的重要环节。2010 年

10 月，"十二五"规划明确提出增强创新驱动、重点发展战略性新兴产业、建设创新型国家的伟大构想。

第三阶段，全面创新阶段。十八大以来，我国明确将全面创新作为建设小康社会、实现中华民族伟大复兴的关键路径，进一步在国家层面部署实施创新驱动发展战略。习近平总书记在十八大上着重指出，"实施创新驱动发展战略就是要推动以科技创新为核心的全面创新"。

为加快实施十八大提出的创新驱动发展战略，进一步加强科技创新的战略支撑作用，2016 年 5 月，中共中央、国务院印发了《国家创新驱动发展战略纲要》，明确了创新驱动发展战略的顶层设计，指出创新驱动中的"创新"是"科技创新""管理创新""体制机制创新""商业模式创新"和"文化环境创新"紧密互动和联动的全面创新。

2017 年，党的十九大报告进一步指出，创新是引领发展的第一动力，到 2035 年，我国跻身创新型国家前列的目标将激励全社会积极实施创新驱动发展战略，加强国家创新体系建设，强化战略科技力量。深化科技体制改革，建立以企业为主体、市场为导向、产学研深度融合的技术创新体系。

（二）全面创新改革试验区的建设实践

党的十八大以来，以习总书记为核心的党中央、国务院结合国内外发展环境，立足我国发展现状作出了实施"创新驱动发展战略"的重大决策部署，对以科技创新为核心的全面创新改革试验进行全局性系统设计。2015 年 5 月，中共中央全面深化改革领导小组审议通过《关于在部分区域系统推进全面创新改革试验的总体方案》。为进一步加大支持创新的力度，营造有利于"大众创业、万众创新"的制度环境和公平竞争的市场环境，为创新发展提供更加优质的服务，党中央、国务院决定在京津冀地区、上海市、广东省（珠三角）、安徽省（合芜蚌）、四川省（成德绵）、武汉市、沈阳市和西安市等 8 个区域率先系统推进全面创新改革试验。8 个改革试验区兼顾中部、东部、西部和东北，其中包括 1 个跨省级行政区域（京津冀）、4 个省级行政区域（上海、广东、安徽、四川）和 3 个省级行政区域核心区（武汉、西安、沈阳）。广东依托珠江三角洲地区，安徽依托合（肥）芜（湖）蚌（埠）地区，四川依托成（都）德（阳）绵（阳）地区，开展先行先试。

试点区域根据区域特点各有侧重，京津冀是唯一一个跨省级行政区域（河北依托石家庄、保定、廊坊）试验区，重点围绕协同创新进行全面创新改革；广东依托珠江三角洲地区，深化粤港澳合作创新；安徽依托合（肥）芜（湖）蚌（埠）地区，着力促进产业承东启西转移和调整；四川依托成（都）德（阳）绵（阳）地区，推进加速军民深度融合创新发展。各试验区紧扣创新驱动发展目标，以推动科技创新为核心，以破除体制机制障碍为主攻方向，开展系统性、整体性、协同性改革的先行先试，统筹推进科技、管理、品牌、组织、商业模式创新，统筹推进军民融合创新，统筹推进"引进来"和"走出去"合作创新，进而构建全面创新改革的长效推进机制，每年向全国范围复制推广一批改革举措和重大政策。全面创新改革试验区建设，是国家创新驱动发展战略布局中具有突破性和先导性的关键环节，八大创新改革试验区的任务不仅是纯粹的科技创新，还包括制度创新、机制创新以及经济结构调整方面的创新，也要加强市场准入、知识产权保护、考核机制等方面的改革试验。经过各方面努力，各试点区域大胆改革，先行先试，目前，国务院授权的169项改革举措已经全部启动，在某些改革任务推进上取得了重要突破，其中，第一批十三项任务已经在全国（或全面创新改革试验区）范围内加以推广（包括3项军民融合创新任务、2项人才引进任务、5项科技金融创新任务、5项创新创业项目）。

在全面推进创新改革试验过程中，各试验区结合客观实际，聚焦重点领域，瞄准改革过程中面临的关键阻碍环节，在很多重要领域和关键环节取得了新的突破和可复制推广的经验。广东省建立了知识产权快速维权中心（7家），极大地缩短了外观专利授权周期（由6个月缩短至7~10天）。四川省在成都市中级人民法院建立了知识产权相关案件"三审合一"机制（民事、刑事、行政），将知识产权案件平均审结时间缩短了40天。西安市采取系列措施支持西北有色金属研究院作为创新主体开展无形资产入股和量化激励两项改革举措，孵化创办高科技企业逾20家。安徽省面向合芜蚌区域内的一百多家企业（2500多名员工），率先探索股权和分红权激励改革。四川省建立职务科技成果权属混合所有制改革西南交大试点，在发明专利分割确权、高技术企业孵化、成果转化数量等方面均取得了突破性进展。沈阳在东北大学试点采用现金、股权等激励形式调动科研人员的成果转化积极性，无形资产收益分配制度改革成效显著。上海在全市范围内试行外籍人才居留转换制度，申请永久居留的外籍专家人数明显增加。北京试点无形资产融资新模式，面向专利权和出版权进行改革探索，近70家企业获得逾13亿元融资。武汉通过对接会形式促进开展投贷联动试点工作，多家科技企业获得资金支持。广东省聚焦深化粤港澳创新合作，建立内地与香港科技合作委员会、内地与澳门科技合作委员会、粤港高新技术合作专责小组等高层组织机构协调会议，实施粤港联合创新资助项目、创新及科技基金、创新及科技支援计划，促进粤港澳技术、人才、产业等创新资源的深度融合。四川省绵阳市开通全国首家军民融合技术交易平台，2016年全年技术合同成交额突破六亿元，多家民营企业与军品企业建立互惠合作关系，实现军民融合创新。

五　加快中国推进全面创新的政策建议

党的十九大报告提出，"创新是引领发展的第一动力，是建设现代化经济体系的战略支撑"，强调实施创新驱动发展战略，吹响了加快建设创新型国家的嘹亮号角。创新为中国带来了丰硕的成果，也为新时代中华民族的伟大复兴指引了方向，但也应看到，我国创新基础和能力与世界发达国家相比还有差距，尤其在顶尖科研成果、核心技术、高端品牌、创新竞争力等方面。不断推进以科技创新为核心的全面创新，实现科技创新、理论创新、制度创新、文化创新等各方面创新协同发展是破解当前国家发展难题的

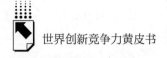
重要武器和关键路径。

首先，着力构建全面创新人才发展支撑体系，有效促进全面创新改革，驱动转型发展。党的十八大以来，我国"千人计划""万人计划"人才及完成学业后回国发展的留学人员数量不断增加，科技创新人才规模平稳增长，科技创新产业集群优势日益凸显。与此同时，各国纷纷瞄准高科技新兴产业，全球科技创新人才竞争愈加激烈。当前环境下，我国创新型人才发展主要面临以下问题：一是人才发展政策尚不健全，二是各地区高层次人才分布极不均衡，三是人才资源利用仍不充分，四是对人才队伍建设重视不够。十九大后，我国创新型人才引育将进入新阶段，"培养造就一大批具有国际水平的战略科技人才、科技领军人才、青年科技人才和高水平创新团队"成为新时代创新型人才队伍建设的主导方向。着力构建全面创新人才发展支撑体系，有机推进人才引进、培养、激励、储备等各环节协同发展，从而有效促进全面创新改革，驱动我国经济高效快速转型发展。

其次，立足国家发展大局，瞄准世界科技前沿，加强基础研究与国家战略需求的融合，持续大幅增加关键共性技术、颠覆性技术等应用基础研究科技创新投入。十九大报告中明确指出，"加强应用基础研究，拓展实施国家重大科技项目，突出关键共性技术、前沿引领技术、现代工程技术、颠覆性技术创新，为建设科技强国、质量强国、航天强国、网络强国、交通强国、数字中国、智慧社会提供有力支撑"。应用基础研究是联结基础研究和成果转化的纽带和桥梁，是创新的基础和源头。进入 21 世纪，新一轮科技革命和产业变革席卷全球，学科高度交叉融合，科学探索不断深入，基础研究的创新链和应用研究的产业链衔接日益紧密。如前所述，美国创新战略、欧盟"地平线2020 战略"等西方发达国家战略报告均将基础研究放在显著地位，各大国强国纷纷加大对基础研究领域的科研投入。我国一方面面临进一步追赶发达国家、把握科技革命历史机遇期的机会，另一方面面临基础薄弱、与发达国家科技创新力量差距有可能扩大的挑战。因此，为赢得发展主动权，我国应进一步增加基础研究投入，鼓励原始创新，引导科技创新人才密切关注国家经济社会发展中的关键科学问题，科技创新思想和行为要密切结合国家需求，有效提升国家科技整体实力、积累经济发展潜力，并力争取得更多可以解决中国实际问题的应用性基础研究成果。

再次，深化科技创新体制机制改革，破除一切束缚创新驱动发展的观念和体制机制障碍，坚持科技创新和体制机制创新双轮协调、持续发力。党的十八大以来，先后制定实施了一系列突破原有科技创新瓶颈的制度改革举措，激发了科技创新动力，促进了科技创新成果转化过程。在高速推进全面创新改革试验区的建设过程中可以发现，整体推进全面创新体系建设的改革方式具有明显优于微观改革的合理性和可行性。此外，随着我国在科技创新领域的大跨步前进，许多新技术和新产品（如移动支付、共享单车等）亟须在准入、监管等体制机制上进行变革与更新。因此，应充分发挥市场对科技创新的导向作用，合理界定政府与市场、政府与社会的边界。一方面，要进一步关注政府科技创新政策的有效性问题，健全完善激励创新发展的金融、财税、投资等相关政策法规，充分发挥市场对企业创新主体的刺激和引导作用；另一方面，要及时总结科技创新改革实践经验，将各种有效政策及时上升为制度性安排，构建有利于创新产出的良性制度环境，促进创新要素的互动与合作。

最后，大力倡导创新文化，弘扬创新精神，形成宽松、自由、和谐、友好的创新社会文化氛围。除政府、高校、科研机构和企业外，科技创新还需要公众的广泛参与，创新文化反映了全社会对创新的基本态度和价值观念，是影响科技创新活动的重要因素，可以持久地激发主体的创造力。因此，实施全国范围的创新改革试验区建设，践行创新驱动发展战略，需要大力弘扬创新文化，为建设创新型国家创造良好的文化环境。一方面，要注重在价值观形态上引导形成理性批判、求真务实的创新精神和崇尚科技创新的开拓精神。科技创新活动耗时费力、传统文化的消极影响、不合时宜的思维定式、教育领域的不足之处等因素均在一定程度上阻碍了我国高校、科研机构及企业等主体的创新活动。另一方面，要继续强化知识产权创造、保护、运用等制度形态的创新文化。制度形态的创新文化是科技创新活动的重要保障机制，对创新主体的价值取向有重要引导作用，通过持续不断的创新，逐步影响科技创新主体的行为模式，并影响全社会对科技创新活动的态度和看法。因此，要以提高国家创新竞争力为根本目标，通过营造创新生态环境，建立创新激励机制和保障机制，推动从观念到行动的创新活动和成果实现过程。

Y.103
专题二
创新驱动与全球结构性改革

摘　要： 金融危机以后，全球经济提速动力依然欠缺，发达经济体和新兴经济体均依托创新驱动采取了一系列结构性改革措施。本文系统分析了全球结构性改革的背景、典型发达国家和新兴经济体进行结构性改革的一些主要做法和成效。分析发现，当前全球在创新驱动背景下结构性改革主要集中于九大优先领域：促进贸易和投资开放、促进创新、促进竞争、推动基础设施投资、强化和完善金融体系、促进劳动力市场改革、促进财政可持续性、促进环境可持续性和促进包容性增长。但在结构性改革过程中仍然面临结构性改革步伐缓慢、改革受到既得利益集团的阻碍、社会意识形态差异对结构性改革的推进提出挑战、全球教育发展水平差距较大以及协同机制待加强、基础设施建设与环境的可持续发展矛盾相持不下等问题。为更好地促进全球结构性改革，要提高全球科技创新水平、继续深化对创新驱动与结构性改革内在运作机制的理论探讨，为结构性改革创造良好的外部环境。

结构性改革是针对结构性问题而推进的改革。在 2015 年 12 月 18 日的中央工作会议上，习近平提出推进结构性改革，推动经济持续健康发展。当前我国结构性改革的内容主要包括产业结构、区域结构、要素投入结构、排放结构、增长动力结构、收入分配结构等等，围绕这些问题开展的最重大改革是供给侧结构性改革。但结构性改革不是中国的特例，金融危机以后，全球经济提速动力依然欠缺，发达经济体和新兴经济体均采取了一系列结构性改革措施，国际货币基金组织的文献中指出，典型的结构性改革包括减税、贸易自由化、竞争政策、私有化、去行政干预、社会福利体系改革等①。但由于全球经济增长乏力，迫切需要创新驱动结构性改革，为此，本文分析全球结构性改革的背景、主要国家（典型发达国家和新兴经济体）依托创新进行结构性改革的做法和成效、未来结构性改革面临的问题，并提出对策建议。

---

① 《"结构"辨析：G20 说的结构性改革与经济结构调整是什么？》，中国经济网，2016 年 9 月 5 日，http：//finance. ifeng. com/a/20160905/14859066_ 0. shtml。

一　全球结构性改革的背景

1. 全球经济下行压力加大

自 2008 年国际金融危机爆发以来，世界经济至今还处于复苏阶段，全球经济增速缓慢。表 2-1 列出了典型国家自 2007 年以来的 GDP 增速情况，从中可以看出几乎所有国家的 GDP 增速仍然达不到金融危机前的水平，全球经济下行的压力巨大。

表 2-1　2007 年以来典型国家的 GDP 增速

单位：%

典型国家	2007 年	2008 年	2009 年	2010 年	2011 年	2012 年	2013 年	2014 年	2015 年	2016 年	年均增速
阿 根 廷	8.65	6.76	0.85	9.16	8.87	8.56	2.95	0.47	2.37	-2.3	4.634
澳 大 利 亚	3.56	3.83	1.45	2.26	1.85	3.4	2.66	2.47	2.26	2.77	2.651
巴 西	6.09	5.17	-0.33	7.53	2.73	0.87	2.49	0.14	-3.85	-3.59	1.725
德 国	3.27	1.08	-5.13	3.69	3	0.67	0.43	1.6	1.69	1.87	1.217
韩 国	5.11	2.3	0.32	6.32	3.63	2.04	2.97	3.31	2.61	2.83	3.144
俄 罗 斯	8.54	5.25	-7.83	4.3	4.3	3.44	1.32	0.64	-3.73	-0.22	1.601
法 国	2.29	-0.08	-3.15	1.66	1.7	0.01	0.21	0.18	1.16	1.19	0.517
加 拿 大	2.2	0.69	-2.77	3.21	2.46	1.71	2.02	2.53	1.08	1.47	1.46
墨 西 哥	3.26	1.19	-6.24	5.52	3.94	3.92	1.07	2.12	2.55	2.3	1.963
美 国	1.91	-0.36	-3.53	3.02	1.7	2.21	1.88	2.39	2.43	1.62	1.327
南 非	5.55	3.62	-1.54	2.89	3.12	2.55	1.89	1.52	1.28	0.28	2.116
日 本	2.19	-1.04	-5.53	4.44	-0.7	1.95	1.54	-0.1	0.47	1	0.422
沙特阿拉伯	2.02	4.23	0.1	4.64	6.77	5.13	3.8	3.47	3.49	1.74	3.539
土 耳 其	4.67	0.66	-4.83	9.16	8.49	2.24	4.05	2.87	3.98	2.88	3.417
英 国	3.47	-1.1	-4.37	2.09	0.65	0.27	1.74	2.55	2.33	1.81	0.944
印度尼西亚	6.35	6.01	4.63	6.2	6.46	6.23	5.78	5.02	4.79	5.02	5.649
印 度	9.8	3.89	8.24	9.55	6.86	3.24	5.02	7.42	7.57	7.11	6.87
意 大 利	1.68	-1.16	-5.49	1.8	0.43	-2.37	-1.85	-0.43	0.76	0.88	-0.575
中 国	14.2	9.6	9.2	10.4	9.3	7.8	7.67	7.35	6.9	6.7	8.912
全 球	3.94	1.33	-2.25	4.34	2.73	2.2	2.17	2.47	2.47	2.44	2.184

这种下行压力突出表现在两个方面。一方面，生产率增速不断放缓，第三次工业革命带来的分工和红利已经基本衰竭，第四次工业革命带来的经济效应还需要一段时间进行消化，创新驱动经济增长的动力尚未带动经济快速增长。根据国际劳工组织的一份统计资料，1996～2015 年世界平均劳动生产率为 1.3%，其间，1996～2007 年劳动生产率为 1.7%，2008～2010 年劳动生产率仅为 0.3%，2011～2015 年为 1.2%，整体的劳

动生产率有所下降。另一方面，近几年来，作为世界经济增长引擎的国际贸易，一直处于持续低迷甚至停滞状态，国际贸易增速从1990～2008年的年均7%下降到2009～2015年的年均3%，世界贸易连续5年低于世界生产增长速度①。因此，全球经济仍处在下行风险中，这从客观上要求世界各国进行结构性改革。

2. 全球资源压力处于加剧期

人类活动对气候变化、森林退化、生物多样性、海洋酸化、土壤退化以及环境污染等造成了严重的影响，全球环境压力处于加剧期。在水资源方面，世界资源研究所对167个国家在2020年、2030年和2040年所面临的水资源压力进行了测算和排序，发现到2040年将会有智利、爱沙尼亚、纳米比亚和博茨瓦纳等典型的33个国家面临极高的水资源压力②。同时还面临海洋酸化的风险，这主要是因为海洋吸收了大气中过量的二氧化碳，使得海洋生物以及生态系统面临严重的威胁。在森林退化方面，联合国粮农组织对234个国家和地区进行评估后指出，世界森林面积持续减少，世界自然基金会发布的《森林生命力报告：拯救危机中的森林》也指出，全球范围内80%的毁林区域集中在11个"毁林热点地区"，到2030年这些地区将会有1.7亿公顷森林消失③。森林面积减少会导致物种丧失的风险加大。根据一份调查报告，全球生物完整性指标（BII）已经降低到了84.6%，而其安全区间必须在90%以上④。在气候环境方面，在德国波恩召开的联合国气候变化会议上，全球气温升高再次成为关注的焦点，气候变暖和森林过度砍伐、人类频繁的工业活动有很大的关系。应该说当前世界各国都在不同程度上面临资源环境压力。耶鲁大学环境专家对世界各国环境进行了分析，分别从环境健康、空气品质、水资源、生物多样性和栖息地、生产性自然资源及可持续的能源政策等方面评估了全球149个国家的环境质量，其中，排名前五位的分别是瑞士、挪威、瑞典、芬兰、哥斯达黎加，排在后五位的是马里、毛里塔尼亚、塞拉利昂、安哥拉和尼日尔，中国排在第104位⑤。总体上经济越发达的地区排名越靠前，发展比较落后的地区环境排名越靠后。解决环境问题，迫切需要重新审视当前的经济发展方式，通过结构性改革来解决这些问题。

3. 全球收入差距加大的风险

瑞士信贷发布的2014年全球财富报告显示，自2008年金融危机以来，财富分配两极分化趋势越来越严重，这不仅体现在发达国家和不发达国家的差距，还体现在各国内部，尤其是发展中经济体，甚至那些已经进入中产阶层的发达国家也开始出现贫富差距加大的危机。目前，全球约有3600万人属于最富裕的百万富翁阶层，他们掌握着全球

① 《世界贸易连续5年低于世界生产增长速度》，《中华工商时报》2017年1月5日，http://finance. huanqiu. com/roll/2017-01/9906065. html。
② 世界资源研究所发布《2040年国家水资源压力排名》，《水进展》2015年12月3日，http://huanbao. bjx. com. cn/news/20151203/687758. shtml。
③ 《2030年全球近2亿公顷森林将消失》，《中国科学报》2015年5月1日，http://news. xinhuanet. com/science/2015-05/01/c_134199068. htm。
④ 《外媒：科学家称全球生物多样性已低于"安全阈值"》，参考消息网，2016年7月16日。
⑤ 《2011年世界各国环境质量分数排名》，2013年11月15日。

一半以上的财富，根据 2018 年最新的统计，全球最富有的 500 位富豪拥有超过 1 万亿美元的财富，而全球贫困人口多达 35 亿人，却仅拥有全球财富的 2.7%，贫富差距加剧。2016 年全球最富的国家为卡塔尔，人均 GDP 高达 111963 美元，而全球最穷的国家为津巴布韦，人均 GDP 为 0.1 美元，最富国家的人均 GDP 是最穷国家人均 GDP 的 1119630 倍。全球收入差距加大不仅对经济产生冲击，对社会也可能造成动荡风险，导致犯罪率上升，是威胁和平的主要障碍。因此，迫切需要解决一部分落后劳动者的就业问题，加大基础设施投资，这也属于结构性改革的范畴。

4. 全球金融危机的后遗症

全球金融风险仍然在不断累积，伴随着如英国脱欧这样的黑天鹅事件，国际金融市场的不确定性还在增加。首先是关于美联储的加息问题。自 2016 年 12 月美联储宣布加息 25 个百分点（从原先 0.25% ~ 0.5% 的基准利率上调到 0.5% ~ 0.75%）以来，2017 年美联储分别于 3 月 16 日、6 月 15 日和 12 月 14 日宣布加息三次，美联储自金融危机以来共加息 5 次。美元加息可能导致各国热钱流出，进入美国，从而引发资产泡沫的破裂，进而进一步引发金融危机。除此之外，欧洲等其他国家复苏速度不尽如人意，通胀率极低，如果进一步加息可能会导致通货紧缩的问题；同时，2016 年全球的美元债务高达 215 万亿美元，许多新兴经济体的公司美元债务大增，若加息可能会进一步拖累世界经济。除此之外，由于长期的低利率导致资金流向股市、房地产以及债券市场，从而推动了泡沫的进一步积累。其次，政治不确定因素。英国脱欧事件导致英国股市暴跌 3.2%，当天全球股市总市值蒸发 3.3 万亿美元，欧洲股市暴跌 7%，德国、法国、意大利和西班牙均出现了大幅度下降。从各方面来看，全球金融风险都在累积中，解决这些问题迫切需要金融体系改革，加强金融监管，这也是结构性改革的核心内容之一。

5. 全球产能过剩的风险

2008 年金融危机后，全球各国政府采取了一系列宽松的货币政策以及刺激经济，长期的低利率为大规模生产降低了一部分成本，从而导致全球性的产能过剩问题，这是全球经济发展过程中的普遍性、周期性和结构性问题。其中最为突出的就是钢铁行业的产能过剩，其最早起源于中国，之后这个问题不再是中国经济的内部矛盾，而是全球化的冲突。2017 年经济合作与发展组织（OECD）下属钢铁委员会发布的报告显示，2017 年上半年，中东、南美、除欧盟以外的其他欧洲国家等地区的钢铁产能增幅明显，据预测，2017 ~ 2019 年，全球将新增钢铁产能近 4000 万吨，尽管全球的钢铁需求也会有所增加，但仍然难以消化过剩的产能。在这样的背景下，钢铁行业的全球贸易战也频发，欧美国家掀起了新一轮对中国钢铁业的批判，认为"中国现在是半数全球钢铁供给国和世界产生过剩的主要源头"[①]，国际贸易摩擦日益深化。全球性的产能过剩导致国际贸易收缩，大宗商品价格持续低迷。2015 年 WTO 公布的贸易数据显示，全球出口贸易下降 11.1%，进口下降 12.56%。

在此背景下，各国都意识到简单依靠短期的需求刺激政策，特别是货币政策，

---

① 魏建国：《世界产能过剩源头的黑锅，中国不背》，《环球时报》2016 年 4 月 14 日。

边际效应会越来越小，都走向负利率政策，而负利率政策最后也没有多大效果。因此，各国越来越认识到要实现长期增长，必须通过深化结构性改革积聚经济增长的潜力。越来越多的国家通过创新手段开展结构性改革，在改革的过程中也取得了一系列成效。

二　创新驱动下全球结构性改革的做法及成效

目前，世界主要国家在结构性改革方面都明确了一系列有限领域。由于二十国集团（G20）成员涵盖范围广、代表性强，其 GDP 占全球经济的 90%，贸易额占全球的 80%，因此，G20 国家结构性改革的一些做法和举措在一定程度上代表了全球结构性改革的方向。2016 年 OECD 基于增长框架"强劲、可持续、平衡"的增长目标确定了 G20 国家结构性改革的主要内容和九大优先改革领域。"强劲"的增长目标主要通过提升全要素生产率，提升投资和就业来实现。针对全要素生产率的提升，G20 国家将结构性改革的优先领域放在促进贸易和投资开放、促进创新、促进竞争，改善营商环境；针对投资的提升，G20 国家将结构性改革的优先领域落在促进基础设施投资、强化和完善金融体系这两方面；针对就业的提升，G20 国家结构性改革将优先领域放在促进劳动力市场改革以及教育和培训这两方面。同时，根据"可持续"增长这一目标，同时就财政和环境两方面进行可持续的提升，针对这两方面，分别将深化财政体制改革和促进环境可持续性作为 G20 国家结构性改革的优先领域。根据"平衡"这一增长目标，确认了促进包容性增长的 G20 国家结构性改革的优先领域。G20 国家结构性改革的九大优先领域分别是：促进贸易和投资开放、促进创新、促进竞争、促进基础设施投资、强化和完善金融体系、促进劳动力市场改革、深化财政体制改革、促进环境可持续性、促进包容性增长①。根据九大优先发展领域，以下从不同的关注领域，详细分析全球主要国家（发达国家/经济体美国、欧盟、英国、日本、韩国，新兴发展中经济体俄罗斯、中国、印度、南非和巴西等金砖国家）结构性改革的主要内容和进展。

1. 促进贸易和投资开放

贸易和投资开放一直是各国关注的要点，也是全球化发展的趋势和要求。但自金融危机爆发以来，部分发达国家的逆全球化主张一定程度上阻碍了全球贸易和投资的开放，多数国家仍然孜孜不倦地追求贸易和投资的开放。欧盟一直处于较低的投资水平，为此欧盟加大力度资助教育、研发和创新，促进交通基础设施现代化，建设覆盖面更广、速度更快的宽带网络。同时，欧盟还通过取消能源、电信、交通等行业和货物与服务单一市场的现有规制性和非规制性壁垒，改善商业投资环境，提高研发创新

---

① 《二十国集团领导人杭州峰会公报》，新华网，2016 年 9 月 5 日，http：//news. xinhuanet. com/world/ 2016－09/06/c_ 1119515149. htm。

质量，增强对投资的吸引力①。以金砖国家为代表的经济体支持金砖国家多边贸易体系，反对一切形式的贸易保护主义。具体来说，俄罗斯通过减税等优惠政策吸引跨境投资者，如普京总统通过签署联邦法律第 72 号，对加里宁格勒地区的外国分公司某些符合标准的产品采取免除海关部门增值税。印度作为世界经济发展速度最快的国家之一，希望通过贸易和投资开放改革进一步促进印度经济长期稳定发展。印度政府在 2014 年承诺对私人资本开放煤炭产业，对能源价格松绑，2016 年推出了全面外资改革措施，促进制造业和服务业开放，促进国家就业增长。巴西继续致力于完善包括税收在内的各项经济政策，加强协调，主要与南方共同市场、欧盟、加拿大、韩国和东盟加强合作，加速与国际接轨。2017 年 8 月，巴西公布了 57 个特许经营项目私有化计划，逐步放开了电力、港口、机场等基础设施项目的特许经营权，进一步改善投资环境②。中国通过近 40 年的改革开放进一步证明了闭关锁国是会导致经济停滞不前的，只有通过进一步开放才能推动经济发展。近年来最为重要的举措即 2013 年 9 月上海自由贸易试验区的成立，这是中国进一步对外开放的重要试验田，随后 2014 年 12 月，国务院宣布广东、福建、天津成立第二批自由贸易试验区，2016 年 9 月，党中央、国务院决定在辽宁、浙江、河南、湖北、重庆、四川、陕西新设立 7 个自贸试验区。自贸试验区在政府职能转变、外商投资管理体制改革、贸易便利化以及金融开放创新方面均取得了一系列显著成效，多项创新举措在自贸试验区外不断得到复制推广，这是中国通过深化改革实现对外开放的重大举措。在对外开放方面，中国提出了"一带一路"倡议，加强与"一带一路"沿线国家的政策沟通、设施联通、贸易畅通、资金融通、民心相通，鼓励企业到"一带一路"沿线国家投资。十九大报告首次提出，"赋予自贸试验区更大改革自主权，探索自由贸易港建设"，引起了诸多省份和港口的关注，这将带动中国新一轮的改革和开放。南非政府致力于通过简化海关流程、协调跨境运输管理规定和发展地区基建网络等，消除阻碍内部贸易的各种关税和非关税壁垒，推动发展与其他区域集团的贸易③。除此之外，这五国之间的投资和贸易往来也在不断深化，以中国为焦点，俄罗斯与中国的贸易和投资进一步加强，在此基础上促进双方经济发展。2015 年上海市商务委委托威科集团编写了 2015 年版《俄罗斯国别指南》，对俄罗斯各重点行业领域进行了全面分析，并提供了企业在俄所涉及的政治、法律、财务、税务等全方位信息，旨在帮助中国"走出去"的企业更加透彻地了解俄罗斯的市场条件、法律环境，预见可能的风险④。中国已经连续 8 年成为巴西最大的贸易伙伴，中国和巴西搭建起了中国（巴西）投资开发贸易中心，旨在促进中国和巴西及南美地区企业家进行经济技

---

① 邹沛民、陈永芳：《欧盟 2015 年发展三大支柱：投资、结构个 i 个和更负责任的财政政策》，驻欧盟使团经商参处，2014 年 12 月 2 日。

② 商务部：《中国连续 8 年成为巴西最大的贸易伙伴》，经济观察网，2017 年 8 月 31 日，http：//finance. sina. com. cn/roll/2017 – 08 – 31/doc – ifykpzey3269062. shtml。

③ 《经合组织发布报告建议南非应加快推进结构性改革》，《经济日报》2017 年 8 月 2 日，http：//paper. ce. cn/jjrb/html/2017 – 08/02/content＿ 340473. htm。

④ 李明彦：《"走出去"企业对俄罗斯投资合作最新指南》，上海市商务委，2015 年 9 月 25 日，http：//www. ccpit. org/Contents/Channel＿ 3699/2015/0925/490507/content＿ 490507. htm。

术交流与合作，目前中国已经在巴西进行了 1170 亿美元的投资，主要集中于能源、矿业和农业。中国和南非签署了一系列协议，包括《中南联合工作组加强行动计划》《共建丝绸之路经济带和 21 世纪海上丝绸之路谅解备忘录》《南非国家环境事务局与国家发展与改革委员会加强海洋经济领域合作的协议》《互免外交护照和公务护照人员签证协议》《中国与南非健康与医学科学领域合作备忘录》《科技园区开发合作谅解备忘录》《南非国税局与中国海关总署合作备忘录》等。

2. 促进创新，促进竞争，改善营商环境

目前主要国家致力于促进市场的有序竞争和激励创新，改善营商环境，目前，世界经济体集中关注结构性改革的创新。美国作为全世界最具创新活力的国家之一，将国家创新作为优先发展战略，也正是由于国家创新，美国在这一轮全球经济复苏中展现了稳固的根基地位。具体来说，美国于 2016 年发布了首份制造业创新网络年报和战略规划，希望通过规划促进美国制造业创新能力的提升、创新成果的转化以及高端劳动力市场的发展。欧盟紧随其后实施了欧洲投资计划，又被称为"容克投资计划"，启动总额 210 亿欧元的欧洲战略投资基金，由欧洲投资银行进行管理，为更具风险性和创新性的项目进行担保，利用杠杆撬动更多的投资。到 2016 年 5 月 19 日，欧洲战略投资基金已经完成 93 亿欧元的基础设施和创新项目融资。韩国将创新与竞争两个领域联合，提升新兴产业的竞争力。韩国政府将通过放松对企业的管制，鼓励风投创投增加对智能技术的投资，加速企业重组进程，增强国家的产业竞争力。同时韩国政府进一步加大对人工智能、机器人和物联网等"第四次工业革命"关键技术领域的投资。在劳动力市场方面，韩国政府进一步培育创新型人力资源，并将其与人工智能相结合，实现良性循环。英国逐步加强创新生态系统建设，陆续制定了《促进增长的创新和研究战略》《产业战略：打造适合未来的英国》。2016 年 4 月 7 日，创新英国发布了《2016～2017 财年资助及行动计划》，提出在 2016～2017 财年对外资助 5.61 亿英镑，以更集中的方式来支持创新，重点领域包括新兴和使能技术、健康与生命科学、基础设施体系、制造与材料、开放主题的项目等①。2007 年，日本内阁正式审议通过了《创新 25 战略》，为创新立国制订了详细的规划图，通过创新在新材料、人工智能、医疗、生物、新能源、物联网、机器人、环境保护等新兴产业占据了重要位置。2015 年全球创新企业 TOP100 中，日本占了 40 家。2016 年，日本开放式创新协议会与日本新能源和产业技术综合开发机构联合发布了日本首部《开放式创新白皮书》，指出日本研究项目的承担方主要是民营企业，同时积极加强与外部的合作，这正是其开放式创新的充分体现②。除了发达国家，新兴经济体也积极实施创新战略，推进结构性改革。中国在过去 40 年的改革开放过程中，逐步意识到粗放型经济增长模式的不可持续性，早在 2014 年就提出以创新驱动发展的新战略，依靠科技创新驱动经济长期可持续发展，依靠创新为经济增长提供新动力。当前

---

① 《创新英国发布 2016～2017 财年资助及行动计划》，2016 年 8 月 1 日，http：//www.360doc.com/content/16/0801/11/6943848_579969744.shtml。

② 《"开放式创新"诞生十年看看日本首部〈开放式创新白皮书〉，都有啥》，2016 年 12 月 8 日，http：//finance.sina.com.cn/roll/2016-12-08/doc-ifxypcqa9082271.shtml。

中国的结构性改革强调供给侧改革，重点解决"去产能、去库存、去杠杆、降成本、补短板"五大重点任务。2014 年俄罗斯提出了"国家技术计划"，为俄罗斯未来 15 ~ 20 年发展新兴高技术产业指明了方向，明确航空网络、汽车网络、能源网络、金融网络、食品网络、健康网络、海洋网络、神经网络和安全网络九大市场网络以及数字建模、新材料、增量制造、量子通信、生物技术、大数据、新能源等 13 个优先技术方向，通过科技创新为俄罗斯的发展提供了源源不断的动力①。世界经济论坛发布的《全球竞争力报告》显示，俄罗斯的全球竞争力迅速提升，其创新指数排名也从 2012 年的第 85 位上升到 2016 年的第 56 位。2011 年 8 月，巴西政府宣布了以加强科技创新为主要内容的科技政策，提出"创新产生竞争力，竞争力促进增长"，建立巴西工业科研与创新研究院，建立全国技术创新网络。巴西于 2016 年颁布了《国家科技创新战略（2016 ~ 2019）》，聚焦于提升科技能力、发展创新产业和提高应对社会挑战的能力，优先将数字经济和数字社会、能源、核能、卫生、航空航天和国防、饮用水、食品、生物群落和生物经济、社会科学技术以及气候作为重大扶持领域。近年来印度政府强化科技创新战略规划，推出了"印度十年创新路线图（2010 ~ 2020）"，提出了"数字化印度""创业印度"计划等，旨在推动创新能力的提升，《2017 年金砖国家创新竞争力报告》显示，"预计印度的创新竞争到 2025 ~ 2030 年的增长率可能超过中国"。2009 年以来，南非总统府发布了《2009 ~ 2014 年中期战略框架》，强调科技与创新是关键政策，围绕国家创新体系，陆续出台了《国家生物技术战略》《先进制造技术战略》《技术转移战略》等。南非政府非常重视创新投入，2015 ~ 2016 财政年度科技创新投入将近 35 亿元人民币，政府重点支持的项目包括纤维复合材料、钛金属加工等，通过加强投资合作和科技项目合作平台建设，推动了科技成果市场化。

3. 推动基础设施投资

基础设施领域一直以来都是各国改革的优先领域，在此次结构性改革进程中，美国、欧盟、英国、日本、巴西、印度和南非等都将基础设施作为推动结构性改革的主要措施。特朗普在竞选时便提出要加大对美国基础设施的投入，承诺投资 5000 亿美元以上打造一个高效可靠的交通网络，增加基础设施投入将作为该届政府的一项重要任务。2017 年 6 月特朗普宣布了一项新的全国空中交通控制系统私有化计划，促进空管系统现代化。根据联邦政府提出的基建投资计划，将在 10 年内拨出 2000 亿美元用于地方优先基建项目、农村基建等。上文中提到的欧洲投资计划中，除了创新还包括基础设施投资，将利用杠杆撬动欧盟国家私营或者公共领域接近 3150 亿欧元的投资。2016 年欧盟宣布将向 9 个能源基础设施项目投资 2.63 亿欧元，加强成员国能源安全并扩大欧洲电网覆盖率。英国政府实行了新国家基础设施规划，政府承诺将继续加大基础设施投资，从住房到社会基础设施，共涉及 4600 亿英镑，提出将出台新政策对公共和私人投资进

---

① 《俄罗斯：以科技创新保持竞争力》，《科技日报》2016 年 6 月 3 日，http://tech.hexun.com/2016 - 06 - 03/184214100.html。

行协调，优先安排基础设施建设基金，优先考虑对经济增长更重要的项目①。日本内阁于 2016 年 8 月通过经济刺激政策方案，重点关注基础设施建设、人口结构调整、低收入人群社会保障、中小企业融资支持、灾后重建等领域。同时，日本积极推出海外基础设施投资计划，意图争夺亚洲基础设施建设的主导权。2015 年，安倍晋三提出了主要针对亚洲的对外基础设施输出新战略"高质量基础设施合作伙伴关系"，以促进对外投资。韩国政府加大完善旅游基础设施投资，目的在于建设集办公、住宅、商业设施、文化设施、酒店、广播中心于一体的大型建筑综合体，以吸引国外游客，同时韩国政府还在码头建设方面投入了大量资金，在今后五年将提供大约 7.4 万亿韩元资金支持邮轮建造。巴西由于本身陷入结构性不稳定问题而导致经济衰退，巴西的结构性改革优先关注基础设施投资领域，希望借此摆脱衰退，以期实现经济长期稳定发展。2016 年初，巴西政府提供约 200 亿美元贷款投向基础设施和住房、农业和中小企业等领域。巴西国家开发银行发布的 2017～2020 年投资展望报告显示，未来 4 年该国基础设施投资将达到 3010 亿美元，将重点投资于油气、电力、电信、交通物流等领域。印度实行了"城乡计划"以解决城市人口过多问题，将乡村发展成经济增长的中心，农村发展成为印度经济发展的新动力。同时，印度政府加大在发电厂、公路和机场的投入，为外商投资和制造业发展创造更好的环境。南非则希望通过基础设施投资拉动经济增长，借助金砖机制，积极拓展融资渠道，加强基础设施投资，其中包括约 100 亿美元的中国投资。中国在"十三五"规划中指出，要加强重大基础设施建设，拓展基础设施建设空间，加快提升基础设施现代化水平，形成基础设施平衡发展结构，推动绿色低碳循环发展，提升基础设施互联互通水平，实现城乡宽带网络全覆盖。俄罗斯则认为，除了石油和天然气行业需要投资外，基础设施建设和农业也非常需要投资，也在积极探索通过与外方合作加强基础设施建设。

4. 强化和完善金融体系

金融危机以后，各主要国家大刀阔斧地进行了一系列金融监管体制机制改革，包括提高监管强度、加大行为监管力度以及增强审慎监管。美国在遭遇 2008 年金融危机以后颁布了《多德—弗兰克华尔街改革和消费者保护法案》，突出中央银行对系统性风险管理的主体地位，加强系统性金融风险防范。美国成立了金融稳定监督委员会，进一步明确了美联储作为重要金融机构的监管主体，进行全覆盖的风险处置和清算安排，扩大监管范围，填补监管漏洞，成立消费者金融保护机构等。自 2017 年 2 月以来，特朗普推出了金融新政，废除了《多德—弗兰克华尔街改革和消费者保护法案》，允许银行从事自营交易和直接投资对冲基金，这是对美国金融监管框架的又一次大洗礼，通过这一轮调整，美国整体的金融抗风险能力确实得到了大幅度增强②。2008 年后，欧盟推出了新一轮的金融监管改革，包括建立欧洲系统性风险管理委员会和欧洲金融监管者体系，

---

① 《英国基础设施发展规划》，驻英国经商参处，2016 年 9 月 13 日，http：//www. mofcom. gov. cn/article/i/ck/201609/20160901392579. shtml。

② 《美国式金融监管》，2017 年 8 月 22 日，http：//www. sohu. com/a/166479324_ 737073。

旨在打破各成员国在金融监管领域相互割据的局面，面对欧盟金融体系的投资不足，欧洲单一清算机制于 2016 年 1 月 1 日全面实施，单一清算机制能够及时解决欧盟国家欧元的跨境清算与本国清算之间的问题，进而增强欧盟国家金融系统的弹性。日本在 2008 年金融危机中金融体系并未受到太大影响，除了沿袭已有的一些做法之外，日本更加强化各个金融监管机构职能的协调，进一步明确了金融厅和财政厅的职责，同时，央行于 2016 年初开始实行负利率政策，旨在利用负利率积极影响实体经济和物价。英国在 2012 年颁布了新的《金融服务法案》，撤销了金融服务局，在英格兰银行内部设立了金融政策委员会。2016 年通过了《2016 年英格兰银行与金融服务法案》，通过完善央行治理、完善危机管理方案，避免纳税人遭受损失，实行高管监管问责和认证机制，进一步强化英格兰银行的中央银行地位。韩国政府通过建立部际联席会议协调制度进一步加强财政部、央行、金融委员会和金融监督院的协同发展，货币政策的有效性由央行监测，金融市场动向由金融委员会和金融监督院监测，国际金融协调由财政部负责，通过这种分工协调机制共同维护金融市场的稳定①。对于新兴经济体来说，金砖国家都提出要改革国际金融体系，包括对国际货币基金组织的改革。2013 年俄罗斯确立了大金融监管机制，取消了以往分业监督、交叉管理的模式，将国家银行委员会改为国家金融委员会，提高了中央银行的行政地位，对证券商、保险公司、小金融组织、交易所投资和养老基金等实行统一监管②，建立了反恐融资机制小组，界定了可疑业务的特征。印度储备银行通过调整风险的权重，改变资产的准备金标准来影响信贷增长，自 2014 年以来一直把通货膨胀治理作为首要任务，印度的通货膨胀得到了有效控制，汇率基本保持稳定。中国金融体系改革主要围绕创新、协调、绿色、开放和共享五大发展理念，致力于提高金融服务实体经济的能力，构建结构平衡、可持续的金融体系，建设绿色金融体系，构建金融业双向开放新体制，发展普惠金融，实现国家金融治理体系和治理能力的现代化③。目前，中国金融体系在利率市场化改革、金融市场和资本金融账户开放、人民币国际化、宏观调控体系和金融风险防控机制等方面取得了显著的成效④。巴西央行通过设立金融稳定委员会，以有效识别和监测系统性风险的来源，为缓解系统性风险制定相关政策⑤。

5. 促进劳动力市场改革

劳动力市场的可持续发展是大多数国家关心的问题，将其作为结构性改革优先领域的国家和地区有美国、欧盟、日本、韩国、巴西、印度和南非。美国前任总统奥巴马重点关注劳动力市场和包容性，旨在创造公平的社会环境、提供合理的报酬、完善社保体系，为工薪阶层提供安全感。日本通过了《女性活跃推进法》，扩增女性在公

① 《韩国统一监管改革借鉴：一行三会合并大势所趋》，《南方都市报》2015 年 11 月 30 日。
② 《俄罗斯金融改革：确立了央行权威地位》，《金融时报》2013 年 8 月 12 日。
③ 周小川：《深化金融体制改革》，《人民日报》2015 年 11 月 25 日，http：//www.gov.cn/zhengce/2015 -11/25/content_ 5016357. htm。
④ 《中国金融体系改革开放这五年》，2017 年 10 月 23 日，http：//www.sohu.com/a/199718942_ 257448。
⑤ 谢丹、任秋宇：《巴西等五国金融监管改革情况》，《金融发展评论》2014 年第 4 期。

司的录用与晋升机会，推进性别薪酬平等政策。欧盟自 2014 年开始已经基本实现了所有成员国劳动力市场的相互完全开放，劳动力流动性的上升推动了欧洲经济的复苏。2016 年欧元区失业率有所下降，其中西班牙、塞浦路斯、爱尔兰和葡萄牙已经实施了劳动力市场改革，可以说欧盟劳动力市场改革的成效还是比较明显的。韩国政府则通过三大改革政策进一步促进就业和经济增长：首先，扩大就业，提高居民收入，从而进一步拉动需求；其次，提高工资水平，优化就业环境；最后，结合第四次创新领域的改革，培养人工智能和大数据类型的创新型人才，促进经济与就业循环发展。巴西政府的改革则主要针对政府岗位进行裁员，减轻政府的公共福利支出负担。印度政府结合环境可持续发展，大力发展太阳能产业，并希望通过此项计划创造 100 万个工作岗位。南非政府通过"黑人企业家支持项目"与南非劳动力市场相结合，以投资和补贴等形式为黑人企业家提供帮助，实现就业与经济增长相结合，促进南非的经济转型。南非政府还特别重视妇女权益保护，专门为女性群体发展出台倾斜政策并提供资金支持。

6. 促进财政可持续性

主要经济体中将财政可持续性作为优先发展领域的有美国、欧盟、英国、巴西、中国和南非。美国重点关注稳固税基、拓展税收来源，特朗普税改可以说是美国历史上最大规模的减税，对个人纳税的减少将刺激美国整体消费，企业税率的降低将促使实业资本流向美国，加速美国跨国企业海外利润回流。在财政可持续性方面，欧盟主要按照"欧洲 2020 战略"开展税制改革，包括从向劳动者征税转变为向对经济损害更少的税基征税，拓宽税基，推行环境税和研发税收激励。改进税收与税收征管等方面，欧洲委员会于 2016 年 4 月进一步提出了增值税行动计划，实现财税的可持续性。英国将税收分成国税和地方税，税收高度集中于中央，2015 年 10 月以来，英国向地方下放了部分税收权力，目的在于大力提振当地经济，吸引投资和创造就业。英国政府特别重视削减财政赤字，采取了一系列财政紧缩和经济刺激政策，经济发展状况得到明显改善。由于里约奥运会以及国内通货膨胀等导致巴西政府财政困难，巴西的结构性改革还关注财政可持续性，以结构性改革降低公共债务，促进政府财政的可持续性。为支持创新创业，巴西政府积极运用财税金融政策扶持中小微企业发展，进一步简化行政审批手续。目前已经有 42 个行业从巴西经济豁免政策中受惠，包括 ICMS 和 PIS-Cofins 改革、能源价格下调以及对资本、建筑材料、各种耐用材料资产的经济豁免①。中国 2014 年《预算法》的修订和实施，为深化财税体制改革奠定了法律基础。2015 年 11 月中央经济工作会议正式提出了供给侧结构性改革，其中财税政策工具发挥着重要作用。"十三五"规划建议提出，要深化财税体制改革，建立健全现代财政制度。南非政府在税制改革方面采取了一系列渐进式措施，主要出台了如下举措：降低所得税税员、降低薪金税负担、降低税率，鼓励投资的税收优惠方案，保证良好的政府

---

① 《巴西：经济豁免政策是巴西税制改革支柱之一》，2013 年 4 月 17 日，http://www.chinaacc.com/new/253_263_201304/17zh604128116.shtml。

间税收划分关系等。

7. 促进环境可持续性

从现实情况来看，发达国家的环境可持续发展能力比新兴经济体和落后国家更强，在工业化过程中，它们更早意识到环境保护的重要性，发达国家比新兴经济体和落后国家拥有更加清洁的水源、更加优良的生态环境和更高质量的空气环境。环境可持续性改革在新兴发展中国家受到比较高的关注，可持续发展战略的实施对于解决发展中国家普遍存在的人口增长过快、食物短缺、贫困以及环境退化等问题具有很强的现实意义。印度政府重点推广了太阳能计划，印度的国内银行已经开始为可再生能源项目提供资金支持，通过绿色金融助推印度绿色经济可持续发展。中国在《中国 21 世纪议程》中已经明确提出了可持续发展目标，我国还自主承诺碳减排，万元工业增加值用水量从 2001 年的 268 立方米下降到 2014 年的 59.5 立方米，森林覆盖率由 2000 年的 16.55% 上升到 2013 年的 21.63%[①]。近几年我国坚持绿色发展理念，加快建设资源节约型和环境友好型社会，同时，我国还加快生态文明建设步伐，2016 年在福建省成立了国家生态文明试验区，并颁布一系列文件，希望通过生态文明体制改革试验区建设，形成一批可以复制和推广的经验在全国推行，从而改善生态，保护环境，最终走上人与自然和谐发展的可持续发展道路。南非一直在全世界的环境可持续发展中扮演着重要角色，南非在碳排放方面制定了目标，提出到 2025 年排放降低 45%，通过引入更多的绿色技术、投资更多的绿色行业来推动可持续发展。为贯彻落实联合国《2030 年可持续发展议程》和《巴黎气候变化协议》，南非环境事务部提出了 17 项可持续发展目标。巴西在环境可持续发展方面特别注重健全环境立法和环保执行机构，巴西政府高度重视环保方面的投入，每年都向钢铁、造纸和纸浆等易造成污染的企业提供优惠环保贷款。2013 年巴西在设备、工程、咨询服务、污染控制以及清理等方面项目投资金额高达 107 亿美元[②]。俄罗斯通过立法有效加强了废弃工业土地的再次利用，包括《国家地籍法》《土地整理法》《关于划分土地国家所有权的俄罗斯联邦法律》《俄罗斯土地法》等，同时俄罗斯对受污染的林地进行了全面检查，绘制了林地放射性污染图，建立了污染区树林辐射检测、木材以及副产品辐射管控机制[③]。

8. 促进包容性增长

在促进包容性增长领域进行结构性改革的主要经济体包括了美国、欧盟、日本、俄罗斯、印度以及中国。有些国家采用的是将促进包容性增长与其他优先领域相结合的方式，如美国、印度和欧盟。美国奥巴马政府的一系列政策均表明，其一直致力于促进包容性增长，具体体现在恢复与再投资、减少不平衡、健保系统改革、高等教育投资、加

---

① 《中国可持续发展具有世界意义》，《人民日报》2015 年 9 月 13 日，http：//news. xinhuanet. com/politics/ 2015 –09/13/c_ 128223142. htm。

② 王友明：《当代世界：巴西环境治理模式及对中国的启示》，人民网，2014 年 9 月 15 日，http：// world. people. com. cn/n/2014/0915/c187656 –25664057. html。

③ 张春友：《俄罗斯：修复后再利用促可持续发展》，《法制日报》2016 年 4 月 30 日。

强金融系统、应对气候变化等，所以美国是将包容性增长与其他优先领域相互结合①。印度政府强调的包容性增长包括加强对农村地区的投资、强化农村基础设施建设、加强农业基础地位、增加对农民的信用担保，建立统一的社会安全网、增加农村的生产性就业机会以及提高对教育、卫生、保健等公共服务的投资比例等②，其包容性增长更强调对贫困地区的扶持。欧盟于 2010 年发布了《欧盟 2020 战略——灵巧、可持续和包容性增长战略》，目的在于促进经济向灵巧经济、可持续经济和包容性经济转型，同时保持较高的就业率、生产力水平和社会凝聚力，其所提出的五大目标和七大行动计划均体现了这三大目标。其包容性增长主要体现在促进就业，发展兼具社会和区域凝聚力的经济，包括劳动者技能的培训、消除贫困等，为此欧盟分别提出了"新技能和新工作机会议程"以及"消除贫困的欧洲大平台"两大计划③。日本、俄罗斯、中国则将包容性增长单独作为优先领域进行改革。日本政府为克服人口不断减少的问题，通过"一亿总活跃计划"，试图解决人口出生率大幅下降以及人口老龄化问题。俄罗斯的包容性增长领域优先改革则主要侧重保障人民的需求、提高居民收入和促进中小企业发展。中国除了政府提出的精准扶贫政策，中国倡导的"一带一路"也体现了中国的包容性增长改革，这将成为"一带一路"包容性增长的范例。

三　创新驱动下全球结构性改革面临的困境及挑战

从上文的分析可以看出，全球结构性改革在九大领域均取得了显著成效，但由于结构性改革涉及各国经济和社会的痛点和弱点，在推动和落实的过程中难免碰到一系列问题，具体表现如下。

（一）结构性改革步伐缓慢

改革的成效主要着力在落实上，全球各国经济实力不同，全球结构性改革步伐缓慢，尽管考虑了各国的政策及立场差异、发展阶段差异，制定了结构性改革的优先领域和一般原则，就最重要的改革领域和原则找到了"最大公约数"，但实际上各国改革优先领域存在分歧，结构性改革的侧重点存在差异④。发达国家与发展中国家对基础设施投资领域的关注是一致的，但对财政可持续性的关注重点有所不同，发达国家更注重税制改革，即"开源"，发展中国家更注重调整政府开支，即"节流"。全球结构性改革的核心是共同促进世界经济增长，但当前全球结构性改革议题对各国改革共性和差异的关注度不够，不利于各国实现结构性改革政策领域的协调，主要受制于各国的发展程度

---

① 《2017 美国总统经济报告：政策促进包容性增长》，《美国房地产》2016 年 12 月 18 日，http://www.vccoo.com/v/8748f2。

② 王志章、王晓蒙：《包容性增长的印度模式及其对中国的启示》，《城市观察》2011 年第 5 期。

③ 陆颖、党倩娜：《欧盟 2020 战略——灵巧、可持续和包容性增长战略》，2010 年 10 月 11 日，http://www.istis.sh.cn/list/list.aspx? id=6832。

④ 杨盼盼：《G20 结构性改革的进展与评述》，《国际经济评论》2016 年第 5 期。

不同。例如，部分发展中经济体，如墨西哥、南非的国内基础设施不完善，缺乏基础的工业生产体系，目前急需解决的是自身工业和社会基础设施建设的问题，而老牌发达经济体从社会制度、工业体系再到基础设施均已相对完善，目前面临的主要问题是产业结构转型和产能输出。

（二）改革受到既得利益者的阻碍

结构性改革改的是政府的运行方式，动的是既得利益。在落实和推进九大结构性改革过程中，会影响既得利益者，如降低税率，破坏了行业的垄断性，减少了公共部门的干预，因而受到既得利益者的阻碍[①]。目前国际上贸易保护主义抬头，逆全球化趋势极大地阻碍了全球经济合作机制的发展。在特朗普上台后，美国由自由贸易的领头国家，转变为倾向贸易保护。本国还未找到新的产业增长点，若继续淘汰输出产业，将造成本国产业空洞和就业困难，因此结构性改革面临的一大挑战是既得利益者的产业保护问题。特朗普的强硬态度，使得 IMF 迫于美国压力，放弃了此前反对一切形式保护主义的承诺，转称将致力于强化贸易为经济所作的贡献。在贸易保护主义背景下，各国的结构性改革困难重重。

（三）社会意识形态差异对结构性改革的推进提出挑战

结构性改革不仅仅是简单的产业升级，其更深层次的内涵是文化、政治、教育等软实力的提升。而"文化冲突论"认为，国际秩序中的主要矛盾是不同文明间的冲突，如美国的"全球反恐战争"，文化冲突的一大原因是各国的宗教信仰不同及其教义的核心不同（见表 2 - 2）。由宗教信仰带动的意识形态，很可能成为改革推进的阻力。各国要推进全球结构性改革协同发展，社会意识形态差异带来的冲击不容小觑。

表 2 - 2　主要发达经济体和新兴经济体的宗教与教育情况

二十国集团	宗教	世界排名前100 名的学校数（个）	公共教育支出占政府支出比例（%）		高等教育毛入学率（%）（2015 年）
			2008 年	2013 年	
美　　国	基督新教、天主教、摩门教、犹太教	31	14	13	85.8
日　　本	神道教、佛教	5	10	10	63.4
德　　国	基督新教、天主教	8	10	11	68.3
法　　国	天主教	5	12	12	64.4
英　　国	英国国教、天主教	5	13	13	56.5
意 大 利	天主教	4	9	8	63.1
加 拿 大	基督新教、天主教	3	12	—	—
俄 罗 斯	东正教	2	12	—	78.7

---

① 周潇枭：《G20 杭州峰会推动解决全球经济难题结构性改革"新药方"》，《21 世纪经济报道》2016 年 8 月 4 日。

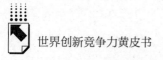

续表

二十国集团	宗教	世界排名前100名的学校数(个)	公共教育支出占政府支出比例(%)		高等教育毛入学率(%)(2015年)
			2008年	2013年	
欧　　盟	—	—	—	—	—
澳大利亚	基督新教、天主教	2	13	14	90.3
中　　国	道教、佛教、基督新教、天主教、伊斯兰教	2	—	—	43.4
南　　非	基督新教、天主教	0	18	19	19.4
阿　根　廷	天主教	1	17	15	82.9
巴　　西	天主教	0	14	16	49.3
印　　度	印度教、伊斯兰教、锡克教	2	—	14	25.5
印度尼西亚	伊斯兰教、基督新教、天主教	0	14	18	31.1
墨　西　哥	天主教	0	19	—	29.9
沙特阿拉伯	伊斯兰教—逊尼派	0	13	—	63.1
土　耳　其	伊斯兰教—逊尼派	1	—	—	86.3
韩　　国	佛教、基督新教、天主教	0	—	—	28.1

资料来源：根据相关资料以及世界银行数据整理。

（四）全球教育发展水平相差较大

结构性改革在发展先进的、高效的、高技术含量产能的过程中，需要科技人才的参与，人才是科技创新的一大基础。一国的教育情况可以反映其人才储备状况，从2015～2016年度世界前100名大学的各国占有量来看，美国一家独大，其他发展中国家高等教育资源相对缺乏。从各国教育公共支出占政府总支出比重可以看出不同国家对教育的重视程度差异。若考虑结构性改革推进的时效性，需要实现各国高端教育资源的共享。本国教育投入在各国财政预算中均列为转移支付，将这些资源共享，无异于发达国家向发展中国家捐献教育资源，难度较大。

（五）协同机制待加强

政策是否落到实处，需要健全的机制保障，否则容易出现各自为政，产生贸易壁垒。目前OECD制定了政策指标和产出指标，它可以衡量结构性改革的进展情况，从而落实2016年G20会议成果文件。虽然各国可以根据OECD制定的量化指标体系参照执行，但该指标并不能准确评估各国在此过程中对改革的贡献，如果各国在结构性改革过程中承担的责任不明确，容易出现"搭便车"行为。例如，当初欧盟的建立理论上是美好的，前景也是光明的，但在利益面前如果忽略了国际利益的最大化，帕累托最优是无法实现的，正如希腊等国家随着自身经济增速减缓，借着欧盟的集体利益，将债务放大，甚至"讹诈"组织内的其他国家。因此，各国是否会严格按照评估指标推进结构性改革是改革过程中的一大不确定因素。结构性改革希望推动各国经济联动式发展，削弱发达经济体在全球经济中的独断专制，增强新兴经济体的代表性、话语权和影响力，让世界各国能共享全球化和经济发展成果。共同目标已确立，各国的结构性改革方案也逐渐浮出水面，但各国在追求共同目标中是否存在潜在的竞争仍是未解的问题。各国间的协同机制仍有待加强，需要建立实实在在的宏观经济政策协调和联动机制，对新兴经济体持更加包容的态度。

（六）基础设施建设与环境的可持续发展矛盾相持不下

在结构性改革过程中，发达国家的基础设施面临更新换代，发展中国家对基础设施投资资金和技术需求不对等，如何保障各国基础设施的互联互通，不仅需要发展中国家基础设施建设的跟进，同时需要相应完善的配套措施，保障发展中国家获得相应的资源配额。结构性改革确立的九大优先领域提到促进环境可持续性，如今全球气候变暖、环境污染、生态破坏等已经成为全球层面的系统性难题，要共同应对全球气候环境难题，增强环境可持续性。然而，发展中国家在发展过程中难以避免居高不下的二氧化碳排放量等，如何在可持续发展的基础上，高速工业化的同时提倡绿色经济，这也是全球结构性改革过程中逃不开的难题。以中国为例，从改革开放后的快速发展经验来看，国家发展需要在基础设施上投入大量资源，如建设机场、铁路，需要大量的钢铁和水泥，而这些又都是高耗能产业，难以避免出现系统性难题。部分基础设施建设与环境可持续发展矛盾相持不下，相应的配套措施未能补上矛盾的缺口。

四 创新驱动下全球结构性改革的发展思路

（一）提高全球科技创新水平

科技创新水平的提升是进行结构性改革的最主要工具，具体来说，结构性改革中九大领域的实施均离不开科技创新水平的提升。当前，创新与投资贸易开放、创新与金融体系构建、创新与基础设施建设、创新与财税体制改革、创新与环境可持续发展和包容性增长等存在密不可分的联系，2016 年《二十国集团科技创新部长会议声明》就重点强调了创新的重要性。首先，加强全球科技合作。为推动全球经济增长，主要发达国家和新兴经济体要在一些重点领域，如交通工具、联网设备、能效融资、建筑、能源管理、发电以及超高能效设备、区域能源系统、能效知识分享框架、终端用能数据和能效度量等领域开展合作①，通过协同创新提高创新资源的利用效率。其次，加强全球科技人力资源和创新人才交流。人才是国家开展科技创新的根基，是提升国家创新竞争力的重要着力点，要进一步加强科技人力资源和创新人才交流，以人才作为驱动结构性改革最为本质的因素。以我国为例，可以结合"一带一路"倡议和自贸试验区及自由港建设，培养具有国际视野、富有创新性、多学科融合背景的复合型人才，创新人才引进机

---

① 《G20 确定多项重点领域加强能效合作》，地缘热泵网，2017 年 4 月 6 日，http：//www.dyrbw.com/news/show.php？itemid＝72157。

制，搭建人才交流平台，大力引进和自贸试验区建设相关的金融科技人才。再次，开展创新创业实践。支持创新创业生态体系建设，强调并支持青年及女性在创新创业方面发挥重要作用，支持建立"青年创业和创新伙伴关系"，重视个人培训教育，给个人创造更多的就业机会。

（二）深化对创新驱动与结构性改革内在运作机制的理论探讨

通过分析结构性改革的优先领域，根据九大优先领域建立指标体系，如劳动生产率、人力资本、就业率、教育或劳动力技能培训投入等，确立各领域的权重，能够比较综合地评价各国在结构性改革方面的进展和成效。比如，可以通过"仪表板"的方式展示主要国家的优先领域开放改革进展情况。当然，各个国家经济结构性改革的重点会有所侧重，改革过程中面临的问题也有差异，改革过程中所涉及的这九大领域实际上都有很深的理论渊源。目前从创新驱动视角探讨结构性改革的文献非常少，需要进一步梳理两者之间的关系，深化理论研究，为各国的结构性改革提供参考和借鉴。

（三）为结构性改革的实施创造良好的外部环境

从前文分析可以看出，目前全球结构性改革受到诸多因素的影响，包括文化教育程度差异、公共设施环境制约、政策制度方面的瓶颈等，要推动全球结构性改革，必须完善外部环境。第一，完善基础设施投资，加强公共基础设施的互联互通。目前，主要发展中国家经济体的国内公共基础设施不完善，缺乏相应的工业支撑体系，导致经济结构改革相对滞后，因此，要进一步完善基础设施建设，加强国家间的基础设施互联互通。在2016年G20杭州峰会上中国就提出以基础设施互联互通为媒介，加强全球基础设施投资和可持续发展，发起了《全球基础设施互联互通联盟倡议》，其中就特别提出加大对基础设施项目的资金投入和智力支持，推动全球基础设施互联互通进程[1]。第二，加强各国的文化交流融合，以文化互动促进结构性改革。习近平主席在"一带一路"国际合作高峰论坛开幕式上指出，"国之交在于民相亲，民相亲在于心相通"。对于全球来说也是同样道理，全球是一个利益共同体，要通过文化交融促进结构性改革。具体来说，可以支持和扩大国家间留学生交流活动，签署政府间文化交流合作、学历学位互认协议。第三，进一步促进环境的可持续发展。2016年1月1日，联合国《2030年可持续发展议程》正式启动，提出了17项可持续发展目标和169项具体目标，其中具体指出，"我们将加强所有最不发达国家所有行业的生产能力，包括进行结构性改革"[2]。因此，要提高各国的环境保护意识，促进环境与经济、社会的可持续发展，共同实现2030年发展目标。

---

① 《G20决心推动联动式发展 发起全球基础设施互联互通联盟倡议》，《21世纪经济报道》2016年9月6日，http://finance.sina.com.cn/roll/2016-09-06/doc-ifxvpxua7964725.shtml。

② 《变革我们的世界：2030年可持续发展议程》，2016年1月13日，http://www.fmprc.gov.cn/web/ziliao_674904/zt_674979/dnzt_674981/xzxzt/xpjdmgjxgsfw_684149/zl/t1331382.shtml。

Y.104

专题三
国家创新绩效评价与比较研究

摘　要： 本文简要概括了国家创新绩效评价的意义及主要方法，比较分析了部分国家创新投入与产出的情况，并运用 DEA 方法和 Malmquist 指数对部分国家的创新绩效进行评价。研究发现，评价期内（2011～2015 年）评价对象的全要素生产效率指数小于 1，这主要是由技术进步增长率下降引起的。未来各国要加快提升创新能力，必须进一步加大创新资源投入力度，加强技术研发，推进技术进步。

创新绩效是一国开展创新活动所产生的成果和影响的集中表现。对国家的创新绩效进行评价研究，有助于衡量和比较国家之间的创新研发能力，更好地为国家开展创新活动提供指导。本文首先简要概括了国家创新绩效评价的意义及主要方法，比较分析了部分国家创新投入与产出情况，并运用 DEA 方法和 Malmquist 指数对部分国家的创新绩效进行评价分析，得出了相关的结论，为加快提升国家创新绩效提供参考。

一　国家创新绩效评价的意义和方法

创新是经济社会持续发展的不竭动力，是获取国家竞争优势的关键因素。特别是在科技创新日新月异的当下，国家创新能力甚至等同于国家竞争力。创新绩效是创新活动成果的集中体现，是一定量的创新资源要素投入所表现出来的生产效率，是创新系统各组成部分之间合作与互动的结果。国家创新系统绩效评价是实现更大创新和竞争优势的关键因素（Pan，Hung，Lu，2010；Elahi，Kalantari，Azar，Hassanzadeh，2016）。开展国家创新绩效评价研究，不仅有利于丰富国家创新系统理论与实践，更好地协调创新主体运行机制，提升国家创新系统运行效率，而且有助于明确国家创新的优势与劣势，探究影响国家创新绩效高低的内在因素，为进一步提升国家创新能力指明方向。

运用科学的评价方法是进行国家创新绩效评价的重要前提。当前，评价国家创新绩效的主要方法有投入产出评价法、系统功能评价法和创新主体互动评价法三种。投入产出评价法将国家创新活动视为一个投入产出过程，产出效率是创新绩效评价的核心。利用这种方法比较有代表性的是"欧洲创新记分牌"（EIS）和澳大利亚的"创新体系报告"。此外，很多学者也利用投入产出评价方法和 DEA 方法等对国家创新绩效进行评价分析。Pan、Hung 和 Lu（2010）将数据包络分析（DEA）方法与传统的 DEA 模型、双边模型和关键绩效计量方法相结合，分别采用多产出和投入相结合的方法来衡量国家间绩效差异的大小。Lu、Kweh 和 Huang（2014）研究开发了一种网络数据包络分析（DEA）方法，评估 30 个国家的创新系统研发效率与经济效益。王海峰、罗亚非和范小阳（2010）建立统一的投入产出指标体系，运用超效率 DEA 方法，对 2005 年不同国家的研发创新活动总效率和细分产出效率进行评价。钟祖昌（2011）将 SBM 模型与三阶段 DEA 模型相结合，用实证方法评估了 2001～2008 年 30 个 OECD 国家和中国的创新效率。系统功能评价法通过对影响国家创新体系的各种功能评价来体现国家创新活动的绩效。中国科技发展战略研究院编写的《国家创新指数报告》将创新资源、知识创造、企业创新、创新绩效和创新环境作为一级评价指标，对影响国家创新能力的各部分因素进行评价研究。Samara、Georgiadis 和 Bakouros（2012）利用系统动力学（SD）方法建立了一个国家创新系统模型，将系统方法、计算机建模和仿真学科集成到国家创新系统的动态整体中。Elahi、Kalantari、Azar 和 Hassanzadeh（2016）研究了国家公共创新基础设施、知识和技术吸收能力与创新绩效之间的关系，并构建了创新绩效评价模型。创新主体互动评价法强调关注创新主体的表现及其互动，以此来考量国家创新绩效。OECD 把四种类型的知识或信息的流动作为测度与评价国家创新绩效的主要指标：企业间的合作研究活动和其他技术合作等、公私相互作用（主要指产学研合作）、知识和技术的扩散和应用、创新人员流动。Stek 和 van Geenhuizen（2016）运用以专利为基础的文献计量学指标研究不同类型的国际研究交互对创新绩效的影响。

综合来看，对国家创新绩效进行评价的方法较多，其中投入产出评价法应用最广。本文也主要是基于投入产出评价方法对部分国家的创新绩效进行评价与比较分析。

二 部分国家创新投入与产出比较分析

创新投入和产出的总体规模和相对比例是反映国家创新活动的重要方面，本部分选取部分国家在创新投入和产出方面的相关指标进行比较分析，初步评价不同国家开展创新活动的总体表现。

（一）部分国家创新投入比较分析

各国研发人员和研发资金的规模和比例是反映创新投入的重要内容，也是国家开展创新活动的关键要素。表 3-1 反映了 2001～2015 年部分国家 R&D 人员的相对规模变化情况。总体来看，发达国家的每百万人 R&D 人员普遍高于发展中国家。澳大利亚、奥地利、比利时、加拿大、瑞士、德国、法国、英国、爱尔兰、日本、韩国、卢森堡、荷兰、新西兰、新加坡、斯洛文尼亚、美国等国家的每百万人 R&D 人员都高于 4000 人年。北欧的瑞典、挪威、芬兰、丹麦、冰岛这一指标数值均比较高，每百万人 R&D 人员都已超过 5000 人年，且大部分国家达到 7000 人年。巴西、智利、哥伦比亚、哥斯达黎加、厄瓜多尔、埃及、埃塞俄比亚、危地马拉、印度、哈萨克斯坦、马达加斯加、墨西哥、莫桑比克、巴基斯坦、菲律宾、泰国、乌拉圭、南非等亚非拉国家以及波黑、摩尔多瓦、马其顿、罗马尼亚等部分欧洲国家的每百万人 R&D 人员都低于 1000 人年，有的国家甚至不到 100 人年。2015 年中国每百万人 R&D 人员为 1176.6 人年，处于中下水平。由此可见，发展中国家在 R&D 人员投入方面相对发达国家还有较大差距。

表 3-1　2001~2015 年部分国家 R&D 人员（每百万人）基本情况

单位：人年

国家＼年份	2001	2005	2010	2011	2012	2013	2014	2015
阿 根 廷	684.7	814.1	1120.7	1177.0	1199.4	1193.9	1202.1	—
澳大利亚	3749.7	4231.8	4530.7	—	—	—	—	—
奥 地 利	2972.9	3457.2	4359.0	4406.0	4695.3	4763.3	4883.9	4955.0
比 利 时	3126.3	3138.4	3735.8	3878.7	4115.5	4156.2	4175.9	4875.3
保 加 利 亚	1161.7	1308.5	1482.2	1618.2	1547.2	1692.5	1833.1	1989.4
波 黑	60.7	66.0	194.0	172.4	150.8	216.7	266.7	328.7
巴 西	436.8	580.5	698.1	—	—	—	—	—
加 拿 大	3694.9	4237.9	4649.2	4785.5	4634.3	4518.5	—	—
瑞 士	3643.1	3458.0	3288.0	3884.5	4481.1	—	—	—
智 利	—	337.2	319.7	353.4	391.0	335.3	427.0	455.5
中 国	581.5	856.8	903.0	977.7	1035.9	1089.2	1113.1	1176.6
哥 伦 比 亚	111.2	121.6	182.3	168.0	146.0	116.0	114.9	—
哥斯达黎加	132.8	124.0	384.6	409.1	339.7	357.8	573.0	—
塞 浦 路 斯	472.0	916.7	1077.7	1061.5	1012.8	1026.8	1048.4	1013.8
捷 克	1463.0	2362.4	2781.9	2912.6	3150.0	3249.9	3418.5	3611.9
德 国	3231.7	3349.6	4077.8	4211.3	4379.1	4399.7	4363.8	4431.1
丹 麦	3632.9	5201.3	6743.9	7026.0	7156.0	7088.6	7333.1	7483.6
厄 瓜 多 尔	40.0	70.5	141.3	180.3	282.2	351.7	400.7	—
埃 及	—	636.1	496.7	496.1	521.7	543.9	681.6	679.8
西 班 牙	1942.3	2501.9	2889.5	2788.3	2718.4	2652.6	2642.4	2654.7
爱 沙 尼 亚	1926.3	2457.1	3060.6	3396.7	3460.6	3338.5	3284.4	3189.2
埃塞俄比亚	—	21.0	42.3	—	—	45.1	—	—
芬 兰	7109.6	7544.6	7717.5	7413.6	7460.1	7187.9	6985.9	6816.8
法 国	2970.5	3306.7	3868.0	3939.5	4073.4	4169.8	4168.8	—
英 国	3083.0	4128.9	4091.2	3979.4	4029.3	4185.7	4299.4	4470.8
格 鲁 吉 亚	—	—	—	—	—	561.6	1059.6	1288.3
希 腊	1307.9	1770.0	1887.8	2212.3	2232.3	2643.9	2715.9	3201.3
危 地 马 拉		29.4	24.6	24.6	26.7	—	—	—
克 罗 地 亚	1509.8	1308.1	1645.8	1591.6	1560.1	1528.5	1437.3	1501.5
匈 牙 利	1438.4	1572.7	2131.1	2304.5	2393.7	2522.8	2650.6	2568.8
印 度	110.1	135.3	156.6	—	—	—	—	215.9

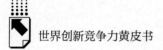
续表

国家＼年份	2001	2005	2010	2011	2012	2013	2014	2015
爱 尔 兰	2293.6	2756.4	3070.2	3281.7	3481.9	3605.9	4433.5	4575.2
冰 岛	6546.3	7261.8	7969.5	7034.5	6357.0	5679.5	—	5902.5
以 色 列	—	—	—	7296.3	8255.4	—	—	—
意 大 利	1162.9	1406.3	1735.7	1778.7	1853.0	1943.5	1976.7	2018.1
日 本	5183.8	5360.2	5152.6	5160.2	5083.7	5201.3	5386.2	5230.7
哈萨克斯坦	—	405.2	369.2	384.4	609.6	734.1	—	—
韩 国	2932.5	3777.1	5380.3	5853.3	6361.6	6456.6	6899.0	7087.4
立 陶 宛	2334.5	2284.3	2753.6	2732.4	2659.7	2887.2	3111.3	2822.4
卢 森 堡	3773.4	4864.1	5145.0	5444.3	4338.9	4594.5	4723.5	5058.3
拉 脱 维 亚	1491.2	1473.4	1863.7	1912.6	1916.5	1801.8	1884.0	1833.5
摩 洛 哥	—	650.7	725.1	851.9	856.9	944.7	1032.5	—
摩 尔 多 瓦	656.1	621.3	663.2	678.6	671.5	643.9	652.0	662.1
马达加斯加	50.6	48.1	52.1	51.0	—	—	—	—
墨 西 哥	224.4	400.2	324.5	330.9	238.3	241.8	—	—
马 其 顿	613.4	544.8	534.3	446.6	613.3	676.4	838.4	858.8
马 耳 他	695.4	1206.3	1444.0	1804.0	2018.8	1929.2	1881.6	1951.4
莫 桑 比 克	—	15.5	37.5	—	—	—	—	41.5
马 来 西 亚	293.2	368.4	1458.2	1639.4	1773.1	1895.3	2017.4	2261.4
荷 兰	2852.7	2930.1	3229.0	3675.0	4372.4	4561.2	4519.2	4548.1
挪 威	4360.0	4584.5	5407.8	5496.2	5547.8	5569.4	5679.3	5915.6
新 西 兰	2643.6	3140.7	3719.0	3700.8	3854.7	4008.7	—	—
巴 基 斯 坦	—	82.7	165.8	151.0	159.0	166.9	230.6	294.4
菲 律 宾	53.8	80.1	81.9	85.1	137.2	189.4	—	—
波 兰	1459.7	1616.1	1672.4	1661.7	1735.3	1850.7	2035.8	2139.1
葡 萄 牙	1717.5	2015.8	3922.9	4172.4	4041.7	3615.1	3668.0	3824.2
罗 马 尼 亚	897.3	1072.4	974.4	799.5	903.2	938.5	921.5	894.8
俄 罗 斯	3468.6	3234.7	3088.0	3125.3	3093.6	3073.1	3101.6	3131.1
新 加 坡	4160.9	5291.8	6306.5	6496.0	6442.3	6665.2	6658.5	—
斯 洛 伐 克	1779.5	2027.9	2808.0	2832.2	2819.9	2717.6	2718.5	2654.8
斯洛文尼亚	2262.2	2631.1	3753.0	4261.2	4306.6	4216.8	4149.9	3821.0
瑞 典	5174.6	6090.8	5255.9	5146.9	5163.7	6670.0	6868.1	7021.9
泰 国	279.3	311.3	330.6	543.5	671.2	799.0	974.0	874.3
突 尼 斯	—	1088.5	1384.2	1429.1	1622.8	1792.5	1803.2	1787.3
乌 克 兰	—	1478.7	1332.2	1261.9	1234.7	1165.2	1026.4	1006.0
乌 拉 圭	373.2	273.7	549.1	524.9	537.3	529.1	504.2	524.3
美 国	3545.8	3718.2	3868.6	4011.3	4015.9	4117.7	4232.0	—
南 非	311.2	357.8	362.6	385.1	404.7	437.1	—	—

数据来源：世界银行数据库。

表 3 - 2 反映了 2001~2015 年部分国家研发支出占 GDP 比重的变化情况。从表中可以看出，大部分国家的研发支出占 GDP 比重稳中有升。奥地利、丹麦、芬兰、以色列、日本、韩国、瑞典等国家的研发支出占 GDP 比重近年来超过 3%，澳大利亚、比利时、瑞士、中国、德国、法国、冰岛、荷兰、新加坡、斯洛文尼亚等国家的这一比例超过 2%，大部分发展中国家研发支出占 GDP 比重都小于 1%，波黑、哥伦比亚、危地马拉、哈萨克斯坦、马达加斯加、巴基斯坦、菲律宾等国家的研发支出占 GDP 比重甚至低于 0.3%，不同国家间的差距十分明显。

表 3 - 2　2001~2015 年部分国家研发支出占 GDP 比重情况

单位：%

国家＼年份	2001 年	2005 年	2010 年	2011 年	2012 年	2013 年	2014 年	2015 年
阿 根 廷	0.424	0.419	0.561	0.566	0.636	0.620	0.589	—
澳 大 利 亚	1.576	2.182	2.378	2.246	2.224	2.202	—	—
奥 地 利	1.997	2.383	2.734	2.678	2.930	2.963	3.061	3.072
比 利 时	2.020	1.785	2.051	2.156	2.359	2.435	2.462	2.457
保 加 利 亚	0.449	0.443	0.564	0.532	0.605	0.635	0.795	0.957
波 黑	0.019	0.027	0.021	0.143	0.266	0.322	0.258	0.219
巴 西	1.029	1.003	1.159	1.141	1.128	1.198	1.168	—
加 拿 大	2.029	1.973	1.841	1.799	1.797	1.692	1.615	—
瑞 士	2.326	2.679	2.730	2.848	2.966	—	—	—
智 利	—	0.311	0.331	0.354	0.365	0.391	0.377	0.384
中 国	0.939	1.310	1.710	1.776	1.907	1.991	2.021	2.066
哥 伦 比 亚	0.132	0.150	0.189	0.203	0.219	0.273	0.251	0.242
哥斯达黎加	0.413	0.427	0.485	0.467	0.555	0.557	0.577	—
塞 浦 路 斯	0.233	0.362	0.447	0.450	0.428	0.463	0.479	0.456
捷 克	1.107	1.170	1.341	1.557	1.782	1.899	1.975	1.949
德 国	2.385	2.423	2.714	2.799	2.866	2.817	2.892	2.877
丹 麦	2.327	2.387	2.935	2.972	3.005	3.017	2.976	3.014
厄 瓜 多 尔	0.052	0.129	0.403	0.340	0.332	0.380	0.441	—
埃 及	0.193	0.241	0.432	0.532	0.513	0.646	0.646	0.723
西 班 牙	0.890	1.095	1.351	1.326	1.288	1.263	1.233	1.220
爱 沙 尼 亚	0.699	0.924	1.582	2.307	2.123	1.726	1.451	1.495
埃 塞 俄 比 亚	—	0.180	0.241	—	—	0.605	—	—
芬 兰	3.208	3.338	3.728	3.636	3.416	3.293	3.177	2.905
法 国	2.136	2.047	2.173	2.190	2.226	2.234	2.239	2.231
英 国	1.633	1.571	1.679	1.680	1.608	1.659	1.681	1.703
格 鲁 吉 亚	0.238	0.177	—	—	—	0.084	0.185	0.320
希 腊	0.560	0.580	0.598	0.672	0.700	0.810	0.836	0.957
危 地 马 拉	—	0.035	0.044	0.048	0.045	—	—	—
克 罗 地 亚	0.918	0.856	0.745	0.751	0.752	0.815	0.791	0.854
匈 牙 利	0.913	0.923	1.145	1.193	1.267	1.396	1.361	1.378

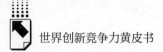
国家 \ 年份	2001 年	2005 年	2010 年	2011 年	2012 年	2013 年	2014 年	2015 年
印　　度	0.722	0.811	0.822	0.831	—	—	—	0.627
爱 尔 兰	1.053	1.194	1.599	1.541	1.553	1.563	1.514	—
冰　　岛	2.877	2.709	2.657	2.496	2.135	1.774	2.030	2.215
以 色 列	4.184	4.040	3.939	4.018	4.163	4.142	4.289	4.266
意 大 利	1.044	1.047	1.227	1.208	1.273	1.311	1.376	1.335
日　　本	2.972	3.182	3.139	3.247	3.209	3.316	3.399	3.284
哈萨克斯坦	0.220	0.284	0.154	0.154	0.165	0.171	0.167	0.169
韩　　国	2.342	2.626	3.453	3.751	4.018	4.147	4.277	4.228
立 陶 宛	0.667	0.747	0.783	0.904	0.895	0.951	1.034	1.042
卢 森 堡	1.590	1.587	1.527	1.495	1.288	1.302	1.288	1.288
拉 脱 维 亚	0.403	0.530	0.611	0.698	0.665	0.613	0.690	0.626
摩 洛 哥	0.607	0.608	0.714	—	—	—	—	—
摩 尔 多 瓦	—	0.399	0.440	0.405	0.417	0.352	0.371	0.370
马达加斯加	0.218	0.175	0.114	0.106	—	—	0.015	—
墨 西 哥	0.339	0.404	0.536	0.514	0.494	0.504	0.536	0.552
马 其 顿	0.294	0.229	0.216	0.223	0.327	0.439	0.518	0.443
马 耳 他	0.239	0.530	0.615	0.672	0.829	0.770	0.748	0.769
莫 桑 比 克	0.422	0.455	0.422	—	—	—	—	0.337
马 来 西 亚	0.470	0.611	1.037	1.033	1.093	1.176	1.259	1.298
荷　　兰	1.814	1.790	1.723	1.903	1.940	1.952	2.001	2.013
挪　　威	1.567	1.482	1.651	1.629	1.618	1.653	1.716	1.933
新 西 兰	1.098	1.120	1.254	1.232	1.192	1.152	—	—
巴 基 斯 坦	0.167	0.437	0.448	0.329	0.311	0.293	0.269	0.246
菲 律 宾	0.137	0.111	0.114	0.117	0.128	0.138	—	—
波　　兰	0.623	0.563	0.718	0.744	0.881	0.869	0.940	1.003
葡 萄 牙	0.764	0.755	1.532	1.458	1.381	1.329	1.290	1.279
罗 马 尼 亚	0.389	0.408	0.452	0.493	0.483	0.387	0.383	0.488
俄 罗 斯	1.177	1.068	1.130	1.022	1.046	1.056	1.088	1.132
新 加 坡	2.020	2.161	2.015	2.153	2.007	2.012	2.198	—
斯 洛 伐 克	0.626	0.494	0.616	0.663	0.805	0.824	0.882	1.178
斯洛文尼亚	1.468	1.412	2.058	2.424	2.578	2.603	2.385	2.212
瑞　　典	3.911	3.384	3.216	3.246	3.286	3.306	3.143	3.263
泰　　国	0.252	0.219	0.235	0.362	0.402	0.442	0.485	0.627
突 尼 斯	0.543	0.712	0.690	0.709	0.682	0.671	0.655	0.632
乌 克 兰	1.024	1.032	0.833	0.738	0.754	0.759	0.649	0.617
乌 拉 圭	0.209	0.366	0.341	0.349	0.328	0.321	0.336	—
美　　国	2.644	2.505	2.734	2.773	2.698	2.740	2.755	2.794
南　　非	0.713	0.863	0.737	0.735	0.735	0.723	—	—

数据来源：世界银行数据库。

（二）部分国家创新产出比较分析

创新产出是反映国家创新活动效果的最直接内容。本部分主要对部分国家的居民专利申请量、知识产权使用费收入、高科技产品出口比例等反映创新产出的指标进行比较分析。表 3－3 反映了 2001～2015 年部分国家居民专利申请量的变化情况。从表中可以看出，中国的专利申请量已跃居世界第一，2015 年达到 968252 件，远高于其他国家。但中国还只是"专利大国"，与美国、日本等"专利强国"相比仍有较大差距，中国仅仅处于专利的数量积累和规模扩张阶段，专利对国家创新的核心支撑作用和经济发展的根本驱动作用还无法充分显现，专利质量不高、专利转化率低、海外专利申请比例低等问题较为突出，需要从追求专利数量向提高专利质量转变（许春明，2016；李长安，2016；Schmid，Wang，2017）。美国、日本、韩国、德国等发达国家居民专利申请量总体上保持优势，不仅有稳定的专利申请规模，而且海外专利申请数量占比较大（2015年美国海外专利申请数量占比 40.4%，日本 61.2%），专利对经济社会发展的实际贡献较大（许春明，2016）。此外，居民专利申请量超过 1 万件的国家还有法国、英国、印度、俄罗斯等少数几个国家，其余国家专利申请量都比较少，有些国家甚至低于 100件，如波黑、哥斯达黎加、塞浦路斯、厄瓜多尔、爱沙尼亚、埃塞俄比亚、危地马拉、冰岛、马达加斯加、马其顿、马耳他、莫桑比克、乌拉圭等国家。

表 3－3 2001～2015 年部分国家居民专利申请量基本情况

单位：件

国家＼年份	2001 年	2005 年	2010 年	2011 年	2012 年	2013 年	2014 年	2015 年
阿 根 廷	691	1054	552	688	735	643	509	546
澳 大 利 亚	2187	2555	2409	2383	2627	3061	1988	2291
奥 地 利	1815	2270	2424	2154	2258	2162	2092	2205
比 利 时	571	517	620	636	755	715	889	949
保 加 利 亚	283	261	243	262	245	282	218	280
波 黑	52	66	56	43	2	7	41	—
巴 西	3439	4054	4228	4695	4798	4959	4659	4641
加 拿 大	3963	5183	4550	4754	4709	4567	4198	4277
瑞 士	1859	1643	1622	1597	1480	1525	1480	1477
智 利	246	361	328	339	336	340	452	443
中 国	30038	93485	293066	415829	535313	704936	801135	968252
哥 伦 比 亚	65	99	133	183	213	251	260	321
哥 斯 达 黎 加	—	—	8	14	10	21	16	17
塞 浦 路 斯	—	20	4	—	4	2	4	6
捷 克	568	586	868	783	867	984	910	880
德 国	49989	48367	47047	46986	46620	47353	48154	47384
丹 麦	1757	1658	1626	1574	1406	1341	1377	1462
厄 瓜 多 尔	7	11	4	—	—	—	—	—

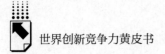

国家 年份	2001 年	2005 年	2010 年	2011 年	2012 年	2013 年	2014 年	2015 年
埃 及	464	428	605	618	683	641	752	—
西 班 牙	2528	3040	3566	3430	3266	3026	2953	2799
爱 沙 尼 亚	18	23	84	62	20	25	44	30
埃 塞 俄 比 亚	1	1	—	—	—	—	—	—
芬 兰	2390	1830	1731	1650	1698	1596	1419	1289
法 国	13499	14327	14748	14655	14540	14690	14500	14306
英 国	21423	17833	15490	15343	15370	14972	15196	14867
格 鲁 吉 亚	254	225	183	138	139	114	110	99
希 腊	385	462	728	721	628	698	651	550
危 地 马 拉	30	17	7	4	7	4	10	7
克 罗 地 亚	362	363	257	230	217	230	170	169
匈 牙 利	919	705	649	662	692	642	546	569
印 度	2379	4721	8853	8841	9553	10669	12040	12579
爱 尔 兰	1019	789	733	494	492	333	263	250
冰 岛	49	47	57	50	37	33	51	40
以 色 列	1248	1669	1450	1360	1319	1201	1125	1285
意 大 利	—	9255	8877	8794	8439	8307	8601	—
日 本	382815	367960	290081	287580	287013	271731	265959	258839
哈 萨 克 斯 坦	1607	1523	1691	1415	—	1824	1742	1271
韩 国	73714	122188	131805	138034	148136	159978	164073	167275
立 陶 宛	68	68	108	93	109	117	123	101
卢 森 堡	51	24	79	85	109	113	128	128
拉 脱 维 亚	117	112	178	173	193	225	103	136
摩 洛 哥	—	140	152	169	197	316	355	224
摩 尔 多 瓦	437	377	139	97	93	67	67	64
马 达 加 斯 加	4	7	9	3	4	4	5	3
墨 西 哥	534	584	951	1065	1294	1210	1246	1364
马 其 顿	66	53	27	37	50	42	—	—
马 耳 他	26	10	12	9	11	13	5	9
莫 桑 比 克	—	1	15	8	14	13	14	24
马 来 西 亚	271	522	1231	1076	1114	1199	1353	1272
荷 兰	2110	2217	2527	2585	2375	2315	2294	2207
挪 威	1189	1143	1117	1122	1009	1101	1106	1153
新 西 兰	1768	1893	1585	1501	1425	1614	1636	1184
巴 基 斯 坦	58	143	114	92	96	151	146	209
菲 律 宾	135	210	170	186	162	220	334	375
波 兰	2202	2028	3203	3879	4410	4237	3941	4676
葡 萄 牙	107	158	499	571	621	647	722	925
罗 马 尼 亚	1128	916	1382	1424	1022	993	952	975
俄 罗 斯	24777	23644	28722	26495	28701	28765	24072	29269

续表

国家＼年份	2001 年	2005 年	2010 年	2011 年	2012 年	2013 年	2014 年	2015 年
新加坡	523	569	895	1056	1081	1143	1303	1469
斯洛伐克	246	155	234	224	168	184	211	228
斯洛文尼亚	301	344	442	470	—	—	—	—
瑞　典	3926	2522	2196	2004	2288	2332	1984	2038
泰　国	534	891	1214	927	1020	1572	1006	—
突尼斯	22	56	113	137	150	112	142	180
乌克兰	7208	3538	2556	2649	2491	2856	2457	2271
乌拉圭	52	24	23	20	22	—	37	26
美　国	177513	207867	241977	247750	268782	287831	285096	288335
南　非	966	1003	821	656	608	638	802	889

数据来源：世界银行数据库。

表 3-4 反映了 2001~2015 年部分国家知识产权使用费收入情况。美国、荷兰、日本、英国、瑞士、德国、法国等主要发达国家的知识产权使用费收入稳居世界前列，2015 年美国达到 1244.42 亿美元，其相应的知识产权使用费支出为 398.58 亿美元，顺差达到 845.84 亿美元。2015 年中国的知识产权使用费收入只有 10.846 亿美元，仅为美国的 0.87%、日本的 2.97%、英国的 5.60%、法国的 7.20%、德国的 7.12%，差距巨大。且 2015 年中国的知识产权使用费支出为 220.224 亿美元，逆差达到 209.378 亿美元。知识产权使用费收入超过 10 亿美元的还有比利时、加拿大、丹麦、西班牙、芬兰、匈牙利、爱尔兰、以色列、意大利、韩国、卢森堡、新加坡、瑞典等国家，其他发展中国家的知识产权使用费收入均比较低。

表 3-4　2001~2015 年部分国家知识产权使用费收入情况

单位：万美元

国家＼年份	2001 年	2005 年	2010 年	2011 年	2012 年	2013 年	2014 年	2015 年
阿根廷	4678	5108	15219	15540	15815	17990	17421	16175
澳大利亚	33675	57376	97806	94833	85982	81365	85155	78310
奥地利	—	39069	92608	103834	109682	107887	127864	99828
比利时	—	136043	248082	253185	265066	335687	330557	320277
保加利亚	258	505	1832	1195	2280	2672	3271	5003
波黑	0	371	1512	1283	1316	1753	1338	1289
巴西	11209	10166	18961	30080	27642	36813	37510	58108
加拿大	253306	287261	281380	334713	393214	457079	454726	433947
瑞士	252182	691964	1335824	1576362	1728106	1861301	1822053	1620744
智利	2490	3223	3614	5530	3619	3826	4077	4195
中国	11000	15740	83048	74330	104410	88667	67638	108460
哥伦比亚	264	994	5649	5900	8976	6644	5637	5239

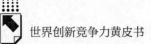
续表

国家＼年份	2001年	2005年	2010年	2011年	2012年	2013年	2014年	2015年
哥斯达黎加	0	0	0	0	0	0	—	44
塞浦路斯	2624	1510	0	0	—	—	—	221
捷　　克	3649	3980	24927	28473	35217	38883	49318	46525
德　　国	274096	575024	827918	1071581	1029865	1356207	1550722	1523529
丹　　麦	—	126202	203059	246792	226434	231493	249726	208857
厄瓜多尔	0	0	0	0	0	0	0	0
埃　　及	4630	13600	0	0	0	0	0	0
西班牙	—	—	—	—	—	117501	143648	161305
爱沙尼亚	212	544	2033	2242	1931	1008	1291	1239
埃塞俄比亚	0	0	25	0	—	—	—	2
芬　　兰	58367	120646	—	—	333123	354139	264855	245334
法　　国	473992	831977	1362831	1533524	1274660	1316997	1453871	1505790
英　　国	1000604	1542462	1655700	1695693	1551477	1730042	1982635	1936889
格鲁吉亚	394	929	473	456	347	334	168	57
希　　腊	1400	6023	6871	6905	8213	5501	10788	5409
危地马拉	0	450	1344	1519	1574	1542	1522	1648
克罗地亚	10669	7287	3148	2435	2958	2413	2613	4565
匈牙利	9567	83721	204686	218567	203314	207632	208531	156603
印　　度	3716	20597	12738	30262	32145	44557	65872	46656
爱尔兰	—	77342	292110	500335	499693	528698	632950	745694
冰　　岛	—	—	0	0	0	9155	15867	23189
以色列	42520	57410	84940	109950	105650	100670	128100	109610
意大利	129925	322424	364181	402844	410090	370034	329487	303941
日　　本	1046160	1765529	2668032	2898925	3189229	3158696	3733636	3647697
哈萨克斯坦	0	2	0	0	0	27	178	89
韩　　国	94730	203560	318840	439900	390290	432810	516710	619890
立陶宛	48	194	89	70	385	3312	2633	2286
卢森堡	20248	29561	55064	57683	133413	161542	199090	189866
拉脱维亚	—	—	1197	972	1028	1193	531	666
摩洛哥	1511	1272	385	556	188	103	152	331
摩尔多瓦	113	159	486	531	456	613	704	448
马达加斯加	97	285	296	1609	758	1506	909	1561
墨西哥	4076	6951	877	589	475	843	820	740
马其顿	339	313	693	1031	828	915	1037	925
马耳他	2	10652	121450	25773	30775	33554	36627	31516
莫桑比克	—	220	—	24	12	—	—	—
马来西亚	2079	2704	10065	14900	13561	10976	7591	8867
荷　　兰	174042	1941891	2497779	2766397	2863860	2987365	3813794	3842917
挪　　威	15913	38349	33859	32169	35014	30391	47767	50970
新西兰	5814	9577	25530	31287	29747	33054	32286	30341

续表

国家＼年份	2001 年	2005 年	2010 年	2011 年	2012 年	2013 年	2014 年	2015 年
巴基斯坦	200	1500	400	700	700	600	1200	1500
菲律宾	100	554	413	489	764	297	976	1119
波兰	4800	6200	23700	27000	22900	31100	34200	41500
葡萄牙	2057	4490	4639	6696	5281	4519	8737	8952
罗马尼亚	1600	4779	46348	24991	34664	12060	13869	8914
俄罗斯	6037	25634	38622	55578	66420	73789	66579	72617
新加坡	7049	51610	97564	166158	185680	317622	378383	518000
斯洛伐克	1954	—	4711	397	422	2654	2876	2624
斯洛文尼亚	1440	1640	3804	5255	4340	5635	7123	5819
瑞典	164544	348015	581296	664016	755014	783321	914224	882782
泰国	885	1680	3543	5694	10484	6199	5670	8467
突尼斯	1529	2567	2480	2642	2311	2511	2804	2177
乌克兰	500	2200	13200	10700	12400	16700	11800	8500
乌拉圭	6	7	20	43	4781	4090	5724	3757
美国	4948900	7444800	10752200	12333400	12443900	12803500	12971500	12444200
南非	2149	4530	11399	13451	12489	11997	11647	10312

数据来源：世界银行数据库。

表 3-5 反映了 2001～2015 年部分国家高科技产品出口占制成品出口比例的变化情况。从高科技产品出口占制成品出口比例来看，2015 年高于 20% 的国家有瑞士、中国、法国、英国、爱尔兰、哈萨克斯坦、韩国、马耳他、马来西亚、挪威、菲律宾、新加坡、泰国等。美国、日本、德国等发达国家的高科技产品出口占制成品出口比例普遍高于 10%。大多数发展中国家该比例较低，埃及、马达加斯加、巴基斯坦等国家甚至不到 2%。总体来看，发达国家仍然是高科技产品的主要出口国，但中国等发展中国家所占的份额也较为稳定。

表 3-5　2001～2015 年部分国家高科技产品出口占制成品出口比例基本情况

单位：%

国家＼年份	2001 年	2005 年	2010 年	2011 年	2012 年	2013 年	2014 年	2015 年
阿根廷	9.267	6.827	7.419	7.074	6.416	7.260	6.876	9.008
澳大利亚	15.489	12.768	11.867	13.067	12.730	12.910	13.599	13.513
奥地利	14.610	13.743	11.906	11.669	12.837	13.716	13.881	13.353
比利时	10.916	8.861	10.479	10.005	11.357	11.488	12.811	13.023
保加利亚	2.892	4.771	7.913	7.467	7.746	7.961	6.882	7.649
波黑	—	2.041	2.582	3.043	2.463	2.301	2.397	2.819
巴西	19.246	12.843	11.224	9.720	10.493	9.651	10.615	12.305
加拿大	15.697	13.084	14.047	13.426	13.784	14.012	13.561	13.788
瑞士	23.059	24.175	25.337	24.855	25.759	26.514	26.399	26.838

续表

国家＼年份	2001 年	2005 年	2010 年	2011 年	2012 年	2013 年	2014 年	2015 年
智 利	3.178	6.924	5.726	4.904	4.955	6.325	6.415	6.105
中 国	20.957	30.844	27.513	25.808	26.274	26.965	25.372	25.546
哥伦比亚	7.211	4.991	5.056	4.327	5.190	7.394	7.712	9.490
哥斯达黎加	36.395	38.027	39.972	40.845	39.613	43.322	36.050	16.830
塞浦路斯	2.028	16.972	36.897	27.291	13.001	7.153	6.225	6.153
捷 克	10.053	12.953	15.303	16.280	16.082	14.788	14.918	14.904
德 国	18.316	17.423	15.251	14.964	15.976	16.080	16.002	16.661
丹 麦	20.822	19.607	13.937	13.747	14.216	14.330	14.421	15.963
厄瓜多尔	4.596	7.659	8.427	3.229	2.478	4.356	4.902	7.169
埃 及	0.903	0.403	0.876	0.952	0.584	0.518	1.310	0.783
西班牙	7.765	7.261	6.357	6.467	6.993	7.666	6.997	7.146
爱沙尼亚	19.281	14.660	9.265	13.388	10.751	10.547	11.440	11.397
埃塞俄比亚	0.133	1.452	2.737	2.014	2.446	2.366	8.096	4.003
芬 兰	24.357	25.064	10.941	9.272	8.546	7.214	7.861	8.727
法 国	23.488	20.266	24.915	23.715	25.367	25.897	26.093	26.847
英 国	34.019	27.964	21.014	21.393	21.739	21.865	20.647	20.812
格鲁吉亚	38.143	22.586	1.861	1.349	2.387	2.398	3.019	5.567
希 腊	10.256	10.579	10.097	9.753	9.074	7.538	10.316	10.987
危地马拉	7.618	3.380	5.684	4.427	4.689	4.742	4.964	5.019
克罗地亚	10.255	11.395	9.150	7.557	9.909	10.217	8.425	8.980
匈牙利	24.232	25.827	24.067	22.732	18.090	16.342	13.709	13.873
印 度	6.970	5.804	7.181	6.871	6.632	8.074	8.586	7.518
爱尔兰	47.632	34.734	21.229	21.708	22.516	22.425	21.326	26.765
冰 岛	10.105	33.968	21.001	20.859	14.328	15.475	16.938	19.902
以色列	18.640	14.025	14.663	13.980	15.846	15.605	16.013	19.663
意大利	9.564	7.981	7.243	7.366	7.071	7.244	7.240	7.364
日 本	26.595	22.981	17.973	17.459	17.405	16.784	16.689	16.782
哈萨克斯坦	3.239	11.291	34.159	24.673	29.970	36.701	37.172	41.191
韩 国	29.785	32.476	29.466	25.721	26.173	27.099	26.881	26.842
立陶宛	4.991	6.154	10.608	10.212	10.422	10.331	10.136	11.853
卢森堡	19.166	11.857	8.365	8.812	8.406	6.584	5.704	6.823
拉脱维亚	3.773	5.314	7.644	8.243	9.778	13.012	15.046	14.027
摩洛哥	9.509	9.641	7.692	6.068	6.351	6.551	5.314	3.537
摩尔多瓦	2.593	3.957	8.260	6.309	4.785	2.361	4.807	3.989
马达加斯加	0.906	0.782	1.038	9.685	0.373	0.299	0.571	0.186
墨西哥	22.056	19.636	16.938	16.510	16.335	15.925	15.992	14.687
马其顿	1.093	1.084	3.382	3.904	3.890	3.635	3.099	2.987
马耳他	61.687	51.999	47.080	47.234	45.732	38.553	34.413	30.197
莫桑比克	2.007	8.367	1.268	26.481	24.736	13.355	5.635	11.612
马来西亚	58.111	54.646	44.521	43.390	43.717	43.574	43.874	42.801

续表

国家＼年份	2001 年	2005 年	2010 年	2011 年	2012 年	2013 年	2014 年	2015 年
荷　　兰	32.714	30.890	21.294	19.814	20.045	20.406	19.902	19.902
挪　　威	18.192	16.094	16.150	18.462	18.829	19.143	20.738	20.520
新 西 兰	9.353	10.191	9.003	9.305	9.788	10.254	9.111	9.617
巴 基 斯 坦	0.297	1.380	1.685	1.760	1.666	1.883	1.414	1.557
菲 律 宾	71.900	70.785	55.257	46.352	48.859	49.238	48.997	53.064
波　　兰	3.172	3.790	6.685	5.874	6.953	7.813	8.696	8.777
葡 萄 牙	7.801	8.863	3.511	3.688	4.139	4.309	4.381	4.837
罗 马 尼 亚	6.143	3.842	10.947	10.184	6.375	5.720	6.449	7.502
俄 罗 斯	14.038	8.438	9.066	7.972	8.375	10.006	11.452	13.760
新 加 坡	60.949	56.893	49.909	45.157	45.289	46.994	47.182	49.275
斯 洛 伐 克	3.862	7.438	6.768	7.104	9.211	10.313	10.217	10.288
斯 洛 文 尼 亚	5.336	4.929	5.723	5.804	6.183	6.219	5.841	6.421
瑞　　典	17.395	16.938	13.696	13.377	13.405	14.057	13.882	14.252
泰　　国	31.511	26.672	24.017	20.742	20.542	20.093	20.431	21.442
突 尼 斯	3.314	4.511	4.894	5.603	4.691	4.941	5.488	6.327
乌 克 兰	4.311	3.725	4.336	4.392	6.302	5.895	6.512	7.268
乌 拉 圭	2.197	2.721	6.593	6.122	9.301	8.661	7.930	13.846
美　　国	32.592	29.902	19.968	18.106	17.777	17.819	18.229	18.992
南　　非	6.460	6.656	4.626	5.007	5.380	5.469	5.854	5.881

数据来源：世界银行数据库。

三　国家创新绩效评价模型及指标选择

接下来将采用定量方法对世界创新活动及其效率进行客观评估。主要运用 DEA 方法，计算 Malmquist 指数，对 2011～2015 年世界研发创新活动进行效率评价，以期更好地了解世界创新研发的实际情况，为进一步提高创新效率、提升世界创新整体水平提供决策参考。

（一）国家创新绩效评价模型

数据包络分析（Data Envelopment Analysis，DEA）是一种评价科技投入—产出效率的有效方法，目前已成为一种公认的评价方法，在各个研究领域都发挥了重要作用。利用数学规划模型评价多投入、多产出的决策单元是否有效，与其他方法相比，DEA 方法在避免主观因素、降低误差等方面具有较大优势。

假定系统存在 n 个决策单元，每个决策单元有 m 种投入和 s 种产出。x_{di} 表示第 d 个

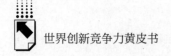

决策单元对第 i 个投入的消耗，y_{d_i} 表示第 d 个决策单元的第 j 个产出的大小，则第 k 个决策单元效率值的计算过程如下：

$$\min\theta_k$$

$$s.t. \begin{cases} \sum_{d=1}^{n} x_{di}\lambda_d + s^- = \theta_k x_{ki}, i = 1,2,\cdots,m \\ \sum_{d=1}^{n} y_{dj}\lambda_d - s^+ = y_{kj}, j = 1,2,\cdots,s \\ \lambda_d \geq 0, d = 1,2,\cdots,n \\ s^- \geq 0, s^+ \geq 0 \end{cases}$$

其中 θ_k 表示第 k 个被考察决策单元的效率值。$\theta = 1$，表示被考察决策单元在效率前沿面上，因此处于有效状态。DEA 有效包括技术有效和规模有效。

Malmquist 指数方法是基于 DEA 方法发展起来的，可以用来分析全要素生产效率的变化。该方法不仅可以分析不同国家技术进步的变化，还可以用来得到全要素生产效率的值，从而为各国创新发展提供更多有用的信息。Malmquist 指数主要是利用距离函数来计算投入产出效率的动态变化过程。具体计算公式为：

$$M_i(x^{t+1}, y^{t+1}, x^t, y^t) = \left[\frac{D_i^t(x^t, y^t)}{D_i^t(x^{t+1}, y^{t+1})} \times \frac{D_i^{t+1}(x^t, y^t)}{D_i^{t+1}(x^{t+1}, y^{t+1})} \right]^{\frac{1}{2}}$$

其中 $D_i^t(x^t, y^t)$ 表示第 t 期的距离函数。当 $M_i(x^{t+1}, y^{t+1}, x^t, y^t)$ 大于 1 时，表示生产效率提高。上述公式可以进一步变换，分解为技术效率变化指数与技术进步变化指数的乘积，且技术效率又可以进一步分解为纯技术效率变动和规模效率变动。具体转换过程如下：

$$M_i(x^{t+1}, y^{t+1}, x^t, y^t) = \frac{D_i^t(x^t, y^t)}{D_i^{t+1}(x^{t+1}, y^{t+1})} \times \left[\frac{D_i^{t+1}(x^{t+1}, y^{t+1})}{D_i^t(x^{t+1}, y^{t+1})} \times \frac{D_i^{t+1}(x^t, y^t)}{D_i^t(x^t, y^t)} \right]^{\frac{1}{2}}$$

$$= TEC(x^{t+1}, y^{t+1}, x^t, y^t) \times TP(x^{t+1}, y^{t+1}, x^t, y^t)$$

技术效率又称为总效率，当该值大于 1 时，称为有效。技术效率体现的是在给定投入的情况下，各决策单元取得最大产出的能力，反映了各国对现有技术利用的有效程度。规模效率体现的是各决策单元是否处于最合适的投入规模，反映了创新活动规模的有效程度。技术效率、规模效率、纯技术效率指数大于 1，表示效率改善，反之则为恶化。

（二）决策单元及指标选取

利用 Malmquist 指数方法对效率进行测算，指标的选取尤为关键。结合现有的相关研究成果，本文选取了以下投入产出指标。投入主要是研发人员、研发经费支出总额，产出表现在专利授权数、注册商标数、高技术产品出口额。研发人员和经费投入与创新投入息息相关，而专利授权数、注册商标数和高技术产品出口额是衡量创新产出的有效指标（见表 3 - 6）。

表 3 - 6　世界创新绩效评价指标

投入	指标	产出	指标
	研发经费支出总额		专利授权数
	研发人员		注册商标数
			高技术产品出口额

由于部分国家数据缺失，为使研究更切合实际，本文所选取的指标数据年份为2011～2015年，决策单元包括71个国家。其中研发人员、研发经费支出总额、高技术产品出口额数据来自世界银行数据库，专利授权数和注册商标数数据来自世界知识产权组织。由于创新投入具有一定的滞后性，国内外学者对创新投入的时滞性进行了广泛的研究，一致认为创新投入与产出存在时间不一致性，因此，在时间处理上，我们采用创新产出前3年的投入数据平均值作为创新投入。

四　国家创新绩效评价比较分析及主要结论

将选取的2011～2015年部分国家创新投入与产出数据，代入 DEAP2.1 软件对其效率进行评价，得到如下结果。

（一）国家创新效率静态分析

表3-7显示了2011～2015年71个国家历年的创新效率值。从横截面数据分析，2011～2015年，71个国家的创新效率平均值都小于1。这与世界经济形势的复杂多变是直接相关的。自2008年国际金融危机爆发以来，发达经济体、新兴经济体都暴露出不同的发展问题，全球经济处在一种不均衡的复苏态势中。发达经济体政策调整、新兴经济体国内改革、地缘政治变化等各种因素都影响着世界经济运行。以货物贸易为例，在各国积极应对危机的政策推动下，2010～2011年世界货物出口增长率恢复到20%左右，然而自2012年开始，货物出口增长率急剧下降，2012～2014年基本维持在3%的水平，2015年全球贸易低迷状况进一步恶化，货物出口出现较大幅度的负增长。除此之外，2011～2015年国际直接投资也没有恢复到2008年国际金融危机以前的高峰水平。世界经济形势的不乐观和不确定直接影响了各国的创新活动。当前世界经济处于以创新为基础的长周期下降阶段，尚未出现产生革命性影响的重大技术突破，新能源、生物技术、智能制造等新技术仍处于不断摸索和试错阶段，囿于成本和技术水平，新兴产业难以担负引领世界经济走出困境的重任，经济增长动力明显不足。

从时间序列数据分析，中国、日本、韩国、马拉维、墨西哥、巴拿马、菲律宾、新加坡、斯洛文尼亚等9个国家在2011～2015年的创新效率值都等于1，表明这些国家的创新活动处于有效状态。《中国创新发展报告（2014）》[1] 显示，中国在研发投入方面增

---

[1]　陈劲：《中国创新发展报告（2014）》，社会科学文献出版社，2014。

长迅速,正在逐渐缩小与美日的差距,但在创新人力资本投入以及科技创新效率方面,还需进一步提高。《2015年全球创新指数》显示,中国的创新效率指数名列前茅,在创新投入与产出方面均表现良好。近些年来,中国注重向研发效率要产出,强调提升创新效率。通过深化改革,创新体制机制,破除各种束缚,最大限度地调动科研人员的创新积极性,建立健全协同机制,促进科技成果转化运用。《"十三五"国家科技创新规划》要求,科技进步贡献率要从2015年的55.3%上升为2020年的60%。十九大报告明确指出,"创新是引领发展的第一动力","推动经济发展质量变革、效率变革、动力变革"。可见,如何提升国家创新效率成为中国政府和社会各界高度重视的议题,并取得了显著成效。

表3-7　2011~2015年71个国家创新效率值

国家	2011年	2012年	2013年	2014年	2015年
阿根廷	0.602	0.371	0.368	0.407	0.341
澳大利亚	0.495	0.386	0.409	0.495	0.734
奥地利	0.113	0.128	0.136	0.127	0.125
玻利维亚	0.541	0.397	0.493	0.494	0.511
波黑	0.666	0.479	0.352	0.399	0.404
博茨瓦纳	1	0.65	0.41	0.402	0.415
巴西	0.655	0.5	0.554	0.455	0.422
保加利亚	0.071	0.079	0.1	0.083	0.084
柬埔寨	0.946	0.75	0.679	0.7	0.721
加拿大	0.391	0.349	0.44	0.475	0.608
智利	1	1	1	0.925	0.783
中国	1	1	1	1	1
哥伦比亚	0.812	0.92	0.964	0.942	0.963
哥斯达黎加	0.784	0.582	0.865	0.553	0.504
克罗地亚	0.093	0.094	0.103	0.11	0.106
塞浦路斯	0.311	0.273	0.247	0.254	0.269
捷克	0.289	0.216	0.217	0.234	0.204
丹麦	0.057	0.07	0.078	0.088	0.082
埃及	0.082	0.066	0.067	0.076	0.057
爱沙尼亚	0.09	0.134	0.178	0.213	0.182
芬兰	0.048	0.047	0.045	0.058	0.073
法国	0.302	0.251	0.237	0.242	0.22
格鲁吉亚	1	1	1	1	0.733
德国	0.752	0.701	0.659	0.724	0.663
希腊	0.068	0.037	0.032	0.048	0.041
危地马拉	1	0.964	1	1	1
匈牙利	0.429	0.23	0.275	0.235	0.21
印度	0.702	0.536	0.557	0.568	0.699
伊朗	0.281	0.239	0.359	0.636	0.643

续表

国家	2011 年	2012 年	2013 年	2014 年	2015 年
爱尔兰	0.441	0.418	0.411	0.401	0.503
以色列	0.257	0.11	0.073	0.161	0.184
意大利	0.18	0.127	0.185	0.176	0.168
日本	1	1	1	1	1
哈萨克斯坦	1	0.809	0.228	0.848	0.789
肯尼亚	0.053	0.04	0.036	0.035	0.035
韩国	1	1	1	1	1
拉脱维亚	0.195	0.18	0.255	0.274	0.273
立陶宛	0.071	0.131	0.157	0.156	0.152
马达加斯加	0.63	0.518	0.495	1	1
马拉维	1	1	1	1	1
马来西亚	0.634	0.519	0.457	0.442	0.358
马里	0.675	0.303	0.311	0.307	0.303
毛里求斯	1	0.636	0.665	0.668	0.678
墨西哥	1	1	1	1	1
摩洛哥	0.18	0.136	0.152	0.194	0.174
新西兰	0.953	1	0.969	1	0.978
挪威	0.155	0.095	0.121	0.126	0.132
巴基斯坦	0.16	0.146	0.217	0.295	0.287
巴拿马	1	1	1	1	1
菲律宾	1	1	1	1	1
波兰	0.162	0.096	0.129	0.131	0.108
葡萄牙	0.095	0.063	0.096	0.124	0.092
罗马尼亚	0.079	0.077	0.122	0.13	0.111
俄罗斯	0.444	0.407	0.431	0.453	0.568
塞尔维亚	0.076	0.049	0.059	0.057	0.053
新加坡	1	1	1	1	1
斯洛伐克	0.053	0.056	0.071	0.077	0.084
斯洛文尼亚	1	1	1	1	1
南非	0.685	0.515	0.529	0.56	0.509
西班牙	0.45	0.323	0.268	0.341	0.496
瑞典	0.089	0.092	0.078	0.083	0.072
瑞士	0.362	0.376	0.393	0.406	0.406
泰国	0.701	0.521	0.467	0.405	0.332
突尼斯	0.166	0.117	0.152	0.246	0.278
土耳其	0.777	0.407	0.363	0.349	0.305
乌干达	0.273	0.192	0.148	0.145	0.151
乌克兰	0.449	0.336	0.448	0.562	0.531
英国	0.128	0.118	0.112	0.115	0.106
美国	0.601	0.565	1	1	0.936
乌拉圭	0.22	0.216	0.213	0.214	0.241
越南	1	1	0.879	0.941	0.349
均值	0.507	0.439	0.444	0.47	0.458

说明：根据 DEAP 软件计算得到。

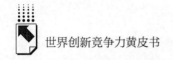

（二）世界创新效率动态分析

为更好地分析世界创新效率的变化趋势，接下来利用71个国家2011～2015年的面板数据，采用Malmquist指数模型计算相应的技术进步变化指数（Tech）、技术效率变化指数（Effch）、纯技术效率变化指数（Pech）和规模效率变动指数（Sech）。

表3-8归纳了71个国家2011～2015年相邻年份的效率变化情况。从表3-8可以看出，2011～2012年71个国家创新的全要素生产效率指数（TFP）为0.951，这主要是由纯技术效率变化指数的下降引起的。2012～2013年、2013～2014年71个国家创新的全要素生产效率指数分别为0.918和0.985，这主要是因为技术进步变化指数有所下降。技术进步变化指数小于1并不必然反映技术退步，更合理的解释是，虽然各国技术都有进步，但大部分国家技术进步的速度有所放缓，从而影响了技术变化指标的大小。2014～2015年71个国家创新的全要素生产效率指数为0.930，这主要是受到纯技术效率变化指数和技术进步变化指数的影响。

值得注意的是，2011～2015年71个国家相邻年份的全要素生产效率指数都小于1。这主要是因为，2011～2015年全球经济仍然处于危机之后的缓慢复苏阶段，虽然国际金融危机爆发已过去多年，世界经济已走出低谷，但复苏前景仍不明朗。大多数年份的技术进步变化指数也小于1，为确保世界创新效率提升，未来必须加强技术研发，鼓励研发创新，推进技术进步。

表3-8 2011～2015年71个国家创新Malmquist指数及其分解

年份	Effch	Tech	Pech	Sech	TFP
2011～2012	0.928	1.024	0.843	1.101	0.951
2012～2013	1.055	0.870	1.040	1.015	0.918
2013～2014	1.215	0.811	1.090	1.115	0.985
2014～2015	1.078	0.862	0.968	1.114	0.930
均值	1.064	0.888	0.981	1.085	0.946

说明：根据DEAP软件计算得到。

从表3-9可以看出，2011～2015年全要素生产效率指数的均值小于1，其中技术效率年均增长率为6.4%，规模效率年均增长率为8.5%，其余两个指标都是下降的。技术进步年均下降率为11.2%，纯技术效率年均下降率为1.9%。由此可见，2011～2015年71个国家创新效率的下降主要是由技术进步增长率的下降引起的。

从国别结构看，2011～2015年，全要素生产效率指数大于1的国家包括马达加斯加、澳大利亚、巴基斯坦、马拉维、中国、巴西、加拿大、美国、伊朗、拉脱维亚、葡萄牙、菲律宾、法国、俄罗斯、芬兰、瑞士、斯洛伐克和奥地利等18个国家，这表明2011～2015年这些国家创新效率较高，进步较大。从技术效率指数看，2011～2015年技术效率变化指数大于1的国家包括德国、瑞士、新加坡、马达加斯加、爱尔兰、奥地利、法国、丹麦、中国等50个国家，其中瑞士、马达加斯加、爱尔兰、奥地利、丹麦、爱沙尼亚、澳大利亚、芬兰、哥伦比亚、美国、加拿大、罗马尼亚、乌克兰、俄罗斯、西班牙、新西兰等16个国家的纯技术效率变化指数和规模效率变化指数都大于1，也就是说这些国家无论是纯技术效率还是规模效率都呈现增长态势；而德国、新加坡、法国、中国、瑞典、菲律宾、意大利、捷克、英国、葡萄牙、马来西亚、印度、南非、巴西、韩国、泰国、智利、阿根廷、日本、挪威、斯洛文尼亚、匈牙利、墨西哥、摩洛哥、以色列、土耳其等26个国家技术效率的增长主要得益于规模效率的增长。

表 3 – 9 2011 ~ 2015 年 71 个国家创新的 Malmquist 指数及其分解

国家	Effch	Tech	Pech	Sech	TFP
阿根廷	1.061	0.883	0.868	1.223	0.937
澳大利亚	1.202	0.892	1.104	1.089	1.072
奥地利	1.295	0.773	1.024	1.265	1.001
玻利维亚	0.981	0.97	0.986	0.995	0.951
波黑	0.923	1.05	0.883	1.046	0.969
博茨瓦纳	0.881	1.054	0.803	1.097	0.928
巴西	1.11	0.939	0.896	1.239	1.043
保加利亚	1.021	0.9	1.044	0.978	0.919
柬埔寨	0.663	0.982	0.934	0.71	0.651
加拿大	1.134	0.918	1.117	1.015	1.041
智利	1.062	0.878	0.941	1.129	0.932
中国	1.236	0.861	1	1.236	1.065
哥伦比亚	1.171	0.851	1.044	1.122	0.996
哥斯达黎加	0.939	0.831	0.895	1.049	0.781
克罗地亚	0.942	0.945	1.033	0.912	0.89
塞浦路斯	0.955	0.94	0.965	0.99	0.898
捷克	1.152	0.775	0.917	1.256	0.893
丹麦	1.275	0.763	1.094	1.166	0.972
埃及	0.954	0.932	0.914	1.043	0.889
爱沙尼亚	1.224	0.793	1.194	1.025	0.971
芬兰	1.202	0.838	1.11	1.083	1.008
法国	1.275	0.795	0.924	1.379	1.013
格鲁吉亚	0.905	0.76	0.925	0.978	0.688
德国	1.352	0.738	0.969	1.395	0.997
希腊	0.878	0.923	0.879	1	0.811
危地马拉	1	0.966	1	1	0.966
匈牙利	1.034	0.798	0.837	1.236	0.825
印度	1.114	0.892	0.999	1.115	0.993
伊朗	1.141	0.908	1.229	0.928	1.037
爱尔兰	1.301	0.761	1.034	1.258	0.99
以色列	1.01	0.888	0.92	1.097	0.896
意大利	1.176	0.807	0.982	1.197	0.949
日本	1.06	0.863	1	1.06	0.914

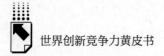
续表

国家	Effch	Tech	Pech	Sech	TFP
哈萨克斯坦	0.942	0.976	0.943	0.999	0.919
肯尼亚	0.941	0.937	0.904	1.041	0.882
韩国	1.088	0.878	1	1.088	0.956
拉脱维亚	1.05	0.986	1.088	0.965	1.035
立陶宛	1.209	0.799	1.21	0.999	0.966
马达加斯加	1.301	0.971	1.122	1.16	1.263
马拉维	1	1.066	1	1	1.066
马来西亚	1.123	0.786	0.867	1.296	0.882
马里	0.941	0.963	0.818	1.149	0.906
毛里求斯	0.832	1.2	0.907	0.917	0.998
墨西哥	1.03	0.963	1	1.03	0.992
摩洛哥	1.016	0.901	0.992	1.025	0.915
新西兰	1.05	0.935	1.007	1.043	0.982
挪威	1.053	0.895	0.961	1.096	0.943
巴基斯坦	1.017	1.049	1.157	0.879	1.067
巴拿马	1	0.798	1	1	0.798
菲律宾	1.186	0.855	1	1.186	1.014
波兰	0.928	0.979	0.903	1.027	0.908
葡萄牙	1.131	0.906	0.991	1.141	1.024
罗马尼亚	1.114	0.855	1.088	1.024	0.953
俄罗斯	1.09	0.925	1.064	1.024	1.009
塞尔维亚	0.925	0.983	0.916	1.01	0.909
新加坡	1.302	0.757	1	1.302	0.985
斯洛伐克	1.078	0.929	1.126	0.958	1.002
斯洛文尼亚	1.049	0.945	1	1.049	0.992
南非	1.113	0.854	0.928	1.199	0.95
西班牙	1.059	0.848	1.024	1.034	0.898
瑞典	1.195	0.741	0.947	1.262	0.885
瑞士	1.328	0.756	1.029	1.29	1.004
泰国	1.069	0.811	0.829	1.289	0.867
突尼斯	1.131	0.88	1.138	0.994	0.995
土耳其	1.006	0.959	0.791	1.271	0.965
乌干达	0.863	0.956	0.862	1.001	0.825
乌克兰	1.109	0.892	1.043	1.064	0.99
英国	1.144	0.826	0.953	1.199	0.945
美国	1.162	0.895	1.117	1.041	1.04
乌拉圭	1.02	0.96	1.023	0.998	0.979
越南	0.944	0.906	0.769	1.227	0.855
均值	1.064	0.888	0.981	1.085	0.946

说明：根据 DEAP 软件计算得到。

　　创新绩效是一国开展创新活动所产生的成果和影响的集中表现。从以上实证分析结果可知，大部分国家的创新效率值还比较低，国家创新活动还不够有效。评价期内评价对象的全要素生产效率指数的均值小于1，国家创新效率下降主要是由技术进步增长率下降导致的。未来各国要想加快提升国家创新绩效，必须进一步加大创新资源投入力度，加大研发创新的资金投入，大力培养和引进研发创新人才；着力强化企业创新主体地位，创造有利于企业开展创新活动的良好政策环境，降低企业创新风险，保障企业创新收益，充分激发企业开展研发创新的动力；完善产学研协同创新制度，有效汇聚创新资源和要素，形成创新共享机制，充分释放人才、资金、技术等创新要素活力，实现深度合作。

Y.105
专题四
数字经济的兴起与全球数字产业发展策略

摘　要：　数字经济的概念从提出至今，其内涵从简单的新经济、网络经济发展到多层次、广包容并能够清晰地区别于以往经济时代的界定，其外延拓展到包括基础设施、数字交易、电子商务和虚拟经济四个层面。数字经济的发展演变过程，大致可以分为数字建设、数字生产、数字网络发展和数字社会四个阶段，并在不同阶段呈现区别于以往经济形态的独特规律。全球主要国家数字经济整体呈现快速上升趋势，但各国的发展水平存在明显的阶段性差异并与国家的创新竞争力呈现稳定的正相关关系。在全球经济面临转型挑战和结构调整的背景下，数字产业成为世界各国经济发展和增长的新动能。世界各国应在数字技术产业、数字商务产业、数字创意产业、数字民生产业、电子政务产业等领域推进务实合作，为经济发展注入新活力。为推进全球数字经济的协调快速发展，各国应加快数字基础设施建设，拓展支持数字产业发展的融资渠道，提升网络安全保障能力，加强国民数字素养教育和高端数字人才培养。

　　数字经济（digital economy）是近年全球经济政治活动中的热门词，相继成为2016年 G20 杭州峰会、2017 年 G20 汉堡峰会和 2017 年厦门金砖国家峰会的主要议题[①]。虽然从数字经济的概念提出至今，无论是学术界还是全球各国政府对其内涵和外延的认识还存在模糊，但不妨碍各国积极推出促进数字经济发展的相关政策。越来越多的学者和国家开始着手研究数字经济发展的规律和趋势，以期能够在新一轮的经济创新发展中抓住难得的机遇。本文从厘清数字经济的概念入手，分析其发展的规律和趋势，预测未来全球数字经济发展的关键领域，提出各国发展数字经济的共性策略。

一　数字经济的概念与发展历程

　　从数字经济的概念首次被正式提出至今，经济学家和各国政府对数字经济的理解不断演变，内涵与外延不断扩大。对概念理解的变化揭示了数字经济发展的不同阶段特征，蕴含了其发展规律。

---

　　① 黄茂兴：《直面 2017：金砖国家峰会的热点聚焦》，经济科学出版社，2017。

（一）数字经济的概念与演变

在信息技术和互联网发展的早期，在不同区域的研究中，数字经济也会被称为互联网经济、网络经济、信息经济或新经济，这是因为当时的数字经济主要就是依赖信息处理技术和网络建设来驱动的。1996 年，加拿大经济学家唐·泰普斯科特（Don Tapscott）在《数字经济：信息网络时代的希望与危机》（*The Digital Economy：Promise and Peril in the Age of Networked Intelligence*）一书中首次正式提出数字经济的概念，并预测了数字化对商业、政府、教育、社会责任等 12 个领域的影响①。此后，《数字化生存》《信息时代三部曲》（*The Information Age Trilogy*）等有关数字经济著作的陆续出版，以及美国从 1998 年开始连续三年推出关于数字经济的政府研究报告《浮现中的数字经济》（The Emerging Digital Economy）、《浮现中的数字经济Ⅱ》（The Emerging Digital Economy Ⅱ）和《数字经济 2000》（Digital Economy 2000），揭开了全球数字经济发展的序幕。随后，世界各主要发达国家陆续开始公布数字经济的相关统计数据，推出相关发展战略。

2016 年的 G20 中国杭州峰会，各国领导人共同签署了《二十国集团数字经济发展与合作倡议》，该倡议是首个由多国领导人共同签署的具有全球影响力的数字经济政策文件。随后 2017 年中国厦门金砖国家峰会和 G20 德国汉堡峰会也相继将数字经济定为主要议题之一。一系列全球瞩目的政治经济活动，真正将数字经济概念推向全世界公众面前。

2016 年 G20 峰会达成的合作倡议对数字经济作出了到目前为止最为清晰的界定：指以使用数字化的知识和信息作为关键生产要素、以现代信息网络作为重要载体、以信息通信技术的有效使用作为效率提升和经济结构优化的重要推动力的一系列经济活动②。这一界定明确了数字经济概念的三方面内容：一是数字经济与以往农业经济、工业经济的根本性区别是数字化的知识和信息成为至关重要的生产要素，二是数字经济发展的基础与载体是现代信息网络，三是数字经济发展的动力是互联网、云计算、大数据、物联网、金融科技与其他日新月异的信息技术。

数字经济概念的内涵从简单的新经济、网络经济发展到多层次、广包容并能够清晰地区别于以往经济时代的界定，与之相应的概念外延也不断拓展。2001 年，美国经济学家托马斯·梅森伯格（Thomas Mesenbourg）将数字经济划分为三个层次：最底层的是数字交易的基础设施，包括硬件、软件、通信技术、网络和人力资本等等；在其之上的是局部的数字交易活动，如在线销售和企业内部的数字化管理；再上一层是全网络的电子商务活动，指的是涵盖从采购、生产到销售和配送的全过程数字化商务活动③。后

---

① Tapscott D. *The Digital Economy：Promise and Peril in the Age of Networked Intelligence*. McGraw-Hill，1996.
② 《二十国集团数字经济发展与合作倡议》，http：//www. g20chn. org/hywj/dncgwj/201609/t20160920_3474. html.
③ Mesenbourg T. L. Measuring Electronic Business：Definitions，Underlying Concepts，and Measurement Plans，US Bureau of the Census，2001.

来，约翰·麦考密克（John MacCormic）将网络社交和互联网搜索作为第四个层次，加入这个概念体系中，又将其单独称为"虚拟经济"①。

（二）数字经济的发展阶段及其规律

根据数字经济的概念，数字化信息在人类社会经济活动中的作用变化是数字经济阶段性发展的关键特征。根据这一特征，可以将数字经济发展历程分为四个阶段，分别为数字化建设阶段、数字生产阶段、数字网络阶段和数字社会阶段。数字化信息在这四个阶段中扮演了不同的角色，从而使数字经济呈现不同的发展规律。但是，这四个阶段并不具有严格的界限，都存在重合时期，如数字化建设实际上贯穿了数字经济发展的全过程。通过发展阶段的大致划分，能够更好地理解数字经济的特点，进而分析规律并预测未来的发展趋势。

在数字化建设阶段，人们开始广泛通过二进制形式存储各类信息，标志着数字经济正式开启。在这一阶段的初期，数字化的信息由于形式、数量、载体和分析工具的限制，实际上还未成为生产要素，还处于持续量变阶段。信息存储和计算载体的建设是这一阶段数字经济发展的关键，包括计算机芯片、存储设备、输入输出设备、传输通道和各类软件的发明和生产。随着这些软硬件载体生产成本的不断下降，数字化设备得以逐步普及，数字化信息在形式和数量上都同时快速增长，从而不断推动数字化建设进程。虽然数字化建设的进程至今并未停止，但20世纪中叶至21世纪初的数字化建设阶段，是信息的数字化真正实现由量变到质变的飞跃阶段，并且保持持续快速增长。根据市场调研公司IDC公布的数据，2005年有32艾字节（Exabytes，EB）的数字化信息被创造出来②，这已经是1986年以前人类历史信息储存总量的15倍③，而且几乎以每两年增加一倍的速度增长。英特尔公司的创始人戈登·摩尔（Gordon Moore）在半个世纪前预言，"半导体芯片上集成的晶体管和电阻数量每两年将增加一倍"。此后，无论是计算机芯片的更新速度还是数字化信息规模的增长都大致与此预言吻合，因此他的预言被称为"摩尔定律"。数字化信息的大爆炸与"摩尔定律"是数字化建设阶段的显著特征，许多研究者和研究机构都在根据"摩尔定律"对数字经济的发展进行预测。从2004年计算机芯片的更新速度放慢开始，数字化基础硬件建设高速发展的阶段基本结束。

在数字生产阶段，人们开始将数字化的信息作为生产要素投入经济活动中，标志着数字经济进入新的发展阶段。这一阶段开始的契机同样是数字技术的进步，20世纪60年代末，美国阿帕网（ARPANET）的诞生标志着数字生产阶段的开启。在这一阶段，虽然数字信息还很少在开放网络中传播，但通过专用渠道传输的数字信息已经使人类能

---

① 〔美〕约翰·麦考密克：《零边际成本社会——一个物联网、合作共赢的新经济时代》，赛迪研究院专家组译，中信出版社，2014。

② 1艾字节（Eb）= 1.1529e + 18字节（b），数字经济的规模是从2005年开始首次进行统计，因此这一年也被称为"数字元年"。

③ IDC. The Digital Universe of Opportunities: Rich Data and the Increasing Value of the Internet of Things, https://www.emc.com/leadership/digital - universe/2014iview/index.htm, 2014.

够将数字化的信息作为生产要素投入经济活动中。数字化的信息开始发挥动态性、可复制和低成本的优势，不但大幅降低了经济活动的成本，更扩大了经济活动的范围。数字化信息的推广和应用成为这一阶段数字经济发展的主要推动力。伴随着大型企业内部网的建设和专用数据软件的开发（如 ERP、EDI、CRM 系统），企业生产活动的效率得到了前所未有的提升。数字化对生产过程的渗透也开始改变生产组织的规律。在工业经济时代，分工明确、结构清晰的组织通过边界与外部区隔能够降低交易成本。但进入数字生产阶段后，由于信息传递的效率大幅提升，企业内外部的边界出现模糊化，"无边界组织"开始涌现。在个体层面，需求信息的实时、动态传输，催生了需求导向的生产方式，改变了传统的供应链构成，模糊了生产与消费的边界。在企业层面，纵向的组织结构不断下沉、缩减与融合，越来越扁平化，横向的企业间合作基于核心的技术和需求数据开展，更多的跨部门和跨行业协作，推动不同的行业和商业模式进行整合，从而进一步模糊了行业的边界，跨行业、平台型的巨型组织开始出现。在国家层面，由于数字生产要素的投入和产出不再受距离和时间的限制，虚拟产品的国际贸易和跨国界组织生产的虚拟组织出现，跨国企业全球管理成本大幅度下降，推动了一轮汹涌的全球化浪潮。

在数字网络阶段，当数字化的信息通过互联网开始改变传统经济活动的方式和基本规律时，数字经济就进入了数字网络阶段，直观表现为数字化经济活动的范围伴随着网络软硬件的发展扩大到万维网。1988 年，互联网结束了仅供计算机研究和政府机构使用的历史，开始真正进入商业运作阶段，1990 年万维网诞生。1991 年 6 月，世界联网的用户中，商业用户首次超过学术研究用户，标志着数字网络阶段的真正开启。网络建设和应用的高速发展是这一阶段数字经济发展的最显著特征，也是主要的推动力。根据联合国国际电信联盟（ICT）最新公布的研究报告，预计 2017 年底全球互联网用户达到 43 亿，在过去五年保持 20% 以上的速度增长[①]。信息技术研究和分析公司 Gartner 在 2017 年发布的报告显示，2017 年大约有 84 亿台数字设备联网，到 2020 年将达到 2040 亿台[②]。数字网络阶段的另一特征是网络参与者的互动。在此之前，信息的制造往往是单向、单线程的，由于网络参与者的互动，数字化信息的制造开始成为双向、多向和多线程的。这一方面加快了数字化信息作为生产要素的积累速度，另一方面也改变了数字经济活动的规则。随着互动网络中参与者数量的增加，网络创造的数字化信息会呈指数增长，而网络本身所能产生的社会价值也会成倍增加，这是伴随着数字化信息参与经济活动的方式改变而产生的新经济规律，被称为梅特卡夫法则（Metcalfe's Law）[③]。与工业经济时代的规模效益递增不同，建立在数字网络基础上的经济活动，其边际效益随着参与网络的节点数量的增加而增长，并呈现指数增长规律。整个网络增加的价值也不是由少数的网络成员独享，而是被整个网络的参与者分享。例如，每一位新成员加入社交网络平台都会增加平台的影响力，但同时也

---

①　ICT. Facts and Figures 2017, https：//www.itu.int/en/ITU－D/Statistics/Pages/facts/default.aspx, 2017.

②　Says, G. 8.4 Billion Connected "Things" Will be in Use in 2017, Up 31 Percent from 2016, Gartner, https：// www.gartner.com/newsroom/id/3598917, 2017.

③　Zhang, X. Z., Liu, J. J. &Xu, Z. W. Tencent and Facebook Data Validate Metcalfe's Law, *Journal of Computer Science and Technology*, 2015（2）.

给社交网络的原有成员增加了可供联络和交流的新对象，提升了所有成员的参与价值。网络新成员的参与会提升整个网络的价值，这种提升远高于新成员本身的价值，网络价值的提升又能吸引更多的新成员加入，从而形成了网络价值的螺旋递增。

在数字社会阶段，当数字化的信息不仅作为经济活动的要素，而是成为社会生活的有机组成部分，能够智能化参与社会生活的方方面面，数字经济又进入了新的阶段。在这一阶段，人工智能、云计算、大数据等技术的发展和成熟使得数字信息和设备智能化投入生产和生活过程，成为数字经济发展的主要推动力。数字技术进步和社会生产生活融合发展成为数字经济的新特征。数字化打破虚拟网络的限制，模糊了线上和线下的边界，联结万物。数字化的活动突破技术和经济的范畴进入教育、政治、医疗等人类社会的各个领域，真正意义上的数字经济社会开始形成。在这一过程中，人类社会各方面的治理规则被打破。在教育领域，数字化的信息和技术为全球数十亿人口获取知识、参与就业和寻找机遇开辟了前所未有的途径，所有社会成员都将逐步成为数字公民。在政治领域，数字公民通过社交网络和政府公共平台参与到社会治理的过程中，社会治理的主体开始转变。在商业领域，数字化信息的可复制性使拥有开创性商业模式进入市场的企业，能够快速占据市场主导地位，而采用跟随战略进入市场的企业所获得的利益将远不如首创企业。这种新的发展规律逼迫行业的原有领导者也要不断创新，主动淘汰自己的旧产品、旧模式，从1965年到2012年，规模以上企业的"颠覆率"（topple rate）提高了近40%[①]。但是，这种现象也引发了数字经济的"马太效应"，最具有创新和竞争力的产品和服务能够通过数字网络被很快地广泛传播和接受，而其他的产品和服务很容易因为稍显不足而被淡忘。能够持续创新的行业领导者，将获得相比工业经济时代要低得多的创新阈值，能够较轻易地实现跨界发展，从而获得在更多领域的竞争优势，实现"赢家通吃"。

二 全球数字经济发展概况

根据最新发布的《中国数字经济发展白皮书》，2016年中国数字经济的规模达到22.6万亿元，占GDP的30.3%，名义增长率达到18.9%[②]，超过美国（6.8%）、日本（5.5%）和英国（5.4%）的增速。总体规模方面，美国（约11亿美元）、中国（约3.5万亿美元）、日本（约2.3万亿美元）与英国（约1.43万亿美元）列全球前四位[③]。这四个国家在2017年全球国家创新竞争力排行榜上分别排在第1位、第10位、第4位和第9位。从总体上来看，数字经济发展较好的国家也是创新竞争力较强的国家。

（一）2011～2015年全球数字经济发展的整体水平

目前，关于数字经济规模的统计方式及其对各国GDP增长的贡献还缺乏统一可靠

---

① 麦肯锡：《提高你的"数字商"》，上海交通大学出版社，2015。
② 中国信息通信研究院：《中国数字经济发展白皮书（2017年）》，2017，第19页。
③ 上海科会科学院信息研究所：《全球数字经济竞争力发展报告（2017）》，社会科学文献出版社，2017，第9页。

的测算标准。联合国国际电信联盟（ICT）每年发布的《全球信息社会发展报告》通过技术就绪程度、技术运用情况和技术运用能力三个方面来衡量全球信息和通信技术发展指数（Information Communications Technology Development Index）。本文在该指标体系设计理念的基础上，设计了数字经济发展程度指数，分别用每千人因特网用户数、每千人手机用户数、在线公共服务指数和高等教育毛入学率衡量数字化就绪程度、数字化普及程度、数字化运用程度和数字化运用能力四个方面。其中，数字化就绪程度是基础，它会影响数字化普及程度，而数字化普及程度及数字化运用能力共同影响社会的数字化运用程度（见图4-1、表4-1）。

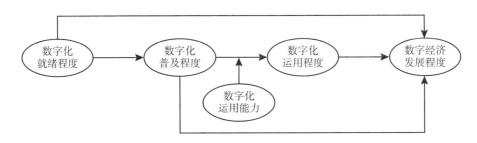

图4-1　数字经济发展程度构成的逻辑

表4-1　2011~2015年全球数字经济发展水平

年份	每千人因特网用户数（人）	每千人手机用户数（人）	在线公共服务指数	高等教育毛入学率（%）	数字经济发展程度指数
2011	45.82	108.95	0.49	46.73	0.46
2012	48.85	113.85	0.58	47.69	0.49
2013	51.93	116.80	0.57	48.24	0.50
2014	54.92	118.77	0.55	49.13	0.48
2015	57.91	120.41	0.63	49.60	0.51
年均增长率（%）	6.03	2.53	6.49	1.50	2.62

首先从数字经济发展程度总体指标的变化来看，近5年全球数字经济保持低速稳定发展[①]。具体到各项指标中，数字化就绪程度和数字化运用程度增长最快，年增长率均超过6%，一定程度上说明当前全球数字经济的发展主要还是依靠数字基础设施建设来拉动，但受限于整体普及程度和个体运用能力增长速度较慢，数字化在整个社会的运用发展还没有达到理想的程度，交互加成效果不明显。

（二）全球数字经济发展的四大阵营

为了解全球各国数字经济发展的不同程度，笔者运用SPSS 22.0软件的系统聚类分析法，将100个国家分成4类（见表4-2）。

---

① 采用与全球综合竞争力同样的加权计算方式。

表4-2　全球数字经济发展的四个阵营

	数量(个)	国家
数字经济发达国家	16	新加坡、澳大利亚、奥地利、丹麦、爱沙尼亚、芬兰、日本、韩国、荷兰、新西兰、挪威、俄罗斯、西班牙、瑞典、英国、美国
数字经济较发达国家	36	白俄罗斯、巴西、保加利亚、哥伦比亚、土耳其、乌克兰、加拿大、拉脱维亚、波兰、葡萄牙、塞尔维亚、比利时、智利、法国、德国、爱尔兰、以色列、意大利、立陶宛、斯洛文尼亚、阿根廷、希腊、克罗地亚、卢森堡、马来西亚、阿曼、卡塔尔、科威特、哥斯达黎加、捷克、匈牙利、哈萨克斯坦、瑞士、斯洛伐克、乌拉圭、沙特阿拉伯
数字经济发展中国家	33	波黑、肯尼亚、萨尔瓦多、危地马拉、印度、斯里兰卡、毛里求斯、阿尔巴尼亚、塞浦路斯、亚美尼亚、中国、厄瓜多尔、埃及、格鲁吉亚、伊朗、玻利维亚、吉尔吉斯斯坦、蒙古、巴拿马、巴拉圭、秘鲁、菲律宾、泰国、突尼斯、越南、马其顿、罗马尼亚、墨西哥、阿塞拜疆、约旦、南非、摩洛哥、博茨瓦纳
数字经济欠发展国家	15	布基纳法索、马达加斯加、马拉维、莫桑比克、柬埔寨、埃塞俄比亚、马里、纳米比亚、尼泊尔、巴基斯坦、塞内加尔、坦桑尼亚、乌干达、加纳、印度尼西亚

数字经济发展的第一阵营主要由欧美及亚洲的发达国家构成，是全球数字经济的发达国家。第二阵营则包括了欧洲其余的大部分国家和部分拉美、亚洲经济发展水平较高的国家，是数字经济较发达国家。这些国家数字经济发展的整体水平与第一阵营差距不大，只是某个方面有所不足，如创新竞争力高居全球第2位、第3位的德国和法国，由于数字经济普及化程度偏低导致落到了第二阵营。第三阵营则主要由亚洲、拉丁美洲、东欧和非洲国家构成，是数字经济发展中国家。这些国家的数字经济整体发展明显落后于前两个阵营，但在数字经济的某些方面水平较高，如同处于这一阵营的人口大国中国、印度和墨西哥的在线公共服务水平就很高。第四阵营的国家大部分经济发展极度落后，其数字经济发展也远远落后于全球其他国家。其中，印度尼西亚和纳米比亚的经济发展水平虽然远超这一阵营其他国家，但由于数字经济基础设施水平很低，其数字经济的整体发展受限。

分组方差分析结果显示，4类国家数字经济发展程度的组间差异显著（$p < 0.001$），既说明4类国家在数字经济发展程度上有明显的阶段性差异，也说明当前全球数字经济发展的不平衡较为严重。

（三）全球数字经济发展的区间差异

表4-3列出了4类数字经济发展程度不同的国家在具体指标上的均值差异，可以发现当前导致全球数字经济发展不平衡的主要因素。首先，第4类"数字经济欠发展国家"的数字经济发展水平较低，其与第3类"数字经济发展中国家"的差距，明显高于其他几类国家间发展程度的差异。其次，4类国家在所有指标上的组间方差都非常显著（$p < 0.001$），说明数字经济发展程度的不平衡不是某个方面导致的，而是全方位的不平衡，体现为总体发展程度得分的差异程度最大[①]。最后，不平衡程度最小的是反

[①]　方差检验F值越小代表组间差异与组内差异的比值越大，也即组间差异越大。

映数字化普及程度的每千人手机用户数，不平衡程度最大的是反映数字化就绪程度的每千人因特网用户数，说明当前数字经济发展水平的不平衡主要还是由经济实力决定的基础设施建设水平差异所导致的。

表 4 - 3　四个阵营国家数字经济发展的差异

分类＼均值	每千人因特网用户数（人）	每千人手机用户数（人）	在线公共服务指数	高等教育毛入学率（%）	数字经济发展程度得分（分）
数字经济发达国家	87.41	130.68	0.90	76.96	0.74
数字经济较发达国家	72.63	132.44	0.71	62.01	0.61
数字经济发展中国家	47.07	117.31	0.57	40.29	0.44
数字经济欠发展国家	14.96	87.39	0.32	14.34	0.19
方差检验 F 值	137.07 ***	10.62 ***	61.50 ***	46.86 ***	337.06 ***

*** $p < 0.001$。

（四）全球数字经济与创新竞争力

图 4 - 2 显示了全球 100 个国家数字经济发展程度得分与创新竞争力得分的关系，可以看出两者呈现明显的正相关关系（相关系数 0.78，$p < 0.001$），这种关系过去 5 年都保持稳定。

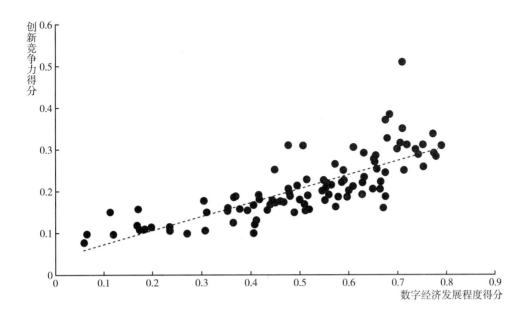

图 4 - 2　国家数字经济发展程度与创新竞争力的关系

数字经济发展程度得分高的国家，国家创新竞争力得分也比较高，说明目前数字经济发展水平对国家创新竞争力有重要作用。图中偏离趋势线最远的点代表的是美国，其创新竞争力与数字经济发展程度得分的比值远高于其他国家。一方面是因为美国创新竞争力的多个方面都处于世界顶尖水平，因此整体创新竞争力远高于其他国家。另一方面是因为美国数字经济发展程度的各项指标得分比较均衡，没有明显的短板，因此对整体创新竞争力的带动效果较好。

（五）全球数字经济发展的短板

图3～图6是分别按阵营和数字经济4项指标联合排序的全球100个国家数字经济发展情况。从图中可以发现各阵营国家数字经济发展的某个方面落后或领先于整体的情况。首先看每千人因特网用户数的数据，反映的是国家数字化就绪程度。第一阵营中，挪威和丹麦处于领先位置，美国和俄罗斯则处于相对落后位置；第二阵营中卡塔尔和卢森堡具有明显优势，而乌克兰相对处于劣势；第三阵营中欧洲三国阿塞拜疆、塞浦路斯和马其顿的数字化就绪程度远高于同一阵营国家，而蒙古则处于相对落后位置；第四阵营的数字化就绪程度落后于其他阵营较多，没有表现突出的国家，并且非洲七国还远低于该阵营平均水平，是全球数字化就绪程度极度落后的国家。

其次看每千人手机用户数，反映的是国家数字化普及程度。第一阵营中，俄罗斯和奥地利处于领先位置，西班牙和挪威则处于相对落后位置；第二阵营中，科威特和沙特阿拉伯领先于全球其他国家，而加拿大则远低于该阵营其他国家；第三和第四阵营中除约旦、巴拿马、博茨瓦纳、南非和泰国的水平较高以及巴基斯坦、乌干达、马达加斯加、埃塞俄比亚和马拉维的普及程度很低以外，其他国家的差距并不十分明显。通过四幅图的横向比较也很容易发现，数字化普及程度是数字经济发展各方面中全球发展程度最接近的。

再看在线公共服务指数，反映的是数字化运用程度。第一阵营中，英国、澳大利亚和新加坡处于领先位置，而挪威、丹麦和俄罗斯则明显落后；第二阵营中，加拿大和法国的领先优势非常明显，而斯洛伐克、捷克及白俄罗斯的劣势也十分明显；第三阵营中，墨西哥和中国的数字化运用程度较高，而博茨瓦纳、伊朗和巴拿马则十分落后；第四阵营中，坦桑尼亚、埃塞俄比亚、乌干达和加纳在数字化运用方面接近全球平均水平，而柬埔寨与马里则几乎处于空白。

最后看高等教育毛入学率，反映的是数字化运用能力。第一阵营中，韩国、澳大利亚和西班牙具有一定的领先优势，英国和新加坡则相对落后；第二阵营中，希腊和土耳其领先于全球其他国家，而哈萨克斯坦、科威特、马来西亚、卢森堡及卡塔尔低于全球平均水平；第三阵营中，伊朗和蒙古处于领先位置，并高于全球平均水平，而危地马拉、斯里兰卡和南非则落后明显；第四阵营中，纳米比亚和柬埔寨接近全球平均水平，但大部分国家远低于全球平均水平。

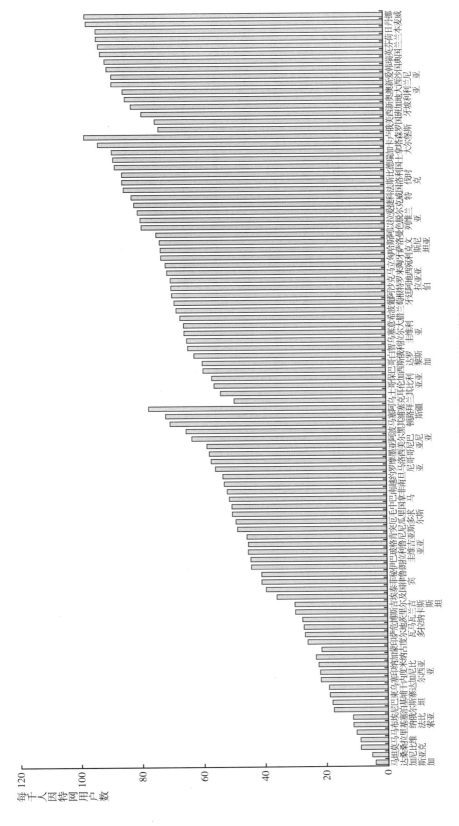

图 4－3 分阵营每千人因特网用户数

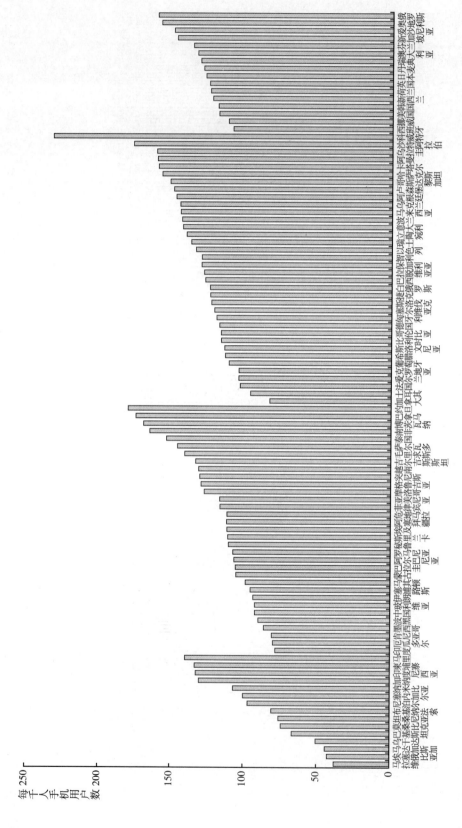

图 4-4　分阵营每千人手机用户数

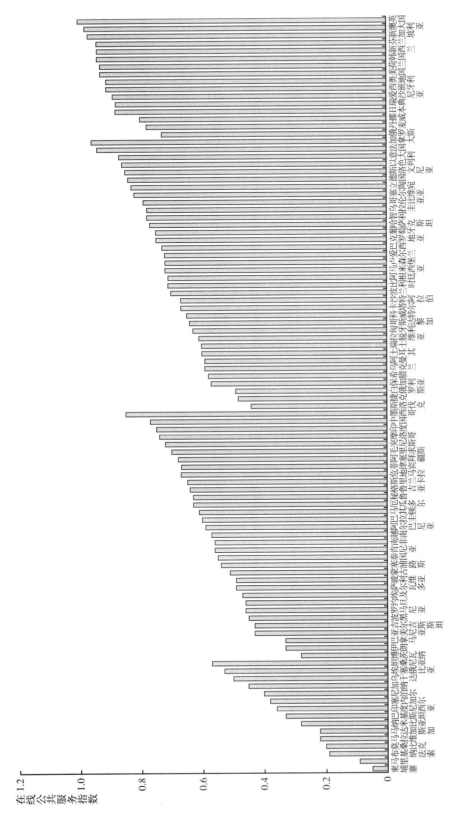

图 4 - 5 分阵营在线公共服务指数

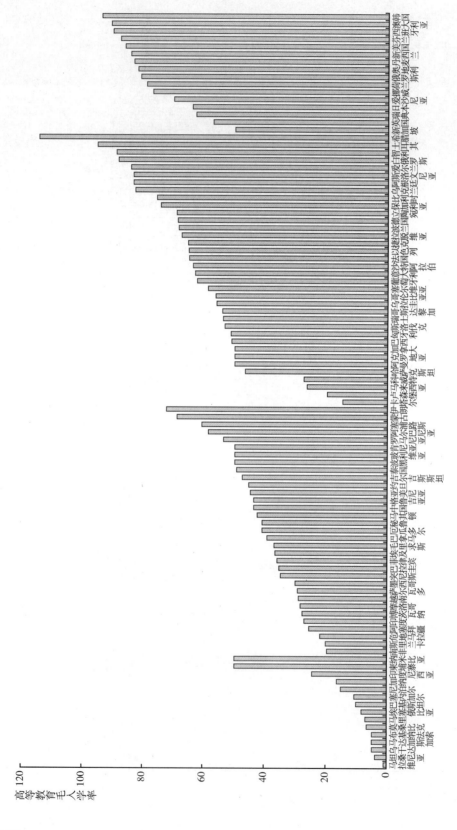

图 4 - 6 分阵营高等教育入学率

三　全球数字产业发展的重点领域

在全球经济面临转型挑战、结构调整的背景下，数字产业成为世界各国经济发展和增长的新动能。世界各国应在数字技术产业、数字商务产业、数字创意产业、数字民生产业、电子政务产业等领域推进务实合作，为经济发展注入新活力。

（一）数字技术产业

大力发展高性能计算。加快发展集成硬件与软件能力的百亿亿次级计算系统，利用协同设计发展面向领域定制的高性能计算，即促进计算机科学与其他领域科学的融合发展与创新应用，抽象出面向领域应用的模型、计算方法和负载特征，优化配置建模、模拟、访存、通信等能力，实现从硬件到应用软件的一体化定制设计；加强面向建模与模拟的技术基础与面向数据分析的技术基础在高性能计算应用中的连贯性，发展基于云计算理念构建的高性能计算服务，发展基于海量数据，为大量用户提供交互式、高并发服务的高通量计算①。

布局人工智能技术研发和产业化。开展人工智能基础理论、共性技术、应用技术研究，重点攻克一批关键核心技术，如自然语言理解、机器学习、深度学习、生物特征识别、复杂环境识别、智能控制与决策、新型人机交互、知识图谱、语音识别、视觉识别、类脑智能、机器人流程自动化等人工智能技术。发展充分体现虚拟现实中智能对象行为的社会性、多样性和交互逼真性的虚拟对象智能行为建模技术，实现虚拟现实、增强现实等技术与人工智能的高效衔接和有机融合。推动人工智能在社会、经济、环境领域的深入应用，加强产学研用对接，加快人工智能核心技术成果的转化和产业化。

加强大数据应用技术和产品研发。围绕新一代关系型和非关系型数据库、分布式存储系统、新型大数据处理引擎、数据安全等开展关键技术及产品攻关，构建集数据收集、预处理、校验、整合、可视化为一体的数据管理平台、高质量的大数据可扩展计算平台；充分利用社交网络和物联网技术拓展数据采集渠道，充分利用分布式存储和流式计算等计算技术夯实大数据存储和处理的技术基础，充分利用深度神经网络等新兴技术和开源技术成果开辟大数据分析技术的新时代，充分利用具有去中心化、加密共享、分布式账本技术特性的区块链技术提供数据流通和价值共享的解决方案。提升软件产品的数据分析处理能力、知识发现能力和辅助决策能力，发展健全的大数据产品体系。

突破物联网关键核心技术。构建具有健壮性、可扩展性和公平性的物联网架构技术，健全非中心控制的自治架构、边缘节点移动智能架构、异构系统和语义的互操作。研发面向物联网应用的集成电路设计工艺，低功耗处理器技术，能量收集技术，高性能、低成本、集成化、微型化、低功耗智能传感器技术，低功耗广域网技术，网络虚拟化技术，能量有效的微操作系统，小型化的大能量存储设备。构建多应用、安全可控的

---

① 臧大伟、曹政、孙凝晖：《高性能计算的发展》，《科技导报》2016 年第 14 期。

全球统一标识管理体系。研究面向物联网的分布式智能技术，提升物联网跨平台、跨系统、跨语言文本的数据感知、知识表达、智能决策能力。加强物联网与移动互联网、云计算、大数据等领域核心技术的集成创新，构建满足物联网服务需求的智能信息服务系统及其技术体系。

（二）数字商务产业

推进跨境电子商务发展。各国应推进跨境电子商务规模化、标准化、规范化、集群化、专业化发展，围绕公共服务平台、外贸综合服务平台和交易平台，制定平台蓝图和远景规划，厘清平台运营架构，平台各参与方实现无缝连接，提升平台的价值创造能力。围绕客户体验，持续优化支付技术，推进商业模式和服务模式创新和扩展，加强物流基础设施建设，通过规范的海外仓、体验店等模式融入国外零售体系。围绕消费者的便利需求，加快建立符合跨境电子商务发展规律的监管政策和数据标准体系，规范贸易流程，提高贸易各环节的透明度和便利度。推动多方参与构建产品质量保障追溯体系和消费者权益保护机制，激发消费者更大的消费热情。各国应将推动跨境电商发展纳入经济发展和对外投资贸易战略范畴，积极参与全球跨境电子商务交易规则交流和谈判，构建跨境电子商务的国际标准和规则体系。通过多双边对话，与各经济体建立互利合作的共赢机制，建立消除跨境电子商务进出口引发的贸易摩擦和纠纷的协商机制，推进多双边及区域电子商务合作与发展。

加快推进数字金融发展。利用人工智能、大数据、互联技术、分布式技术，推动金融服务领域的颠覆式创新和重塑。积极发展移动支付、网络信贷、社交信贷、电商金融、众筹融资等互联网金融业态，发展数字货币、智能合同、区块链支付和结算、机器人咨询、数字身份和欺诈管理等数字金融服务业务，利用生物识别等安全技术和区块链技术为消费者提供安全、便捷的数字金融产品和服务。加快推进金融和信息通信基础设施互联互通，提升落后地区企业和个人的数字技术基础知识和金融知识，用安全、可信和低成本的方法为全球相关地域，尤其是缺乏金融服务的地区和农村，提供数字金融服务，提高数字金融服务的可得性，使数字金融服务成为推动包容性金融体系发展的重点。各国应致力于构建数字金融风险管理体系，科学地识别、评估、监测和管理数字金融服务过程中产生的新风险，并推动金融机构基于风险的方法开展客户需求调查、识别客户的风险等级；同时应参考和借鉴金融业国际标准和相关指引，构建适用于数字金融的法律和监管框架。

推进智慧物流发展。提升物品拣选、传送、识别等设备的自动化、智能化、专业化水平，推广电子标识、自动识别、高效储运、智能码垛、无人搬运、物流无人机等新技术新产品，构建深度感知的智慧化仓储管理系统，并有效衔接关联企业的信息系统，实现供需信息精准对接。构建基于新一代信息技术的末端物流配送体系，布局以自助电子快递箱、智能快递站等为代表的智慧末端物流设施，整合末端配送资源，实现末端物流配送的专业化、统一化、人性化和便捷性。基于新一代信息技术提升食品冷链、医药、烟草、机械、汽车、干散货、危险化学品等专业物流装备的专业化、自动化、智能化、安全性、绿色化水平。推动各国针对物流信息技术、编码、安全、管理和服务等方面标准的制订进行交流和谈判，推动物流信息化标准体系建设，打造互联互通的智慧化物流信息服务平台。通过物流信息服务平台互联互通对物流业务聚集情况、车源及货源情况等大数据进行深度挖掘，加强车源和货源信息的有效匹配，为客户提供及时、便捷、低成本服务；通过物流信息服务平台互联互通，利用可视化服务、位置实时监控服务和物流配送信息反馈服务，动态调整和优化物流配送路线，实现物流配送全流程的精准对接；通过物流信息服务平台互联互通，为客户提供采购、交易、运输、跟踪、结算和售后等一站式服务；通过物流信息服务平台互联互通，推动供应链上制造、商贸企业与物流企业信息共享，提升供应链组织间有效协作和及时响应与反馈的能力。

推进分享经济发展。发展分享经济，推动餐饮、金融、空间、知识、技术技能、二手物品等闲置资源分享。目前，共享经济已经渗透到各行各业，涌现出以专注租车共享的 ZIPCAR、专注驾乘共享的 UBER、专注自行车共享的 Spinlisten、专注停车位共享的 ParkTAG 等为代表的出行共享，以 Zopa、Prosper、Lending Club 为代表的金融共享，以专注在线短租的 Airbnb、专注企业办公需要的 WeWork、专注短期办公空间服务的 LiquidSpace 为代表的空间共享，以 Quora、Udemy、Wikipedia 和 TED 为代表的知识共享，以 OpenTable、Eatwith、Kitchit 为代表的饮食共享，以 Heal、Pager、Medicast、ClassPass 为代表的医疗和健身共享，以 Chegg、Etsy、eBay、Craigslist 和 Poshmark 为代表的物品共享，以 SolarCity、Open Garden、Fon 为代表的公共资源共享，以 Zaarly、Exec、Done、TaskRabbit 为代表的技能、服务共享。今后，共享经济企业应强化商业模式创新，大力促进技术、生产能力、实物、服务、资金、人才、信息、知识等向资源匮乏地区开放共享。此外，共享经济企业应逐步构建产业生态系统，从单一领域深耕转向多领域布局，运用数字技术推动生态圈参与方的无缝运作，促进闲置资源的高效利用，使得共享企业生态系统更富生机和竞争力。

大力发展数字旅游服务。利用新一代信息技术提升旅游景区的数字化、智能化水平，建设一批数字公园、虚拟现实主题公园、智慧景区、智慧酒店、智慧旅游小镇，提升旅游体验服务水平。推进各国旅游景区、餐饮、住宿、娱乐、交通等信息资源的整合和共享，打造区域数字旅游公共服务平台，集旅游体验、旅游管理、旅游服务和旅游营销等功能为一体，通过线上线下结合、跨界业务融合为消费者提供快速、精准、多样化、本地化的旅游服务。支持落后贫困地区和国家利用新一代信息技术展示区域、城乡旅游资源和历史文化，吸引更多的旅游爱好者前往参观，带动当地经济发展；支持落后贫困地区和国家发展特色农业旅游项目，推进农业旅游与农业电子商务协同发展，带动当地经济的发展。

（三）数字创意产业

推进新兴技术在数字内容产业的应用。推动大数据、物联网、云计算、3D 打印技术、全息成像技术、可穿戴技术、高端软件与集成设计等新兴技术与数字创意领域的重要装备、工艺、系统、技术平台充分融合发展，加快文化产品和服务数字化、网络化进程，提供形式多样的数字内容供给，培育新的应用服务和增值服务。依托新一代信息技术，推动信息贫乏地区的移动信息平台、多媒体广播电视平台和交互式网络服务平台建设，为信息贫乏地区提供公共信息服务及数字书籍、数字影音、数字动画服务，提高数字内容服务的可得性。

加快发展数字出版印刷产业。鼓励各国推广复合数字出版技术和数字绿色印刷技术，自主研发数字出版核心技术并将其产业化，共同构建印刷技术国际标准体系，为数字出版印刷产业发展奠定坚实的技术基础。鼓励各国将反映本国特色自然资源、民族资源、文化资源的书籍典藏数字化，让每一个人通过数字媒介可以随时随地了解世界各地的自然资源和民族特色文化。鼓励印刷复制加工与综合创意、设计服务相结合，丰富数字出版印刷供给。打造多语言、多形式的数字出版印刷产业平台，让所有人突破设备界限、语言界限、区域界限分享数字出版印刷服务。数字出版企业应以更加多样的形式传播电子出版物，研发多形式的电子书籍阅览器，以此改善消费者的阅读体验，提高消费者的阅读效率。

打造动漫影音精品。着力提升动漫影音产品的内涵和质量，推动各国和区域特色文化资源与动漫影音产业的结合，大力开发将传统元素与时尚元素、民族特色与世界潮流结合起来的，集思想性、艺术性、观赏性为一体的原创漫画、影视漫画、网络动漫、数字电影、数字音乐等产品。积极发展集动漫影音创作生产，新媒体刊载、播放、应用，动漫影音形象和品牌形成，动漫影音形象授权与管理，衍生产品开发和营销为一体的新媒体动漫影音产业链，实现产品的定制化、专业化开发，运营的精确化、全方位和立体化，品牌的交互式传播，将动漫影音所承载的文化内容扩散到每个人生活的各个方面。推动动漫影音产业与传统产业的跨界融合，催生虚拟旅游、休闲农业、公共管理、医疗服务等领域的新模式、新业态。各国应加大打击动漫影音领域盗版侵权行为力度，共同建立涵盖法律法规、行政手段、技术标准的动漫影音知识产权保护体系，保障相关权利人合法权益。举办国际动漫影音贸易博览会，推动各国宣传本国动漫影音产品，形成竞争优势，扩大对外贸易，同时更有效地掌握国际市场动态，找出自身差距，不断提高动漫影音产品质量，增强出口竞争力。

提升数字创意在设计领域的应用水平。利用大数据、虚拟现实等新一代信息技术，推动数字创意与工艺流程设计、软件系统设计、产品设计、商业模式和服务设计的深度融合，提升设计所蕴含的文化创意元素。以数字创意推动商贸流通业和广告业创新，增加产品的文化内涵和附加值，提升网络广告的内涵和质量。推进地理信息系统在建筑、园林、城市设计、城乡规划的广泛应用，从宏观、中观、微观等多层面加强数字创意与区域、城乡人居环境设计相融合。利用虚拟现实和增强现实技术鲜明地展示区域、城乡历史文脉、历史记忆，塑造地域特色风貌。

（四）数字民生产业

推进医疗保健产业数字化。研发自动化、信息化、智能化、集成化的制药设备，推动医疗器械朝智能化、网络化、便携化方向发展，利用可穿戴设备让药物输入和监测更智能化，利用区块链实现全球医疗数据共享。推进人工智能、大数据、区块链技术有机结合，利用先进的深度学习等算法，结合大量的医学知识和数据库中的临床专业知识、丰富的结构化和非结构化临床医疗数据，创建一个持续的学习循环，根据患者的症状提供个性化的治疗方案供医生参考，提高医疗决策的精准度并分担医生的工作量。促进线上线下医疗卫生服务相结合，以新一代信息技术为载体和手段推进医疗信息查询、电子健康档案、在线疾病咨询、电子处方、疾病风险评估、智能护理、病情实时监测、远程会诊、远程治疗和康复、健康教育等形式多样的健康医疗服务的发展。构建互联互通的医疗保健生态系统，动态连接医疗保健供应商、医疗保健分销商、医疗保险商、客户、政府机构，通过多方无缝合作制定特定的产品和服务。充分利用新一代信息技术推动建立区域医疗联盟，协调推动区域优质医疗机构定向分布医疗力量，将优质医疗资源送到偏远贫困山区民众身边，解决医疗资源分布不均难题。

大力推进互联网教育的普及与产业发展。互联网教育利用互联网技术手段开发和推广教学课程，为广大民众提供分享知识的渠道，成为促进教育公平的有力手段。世界各国高校特别是国际知名高校应致力于推出大规模开放式在线课程（MOOC），让部分人享用的高等教育资源可以面向世界各个角落的民众。例如，Coursera、Udacity 是以斯坦福大学为背景的 MOOC 平台，EdX 则是哈佛大学与麻省理工学院合作成立的非营利性组织 MOOC 平台。全球高校应积极加入 Coursera、Udacity 和 EdX 等慕课平台，在其开源平台上提供开放的优质课程。互联网教育企业应积极履行社会责任，利用互联网平台聚合和研发丰富优质的网络课程，提供学科内容、学习方法、科普知识等学习内容。例如，TeachPitch 收集全球的在线学习资源，甄选上传优质资源，帮助学校和教师迅速发现、保存、评估和管理最佳在线教育资源，同时帮助学生找到认知路径，提供个性化学习指导。此外，国际组织应充分利用新一代信息技术推动优秀教育模式在全球范围内广泛推广，提倡并鼓励创新思维和国际交流，利用创新为民众打开接受教育的新通道。例如，受到世界教育创新峰会奖励、来自埃及的阿拉伯语在线教育平台 Nafham 专门为埃及、沙特阿拉伯、科威特、阿尔及利亚和叙利亚的学生提供与当地课程标准相符的教育视频。

（五）电子政务产业

利用新一代信息技术推进政策整合。强化电子政务顶层设计，推进政府机构跨部门的数据共享和业务协同，强化政策统筹与协调管理，实现"一站式"服务。充分利用大数据、云计算等新一代信息技术拓展政策数据共享的范围和深度，在对数据进行梳理、标准化的基础上，利用大数据分析方法将政府内部各机构间相关政策的信息与数据转化为有用的见解来支持复杂的、相互依赖的问题决策，增强政府制定与执行整合政策的能力。例如，MAX 社区是美国一个全政府范围内的网站，利用 MAX 收集与分享政府各个领域的数据，促进美国联邦机构之间的知识管理和协作。联合国应致力于探索建立可持续发展政策数据管理工作机制，推进各国共享可持续发展方面的政策数据，建设可持续发展领域的政务支撑平台，挖掘各国个性化的可持续发展需求，协助各国政府为公

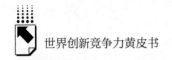
众重点关注的可持续发展领域的典型问题提供新的解决方案；同时提升各国可持续发展政策的协同性，协同处理日益严重的环境污染等可持续发展问题。

积极推进政务信息开放。推进各国政府创建共享技术标准和交流渠道，加强对数据的统筹管理，建立政府机构数据资源清单，建设数据开放管理体系以及面向本国的互联互通的政务数据开放平台。在安全、可信、注重隐私保护的前提下，在交通、教育、医疗、卫生、就业、社保、统计、信用、企业注册、地理、环境等领域优先以公开标准集中向社会开放数据集，稳步推进政务数据资源开放及社会化利用。通过政府数据共享开放目录、网上指南、网上教程、日历、数据字典等，推动形成政府和社会互动的大数据采集和共享机制。《联合国 2016 年电子政务调查报告》调查结果显示，世界上 50% 的国家提供了获取原始或未加工的公民意见的渠道，38% 的国家提供了如何使用公开政务数据集的网上指南，只有 31% 的国家允许公民向政府提出开放他们认为有用的新数据集，这意味着各国政府应在数据集的使用教程和数据集信息沟通方面加大投入[1]。此外，还应通过政务数据公开共享，引导广大民众通过电子参与推动行政管理部门提升决策效率和决策质量，同时让监督无处不在，让腐败失去滋生空间；引导企业、行业协会、科研机构、社会组织等对政务数据进行再利用、再开发，激发创新灵感，产生新服务，创造经济发展新机遇。

推进在线服务，消除数字鸿沟。推进各国政府通过持续不断的努力，建设和维护政府门户网站与后台系统，在申请个人账户、办理个人身份证、提交所得税、办理登记业务、申请驾驶执照、办理机动车辆登记、申请结婚证、申请环境许可证、支付工具、缴纳罚款、申请出生证、申请社会保障福利等领域优先提供在线服务，促进核心行政事务数字化、智能化，提高公共服务供给质量和效率。在政策制定过程中应用地理信息系统（GIS）提高政策制定的效率、开放度和透明度，增强政府问责与参与度。继续发挥提取存档信息、提供可下载表格、更新推送或邮件订阅、移动应用或短信服务等技术在在线服务中的重要作用，深化发展基于移动互联网的电子政务应用，利用移动应用程序和社交媒体为民众提供均等服务，形成宽领域、多层次、广覆盖的服务格局，特别是要提高偏远和落后地区民众的移动服务覆盖率。

四 推动全球数字产业加快发展的政策建议

世界各国应通过加快数字基础设施建设、拓展支持数字产业发展的融资渠道、提升国民数字素养和重视高端数字人才培养、提升网络安全保障能力等举措，推进全球数字产业加快发展。

（一）加快数字基础设施建设

打造高速、融合、泛在、安全的数字基础设施是发展数字产业的前提和基础，而宽

---

[1] 联合国经济与社会事务部：《联合国 2016 年电子政务调查报告》（中文版），国家行政学院电子政务研究中心，2016。

带网络建设是重中之重。因此，世界各国首先应开展宽带网络建设和升级改造工程，推进城乡特别是贫困和偏远地区的宽带网络全覆盖，大幅提升宽带网络普及率和网络服务质量。重视宽带骨干网络对数字基础设施流动通道的支撑作用，提升宽带骨干网络的传输和交换能力，推动区域间宽带互联网络的互联互通。例如：美国政府 2010 年发布的《国家宽带计划》提出，到 2020 年实现 1 亿个家庭接入 100 兆以上的高速宽带；2015年发布的《国家创新战略》强调建设新一代数字基础设施；2016 年发起"全民联网"宽带，旨在向美国 2000 万低收入人群提供高速网络服务。英国政府在 2017 年的《英国数字战略》中明确制定了三方面的基础设施建设战略目标："打造世界级数字基础设施，使宽带接入变成公民权利，加快网络全覆盖、全光纤和 5G 建设。"[①] 中国在 2016年发布的《国家信息化发展战略纲要》提出，到 2020 年固定宽带家庭普及率达到中等发达国家水平，3G、4G 网络覆盖城乡和 90% 以上的贫困村，5G 技术研发和标准取得突破性进展。互联网国际出口带宽达到 20 太比特/秒（Tbps）[②]。联合国提出要在利用信息通信技术方面付出巨大努力，保证最不发达国家在 2030 年之前能够全面覆盖网络。此外，各国还应积极推进以数据传输为核心的网络设施向集感知、传输、存储、计算、处理为一体的综合性网络设施演进。推动各行业龙头企业、大型互联网企业、专业数据中心运营企业和电信运营商等合力建设数据中心。推动内容分发网络与移动互联网、云计算融合发展，使内容分发服务在互联网教育、互联网医疗、动漫影音等领域得到广泛应用。推进云计算在智慧物流、网络教育、远程医疗、智慧旅游、数字金融中的应用。布局智能化物联网感知设备，推动物联网的整体部署与集成应用，提升物联网与大数据、云计算、移动互联网的融合协同发展水平。

（二）拓展支持数字产业发展的融资渠道

由于数字基础设施建设项目具有公共物品属性，很多项目投资巨大、风险较高，周期较长、回报较慢，且基础设施落后地区的投资环境相对较差，数字基础设施建设存在较大的资金缺口。此外，发展数字产业本身也需要大量的资金投入，但有些数字产业如数字内容产业的企业固定资产少，可作为抵押贷款的资产不多，融资相当困难。因此，各国应积极探索和拓展支持数字产业发展的融资渠道，形成多元化的融资格局。一是依靠区域性或国际性开发金融机构的融资推进数字基础设施建设。例如，世界银行、国际开发协会、亚洲开发银行、非洲开发银行、欧洲投资银行、泛美开发银行、亚洲基础设施投资银行、丝路基金等机构或组织支持全球数字基础设施建设。二是充分调动民间组织和私营部门资本的积极性，建立政府、民间组织、私营部门、国际金融机构广泛参与的投融资伙伴关系和投融资平台，推广公营和私营部门伙伴关系（PPP）模式，实现公共资本、金融机构资本和私人资本的有效组合，让私营部门成为各国政府有价值的合作

① 李建平、李闽榕、赵新力等：《二十国集团（G20）国家创新竞争力发展报告（2016~2017）》，社会科学文献出版社，2017。
② 中共中央办公厅、国务院办公厅：《国家信息化发展战略纲要》，2016 年 7 月 27 日。

伙伴，同时反过来提供高效、透明、公正的资金使用监管体系，共同推进数字基础设施的互联互通。三是构建新型投资融资体制，夯实数字产业发展的融资基础。通过金融产品创新，将数字基础设施项目标的物收益证券化、资产证券化、开发贷款证券化，形成支持数字基础设施建设多形式、多层次的直接融资工具和金融衍生产品，为筹集数字基础设施互联互通建设资金提供强有力的支持[①]。政策性担保机构应加大对数字经济领域知识产权质押贷款的担保支持力度，鼓励符合条件的数字经济领域相关企业依法进入多层次资本市场进行融资。四是通过社交媒体网络动员集资，吸引支持数字产业发展的资金。众筹允许民众通过专用的在线平台资助他们认可的数字产业项目。世界银行发布的《众筹对发展中世界的潜力》中提出，众筹的出现为发展中国家提供从普通公众到风险资本的筹资机制。该报告估计，众筹从2013年开始的二十多年间能集资900亿美元，成为推动发展中国家发展的一个重要因素，众筹最大的潜力在中国，其次是东亚其他国家、中欧、拉丁美洲和加勒比地区、中东和北非地区。

（三）加强国民数字素养教育和高端数字人才培养

在数字经济时代，提升国民数字素养是发展数字产业劳动力的基础，也是数字产业市场繁荣的基础。各国应通过基础教育、职业教育和职业进修等不同的教育形式提升民众的数字素养。基础教育阶段应开设以信息技术为主题的相关课程，不仅要将信息技术作为辅助手段融合到教育教学活动中，还应让学生掌握必备的信息技术和互联网使用技能，使学生能够通过互联网学习更新、更广的知识。职业教育应以信息技术实践需求和储备数字经济技能人才为导向，普及编程教育，倡导学徒制，以满足现有职业和新业态不断变化的技能需求。在职业进修领域，应提供灵活的个性化数字进修形式，尤其要加强中小企业员工的数字化培训。此外，还应发挥社会力量在推进数字素养教育中的重要作用，支持图书馆、科技馆等社会机构开展形式多样的公民数字素养提升活动，积极为民众提供参与数字实践的机会；营造学习为本和终身学习的氛围，打造学习型社会，通过公民个人主动追踪科技发展和自身的数字实践提升数字素养。

高端数字人才是世界各国发展数字产业的第一资源。各国高等院校应设立STEM（科学、技术、工程、数学教育的总称）领域的研究机构，围绕大数据、云计算、区块链、移动互联网、物联网、高性能计算和人工智能等新兴技术展开深入研究，推进社会学、经济学、管理学、法学和政治学等学科与STEM相关学科的融合研究，支持高校创新创业项目，借助新兴技术催生各产业的新模式、新业态。此外，各国应根据本国数字产业发展规划，对高端数字人才需求作出初步预测，根据高端数字人才储备情况和发展规律，以及高校、研究机构和行业重点企业高端数字人才培育情况，面向未来对高端数字人才进行布局。重点对领军和拔尖数字人才培养和人才梯队建设进行布局，设立领军

---

① 李建平、李闽榕、赵新力等：《二十国集团（G20）国家创新竞争力发展报告（2016~2017）》，社会科学文献出版社，2017。

和拔尖数字人才培育项目，加强对有发展潜力的年轻数字人才的资助，建立以考核为基础的持续激励和培养机制，充分挖掘他们的潜能①。

（四）提升网络安全保障能力

在数字经济时代，杜绝网络安全隐患是民众日益关注的焦点问题，也是数字产业健康发展最基础最重要的保障。各国应正确认识网络新兴技术可能带来的挑战和安全隐患，致力于推动数据和网络安全保护技术的创新发展和商业化，强化网络技术安全体系建设。推动区块链、恶意软件分析、行为分析、保护应用的随机化软件等新兴技术在数据和网络安全领域的应用，主动防范和化解新技术应用带来的潜在风险。各国应加强网络安全的顶层设计，培养公民的网络安全意识，构建由政府、企业、社会组织和网民群体共同参与治理的网络防线，提升网络安全防护水平和网络风险防控能力，有效应对各类信息泄露和网络攻击。推进网络空间安全相关法律的维护，推动国际网络安全公约的制定，保障数据安全、保护数字版权、保障消费者数字权利，采取专项行动打击各类网络违法犯罪活动。推进监管手段升级，构建与数字产业发展相适应的监管新模式，完善网络信用体系、网络空间证照体系，加强网络伦理、网络文明建设等，构建良好的网络秩序，保障数字产业安全健康发展。

---

① 李建平、李闽榕、赵新力等：《二十国集团（G20）国家创新竞争力发展报告（2016～2017）》，社会科学文献出版社，2017。

Y.106
专题五
全球绿色科技创新的发展现状与前景展望

摘　要：　绿色发展已成为当今全球的重要方向，绿色科技创新是推动绿色发展的重要驱动力，更是引领各国经济发展的新增长点。当前全球绿色科技发展迅速，绿色科技创新蓬勃发展，但在长期获利与短期收益的困扰面前，在现有规制无法合理分配科技创新利益，科技壁垒依然明显的情况下，推进全球绿色科技创新依然面临诸多困境。为此，各国应树立人类命运共同体理念，加强战略互信，通过协同联合创新，在降低绿色科技创新成本的同时，实现绿色科技的推广与应用；应加强各国技术交流，找准创新发力点，提高绿色科技创新收益，激励绿色科技创新成果的全球应用。

随着全球工业化进程的快速推进，世界经济迅猛发展，也造成自然资源迅速枯竭、生态环境不断恶化等问题日趋严重，不仅影响了全球经济的可持续发展，而且直接威胁人类自身的生存。转变经济增长方式，创新发展模式，大力推进绿色经济的发展，已成为当前各国迫切需要关注的问题。绿色发展新理念，需要重视科技创新对绿色发展的引领和支撑作用。因为绿色发展作为一种科技含量高、资源消耗低、环境污染少的发展方式，无论是用生态安全的绿色产品拉动内需，还是用循环经济构筑区域经济结构，抑或是用低耗环保的行为构建新的生活模式，传统的生产、生活知识和技术都无法实现，只有通过科技创新才能真正实现。为此，当今世界需要加大力度推进科技创新，使绿色科技创新成为促进经济增长与环境保护的双重动力，在推动全球经济持续增长的同时，不断改善生态环境。

一　绿色科技创新引领全球绿色发展

绿色、可持续是当今以及未来全球经济与社会发展的重要方向。绿色发展概念兴起于20世纪后期，最早可追溯到环境与发展世界委员会（WCED）1987年出版的《我们共同的未来》[①]。从18世纪中叶起，人类社会先后兴起过三次工业革命。第一次工业革命中，蒸汽机的发明使得手工劳动为机器劳动所代替，人类开始从农耕文明迈入工业文

---

① World Commission on Environment and Development, Our Common Future, 1987.

明。第二次工业革命中，钢铁、化工等重工业开始兴起，电力和石油作为新能源被广泛使用。第三次工业革命则开启了信息化时代，原子能、计算机和生物工程等标志性事物层出不穷的同时，人类的生活和思维方式也产生了显著变化。工业革命为人类社会带来空前繁荣的同时，也给人类的发展埋下了重大隐患。工业革命之后，经济飞速发展的同时，资源消耗速度不断加快，环境问题不断凸显，人类与自然的矛盾不断加剧。20世纪中叶至今，全球环境灾害频发。往前追溯有1930年比利时的马斯河谷烟雾事件、1940~1960年的洛杉矶光化学烟雾事件、1952年的伦敦烟雾事件以及1953~1956年日本的水俣病事件等，就近观察则有全球气候变暖威胁、横跨中国全境的雾霾灾害、日本福岛核泄漏灾害等等。如何解决发展、资源和环境的矛盾关系，成为当今各国政府必须面对和解决的重大挑战，绿色发展概念也因而提出。

（一）绿色发展理念是对可持续发展概念的集成和发展

可持续发展概念最早出现于1980年国际自然保护同盟（IUCN）、联合国环境规划署（UNEP）和野生动物基金（WWF）共同出版的《世界自然资源保护大纲》一书，书中提到必须研究自然、社会、生态、经济及自然资源利用中的基本关系以实现可持续发展。之后，世界环境与发展委员会对可持续发展作出明确定义："能满足当代人的需要，又不对后代人满足其需要的能力构成危害的发展。"与可持续发展不同，绿色发展目前仍然缺乏一个统一或者说被广泛接受的定义。经济合作与发展组织秘书长玉木林太郎（Rintaro Tamaki）曾就绿色发展的内涵作出如下阐述：绿色发展是在确保自然持续为人类提供幸福生活所需的资源和环境服务的前提下促进增长和发展[1]。习近平总书记也在十八届五中全会上对绿色发展实践作出如下指示："坚持绿色发展，必须坚持节约资源和保护环境的基本国策，坚持可持续发展，坚定走生产发展、生活富裕、生态良好的文明发展道路，加快建设资源节约型、环境友好型社会，形成人与自然和谐发展现代化建设新格局。"从概念和内涵的论述比较可以看出，绿色发展与可持续发展存在相似之处，但比可持续发展更具包容性。有学者指出，"绿色发展观是第二代可持续发展观"[2]。

绿色发展需要平衡经济发展、资源节约和环境保护三者之间的关系，既要绿色，也要发展，其中的关键就在于绿色科技创新，这已成为共识。胡鞍钢在《中国：创新绿色发展》[3] 一书中提到，绿色发展是"经济、社会、生态三位一体的新型发展道路，以合理消费、低消耗、低排放、生态资本不断增加为主要特征，以绿色创新为基本途径，以积累绿色财富和增加人类绿色福利为根本目标，以实现人与人之间和谐、人与自然之间和谐为根本宗旨"。黄茂兴和叶琪的《马克思主义绿色发展观与当代中国的绿色发展——兼评环境与发展不相容论》一文也特别强调科技的支撑作用："绿色发展顺应经

① Organization for Economic Co-operation and Development, Green Growth Indicators 2017, 2017.

② 胡鞍钢、周邵杰：《绿色发展：功能界定、机制分析与发展战略?》，《中国人口·资源与环境》2014年第1期，第14~20页。

③ 胡鞍钢：《中国：创新绿色发展》，中国人民大学出版社，2012。

济发展方式从要素、投资驱动转向创新驱动，强调构建创新体系进行系统推进，包括管理创新、技术创新、制度创新等全方位的创新，特别突出信息技术、互联网技术等高新技术在支撑绿色发展中的重要作用。它不仅节约成本，提高效率，而且会使人和自然之间建立起一种现代化的关系，既不失自然本身的特征，又强调生产力进步对生态环境的正向回馈，是生态效益、经济效益、社会效益的高度统一。"[①]

（二）绿色科技创新对绿色发展的重要驱动力

首先，绿色科技创新是绿色生态的主要动力。保护生态环境重中之重是资源节约与污染防治。在人口不断增长的前提下，要想依靠有限的资源禀赋满足人类的消费需求，一方面必须依靠科技的力量实现对固有资源的高效和循环利用，另一方面必须依靠科技的力量开拓新的能源来源。而解决人类活动所带来的大气污染、水污染、土壤污染等环境问题，更需要借助绿色科技的力量。除此之外，科技创新在应对自然灾害、气候变化和保护生物多样性方面也发挥着重要作用。一定程度上可以说，科技创新是人类对抗不可抵抗力的唯一武器。其次，绿色科技创新是绿色生产的主要动力。绿色发展很重要的一个方面是以绿色促发展，也就是习近平总书记提到的"绿水青山就是金山银山"。连接绿水青山和金山银山的桥梁就是绿色低碳循环经济转型。绿色低碳循环经济一方面要求生产过程中尽可能减少资源消耗和污染排放，另一方面要求尽可能实现资源回收和再利用，这些必须紧紧依靠绿色科技创新。事实上，作为一个战略性新兴产业，发展得当，绿色科技产业本身就可以成为一个很好的经济增长点，甚至是一国的支柱性产业。最后，绿色科技创新是绿色生活的主要动力。生产活动的最终目的就是服务居民的生活消费需求，因此绿色生活关系到一国绿色发展的最终结果。《中共中央国务院关于加快推进生态文明建设的意见》提出，开展绿色生活行动就是要"推动全民在衣、食、住、行、游等方面加快向勤俭节约、绿色低碳、文明健康的方式转变"，显然绿色生活涵盖消费、交通和居住多个方面。在日常节能降耗方面，居民的主观认识和客观行动发挥着重要作用，生活中诸如随手关灯、垃圾分类、节约用水等习惯的养成都需要依靠居民的自觉。然而居民的日常节能降耗行为存在一定的界限，科技创新仍然是影响生活方式与消费模式的关键因素。最简便的例子就是共享单车，只有依靠科技创新实现生活便利和绿色节能的共赢，绿色生活方式才有可能被广泛推广和接受。

（三）绿色科技创新引领新的经济增长点

从 20 世纪末开始，以欧盟、美国和日本为代表的发达国家纷纷出台相应政策计划，希望通过科技和产业创新寻找新的增长点，推动经济实现绿色转型。

1. 可再生能源成为欧盟绿色经济的坚固基石

欧盟是全球绿色发展实践的先驱，为其他国家提供了良好的借鉴。欧盟的绿色发展

[①] 黄茂兴、叶琪：《马克思主义绿色发展观与当代中国的绿色发展——兼评环境与发展不相容论》，《经济研究》2017 年第 6 期，第 17～30 页。

以可再生能源发展为主。早在 20 世纪 70 年代，欧洲各国就从石油危机的冲击中意识到对传统能源的过度依赖不仅不利于经济的稳定和发展，同时也会削弱自身在国际事务中的主导权和话语权。欧盟于 1997 年发布《可再生能源战略和行动白皮书》（*Energy for the Future*：*Renewable Sources of Energy*，*a White Paper for a Community Strategy and Action Plan*），希望通过可再生能源的开发帮助各国实现能源供应安全、环境保护和可持续发展的总体目标。2001 年，欧盟再次颁布"促进可再生能源电力生产指导政策"（the RES—E Directive），推行绿色电力计划，要求欧盟各成员国将可再生能源发展上升为国家战略。2009 年欧盟再次发布可再生能源指令（Renewable Energy Directive，RED）和燃料质量指令（FueI Quality Directive，FOD），将可再生能源发展上升到立法高度，并对应形成了相对完备的法律框架。在政策的全面推动下，欧盟的能源消费结构得到了有效改善，2016 年欧盟的可再生能源发电比例达到了 29.6%。

近年来，除可再生能源外，依托绿色科技创新，欧盟的绿色发展开始全方位铺开。2009 年，为走出国际金融危机和欧债危机给欧盟各国带来的经济困境，欧盟启动全面绿色经济发展计划，计划在 2013 年之前投资 1050 亿欧元支持绿色经济，促进绿色就业和经济增长，其中有 32 亿欧元针对性投向创新型制造技术、新型低能耗建筑与建筑材料、环保汽车及智能化交通系统等三个领域的科技研发。此外，欧盟委员会还建议增加 500 亿欧元用于研发低碳技术。2010 年，欧盟公布"欧洲 2020 战略"，指出欧盟未来经济发展的重点集中在研究与创新、绿色经济以及就业三个方面。2011 年，欧盟又出台了《欧盟 2050 低碳经济战略》，将重点依托节能和绿色能源发展，实现温室气体减排目标和经济转型双重目标。基于欧盟的一系列动作，张敏对其绿色经济发展前景进行了预测，2020～2050 年，欧盟有望实现能源工业清洁化、制造业高端化以及交通运输智能化，可再生能源与绿色建筑将成为欧盟新的产业支柱和重要经济增长点①。

2. 聚焦绿色科技，美日启动绿色未来战略

与欧盟类似，美国与日本在推行绿色发展战略的过程中同样以清洁能源发展为主要支撑和动力。美国发展绿色经济的积极性不如其他发达国家，尤其是特朗普上台以后。但奥巴马时期，美国推行过"绿色新政"，制定过被称为史上最严的"美国清洁能源计划"（America's Clean Power Plan）。美国"绿色新政"的主要内容包括新能源发展、汽车节能、建筑节能以及对抗气候变化等多个方面，其核心在于包含可再生能源、储能电池、智能电网以及碳捕捉和封存技术等在内的绿色科技发展。2008 年国际金融危机爆发后，奥巴马政府推出了近 8000 亿美元的经济复兴计划，其中有近 1000 亿美元被用到清洁能源领域，希望能够借助绿色经济发展复苏经济、促进就业，帮助经济成功转型。日本作为一个资源匮乏的发达经济体，早在 20 世纪 70 年代就开始了绿色发展的相关工作。国际金融危机爆发后的 2009 年，日本一方面公布了《绿色经济与社会变革》草案，希望通过节能减排措施，强化日本的绿色经济；另一方面宣布了由三大领

---

① 张敏：《欧盟的绿色经济：发展路径与前景展望》，《人民论坛·学术前沿》2017 年第 4 期，第 79～84 页。

域十项计划构成的"未来开拓战略",以新能源、环保车、低碳交通革命等新技术为导向,志在维持日本在光伏、蓄电池、燃料电池、绿色住宅以及绿色家电等方面的优势,推动日本向"新型低碳社会"转变。2012年,日本再次推出"绿色发展战略"规划,明确将可再生能源以及以节能为特征的新型机械、加工作为发展重点,计划在5~10年将大型蓄电池、新型环保汽车以及海洋风力发电发展为绿色增长战略的三大支柱产业。

3. 绿色科技助力新兴市场国家加快绿色经济转型

除发达经济体外,中国、印度和巴西等新兴市场国家也日益重视自身发展质量,将绿色经济作为经济转型升级的重要途径。

中国是全球最大的发展中国家。20世纪70年代末改革开放后,中国经济经历了前所未有的发展,但这些都是以牺牲资源和环境为代价的。粗放式发展方式不仅为其他国家所诟病,也给中国的可持续发展带来挑战。大气污染、水污染、垃圾处理、生物多样性破坏等一系列问题已经显现,但一直没有引起公众的真正重视。2013年,中国遭遇史上最严重雾霾灾害,全国25个省份的100多个大中型城市笼罩在灰色雾霾中。上至政府下到百姓纷纷开始思考绿色发展对中国的重要性。事实上,早在1987年中国政府就提出了可持续发展的概念,并于1992年将其确认为国家战略。但直到21世纪初粗放式发展方式所带来的环境问题不断凸显,中国政府才开始重视并狠抓发展质量。

中国的绿色发展主要集中在可再生能源发展和绿色节约的生产和生活方式两个方面。2017年,中共十九大报告指出,要"构建市场导向的绿色技术创新体系,发展绿色金融,壮大节能环保产业、清洁生产产业、清洁能源产业。推进能源生产和消费革命,构建清洁低碳、安全高效的能源体系。推进资源全面节约和循环利用,实施国家节水行动,降低能耗、物耗,实现生产系统和生活系统循环链接。倡导简约适度、绿色低碳的生活方式,反对奢侈浪费和不合理消费,开展创建节约型机关、绿色家庭、绿色学校、绿色社区和绿色出行等行动"。在此之前,从"十五"开始,中国政府每隔五年制定一次可再生能源中长期发展规划,致力于通过引导加快技术进步和增强产业创新能力,全面推动对风能、太阳能、生物质能、地热能、海洋能、储能等绿色技术的开发和利用,在优化自身能源结构、实现减排目标的同时,将可再生能源打造成具有国际竞争力的战略性新兴产业。

印度作为仅次于中国的发展中国家,自然资源有限,资源和环境压力较大,这些年也在努力推动绿色发展。2006年8月,印度起草《能源综合政策报告》,明确新能源发展的技术路线,提出要通过支持相对成熟的(如时间进度明确、接近商业化)新能源技术开发(如核能综合利用、太阳能、生物燃料、混合燃料汽车技术等),提高能源综合利用效率,解决能源安全问题并最终实现能源独立。2008年,印度政府颁布"气候变化国家行动计划"(National Action Plan on Climate Change)。计划以太阳能计划为核心,内容涵盖太阳能发展、能效提高、生活环境改善、水计划等八个方面。印度政府希望凭借自身资源优势,在25年内将国内分散的千瓦级太阳能发电系统发展成为兆瓦级可配送聚光发电系统,提高太阳能发电行业的竞争力。除此之外,印度政府还将可再生能源发展与农村就业保障法案、节能灯推广计划等社会发展规划相结合，取得了较好的社会效益。

　　在世界各国政府的努力下，全球绿色发展工作取得了良好成效。图5-1是在经济合作与发展组织（OECD）统计数据①的基础上绘制的全球绿色科技及绿色发展情况。可以看到，从2000年开始，全球二氧化碳生产率和能源生产率都在缓慢增长中。其中，二氧化碳生产率从2000年的2.64美元/公斤二氧化碳提高到2013年的3.05美元/公斤二氧化碳，能源生产率则从2000年的6080.34美元/吨标准油提高到2013年的7240.66美元/吨标准油（二者的产值均已换算成2010年不变价）。全球绿色经济的发展离不开绿色科技的发展和支撑。从图5-1可以看到，全球环境相关技术发展在2000~2013年得到了极大提高。2000年，全球环境相关技术人均发明数为1.52，2011年这一数值达到4.77，此后两年虽然有所下降，但2013年全球环境相关技术人均发明数仍然保持在3.98，是2000年的两倍多。

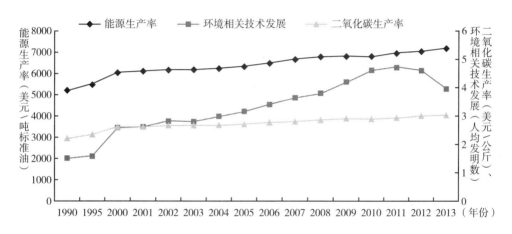

图5-1　1990~2013年全球绿色科技及绿色发展情况

二　全球绿色科技的发展现状

　　中国绿色科技项目组在其编写的《中国绿色科技报告2012》中对绿色科技给出了如下定义："绿色科技是指，在为使用方带来与常规方案相比同等或更大利益的技术、产品和服务，减少对自然环境的负面影响的同时，能在最大程度上有效且可持续地利用能源、水和其他自然资源。"目前来看，绿色科技的重点主要集中在绿色能源和绿色交通两大领域。其中，绿色能源科技主要包括常规能源清洁化生产与使用、可再生能源、储能及智能电网四个方面，目的是通过相关科技创新构建一个清洁低碳的能源体系。绿色交通领域则将重点放在了低污染交通工具（如双能源汽车、新能源汽车

---

　　①　http：//stats. oecd. org/Index. aspx？DataSetCode = GREEN_ GROWTH#.

等）的开发和推广上，同时倡导公共交通出行也是绿色交通的一个重要方向。绿色交通强调以最少的社会成本实现最高的交通效率，在提供便利交通的同时减少对环境的污染和损害。

（一）太阳能发电

太阳能是未来能源供应的主要方向。太阳能是太阳内部或者表面的太阳黑子核聚变反应产生的能量，是地球最原始的能源，具有资源充足、分布广泛、安全、清洁等优点。有研究表明，太阳每年辐射到地球的能量达到 130 万亿吨标准煤[①]，而英国石油公司（BP）《世界能源统计年鉴 2017》的统计数据显示，2016 年全球一次能源消费总量合计为 132.76 亿吨标准油，乘以转换系数后[②]，约为 200 亿吨标准煤，这意味着如果能够实现对太阳能的高效利用，那么太阳一天辐射到地球的能量就可以满足全球一年的能源需求。除此之外，与传统化石能源不同，太阳能的利用过程中不会产生对环境造成负面影响的污染物，这与绿色发展理念完美契合。

太阳能发电主要有太阳能热发电和太阳能光发电两种：太阳能热发电是通过水或者其他工具和装置将太阳辐射能转换为电能的方式，整个发电过程包含将太阳能转化为热能和将热能转为电能两个子过程；太阳能光发电则是指不需要通过热过程直接将光能转变为电能的发电过程。不同的太阳能发电形式又可分出不同的类型，如太阳能热发电主要有槽式系统、塔式系统、盘式系统、太阳池和太阳能塔热气流发电；太阳能光发电主要有光化学发电、光伏发电、光感应发电和光生物发电等。太阳能光发电中的光伏发电是利用太阳能级半导体电子器件吸收太阳光辐射能并直接将其转变成电能的发电方式，是当今世界太阳光发电的主流[③]。

早在 1954 年，首枚单晶硅太阳能电池就在美国贝尔实验室诞生。但此后，由于成本问题，人类对其开发和利用十分有限，太阳能发电只被用在卫星电源和铁路信号灯上。从 20 世纪 80 年代开始，各国对太阳能发电行业给予大力支持，美国、日本等发达国家为保障太阳能发电，更是制定了相应的法律法规，太阳能发电产业因此进入上升期。虽然太阳能发电有良好广阔的前景，但因为受季节、昼夜、天气等影响很大，在利用上还不是很普及。目前来看，太阳能主要被各国运用于小型太阳能电站、风光互补供电、大型并网电站、太阳能路灯、建筑一体化光伏玻璃幕墙等方面。

此前，欧洲、美国和日本一直是太阳能市场的中心。但这几年，太阳能市场的中心已经开始逐渐由欧美向亚洲转移。2008 年，欧洲的太阳能装机总量一度占到了全球太阳能装机总量的 82%。但国际能源署（International Energy Agency，IEA）发布的全球光伏市场快报[④]给出的 2016 年全球光伏市场相关统计数据（见表 5 - 1）显示：

---

① 李志红、李亚运、崔强：《基于提高太阳能发电效率的研究综述》，《科技创新与应用》2016 年第 2 期，第 129～130 页。

② 1 千克原油 = 1.4286 千克标准煤。

③ 于静、车轶铁、张吉月：《太阳能发电技术综述》，《世界科技研究与发展》2008 年第 1 期，第56～59 页。

④ International Energy Agency, 2016 Snapshot of Global Photovoltaic Markets.

2016 年，全球新增光伏装机容量 75 吉瓦以上，累计装机容量超过 300 吉瓦，其中：中国光伏新增装机 34.54 吉瓦，排名第一；美国光伏新增装机 14.73 吉瓦，排名第二；日本光伏新增装机 8.6 吉瓦，排名第三；印度光伏新增装机 3.97 吉瓦，排名第四；英国光伏新增装机 1.97 吉瓦，排名第五。在全球光伏装机排名 Top 10 中：有六个国家来自亚太地区，分别是排名第一的中国、第三的日本、第四的印度、第七的韩国、第八的澳大利亚和第九的菲律宾；有两个国家来自欧洲，分别是排名第五的英国和排名第六的德国；有两个国家来自美洲，分别是排名第二的美国和排名第十的智利。从各个区域的占比情况来看，亚洲已经成为全球光伏发电的中心，其全球光伏装机占比达到了 67%。

表 5-1   2016 年全球光伏新增装机和累计装机情况

国家	新增光伏装机	累计光伏装机	国家	新增光伏装机	累计光伏装机
中　国	34.54 吉瓦	78.07 吉瓦	意 大 利	373 兆瓦	19279 兆瓦
美　国	14.73 吉瓦	40.3 吉瓦	瑞　士	250 兆瓦	1640 兆瓦
日　本	8.6 吉瓦	42.75 吉瓦	加 拿 大	200 兆瓦	2715 兆瓦
印　度	3.97 吉瓦	9.01 吉瓦	比 利 时	170 兆瓦	3422 兆瓦
英　国	1.97 吉瓦	11.63 吉瓦	奥 地 利	154 兆瓦	1077 兆瓦
德　国	1.52 吉瓦	41.22 吉瓦	墨 西 哥	150 兆瓦	320 兆瓦
韩　国	0.85 吉瓦	4.35 吉瓦	以 色 列	130 兆瓦	0.91 吉瓦
澳大利亚	839 兆瓦	5.9 吉瓦	丹　麦	70 兆瓦	0.9 吉瓦
菲 律 宾	756 兆瓦	0.9 吉瓦	瑞　典	60 兆瓦	175 兆瓦
智　利	746 兆瓦	1.61 吉瓦	葡 萄 牙	58 兆瓦	513 兆瓦
泰　国	726 兆瓦	2.15 吉瓦	西 班 牙	55 兆瓦	5.49 吉瓦
土 耳 其	584 兆瓦	832 兆瓦	马 来 西 亚	54 兆瓦	286 兆瓦
法　国	559 兆瓦	7.13 吉瓦	挪　威	10 兆瓦	15 兆瓦
南　非	536 兆瓦	1450 兆瓦	芬　兰	10 兆瓦	15 兆瓦
荷　兰	525 兆瓦	2.1 吉瓦			

数据来源：International Energy Agency，2016 Snapshot of Global Photovoltaic Markets。

（二）风能

风能与太阳能是目前可再生能源发电的主力。虽然不比太阳能蕴含的巨大能量，作为清洁、可再生新能源的一种，风能的可利用量仍然十分可观。美国能源部的调查显示，仅南达科他州和得克萨斯州两个州的风能密度就可以满足美国全境的用电需求。林宗虎的研究表明[1]，中国陆上实际可开发利用风能储量为 2.53 亿千瓦，海上可开发利用风能储量为 7.5 亿千瓦，海陆可开发利用风能储量达到 10 亿多千瓦，约为中国可开发利用水能总量的 2.5 倍。有研究表明，全球风能约为 13000 亿千瓦，是全球可开发利

---

[1]   林宗虎：《风能及利用》，《自然杂志》2008 年第 6 期，第 309~314 页。

用水能总量的十倍不止。

　　风能是空气流动做功所产生的能量，实质是太阳能的一种转化形式。人类对风能的利用最早可以追溯到公元前，主要是利用风力灌溉、航船、磨面等，但也仅止于此。一直到20世纪70年代石油危机之后，出于对传统化石能源替代和环境的需要，风能作为新能源的代表之一才引起人类重视。与太阳能相似，风力发电的应用与推广最早开始于欧洲、美国、日本等发达国家和地区。1887年苏格兰建成了世界第一台风力发电机组。20世纪70年代初，美国开始实行联邦风能计划，并于80年代成功开发了针对不同用户的风力发电机组。1978年，丹麦建成装机容量2000千瓦的日德兰风力发电站。1980年，德国建成一座装机容量3000千瓦的风力发电站。1991年，日本建成可为700个家庭提供电力的风力发电站。近年来，随着绿色发展概念的普及和深化，风力发电在全球范围内得到飞速发展，风电的电力占比不断提高。2016年，丹麦风电的电力占比达到了40%，乌拉圭、葡萄牙、爱尔兰、西班牙和塞浦路斯等国风电的电力占比都在20%以上，德国风电的电力占比也达到16%。在中国和美国这样的电力消费大国，风电的电力占比也分别达到了4%和5.5%。

　　与太阳能发电类似，近年来风力发电的主要力量也从欧、美、日发达经济体转移到中国、印度等亚洲新兴经济体。表5－2是2005～2016年全球各地区风电装机的占比情况。2005年，亚洲、欧洲、拉丁美洲和加勒比、北美洲在全球风电装机的占比分别为11.83%、69.22%、0.36%和16.64%。此后，欧洲的风电装机占比不断降低，而亚洲、拉丁美洲和加勒比、北美洲的风电装机占比则不断提高。2014年，亚洲的风电装机占比第一次超过欧洲，攀上全球首位，并于此后维持全球第一位。

表5－2　2005～2016年各地区风电装机占比

单位：%

年份	亚洲	欧洲	拉丁美洲和加勒比	北美洲
2005	11.83	69.22	0.36	16.64
2006	14.27	65.58	0.68	17.61
2007	16.84	60.90	0.57	19.90
2008	20.11	54.65	0.54	22.81
2009	24.95	48.14	0.82	24.17
2010	30.92	43.84	0.75	22.68
2011	34.48	40.77	0.96	22.16
2012	34.50	38.78	1.25	23.92
2013	36.39	38.15	1.50	22.23
2014	38.41	36.32	2.32	21.09
2015	40.67	34.18	2.82	20.40

　　数据来源：WIND数据库。

　　中国、印度和巴西等发展中国家正在成为全球风电发展的主要动力。全球风能理事会公布的《全球风电报告：年度市场发展》显示：2016年全球风电新增装机容量超54

吉瓦,累计装机总量达到 486.8 吉瓦。其中:中国新增风电装机 23.37 吉瓦,排名第一;美国新增风电装机 8.20 吉瓦,排名第二;德国新增风电装机 5.44 吉瓦,排名第三;印度新增风电装机 3.61 吉瓦,排名第四;巴西新增风电装机 2.01 吉瓦,排名第五。在全球新增风电装机中:仅中国、印度和巴西三个发展中国家的新增风电装机就占全球新增风电装机的 53.1%。欧美等老牌风电强国的风电装机增速虽然有所放缓,但仍然引领着全球海上风电市场,特别是欧洲。2016 年,欧洲海上风电投资达到 182 亿欧元,创下历史新高;其海上风电成本下降幅度达到 22%,降至 126 美分/兆瓦时,虽然比新建煤电厂的成本仍然偏高,但已经低于其新建核电厂成本。可以预见,欧洲的海上风电将迎来黄金发展时期。

(三)新能源汽车

交通部门是石油消费和废气排放的主要部门。英国石油公司 2017 年全球能源消费报告的统计数据表明,2015 年交通部门消耗了全球 55.23% 的石油与全球 18.80% 的能源,是石油消费第一大部门和能源消费第三大部门[①]。与此同时,交通部门贡献了全球 24% 的二氧化碳排放,仅次于电力热力生产和工业部门。而这 24% 的二氧化碳排放中,公路部门的二氧化碳排放占比接近 70%[②]。在能源日益紧张、环境日益恶化的当前,各国交通部门和汽车行业均面临节能减排的严峻挑战,新能源汽车因此被广泛关注。新能源汽车是指采用非常规车用燃料作为动力来源的新型汽车,如纯电动汽车、混合动力汽车、氢发动机汽车等。与传统汽车相比,新能源汽车具有油耗低、排放少的优点(有些甚至可以做到零油耗、零排放),可以有效解决公路交通部门的能源和排放问题。

日本、德国和美国等老牌汽车制造强国是新能源汽车发展的领路人,为扶持本国新能源汽车工业,各国均出台了一系列激励措施。

早在 1971 年,日本就在燃料电池研发上投入超过 200 亿日元的资金。跨入 21 世纪,日本更是激励政策不断。2001 年推出绿色汽车税收优惠(对低公害车、低排放车和低油耗车减征汽车税),2002 年推出新能源汽车开发项目(计划在 5 年内投放 200 亿日元用于电动汽车的核心技术开发),2006 年推出"2030 年能源战略"(提出对电动汽车和混合动力汽车进行税收优惠和财政补贴),2007 年推出"高性能车用充电电池项目"(计划投入 4500 万美元用于电池技术研发以及 100 亿日元用于混合动力汽车购买补贴),等等[③]。日本政府 2010 年发布的"新一代汽车战略(2020)"明确提出,希望未来能够保持在混合动力和纯电动汽车方面的技术领先优势。

---

① https://www.bp.com/content/dam/bp/pdf/energy-economics/energy-outlook-2017/bp-energy-outlook-2017.pdf.

② http://www.iea.org/publications/freepublications/publication/CO$_2$EmissionsFromFuelCombustion2017Overview.pdf.

③ 邓立治、刘建峰:《美日新能源汽车产业扶持政策比较及启示》,《技术经济与管理研究》2014 年第 6 期,第 77~82 页。

德国是第一辆燃油汽车的诞生地，也是可再生能源发展强国。借助其在可再生能源领域的优势，近年来德国开始全力推动新能源汽车的发展。2007 年德国政府决定扶持锂离子电池研发，2008 年成立锂离子电池联盟并提供 6000 万欧元的开发基金。2009 年初，德国出台包括为研发推广电动汽车提供 5 亿欧元资金支持在内的一揽子经济刺激计划。2009 年 9 月，德国公布电动汽车发展计划，提出在 2020 年拥有 100 万辆已上路纯电动汽车和插电式混合电动汽车的目标。2011 年，德国再次发布政府行动计划，提出将推动建立三到四个国家级大型示范项目，并将电动汽车研发费用提高到 20 亿欧元。

2001 年，美国出台了未来能源保护法案，向混合动力电动汽车消费者提供 250 美元到 2000 美元不等的税收减免优惠；2002 年，美国提出 "Freedom Car" 行动计划，向混合动力电动汽车消费者提供单车 7000 美元的税收减免优惠；2008 年，美国政府指出，从 2010 年起每年为混合动力重卡的研发、生产和销售提供 1600 万美金的资金支持；2010 年推出 44 亿美元能源法案，分别为天然气车辆和电动车辆的研发生产提供 40 亿美元和 4 亿美元的资金支持。在政策的不断刺激下，美国的新能源汽车发展势头良好，2011 年美国新能源汽车销售总量在汽车销售总量中占到了 2.5%。

除欧美和日本以外，近年来中国在新能源汽车方面的表现也十分突出。这同样离不开中国政府对新能源汽车行业的大力扶持。从 "十一五" 开始，中国政府高度关注新能源汽车发展，推出 "节能和新能源汽车" 战略。2009 年，中国启动 "十城千辆" 计划，针对长度十米以上的新能源城市公交客车提供财政补贴，其中，纯电动客车每辆补贴 50 万元，燃料电池客车每辆补贴 50 万元，混合动力客车每辆最高补贴 42 万元。2010 年，深圳、上海、杭州、长春、合肥等地启动新能源汽车私人购买补贴，纯电动乘用车每辆最高补贴 6 万元，插电式混合动力乘用车每辆最高补贴 5 万元。从 2012 年开始，针对新能源汽车项目提供每年 10 亿~20 亿元的资金支持，同时对新能源汽车免征车船税。2014 年，对新能源汽车免征车辆购置税，等等。

在各国政府的努力下，新能源汽车市场在近十年扩张明显。2005 年全球电动汽车数量仅为 0.167 万辆，其中电池电动汽车数量 0.167 万辆，无混合动力电动汽车。2015 年全球电动汽车数量提高到 125.69 万辆，其中电池电动汽车数量 73.981 万辆，混合动力电动汽车 51.71 万辆。就电动汽车市场保有量来看，欧美和日本等发达经济体是新能源汽车发展的主要力量，中国和印度作为发展中国家代表近年来表现亮眼。尤其是中国，2011 年起，中国的电动汽车保有量出现爆发式增长，随后一直保持强劲的增长势头。2014 年起，中国电动汽车保有量开始超越日本，成为全球第二大电动汽车市场。2015 年，美国、中国和日本的电动汽车市场保有量分别为 40.41 万辆、31.23 万辆和 12.64 万辆，分别占全球电动汽车保有量的 32.15%、24.85% 和 10.06%[①]。

由上述分析可见，当前全球绿色科技发展迅速，绿色科技创新蓬勃发展，在推动绿

---

① https://www.iea.org/publications/freepublications/publication/Global_ EV_ Outlook_ 2016.pdf.

色产业发展、营造新兴经济增长点的同时，不断淘汰高能耗、高污染行业，积极推进环境改善与污染治理，有效推动了全球可持续发展。

三 全球绿色科技创新面临的现实困境

尽管全球各国都已意识到绿色发展的重要性，也认可科技创新是绿色发展的必然选择，对推动绿色科技创新的重要性有普遍共识，但在现有规制无法合理分配科技创新利益、科技壁垒明显的情况下，推进全球绿色科技创新依然面临诸多困境。

（一）集成创新投入高降低了绿色科技创新的积极性

当今世界各国为实现发展转型升级，纷纷以绿色技术为突破口，推动经济转型发展。但需要指出的是，当前的科技创新呈现一些规律性特征：一是技术更新换代时间不断缩短，二是科技创新越来越需要跨域互动创新，三是多学科、多领域竞相集成创新成为趋势①。在绿色科技创新方面更是如此，全球性的生态环境保护、绿色发展是一项复杂的系统性工程，它要求的绝不是某个学科和技术领域的突破，而是以众多学科、领域为基础的集成性创新。这是因为，绿色技术是多维度、多领域的革命性创新，它涵盖了多维度、多领域的技术创新，绿色技术不是单一技术，而是复杂的技术群，覆盖可再生能源、节能环保材料、清洁生产工艺、污染治理、环境监测、生态修复等诸多领域，被广泛应用于生产生活的方方面面②。而且绿色技术不是指某一单项技术，而是一整套技术。在当今世界经济发展中，由于它与可持续发展战略密不可分，具有高度的战略性③。随着全球生产力的发展以及消费市场的变化，绿色科技的发展必将呈现新的变化趋势与特征，与之相对应的一系列产业也必将随之变动，呈现不断发展、不断提升的态势。可见，绿色科技要真正起到环境保护功能，转变为经济增长的不竭动力，就需要绿色技术的群体性突破，并构建较为完善的绿色产业体系予以支撑。

无论是集成创新还是群体性突破，这种长期性任务都意味着大量的科研经费与高层次人才投入，需要消耗大量资源与人力。对于发达国家或者整体经济实力较强的国家而言，要实现全方位、系统性的绿色科技创新，都存在困难（它们往往选取自身具有优势的技术领域进行率先突破创新），更何况仍在为温饱奋斗的广大发展中国家，以及经济实力较弱的国家，绿色科技创新往往是难以承受之重，它们对绿色科技创新的积极性不足。

（二）短期收益预期与创新高风险阻碍了绿色科技创新与推广

技术进步的长期性决定了绿色技术效益不可能在短期内显现。纵观技术发展的历

---

① 肖昊宸：《科技创新引领绿色发展》，《中国社会科学报》2017 年 12 月 15 日，第 2 版。
② 吴平：《技术创新引领绿色发展新动力》，《中国经济时报》2016 年 11 月 1 日，第 A05 版。
③ 成志翔：《研发绿色技术 推进绿色发展》，《中国环境报》2013 年 12 月 26 日，第 2 版。

史，新技术的应用从来都不能立竿见影；相反，每一种新技术都需要经受经济社会发展的长期检验。绿色技术发展至今，长则三四十年，短则不过数月，大多处于"胚胎"时期。由研发到可推广阶段，再到技术的广泛应用，直至各类配套设施跟进，绿色技术还需要漫长的转化期，推广绿色技术任重而道远①。这就意味着，绿色科技创新的成效难以在短期内显现。

同时，原有的主流技术必然通过不断修补、完善，通过市场占有的主导地位，表现出顽强的生命力。与其相比，绿色科技真正占领市场，展现经济效益，必将经过一番激烈的竞争。例如，中国 2015 年并网光伏发电的上网电价为燃煤发电的两倍以上，火力发电仍占据大量市场份额②。正是基于上述现实，为推动绿色科技应用，快速占领市场，多数发达国家以政府引导为基础，加大政策、财政支持力度，引领市场选择绿色新科技。以德国为例，为发展可再生能源，政府对传统能源征收最高达 47% 的可再生能源附加费，使可再生能源电价低于传统能源电价，有力支持了光伏发电的发展③。然而，需要指出的是，巨额的财政投入，对于仍处于温饱阶段的发展中国家而言，往往财政负担过大，即使意识到推动绿色科技创新的重要性，也只能望而却步。经济社会的竞争性、消费市场的短期性以及政府能力的有限性，造成了全球绿色科技创新与推广动力不足。

任何一项新技术的创新都会充满失败的风险，绿色科技创新由于涉及集成创新、系统性突破，其风险会更高。2008 年金融危机后，世界经济转型，绿色发展成为趋势，许多投资公司花费数亿美元资助清洁能源和绿色科技企业。然而，那些企业"低估了发展这项技术所需的成本，高估了消费者采用它们产品的紧迫性，可能还低估了竞争格局的变化速度"，这些企业大多遭遇了惨痛的失败④。这表明，绿色科技除了技术创新研究的风险外，还可能会遭遇市场风险，较大的风险也使许多国家与企业望而却步，技术推广速度往往滞后于技术创新速度。

（三）利益纷争与分散创新增加了全球绿色科技创新成本

当前世界各国面临诸多问题与挑战，空气与水资源污染严重，森林与湿地面积大幅度缩减，珍稀物种濒临灭绝、生物多样性遭到严重破坏等生态环境危机对人类的生存环境造成了严重威胁。全球性金融危机、粮食危机、贫困问题、能源问题等全球性问题直接影响着人类社会的可持续发展⑤。这些问题是全球性问题，没有哪个国家可以在环境问题上独善其身。因此，改善生存环境，推动绿色发展，需要各国加强自我约束，共同发展。谁都不应自我割裂，也不应"搭便车"，而需要相互协调，通力合

---

① 吴平：《技术创新引领绿色发展新动力》，《中国经济时报》2016 年 11 月 1 日，第 A05 版。

② 吴平：《技术创新引领绿色发展新动力》，《中国经济时报》2016 年 11 月 1 日，第 A05 版。

③ 吴平：《技术创新引领绿色发展新动力》，《中国经济时报》2016 年 11 月 1 日，第 A05 版。

④ Erin Griffith：《绿色科技正在怎样吞食世界》，财富中文网，2017 年 5 月 10 日，http：//www. fortunechina. com/business/c/2017 - 05/10/content_ 282615. htm。

⑤ 楚向红、郭广平：《为人类美好世界描绘蓝图》，《光明日报》2018 年 1 月 15 日，第 6 版。

作，加快重大项目技术创新，推动全球实现经济转型与可持续发展。由于绿色技术创新是涵盖多维度、多领域的技术创新，这一创新不仅要求各国间的协调合作，还需要各个部门间通过相互协调，实现系统性进步。但当前缺乏合理的利益分配机制，使各国间缺乏相互信任，纷争增加，而部门间没有协同创新机制，导致创新成本不断增加。

以往的世界经济发展历程与利益分配机制，使人们形成了这样的认识习惯，即谁拥有了核心技术，谁就拥有了话语权，处于产业链的高端，在利益分配中占据有利地位。在绿色科技创新领域依然如此，目前世界上大多数绿色低碳核心技术的知识产权都掌握在欧美等发达国家手中，它们占据了全球绿色低碳经济市场的制高点①。随着全球绿色发展意识的提升，绿色经济发展依赖于绿色科技创新，也就是低碳发展，包括能源、节能减排等方面的技术创新。由于没有技术创新协作与科技共享，世界各国都在为获得这一轮产业革命中的有利地位进行科技创新，绿色科技创新资源分散，无法形成协同创新机制，不仅造成了资源浪费，增加了科技创新成本，也使各国无法通力协作，难以实现重大科技项目的联合创新。

多数国家的绿色科技创新投入和管理部门分散在科学技术部、环境保护部、工业和信息化部、国土资源部、财政部、自然科学基金等部门。不同部门投入的创新资源零散地分布于大型企业、高校和科研院所，存在交叉重复、统筹协调困难、资源使用效率不高等问题，没有形成系统的有效率的绿色技术创新协同机制，使得创新成本大幅度提升②。

（四）制度供给不足制约了绿色科技创新的步伐

当前，缺乏合理的技术创新利益协调分配机制，再加上保护绿色科技创新的产权制度供给不足，阻碍了绿色科技创新与共享③。环境是公共产品，难以避免"搭便车"现象，在没有形成科学合理的绿色科技创新利益分配机制的情况下，有能力推进绿色科技创新的国家、企业不愿意进行绿色科技创新或者进行技术共享。在没有合理利益分配机制的前提下，为弥补其创新成本，发达国家通过高价销售绿色低碳技术设备，或者收取节能减排技术和低碳技术的巨额专利费等。但这一方式对广大发展中国家而言存在不合理性，一方面长期占用的巨额费用限制了绿色科技的推广与应用，另一方面还会面临发达国家的知识产权壁垒和绿色壁垒等不公平待遇，制约了全球绿色产业和绿色经济发展。此外，在部分发展中国家，企业还缺乏明晰的产权制度，使企业无法成为真正的创新主体，企业不能有效决策、不能获取应有收益，从而失去了绿色科技创新的内在动力。

绿色技术验证制度供给不足。环境技术验证制度通过对具有商业化潜力的创新环境

① 杜林远、高红贵：《绿色科技创新与绿色经济发展》，《党政干部学刊》2017 年第 1 期。

② 杜林远、高红贵：《绿色科技创新与绿色经济发展》，《党政干部学刊》2017 年第 1 期。

③ 杜林远、高红贵：《绿色科技创新与绿色经济发展》，《党政干部学刊》2017 年第 1 期。

技术进行第三方科学、公正的测试和评价，获取环境技术的性能数据和技术特征，编制技术验证报告，供技术的潜在购买者进行决策时参考。经过认证的技术较容易得到社会的认可，能够有效地推动绿色新技术的市场化。目前，全球还没有建立环境技术验证制度，对绿色技术的验证和评价主要是通过召开专家评审会或函审的形式进行，且以定性评价为主，评价结果的客观性和公正性受到影响①，从而制约了绿色科技创新成果的应用与推广。

四　全球绿色科技创新的前景展望

（一）绿色技术创新步伐将会进一步加快

各国政府必将规范引导绿色科技创新，快速推进绿色经济发展。绿色技术创新是引领绿色经济发展的基础和第一动力。但应该认识到科学技术也是一把双刃剑，科技创新与成果应用正负效应并存。原子能技术缓解了能源危机，却导致了如日本福岛核事故等严重生态后果；钢铁技术推动了经济社会快速发展，但高能耗增加了资源负担，高排放污染了空气；农药化肥技术提高了粮食产量，保障了粮食安全，却使百鸟争鸣的春天变成了"寂静的春天"；汽车技术带来生活的便捷与舒适，却使城市空气充斥了有害气体，也加速了传统能源消耗。巴里·康芒纳指出：几乎每项现代技术都有严重的过错——不是说达不到设计目的，而是说会对环境造成严重影响②。因此，在绿色科技创新中，通过强化政策引导，尽可能减少绿色技术创新的负面影响，充分发挥其正面作用，必将是各国政府推动绿色经济发展所关注的重点。

政府的积极扶持将会进一步加快绿色科技创新步伐。由于绿色技术创新的正外部性较强，市场机制无法有效解决外部性内部化问题。在无法保证投资者应有收益的情况下，极有可能会导致社会投资不足，因此，必然需要政府予以支持。为此，各国必将加大投入，强化科技创新的基础与应用研究，构建较为完善的技术创新体系，使得企业更有动力进行绿色技术生产和推广，这是未来的发展趋势。环境科技创新是顺应世界发展趋势的需要，通过绿色科技创新，推动经济转型升级，从而实现超越式发展，快步追上甚至超过全球发展步伐。因此，各国必将不遗余力地加大扶持力度，推动绿色科技创新。

（二）绿色产业蓬勃发展要求更高层次的绿色科技创新

"联合国2030年可持续发展议程"认为，面临新的世界形势和发展阶段，各个国际组织和国家应进一步深化可持续发展，落实可持续发展目标。可以说，在全球绿色发

---

① 杜林远、高红贵：《绿色科技创新与绿色经济发展》，《党政干部学刊》2017年第1期。
② 黄娟：《科技创新与绿色发展的关系——兼论中国特色绿色科技创新之路》，《新疆师范大学学报》（哲学社会科学版）2017年第3期。

展意识的引领下，在政策、资金和科技的支持下，绿色产业必将蓬勃发展，绿色科技的要求也会进一步提高。

一方面，绿色经济是未来的发展方向。处于生态文明建设的全球可持续发展时代，绿色生产以及与之相对应的绿色产业，必将成为未来投资和各国政府竞相发展的重点，必将推动绿色产业快速发展。另一方面，随着相关技术的进一步成熟，绿色产业发展的步伐将会进一步加快。与之相对应的绿色产品市场会快速发展，市场需求规模不断扩大，诸如水污染治理、工业污染治理、大气污染治理、危险废弃物处理、环境服务业、环保设备制造业等，都将会有较大规模的全球市场。以中国环保设备制造业为例，中国工信部发布的《关于加快推进环保装备制造业发展的指导意见》指出，到 2020 年，培育 10 家百亿元规模的环保装备制造业龙头企业，行业产值达到 1 万亿元[①]。绿色产业的快速发展将会要求更新、更高层次的绿色科技予以支持，将会进一步提升对绿色科技创新的需求。随着整体生活水平的提高，以及对生态环境保护的重视，更要求在满足经济发展的基础上，不断开发改善生态环境的绿色技术，对绿色科技创新的要求也会更高。

（三）绿色科技创新效率将会进一步提升

一方面，绿色科技创新的市场机制将会进一步健全。由于绿色科技创新需要处理好政府、企业和市场的关系，还要处理好绿色科技产品的设计、宣传与推广等问题，这些都离不开市场机制的建立与完善。为此，全球必将推进相关市场机制建设，各国也会出台相关政策，整合国内相关市场。通过市场机制调节配置，有效推动绿色科技创新效率，使科技创新资源向当前市场更有需求的领域集中，满足消费市场对绿色产品的需求，有助于降低绿色科技创新的市场风险。完善的市场机制将会保障科技创新收益，推进技术创新的产业化，加快绿色科技创新进程。另一方面，"互联网＋"将会开启绿色发展新局面。利用互联网技术提高市场配置资源的质量与效率，紧密联系资源需求与供给方，促进资源利用的便捷化、互动化、透明化，优化了技术创新的市场方向[②]。

五　推进全球绿色科技创新发展的对策建议

（一）树立人类命运共同体理念，加强协同联合创新

国际社会日益成为一个你中有我、我中有你的命运共同体，尤其对全球环境而言，更是如此。加强协作，实现联合创新，应对全球性环境问题已势在必行。同时，在科技

---

①　班娟娟：《"技术＋金融"两支点撬动绿色经济——配套政策将进入密集落地期》；《节能环保等相关产业引爆在即》，《经济参考报》2017 年 11 月 9 日，http：//jjckb. xinhuanet. com/2017－11/09/c_ 136738347. htm。

②　《科技创新为发展注入"绿色动力"》，新华网，2015 年 7 月 27 日，http：//www. xinhuanet. com/tech/2015－07/27/c_ 1116053312. htm。

全球化背景下，创新资源已经与其他生产要素一样，在全球各国间快速流动。科技创新已不仅仅局限于本国的内部研发，更倾向于全球创新资源的广泛利用与系统整合。因此，加快绿色科技协同创新，不仅可以提高创新资源的利用效率，可以对影响全球环境与发展的重大项目进行联合攻关，还可以加快绿色科技在世界各地的应用推广，对推动绿色发展具有重要意义。

随着世界一体化进程加快，人类社会不再是分散、互不联系的单个国家的简单累加，而是紧密联系、相互影响的一个有机整体。对于消除战争威胁、推动科技创新、加强金融监管、实现气候管控、解决贫困问题等世界各国面临的共同治理目标，仅靠个别或少数国家难以实现，只能在全球各国通力合作下才能有效推进。这就需要世界各国摒弃基于一国利益的狭隘治理思维，以人类共同命运为最高价值准则，遵循"共商共建共享"的全球治理理念，形成具有机制约束力和道德规范力、致力于解决全球问题的"全球机制"[1]。对于绿色科技创新更是如此。当前阻碍协同联合创新的主要问题是利益分配问题，应充分发挥国际组织的作用，如联合国环境规划署、绿色和平组织等，以及G20、APEC等平台，加强沟通，通过协商，构建科学合理的科技创新利益分配机制，提高绿色科技创新效率，推动创新成果的普及与应用。

（二）加强战略互信，以项目带动绿色科技的应用与推广

基于人类命运共同体的理念，各国应明确意识到现今世界的政治多极化、经济全球化、社会信息化深入推进，各国利益紧密相连。零和博弈、冲突对抗早已不合时宜，同舟共济、合作共赢已成为时代要求[2]。尤其在应对全球性的环境与可持续发展问题上，各国更应加强沟通，增强互信，向开放、包容、普惠、平衡、共赢的方向发展。

当今国际性合作项目日渐增多，项目合作必须以互惠共赢的理念推进，必然要求符合世界经济发展趋势，绿色发展是未来众多合作项目推进必须遵守的理念。项目合作促进了不同国家间的协调与合作，有助于推动绿色科技在全球的应用与推广。因此，通过加强沟通，增强战略互信，实现开放性、包容性发展，打造利益共同体。以"一带一路"为例，项目本身是推动贸易畅通的绿色化，在一些国家促进绿色技术的传播和推广。2016年中国科技部专门发布指导性文件，指导企业在"一带一路"沿线国家要优先推广先进的节能技术，把更好的清洁技术转移到"一带一路"沿线国家。2017年光大国际在越南启动一个现代化的垃圾发电项目（芹苴项目），这一绿色科技合作项目投资4700万美元，经营期22年，2018年将投入运营，这是越南的第一座无害化垃圾发电项目。这一实例充分说明，通过战略互信，让绿色技术通过"一带一路"建设转移到沿线国家，推动沿线国家环境治理。

---

① 楚向红、郭广平：《为人类美好世界描绘蓝图》，《光明日报》2018年1月15日，第6版。

② 习近平：《为构建中美新型大国关系而不懈努力》，新华社，2016年6月6日，http://news.xinhuanet.com/world/2016-06/06/c_1118996126.htm。

（三）找准绿色科技创新着力点，提高创新效益

绿色科技创新应基于现实社会发展的迫切需求，以科技领域的先进技术为基础，以产业发展急需的技术为目标，找准创新的着力点与发力点，以新科技推动社会变革或产业突破性发展，在提升全球绿色治理能力的同时，推动全人类社会快速进步。也正是因为绿色科技创新与经济社会密切相连，无论是在科技创新领域，还是在新技术应用与推广领域，都需要经济社会改革与之相适应。为此，各国应做好顶层设计，加大投入，明确绿色科技创新的重难点，集中力量争取取得突破性成果。在增强科技创新能力方面，要有选择、有目的、有重点地进行，争取在短时间内实现跨越式发展。通过更加系统地认知生态环境演变规律，以科技创新来提升全球生态环境监测、保护、修复能力以及应对全球气候变化的能力[1]。以信息网络技术、智能技术为支撑，减少科技创新成果推广应用的交易费用与时间，以信息化促进绿色化，降低绿色科技创新成本，提高科技创新收益。

为降低与分散企业的绿色科技创新风险，各国应通过金融制度创新加强对新兴企业的支持，特别是高新技术企业。高新技术企业发展初期往往风险大，要健康成长，就需要金融机构帮助它们分散风险。扩大绿色金融，大幅增加投资，推动绿色科技创新与可持续生产[2]。同时，加强绿色制造领域关键核心技术的研发，带动相关产业快速发展，尽快释放绿色经济的动能。强化以绿色装备制造为核心，瞄准绿色设计、绿色工艺、绿色回收资源化等技术，发展新能源、新材料、高端装备制造等产业，为经济可持续发展提供动力[3]。充分展现绿色科技的创新效益。

（四）加强对企业的扶持，激励绿色科技创新成果应用

企业是绿色科技创新的微观主体，其是否具有竞争优势，或能否因应用绿色技术而获利，对绿色科技创新成果的应用有重要影响。因此，各国政府应出台相关政策，加强对企业的扶持，激励企业对绿色技术的应用需求。首先，增强对绿色科技的需求，拓展应用市场。不可否认的是，绿色科技在应用的初期阶段，必然没有价格优势，在市场竞争中处于劣势地位。为此，政府应以财政支持、税收减免等形式进行补贴，同时，在政府采购中有倾向性地给予便利，为绿色科技创新企业创造生存与发展空间。引导社会资本投资绿色科技创新领域，通过积极宣传，使人们认识到绿色科技与产业是下一个高投资回报点，有序、规范地引导社会资本进入绿色科技创新领域。其次，降低绿色科技应用成本，提高企业盈利能力。在自由竞争的市场经济中，一个企业只有获得不低于社会可接受的正常利润水平的情况下，才有动力持续经营。因此，政府扶持只是外在动力，而采用绿色科技的企业能够不断盈利，具有较强的市场竞争力，才是根本。提高企业的

---

① 肖昊宸：《科技创新引领绿色发展》，《中国社会科学报》2017年12月15日，第2版。
② 李盛明、王佳：《从科技创新和绿色金融中释放中国红利》，《光明日报》2017年3月27日，第10版。
③ 肖昊宸：《科技创新引领绿色发展》，《中国社会科学报》2017年12月15日，第2版。

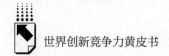

盈利能力，在于增加企业的经济收益，降低绿色技术企业的经营成本。这就要求各国尽快构建绿色产品市场，通过完善市场机制来保障企业应用绿色科技成果的经营收益。同时，要营造良好的企业经营环境，为企业生产提供便捷的服务，降低企业运营成本。最后，引导社会进一步接纳与应用绿色科技创新成果。从长远来看，要通过促进公众参与和监督绿色发展政策的制定与实施，加大生态文明建设理念的宣传力度，引导群众牢固树立生态环境忧患意识，最终营造绿色发展、绿色消费的社会氛围①，从而提升整个社会对绿色科技创新成果的需求。

---

① 吴平：《技术创新引领绿色发展新动力》，《中国经济时报》2016 年 11 月 1 日，第 A05 版。

Ⅳ 附　录

Part 4　Appendix

Y.107
附　录*

表1　2011~2015年世界各国一级指标创新竞争力得分和排名

国家	Country	2011 年		2012 年		2013 年		2014 年		2015 年	
		排名	得分	排名	得分	排名	得分	排名	得分	排名	得分
阿尔巴尼亚	Albania	21.7	46	21.8	46	20.4	52	22.3	45	19.1	53
阿根廷	Argentina	17.9	70	17.2	73	17.3	71	16.4	78	16.1	74
亚美尼亚	Armenia	16.2	81	15.3	82	16.1	77	18.8	62	17.4	69
澳大利亚	Australia	30.2	19	30.1	19	29.4	20	29.2	20	28.4	22
奥地利	Austria	29.3	21	30.1	20	29.8	19	29.5	19	29.2	19
阿塞拜疆	Azerbaijan	14.1	87	14.6	85	15.1	83	15.8	83	15.4	81
白俄罗斯	Belarus	16.8	76	16.8	74	16.5	75	16.7	77	16.4	73
比利时	Belgium	29.1	22	29.0	22	28.8	22	28.7	22	28.6	21
玻利维亚	Bolivia	13.3	91	11.9	93	11.1	93	11.3	93	9.8	97
波黑	Bosnia and Herzegovina	18.6	66	17.7	69	19.1	62	18.4	66	17.9	62
博茨瓦纳	Botswana	19.4	64	16.7	76	20.5	49	17.3	73	15.1	83
巴西	Brazil	19.6	63	19.3	62	19.4	58	19.1	61	17.9	64
保加利亚	Bulgaria	20.6	56	20.3	53	19.7	56	19.6	58	19.2	49
布基纳法索	Burkina Faso	10.7	98	10.1	99	11.5	92	10.9	95	9.7	98
柬埔寨	Cambodia	11.8	94	11.4	95	10.2	96	10.7	97	9.9	96
加拿大	Canada	32.2	16	31.7	15	30.0	18	29.7	18	29.3	18
智利	Chile	22.7	42	21.6	48	21.3	47	22.3	44	20.5	46
中国	China	33.7	14	32.8	12	33.0	12	32.0	11	31.2	10

---

* 附录部分摘录了 2011~2015 年世界各国一、二级指标的得分和排名情况，并选取了部分有代表性的三级指标的得分和排名，供读者参考。

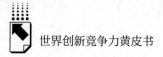

续表

国家	Country	2011 年		2012 年		2013 年		2014 年		2015 年	
		排名	得分	排名	得分	排名	得分	排名	得分	排名	得分
哥伦比亚	Colombia	22.7	41	23.2	37	22.7	41	22.9	40	22.0	39
哥斯达黎加	Costa Rica	21.8	45	22.2	45	23.2	38	25.6	30	21.4	41
克罗地亚	Croatia	23.7	35	24.1	34	23.2	39	22.3	43	22.6	35
塞浦路斯	Cyprus	27.7	26	25.4	32	24.1	33	24.0	34	22.9	33
捷克	Czech Republic	28.7	23	27.9	25	27.2	27	27.5	25	26.6	25
丹麦	Denmark	30.7	18	31.1	16	30.9	15	30.8	14	30.1	16
厄瓜多尔	Ecuador	21.3	49	19.8	60	20.3	53	20.9	51	19.2	51
埃及	Egypt, Arab Rep.	21.2	50	20.1	57	20.5	50	21.1	50	18.8	56
萨尔瓦多	El Salvador	17.0	75	18.3	67	18.1	67	17.3	72	15.9	76
爱沙尼亚	Estonia	31.6	17	28.5	24	29.0	21	28.6	23	28.8	20
埃塞俄比亚	Ethiopia	15.4	85	17.4	70	18.2	66	17.1	74	15.8	77
芬兰	Finland	34.4	9	33.8	9	33.3	8	32.2	9	31.0	12
法国	France	39.1	3	38.4	4	38.1	4	38.3	3	37.1	3
格鲁吉亚	Georgia	20.3	59	20.1	55	19.3	59	24.5	32	20.8	43
德国	Germany	40.7	2	39.9	2	39.2	2	39.6	2	38.6	2
加纳	Ghana	15.9	82	16.5	78	15.8	80	15.9	82	15.2	82
希腊	Greece	26.2	31	25.9	29	27.6	26	27.2	26	27.0	24
危地马拉	Guatemala	17.7	71	17.2	71	17.2	72	18.0	69	18.7	58
匈牙利	Hungary	24.6	34	23.2	38	22.8	40	22.2	46	20.7	44
印度	India	15.7	84	14.8	84	13.9	85	15.6	85	16.0	75
印度尼西亚	Indonesia	20.4	58	20.5	52	18.9	63	19.3	60	17.8	65
伊朗	Iran, Islamic Rep.	14.5	86	13.9	86	12.6	86	13.3	89	13.0	86
爱尔兰	Ireland	21.2	52	20.6	51	20.7	48	20.1	56	20.6	45
以色列	Israel	34.5	8	34.6	7	33.9	6	33.0	6	32.7	6
意大利	Italy	28.1	25	28.7	23	28.7	23	28.2	24	27.8	23
日本	Japan	38.7	4	38.8	3	38.2	3	37.6	4	35.2	4
约旦	Jordan	15.8	83	16.1	79	15.8	79	15.7	84	15.7	78
哈萨克斯坦	Kazakhstan	20.7	55	22.9	41	21.5	46	20.5	53	19.1	52
肯尼亚	Kenya	13.8	89	13.7	87	12.5	88	13.0	91	12.2	88
韩国	Korea, Rep.	35.0	7	34.6	5	34.0	5	33.9	5	33.8	5
科威特	Kuwait	23.5	37	22.7	43	27.6	25	21.5	48	18.8	57
吉尔吉斯斯坦	Kyrgyz Republic	16.3	79	16.7	77	15.3	82	16.0	81	15.6	79
拉脱维亚	Latvia	23.5	39	23.2	39	22.4	44	22.9	41	21.3	42
立陶宛	Lithuania	25.3	32	23.8	35	23.8	35	24.0	37	22.3	36
卢森堡	Luxembourg	34.0	12	30.7	17	30.6	17	30.7	16	30.6	14
马其顿	Macedonia, FYR	21.2	51	25.9	30	23.9	34	24.6	31	21.5	40
马达加斯加	Madagascar	11.3	97	10.2	98	10.0	98	9.2	99	9.7	99
马拉维	Malawi	10.0	100	7.9	100	7.9	100	8.8	100	7.8	100
马来西亚	Malaysia	24.9	33	24.3	33	23.6	36	24.0	35	22.8	34
马里	Mali	16.5	78	13.7	88	12.5	89	13.3	88	10.8	93

续表

国家	Country	2011 年		2012 年		2013 年		2014 年		2015 年	
		排名	得分	排名	得分	排名	得分	排名	得分	排名	得分
毛里求斯	Mauritius	16.8	77	17.2	72	16.0	78	18.7	63	16.9	70
墨西哥	Mexico	20.6	57	19.9	59	19.5	57	19.7	57	18.8	55
蒙古	Mongolia	21.3	48	20.1	56	17.4	70	18.6	65	16.7	72
摩洛哥	Morocco	21.6	47	20.2	54	19.3	60	21.3	49	17.9	63
莫桑比克	Mozambique	17.2	73	15.7	80	14.7	84	16.2	80	15.0	85
纳米比亚	Namibia	14.1	88	12.7	90	11.8	91	15.0	86	10.5	94
尼泊尔	Nepal	11.4	96	10.8	96	9.9	99	10.7	96	10.5	95
荷兰	Netherlands	33.9	13	32.6	13	33.1	10	31.8	12	31.2	11
新西兰	New Zealand	27.0	30	26.7	27	26.6	29	26.7	28	25.8	26
挪威	Norway	35.3	6	34.4	8	33.2	9	32.7	8	31.3	8
阿曼	Oman	19.6	62	21.4	49	17.1	73	21.8	47	18.6	59
巴基斯坦	Pakistan	11.7	95	10.4	97	10.1	97	10.2	98	11.8	89
巴拿马	Panama	22.6	43	16.7	75	18.6	64	18.7	64	17.6	66
巴拉圭	Paraguay	18.6	67	21.7	47	17.0	74	16.7	76	18.1	61
秘鲁	Peru	17.1	74	15.0	83	16.5	76	17.1	75	15.5	80
菲律宾	Philippines	19.8	60	19.2	63	22.7	42	18.3	67	16.8	71
波兰	Poland	22.4	44	23.0	40	22.4	43	22.9	39	22.3	37
葡萄牙	Portugal	23.5	38	22.5	44	22.3	45	22.9	42	22.1	38
卡塔尔	Qatar	27.7	28	27.7	26	27.8	24	27.2	27	25.1	30
罗马尼亚	Romania	18.4	69	18.6	66	17.7	69	18.1	68	17.5	67
俄罗斯	Russian Federation	30.2	20	30.4	18	30.7	16	30.8	15	30.0	17
沙特阿拉伯	Saudi Arabia	28.7	24	29.7	21	26.9	28	29.1	21	25.3	27
塞内加尔	Senegal	12.9	92	12.0	92	12.6	87	13.1	90	11.5	90
塞尔维亚	Serbia	18.6	68	19.0	64	19.2	61	19.6	59	20.2	47
新加坡	Singapore	33.4	15	32.5	14	32.8	13	31.5	13	30.3	15
斯洛伐克	Slovak Republic	21.2	53	21.3	50	20.2	54	20.5	54	20.1	48
斯洛文尼亚	Slovenia	27.7	27	26.4	28	25.4	30	24.4	33	24.5	31
南非	South Africa	19.3	65	18.6	65	18.5	65	17.9	70	17.5	68
西班牙	Spain	27.2	29	25.8	31	24.8	31	26.1	29	25.1	28
斯里兰卡	Sri Lanka	10.6	99	11.7	94	12.0	90	13.4	87	12.5	87
瑞典	Sweden	35.5	5	34.6	6	33.3	7	32.7	7	31.6	7
瑞士	Switzerland	34.3	10	32.9	11	33.0	11	32.1	10	30.9	13
坦桑尼亚	Tanzania	12.5	93	12.1	91	10.4	95	11.8	92	11.4	91
泰国	Thailand	19.7	61	19.9	58	20.4	51	20.6	52	19.0	54
突尼斯	Tunisia	16.2	80	15.4	81	15.6	81	16.2	79	15.1	84
土耳其	Turkey	20.8	54	19.8	61	20.0	55	20.3	55	19.2	50
乌干达	Uganda	13.7	90	13.2	89	10.6	94	11.2	94	10.9	92
乌克兰	Ukraine	17.5	72	18.3	68	18.1	68	17.6	71	18.6	60
英国	United Kingdom	34.0	11	33.0	10	32.5	14	30.5	17	31.2	9
美国	United States	55.6	1	54.8	1	53.6	1	53.1	1	50.8	1
乌拉圭	Uruguay	23.7	36	22.8	42	23.2	37	24.0	36	23.4	32
越南	Vietnam	23.5	40	23.4	36	24.7	32	23.3	38	25.1	29

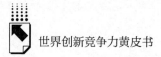

表2 2011～2015 年世界各国二级指标创新基础竞争力得分和排名

国家	Country	2011 年		2012 年		2013 年		2014 年		2015 年	
		排名	得分	排名	得分	排名	得分	排名	得分	排名	得分
阿尔巴尼亚	Albania	15.8	66	15.9	66	18.9	66	18.7	70	15.2	73
阿根廷	Argentina	17.1	60	17.2	61	23.2	48	20.1	63	17.3	60
亚美尼亚	Armenia	14.3	72	14.6	73	18.3	70	18.9	69	16.3	65
澳大利亚	Australia	32.6	10	35.4	10	35.2	13	33.3	15	31.0	12
奥地利	Austria	27.9	22	28.8	24	31.3	21	30.3	21	27.3	19
阿塞拜疆	Azerbaijan	11.3	82	11.6	83	12.2	85	11.8	88	7.5	89
白俄罗斯	Belarus	10.9	84	11.4	85	12.2	86	11.9	87	7.6	87
比利时	Belgium	26.5	26	29.3	22	30.9	22	30.5	20	26.9	22
玻利维亚	Bolivia	14.8	70	15.2	71	16.1	76	15.7	80	10.1	80
波黑	Bosnia and Herzegovina	15.4	68	15.6	68	18.8	68	18.5	72	15.3	72
博茨瓦纳	Botswana	15.5	67	15.7	67	18.9	67	18.7	71	15.4	70
巴西	Brazil	20.4	47	19.8	51	22.7	53	21.2	61	17.2	62
保加利亚	Bulgaria	15.9	65	16.2	64	19.4	63	19.1	67	16.0	67
布基纳法索	Burkina Faso	9.5	96	9.7	96	10.2	96	9.9	96	6.1	96
柬埔寨	Cambodia	10.4	88	10.6	90	11.3	90	11.4	91	7.6	88
加拿大	Canada	29.2	18	30.7	15	31.5	19	30.7	19	28.3	17
智利	Chile	20.7	45	20.4	47	23.9	41	23.0	46	21.3	38
中国	China	9.6	95	10.6	91	11.5	89	14.4	82	15.1	74
哥伦比亚	Colombia	28.1	20	29.5	20	30.3	25	30.1	22	27.0	21
哥斯达黎加	Costa Rica	19.1	54	19.7	52	22.5	55	23.1	45	19.6	48
克罗地亚	Croatia	17.4	59	17.9	58	20.9	60	20.7	62	17.2	61
塞浦路斯	Cyprus	24.2	29	24.7	32	25.8	35	25.2	36	22.2	34
捷克	Czech Republic	20.0	49	19.9	49	23.3	46	22.6	51	19.7	47
丹麦	Denmark	31.1	14	32.1	13	34.4	14	33.4	13	30.0	15
厄瓜多尔	Ecuador	21.8	39	21.7	42	26.2	33	26.6	32	22.2	35
埃及	Egypt, Arab Rep.	16.5	64	16.8	63	19.3	64	18.9	68	15.6	69
萨尔瓦多	El Salvador	11.3	81	11.6	84	9.5	99	9.3	99	6.1	95
爱沙尼亚	Estonia	20.2	48	21.4	44	23.8	43	23.4	43	20.4	41
埃塞俄比亚	Ethiopia	22.3	37	31.4	14	32.1	17	31.8	17	27.2	20
芬兰	Finland	27.6	23	28.2	25	30.4	24	29.0	25	25.6	28
法国	France	30.0	16	30.5	17	31.5	20	33.4	14	27.5	18
格鲁吉亚	Georgia	10.2	90	10.5	92	11.1	92	10.7	92	6.9	91
德国	Germany	29.2	17	30.6	16	33.1	15	35.8	11	30.3	14
加纳	Ghana	9.6	94	14.5	74	15.5	80	14.8	81	9.1	83

续表

国家	Country	2011 年		2012 年		2013 年		2014 年		2015 年	
		排名	得分	排名	得分	排名	得分	排名	得分	排名	得分
希腊	Greece	23.0	32	22.7	36	24.3	39	23.5	42	20.1	43
危地马拉	Guatemala	16.7	61	18.6	57	19.7	62	27.2	31	22.9	33
匈牙利	Hungary	20.6	46	20.7	46	23.5	45	22.7	50	19.7	46
印度	India	10.8	85	11.1	88	11.2	91	16.4	76	9.6	82
印度尼西亚	Indonesia	43.9	3	44.6	4	45.7	4	45.7	4	42.1	4
伊朗	Iran, Islamic Rep.	6.5	100	6.8	100	5.5	100	4.3	100	4.5	100
爱尔兰	Ireland	29.0	19	29.2	23	31.9	18	33.1	16	32.4	10
以色列	Israel	24.0	30	25.3	29	28.2	29	28.0	28	25.8	25
意大利	Italy	27.4	24	27.0	26	29.1	27	28.6	26	24.8	30
日本	Japan	37.8	8	40.3	8	39.7	9	37.7	9	35.0	9
约旦	Jordan	10.8	86	11.1	87	11.7	88	11.4	89	7.9	86
哈萨克斯坦	Kazakhstan	13.2	76	13.6	78	14.6	81	14.0	83	9.8	81
肯尼亚	Kenya	9.6	93	9.8	94	10.4	94	10.1	94	6.3	93
韩国	Korea, Rep.	37.5	9	42.6	5	43.4	5	43.3	6	41.7	5
科威特	Kuwait	22.8	34	25.1	30	24.4	38	22.1	57	15.3	71
吉尔吉斯斯坦	Kyrgyz Republic	16.7	62	17.0	62	18.3	71	18.1	73	14.7	75
拉脱维亚	Latvia	21.0	43	22.2	38	23.6	44	23.0	47	20.0	44
立陶宛	Lithuania	21.2	42	21.5	43	23.8	42	23.3	44	19.9	45
卢森堡	Luxembourg	43.8	4	40.9	6	42.0	7	50.0	3	53.3	1
马其顿	Macedonia, FYR	18.1	57	17.8	60	28.3	28	27.8	29	23.7	31
马达加斯加	Madagascar	13.6	75	13.8	77	17.2	73	17.0	75	18.0	58
马拉维	Malawi	9.4	98	9.5	98	10.0	98	9.8	98	5.9	99
马来西亚	Malaysia	14.3	73	15.2	70	19.1	65	19.3	66	15.8	68
马里	Mali	9.6	92	9.7	95	10.3	95	10.0	95	6.2	94
毛里求斯	Mauritius	12.1	78	12.1	79	12.8	84	12.6	86	8.9	84
墨西哥	Mexico	28.1	21	29.9	19	30.5	23	30.7	18	25.8	24
蒙古	Mongolia	18.8	56	18.9	56	21.6	58	26.0	34	21.5	36
摩洛哥	Morocco	10.3	89	15.5	69	16.5	74	15.9	78	10.2	79
莫桑比克	Mozambique	14.1	74	14.2	76	17.4	72	24.0	39	19.4	50
纳米比亚	Namibia	11.0	83	11.4	86	11.8	87	11.4	90	7.5	90
尼泊尔	Nepal	9.4	97	9.5	97	10.1	97	9.8	97	6.0	98
荷兰	Netherlands	31.0	15	29.9	18	35.8	12	29.8	23	28.5	16
新西兰	New Zealand	21.7	40	23.0	35	26.9	32	26.6	33	23.4	32

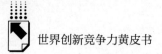

续表

国家	Country	2011 年		2012 年		2013 年		2014 年		2015 年	
		排名	得分	排名	得分	排名	得分	排名	得分	排名	得分
挪威	Norway	43.0	5	45.5	3	46.2	3	44.3	5	38.3	7
阿曼	Oman	15.4	69	16.1	65	15.9	79	22.5	52	16.5	64
巴基斯坦	Pakistan	9.9	91	10.0	93	10.6	93	10.3	93	6.6	92
巴拿马	Panama	24.3	28	25.5	28	29.5	26	29.3	24	25.6	27
巴拉圭	Paraguay	25.8	27	26.5	27	27.6	30	28.4	27	25.9	23
秘鲁	Peru	17.6	58	17.8	59	20.4	61	19.7	65	16.2	66
菲律宾	Philippines	11.9	79	11.8	82	16.0	78	15.8	79	12.5	78
波兰	Poland	19.8	50	20.3	48	22.8	52	22.2	56	19.1	52
葡萄牙	Portugal	23.2	31	22.0	40	24.6	36	24.5	38	21.4	37
卡塔尔	Qatar	50.4	1	54.0	1	55.5	1	53.9	1	46.5	2
罗马尼亚	Romania	19.0	55	19.1	54	21.6	59	21.3	60	18.4	57
俄罗斯	Russian Federation	22.8	35	23.1	34	26.0	34	26.0	35	20.3	42
沙特阿拉伯	Saudi Arabia	32.5	12	34.4	11	37.2	10	36.3	10	31.4	11
塞内加尔	Senegal	8.4	99	8.5	99	13.7	82	13.5	84	6.0	97
塞尔维亚	Serbia	12.3	77	12.0	80	23.2	47	22.8	48	18.0	59
新加坡	Singapore	22.9	33	23.4	33	24.5	37	23.6	41	20.5	39
斯洛伐克	Slovak Republic	19.2	53	19.0	55	22.2	57	21.9	58	18.5	56
斯洛文尼亚	Slovenia	22.5	36	22.0	39	24.1	40	23.8	40	20.5	40
南非	South Africa	21.6	41	21.9	41	23.1	49	21.8	59	18.6	55
西班牙	Spain	26.6	25	25.0	31	26.9	31	27.7	30	25.3	29
斯里兰卡	Sri Lanka	11.8	80	11.8	81	16.2	75	16.0	77	12.9	77
瑞典	Sweden	32.6	11	33.6	12	36.0	11	34.1	12	31.0	13
瑞士	Switzerland	38.2	7	39.1	9	41.1	8	38.3	8	38.8	6
坦桑尼亚	Tanzania	16.6	63	14.4	75	16.1	77	19.8	64	16.5	63
泰国	Thailand	20.9	44	21.3	45	22.4	56	22.2	55	18.9	54
突尼斯	Tunisia	10.7	87	10.8	89	13.6	83	13.2	85	8.6	85
土耳其	Turkey	19.3	51	19.9	50	22.9	51	22.4	53	19.0	53
乌干达	Uganda	21.9	38	22.2	37	22.9	50	22.7	49	19.4	49
乌克兰	Ukraine	14.7	71	15.0	72	18.3	69	17.9	74	14.4	76
英国	United Kingdom	32.3	13	29.5	21	32.4	16	24.7	37	25.7	26
美国	United States	47.8	2	49.3	2	50.0	2	50.9	2	42.8	3
乌拉圭	Uruguay	19.2	52	19.7	53	22.5	54	22.3	54	19.3	51
越南	Vietnam	40.7	6	40.3	7	42.6	6	40.5	7	36.4	8

表3　2011～2015 年世界各国二级指标创新环境竞争力得分和排名

国家	Country	2011 年		2012 年		2013 年		2014 年		2015 年	
		排名	得分	排名	得分	排名	得分	排名	得分	排名	得分
阿尔巴尼亚	Albania	44.0	55	46.9	51	49.4	52	48.7	51	51.6	53
阿根廷	Argentina	31.5	84	32.9	84	34.1	86	31.9	89	35.2	88
亚美尼亚	Armenia	41.8	65	43.0	67	48.5	55	55.5	36	53.0	47
澳大利亚	Australia	61.0	12	61.2	13	63.3	11	65.5	6	65.9	7
奥地利	Austria	55.2	23	57.8	22	58.0	26	56.7	32	60.2	24
阿塞拜疆	Azerbaijan	44.6	52	44.1	60	51.7	42	52.7	42	58.9	30
白俄罗斯	Belarus	38.5	72	39.9	72	43.6	68	44.0	66	48.9	61
比利时	Belgium	56.8	17	55.5	32	56.5	34	57.3	30	57.8	35
玻利维亚	Bolivia	23.3	96	23.7	97	25.4	94	25.5	96	29.1	94
波黑	Bosnia and Herzegovina	36.1	75	38.0	74	38.4	77	37.7	77	42.0	76
博茨瓦纳	Botswana	39.0	69	39.9	73	40.7	73	40.4	74	42.1	75
巴西	Brazil	37.7	73	40.2	71	42.4	72	42.0	73	45.1	71
保加利亚	Bulgaria	51.6	39	52.6	40	50.0	48	46.0	62	52.3	51
布基纳法索	Burkina Faso	31.0	86	31.5	86	33.5	88	34.6	85	34.5	92
柬埔寨	Cambodia	28.4	89	30.9	89	30.7	91	31.1	90	35.1	90
加拿大	Canada	65.7	5	65.3	8	66.1	6	65.3	7	66.2	6
智利	Chile	54.6	29	56.2	31	57.2	31	57.0	31	56.0	39
中国	China	44.5	53	46.7	52	49.5	51	53.6	39	56.9	38
哥伦比亚	Colombia	42.5	61	44.8	56	45.8	60	46.1	59	47.5	63
哥斯达黎加	Costa Rica	32.0	83	36.1	77	44.5	65	46.0	60	48.2	62
克罗地亚	Croatia	51.1	40	52.9	39	51.6	44	49.0	50	54.2	46
塞浦路斯	Cyprus	49.8	41	51.2	44	50.8	46	50.0	47	51.6	52
捷克	Czech Republic	49.5	43	49.8	46	48.9	53	47.8	54	49.6	59
丹麦	Denmark	65.9	4	67.8	5	65.7	7	63.1	10	65.3	10
厄瓜多尔	Ecuador	34.3	77	35.5	78	36.9	78	37.6	78	40.1	80
埃及	Egypt，Arab Rep.	42.2	62	43.5	66	44.8	64	43.7	68	41.7	77
萨尔瓦多	El Salvador	43.6	58	45.8	53	44.9	63	43.2	71	42.9	74
爱沙尼亚	Estonia	56.4	20	59.2	19	61.6	16	61.9	12	65.5	9
埃塞俄比亚	Ethiopia	20.5	100	20.3	100	21.4	98	22.2	99	25.5	99
芬兰	Finland	66.7	2	70.9	2	66.9	5	65.0	8	67.6	4
法国	France	55.2	24	56.8	27	58.9	22	60.0	20	59.3	26
格鲁吉亚	Georgia	49.0	46	53.0	38	54.6	37	54.6	38	55.9	40
德国	Germany	54.9	27	56.4	29	57.0	32	55.5	37	58.1	33
加纳	Ghana	32.6	81	34.2	81	34.3	84	36.1	81	41.1	79

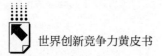

续表

国家	Country	2011 年		2012 年		2013 年		2014 年		2015 年	
		排名	得分	排名	得分	排名	得分	排名	得分	排名	得分
希腊	Greece	40.8	67	43.8	62	51.3	45	50.4	46	51.1	56
危地马拉	Guatemala	33.8	78	35.3	79	38.9	76	33.1	87	44.5	72
匈牙利	Hungary	52.8	35	53.2	36	52.8	40	52.0	44	52.6	49
印度	India	25.4	92	25.4	93	27.6	92	29.3	92	35.1	89
印度尼西亚	Indonesia	35.1	76	37.9	75	36.4	79	34.0	86	35.9	86
伊朗	Iran, Islamic Rep.	33.6	79	33.8	82	34.9	82	37.1	80	38.2	83
爱尔兰	Ireland	56.8	18	56.5	28	57.7	28	58.5	26	59.3	27
以色列	Israel	59.8	13	62.3	12	62.1	15	62.1	11	63.0	13
意大利	Italy	55.2	25	57.1	25	60.1	20	61.7	15	62.6	15
日本	Japan	57.5	16	58.7	21	61.5	17	61.8	14	61.2	18
约旦	Jordan	44.9	50	44.3	58	47.7	56	49.5	49	52.4	50
哈萨克斯坦	Kazakhstan	55.6	22	61.1	14	62.4	13	59.6	22	60.6	20
肯尼亚	Kenya	28.3	90	31.5	87	33.9	87	35.1	82	38.9	82
韩国	Korea, Rep.	66.6	3	68.7	3	67.9	2	67.4	2	66.8	5
科威特	Kuwait	53.2	34	54.3	34	58.3	24	59.2	24	62.1	17
吉尔吉斯斯坦	Kyrgyz Republic	43.0	60	44.0	61	43.5	69	43.7	69	47.1	66
拉脱维亚	Latvia	54.0	32	56.9	26	58.5	23	58.1	27	57.7	36
立陶宛	Lithuania	56.1	21	57.4	23	58.3	25	58.7	25	60.3	21
卢森堡	Luxembourg	63.3	8	65.9	7	65.6	8	63.6	9	65.6	8
马其顿	Macedonia, FYR	53.5	33	54.9	33	53.9	38	51.4	45	58.9	29
马达加斯加	Madagascar	25.0	93	24.6	95	23.9	97	24.7	97	24.5	100
马拉维	Malawi	21.2	98	20.8	99	20.6	99	23.4	98	26.3	98
马来西亚	Malaysia	56.7	19	59.9	17	56.9	33	56.1	33	57.5	37
马里	Mali	31.4	85	33.2	83	34.2	85	34.8	83	34.6	91
毛里求斯	Mauritius	44.0	56	45.3	54	47.3	58	48.7	52	54.9	43
墨西哥	Mexico	41.1	66	43.6	65	44.4	66	43.7	67	49.4	60
蒙古	Mongolia	43.1	59	44.4	57	45.2	62	45.5	63	44.1	73
摩洛哥	Morocco	43.6	57	47.5	49	51.6	43	52.9	40	54.3	44
莫桑比克	Mozambique	23.6	95	23.8	96	24.9	96	27.0	94	26.7	97
纳米比亚	Namibia	32.1	82	32.5	85	35.2	81	34.7	84	35.2	87
尼泊尔	Nepal	29.5	88	30.1	91	31.2	90	31.0	91	37.8	84
荷兰	Netherlands	62.6	9	66.2	6	67.1	4	65.6	3	65.3	11
新西兰	New Zealand	63.5	7	64.5	9	64.8	9	65.6	4	68.3	3

国家	Country	2011 年		2012 年		2013 年		2014 年		2015 年	
		排名	得分	排名	得分	排名	得分	排名	得分	排名	得分
挪威	Norway	62.6	10	63.3	11	62.3	14	61.9	13	62.5	16
阿曼	Oman	54.9	28	59.4	18	60.6	18	60.7	18	58.8	31
巴基斯坦	Pakistan	25.6	91	25.5	92	26.7	93	27.4	93	28.2	95
巴拿马	Panama	49.8	42	49.0	48	50.4	47	48.4	53	50.6	57
巴拉圭	Paraguay	39.0	70	40.5	69	39.8	75	38.7	76	46.2	68
秘鲁	Peru	44.7	51	43.7	64	45.4	61	46.6	58	47.4	64
菲律宾	Philippines	29.9	87	31.4	88	31.9	89	32.6	88	36.7	85
波兰	Poland	51.6	38	53.0	37	56.4	35	56.1	34	58.7	32
葡萄牙	Portugal	49.3	44	51.6	43	53.1	39	52.8	41	55.4	42
卡塔尔	Qatar	54.4	30	58.9	20	63.3	12	61.2	17	62.8	14
罗马尼亚	Romania	44.1	54	44.8	55	46.2	59	46.0	61	47.2	65
俄罗斯	Russian Federation	47.7	47	51.8	42	57.3	30	59.5	23	60.6	19
沙特阿拉伯	Saudi Arabia	52.3	36	57.4	24	57.9	27	55.8	35	54.3	45
塞内加尔	Senegal	33.4	80	34.6	80	35.9	80	37.1	79	39.4	81
塞尔维亚	Serbia	46.2	48	49.5	47	48.8	54	47.6	56	55.7	41
新加坡	Singapore	67.7	1	72.0	1	73.8	1	70.5	1	70.0	1
斯洛伐克	Slovak Republic	49.1	45	49.9	45	49.5	50	49.5	48	51.4	54
斯洛文尼亚	Slovenia	54.2	31	56.3	30	55.1	36	52.2	43	60.3	22
南非	South Africa	45.1	49	47.4	50	49.7	49	47.7	55	52.9	48
西班牙	Spain	55.2	26	53.6	35	51.9	41	57.8	28	57.9	34
斯里兰卡	Sri Lanka	20.8	99	30.3	90	34.4	83	38.8	75	41.2	78
瑞典	Sweden	61.5	11	64.2	10	63.5	10	61.6	16	64.3	12
瑞士	Switzerland	59.0	15	60.9	15	60.0	21	57.3	29	59.3	25
坦桑尼亚	Tanzania	24.3	94	25.5	94	25.1	95	26.0	95	32.8	93
泰国	Thailand	40.5	68	43.7	63	47.4	57	46.9	57	50.4	58
突尼斯	Tunisia	38.7	71	37.9	76	40.4	74	43.4	70	45.6	70
土耳其	Turkey	42.0	64	42.1	68	43.6	67	44.3	64	45.6	69
乌干达	Uganda	21.4	97	21.2	98	19.9	100	20.3	100	27.6	96
乌克兰	Ukraine	36.6	74	40.4	70	42.4	71	42.4	72	51.3	55
英国	United Kingdom	65.5	6	67.8	4	67.6	3	65.6	5	69.3	2
美国	United States	59.1	14	60.2	16	60.3	19	59.9	21	60.2	23
乌拉圭	Uruguay	51.7	37	52.6	41	57.3	29	60.3	19	59.0	28
越南	Vietnam	42.2	63	44.1	59	43.2	70	44.3	65	46.8	67

表4　2011～2015年世界各国二级指标创新投入竞争力得分和排名

国家	Country	2011年		2012年		2013年		2014年		2015年	
		排名	得分	排名	得分	排名	得分	排名	得分	排名	得分
阿尔巴尼亚	Albania	0.2	98	0.2	98	0.2	98	0.2	98	0.2	98
阿根廷	Argentina	6.6	54	6.7	55	6.5	53	6.3	53	6.3	55
亚美尼亚	Armenia	1.4	82	1.3	84	2.5	72	3.0	66	4.8	62
澳大利亚	Australia	19.3	26	18.9	24	18.6	26	16.4	30	18.0	28
奥地利	Austria	29.2	18	31.4	14	32.3	14	31.9	13	34.3	15
阿塞拜疆	Azerbaijan	1.5	80	1.5	82	1.5	84	1.5	83	2.2	79
白俄罗斯	Belarus	5.7	58	5.4	59	5.1	57	3.9	62	5.2	60
比利时	Belgium	23.8	21	26.3	19	28.4	17	26.4	17	30.2	16
玻利维亚	Bolivia	0.9	92	0.9	90	0.9	90	0.9	89	0.9	93
波黑	Bosnia and Herzegovina	1.8	74	1.7	80	2.2	78	2.2	78	2.4	76
博茨瓦纳	Botswana	1.6	77	1.5	81	3.5	64	3.5	64	3.4	67
巴西	Brazil	9.2	42	9.6	44	9.7	38	9.2	41	8.6	47
保加利亚	Bulgaria	6.7	53	7.1	54	8.3	46	8.8	44	9.5	43
布基纳法索	Burkina Faso	0.3	95	0.3	96	1.7	83	1.4	86	1.8	82
柬埔寨	Cambodia	0.6	93	0.6	93	0.6	93	0.6	93	1.1	91
加拿大	Canada	34.0	12	35.7	11	32.4	13	30.5	15	36.1	11
智利	Chile	2.7	68	3.3	66	3.5	63	3.1	65	3.2	68
中国	China	37.4	10	39.1	8	40.1	6	41.6	5	43.5	4
哥伦比亚	Colombia	1.2	83	1.0	87	1.5	85	1.4	85	1.8	84
哥斯达黎加	Costa Rica	1.9	72	3.3	65	2.7	71	2.8	72	2.9	71
克罗地亚	Croatia	8.6	46	9.3	45	8.7	42	8.2	46	9.4	44
塞浦路斯	Cyprus	11.2	36	7.7	51	6.0	54	5.8	56	5.9	57
捷克	Czech Republic	16.4	29	18.3	25	19.5	24	21.1	22	22.4	22
丹麦	Denmark	39.4	6	43.7	3	37.0	10	38.6	8	40.1	7
厄瓜多尔	Ecuador	1.8	75	2.0	74	2.3	75	2.6	74	2.8	72
埃及	Egypt, Arab Rep.	6.9	52	6.7	56	7.4	50	7.6	49	8.2	49
萨尔瓦多	El Salvador	0.1	100	0.1	100	0.2	97	0.4	96	0.6	96
爱沙尼亚	Estonia	19.0	27	16.9	30	20.1	22	16.8	29	20.7	25
埃塞俄比亚	Ethiopia	1.2	84	2.1	73	3.1	67	2.9	67	3.1	70
芬兰	Finland	40.1	4	41.5	5	40.3	4	48.3	3	43.8	3
法国	France	33.0	14	33.6	12	34.1	12	31.6	14	36.3	10
格鲁吉亚	Georgia	3.8	63	3.2	67	2.3	76	3.6	63	4.8	61
德国	Germany	38.5	8	38.8	9	38.5	8	37.3	9	39.9	8
加纳	Ghana	1.6	78	2.0	76	2.1	80	2.0	81	1.8	83

续表

国家	Country	2011 年		2012 年		2013 年		2014 年		2015 年	
		排名	得分	排名	得分	排名	得分	排名	得分	排名	得分
希腊	Greece	9.6	40	10.3	40	12.2	34	12.8	35	15.0	32
危地马拉	Guatemala	0.2	97	0.6	92	0.4	96	0.4	97	0.5	97
匈牙利	Hungary	12.6	34	13.5	33	14.5	32	14.1	33	14.7	33
印度	India	12.1	35	12.1	35	10.8	36	10.0	39	10.8	38
印度尼西亚	Indonesia	0.9	89	0.7	91	0.7	92	0.9	88	1.1	92
伊朗	Iran, Islamic Rep.	5.1	61	4.9	61	4.7	59	4.6	60	4.6	63
爱尔兰	Ireland	31.9	16	29.3	15	30.5	15	25.3	20	26.4	20
以色列	Israel	49.9	2	54.1	2	54.6	2	48.9	2	51.9	2
意大利	Italy	15.8	30	17.2	29	17.1	29	17.8	26	18.7	26
日本	Japan	39.3	7	40.3	7	41.2	3	42.0	4	42.0	5
约旦	Jordan	5.7	57	11.1	36	4.5	60	5.8	55	6.9	54
哈萨克斯坦	Kazakhstan	1.5	79	6.4	57	2.4	73	2.4	76	2.6	74
肯尼亚	Kenya	9.3	41	7.6	52	7.4	49	7.1	52	7.9	50
韩国	Korea, Rep.	37.8	9	40.9	6	39.2	7	40.4	6	41.4	6
科威特	Kuwait	1.2	86	1.2	86	3.2	65	2.9	68	2.4	77
吉尔吉斯斯坦	Kyrgyz Republic	0.9	90	1.0	89	0.9	89	0.8	92	0.9	94
拉脱维亚	Latvia	10.4	38	10.7	39	8.6	44	8.4	45	10.6	40
立陶宛	Lithuania	14.8	32	12.3	34	13.7	33	13.8	34	14.7	34
卢森堡	Luxembourg	35.7	11	29.0	16	29.1	16	37.2	11	35.0	14
马其顿	Macedonia, FYR	2.2	71	3.4	64	3.7	62	4.5	61	4.5	64
马达加斯加	Madagascar	0.6	94	0.5	94	1.4	86	0.8	91	1.4	88
马拉维	Malawi	0.2	99	0.2	99	0.2	99	0.2	99	0.2	99
马来西亚	Malaysia	9.8	39	10.1	41	11.7	35	12.4	36	14.2	35
马里	Mali	2.8	67	2.8	70	2.8	69	2.8	71	3.7	65
毛里求斯	Mauritius	5.8	56	7.2	53	7.0	51	17.9	25	9.8	41
墨西哥	Mexico	2.5	69	2.0	78	2.1	79	2.1	79	2.1	81
蒙古	Mongolia	25.1	19	17.5	26	0.0	100	0.0	100	0.0	100
摩洛哥	Morocco	5.9	55	5.1	60	5.9	55	6.1	54	7.1	52
莫桑比克	Mozambique	17.4	28	17.5	27	17.5	28	17.5	28	17.4	29
纳米比亚	Namibia	4.4	62	1.0	88	1.0	88	1.8	82	1.8	85
尼泊尔	Nepal	2.3	70	2.3	72	2.3	74	2.3	77	2.3	78
荷兰	Netherlands	24.0	20	24.5	21	25.7	20	25.6	18	28.0	18
新西兰	New Zealand	14.2	33	15.2	31	15.1	30	14.9	32	15.5	31

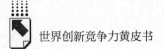
国家	Country	2011 年		2012 年		2013 年		2014 年		2015 年	
		排名	得分	排名	得分	排名	得分	排名	得分	排名	得分
挪威	Norway	32.1	15	27.7	18	25.8	19	25.5	19	27.6	19
阿曼	Oman	1.5	81	2.0	77	1.7	82	2.0	80	2.7	73
巴基斯坦	Pakistan	3.1	65	3.0	68	3.2	66	2.8	70	3.1	69
巴拿马	Panama	1.1	88	1.4	83	0.9	91	0.8	90	1.2	89
巴拉圭	Paraguay	0.2	96	0.4	95	0.4	95	0.4	95	0.6	95
秘鲁	Peru	1.2	85	0.3	97	0.4	94	0.6	94	1.5	86
菲律宾	Philippines	0.9	91	1.3	85	1.9	81	1.5	84	1.5	87
波兰	Poland	8.6	44	10.9	38	9.5	40	10.4	37	12.3	37
葡萄牙	Portugal	15.7	31	15.1	32	14.8	31	15.9	31	16.2	30
卡塔尔	Qatar	7.6	50	8.6	47	8.4	45	8.0	48	7.1	53
罗马尼亚	Romania	5.3	60	5.7	58	5.0	58	4.8	59	5.7	58
俄罗斯	Russian Federation	20.9	24	21.2	22	19.8	23	20.3	23	21.7	23
沙特阿拉伯	Saudi Arabia	10.8	37	11.1	37	10.4	37	10.0	38	9.7	42
塞内加尔	Senegal	2.9	66	2.9	69	2.9	68	2.9	69	3.7	66
塞尔维亚	Serbia	8.6	45	9.7	43	8.7	41	9.1	42	10.8	39
新加坡	Singapore	33.3	13	33.5	13	36.5	11	37.2	10	36.0	12
斯洛伐克	Slovak Republic	9.0	43	10.0	42	9.6	39	10.0	40	12.5	36
斯洛文尼亚	Slovenia	22.8	22	24.6	20	24.7	21	23.3	21	23.5	21
南非	South Africa	5.3	59	4.8	62	5.3	56	5.3	57	5.5	59
西班牙	Spain	21.0	23	19.7	23	19.2	25	17.6	27	18.5	27
斯里兰卡	Sri Lanka	1.2	87	2.0	75	1.1	87	1.1	87	1.2	90
瑞典	Sweden	47.1	3	42.0	4	37.1	9	34.8	12	38.2	9
瑞士	Switzerland	39.6	5	36.9	10	40.2	5	39.9	7	35.9	13
坦桑尼亚	Tanzania	1.8	76	1.8	79	2.8	70	2.5	75	2.5	75
泰国	Thailand	3.4	64	3.5	63	3.9	61	5.1	58	6.3	56
突尼斯	Tunisia	7.1	51	8.0	49	8.0	47	8.2	47	8.8	46
土耳其	Turkey	8.0	49	8.7	46	8.7	43	8.9	43	8.9	45
乌干达	Uganda	1.9	73	2.7	71	2.2	77	2.6	73	2.2	80
乌克兰	Ukraine	8.3	48	8.0	48	7.5	48	7.4	50	8.4	48
英国	United Kingdom	29.2	17	28.2	17	27.7	18	26.7	16	28.8	17
美国	United States	74.6	1	75.3	1	74.5	1	70.0	1	72.7	1
乌拉圭	Uruguay	20.7	25	17.4	28	18.1	27	18.1	24	21.2	24
越南	Vietnam	8.5	47	7.9	50	7.0	52	7.2	51	7.4	51

表5 2011～2015年世界各国二级指标创新产出竞争力得分和排名

国家	Country	2011 年		2012 年		2013 年		2014 年		2015 年	
		排名	得分	排名	得分	排名	得分	排名	得分	排名	得分
阿尔巴尼亚	Albania	0.2	97	0.2	96	0.2	94	0.1	99	0.4	90
阿根廷	Argentina	3.4	51	2.8	54	3.0	50	2.8	48	3.3	43
亚美尼亚	Armenia	1.0	82	1.0	82	1.0	79	1.0	79	1.7	65
澳大利亚	Australia	7.6	25	7.1	23	7.1	23	7.3	23	7.0	23
奥地利	Austria	5.5	36	5.4	35	5.6	31	5.6	30	5.0	31
阿塞拜疆	Azerbaijan	0.5	91	2.2	62	4.0	39	2.1	64	0.7	86
白俄罗斯	Belarus	1.1	79	1.1	79	1.5	73	1.4	74	1.3	75
比利时	Belgium	7.0	27	7.0	24	7.1	22	7.5	22	7.1	22
玻利维亚	Bolivia	4.2	41	2.8	57	2.8	51	2.4	56	1.8	64
波黑	Bosnia and Herzegovina	1.0	81	0.8	85	0.7	85	0.7	84	0.8	84
博茨瓦纳	Botswana	0.3	94	0.4	90	0.1	97	0.1	98	0.2	97
巴西	Brazil	6.7	31	6.5	25	6.2	27	6.3	27	6.6	24
保加利亚	Bulgaria	2.5	58	2.5	61	2.5	57	2.2	61	2.3	57
布基纳法索	Burkina Faso	2.1	64	2.8	55	4.6	34	3.6	39	1.6	67
柬埔寨	Cambodia	0.1	100	0.1	100	0.1	96	0.2	94	0.2	96
加拿大	Canada	9.8	17	9.5	15	9.5	16	9.6	16	8.7	17
智利	Chile	2.1	68	1.9	68	2.0	68	2.3	58	2.1	59
中国	China	73.5	1	74.8	1	75.4	1	75.3	1	78.1	1
哥伦比亚	Colombia	1.9	71	2.1	65	2.7	53	2.7	50	3.0	48
哥斯达黎加	Costa Rica	12.8	13	11.8	13	12.8	13	10.7	15	4.7	32
克罗地亚	Croatia	2.6	57	3.2	49	3.2	48	2.7	51	2.6	52
塞浦路斯	Cyprus	9.9	16	4.5	37	2.5	59	2.2	62	2.0	60
捷克	Czech Republic	7.0	26	6.5	26	6.0	28	6.1	28	5.7	28
丹麦	Denmark	5.7	34	5.5	33	5.4	32	5.5	32	5.5	29
厄瓜多尔	Ecuador	1.4	75	1.2	77	2.0	67	2.2	63	2.9	49
埃及	Egypt, Arab Rep.	1.1	80	0.9	83	0.8	81	1.1	78	0.9	82
萨尔瓦多	El Salvador	2.1	65	1.7	71	1.6	71	1.4	73	1.3	76
爱沙尼亚	Estonia	4.3	39	3.3	46	3.2	47	3.5	42	3.2	46
埃塞俄比亚	Ethiopia	0.9	86	1.0	81	1.0	80	3.3	45	1.5	69
芬兰	Finland	3.9	44	3.5	44	3.1	49	3.2	47	3.2	47
法国	France	18.6	7	17.8	7	17.5	7	17.4	7	18.2	6
格鲁吉亚	Georgia	0.5	92	0.8	86	0.8	84	0.9	82	1.6	68
德国	Germany	20.1	6	18.5	6	18.2	6	18.3	6	17.8	7
加纳	Ghana	0.8	87	3.1	52	2.1	64	2.1	65	1.9	63

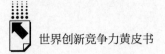

续表

国家	Country	2011 年		2012 年		2013 年		2014 年		2015 年	
		排名	得分	排名	得分	排名	得分	排名	得分	排名	得分
希腊	Greece	3.6	48	3.2	48	2.7	52	3.6	40	3.5	40
危地马拉	Guatemala	1.5	73	1.5	73	1.5	74	1.5	72	1.4	72
匈牙利	Hungary	8.3	23	6.3	28	5.8	29	4.9	34	4.5	34
印度	India	10.2	15	9.7	14	9.3	17	9.6	17	9.2	15
印度尼西亚	Indonesia	4.3	40	3.7	41	3.5	43	3.5	43	2.8	50
伊朗	Iran, Islamic Rep.	3.7	47	3.5	45	3.5	44	3.5	41	3.4	41
爱尔兰	Ireland	8.5	22	8.2	22	8.1	20	7.8	21	9.2	16
以色列	Israel	5.3	37	5.5	34	5.2	33	5.5	31	6.1	27
意大利	Italy	9.6	18	8.7	17	8.8	18	8.5	18	8.1	18
日本	Japan	32.8	3	31.9	3	30.4	3	27.3	3	23.7	3
约旦	Jordan	0.9	85	0.8	84	0.6	87	0.6	87	0.6	88
哈萨克斯坦	Kazakhstan	7.9	24	9.1	16	10.9	15	11.1	13	11.3	13
肯尼亚	Kenya	1.9	72	1.8	70	1.2	77	1.1	76	1.1	80
韩国	Korea, Rep.	21.8	4	21.2	4	22.0	4	21.6	4	19.0	4
科威特	Kuwait	1.4	74	1.1	80	0.8	82	0.2	92	1.2	77
吉尔吉斯斯坦	Kyrgyz Republic	1.0	83	1.4	75	1.6	72	2.5	55	3.2	45
拉脱维亚	Latvia	2.7	55	3.0	53	3.9	40	4.5	36	4.2	35
立陶宛	Lithuania	3.4	50	3.3	47	3.3	46	3.2	46	3.4	42
卢森堡	Luxembourg	3.3	52	3.1	51	2.5	58	2.2	60	2.4	55
马其顿	Macedonia, FYR	2.1	63	2.0	67	1.9	69	1.6	71	1.4	71
马达加斯加	Madagascar	3.0	54	0.1	97	0.1	99	0.2	93	0.1	98
马拉维	Malawi	1.2	77	0.6	88	2.0	66	0.9	83	0.7	87
马来西亚	Malaysia	16.9	9	16.0	9	15.7	9	15.9	9	14.5	11
马里	Mali	0.9	84	0.4	91	0.4	91	0.4	90	0.3	92
毛里求斯	Mauritius	0.3	95	0.3	93	0.2	93	0.0	100	0.0	100
墨西哥	Mexico	9.0	20	8.5	20	8.2	19	8.0	20	7.3	20
蒙古	Mongolia	4.9	38	4.7	36	4.6	35	5.7	29	1.1	79
摩洛哥	Morocco	2.2	62	2.1	64	2.2	63	1.8	70	1.2	78
莫桑比克	Mozambique	9.6	19	8.5	18	4.6	36	1.9	67	3.7	39
纳米比亚	Namibia	0.6	89	1.8	69	0.6	86	0.9	81	0.9	83
尼泊尔	Nepal	0.2	98	0.1	99	0.2	95	0.1	97	0.3	95
荷兰	Netherlands	16.0	10	15.1	11	15.2	11	16.0	8	15.6	9
新西兰	New Zealand	3.7	46	3.7	42	3.7	42	3.3	44	3.2	44

续表

国家	Country	2011 年		2012 年		2013 年		2014 年		2015 年	
		排名	得分	排名	得分	排名	得分	排名	得分	排名	得分
挪威	Norway	6.5	32	6.3	30	6.3	26	6.8	25	6.2	26
阿曼	Oman	1.2	76	1.4	74	1.4	75	1.8	69	1.6	66
巴基斯坦	Pakistan	1.1	78	1.1	78	1.1	78	0.9	80	1.0	81
巴拿马	Panama	11.3	14	0.2	95	0.1	100	0.1	95	0.1	99
巴拉圭	Paraguay	3.5	49	3.1	50	3.3	45	2.7	49	2.4	56
秘鲁	Peru	2.2	61	1.3	76	1.4	76	1.3	75	1.5	70
菲律宾	Philippines	15.0	11	15.2	10	15.2	10	15.3	11	15.3	10
波兰	Poland	3.9	45	4.0	39	4.4	37	4.7	35	4.6	33
葡萄牙	Portugal	2.1	66	2.2	63	2.2	61	2.3	59	2.1	58
卡塔尔	Qatar	0.1	99	0.1	98	0.1	98	0.1	96	1.4	73
罗马尼亚	Romania	4.0	43	2.6	60	2.4	60	2.6	54	2.7	51
俄罗斯	Russian Federation	6.4	33	6.3	29	6.7	24	7.1	24	7.2	21
沙特阿拉伯	Saudi Arabia	0.7	88	0.8	87	0.8	83	0.7	86	0.8	85
塞内加尔	Senegal	0.3	96	0.3	94	0.5	90	0.5	88	1.4	74
塞尔维亚	Serbia	0.3	93	0.3	92	0.3	92	0.3	91	0.3	94
新加坡	Singapore	20.1	5	19.0	5	19.2	5	19.3	5	18.9	5
斯洛伐克	Slovak Republic	3.1	53	3.7	43	4.1	38	4.0	37	3.8	38
斯洛文尼亚	Slovenia	2.1	67	2.1	66	2.1	65	1.9	66	2.0	61
南非	South Africa	2.7	56	2.6	59	2.6	55	2.6	52	2.5	54
西班牙	Spain	5.7	35	5.5	32	5.7	30	5.4	33	5.3	30
斯里兰卡	Sri Lanka	0.5	90	0.5	89	0.5	89	0.4	89	0.4	91
瑞典	Sweden	6.8	30	6.5	27	6.5	25	6.5	26	6.3	25
瑞士	Switzerland	13.2	12	12.9	12	13.1	12	13.1	12	12.5	12
坦桑尼亚	Tanzania	2.4	59	4.2	38	2.2	62	1.1	77	0.3	93
泰国	Thailand	8.9	21	8.3	21	8.0	21	8.0	19	7.9	19
突尼斯	Tunisia	2.0	69	1.6	72	1.7	70	1.8	68	1.9	62
土耳其	Turkey	4.1	42	3.8	40	3.8	41	3.8	38	3.8	37
乌干达	Uganda	6.8	29	6.1	31	0.6	88	0.7	85	0.5	89
乌克兰	Ukraine	2.3	60	2.7	58	2.6	56	2.6	53	2.6	53
英国	United Kingdom	17.2	8	16.3	8	15.9	8	15.8	10	15.8	8
美国	United States	59.3	2	57.5	2	57.7	2	57.6	2	55.5	2
乌拉圭	Uruguay	2.0	70	2.8	56	2.6	54	2.4	57	3.8	36
越南	Vietnam	6.9	28	8.5	19	11.3	14	11.0	14	10.6	14

表6 2011～2015年世界各国二级指标创新潜力竞争力得分和排名

国家	Country	2011年		2012年		2013年		2014年		2015年	
		排名	得分	排名	得分	排名	得分	排名	得分	排名	得分
阿尔巴尼亚	Albania	48.5	9	45.7	8	33.3	18	43.8	9	28.0	17
阿根廷	Argentina	30.9	35	26.4	40	19.9	44	21.1	46	18.3	40
亚美尼亚	Armenia	22.6	73	16.4	77	9.8	86	15.5	70	11.0	74
澳大利亚	Australia	30.6	37	27.8	32	23.0	30	23.6	33	19.9	30
奥地利	Austria	28.8	43	27.0	35	21.6	34	22.9	36	19.1	32
阿塞拜疆	Azerbaijan	12.6	99	13.6	92	6.4	97	11.1	90	7.5	84
白俄罗斯	Belarus	27.8	48	26.4	41	20.3	41	22.1	38	18.8	34
比利时	Belgium	31.3	34	27.1	34	20.9	35	22.0	42	21.2	26
玻利维亚	Bolivia	23.2	70	17.3	72	10.4	82	12.2	83	7.1	88
波黑	Bosnia and Herzegovina	38.7	21	32.3	22	35.1	13	32.9	18	29.4	15
博茨瓦纳	Botswana	40.5	16	26.1	43	39.3	9	23.7	32	14.4	57
巴西	Brazil	23.9	69	20.4	67	16.1	59	17.0	63	11.8	71
保加利亚	Bulgaria	26.5	55	23.1	55	18.3	53	21.9	43	16.2	49
布基纳法索	Burkina Faso	10.7	100	6.4	100	7.6	93	5.1	99	4.7	99
柬埔寨	Cambodia	19.6	86	14.6	85	8.3	90	10.0	94	5.3	96
加拿大	Canada	22.4	74	17.1	73	10.6	80	12.6	81	7.2	86
智利	Chile	33.5	30	26.2	42	19.7	46	26.3	24	19.8	31
中国	China	56.3	6	51.3	6	45.7	8	48.2	6	46.0	4
哥伦比亚	Colombia	39.9	17	38.7	15	33.3	19	34.3	16	30.7	12
哥斯达黎加	Costa Rica	42.9	14	40.1	12	33.6	16	45.3	8	31.8	11
克罗地亚	Croatia	38.7	20	37.1	17	31.6	20	31.2	20	29.5	14
塞浦路斯	Cyprus	43.6	13	38.9	13	35.2	12	37.1	14	32.8	10
捷克	Czech Republic	50.8	8	45.1	9	38.5	10	39.9	11	35.8	7
丹麦	Denmark	61.3	1	56.4	1	51.7	1	53.4	1	49.7	1
厄瓜多尔	Ecuador	47.1	11	38.7	14	34.2	14	35.5	15	27.9	18
埃及	Egypt, Arab Rep.	39.4	18	32.5	20	30.1	22	34.1	17	27.5	19
萨尔瓦多	El Salvador	27.8	49	32.5	21	34.1	15	32.0	19	28.5	16
爱沙尼亚	Estonia	57.9	5	41.9	11	36.3	11	37.6	12	34.4	9
埃塞俄比亚	Ethiopia	31.9	33	32.3	23	33.4	17	25.4	28	21.4	25
芬兰	Finland	58.7	3	54.8	3	50.4	3	50.6	4	46.3	3
法国	France	58.5	4	53.3	4	48.4	6	49.0	5	44.2	6
格鲁吉亚	Georgia	38.0	22	33.0	19	27.7	24	52.7	2	34.8	8
德国	Germany	60.7	2	55.3	2	49.4	4	51.0	3	46.8	2
加纳	Ghana	35.2	29	29.0	30	24.8	27	24.6	31	22.0	23

续表

国家	Country	2011 年		2012 年		2013 年		2014 年		2015 年	
		排名	得分	排名	得分	排名	得分	排名	得分	排名	得分
希腊	Greece	54.0	7	49.6	7	47.3	7	46.0	7	45.2	5
危地马拉	Guatemala	36.1	27	30.1	27	25.6	25	27.7	22	24.2	21
匈牙利	Hungary	28.5	44	22.2	61	17.3	56	17.4	60	12.0	66
印度	India	20.2	81	15.6	79	10.7	79	12.9	79	15.4	53
印度尼西亚	Indonesia	17.7	92	15.4	80	8.2	91	12.4	82	7.0	89
伊朗	Iran, Islamic Rep.	23.9	68	20.6	65	14.5	66	16.7	65	14.5	56
爱尔兰	Ireland	29.8	40	24.9	47	20.4	39	25.8	27	20.5	27
以色列	Israel	28.4	45	25.7	44	19.4	48	20.4	52	16.5	46
意大利	Italy	27.4	51	23.6	53	18.4	52	19.4	55	14.9	55
日本	Japan	26.4	56	23.0	58	18.3	54	19.4	54	14.2	59
约旦	Jordan	16.7	94	13.2	93	14.3	68	11.4	89	10.6	76
哈萨克斯坦	Kazakhstan	25.1	62	24.4	51	17.0	57	15.5	69	11.3	72
肯尼亚	Kenya	20.1	82	18.1	71	9.7	87	11.8	86	6.7	92
韩国	Korea, Rep.	36.1	26	29.4	28	22.8	31	24.8	30	20.1	28
科威特	Kuwait	39.0	19	32.0	24	51.1	2	23.1	34	12.8	65
吉尔吉斯斯坦	Kyrgyz Republic	20.0	83	20.1	69	12.5	74	15.2	71	11.9	68
拉脱维亚	Latvia	29.5	42	23.0	57	17.5	55	20.5	51	14.1	60
立陶宛	Lithuania	30.7	36	24.5	50	19.9	43	20.8	49	13.3	64
卢森堡	Luxembourg	23.9	67	14.5	88	13.7	71	14.8	72	12.0	67
马其顿	Macedonia, FYR	30.1	39	51.3	5	31.6	21	37.5	13	19.0	33
马达加斯加	Madagascar	14.5	98	11.9	97	7.3	95	3.4	100	4.4	100
马拉维	Malawi	17.9	91	8.4	98	6.9	96	9.6	95	5.8	95
马来西亚	Malaysia	26.9	53	20.3	68	14.4	67	16.4	66	11.8	69
马里	Mali	37.5	23	22.5	60	14.5	65	18.7	57	8.9	80
毛里求斯	Mauritius	21.8	78	21.2	64	12.7	73	14.5	75	10.8	75
墨西哥	Mexico	22.4	75	15.4	81	12.4	75	13.9	76	9.3	79
蒙古	Mongolia	14.5	97	15.0	82	15.8	60	15.8	67	16.7	43
摩洛哥	Morocco	46.1	12	30.8	26	20.2	42	29.6	21	16.7	44
莫桑比克	Mozambique	21.1	80	14.6	87	9.2	88	10.7	92	7.9	82
纳米比亚	Namibia	22.2	76	16.9	74	10.2	83	26.0	26	7.1	87
尼泊尔	Nepal	15.5	96	12.1	95	5.7	100	10.3	93	5.9	94
荷兰	Netherlands	36.0	28	27.2	33	21.7	33	22.0	41	18.4	38
新西兰	New Zealand	32.1	32	26.9	36	22.3	32	22.9	35	18.7	36

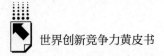
续表

国家	Country	2011 年		2012 年		2013 年		2014 年		2015 年	
		排名	得分	排名	得分	排名	得分	排名	得分	排名	得分
挪威	Norway	32.4	31	29.2	29	24.2	28	25.2	29	21.7	24
阿曼	Oman	25.1	63	28.2	31	5.9	99	22.1	39	13.7	62
巴基斯坦	Pakistan	18.9	89	12.5	94	8.9	89	9.3	98	20.0	29
巴拿马	Panama	26.6	54	7.4	99	12.2	76	14.6	73	10.6	77
巴拉圭	Paraguay	24.4	66	38.0	16	14.0	69	13.4	78	15.6	52
秘鲁	Peru	19.7	85	11.9	96	14.8	63	17.2	61	11.2	73
菲律宾	Philippines	41.5	15	36.2	18	48.5	5	26.1	25	18.2	41
波兰	Poland	28.2	47	26.7	38	19.0	49	21.3	45	16.6	45
葡萄牙	Portugal	27.4	52	21.7	62	16.8	58	18.9	56	15.2	54
卡塔尔	Qatar	25.8	58	16.8	75	11.4	78	12.6	80	7.4	85
罗马尼亚	Romania	19.8	84	20.6	66	13.6	72	15.7	68	13.3	63
俄罗斯	Russian Federation	28.4	46	24.7	48	18.8	50	21.0	48	16.8	42
沙特阿拉伯	Saudi Arabia	47.1	10	45.0	10	28.4	23	42.7	10	30.2	13
塞内加尔	Senegal	19.4	87	13.7	91	9.8	85	11.5	88	7.0	90
塞尔维亚	Serbia	25.5	61	23.5	54	14.8	64	18.1	58	16.2	50
新加坡	Singapore	23.1	71	14.7	84	9.9	84	11.8	87	6.1	93
斯洛伐克	Slovak Republic	25.6	60	23.9	52	15.5	62	17.1	62	14.3	58
斯洛文尼亚	Slovenia	36.9	25	26.9	37	20.8	36	21.0	47	16.0	51
南非	South Africa	21.9	77	16.5	76	11.7	77	11.9	85	7.9	83
西班牙	Spain	27.7	50	25.1	46	20.6	38	22.1	40	18.6	37
斯里兰卡	Sri Lanka	18.6	90	14.0	89	7.8	92	10.9	91	6.9	91
瑞典	Sweden	29.6	41	26.6	39	23.4	29	21.6	44	18.3	39
瑞士	Switzerland	21.5	79	14.7	83	10.6	81	12.1	84	8.1	81
坦桑尼亚	Tanzania	17.4	93	14.6	86	6.0	98	9.6	96	5.0	98
泰国	Thailand	24.5	65	22.5	59	20.4	40	20.6	50	11.8	70
突尼斯	Tunisia	22.7	72	18.8	70	14.0	70	14.5	74	10.3	78
土耳其	Turkey	30.6	38	24.7	49	20.7	37	22.3	37	18.8	35
乌干达	Uganda	16.2	95	13.7	90	7.3	94	9.5	97	5.0	97
乌克兰	Ukraine	25.7	59	25.5	45	19.5	47	17.7	59	16.2	48
英国	United Kingdom	26.0	57	23.1	56	18.7	51	20.0	53	16.5	47
美国	United States	37.2	24	31.9	25	25.4	26	26.9	23	22.7	22
乌拉圭	Uruguay	24.7	64	21.6	63	15.7	61	16.8	64	13.8	61
越南	Vietnam	19.2	88	16.1	78	19.7	45	13.5	77	24.4	20

表7　2011～2015年世界各国三级指标 GDP 得分和排名

国家	Country	2011 年		2012 年		2013 年		2014 年		2015 年	
		排名	得分	排名	得分	排名	得分	排名	得分	排名	得分
阿尔巴尼亚	Albania	0.0	90	0.0	92	0.0	91	0.0	91	0.0	94
阿根廷	Argentina	3.4	23	3.3	22	3.3	22	3.0	24	3.2	21
亚美尼亚	Armenia	0.0	97	0.0	96	0.0	96	0.0	96	0.0	96
澳大利亚	Australia	8.9	13	9.5	12	9.4	12	8.4	12	7.4	13
奥地利	Austria	2.7	27	2.5	27	2.5	27	2.5	26	2.1	28
阿塞拜疆	Azerbaijan	0.4	57	0.4	57	0.4	59	0.4	59	0.3	65
白俄罗斯	Belarus	0.4	60	0.4	59	0.4	57	0.4	58	0.3	62
比利时	Belgium	3.4	25	3.0	26	3.1	25	3.0	23	2.5	24
玻利维亚	Bolivia	0.1	79	0.1	77	0.2	76	0.2	76	0.1	76
波黑	Bosnia and Herzegovina	0.1	84	0.1	84	0.1	84	0.1	84	0.1	85
博茨瓦纳	Botswana	0.1	85	0.1	86	0.1	88	0.1	88	0.0	87
巴西	Brazil	16.8	6	15.2	7	14.8	7	14.1	7	10.0	9
保加利亚	Bulgaria	0.3	62	0.3	62	0.3	63	0.3	65	0.2	67
布基纳法索	Burkina Faso	0.0	94	0.0	95	0.0	95	0.0	94	0.0	95
柬埔寨	Cambodia	0.0	91	0.0	89	0.1	87	0.1	86	0.1	84
加拿大	Canada	11.5	11	11.3	11	11.0	11	10.3	11	8.6	10
智利	Chile	1.6	37	1.6	35	1.6	36	1.5	38	1.3	39
中国	China	48.8	2	53.0	2	57.5	2	60.3	2	61.3	2
哥伦比亚	Colombia	2.1	31	2.3	30	2.2	29	2.1	29	1.6	36
哥斯达黎加	Costa Rica	0.2	69	0.3	66	0.3	66	0.3	67	0.3	63
克罗地亚	Croatia	0.4	59	0.3	61	0.3	61	0.3	64	0.2	68
塞浦路斯	Cyprus	0.1	77	0.1	78	0.1	82	0.1	82	0.1	83
捷克	Czech Republic	1.4	41	1.2	44	1.2	44	1.2	44	1.0	45
丹麦	Denmark	2.2	30	2.0	31	2.0	31	2.0	30	1.6	31
厄瓜多尔	Ecuador	0.5	55	0.5	55	0.5	55	0.6	54	0.5	53
埃及	Egypt，Arab Rep.	1.5	40	1.7	34	1.7	35	1.7	35	1.8	29
萨尔瓦多	El Salvador	0.1	81	0.1	80	0.1	81	0.1	81	0.1	80
爱沙尼亚	Estonia	0.1	80	0.1	82	0.1	79	0.1	80	0.1	81
埃塞俄比亚	Ethiopia	0.2	74	0.2	69	0.3	69	0.3	66	0.3	58
芬兰	Finland	1.7	35	1.6	37	1.6	38	1.5	37	1.3	40
法国	France	18.4	5	16.6	5	16.8	5	16.4	6	13.5	6
格鲁吉亚	Georgia	0.1	86	0.1	85	0.1	85	0.1	87	0.0	88
德国	Germany	24.2	4	21.9	4	22.5	4	22.3	4	18.6	4
加纳	Ghana	0.2	71	0.2	71	0.3	67	0.2	74	0.2	73

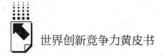

国家	Country	2011 年		2012 年		2013 年		2014 年		2015 年	
		排名	得分	排名	得分	排名	得分	排名	得分	排名	得分
希腊	Greece	1.8	33	1.5	39	1.4	39	1.3	41	1.0	42
危地马拉	Guatemala	0.3	65	0.3	65	0.3	65	0.3	62	0.3	59
匈牙利	Hungary	0.9	51	0.8	52	0.8	52	0.8	51	0.6	50
印度	India	11.7	10	11.3	10	11.1	10	11.7	10	11.7	7
印度尼西亚	Indonesia	5.7	17	5.6	16	5.4	17	5.1	17	4.7	16
伊朗	Iran, Islamic Rep.	3.8	21	3.6	21	3.0	26	2.4	27	2.1	26
爱尔兰	Ireland	1.5	39	1.4	40	1.4	40	1.4	39	1.5	37
以色列	Israel	1.6	36	1.6	36	1.7	34	1.7	33	1.6	32
意大利	Italy	14.6	8	12.8	9	12.7	9	12.3	8	10.1	8
日本	Japan	39.7	3	38.4	3	30.9	3	27.9	3	24.3	3
约旦	Jordan	0.1	75	0.2	75	0.2	75	0.2	75	0.2	74
哈萨克斯坦	Kazakhstan	1.2	44	1.3	43	1.4	41	1.2	43	1.0	46
肯尼亚	Kenya	0.2	70	0.3	64	0.3	64	0.3	61	0.3	60
韩国	Korea, Rep.	7.7	14	7.5	14	7.8	14	8.1	13	7.6	11
科威特	Kuwait	1.0	50	1.0	49	1.0	50	0.9	50	0.6	51
吉尔吉斯斯坦	Kyrgyz Republic	0.0	100	0.0	99	0.0	99	0.0	99	0.0	99
拉脱维亚	Latvia	0.1	76	0.1	76	0.1	77	0.1	77	0.1	79
立陶宛	Lithuania	0.2	68	0.2	70	0.2	70	0.2	70	0.2	72
卢森堡	Luxembourg	0.3	61	0.3	60	0.3	60	0.3	60	0.3	61
马其顿	Macedonia, FYR	0.0	95	0.0	98	0.0	97	0.0	97	0.0	97
马达加斯加	Madagascar	0.0	98	0.0	97	0.0	98	0.0	98	0.0	98
马拉维	Malawi	0.0	99	0.0	100	0.0	100	0.0	100	0.0	100
马来西亚	Malaysia	1.9	32	1.9	32	1.9	32	1.9	32	1.6	34
马里	Mali	0.0	89	0.0	91	0.0	90	0.0	90	0.0	90
毛里求斯	Mauritius	0.0	93	0.0	94	0.0	94	0.0	93	0.0	92
墨西哥	Mexico	7.5	15	7.3	15	7.5	15	7.4	15	6.3	15
蒙古	Mongolia	0.0	96	0.0	93	0.0	93	0.0	95	0.0	91
摩洛哥	Morocco	0.6	53	0.6	53	0.6	53	0.6	53	0.5	52
莫桑比克	Mozambique	0.0	88	0.1	87	0.1	86	0.1	85	0.0	86
纳米比亚	Namibia	0.0	92	0.0	90	0.0	92	0.0	92	0.0	93
尼泊尔	Nepal	0.1	83	0.1	83	0.1	83	0.1	83	0.1	82
荷兰	Netherlands	5.7	16	5.1	18	5.2	18	5.0	18	4.1	18
新西兰	New Zealand	1.0	47	1.1	47	1.1	48	1.1	47	0.9	48

续表

国家	Country	2011 年		2012 年		2013 年		2014 年		2015 年	
		排名	得分	排名	得分	排名	得分	排名	得分	排名	得分
挪威	Norway	3.2	26	3.1	24	3.1	24	2.8	25	2.1	27
阿曼	Oman	0.4	56	0.4	56	0.4	56	0.4	56	0.4	57
巴基斯坦	Pakistan	1.3	43	1.4	41	1.4	42	1.4	40	1.5	38
巴拿马	Panama	0.2	72	0.2	73	0.2	73	0.2	69	0.3	66
巴拉圭	Paraguay	0.1	78	0.1	79	0.1	78	0.1	78	0.1	78
秘鲁	Peru	1.1	46	1.2	45	1.2	45	1.1	46	1.0	44
菲律宾	Philippines	1.4	42	1.5	38	1.6	37	1.6	36	1.6	35
波兰	Poland	3.4	24	3.1	25	3.1	23	3.1	22	2.6	23
葡萄牙	Portugal	1.5	38	1.3	42	1.3	43	1.3	42	1.1	41
卡塔尔	Qatar	1.0	48	1.1	46	1.2	46	1.2	45	0.9	49
罗马尼亚	Romania	1.2	45	1.0	50	1.1	47	1.1	48	0.9	47
俄罗斯	Russian Federation	13.1	9	13.4	8	13.3	8	11.8	9	7.5	12
沙特阿拉伯	Saudi Arabia	4.3	20	4.5	19	4.4	19	4.3	19	3.6	20
塞内加尔	Senegal	0.1	87	0.1	88	0.1	89	0.1	89	0.0	89
塞尔维亚	Serbia	0.3	66	0.2	72	0.2	72	0.2	73	0.2	75
新加坡	Singapore	1.7	34	1.8	33	1.8	33	1.7	34	1.6	33
斯洛伐克	Slovak Republic	0.6	54	0.5	54	0.6	54	0.5	55	0.4	55
斯洛文尼亚	Slovenia	0.3	63	0.2	67	0.3	68	0.3	68	0.2	71
南非	South Africa	2.6	28	2.4	29	2.2	30	2.0	31	1.7	30
西班牙	Spain	9.6	12	8.2	13	8.1	13	7.9	14	6.6	14
斯里兰卡	Sri Lanka	0.4	58	0.4	58	0.4	58	0.4	57	0.4	56
瑞典	Sweden	3.6	22	3.3	23	3.4	21	3.3	21	2.7	22
瑞士	Switzerland	4.4	19	4.1	20	4.1	20	4.0	20	3.7	19
坦桑尼亚	Tanzania	0.2	73	0.2	74	0.2	74	0.2	71	0.2	69
泰国	Thailand	2.4	29	2.4	28	2.5	28	2.3	28	2.2	25
突尼斯	Tunisia	0.3	67	0.2	68	0.2	71	0.2	72	0.2	70
土耳其	Turkey	5.3	18	5.4	17	5.7	16	5.3	16	4.7	17
乌干达	Uganda	0.1	82	0.1	81	0.1	80	0.1	79	0.1	77
乌克兰	Ukraine	1.0	49	1.1	48	1.1	49	0.7	52	0.5	54
英国	United Kingdom	16.8	7	16.3	6	16.3	6	17.2	5	15.8	5
美国	United States	100.0	1	100.0	1	100.0	1	100.0	1	100.0	1
乌拉圭	Uruguay	0.3	64	0.3	63	0.3	62	0.3	63	0.3	64
越南	Vietnam	0.8	52	0.9	51	1.0	51	1.0	49	1.0	43

表8 2011～2015年世界各国三级指标人均GDP得分和排名

| 国家 | Country | 2011年 | | 2012年 | | 2013年 | | 2014年 | | 2015年 | |
		排名	得分	排名	得分	排名	得分	排名	得分	排名	得分
阿尔巴尼亚	Albania	3.5	68	3.6	69	3.6	69	3.6	69	3.5	71
阿根廷	Argentina	10.7	44	11.8	42	11.1	44	10.0	45	12.9	39
亚美尼亚	Armenia	2.7	77	3.1	77	3.1	76	3.1	74	3.2	77
澳大利亚	Australia	53.6	5	63.3	5	59.5	5	52.1	6	55.3	6
奥地利	Austria	44.0	12	45.1	15	44.2	13	42.9	12	42.6	13
阿塞拜疆	Azerbaijan	5.9	58	6.7	56	6.7	55	6.3	55	5.1	62
白俄罗斯	Belarus	5.3	59	6.2	59	6.7	54	6.7	53	5.5	59
比利时	Belgium	41.0	17	41.7	17	40.7	17	39.6	16	39.4	17
玻利维亚	Bolivia	1.8	82	2.1	82	2.3	82	2.3	81	2.7	80
波黑	Bosnia and Herzegovina	4.1	67	4.1	66	4.1	67	4.1	67	4.1	67
博茨瓦纳	Botswana	6.3	56	6.3	58	5.9	58	6.0	58	6.1	55
巴西	Brazil	11.1	43	11.2	45	10.5	46	9.8	47	8.3	52
保加利亚	Bulgaria	6.5	55	6.6	57	6.5	56	6.3	56	6.5	54
布基纳法索	Burkina Faso	0.3	95	0.3	95	0.3	94	0.3	96	0.2	97
柬埔寨	Cambodia	0.5	91	0.5	91	0.6	91	0.6	90	0.8	89
加拿大	Canada	44.8	11	49.0	9	45.9	10	42.2	13	42.3	14
智利	Chile	12.4	35	14.2	35	13.8	36	12.2	38	13.1	38
中国	China	4.6	62	5.6	61	5.9	57	6.2	57	7.6	53
哥伦比亚	Colombia	6.0	57	7.1	53	6.8	53	6.4	54	5.6	57
哥斯达黎加	Costa Rica	7.7	52	9.0	49	9.0	49	8.7	49	10.9	44
克罗地亚	Croatia	12.3	36	12.1	40	11.7	43	11.0	42	11.0	43
塞浦路斯	Cyprus	27.6	24	26.9	24	24.3	25	22.7	26	22.4	26
捷克	Czech Republic	18.5	31	18.2	32	17.3	32	16.3	33	16.9	31
丹麦	Denmark	53.2	6	54.6	6	53.7	6	52.2	5	51.8	9
厄瓜多尔	Ecuador	4.2	65	5.0	64	5.1	64	5.1	61	5.8	56
埃及	Egypt, Arab Rep.	2.1	81	2.6	80	2.5	80	2.5	79	3.1	78
萨尔瓦多	El Salvador	2.9	73	3.2	75	3.1	75	3.1	75	3.7	68
爱沙尼亚	Estonia	14.8	34	16.0	33	16.5	33	16.5	32	16.5	32
埃塞俄比亚	Ethiopia	0.0	100	0.1	98	0.1	98	0.2	98	0.3	96
芬兰	Finland	43.7	13	44.2	16	43.5	14	41.7	14	41.4	15
法国	France	37.7	19	38.0	20	37.2	19	35.9	20	35.6	19
格鲁吉亚	Georgia	2.9	74	3.5	70	3.5	71	3.4	70	3.4	76
德国	Germany	40.3	18	41.1	18	40.7	16	40.0	15	40.2	16
加纳	Ghana	1.1	84	1.2	85	1.3	85	0.9	86	1.0	87

续表

国家	Country	2011 年		2012 年		2013 年		2014 年		2015 年	
		排名	得分	排名	得分	排名	得分	排名	得分	排名	得分
希腊	Greece	22.1	26	20.6	29	19.0	29	17.9	30	17.4	30
危地马拉	Guatemala	2.5	79	2.7	79	2.8	79	2.8	77	3.5	73
匈牙利	Hungary	11.9	40	11.7	43	11.7	42	11.6	41	11.8	42
印度	India	1.0	86	1.0	86	1.0	86	1.0	85	1.2	85
印度尼西亚	Indonesia	2.8	75	3.1	76	2.9	77	2.6	78	2.9	79
伊朗	Iran, Islamic Rep.	6.5	54	6.9	54	5.5	60	4.3	65	4.5	64
爱尔兰	Ireland	45.2	10	45.9	13	45.6	11	46.4	9	59.4	5
以色列	Israel	28.9	23	30.3	23	31.8	22	31.3	22	34.8	20
意大利	Italy	32.9	22	32.4	22	30.9	23	29.5	23	29.2	22
日本	Japan	41.4	16	45.3	14	35.4	21	31.8	21	33.6	21
约旦	Jordan	3.0	71	3.3	72	3.2	74	3.1	73	3.7	70
哈萨克斯坦	Kazakhstan	9.8	45	11.3	44	12.0	40	10.5	43	10.0	46
肯尼亚	Kenya	0.5	90	0.7	89	0.8	89	0.8	87	1.0	88
韩国	Korea, Rep.	20.6	28	22.5	27	22.5	26	23.1	25	26.3	24
科威特	Kuwait	41.5	15	47.8	11	42.4	15	35.9	19	28.2	23
吉尔吉斯斯坦	Kyrgyz Republic	0.7	88	0.8	88	0.8	87	0.8	89	0.7	90
拉脱维亚	Latvia	11.6	42	12.6	39	13.0	39	12.9	37	13.1	37
立陶宛	Lithuania	12.1	37	13.1	38	13.6	37	13.6	36	13.7	36
卢森堡	Luxembourg	100.0	1	100.0	1	100.0	1	100.0	1	100.0	1
马其顿	Macedonia, FYR	4.1	66	4.1	67	4.3	66	4.3	64	4.4	65
马达加斯加	Madagascar	0.1	99	0.1	99	0.1	99	0.1	99	0.0	99
马拉维	Malawi	0.1	98	0.0	100	0.0	100	0.0	100	0.0	100
马来西亚	Malaysia	8.7	47	9.8	47	9.3	48	9.1	48	9.1	47
马里	Mali	0.4	92	0.4	93	0.4	93	0.4	93	0.4	94
毛里求斯	Mauritius	7.7	51	8.4	51	8.2	51	8.2	51	8.8	49
墨西哥	Mexico	8.2	48	8.9	50	8.8	50	8.5	50	8.6	50
蒙古	Mongolia	3.0	72	3.8	68	3.6	70	3.2	72	3.5	72
摩洛哥	Morocco	2.3	80	2.4	81	2.5	81	2.4	80	2.4	82
莫桑比克	Mozambique	0.1	97	0.2	97	0.2	97	0.2	97	0.2	98
纳米比亚	Namibia	4.5	63	5.1	63	4.5	65	4.3	66	4.3	66
尼泊尔	Nepal	0.3	94	0.3	94	0.3	95	0.3	95	0.4	93
荷兰	Netherlands	46.1	8	46.2	12	45.2	12	43.6	11	43.3	11
新西兰	New Zealand	33.0	21	37.2	21	37.5	18	37.2	18	37.3	18

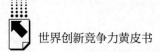

国家	Country	2011 年		2012 年		2013 年		2014 年		2015 年	
		排名	得分	排名	得分	排名	得分	排名	得分	排名	得分
挪威	Norway	86.8	2	95.1	2	90.4	2	81.3	2	73.0	3
阿曼	Oman	17.9	32	20.5	30	18.5	31	16.9	31	16.0	33
巴基斯坦	Pakistan	0.8	87	0.8	87	0.8	88	0.8	88	1.1	86
巴拿马	Panama	7.7	49	9.6	48	10.0	47	10.3	44	12.6	40
巴拉圭	Paraguay	3.1	70	3.3	73	3.7	68	3.7	68	3.7	69
秘鲁	Peru	4.7	61	5.7	60	5.5	61	5.2	59	5.6	58
菲律宾	Philippines	1.7	83	2.1	83	2.1	83	2.1	83	2.5	81
波兰	Poland	11.7	41	12.0	41	11.9	41	11.8	39	12.0	41
葡萄牙	Portugal	19.8	30	19.0	31	18.8	30	18.3	29	18.6	29
卡塔尔	Qatar	74.2	4	82.9	3	77.6	3	72.8	3	65.0	4
罗马尼亚	Romania	7.7	50	7.7	52	8.2	52	8.1	52	8.5	51
俄罗斯	Russian Federation	12.0	38	13.9	36	13.4	38	11.6	40	8.8	48
沙特阿拉伯	Saudi Arabia	20.3	29	23.4	26	21.7	27	20.4	27	20.1	27
塞内加尔	Senegal	0.6	89	0.6	90	0.6	90	0.6	91	0.5	91
塞尔维亚	Serbia	5.3	60	5.0	65	5.3	62	4.9	62	4.8	63
新加坡	Singapore	45.8	9	50.8	8	49.1	8	47.1	8	52.5	8
斯洛伐克	Slovak Republic	15.5	33	15.9	34	15.7	34	15.4	34	15.5	34
斯洛文尼亚	Slovenia	21.3	27	20.8	28	20.1	28	19.9	28	20.1	28
南非	South Africa	6.7	53	6.7	55	5.8	59	5.2	60	5.3	61
西班牙	Spain	27.3	25	26.5	25	25.5	24	24.6	24	24.9	25
斯里兰卡	Sri Lanka	2.5	78	2.8	78	2.9	78	2.9	76	3.4	74
瑞典	Sweden	51.3	7	53.4	7	52.9	7	49.5	7	49.5	10
瑞士	Switzerland	75.9	3	77.8	4	74.3	4	71.9	4	79.4	2
坦桑尼亚	Tanzania	0.3	93	0.4	92	0.5	92	0.5	92	0.5	92
泰国	Thailand	4.5	64	5.2	62	5.1	63	4.7	63	5.4	60
突尼斯	Tunisia	3.4	69	3.5	71	3.4	72	3.3	71	3.4	75
土耳其	Turkey	9.5	46	10.7	46	10.8	45	9.9	46	10.5	45
乌干达	Uganda	0.2	96	0.3	96	0.3	96	0.3	94	0.3	95
乌克兰	Ukraine	2.8	76	3.3	74	3.3	73	2.3	82	1.7	83
英国	United Kingdom	35.4	20	38.7	19	37.1	20	38.8	17	42.9	12
美国	United States	42.8	14	48.0	10	46.2	9	45.7	10	55.0	7
乌拉圭	Uruguay	12.0	39	13.8	37	14.6	35	13.8	35	14.9	35
越南	Vietnam	1.0	85	1.3	84	1.4	84	1.4	84	1.7	84

表9 2011～2015 年世界各国三级指标外国直接投资得分和排名

国家	Country	2011 年		2012 年		2013 年		2014 年		2015 年	
		排名	得分	排名	得分	排名	得分	排名	得分	排名	得分
阿尔巴尼亚	Albania	55.7	45	56.3	45	59.7	52	58.0	53	34.9	47
阿根廷	Argentina	53.6	86	52.0	88	57.6	84	57.4	73	31.8	87
亚美尼亚	Armenia	55.8	34	56.4	34	60.0	33	58.2	37	35.1	30
澳大利亚	Australia	42.0	97	40.0	96	45.0	97	46.0	95	24.2	93
奥地利	Austria	59.5	10	60.8	8	63.0	11	57.6	68	37.3	14
阿塞拜疆	Azerbaijan	55.6	52	56.3	44	59.7	49	57.6	67	34.9	46
白俄罗斯	Belarus	54.9	75	56.2	54	59.5	61	57.8	62	34.7	62
比利时	Belgium	48.2	95	65.3	4	61.4	14	60.6	12	37.9	11
玻利维亚	Bolivia	55.7	46	56.2	50	59.6	58	58.2	45	35.0	40
波黑	Bosnia and Herzegovina	55.8	36	56.5	31	60.0	25	58.2	41	35.1	33
博茨瓦纳	Botswana	55.5	57	56.4	37	60.0	32	58.2	38	35.1	37
巴西	Brazil	35.3	98	30.5	97	45.1	96	36.7	97	16.4	96
保加利亚	Bulgaria	55.5	63	56.1	55	59.6	55	58.0	54	34.3	70
布基纳法索	Burkina Faso	55.9	27	56.5	27	59.9	34	58.3	32	35.1	36
柬埔寨	Cambodia	55.5	56	56.0	62	59.5	60	57.8	59	34.6	65
加拿大	Canada	58.7	12	60.7	10	56.6	90	58.7	20	43.1	6
智利	Chile	54.9	76	53.4	84	57.0	87	54.9	87	34.0	77
中国	China	0.0	99	0.0	99	0.0	99	14.0	98	14.3	97
哥伦比亚	Colombia	54.4	81	51.6	90	57.7	83	54.6	88	32.9	82
哥斯达黎加	Costa Rica	55.3	67	56.0	64	59.4	65	57.5	70	34.3	71
克罗地亚	Croatia	55.5	62	56.1	57	59.7	47	57.8	60	35.1	31
塞浦路斯	Cyprus	54.9	77	57.4	16	59.9	36	57.9	57	38.0	10
捷克	Czech Republic	55.2	70	54.6	79	60.1	17	57.1	78	35.8	21
丹麦	Denmark	55.7	43	58.3	13	63.0	10	59.5	16	36.8	15
厄瓜多尔	Ecuador	55.7	40	56.4	38	59.8	42	58.1	47	34.8	60
埃及	Egypt, Arab Rep.	56.1	22	55.8	67	59.0	72	57.0	80	33.1	81
萨尔瓦多	El Salvador	55.8	29	56.4	35	60.0	24	58.3	34	35.0	39
爱沙尼亚	Estonia	55.3	68	56.4	36	60.0	26	58.1	46	35.2	24
埃塞俄比亚	Ethiopia	55.7	39	56.5	28	60.0	28	58.3	31	35.1	35
芬兰	Finland	56.5	21	57.7	15	59.4	64	53.0	91	29.7	89
法国	France	60.8	6	62.7	6	56.2	91	73.0	5	34.7	64
格鲁吉亚	Georgia	55.6	50	56.4	40	59.8	44	58.0	56	34.8	57
德国	Germany	58.4	14	67.4	3	67.2	6	87.9	3	53.6	3
加纳	Ghana	55.1	73	55.5	71	59.2	68	57.3	74	34.3	73

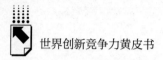

续表

国家	Country	2011 年		2012 年		2013 年		2014 年		2015 年	
		排名	得分	排名	得分	排名	得分	排名	得分	排名	得分
希腊	Greece	56.0	24	56.3	49	59.0	70	58.5	23	35.5	22
危地马拉	Guatemala	55.6	53	56.2	53	59.7	53	58.0	55	34.8	55
匈牙利	Hungary	55.4	64	55.7	68	60.0	23	57.2	77	34.4	69
印度	India	50.1	93	51.6	89	52.8	94	51.4	94	24.0	94
印度尼西亚	Indonesia	53.1	87	52.2	87	56.7	88	53.9	90	31.9	86
伊朗	Iran, Islamic Rep.										
爱尔兰	Ireland	49.8	94	50.3	92	56.6	89	61.9	10	28.9	90
以色列	Israel	56.0	25	54.9	75	58.1	80	57.4	71	34.7	63
意大利	Italy	60.1	8	58.8	12	60.2	16	59.4	17	36.1	18
日本	Japan	84.2	2	94.2	2	100.0	1	94.5	2	75.3	2
约旦	Jordan	55.5	60	56.1	56	59.6	59	57.8	64	34.8	58
哈萨克斯坦	Kazakhstan	53.8	85	52.8	86	57.8	81	56.9	81	34.1	76
肯尼亚	Kenya	55.8	31	56.5	26	59.9	38	58.1	50	34.9	52
韩国	Korea, Rep.	60.7	7	63.4	5	64.3	8	64.1	8	41.2	7
科威特	Kuwait	57.7	16	57.8	14	64.2	9	62.2	9	36.7	16
吉尔吉斯斯坦	Kyrgyz Republic	55.7	42	56.5	30	59.9	40	58.3	29	34.9	51
拉脱维亚	Latvia	55.5	58	56.3	47	59.9	37	58.2	39	35.0	44
立陶宛	Lithuania	55.5	59	56.5	29	60.0	29	58.4	24	34.9	45
卢森堡	Luxembourg	48.0	96	27.0	98	22.0	98	76.7	4	100.0	1
马其顿	Macedonia, FYR	55.8	35	56.5	24	60.0	30	58.3	30	35.1	32
马达加斯加	Madagascar	55.7	41	56.3	42	59.9	39	58.2	43	35.0	42
马拉维	Malawi	55.7	44	56.6	21	59.9	35	58.2	44	35.0	41
马来西亚	Malaysia	56.6	19	59.2	11	60.6	15	60.0	14	34.8	54
马里	Mali	55.7	37	56.5	32	60.0	31	58.3	26	35.1	29
毛里求斯	Mauritius	56.1	23	54.8	77	59.7	51	58.2	42	35.1	38
墨西哥	Mexico	53.0	88	57.2	17	50.5	95	52.1	92	28.3	91
蒙古	Mongolia	54.8	79	55.2	74	59.5	62	58.3	28	35.1	27
摩洛哥	Morocco	55.3	65	55.8	65	59.2	66	57.4	72	34.4	68
莫桑比克	Mozambique	55.0	74	54.8	76	58.3	78	56.9	82	34.0	78
纳米比亚	Namibia	55.7	47	56.2	51	59.8	43	58.2	40	34.9	48
尼泊尔	Nepal	55.8	28	56.6	22	60.0	21	58.4	25	35.2	26
荷兰	Netherlands	65.4	4	56.0	60	84.1	3	45.0	96	37.3	13
新西兰	New Zealand	55.5	61	55.3	73	59.7	54	57.8	63	35.2	23

续表

国家	Country	2011 年		2012 年		2013 年		2014 年		2015 年	
		排名	得分	排名	得分	排名	得分	排名	得分	排名	得分
挪威	Norway	56.5	20	56.5	23	62.7	12	64.9	7	39.6	9
阿曼	Oman	55.8	32	56.4	33	59.9	41	58.3	27	36.1	19
巴基斯坦	Pakistan	55.6	55	56.3	43	59.7	48	57.8	61	34.9	49
巴拿马	Panama	55.1	72	55.5	72	59.0	69	57.1	79	33.9	79
巴拉圭	Paraguay	55.7	38	56.4	41	60.0	19	58.3	35	35.1	34
秘鲁	Peru	54.1	84	52.8	85	57.5	85	56.0	84	32.8	83
菲律宾	Philippines	55.9	26	56.9	20	60.0	22	58.7	19	35.1	28
波兰	Poland	52.6	90	54.7	78	58.9	77	54.4	89	32.2	84
葡萄牙	Portugal	57.3	17	51.1	91	59.0	75	57.3	76	34.8	56
卡塔尔	Qatar	58.1	15	57.1	18	62.5	13	60.1	13	36.1	20
罗马尼亚	Romania	55.3	66	55.5	70	59.0	73	57.3	75	34.2	75
俄罗斯	Russian Federation	58.7	13	56.0	61	64.8	7	69.1	6	39.8	8
沙特阿拉伯	Saudi Arabia	52.8	89	54.1	82	59.0	74	57.6	69	34.3	72
塞内加尔	Senegal	55.8	30	56.5	25	60.0	27	58.2	36		
塞尔维亚	Serbia	54.8	80	56.3	48	59.6	57	57.9	58	34.6	67
新加坡	Singapore	51.6	92	44.8	95	54.2	92	51.7	93	23.1	95
斯洛伐克	Slovak Republic	55.2	71	55.6	69	60.1	18	58.6	22	35.2	25
斯洛文尼亚	Slovenia	55.7	48	56.4	39	60.0	20	58.1	48	34.7	61
南非	South Africa	54.8	78	56.0	59	59.6	56	58.9	18	36.4	17
西班牙	Spain	59.1	11	47.8	93	53.2	93	61.3	11	45.2	5
斯里兰卡	Sri Lanka	55.7	49	56.3	46	59.8	45	58.1	49	35.0	43
瑞典	Sweden	59.9	9	60.8	9	67.3	5	59.8	15	37.9	12
瑞士	Switzerland	61.3	5	61.2	7	70.4	4	55.4	86	45.5	4
坦桑尼亚	Tanzania	55.6	54	56.0	63	59.5	63	57.7	65	34.6	66
泰国	Thailand	57.0	18	57.0	19	59.0	71	58.6	21	33.9	80
突尼斯	Tunisia	55.8	33	56.1	58	59.8	46	58.1	51	34.9	50
土耳其	Turkey	52.5	91	53.5	83	57.5	86	56.6	83	31.3	88
乌干达	Uganda	55.6	51	56.2	52	59.7	50	58.0	52	34.8	53
乌克兰	Ukraine	54.2	83	54.3	81	58.9	76	58.3	33	34.2	74
英国	United Kingdom	68.8	3	45.4	94	57.8	82	0.0	99	0.0	98
美国	United States	100.0	1	100.0	1	92.5	2	100.0	1	25.7	92
乌拉圭	Uruguay	55.3	69	55.8	66	59.2	67	57.7	66	34.8	59
越南	Vietnam	54.3	82	54.3	80	58.1	79	55.9	85	31.9	85

表10　2011～2015年世界各国三级指标千人因特网用户数得分和排名

| 国家 | Country | 2011年 | | 2012年 | | 2013年 | | 2014年 | | 2015年 | |
		排名	得分	排名	得分	排名	得分	排名	得分	排名	得分
阿尔巴尼亚	Albania	51.8	45	56.7	45	58.9	48	60.9	50	63.4	50
阿根廷	Argentina	54.0	42	57.9	41	61.8	42	65.9	41	70.0	41
亚美尼亚	Armenia	33.4	68	38.1	66	42.3	66	55.0	54	58.0	54
澳大利亚	Australia	84.8	14	83.1	17	87.4	14	86.7	17	86.3	19
奥地利	Austria	84.0	16	84.2	15	84.3	19	83.5	19	85.6	20
阿塞拜疆	Azerbaijan	52.9	44	56.2	47	76.0	26	77.0	29	78.2	28
白俄罗斯	Belarus	41.7	58	48.3	56	55.6	51	59.7	51	62.3	51
比利时	Belgium	87.1	11	84.9	14	86.0	16	87.8	15	86.8	16
玻利维亚	Bolivia	31.3	71	35.8	71	36.9	74	33.4	77	43.9	72
波黑	Bosnia and Herzegovina	50.5	49	54.7	50	59.5	46	61.7	49	65.4	47
博茨瓦纳	Botswana	7.5	92	10.0	88	13.0	86	16.0	86	25.0	81
巴西	Brazil	48.3	52	50.1	53	52.2	55	54.9	55	58.9	53
保加利亚	Bulgaria	50.7	48	53.7	51	54.4	53	55.9	53	56.3	57
布基纳法索	Burkina Faso	2.1	97	1.5	97	6.6	93	6.2	94	7.7	95
柬埔寨	Cambodia	2.2	96	2.9	93	4.1	94	11.1	92	15.9	91
加拿大	Canada	88.6	10	87.4	10	89.9	10	90.1	12	90.5	11
智利	Chile	55.4	39	57.1	44	59.7	45	62.0	48	64.5	49
中国	China	40.3	61	43.3	59	46.5	60	47.7	62	49.5	65
哥伦比亚	Colombia	42.5	56	50.5	52	52.9	54	52.8	58	55.5	58
哥斯达黎加	Costa Rica	41.3	59	48.9	55	46.7	59	53.2	57	59.7	52
克罗地亚	Croatia	61.4	34	64.6	35	69.3	34	70.1	36	70.4	39
塞浦路斯	Cyprus	60.4	35	63.2	36	67.8	36	70.9	35	72.5	35
捷克	Czech Republic	75.1	22	77.0	22	77.2	25	82.1	21	82.8	23
丹麦	Denmark	96.0	5	97.4	4	99.5	3	99.7	2	98.9	3
厄瓜多尔	Ecuador	32.8	70	35.6	73	40.0	69	45.2	66	48.1	68
埃及	Egypt, Arab Rep.	26.5	75	26.1	77	28.7	77	32.6	78	34.1	78
萨尔瓦多	El Salvador	19.3	79	19.5	79	21.8	79	22.7	81	24.4	83
爱沙尼亚	Estonia	81.6	18	82.4	18	83.0	20	87.0	16	90.4	12
埃塞俄比亚	Ethiopia	0.0	100	0.6	98	1.7	97	4.3	95	8.0	94
芬兰	Finland	94.8	6	94.8	6	96.2	6	95.8	6	95.0	7
法国	France	83.0	17	85.7	13	85.7	17	86.4	18	86.4	18
格鲁吉亚	Georgia	32.9	69	37.5	68	43.8	65	43.5	70	44.0	71
德国	Germany	86.8	12	86.7	11	88.2	13	89.1	13	89.5	15
加纳	Ghana	8.6	89	9.0	91	10.1	91	16.4	85	20.7	85

国家	Country	2011 年		2012 年		2013 年		2014 年		2015 年	
		排名	得分	排名	得分	排名	得分	排名	得分	排名	得分
希腊	Greece	54.7	40	57.1	43	61.8	43	64.3	44	67.3	44
危地马拉	Guatemala	12.1	84	14.8	83	18.1	82	21.3	82	24.6	82
匈牙利	Hungary	72.4	27	73.9	26	75.7	28	78.2	26	73.7	34
印度	India	9.7	87	11.1	87	13.1	85	18.7	83	23.4	84
印度尼西亚	Indonesia	12.1	85	13.2	85	13.0	87	14.5	89	19.1	87
伊朗	Iran, Islamic Rep.	19.4	78	22.1	78	29.3	76	38.5	75	42.8	74
爱尔兰	Ireland	79.9	19	80.8	19	81.7	21	82.1	22	81.5	24
以色列	Israel	73.4	26	74.2	25	73.1	31	77.0	28	80.2	26
意大利	Italy	57.7	38	58.0	40	60.2	44	62.9	46	65.9	45
日本	Japan	84.4	15	83.6	16	92.6	8	92.2	9	95.7	4
约旦	Jordan	36.6	66	37.6	67	41.7	67	45.9	64	52.8	61
哈萨克斯坦	Kazakhstan	53.6	43	55.2	49	65.2	38	67.3	39	73.7	33
肯尼亚	Kenya	29.1	74	32.3	74	39.1	72	42.9	71	44.5	70
韩国	Korea, Rep.	89.5	9	88.5	9	88.8	12	90.9	10	92.0	10
科威特	Kuwait	70.0	30	73.8	27	78.7	23	81.0	24	83.6	22
吉尔吉斯斯坦	Kyrgyz Republic	17.8	80	18.9	80	21.7	80	26.6	79	28.0	79
拉脱维亚	Latvia	74.3	23	76.7	23	78.5	24	77.9	27	80.5	25
立陶宛	Lithuania	67.7	31	70.3	31	71.1	32	73.9	31	72.1	36
卢森堡	Luxembourg	96.3	4	97.1	5	98.6	5	98.2	3	100.0	1
马其顿	Macedonia, FYR	60.2	36	59.7	39	67.6	37	69.5	37	71.1	38
马达加斯加	Madagascar	0.9	99	0.0	100	0.0	100	0.0	100	0.0	100
马拉维	Malawi	2.4	94	2.2	95	2.2	96	2.3	98	5.5	97
马来西亚	Malaysia	64.8	33	68.8	32	58.7	49	64.8	43	71.8	37
马里	Mali	1.2	98	0.5	99	0.5	99	3.6	96	6.6	96
毛里求斯	Mauritius	36.6	65	35.9	70	40.3	70	44.4	68	49.3	66
墨西哥	Mexico	39.0	62	40.6	63	44.0	64	43.9	69	57.2	55
蒙古	Mongolia	12.3	83	15.3	82	16.0	83	17.5	84	18.5	89
摩洛哥	Morocco	48.7	51	57.5	42	57.6	50	57.3	52	56.8	56
莫桑比克	Mozambique	3.5	93	2.8	94	2.6	95	2.4	97	5.2	98
纳米比亚	Namibia	11.8	86	11.5	86	11.8	88	12.0	91	19.5	86
尼泊尔	Nepal	8.6	89	9.6	89	11.2	89	12.7	90	14.4	93
荷兰	Netherlands	97.8	3	98.1	3	98.8	4	96.6	4	95.5	5
新西兰	New Zealand	86.7	13	86.3	12	86.7	15	88.3	14	90.2	13

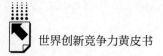

续表

国家	Country	2011 年		2012 年		2013 年		2014 年		2015 年	
		排名	得分	排名	得分	排名	得分	排名	得分	排名	得分
挪威	Norway	100.0	1	100.0	1	100.0	1	100.0	1	99.4	2
阿曼	Oman	50.8	47	62.5	38	68.9	35	71.8	34	75.1	30
巴基斯坦	Pakistan	8.6	89	8.3	92	8.6	92	10.9	93	14.8	92
巴拿马	Panama	45.0	54	41.1	62	44.6	61	44.5	67	50.5	64
巴拉圭	Paraguay	25.6	76	29.3	75	36.8	75	42.4	72	43.2	73
秘鲁	Peru	37.8	63	38.9	65	39.3	71	39.4	73	39.4	75
菲律宾	Philippines	30.2	72	36.7	69	36.9	73	38.9	74	39.2	76
波兰	Poland	65.9	32	65.0	34	65.0	39	67.9	38	68.5	43
葡萄牙	Portugal	58.6	37	62.8	37	64.2	40	65.8	42	69.2	42
卡塔尔	Qatar	73.5	25	72.6	29	89.4	11	94.8	8	95.2	6
罗马尼亚	Romania	42.1	57	47.2	57	50.8	56	54.4	56	55.4	59
俄罗斯	Russian Federation	51.8	45	66.6	33	70.6	33	72.2	33	74.3	31
沙特阿拉伯	Saudi Arabia	50.2	50	56.0	48	62.5	41	65.9	40	70.2	40
塞内加尔	Senegal	9.4	88	9.2	90	11.0	90	15.1	88	18.8	88
塞尔维亚	Serbia	44.5	55	49.6	54	54.8	52	63.0	45	65.6	46
新加坡	Singapore	75.7	21	75.5	24	84.6	18	81.3	23	83.7	21
斯洛伐克	Slovak Republic	79.4	20	80.6	20	81.3	22	82.4	20	86.8	17
斯洛文尼亚	Slovenia	71.7	29	71.5	30	75.7	27	73.3	32	74.0	32
南非	South Africa	35.6	67	41.9	61	47.3	57	48.9	60	51.3	63
西班牙	Spain	72.0	28	73.1	28	74.6	29	78.3	25	80.0	27
斯里兰卡	Sri Lanka	15.0	81	17.3	81	20.5	81	23.9	80	27.7	80
瑞典	Sweden	99.2	2	98.4	2	99.7	2	95.9	5	92.8	9
瑞士	Switzerland	91.0	8	89.8	8	90.5	9	90.4	11	89.9	14
坦桑尼亚	Tanzania	2.3	95	1.8	96	1.5	98	1.3	99	1.3	99
泰国	Thailand	24.4	77	26.2	76	28.2	78	33.7	76	37.7	77
突尼斯	Tunisia	41.1	60	42.4	60	44.3	63	45.9	65	47.6	69
土耳其	Turkey	45.4	53	46.4	58	47.0	58	51.1	59	53.2	60
乌干达	Uganda	12.9	82	13.4	84	14.3	84	15.1	87	16.2	90
乌克兰	Ukraine	29.9	73	35.7	72	41.2	68	45.9	63	48.4	67
英国	United Kingdom	91.2	7	92.2	7	94.3	7	94.9	7	94.3	8
美国	United States	74.3	24	78.4	21	74.3	30	74.8	30	75.5	29
乌拉圭	Uruguay	54.4	41	56.5	46	59.4	47	62.4	47	64.9	48
越南	Vietnam	36.8	64	40.3	64	44.4	62	48.2	61	52.1	62

表 11　2011～2015 年世界各国三级指标千人手机用户数得分和排名

国家	Country	2011 年		2012 年		2013 年		2014 年		2015 年	
		排名	得分	排名	得分	排名	得分	排名	得分	排名	得分
阿尔巴尼亚	Albania	46.2	72	53.5	59	54.5	51	39.5	73	35.3	73
阿根廷	Argentina	74.6	11	81.3	10	83.0	4	61.5	20	56.1	17
亚美尼亚	Armenia	51.8	56	54.3	54	52.2	59	45.1	53	40.2	57
澳大利亚	Australia	49.7	64	50.4	69	48.8	67	53.3	36	48.9	31
奥地利	Austria	77.6	9	83.7	6	79.1	8	64.4	10	61.6	11
阿塞拜疆	Azerbaijan	52.7	50	52.4	63	49.3	65	42.4	65	37.8	64
白俄罗斯	Belarus	54.5	45	55.2	51	56.1	47	48.7	44	44.2	47
比利时	Belgium	54.7	44	53.9	57	51.3	61	44.3	57	40.1	60
玻利维亚	Bolivia	36.4	83	41.3	83	43.2	79	34.7	82	28.0	85
波黑	Bosnia and Herzegovina	37.4	82	39.5	84	39.2	85	31.9	86	26.9	87
博茨瓦纳	Botswana	72.8	13	79.7	12	81.8	5	72.6	4	67.6	5
巴西	Brazil	57.7	34	62.2	34	66.3	29	57.5	28	45.7	44
保加利亚	Bulgaria	71.1	14	76.2	14	72.3	20	53.9	33	47.1	39
布基纳法索	Burkina Faso	18.0	95	23.2	93	24.0	94	21.5	94	22.0	91
柬埔寨	Cambodia	43.9	76	64.3	28	65.4	32	54.1	32	49.0	30
加拿大	Canada	34.7	85	34.7	88	32.7	89	26.5	90	23.2	89
智利	Chile	63.3	23	69.5	23	65.7	31	54.4	31	47.2	38
中国	China	31.5	89	35.4	87	37.7	86	32.5	85	28.0	86
哥伦比亚	Colombia	46.1	73	48.8	72	47.1	74	43.6	59	40.1	59
哥斯达黎加	Costa Rica	40.2	79	54.3	53	72.8	18	59.2	25	58.2	14
克罗地亚	Croatia	57.4	36	56.4	49	50.8	63	39.0	76	34.0	76
塞浦路斯	Cyprus	45.8	74	46.1	75	42.4	81	34.7	83	29.6	83
捷克	Czech Republic	60.6	27	63.3	33	61.9	35	52.4	37	44.0	49
丹麦	Denmark	63.2	24	65.4	27	60.0	38	51.0	41	46.6	41
厄瓜多尔	Ecuador	47.4	68	50.7	67	48.1	70	38.7	77	21.6	92
埃及	Egypt，Arab Rep.	50.0	62	59.1	42	57.8	43	44.3	56	37.7	66
萨尔瓦多	El Salvador	65.5	19	69.7	22	70.3	22	60.2	24	55.4	19
爱沙尼亚	Estonia	69.2	18	80.3	11	75.1	15	62.2	16	57.1	15
埃塞俄比亚	Ethiopia	0.0	100	0.0	100	0.0	100	0.0	100	2.5	99
芬兰	Finland	84.0	3	90.9	3	67.1	28	57.8	27	50.3	28
法国	France	43.8	77	45.5	78	43.7	77	37.3	80	33.4	78
格鲁吉亚	Georgia	47.8	67	51.8	66	53.8	54	50.0	42	47.0	40
德国	Germany	52.5	51	54.1	56	57.5	45	47.5	48	40.6	56
加纳	Ghana	38.9	81	47.7	74	49.6	64	44.5	55	47.4	37

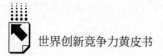

续表

国家	Country	2011 年		2012 年		2013 年		2014 年		2015 年	
		排名	得分	排名	得分	排名	得分	排名	得分	排名	得分
希腊	Greece	52.2	54	59.2	40	52.3	58	41.5	67	38.7	62
危地马拉	Guatemala	65.3	20	70.0	21	69.4	24	40.2	69	37.9	63
匈牙利	Hungary	56.6	37	56.8	48	54.7	49	46.3	49	41.8	53
印度	India	32.1	88	28.8	91	26.7	92	23.0	92	20.7	93
印度尼西亚	Indonesia	48.5	66	55.7	50	60.2	37	52.0	38	48.7	33
伊朗	Iran, Islamic Rep.	32.7	87	32.6	89	35.0	88	30.1	87	28.6	84
爱尔兰	Ireland	51.9	55	52.8	61	48.0	72	39.3	75	33.9	77
以色列	Israel	59.4	30	59.6	39	58.6	42	48.1	47	49.3	29
意大利	Italy	79.7	6	83.2	7	80.7	7	65.7	9	53.7	23
日本	Japan	49.5	65	53.7	58	54.6	50	48.5	45	45.7	45
约旦	Jordan	53.4	48	64.1	29	70.3	23	62.2	17	73.0	2
哈萨克斯坦	Kazakhstan	78.9	8	99.1	2	96.6	2	75.3	3	61.4	12
肯尼亚	Kenya	28.5	91	29.6	90	27.3	91	22.6	93	22.1	90
韩国	Korea, Rep.	51.4	57	52.8	62	51.4	60	45.0	54	41.5	54
科威特	Kuwait	79.5	7	81.5	9	100.0	1	100.0	1	100.0	1
吉尔吉斯斯坦	Kyrgyz Republic	56.2	40	61.7	37	57.8	44	55.1	30	48.9	32
拉脱维亚	Latvia	53.5	47	63.8	30	59.8	39	45.6	51	46.2	42
立陶宛	Lithuania	81.9	4	86.5	4	76.1	14	59.0	26	52.4	26
卢森堡	Luxembourg	74.1	12	74.5	16	74.5	17	63.1	11	57.0	16
马其顿	Macedonia, FYR	50.0	60	50.8	68	48.4	68	39.6	72	31.4	80
马达加斯加	Madagascar	13.6	97	10.3	97	5.9	98	5.1	98	3.2	98
马拉维	Malawi	5.5	99	4.1	99	3.1	99	1.0	99	0.0	100
马来西亚	Malaysia	62.5	25	72.1	20	72.0	21	62.7	15	54.7	21
马里	Mali	33.2	86	46.1	76	62.1	33	62.9	13	52.5	25
毛里求斯	Mauritius	49.8	63	59.1	43	58.9	41	53.9	34	53.0	24
墨西哥	Mexico	35.5	84	37.0	86	36.8	87	28.4	88	24.8	88
蒙古	Mongolia	50.9	59	59.6	38	45.5	76	39.3	74	34.6	75
摩洛哥	Morocco	55.0	43	59.2	41	62.1	34	53.6	35	45.9	43
莫桑比克	Mozambique	9.0	98	7.6	98	12.7	97	20.5	95	18.7	95
纳米比亚	Namibia	46.5	71	44.0	80	55.9	48	44.0	58	35.4	72
尼泊尔	Nepal	18.7	94	23.1	94	30.4	90	26.9	89	30.3	81
荷兰	Netherlands	57.7	35	57.9	45	54.5	52	45.4	52	44.2	48
新西兰	New Zealand	52.3	53	53.3	60	48.2	69	43.1	63	43.3	51

国家	Country	2011 年		2012 年		2013 年		2014 年		2015 年	
		排名	得分	排名	得分	排名	得分	排名	得分	排名	得分
挪威	Norway	56.0	41	56.8	47	52.5	57	43.4	60	37.8	65
阿曼	Oman	80.1	5	83.0	8	78.1	10	67.5	7	62.9	9
巴基斯坦	Pakistan	25.7	92	27.1	92	26.3	93	23.2	91	15.0	96
巴拿马	Panama	91.9	2	85.5	5	81.8	6	67.7	6	70.3	4
巴拉圭	Paraguay	46.7	69	48.0	73	46.9	75	39.6	71	34.8	74
秘鲁	Peru	52.5	52	45.8	77	43.4	78	38.5	78	37.1	69
菲律宾	Philippines	46.6	70	50.4	70	47.4	73	42.6	64	40.1	58
波兰	Poland	64.6	21	72.2	19	74.7	16	62.8	14	54.0	22
葡萄牙	Portugal	56.3	38	54.6	52	52.6	56	43.1	61	37.4	68
卡塔尔	Qatar	58.6	33	63.3	32	76.9	13	61.1	21	62.5	10
罗马尼亚	Romania	51.2	58	50.1	71	48.0	71	39.8	70	35.7	71
俄罗斯	Russian Federation	70.6	15	74.5	17	77.0	12	66.1	8	63.0	8
沙特阿拉伯	Saudi Arabia	100.0	1	100.0	1	96.3	3	79.2	2	71.5	3
塞内加尔	Senegal	30.4	90	37.1	85	40.3	84	36.0	81	32.0	79
塞尔维亚	Serbia	64.0	22	57.8	46	56.5	46	48.5	46	42.6	52
新加坡	Singapore	75.2	10	78.6	13	78.9	9	61.7	19	56.0	18
斯洛伐克	Slovak Republic	52.7	49	54.3	55	53.2	55	45.7	50	43.5	50
斯洛文尼亚	Slovenia	50.0	61	52.1	64	50.9	62	43.1	62	38.8	61
南非	South Africa	60.1	29	65.6	25	72.6	19	62.9	12	65.3	6
西班牙	Spain	54.4	46	52.1	65	48.8	66	40.9	68	36.2	70
斯里兰卡	Sri Lanka	40.1	80	42.0	81	41.9	82	38.3	79	37.5	67
瑞典	Sweden	59.0	32	61.9	36	60.3	36	51.5	40	47.7	35
瑞士	Switzerland	62.4	26	66.5	24	67.2	27	56.2	29	50.8	27
坦桑尼亚	Tanzania	22.1	93	21.0	95	17.5	95	16.7	96	19.6	94
泰国	Thailand	56.3	39	63.6	31	69.2	25	60.4	22	59.2	13
突尼斯	Tunisia	55.6	42	58.0	44	54.2	53	51.9	39	47.5	36
土耳其	Turkey	41.2	78	41.9	82	40.3	83	33.8	84	30.0	82
乌干达	Uganda	17.7	96	13.7	96	12.8	96	11.2	97	6.4	97
乌克兰	Ukraine	59.1	31	65.4	26	68.0	26	60.2	23	54.7	20
英国	United Kingdom	60.3	28	62.1	35	59.7	40	49.2	43	44.5	46
美国	United States	44.0	75	44.6	79	42.8	80	42.1	66	41.1	55
乌拉圭	Uruguay	69.8	17	75.6	15	78.1	11	69.2	5	63.1	7
越南	Vietnam	70.4	16	74.3	18	66.1	30	61.8	18	47.8	34

表 12   2011~2015 年世界各国三级指标企业税负占利润比重得分和排名

国家	Country	2011 年		2012 年		2013 年		2014 年		2015 年	
		排名	得分	排名	得分	排名	得分	排名	得分	排名	得分
阿尔巴尼亚	Albania	70.8	47	68.9	48	78.5	32	82.1	31	80.0	44
阿根廷	Argentina	5.2	99	0.0	100	0.0	100	0.0	100	0.0	100
亚美尼亚	Armenia	70.3	48	68.6	49	74.6	44	90.9	8	93.1	7
澳大利亚	Australia	62.2	75	60.2	75	64.4	73	69.7	72	71.3	73
奥地利	Austria	58.9	81	55.1	83	60.3	84	66.4	83	68.0	84
阿塞拜疆	Azerbaijan	69.2	53	67.4	53	71.1	55	75.6	54	77.4	56
白俄罗斯	Belarus	47.3	92	48.3	90	60.2	85	65.8	86	66.2	88
比利时	Belgium	52.4	87	49.3	88	54.8	90	61.2	91	62.7	91
玻利维亚	Bolivia	31.2	98	24.1	99	31.9	99	41.6	99	42.7	99
波黑	Bosnia and Herzegovina	84.7	14	83.8	14	86.8	12	88.4	15	90.5	14
博茨瓦纳	Botswana	88.6	6	82.0	16	84.0	17	87.0	18	89.1	19
巴西	Brazil	43.7	95	38.9	97	44.8	97	52.8	97	55.0	97
保加利亚	Bulgaria	81.3	22	79.6	22	82.5	20	85.5	22	87.6	21
布基纳法索	Burkina Faso	66.6	61	64.7	62	69.7	62	74.4	61	76.2	62
柬埔寨	Cambodia	85.7	13	84.4	13	87.9	10	90.1	11	92.3	10
加拿大	Canada	87.5	8	87.3	8	88.8	8	90.1	12	92.2	11
智利	Chile	83.9	16	79.7	21	81.9	21	84.8	23	86.1	25
中国	China	44.1	94	39.9	95	45.3	96	53.4	95	55.3	96
哥伦比亚	Colombia	34.6	97	31.5	98	38.7	98	46.6	98	53.8	98
哥斯达黎加	Costa Rica	51.8	89	48.9	89	54.8	90	61.3	89	62.9	90
克罗地亚	Croatia	86.9	9	86.2	9	89.4	7	92.2	7	93.1	7
塞浦路斯	Cyprus	86.2	11	85.2	12	86.5	13	88.5	14	89.5	16
捷克	Czech Republic	59.7	79	57.4	79	62.0	82	67.4	80	69.0	82
丹麦	Denmark	82.1	20	80.4	20	83.1	19	86.3	19	89.5	16
厄瓜多尔	Ecuador	74.5	38	73.0	37	76.5	39	81.0	36	83.0	35
埃及	Egypt, Arab Rep.	65.2	66	64.2	64	70.4	58	71.7	70	73.3	70
萨尔瓦多	El Salvador	74.1	40	72.6	40	72.1	50	76.4	51	78.2	52
爱沙尼亚	Estonia	52.3	88	40.7	93	62.2	80	68.2	79	69.8	79
埃塞俄比亚	Ethiopia	78.4	28	73.0	37	78.4	33	78.1	45	79.0	49
芬兰	Finland	70.0	49	66.8	57	71.0	56	75.4	56	78.9	50
法国	France	44.8	93	40.0	94	46.4	95	53.0	96	59.2	94
格鲁吉亚	Georgia	91.5	5	90.9	5	92.0	5	93.7	5	96.0	5
德国	Germany	63.9	71	61.5	73	62.8	77	68.6	75	70.3	76
加纳	Ghana	75.9	31	74.6	30	77.4	35	81.1	35	83.1	34

国家	Country	2011 年		2012 年		2013 年		2014 年		2015 年	
		排名	得分	排名	得分	排名	得分	排名	得分	排名	得分
希腊	Greece	63.6	72	63.3	67	67.3	69	67.2	82	69.7	80
危地马拉	Guatemala	68.3	57	66.5	59	70.1	61	75.5	55	79.3	48
匈牙利	Hungary	57.8	83	57.6	78	62.6	78	69.2	73	70.6	75
印度	India	47.7	90	45.0	91	52.3	92	59.5	92	61.0	93
印度尼西亚	Indonesia	79.9	24	78.7	24	78.6	30	82.1	31	85.4	30
伊朗	Iran, Islamic Rep.	65.3	65	63.3	67	67.2	70	72.3	68	74.0	69
爱尔兰	Ireland	82.9	18	81.8	17	83.6	18	86.3	19	88.4	20
以色列	Israel	81.7	21	81.8	17	80.8	24	85.7	21	86.9	22
意大利	Italy	43.0	96	39.9	95	48.0	94	55.9	94	57.6	95
日本	Japan	61.9	76	58.9	76	62.1	81	67.4	80	69.0	82
约旦	Jordan	80.4	23	78.8	23	80.6	27	84.0	27	85.6	28
哈萨克斯坦	Kazakhstan	79.6	26	78.4	25	80.8	24	84.0	25	85.8	27
肯尼亚	Kenya	60.7	77	63.7	66	73.2	49	77.7	46	79.6	45
韩国	Korea, Rep.	74.8	36	73.4	35	76.9	37	80.7	37	82.7	37
科威特	Kuwait	97.0	2	95.0	3	95.5	3	96.5	3	98.7	2
吉尔吉斯斯坦	Kyrgyz Republic	75.4	34	74.0	33	80.7	26	84.0	27	86.0	26
拉脱维亚	Latvia	72.0	43	71.6	44	75.4	42	79.3	41	80.5	42
立陶宛	Lithuania	66.2	62	64.4	63	68.3	66	73.6	64	75.2	65
卢森堡	Luxembourg	88.3	7	87.4	7	88.4	9	90.5	9	92.6	9
马其顿	Macedonia, FYR	100.0	1	100.0	1	100.0	1	100.0	1	98.7	2
马达加斯加	Madagascar	68.0	58	67.6	52	71.9	51	76.9	49	78.8	51
马拉维	Malawi	79.6	26	75.0	29	76.7	38	79.2	43	81.6	40
马来西亚	Malaysia	74.8	36	72.8	39	71.7	52	76.0	53	77.3	57
马里	Mali	58.6	82	56.3	81	63.5	74	69.0	74	70.7	74
毛里求斯	Mauritius	82.6	19	80.5	19	84.7	15	88.1	16	91.9	13
墨西哥	Mexico	57.1	85	54.9	84	60.4	83	66.3	84	67.9	86
蒙古	Mongolia	83.7	17	82.5	15	84.7	15	87.3	17	89.4	18
摩洛哥	Morocco	60.0	78	57.7	77	63.0	76	68.5	77	70.1	77
莫桑比克	Mozambique	72.0	43	70.4	45	74.4	46	78.5	44	80.4	43
纳米比亚	Namibia	86.4	10	85.6	10	87.7	11	90.4	10	92.1	12
尼泊尔	Nepal	77.2	29	75.9	27	80.3	29	83.6	29	85.6	28
荷兰	Netherlands	69.5	51	68.2	51	71.3	53	76.2	52	76.5	60
新西兰	New Zealand	74.5	38	73.4	35	75.9	40	79.8	40	81.8	39

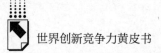

续表

国家	Country	2011 年		2012 年		2013 年		2014 年		2015 年	
		排名	得分	排名	得分	排名	得分	排名	得分	排名	得分
挪威	Norway	68.5	56	66.7	58	70.3	59	75.1	58	77.7	54
阿曼	Oman	86.2	11	85.4	11	86.1	14	88.7	13	90.4	15
巴基斯坦	Pakistan	70.0	49	68.3	50	77.7	34	81.2	34	82.9	36
巴拿马	Panama	65.7	64	66.9	56	73.6	48	77.6	47	79.5	46
巴拉圭	Paraguay	73.9	41	72.4	41	75.4	42	79.3	41	81.2	41
秘鲁	Peru	71.4	45	70.0	46	74.5	45	77.5	48	79.4	47
菲律宾	Philippines	64.9	67	62.9	70	68.7	65	73.5	65	75.0	66
波兰	Poland	69.1	54	67.1	55	70.8	57	75.4	56	77.0	58
葡萄牙	Portugal	66.7	60	65.5	60	68.8	64	73.7	63	76.6	59
卡塔尔	Qatar	96.4	3	96.1	2	96.5	2	97.7	2	100.0	1
罗马尼亚	Romania	65.8	63	64.1	65	68.0	67	73.0	66	75.7	64
俄罗斯	Russian Federation	62.6	74	53.3	85	63.1	75	68.6	76	71.7	71
沙特阿拉伯	Saudi Arabia	93.2	4	92.7	4	93.6	4	95.1	4	97.1	4
塞内加尔	Senegal	63.9	70	61.9	72	66.2	72	71.5	71	71.5	72
塞尔维亚	Serbia	75.5	33	74.1	32	77.0	36	76.5	50	77.5	55
新加坡	Singapore	84.5	15	89.0	6	90.0	6	92.5	6	94.7	6
斯洛伐克	Slovak Republic	59.5	80	57.2	80	62.6	78	66.3	84	68.0	84
斯洛文尼亚	Slovenia	75.9	31	74.5	31	78.6	30	82.4	30	84.4	31
南非	South Africa	76.9	30	75.4	28	81.0	23	84.0	25	86.1	23
西班牙	Spain	71.2	46	69.5	47	55.6	89	61.3	89	69.4	81
斯里兰卡	Sri Lanka	0.0	100	52.1	86	55.7	88	63.5	88	65.2	89
瑞典	Sweden	57.7	84	55.3	82	60.1	86	68.4	78	70.1	77
瑞士	Switzerland	79.7	25	78.0	26	81.3	22	84.1	24	86.1	23
坦桑尼亚	Tanzania	64.5	69	62.5	71	67.1	71	72.1	69	74.2	67
泰国	Thailand	64.8	68	63.0	69	80.5	28	81.8	33	83.1	33
突尼斯	Tunisia	47.5	91	44.7	92	50.9	93	57.8	93	61.3	92
土耳其	Turkey	69.0	55	67.2	54	71.2	54	75.1	59	76.4	61
乌干达	Uganda	75.3	35	73.9	34	74.0	47	80.5	38	82.4	38
乌克兰	Ukraine	52.9	86	52.0	87	58.0	87	65.6	87	67.6	87
英国	United Kingdom	72.8	42	72.4	41	75.6	41	80.5	38	83.6	32
美国	United States	63.1	73	61.0	74	67.5	68	72.5	67	74.2	67
乌拉圭	Uruguay	67.4	59	65.5	60	69.3	63	74.1	62	75.9	63
越南	Vietnam	69.3	52	72.1	43	70.2	60	74.8	60	77.8	53

表13 2011~2015年世界各国三级指标在线公共服务指数得分和排名

国家	Country	2011年		2012年		2013年		2014年		2015年	
		排名	得分	排名	得分	排名	得分	排名	得分	排名	得分
阿尔巴尼亚	Albania	28.5	75	29.0	76	31.4	70	36.4	65	57.3	61
阿根廷	Argentina	40.2	47	41.9	54	44.1	53	48.2	52	69.5	40
亚美尼亚	Armenia	15.3	92	16.9	91	35.5	64	55.5	41	39.7	85
澳大利亚	Australia	79.0	7	83.1	9	87.7	9	91.8	7	97.7	2
奥地利	Austria	56.0	24	68.5	24	69.4	22	70.9	21	90.8	11
阿塞拜疆	Azerbaijan	25.9	81	21.8	85	26.8	78	34.5	68	66.4	44
白俄罗斯	Belarus	27.2	80	27.4	80	22.8	79	21.8	79	45.8	76
比利时	Belgium	58.9	23	56.5	37	59.0	31	62.7	29	69.5	40
玻利维亚	Bolivia	27.4	79	27.4	80	27.2	77	30.0	72	46.6	75
波黑	Bosnia and Herzegovina	23.6	84	22.6	84	18.0	88	17.3	88	42.0	82
博茨瓦纳	Botswana	18.5	87	21.0	88	18.6	87	20.0	84	24.4	93
巴西	Brazil	45.8	37	59.7	30	55.8	36	53.6	46	71.8	34
保加利亚	Bulgaria	37.8	55	37.1	63	22.3	80	11.8	93	54.2	67
布基纳法索	Burkina Faso	12.3	96	12.9	96	14.2	94	19.1	86	14.5	98
柬埔寨	Cambodia	5.3	99	0.0	100	0.0	100	4.5	95	0.0	100
加拿大	Canada	87.1	3	86.3	6	88.3	8	90.0	9	95.4	4
智利	Chile	63.9	19	69.4	22	74.1	17	79.1	14	76.3	25
中国	China	37.7	56	41.9	54	47.4	48	54.5	44	75.6	28
哥伦比亚	Colombia	74.8	10	80.6	14	77.8	13	75.5	15	77.9	24
哥斯达黎加	Costa Rica	32.2	63	37.9	60	45.9	50	55.5	41	61.8	51
克罗地亚	Croatia	47.0	35	55.6	38	45.6	51	38.2	63	73.3	30
塞浦路斯	Cyprus	39.7	48	46.0	47	41.2	56	39.1	61	51.1	71
捷克	Czech Republic	43.3	44	43.5	49	33.7	67	27.3	75	45.0	78
丹麦	Denmark	73.4	12	82.3	11	70.9	21	60.9	33	76.3	25
厄瓜多尔	Ecuador	30.7	66	33.1	70	35.3	65	40.0	59	61.1	53
埃及	Egypt, Arab Rep.	50.9	29	50.8	39	50.9	43	52.7	48	44.3	79
萨尔瓦多	El Salvador	49.0	32	59.7	30	51.1	40	46.4	55	45.8	76
爱沙尼亚	Estonia	61.8	20	78.2	16	75.6	16	73.6	16	88.5	13
埃塞俄比亚	Ethiopia	24.8	82	34.7	66	34.6	66	37.3	64	50.4	72
芬兰	Finland	63.9	18	85.5	7	79.2	12	73.6	16	93.9	5
法国	France	75.0	9	84.7	8	92.9	5	100.0	1	93.9	5
格鲁吉亚	Georgia	34.9	60	50.8	39	51.4	42	53.6	46	61.8	51
德国	Germany	60.5	22	69.4	22	64.9	25	61.8	32	83.2	20
加纳	Ghana	12.3	95	13.7	94	15.5	92	20.9	82	42.0	82

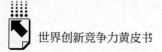

续表

国家	Country	2011 年		2012 年		2013 年		2014 年		2015 年	
		排名	得分	排名	得分	排名	得分	排名	得分	排名	得分
希腊	Greece	39.5	50	47.6	44	50.2	44	54.5	44	55.7	64
危地马拉	Guatemala	30.6	67	33.9	67	15.4	93	1.8	98	64.9	47
匈牙利	Hungary	54.3	25	61.3	29	54.2	37	49.1	50	61.1	53
印度	India	38.0	54	42.7	51	44.0	54	47.3	53	73.3	30
印度尼西亚	Indonesia	28.8	74	37.9	60	30.5	72	26.4	78	32.8	89
伊朗	Iran, Islamic Rep.	29.7	71	37.1	63	30.5	71	27.3	75	29.8	90
爱尔兰	Ireland	45.4	40	42.7	51	52.2	39	62.7	29	71.0	36
以色列	Israel	68.0	14	81.5	13	83.5	10	85.5	11	85.5	17
意大利	Italy	35.8	58	47.6	44	58.9	32	70.9	21	86.3	16
日本	Japan	73.7	11	83.1	9	88.7	7	93.6	4	87.0	14
约旦	Jordan	39.2	52	25.0	82	33.7	68	44.5	56	42.7	80
哈萨克斯坦	Kazakhstan	61.1	21	73.4	19	71.8	20	70.9	21	75.6	28
肯尼亚	Kenya	24.8	83	29.8	74	30.3	73	33.6	69	53.4	68
韩国	Korea, Rep.	100.0	1	100.0	1	99.0	2	97.3	3	93.9	5
科威特	Kuwait	45.8	36	48.4	43	48.7	46	50.9	49	63.4	49
吉尔吉斯斯坦	Kyrgyz Republic	28.9	73	29.0	76	20.7	81	16.4	89	39.7	85
拉脱维亚	Latvia	43.7	43	49.2	41	56.8	35	65.5	26	58.8	56
立陶宛	Lithuania	53.7	26	62.9	27	67.0	24	71.8	19	81.7	21
卢森堡	Luxembourg	48.0	33	62.9	27	58.8	33	56.4	40	70.2	37
马其顿	Macedonia, FYR	30.5	68	32.3	73	20.4	82	12.7	91	58.8	56
马达加斯加	Madagascar	14.4	93	16.1	92	12.4	95	12.7	91	18.3	95
马拉维	Malawi	0.0	100	3.2	99	1.6	99	4.5	95	17.6	96
马来西亚	Malaysia	67.3	15	74.2	18	67.8	23	62.7	29	70.2	37
马里	Mali	15.4	91	16.1	92	5.6	96	0.0	100	4.6	99
毛里求斯	Mauritius	28.0	77	29.8	74	33.2	69	39.1	61	68.7	42
墨西哥	Mexico	53.3	27	66.9	26	63.3	28	60.9	33	84.0	18
蒙古	Mongolia	51.6	28	49.2	41	51.5	41	55.5	41	48.9	73
摩洛哥	Morocco	31.0	65	43.5	49	53.6	38	64.5	28	72.5	33
莫桑比克	Mozambique	17.3	88	21.8	85	19.5	86	20.9	82	16.0	97
纳米比亚	Namibia	7.7	98	13.7	94	16.0	91	21.8	79	24.4	93
尼泊尔	Nepal	12.7	94	12.1	98	5.1	97	2.7	97	36.6	87
荷兰	Netherlands	79.7	6	95.2	5	93.7	4	91.8	7	92.4	9
新西兰	New Zealand	67.3	16	73.4	19	77.6	14	81.8	13	93.9	5

续表

国家	Country	2011 年		2012 年		2013 年		2014 年		2015 年	
		排名	得分	排名	得分	排名	得分	排名	得分	排名	得分
挪威	Norway	77.0	8	82.3	11	76.7	15	71.8	19	79.4	23
阿曼	Oman	45.4	39	58.9	33	63.6	27	69.1	24	57.3	61
巴基斯坦	Pakistan	21.6	86	21.8	85	20.0	84	21.8	79	29.0	92
巴拿马	Panama	29.1	72	33.9	67	28.9	76	27.3	75	29.8	90
巴拉圭	Paraguay	27.7	78	33.1	70	19.8	85	10.9	94	58.0	58
秘鲁	Peru	39.3	51	40.3	56	48.1	47	57.3	39	61.1	53
菲律宾	Philippines	37.3	57	37.9	60	37.7	60	40.0	59	64.9	47
波兰	Poland	39.1	53	42.7	51	44.0	54	47.3	53	68.7	42
葡萄牙	Portugal	45.8	38	57.3	36	57.0	34	58.2	37	73.3	30
卡塔尔	Qatar	44.5	42	67.7	25	63.2	29	60.0	35	65.6	45
罗马尼亚	Romania	39.6	49	40.3	56	36.5	62	35.5	66	42.7	80
俄罗斯	Russian Federation	42.9	45	58.1	35	61.7	30	66.4	25	71.8	34
沙特阿拉伯	Saudi Arabia	49.6	31	75.0	17	74.0	18	73.6	16	65.6	45
塞内加尔	Senegal	16.5	90	19.4	90	17.8	89	20.0	84	34.4	88
塞尔维亚	Serbia	32.0	64	47.6	44	37.2	61	30.0	72	80.9	22
新加坡	Singapore	82.2	5	100.0	1	100.0	1	99.1	2	96.9	3
斯洛伐克	Slovak Republic	34.9	59	38.7	59	38.6	59	40.9	58	41.2	84
斯洛文尼亚	Slovenia	47.2	34	58.9	33	44.7	52	33.6	69	84.0	18
南非	South Africa	30.2	70	33.1	70	29.5	74	29.1	74	53.4	68
西班牙	Spain	73.0	13	70.2	21	82.3	11	93.6	4	90.8	11
斯里兰卡	Sri Lanka	23.1	85	23.4	83	41.1	57	60.0	35	63.4	49
瑞典	Sweden	64.4	17	80.6	14	72.5	19	65.5	26	87.0	14
瑞士	Switzerland	50.1	30	59.7	30	50.0	45	42.7	57	58.0	58
坦桑尼亚	Tanzania	16.7	89	20.2	89	17.8	90	19.1	86	55.0	65
泰国	Thailand	34.6	61	39.5	58	36.1	63	35.5	66	52.7	70
突尼斯	Tunisia	41.2	46	35.5	65	46.2	49	58.2	37	70.2	37
土耳其	Turkey	32.7	62	33.9	67	40.5	58	49.1	50	58.0	58
乌干达	Uganda	9.3	97	12.9	96	5.0	98	1.8	98	47.3	74
乌克兰	Ukraine	30.5	69	29.0	76	20.2	83	15.5	90	56.5	63
英国	United Kingdom	85.8	4	96.8	4	92.6	6	88.2	10	100.0	1
美国	United States	96.4	2	100.0	1	97.1	3	93.6	4	92.4	9
乌拉圭	Uruguay	45.1	41	44.4	48	63.6	26	82.7	12	76.3	25
越南	Vietnam	28.2	76	29.0	76	29.4	75	32.7	71	55.0	65

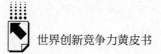
表 14　2011～2015 年世界各国三级指标研发经费支出总额得分和排名

国家	Country	2011 年		2012 年		2013 年		2014 年		2015 年	
		排名	得分	排名	得分	排名	得分	排名	得分	排名	得分
阿尔巴尼亚	Albania	0.0	96	0.0	96	0.0	96	0.0	95	0.0	95
阿根廷	Argentina	1.1	30	1.2	30	1.2	31	1.1	32	1.1	33
亚美尼亚	Armenia	0.0	86	0.0	87	0.0	87	0.0	89	0.0	90
澳大利亚	Australia	4.9	13	4.9	13	5.0	13	4.5	13	4.0	14
奥地利	Austria	2.3	20	2.6	20	2.6	20	2.7	19	2.7	20
阿塞拜疆	Azerbaijan	0.1	67	0.1	68	0.1	70	0.1	71	0.1	71
白俄罗斯	Belarus	0.3	50	0.2	52	0.2	53	0.2	57	0.2	58
比利时	Belgium	2.3	21	2.5	21	2.6	21	2.6	22	2.5	21
玻利维亚	Bolivia	0.0	85	0.0	84	0.0	85	0.0	85	0.0	85
波黑	Bosnia and Herzegovina	0.0	83	0.0	82	0.0	83	0.0	84	0.0	86
博茨瓦纳	Botswana	0.0	84	0.0	85	0.0	80	0.0	79	0.0	80
巴西	Brazil	8.0	10	7.9	10	8.5	9	8.1	10	5.7	11
保加利亚	Bulgaria	0.1	62	0.2	59	0.2	59	0.2	54	0.2	56
布基纳法索	Burkina Faso										
柬埔寨	Cambodia	0.0	89	0.0	88	0.0	86	0.0	88	0.0	91
加拿大	Canada	6.0	12	5.9	12	5.7	12	5.4	12	4.5	12
智利	Chile	0.3	48	0.3	48	0.3	50	0.3	49	0.3	49
中国	China	58.0	2	65.6	2	72.6	2	77.3	2	82.4	2
哥伦比亚	Colombia	0.3	51	0.3	50	0.4	47	0.3	47	0.3	50
哥斯达黎加	Costa Rica	0.1	68	0.1	66	0.1	69	0.1	68	0.1	69
克罗地亚	Croatia	0.2	59	0.2	60	0.2	60	0.2	63	0.2	61
塞浦路斯	Cyprus	0.0	81	0.0	81	0.0	82	0.0	82	0.0	81
捷克	Czech Republic	1.1	29	1.2	28	1.3	28	1.4	28	1.4	29
丹麦	Denmark	1.7	25	1.7	26	1.7	26	1.6	26	1.7	26
厄瓜多尔	Ecuador	0.1	64	0.1	64	0.1	65	0.2	60	0.2	62
埃及	Egypt, Arab Rep.	1.1	32	1.0	32	1.3	29	1.3	29	1.5	27
萨尔瓦多	El Salvador	0.0	95	0.0	95	0.0	93	0.0	93	0.0	89
爱沙尼亚	Estonia	0.2	56	0.2	58	0.1	66	0.1	67	0.1	66
埃塞俄比亚	Ethiopia	0.1	75	0.1	69	0.2	58	0.2	56	0.2	54
芬兰	Finland	1.9	24	1.7	25	1.6	27	1.5	27	1.4	30
法国	France	13.0	6	12.8	6	13.2	6	12.9	6	12.7	6
格鲁吉亚	Georgia	0.0	94	0.0	94	0.0	95	0.0	90	0.0	84
德国	Germany	22.4	4	22.6	4	22.5	4	23.2	4	23.1	4
加纳	Ghana	0.1	66	0.1	67	0.1	68	0.1	73	0.1	74

续表

国家	Country	2011 年		2012 年		2013 年		2014 年		2015 年	
		排名	得分	排名	得分	排名	得分	排名	得分	排名	得分
希腊	Greece	0.5	42	0.4	42	0.5	41	0.5	41	0.5	40
危地马拉	Guatemala	0.0	88	0.0	89	0.0	89	0.0	91	0.0	92
匈牙利	Hungary	0.6	39	0.7	39	0.7	38	0.7	37	0.7	38
印度	India	11.3	7	10.9	7	10.7	7	11.2	7	10.1	7
印度尼西亚	Indonesia	0.5	41	0.5	41	0.5	42	0.4	42	0.4	45
伊朗	Iran, Islamic Rep.	0.9	34	0.9	33	0.8	36	0.6	38	0.6	39
爱尔兰	Ireland	0.7	37	0.7	37	0.7	37	0.7	36	0.8	36
以色列	Israel	2.3	22	2.4	22	2.6	22	2.7	20	2.7	19
意大利	Italy	6.1	11	6.2	11	6.3	11	6.5	11	6.2	10
日本	Japan	35.0	3	34.5	3	36.0	3	35.8	3	34.4	3
约旦	Jordan										
哈萨克斯坦	Kazakhstan	0.1	63	0.1	62	0.2	63	0.1	64	0.1	64
肯尼亚	Kenya	0.2	53	0.2	53	0.2	54	0.3	53	0.3	52
韩国	Korea, Rep.	13.8	5	14.7	5	15.0	5	15.4	5	15.1	5
科威特	Kuwait	0.1	73	0.1	75	0.2	56	0.2	61	0.1	67
吉尔吉斯斯坦	Kyrgyz Republic	0.0	93	0.0	93	0.0	94	0.0	94	0.0	94
拉脱维亚	Latvia	0.1	69	0.1	72	0.1	74	0.1	74	0.1	75
立陶宛	Lithuania	0.1	61	0.1	61	0.2	61	0.2	58	0.2	57
卢森堡	Luxembourg	0.2	57	0.1	63	0.1	64	0.1	65	0.2	63
马其顿	Macedonia, FYR	0.0	87	0.0	83	0.0	84	0.0	83	0.0	83
马达加斯加	Madagascar	0.0	90	0.0	91	0.0	91	0.0	96	0.0	96
马拉维	Malawi	0.0	97	0.0	97	0.0	97	0.0	97	0.0	97
马来西亚	Malaysia	1.5	26	1.6	27	1.8	24	2.0	24	2.1	23
马里	Mali	0.0	77	0.0	77	0.0	78	0.0	78	0.0	79
毛里求斯	Mauritius	0.1	74	0.1	71	0.1	71	0.1	75	0.1	72
墨西哥	Mexico	0.9	35	0.8	36	0.9	34	0.9	34	0.7	37
蒙古	Mongolia										
摩洛哥	Morocco	0.3	45	0.4	45	0.4	43	0.4	44	0.4	44
莫桑比克	Mozambique	0.3	46	0.4	46	0.4	45	0.4	45	0.3	48
纳米比亚	Namibia	0.0	91	0.0	92	0.0	92	0.0	86	0.0	88
尼泊尔	Nepal	0.0	78	0.0	78	0.0	79	0.0	80	0.0	78
荷兰	Netherlands	3.4	15	3.4	15	3.5	15	3.5	15	3.4	15
新西兰	New Zealand	0.4	44	0.4	44	0.4	44	0.4	43	0.3	47

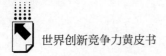

续表

国家	Country	2011 年		2012 年		2013 年		2014 年		2015 年	
		排名	得分	排名	得分	排名	得分	排名	得分	排名	得分
挪威	Norway	1.2	28	1.2	29	1.2	30	1.2	30	1.3	32
阿曼	Oman	0.0	79	0.1	70	0.1	75	0.1	70	0.1	70
巴基斯坦	Pakistan	0.6	40	0.6	40	0.5	40	0.5	40	0.5	41
巴拿马	Panama	0.0	82	0.0	86	0.0	90	0.0	92	0.0	93
巴拉圭	Paraguay	0.0	92	0.0	90	0.0	88	0.0	87	0.0	87
秘鲁	Peru	0.1	71	0.0	79	0.1	73	0.1	69	0.1	68
菲律宾	Philippines	0.1	60	0.2	57	0.2	55	0.2	55	0.2	55
波兰	Poland	1.5	27	1.8	24	1.8	25	1.9	25	2.0	24
葡萄牙	Portugal	1.0	33	0.9	35	0.8	35	0.8	35	0.8	35
卡塔尔	Qatar	0.3	49	0.3	49	0.3	51	0.3	51	0.2	53
罗马尼亚	Romania	0.4	43	0.4	43	0.3	49	0.3	48	0.4	43
俄罗斯	Russian Federation	8.2	9	8.5	9	8.0	10	8.4	9	8.2	9
沙特阿拉伯	Saudi Arabia	2.9	18	2.9	18	2.7	19	2.7	21	2.2	22
塞内加尔	Senegal	0.0	80	0.0	80	0.0	81	0.0	81	0.0	82
塞尔维亚	Serbia	0.2	58	0.2	54	0.2	62	0.2	62	0.2	59
新加坡	Singapore	2.0	23	1.9	23	1.9	23	2.1	23	1.9	25
斯洛伐克	Slovak Republic	0.2	52	0.3	51	0.3	52	0.3	52	0.4	46
斯洛文尼亚	Slovenia	0.3	47	0.3	47	0.3	48	0.3	50	0.3	51
南非	South Africa	1.1	31	1.1	31	1.1	32	1.0	33	0.9	34
西班牙	Spain	4.7	14	4.4	14	4.2	14	4.1	14	4.0	13
斯里兰卡	Sri Lanka	0.1	70	0.1	74	0.0	76	0.0	77	0.0	77
瑞典	Sweden	3.1	17	3.1	16	3.2	16	3.0	18	3.1	16
瑞士	Switzerland	3.3	16	3.1	17	3.1	17	3.0	17	2.8	18
坦桑尼亚	Tanzania	0.1	65	0.1	65	0.1	67	0.1	66	0.1	65
泰国	Thailand	0.8	36	0.9	34	1.0	33	1.1	31	1.4	28
突尼斯	Tunisia	0.2	55	0.2	55	0.2	57	0.2	59	0.2	60
土耳其	Turkey	2.7	19	2.9	19	3.0	18	3.2	16	2.8	17
乌干达	Uganda	0.1	72	0.1	73	0.1	72	0.1	72	0.1	73
乌克兰	Ukraine	0.7	38	0.7	38	0.7	39	0.5	39	0.4	42
英国	United Kingdom	9.1	8	8.7	8	9.1	8	9.3	8	9.4	8
美国	United States	100.0	1	100.0	1	100.0	1	100.0	1	100.0	1
乌拉圭	Uruguay	0.0	76	0.0	76	0.0	77	0.1	76	0.0	76
越南	Vietnam	0.2	54	0.2	56	0.4	46	0.4	46	1.3	31

表 15　2011～2015 年世界各国三级指标研发人员总量得分和排名

国家	Country	2011 年		2012 年		2013 年		2014 年		2015 年	
		排名	得分	排名	得分	排名	得分	排名	得分	排名	得分
阿尔巴尼亚	Albania										
阿根廷	Argentina	3.7	22	3.6	23	3.4	25	3.4	25	3.2	27
亚美尼亚	Armenia										
澳大利亚	Australia	7.7	14	7.4	14	7.1	14	7.0	14	6.7	14
奥地利	Austria	2.8	31	2.8	30	2.7	28	2.7	28	2.6	29
阿塞拜疆	Azerbaijan										
白俄罗斯	Belarus										
比利时	Belgium	3.2	26	3.3	25	3.1	27	3.1	26	3.4	25
玻利维亚	Bolivia	0.1	68	0.1	68	0.1	67	0.1	67	0.1	69
波黑	Bosnia and Herzegovina	0.0	79	0.0	81	0.0	78	0.1	76	0.1	72
博茨瓦纳	Botswana	0.0	87	0.0	87	0.0	87	0.0	87	0.0	87
巴西	Brazil	10.6	11	10.1	11	9.6	11	9.5	11	9.0	11
保加利亚	Bulgaria	0.9	47	0.8	48	0.8	50	0.9	48	0.9	49
布基纳法索	Burkina Faso	0.0	77	0.0	78	0.0	79	0.0	79	0.0	80
柬埔寨	Cambodia	0.0	82	0.0	83	0.0	84	0.0	84	0.0	84
加拿大	Canada	12.5	10	11.5	10	10.7	10	10.6	10	10.0	10
智利	Chile	0.4	56	0.5	55	0.4	55	0.5	54	0.5	53
中国	China	100.0	1	100.0	1	100.0	1	100.0	1	100.0	1
哥伦比亚	Colombia	0.6	53	0.5	54	0.4	57	0.4	57	0.3	57
哥斯达黎加	Costa Rica	0.1	66	0.1	69	0.1	68	0.2	63	0.2	64
克罗地亚	Croatia	0.5	54	0.5	56	0.4	54	0.4	56	0.4	56
塞浦路斯	Cyprus	0.1	71	0.1	73	0.1	72	0.1	72	0.1	75
捷克	Czech Republic	2.3	35	2.4	34	2.3	34	2.4	34	2.4	32
丹麦	Denmark	3.0	30	2.8	29	2.7	29	2.7	29	2.6	30
厄瓜多尔	Ecuador	0.2	62	0.3	59	0.4	56	0.4	55	0.4	55
埃及	Egypt, Arab Rep.	3.1	27	3.2	26	3.2	26	4.0	22	3.8	21
萨尔瓦多	El Salvador	0.0	85	0.0	86	0.0	86	0.0	86	0.0	86
爱沙尼亚	Estonia	0.3	58	0.3	58	0.3	59	0.3	60	0.3	61
埃塞俄比亚	Ethiopia	0.3	60	0.3	61	0.3	60	0.3	59	0.3	60
芬兰	Finland	3.0	28	2.9	28	2.6	30	2.5	30	2.3	33
法国	France	19.6	7	19.1	7	18.6	7	18.2	8	17.2	9
格鲁吉亚	Georgia	0.1	63	0.1	65	0.1	65	0.3	61	0.3	59
德国	Germany	25.7	5	25.2	5	24.0	5	23.3	5	22.4	5
加纳	Ghana	0.1	74	0.1	76	0.1	75	0.1	74	0.1	77

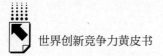

续表

国家	Country	2011 年		2012 年		2013 年		2014 年		2015 年	
		排名	得分	排名	得分	排名	得分	排名	得分	排名	得分
希腊	Greece	1.9	39	1.8	39	2.0	37	1.9	38	2.1	37
危地马拉	Guatemala	0.0	86	0.0	85	0.0	85	0.0	85	0.0	85
匈牙利	Hungary	1.7	40	1.7	40	1.7	40	1.7	40	1.6	40
印度	India	14.9	9	14.1	9	13.5	9	13.4	9	17.5	8
印度尼西亚	Indonesia	—									
伊朗	Iran, Islamic Rep.	4.2	21	3.8	21	3.6	22	3.5	24	3.4	26
爱尔兰	Ireland	1.1	46	1.1	45	1.1	46	1.3	42	1.3	42
以色列	Israel	4.3	20	4.7	18	4.5	18	4.5	18	4.3	18
意大利	Italy	8.0	13	7.9	13	7.9	13	7.9	13	7.6	13
日本	Japan	50.2	3	46.3	3	44.8	3	45.1	3	41.2	3
约旦	Jordan	0.1	65	0.1	64	0.1	64	0.1	66	0.1	65
哈萨克斯坦	Kazakhstan	0.5	55	0.7	49	0.8	48	0.8	50	0.8	50
肯尼亚	Kenya	0.7	49	0.7	50	0.7	51	0.7	51	0.6	51
韩国	Korea, Rep.	22.2	6	22.7	6	21.9	6	22.9	6	22.2	6
科威特	Kuwait	0.0	84	0.0	84	0.0	83	0.0	83	0.0	83
吉尔吉斯斯坦	Kyrgyz Republic										
拉脱维亚	Latvia	0.3	59	0.3	60	0.2	61	0.2	62	0.2	62
立陶宛	Lithuania	0.6	51	0.6	53	0.6	53	0.6	52	0.5	52
卢森堡	Luxembourg	0.2	61	0.2	62	0.2	62	0.2	64	0.2	63
马其顿	Macedonia, FYR	0.1	76	0.1	71	0.1	69	0.1	68	0.1	68
马达加斯加	Madagascar	0.1	73	0.1	74	0.1	73	0.1	73	0.1	73
马拉维	Malawi	0.0	78	0.0	79	0.0	80	0.0	80	0.0	81
马来西亚	Malaysia	3.5	24	3.7	22	3.5	24	4.0	23	4.2	20
马里	Mali	0.0	81	0.0	82	0.0	82	0.0	82	0.0	82
毛里求斯	Mauritius	0.0	90	0.0	89	0.0	89	0.0	89	0.0	89
墨西哥	Mexico	3.0	29	2.1	35	2.0	36	2.0	37	1.9	38
蒙古	Mongolia										
摩洛哥	Morocco	2.1	36	2.0	36	1.9	38	2.3	35	2.2	36
莫桑比克	Mozambique	0.1	75	0.1	77	0.1	76	0.1	75	0.1	76
纳米比亚	Namibia	0.0	89	0.0	88	0.0	88	0.0	88	0.0	88
尼泊尔	Nepal										
荷兰	Netherlands	4.7	17	5.2	16	5.2	16	5.0	17	4.8	17
新西兰	New Zealand	1.2	42	1.2	44	1.2	45	1.2	46	1.1	45

国家	Country	2011 年		2012 年		2013 年		2014 年		2015 年	
		排名	得分	排名	得分	排名	得分	排名	得分	排名	得分
挪威	Norway	2.1	37	2.0	37	1.9	39	1.9	39	1.9	39
阿曼	Oman	0.0	80	0.0	80	0.0	81	0.0	81	0.0	79
巴基斯坦	Pakistan	2.0	38	1.9	38	2.0	35	2.0	36	3.4	24
巴拿马	Panama	0.0	83	0.0	90	0.0	90	0.0	90	0.0	90
巴拉圭	Paraguay	0.0	88	0.1	75	0.1	74	0.1	77	0.1	74
秘鲁	Peru										
菲律宾	Philippines	0.6	52	0.6	52	1.2	44	1.2	44	1.2	44
波兰	Poland	4.8	16	4.7	17	4.8	17	5.1	16	5.0	16
葡萄牙	Portugal	3.3	25	3.0	27	2.5	31	2.5	31	2.4	31
卡塔尔	Qatar	0.1	72	0.1	72	0.1	71	0.1	71	0.1	71
罗马尼亚	Romania	1.2	43	1.3	42	1.3	43	1.2	45	1.1	46
俄罗斯	Russian Federation	34.0	4	31.7	4	29.8	4	29.4	4	28.0	4
沙特阿拉伯	Saudi Arabia										
塞内加尔	Senegal	0.3	57	0.3	57	0.3	58	0.3	58	0.3	58
塞尔维亚	Serbia	0.9	48	0.8	47	0.8	49	0.8	49	0.9	47
新加坡	Singapore	2.5	34	2.4	33	2.4	33	2.4	33	2.3	35
斯洛伐克	Slovak Republic	1.1	45	1.1	46	1.0	47	1.0	47	0.9	48
斯洛文尼亚	Slovenia	0.6	50	0.6	51	0.6	52	0.6	53	0.5	54
南非	South Africa	1.5	41	1.5	41	1.6	41	1.5	41	1.5	41
西班牙	Spain	9.9	12	9.1	12	8.4	12	8.1	12	7.6	12
斯里兰卡	Sri Lanka	0.1	64	0.1	63	0.1	63	0.1	65	0.1	66
瑞典	Sweden	3.7	23	3.5	24	4.3	19	4.4	19	4.3	19
瑞士	Switzerland	2.7	33	2.6	32	2.4	32	2.4	32	2.3	34
坦桑尼亚	Tanzania	0.1	69	0.1	67	0.1	77	0.1	78	0.1	78
泰国	Thailand	2.8	32	2.6	31	3.6	21	4.3	20	3.7	23
突尼斯	Tunisia	1.2	44	1.3	43	1.3	42	1.3	43	1.2	43
土耳其	Turkey	5.5	15	5.9	15	6.0	15	5.9	15	5.6	15
乌干达	Uganda	0.1	70	0.1	70	0.1	70	0.1	70	0.1	70
乌克兰	Ukraine	4.4	19	4.0	20	3.6	23	3.1	27	2.8	28
英国	United Kingdom	19.1	8	18.3	8	18.1	8	18.3	7	18.0	7
美国	United States	95.1	2	90.2	2	88.1	2	88.9	2	84.3	2
乌拉圭	Uruguay	0.1	67	0.1	66	0.1	66	0.1	69	0.1	67
越南	Vietnam	4.5	18	4.3	19	4.1	20	4.0	21	3.8	22

表16　2011~2015年世界各国三级指标专利授权数得分和排名

国家	Country	2011年		2012年		2013年		2014年		2015年	
		排名	得分	排名	得分	排名	得分	排名	得分	排名	得分
阿尔巴尼亚	Albania	0.0	76	0.0	76	0.0	76	0.0	76	0.0	78
阿根廷	Argentina	0.4	34	0.3	36	0.5	30	0.5	30	0.4	27
亚美尼亚	Armenia	0.0	64	0.0	60	0.0	64	0.0	62	0.0	66
澳大利亚	Australia	7.5	7	6.4	7	6.2	7	6.4	7	6.4	6
奥地利	Austria	0.5	29	0.5	27	0.5	31	0.3	35	0.4	33
阿塞拜疆	Azerbaijan	0.0	62	0.0	64	0.0	68	0.0	66	0.0	62
白俄罗斯	Belarus	0.6	28	0.5	29	0.4	35	0.6	25	0.3	38
比利时	Belgium	0.2	40	0.3	38	0.3	38	0.1	45	0.2	44
玻利维亚	Bolivia	0.0	82	0.0	81	0.0	82	0.0	83	0.0	84
波黑	Bosnia and Herzegovina	0.0	63	0.0	72	0.0	74	0.0	76	0.0	79
博茨瓦纳	Botswana	0.0	82	0.0	81	0.0	78	0.0	79	0.0	84
巴西	Brazil	1.4	20	1.0	20	1.1	20	0.9	22	0.9	18
保加利亚	Bulgaria	0.1	61	0.0	66	0.0	60	0.0	71	0.0	72
布基纳法索	Burkina Faso										
柬埔寨	Cambodia	0.0	82	0.0	81	0.0	82	0.0	83	0.0	81
加拿大	Canada	8.7	6	7.9	6	8.6	6	7.9	6	6.2	7
智利	Chile	0.4	32	0.3	39	0.3	37	0.4	34	0.3	34
中国	China	72.2	3	79.0	3	74.8	3	77.6	2	100.0	1
哥伦比亚	Colombia	0.3	39	0.6	26	0.8	23	0.4	33	0.3	35
哥斯达黎加	Costa Rica	0.0	74	0.0	71	0.0	63	0.0	61	0.0	59
克罗地亚	Croatia	0.1	56	0.1	58	0.1	56	0.0	69	0.0	71
塞浦路斯	Cyprus	0.0	81	0.0	77	0.0	80	0.0	80	0.0	84
捷克	Czech Republic	0.3	38	0.2	40	0.2	41	0.2	38	0.2	41
丹麦	Denmark	0.0	65	0.1	54	0.1	47	0.1	49	0.1	45
厄瓜多尔	Ecuador	0.0	75								
埃及	Egypt, Arab Rep.	0.2	43	0.2	41	0.2	44	0.1	43	0.1	46
萨尔瓦多	El Salvador							0.0	70	0.0	73
爱沙尼亚	Estonia	0.1	60	0.0	61	0.0	68	0.0	73	0.0	74
埃塞俄比亚	Ethiopia										
芬兰	Finland	0.4	37	0.3	37	0.3	39	0.3	37	0.3	37
法国	France	4.3	10	4.7	8	4.1	9	4.0	9	3.5	9
格鲁吉亚	Georgia	0.1	55	0.1	48	0.1	49	0.1	53	0.1	54
德国	Germany	4.9	8	4.1	10	5.0	8	5.0	8	4.1	8
加纳	Ghana										

续表

国家	Country	2011 年		2012 年		2013 年		2014 年		2015 年	
		排名	得分	排名	得分	排名	得分	排名	得分	排名	得分
希腊	Greece	0.2	44	0.1	51	0.1	50	0.1	48	0.1	50
危地马拉	Guatemala	0.0	73	0.0	69	0.0	71	0.0	63	0.0	70
匈牙利	Hungary	0.2	46	0.2	44	0.5	29	0.1	44	0.1	47
印度	India	2.2	15	1.6	16	1.2	18	2.0	12	1.7	13
印度尼西亚	Indonesia									0.5	25
伊朗	Iran，Islamic Rep.	1.5	19	1.3	17	1.3	17	1.0	20	0.8	20
爱尔兰	Ireland	0.1	53	0.1	54	0.1	55	0.0	57	0.0	60
以色列	Israel	2.1	16	1.2	19	0.7	27	1.3	17	1.3	16
意大利	Italy	2.7	12	2.0	15	2.9	11	2.6	11	2.0	11
日本	Japan	100.0	1	100.0	1	99.7	2	75.5	3	52.7	3
约旦	Jordan	0.0	72	0.0	73	0.0	72	0.0	60	0.0	64
哈萨克斯坦	Kazakhstan	0.8	25	0.7	25	0.1	46	0.5	27	0.4	28
肯尼亚	Kenya	0.0	69	0.0	70	0.0	70	0.0	72	0.0	74
韩国	Korea, Rep.	39.7	4	41.3	4	45.8	4	43.2	4	28.4	4
科威特	Kuwait										
吉尔吉斯斯坦	Kyrgyz Republic	0.0	66	0.0	65	0.0	67	0.0	65	0.0	61
拉脱维亚	Latvia	0.1	57	0.1	59	0.0	57	0.0	58	0.0	56
立陶宛	Lithuania	0.0	67	0.0	68	0.0	66	0.0	59	0.0	57
卢森堡	Luxembourg	0.0	70	0.0	62	0.0	62	0.1	56	0.0	55
马其顿	Macedonia，FYR										
马达加斯加	Madagascar	0.0	71	0.0	74	0.0	73	0.0	75	0.0	76
马拉维	Malawi	0.0	82	0.0	81	0.0	82	0.0	83	0.0	81
马来西亚	Malaysia	1.0	23	0.9	23	1.0	22	0.9	23	0.8	21
马里	Mali	0.0	82	0.0	81	0.0	82	0.0	83	0.0	84
毛里求斯	Mauritius	0.0	78	0.0	77	0.0	77	0.0	76	0.0	79
墨西哥	Mexico	4.8	9	4.5	9	3.7	10	3.3	10	2.6	10
蒙古	Mongolia	0.0	67	0.0	67	0.0	65	0.1	52	0.1	53
摩洛哥	Morocco	0.4	33	0.4	35	0.3	36	0.3	36	0.3	36
莫桑比克	Mozambique										
纳米比亚	Namibia										
尼泊尔	Nepal	0.0	80	0.0	80	0.0	80	0.0	80	0.0	69
荷兰	Netherlands	0.9	24	0.7	24	0.7	26	0.6	26	0.4	31
新西兰	New Zealand	2.0	17	2.2	13	1.7	15	1.6	16	1.2	17

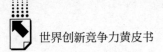
续表

国家	Country	2011 年		2012 年		2013 年		2014 年		2015 年	
		排名	得分	排名	得分	排名	得分	排名	得分	排名	得分
挪威	Norway	0.7	27	0.5	28	0.5	28	0.5	28	0.4	29
阿曼	Oman										
巴基斯坦	Pakistan	0.2	45	0.1	50	0.1	50	0.1	54	0.0	58
巴拿马	Panama	0.1	50	0.1	49	0.1	52	0.1	55	0.0	67
巴拉圭	Paraguay										
秘鲁	Peru	0.2	48	0.2	46	0.8	24	0.1	47	0.1	48
菲律宾	Philippines	0.5	30	0.4	30	0.8	24	0.7	24	0.6	24
波兰	Poland	1.3	21	0.9	22	1.0	21	0.9	21	0.7	22
葡萄牙	Portugal	0.1	59	0.0	62	0.0	59	0.0	66	0.0	68
卡塔尔	Qatar										
罗马尼亚	Romania	0.2	47	0.1	47	0.2	45	0.1	46	0.1	49
俄罗斯	Russian Federation	12.6	5	12.0	5	11.4	5	11.3	5	9.7	5
沙特阿拉伯	Saudi Arabia	0.1	52	0.1	52	0.1	54	0.2	41	0.2	40
塞内加尔	Senegal										
塞尔维亚	Serbia	0.1	58	0.1	56	0.0	57	0.0	63	0.0	63
新加坡	Singapore	2.5	13	2.0	14	2.0	12	1.8	13	2.0	12
斯洛伐克	Slovak Republic	0.1	51	0.1	57	0.0	61	0.0	68	0.0	65
斯洛文尼亚	Slovenia	0.1	53	0.1	53	0.1	53	0.1	50	0.1	52
南非	South Africa	2.2	14	2.3	12	1.7	14	1.7	14	1.3	15
西班牙	Spain	1.2	22	1.0	21	1.1	19	1.1	19	0.7	23
斯里兰卡	Sri Lanka	0.2	42	0.2	43	0.1	48	0.1	51	0.1	50
瑞典	Sweden	0.4	31	0.4	34	0.2	40	0.2	40	0.2	39
瑞士	Switzerland	0.2	49	0.2	45	0.2	43	0.2	39	0.2	42
坦桑尼亚	Tanzania										
泰国	Thailand	0.4	35	0.4	32	0.4	34	0.4	31	0.4	32
突尼斯	Tunisia	0.2	41	0.2	42	0.2	42	0.2	42	0.2	43
土耳其	Turkey	0.4	36	0.4	33	0.4	32	0.4	32	0.5	26
乌干达	Uganda	0.0	79	0.0	79	0.0	78	0.0	80	0.0	81
乌克兰	Ukraine	1.7	18	1.2	18	1.3	16	1.1	18	0.8	19
英国	United Kingdom	3.0	11	2.5	11	1.9	13	1.7	15	1.5	14
美国	United States	94.2	2	92.1	2	100.0	1	100.0	1	83.0	2
乌拉圭	Uruguay	0.0	77	0.0	75	0.0	75	0.0	74	0.0	77
越南	Vietnam	0.8	26	0.4	31	0.4	33	0.5	29	0.4	30

表 17 2011~2015 年世界各国三级指标科技论文发表数得分和排名

国家	Country	2011 年		2012 年		2013 年		2014 年		2015 年	
		排名	得分	排名	得分	排名	得分	排名	得分	排名	得分
阿尔巴尼亚	Albania	0.0	87	0.0	85	0.0	84	0.0	84	0.0	84
阿根廷	Argentina	1.9	35	1.9	37	1.9	37	1.9	37	1.9	37
亚美尼亚	Armenia	0.1	65	0.1	72	0.1	73	0.1	73	0.1	73
澳大利亚	Australia	10.5	13	10.7	13	11.6	13	11.6	13	11.6	13
奥地利	Austria	2.8	25	2.9	27	2.9	27	2.9	27	2.9	27
阿塞拜疆	Azerbaijan	0.2	64	0.2	65	0.1	74	0.1	74	0.1	74
白俄罗斯	Belarus	0.3	59	0.2	59	0.2	59	0.2	59	0.2	59
比利时	Belgium	3.8	21	4.0	21	4.0	22	4.0	22	4.0	22
玻利维亚	Bolivia	0.0	91	0.0	92	0.0	92	0.0	92	0.0	92
波黑	Bosnia and Herzegovina	0.1	73	0.1	75	0.1	79	0.1	79	0.1	79
博茨瓦纳	Botswana	0.0	86	0.0	88	0.0	86	0.0	86	0.0	86
巴西	Brazil	10.5	12	11.4	12	11.8	12	11.8	12	11.8	12
保加利亚	Bulgaria	0.6	51	0.6	51	0.6	52	0.6	52	0.6	52
布基纳法索	Burkina Faso	0.0	84	0.0	84	0.0	85	0.0	85	0.0	85
柬埔寨	Cambodia	0.0	94	0.0	94	0.0	93	0.0	93	0.0	93
加拿大	Canada	13.8	9	14.1	9	14.0	10	14.0	10	14.0	10
智利	Chile	1.1	46	1.2	45	1.2	45	1.2	45	1.2	45
中国	China	85.9	2	89.7	2	97.3	2	97.3	2	97.3	2
哥伦比亚	Colombia	0.8	50	1.0	48	1.1	47	1.1	47	1.1	47
哥斯达黎加	Costa Rica	0.1	82	0.1	82	0.1	82	0.1	82	0.1	82
克罗地亚	Croatia	1.1	45	1.1	46	1.0	48	1.0	48	1.0	48
塞浦路斯	Cyprus	0.2	63	0.2	63	0.2	61	0.2	61	0.2	61
捷克	Czech Republic	3.2	23	3.3	23	3.4	23	3.4	23	3.4	23
丹麦	Denmark	2.7	28	2.9	26	3.0	26	3.0	26	3.0	26
厄瓜多尔	Ecuador	0.0	85	0.1	83	0.1	83	0.1	83	0.1	83
埃及	Egypt, Arab Rep.	1.9	36	2.1	35	2.2	35	2.2	35	2.2	35
萨尔瓦多	El Salvador	0.0	100	0.0	100	0.0	100	0.0	100	0.0	100
爱沙尼亚	Estonia	0.3	56	0.3	57	0.3	57	0.3	57	0.3	57
埃塞俄比亚	Ethiopia	0.1	67	0.2	64	0.2	65	0.2	65	0.2	65
芬兰	Finland	2.4	32	2.4	33	2.5	32	2.5	32	2.5	32
法国	France	17.3	7	17.5	7	17.6	7	17.6	7	17.6	7
格鲁吉亚	Georgia	0.1	75	0.1	78	0.1	76	0.1	76	0.1	76
德国	Germany	24.1	4	24.5	4	24.5	4	24.5	4	24.5	4
加纳	Ghana	0.1	72	0.1	73	0.1	72	0.1	72	0.1	72

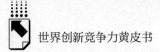
续表

国家	Country	2011 年		2012 年		2013 年		2014 年		2015 年	
		排名	得分	排名	得分	排名	得分	排名	得分	排名	得分
希腊	Greece	2.8	27	2.8	28	2.7	28	2.7	28	2.7	28
危地马拉	Guatemala	0.0	98	0.0	95	0.0	94	0.0	94	0.0	94
匈牙利	Hungary	1.5	41	1.5	42	1.5	43	1.5	43	1.5	43
印度	India	19.7	6	21.3	6	22.6	6	22.6	6	22.6	6
印度尼西亚	Indonesia	0.4	54	0.5	54	0.7	51	0.7	51	0.7	51
伊朗	Iran, Islamic Rep.	8.0	15	8.1	14	8.0	15	8.0	15	8.0	15
爱尔兰	Ireland	1.7	38	1.7	40	1.7	42	1.7	42	1.7	42
以色列	Israel	2.7	29	2.8	29	2.7	29	2.7	29	2.7	29
意大利	Italy	14.4	8	15.3	8	16.1	8	16.1	8	16.1	8
日本	Japan	25.6	3	25.1	3	25.1	3	25.1	3	25.1	3
约旦	Jordan	0.4	55	0.4	56	0.4	56	0.4	56	0.4	56
哈萨克斯坦	Kazakhstan	0.1	79	0.1	74	0.2	62	0.2	62	0.2	62
肯尼亚	Kenya	0.2	61	0.2	62	0.2	63	0.2	63	0.2	63
韩国	Korea, Rep.	13.1	10	13.7	10	14.3	9	14.3	9	14.3	9
科威特	Kuwait	0.2	62	0.2	61	0.2	64	0.2	64	0.2	64
吉尔吉斯斯坦	Kyrgyz Republic	0.0	99	0.0	99	0.0	99	0.0	99	0.0	99
拉脱维亚	Latvia	0.3	58	0.3	58	0.3	58	0.3	58	0.3	58
立陶宛	Lithuania	0.5	52	0.5	53	0.5	54	0.5	54	0.5	54
卢森堡	Luxembourg	0.1	70	0.1	70	0.2	67	0.2	67	0.2	67
马其顿	Macedonia, FYR	0.1	77	0.1	77	0.1	78	0.1	78	0.1	78
马达加斯加	Madagascar	0.0	90	0.0	91	0.0	90	0.0	90	0.0	90
马拉维	Malawi	0.0	83	0.0	86	0.0	89	0.0	89	0.0	89
马来西亚	Malaysia	3.6	22	3.8	22	4.3	21	4.3	21	4.3	21
马里	Mali	0.0	92	0.0	93	0.0	97	0.0	97	0.0	97
毛里求斯	Mauritius	0.0	95	0.0	90	0.0	91	0.0	91	0.0	91
墨西哥	Mexico	2.9	24	3.0	25	3.2	25	3.2	25	3.2	25
蒙古	Mongolia	0.0	89	0.0	89	0.0	87	0.0	87	0.0	87
摩洛哥	Morocco	0.5	53	0.6	52	0.6	53	0.6	53	0.6	53
莫桑比克	Mozambique	0.0	93	0.0	97	0.0	96	0.0	96	0.0	96
纳米比亚	Namibia	0.0	97	0.0	96	0.0	95	0.0	95	0.0	95
尼泊尔	Nepal	0.1	80	0.1	79	0.1	77	0.1	77	0.1	77
荷兰	Netherlands	7.1	16	7.3	16	7.4	16	7.4	16	7.4	16
新西兰	New Zealand	1.7	39	1.8	38	1.7	40	1.7	40	1.7	40

国家	Country	2011 年		2012 年		2013 年		2014 年		2015 年	
		排名	得分	排名	得分	排名	得分	排名	得分	排名	得分
挪威	Norway	2.3	33	2.4	32	2.4	33	2.4	33	2.4	33
阿曼	Oman	0.1	66	0.1	68	0.2	69	0.2	69	0.2	69
巴基斯坦	Pakistan	1.6	40	1.7	39	1.9	38	1.9	38	1.9	38
巴拿马	Panama	0.0	88	0.0	87	0.0	88	0.0	88	0.0	88
巴拉圭	Paraguay	0.0	96	0.0	98	0.0	98	0.0	98	0.0	98
秘鲁	Peru	0.1	71	0.1	71	0.1	70	0.1	70	0.1	70
菲律宾	Philippines	0.2	60	0.2	60	0.2	60	0.2	60	0.2	60
波兰	Poland	6.1	18	6.5	18	7.0	18	7.0	18	7.0	18
葡萄牙	Portugal	2.8	26	3.0	24	3.3	24	3.3	24	3.3	24
卡塔尔	Qatar	0.1	74	0.1	66	0.2	66	0.2	66	0.2	66
罗马尼亚	Romania	2.5	30	2.5	30	2.7	30	2.7	30	2.7	30
俄罗斯	Russian Federation	8.2	14	8.0	15	8.6	14	8.6	14	8.6	14
沙特阿拉伯	Saudi Arabia	1.3	43	1.5	43	1.8	39	1.8	39	1.8	39
塞内加尔	Senegal	0.1	81	0.1	81	0.1	81	0.1	81	0.1	81
塞尔维亚	Serbia	1.1	44	1.3	44	1.2	44	1.2	44	1.2	44
新加坡	Singapore	2.4	31	2.5	31	2.6	31	2.6	31	2.6	31
斯洛伐克	Slovak Republic	0.9	47	1.0	47	1.1	46	1.1	46	1.1	46
斯洛文尼亚	Slovenia	0.9	49	0.8	50	0.8	50	0.8	50	0.8	50
南非	South Africa	2.1	34	2.1	34	2.3	34	2.3	34	2.3	34
西班牙	Spain	12.5	11	12.9	11	12.9	11	12.9	11	12.9	11
斯里兰卡	Sri Lanka	0.1	69	0.1	67	0.2	68	0.2	68	0.2	68
瑞典	Sweden	4.4	20	4.5	20	4.7	20	4.7	20	4.7	20
瑞士	Switzerland	4.7	19	5.0	19	5.1	19	5.1	19	5.1	19
坦桑尼亚	Tanzania	0.1	78	0.1	80	0.1	80	0.1	80	0.1	80
泰国	Thailand	1.8	37	2.0	36	2.1	36	2.1	36	2.1	36
突尼斯	Tunisia	0.9	48	0.9	49	1.0	49	1.0	49	1.0	49
土耳其	Turkey	6.7	17	6.8	17	7.4	17	7.4	17	7.4	17
乌干达	Uganda	0.1	76	0.1	76	0.1	75	0.1	75	0.1	75
乌克兰	Ukraine	1.5	42	1.6	41	1.7	41	1.7	41	1.7	41
英国	United Kingdom	23.0	5	23.3	5	23.6	5	23.6	5	23.6	5
美国	United States	100.0	1	100.0	1	100.0	1	100.0	1	100.0	1
乌拉圭	Uruguay	0.1	68	0.1	69	0.1	71	0.1	71	0.1	71
越南	Vietnam	0.3	57	0.4	55	0.4	55	0.4	55	0.4	55

表 18　2011～2015 年世界各国三级指标专利和许可收入得分和排名

国家	Country	2011 年		2012 年		2013 年		2014 年		2015 年	
		排名	得分	排名	得分	排名	得分	排名	得分	排名	得分
阿尔巴尼亚	Albania	0.0	52	0.0	71	0.0	71	0.0	75	0.0	70
阿根廷	Argentina	0.1	32	0.1	32	0.2	32	0.2	31	0.1	32
亚美尼亚	Armenia										
澳大利亚	Australia	0.8	21	0.7	23	0.6	24	0.7	22	0.6	23
奥地利	Austria	0.8	20	0.9	20	0.8	21	0.9	21	0.7	22
阿塞拜疆	Azerbaijan	0.0	80	0.0	81	0.0	81	0.0	83	0.0	82
白俄罗斯	Belarus	0.0	48	0.0	48	0.0	48	0.0	46	0.0	52
比利时	Belgium	2.1	14	2.1	14	2.6	14	2.6	13	2.6	13
玻利维亚	Bolivia	0.0	59	0.0	54	0.0	53	0.0	53	0.0	51
波黑	Bosnia and Herzegovina	0.0	53	0.0	55	0.0	54	0.0	56	0.0	58
博茨瓦纳	Botswana	0.0	81	0.0	78	0.0	80	0.0	78	0.0	80
巴西	Brazil	0.2	28	0.2	30	0.3	28	0.3	28	0.5	25
保加利亚	Bulgaria	0.0	54	0.0	49	0.0	49	0.0	47	0.0	44
布基纳法索	Burkina Faso	0.0	72	0.0	74	0.0	75	0.0	74	0.0	74
柬埔寨	Cambodia	0.0	71	0.0	66	0.0	69	0.0	68	0.0	68
加拿大	Canada	2.7	12	3.2	11	3.6	10	3.5	11	3.5	12
智利	Chile	0.0	43	0.0	43	0.0	45	0.0	45	0.0	47
中国	China	0.6	22	0.8	22	0.7	23	0.5	23	0.9	21
哥伦比亚	Colombia	0.0	40	0.1	38	0.1	37	0.0	43	0.0	42
哥斯达黎加	Costa Rica	0.0	84	0.0	84	0.0	84	0.0	84	0.0	84
克罗地亚	Croatia	0.0	47	0.0	46	0.0	52	0.0	51	0.0	45
塞浦路斯	Cyprus										
捷克	Czech Republic	0.2	29	0.3	25	0.3	27	0.4	26	0.4	28
丹麦	Denmark	1.8	15	1.8	15	1.8	17	1.9	16	1.7	16
厄瓜多尔	Ecuador										
埃及	Egypt，Arab Rep.										
萨尔瓦多	El Salvador	0.0	76	0.0	52	0.0	47	0.0	52	0.0	48
爱沙尼亚	Estonia	0.0	49	0.0	51	0.0	62	0.0	59	0.0	61
埃塞俄比亚	Ethiopia	0.0	78	0.0	77	0.0	77	0.0	77	0.0	76
芬兰	Finland	2.7	13	2.7	13	2.8	13	2.0	15	2.0	15
法国	France	12.4	6	10.2	6	10.3	7	11.0	7	12.0	7
格鲁吉亚	Georgia	0.0	65	0.0	67	0.0	65	0.0	71	0.0	75
德国	Germany	8.7	7	8.3	7	10.6	6	11.9	6	12.2	6
加纳	Ghana										

续表

国家	Country	2011 年		2012 年		2013 年		2014 年		2015 年	
		排名	得分	排名	得分	排名	得分	排名	得分	排名	得分
希腊	Greece	0.1	38	0.1	39	0.0	40	0.1	36	0.0	41
危地马拉	Guatemala	0.0	51	0.0	53	0.0	56	0.0	55	0.0	55
匈牙利	Hungary	1.8	16	1.6	16	1.6	18	1.6	17	1.3	19
印度	India	0.2	27	0.3	28	0.3	26	0.5	25	0.4	27
印度尼西亚	Indonesia	0.1	37	0.0	40	0.0	41	0.0	41	0.0	43
伊朗	Iran, Islamic Rep.										
爱尔兰	Ireland	4.1	9	4.0	9	4.1	9	4.9	9	6.0	9
以色列	Israel	0.9	19	0.8	21	0.8	22	1.0	20	0.9	20
意大利	Italy	3.3	11	3.3	10	2.9	12	2.5	14	2.4	14
日本	Japan	23.5	2	25.6	2	24.7	2	28.7	3	29.3	3
约旦	Jordan	0.0	55	0.0	58	0.0	60	0.0	61	0.0	59
哈萨克斯坦	Kazakhstan	0.0	77	0.0	76	0.0	76	0.0	70	0.0	73
肯尼亚	Kenya	0.0	44	0.0	45	0.0	44	0.0	40	0.0	39
韩国	Korea, Rep.	3.6	10	3.1	12	3.4	11	4.0	10	5.0	10
科威特	Kuwait										
吉尔吉斯斯坦	Kyrgyz Republic	0.0	69	0.0	69	0.0	66	0.0	73	0.0	71
拉脱维亚	Latvia	0.0	57	0.0	59	0.0	59	0.0	65	0.0	63
立陶宛	Lithuania	0.0	73	0.0	65	0.0	46	0.0	50	0.0	50
卢森堡	Luxembourg	0.5	23	0.9	19	1.1	19	1.3	18	1.3	18
马其顿	Macedonia, FYR	0.0	56	0.0	61	0.0	61	0.0	62	0.0	62
马达加斯加	Madagascar	0.0	50	0.0	60	0.0	55	0.0	54	0.0	56
马拉维	Malawi										
马来西亚	Malaysia	0.1	33	0.1	33	0.1	36	0.1	38	0.1	34
马里	Mali	0.0	75	0.0	80	0.0	79	0.0	81	0.0	81
毛里求斯	Mauritius	0.0	68	0.0	73	0.0	67	0.0	67	0.0	72
墨西哥	Mexico	0.1	36	0.1	37	1.9	16	0.1	32	0.2	30
蒙古	Mongolia	0.0	67	0.0	72	0.0	74	0.0	69	0.0	69
摩洛哥	Morocco	0.0	62	0.0	70	0.0	72	0.0	72	0.0	67
莫桑比克	Mozambique	0.0	79	0.0	79	0.0	78	0.0	80	0.0	79
纳米比亚	Namibia	0.0	82	0.0	82	0.0	82	0.0	79	0.0	83
尼泊尔	Nepal										
荷兰	Netherlands	22.4	3	23.0	3	23.3	3	29.4	2	32.2	2
新西兰	New Zealand	0.3	26	0.2	29	0.3	29	0.3	30	0.2	31

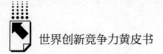

续表

国家	Country	2011 年		2012 年		2013 年		2014 年		2015 年	
		排名	得分	排名	得分	排名	得分	排名	得分	排名	得分
挪威	Norway	0.3	25	0.3	26	0.2	31	0.4	27	0.4	26
阿曼	Oman										
巴基斯坦	Pakistan	0.0	60	0.0	63	0.0	64	0.0	58	0.0	57
巴拿马	Panama	0.0	58	0.0	56	0.0	58	0.0	64	0.0	64
巴拉圭	Paraguay										
秘鲁	Peru	0.0	63	0.0	57	0.0	63	0.0	60	0.0	53
菲律宾	Philippines	0.0	64	0.0	62	0.0	68	0.0	63	0.0	60
波兰	Poland	0.2	30	0.2	31	0.2	30	0.3	29	0.3	29
葡萄牙	Portugal	0.1	39	0.0	41	0.0	42	0.1	37	0.1	38
卡塔尔	Qatar										
罗马尼亚	Romania	0.2	31	0.3	27	0.1	34	0.1	33	0.1	35
俄罗斯	Russian Federation	0.5	24	0.5	24	0.6	25	0.5	24	0.6	24
沙特阿拉伯	Saudi Arabia										
塞内加尔	Senegal	0.0	70	0.0	68	0.0	70	0.0	66	0.0	66
塞尔维亚	Serbia	0.0	42	0.0	44	0.0	43	0.0	44	0.0	46
新加坡	Singapore	1.3	17	1.5	17	2.5	15	2.9	12	4.2	11
斯洛伐克	Slovak Republic	0.0	66	0.0	64	0.0	50	0.0	48	0.0	49
斯洛文尼亚	Slovenia	0.0	45	0.0	42	0.0	39	0.1	39	0.0	40
南非	South Africa	0.1	34	0.1	34	0.1	35	0.1	35	0.1	33
西班牙	Spain	1.0	18	0.9	18	0.9	20	1.1	19	1.3	17
斯里兰卡	Sri Lanka										
瑞典	Sweden	5.4	8	6.1	8	6.1	8	7.0	8	7.1	8
瑞士	Switzerland	12.8	5	13.9	4	14.5	4	14.0	5	13.0	5
坦桑尼亚	Tanzania	0.0	83	0.0	83	0.0	83	0.0	82	0.0	77
泰国	Thailand	0.0	41	0.1	36	0.0	38	0.0	42	0.1	37
突尼斯	Tunisia	0.0	46	0.0	47	0.0	51	0.0	49	0.0	54
土耳其	Turkey										
乌干达	Uganda	0.0	61	0.0	50	0.0	57	0.0	57	0.0	65
乌克兰	Ukraine	0.1	35	0.1	35	0.1	33	0.1	34	0.1	36
英国	United Kingdom	13.7	4	12.5	5	13.5	5	15.3	4	15.5	4
美国	United States	100.0	1	100.0	1	100.0	1	100.0	1	100.0	1
乌拉圭	Uruguay	0.0	74	0.0	75	0.0	73	0.0	76	0.0	78
越南	Vietnam										

表 19　2011~2015 年世界各国三级指标高技术产品出口额得分和排名

国家	Country	2011 年		2012 年		2013 年		2014 年		2015 年	
		排名	得分	排名	得分	排名	得分	排名	得分	排名	得分
阿尔巴尼亚	Albania	0.0	91	0.0	94	0.0	93	0.0	97	0.0	87
阿根廷	Argentina	0.4	42	0.3	43	0.3	43	0.3	44	0.3	41
亚美尼亚	Armenia	0.0	92	0.0	90	0.0	90	0.0	91	0.0	89
澳大利亚	Australia	1.1	33	0.9	32	0.8	33	0.8	33	0.8	33
奥地利	Austria	3.4	21	3.2	22	3.3	21	3.4	21	2.9	21
阿塞拜疆	Azerbaijan	0.0	90	0.0	84	0.0	73	0.0	80	0.0	90
白俄罗斯	Belarus	0.1	56	0.1	54	0.1	51	0.1	53	0.1	55
比利时	Belgium	7.6	13	7.2	13	7.4	13	7.8	13	7.0	13
玻利维亚	Bolivia	0.0	80	0.0	80	0.0	80	0.0	79	0.0	86
波黑	Bosnia and Herzegovina	0.0	73	0.0	75	0.0	70	0.0	69	0.0	71
博茨瓦纳	Botswana	0.0	81	0.0	78	0.0	83	0.0	87	0.0	81
巴西	Brazil	1.8	28	1.7	27	1.5	29	1.5	29	1.6	29
保加利亚	Bulgaria	0.2	49	0.2	47	0.2	46	0.2	48	0.2	45
布基纳法索	Burkina Faso	0.0	98	0.0	89	0.0	88	0.0	88	0.0	93
柬埔寨	Cambodia	0.0	95	0.0	91	0.0	87	0.0	81	0.0	76
加拿大	Canada	5.5	16	5.8	15	5.2	16	5.6	15	4.7	18
智利	Chile	0.1	57	0.1	57	0.1	57	0.1	54	0.1	57
中国	China	100.0	1	100.0	1	100.0	1	100.0	1	100.0	1
哥伦比亚	Colombia	0.1	58	0.1	56	0.1	52	0.1	51	0.1	49
哥斯达黎加	Costa Rica	0.5	38	0.5	37	0.5	36	0.4	38	0.2	48
克罗地亚	Croatia	0.1	52	0.2	50	0.1	50	0.1	50	0.1	50
塞浦路斯	Cyprus	0.0	74	0.0	83	0.0	82	0.0	83	0.0	85
捷克	Czech Republic	5.1	18	4.4	18	3.8	20	4.1	19	3.8	20
丹麦	Denmark	2.0	25	1.7	28	1.6	27	1.7	28	1.7	28
厄瓜多尔	Ecuador	0.0	78	0.0	81	0.0	74	0.0	72	0.0	70
埃及	Egypt, Arab Rep.	0.0	69	0.0	76	0.0	75	0.0	65	0.0	72
萨尔瓦多	El Salvador	0.0	63	0.0	64	0.0	64	0.0	63	0.0	65
爱沙尼亚	Estonia	0.3	44	0.2	45	0.2	45	0.2	45	0.2	46
埃塞俄比亚	Ethiopia	0.0	94	0.0	93	0.0	92	0.0	85	0.0	88
芬兰	Finland	1.2	31	0.9	34	0.7	34	0.7	34	0.7	34
法国	France	23.1	7	21.5	7	20.2	6	20.5	6	18.8	6
格鲁吉亚	Georgia	0.0	87	0.0	86	0.0	85	0.0	84	0.0	82
德国	Germany	40.1	2	37.0	2	34.6	2	35.8	2	33.5	2
加纳	Ghana	0.0	85	0.0	77	0.0	77	0.0	75	0.0	77

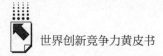

续表

国家	Country	2011 年		2012 年		2013 年		2014 年		2015 年	
		排名	得分	排名	得分	排名	得分	排名	得分	排名	得分
希腊	Greece	0.3	47	0.2	46	0.2	49	0.2	46	0.2	44
危地马拉	Guatemala	0.0	64	0.0	62	0.0	61	0.0	62	0.0	62
匈牙利	Hungary	4.5	19	2.9	23	2.6	25	2.3	26	2.1	26
印度	India	2.8	24	2.5	25	3.0	23	3.1	22	2.5	24
印度尼西亚	Indonesia	1.3	29	1.0	31	0.9	32	0.9	32	0.8	32
伊朗	Iran, Islamic Rep.	0.1	54	0.1	53	0.1	55	0.1	55	0.1	53
爱尔兰	Ireland	5.2	17	4.5	17	3.9	18	3.8	20	5.2	16
以色列	Israel	0.0	65	0.0	71	0.0	67	0.0	68	0.0	68
意大利	Italy	6.8	15	5.4	16	5.3	15	5.5	17	4.9	17
日本	Japan	27.7	4	24.4	5	18.8	7	18.1	7	16.5	7
约旦	Jordan	0.0	72	0.0	72	0.0	71	0.0	71	0.0	73
哈萨克斯坦	Kazakhstan	0.6	37	0.7	35	0.5	35	0.6	36	0.5	36
肯尼亚	Kenya	0.0	75	0.0	73	0.0	72	0.0	73	0.0	75
韩国	Korea, Rep.	26.7	6	24.0	6	23.3	5	23.9	5	22.8	5
科威特	Kuwait	0.0	70	0.0	69	0.0	68	0.0	93	0.0	66
吉尔吉斯斯坦	Kyrgyz Republic	0.0	89	0.0	87	0.0	86	0.0	82	0.0	80
拉脱维亚	Latvia	0.1	55	0.1	52	0.2	48	0.2	47	0.2	47
立陶宛	Lithuania	0.3	45	0.3	42	0.3	42	0.3	42	0.3	40
卢森堡	Luxembourg	0.2	48	0.2	48	0.1	54	0.1	56	0.1	52
马其顿	Macedonia, FYR	0.0	71	0.0	67	0.0	66	0.0	67	0.0	69
马达加斯加	Madagascar	0.0	79	0.0	97	0.0	98	0.0	94	0.0	98
马拉维	Malawi	0.0	97	0.0	98	0.0	95	0.0	92	0.0	94
马来西亚	Malaysia	13.4	10	12.1	10	10.8	10	11.3	10	10.3	10
马里	Mali	0.0	96	0.0	96	0.0	96	0.0	95	0.0	97
毛里求斯	Mauritius	0.0	88	0.0	88	0.0	94	0.0	98	0.0	99
墨西哥	Mexico	8.9	12	8.7	12	8.1	12	8.8	12	8.3	12
蒙古	Mongolia	0.0	86	0.0	85	0.0	84	0.0	78	0.0	95
摩洛哥	Morocco	0.2	50	0.2	49	0.2	47	0.2	49	0.1	56
莫桑比克	Mozambique	0.0	76	0.0	70	0.0	69	0.0	77	0.0	83
纳米比亚	Namibia	0.0	83	0.0	68	0.0	81	0.0	70	0.0	74
尼泊尔	Nepal	0.0	99	0.0	99	0.0	97	0.0	96	0.0	96
荷兰	Netherlands	14.7	9	12.7	9	12.3	9	12.6	9	10.7	9
新西兰	New Zealand	0.1	53	0.1	51	0.1	53	0.1	57	0.1	54

续表

国家	Country	2011 年		2012 年		2013 年		2014 年		2015 年	
		排名	得分	排名	得分	排名	得分	排名	得分	排名	得分
挪威	Norway	1.0	36	0.9	33	0.9	31	0.9	31	0.8	31
阿曼	Oman	0.0	67	0.0	65	0.0	65	0.0	61	0.0	63
巴基斯坦	Pakistan	0.1	59	0.1	59	0.1	58	0.0	59	0.0	61
巴拿马	Panama	1.0	34	0.0	100	0.0	99	0.0	99	0.0	100
巴拉圭	Paraguay	0.0	82	0.0	82	0.0	78	0.0	76	0.0	79
秘鲁	Peru	0.1	60	0.0	63	0.0	63	0.0	64	0.0	64
菲律宾	Philippines	2.8	23	4.1	19	3.9	19	4.3	18	4.7	19
波兰	Poland	1.9	27	1.9	26	2.2	26	2.6	25	2.4	25
葡萄牙	Portugal	0.4	43	0.4	41	0.4	41	0.4	40	0.3	39
卡塔尔	Qatar	0.0	100	0.0	95	0.0	100	0.0	100	0.0	67
罗马尼亚	Romania	1.1	32	0.6	36	0.5	37	0.6	35	0.6	35
俄罗斯	Russian Federation	1.2	30	1.4	29	1.5	28	1.8	27	1.7	27
沙特阿拉伯	Saudi Arabia	0.0	62	0.0	60	0.1	60	0.0	60	0.0	59
塞内加尔	Senegal	0.0	93	0.0	92	0.0	89	0.0	90	0.0	84
塞尔维亚	Serbia	0.1	61	0.1	58	0.1	59	0.1	58	0.1	58
新加坡	Singapore	27.7	5	25.4	4	24.2	4	24.6	4	23.6	4
斯洛伐克	Slovak Republic	1.0	35	1.2	30	1.4	30	1.4	30	1.2	30
斯洛文尼亚	Slovenia	0.3	46	0.3	44	0.3	44	0.3	43	0.3	42
南非	South Africa	0.5	39	0.5	39	0.4	38	0.4	37	0.4	38
西班牙	Spain	2.9	22	2.6	24	2.9	24	2.8	24	2.6	23
斯里兰卡	Sri Lanka	0.0	77	0.0	79	0.0	76	0.0	74	0.0	78
瑞典	Sweden	4.0	20	3.3	20	3.1	22	3.0	23	2.7	22
瑞士	Switzerland	11.0	11	9.9	11	9.5	11	10.0	11	9.6	11
坦桑尼亚	Tanzania	0.0	84	0.0	74	0.0	79	0.0	86	0.0	91
泰国	Thailand	7.3	14	6.7	14	6.1	14	6.3	14	6.2	15
突尼斯	Tunisia	0.2	51	0.1	55	0.1	56	0.1	52	0.1	51
土耳其	Turkey	0.4	40	0.4	40	0.4	40	0.4	39	0.4	37
乌干达	Uganda	0.0	66	0.0	66	0.0	91	0.0	89	0.0	92
乌克兰	Ukraine	0.4	41	0.5	38	0.4	39	0.3	41	0.3	43
英国	United Kingdom	15.2	8	13.4	8	12.4	8	12.6	8	12.5	8
美国	United States	31.9	3	29.3	3	26.5	3	27.9	3	27.8	3
乌拉圭	Uruguay	0.0	68	0.0	61	0.0	62	0.0	66	0.0	60
越南	Vietnam	2.0	26	3.2	21	5.0	17	5.5	16	7.0	14

表20 2011～2015年世界各国三级指标注册商标数得分和排名

国家	Country	2011年		2012年		2013年		2014年		2015年	
		排名	得分	排名	得分	排名	得分	排名	得分	排名	得分
阿尔巴尼亚	Albania	0.2	75	0.1	81	0.2	78	0.1	75	0.1	77
阿根廷	Argentina	5.6	10	3.7	14	3.0	14	2.8	13	3.1	12
亚美尼亚	Armenia	0.3	68	0.3	67	0.2	69	0.2	63	0.2	66
澳大利亚	Australia	4.4	12	3.9	11	3.3	12	3.1	11	3.4	11
奥地利	Austria	0.7	47	0.6	47	0.5	49	0.4	49	0.4	51
阿塞拜疆	Azerbaijan	0.4	64	0.3	61	0.3	61	0.3	61	0.2	62
白俄罗斯	Belarus	0.7	46	0.7	43	0.6	42	0.4	50	0.4	55
比利时	Belgium										
玻利维亚	Bolivia	0.5	53	0.4	53	0.4	52	0.4	51	0.4	52
波黑	Bosnia and Herzegovina	0.3	70	0.2	72	0.2	71	0.2	70	0.2	70
博茨瓦纳	Botswana	0.1	85	0.1	83	0.1	86	0.1	85	0.1	84
巴西	Brazil	11.0	4	9.4	4	8.8	4	7.5	5	7.5	5
保加利亚	Bulgaria	0.5	58	0.4	57	0.3	59	0.3	56	0.3	59
布基纳法索	Burkina Faso	0.0	92	0.0	92	0.0	92	0.0	91	0.0	92
柬埔寨	Cambodia	0.3	66	0.3	63	0.3	60	0.3	62	0.0	90
加拿大	Canada	3.5	15	3.1	15	2.7	16	2.4	17	2.5	17
智利	Chile	2.6	20	2.1	21	1.8	23	1.5	24	1.5	24
中国	China	100.0	1	100.0	1	100.0	1	100.0	1	100.0	1
哥伦比亚	Colombia	2.1	25	2.0	23	1.4	26	1.2	27	1.3	27
哥斯达黎加	Costa Rica	1.0	38	0.7	40	0.6	40	0.6	40	0.6	39
克罗地亚	Croatia	0.5	54	0.4	54	0.3	64	0.2	72	0.1	79
塞浦路斯	Cyprus	0.1	81	0.1	82	0.1	82	0.1	83	0.1	86
捷克	Czech Republic	0.8	44	0.7	44	0.6	43	0.5	43	0.5	45
丹麦	Denmark	0.4	62	0.3	65	0.3	66	0.2	64	0.2	65
厄瓜多尔	Ecuador	1.2	36	1.0	36	0.9	36	0.8	36	0.8	36
埃及	Egypt, Arab Rep.	1.3	35	1.1	33	0.9	33	0.9	34	1.0	33
萨尔瓦多	El Salvador	0.5	52	0.5	52	0.4	54	0.3	53	0.5	41
爱沙尼亚	Estonia	0.2	80	0.2	79	0.1	79	0.1	79	0.1	81
埃塞俄比亚	Ethiopia										
芬兰	Finland	0.4	63	0.3	62	0.3	65	0.2	65	0.2	67
法国	France	6.7	9	5.6	9	4.8	9	4.3	9	4.5	9
格鲁吉亚	Georgia	0.3	67	0.3	68	0.2	67	0.2	66	0.2	64
德国	Germany	5.0	11	4.0	10	3.5	10	3.4	10	3.5	10
加纳	Ghana	0.1	89	0.2	73	0.2	72	0.2	67	0.2	74

续表

国家	Country	2011 年		2012 年		2013 年		2014 年		2015 年	
		排名	得分	排名	得分	排名	得分	排名	得分	排名	得分
希腊	Greece	0.4	61	0.3	60	0.4	55	0.3	55	0.3	56
危地马拉	Guatemala	0.7	48	0.6	49	0.5	47	0.4	46	0.4	48
匈牙利	Hungary	0.4	60	0.3	66	0.3	62	0.3	60	0.2	63
印度	India	14.3	3	11.8	3	11.0	3	10.6	3	13.1	3
印度尼西亚	Indonesia	3.8	14	3.9	12	3.3	13	2.2	18	2.3	19
伊朗	Iran, Islamic Rep.	2.2	23	1.8	26	2.1	20	2.6	14	3.0	13
爱尔兰	Ireland	0.2	73	0.2	74	0.2	74	0.2	73	0.2	73
以色列	Israel	0.6	50	0.5	51	0.5	51	0.4	47	0.4	47
意大利	Italy	3.1	17	2.4	19	2.2	19	1.9	20	1.9	21
日本	Japan	7.7	7	7.4	6	6.3	6	5.9	6	6.9	6
约旦	Jordan	0.5	56	0.4	56	0.4	56	0.3	54	0.4	54
哈萨克斯坦	Kazakhstan	0.6	49	0.6	48	0.5	46	0.5	45	0.4	50
肯尼亚	Kenya	0.3	65	0.3	64	0.3	63	0.1	86	0.3	57
韩国	Korea, Rep.	9.6	5	8.8	5	8.5	5	7.6	4	8.7	4
科威特	Kuwait	0.9	40	0.8	39	0.7	39	0.6	39	0.6	40
吉尔吉斯斯坦	Kyrgyz Republic	0.2	77	0.2	76	0.2	75	0.1	76	0.1	76
拉脱维亚	Latvia	0.2	76	0.2	77	0.2	77	0.1	77	0.1	78
立陶宛	Lithuania	0.3	69	0.2	70	0.2	70	0.2	69	0.2	72
卢森堡	Luxembourg										
马其顿	Macedonia, FYR										
马达加斯加	Madagascar	0.1	84	0.1	84	0.1	85	0.1	82	0.1	85
马拉维	Malawi	0.1	87	0.1	90	0.1	90	0.0	89	0.1	87
马来西亚	Malaysia	2.1	26	2.0	24	1.7	25	1.6	23	1.7	23
马里	Mali	0.0	91	0.0	91	0.0	91	0.0	90	0.0	91
毛里求斯	Mauritius	0.1	82	0.1	85	0.1	84	0.1	84	0.1	83
墨西哥	Mexico	7.2	8	6.5	8	5.6	8	5.2	8	5.7	7
蒙古	Mongolia	0.1	86	0.1	87	0.1	87	0.2	74	0.2	75
摩洛哥	Morocco	0.8	45	0.7	45	0.6	44	0.5	41	0.5	42
莫桑比克	Mozambique	0.2	79	0.2	75	0.2	76	0.2	71	0.2	71
纳米比亚	Namibia	0.1	90	0.2	78	0.1	80	0.1	79	0.2	69
尼泊尔	Nepal	0.3	72	0.2	71	0.2	72	0.2	68	0.2	68
荷兰	Netherlands										
新西兰	New Zealand	1.3	34	1.1	32	1.0	32	1.0	32	1.0	32

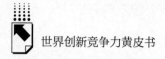

续表

国家	Country	2011 年		2012 年		2013 年		2014 年		2015 年	
		排名	得分	排名	得分	排名	得分	排名	得分	排名	得分
挪威	Norway	1.0	39	0.9	38	0.8	38	0.7	38	0.7	38
阿曼	Oman	0.1	83	0.1	86	0.1	83	0.1	81	0.1	82
巴基斯坦	Pakistan	1.3	30	1.2	30	1.1	30	1.2	28	1.3	26
巴拿马	Panama	0.8	42	0.7	41	0.5	48	0.4	48	0.4	49
巴拉圭	Paraguay	1.6	28	1.4	28	1.2	29	1.0	30	1.0	30
秘鲁	Peru	1.8	27	1.6	27	1.4	27	1.2	29	1.3	28
菲律宾	Philippines	1.3	29	1.3	29	1.2	28	1.2	26	1.2	29
波兰	Poland	1.3	33	1.0	34	0.9	34	0.8	35	0.7	37
葡萄牙	Portugal	1.3	31	1.0	35	0.9	35	0.9	33	0.9	34
卡塔尔	Qatar	0.5	55	0.4	55	0.4	53	0.4	52	0.4	53
罗马尼亚	Romania	0.8	43	0.6	46	0.6	41	0.5	42	0.5	44
俄罗斯	Russian Federation	4.2	13	3.8	13	3.4	11	2.9	12	2.8	14
沙特阿拉伯	Saudi Arabia	1.1	37	1.0	37	0.8	37	0.7	37	0.9	35
塞内加尔	Senegal										
塞尔维亚	Serbia	0.5	57	0.4	58	0.3	57	0.3	57	0.3	58
新加坡	Singapore	1.3	32	1.2	31	1.1	31	1.0	31	1.0	31
斯洛伐克	Slovak Republic										
斯洛文尼亚	Slovenia	0.2	74	0.1	88	0.1	88	0.1	87	0.1	89
南非	South Africa	2.4	21	2.1	20	2.0	21	1.7	22	1.8	22
西班牙	Spain	3.4	16	2.9	16	2.7	17	2.5	16	2.5	16
斯里兰卡	Sri Lanka	0.5	51	0.6	50	0.5	50			0.4	46
瑞典	Sweden	0.8	41	0.7	42	0.6	45	0.5	44	0.5	43
瑞士	Switzerland	0.1	88	0.1	89	0.1	89	0.1	88	0.1	88
坦桑尼亚	Tanzania										
泰国	Thailand	2.8	19	2.8	17	2.5	18	2.2	19	2.5	18
突尼斯	Tunisia	0.3	71	0.3	69	0.2	68	0.3	59	0.3	61
土耳其	Turkey	8.4	6	6.8	7	5.8	7	5.3	7	5.2	8
乌干达	Uganda	0.2	78	0.1	80	0.1	81	0.1	78	0.1	80
乌克兰	Ukraine	2.1	24	1.9	25	1.8	24	1.3	25	1.5	25
英国	United Kingdom	2.8	18	2.6	18	2.7	15	2.6	15	2.7	15
美国	United States	22.0	2	19.4	2	17.5	2	16.3	2	17.8	2
乌拉圭	Uruguay	0.5	59	0.4	59	0.3	58	0.3	58	0.3	60
越南	Vietnam	2.3	22	2.1	22	1.9	22	1.8	21	2.0	20

表 21　2011～2015 年世界各国三级指标公共教育支出总额得分和排名

国家	Country	2011 年		2012 年		2013 年		2014 年		2015 年	
		排名	得分	排名	得分	排名	得分	排名	得分	排名	得分
阿尔巴尼亚	Albania										
阿根廷	Argentina	0.8	31	0.7	30	0.7	30	0.6	32	0.6	27
亚美尼亚	Armenia	0.0	90	0.0	89	0.0	91	0.0	91	0.0	91
澳大利亚	Australia	2.0	18	1.9	17	1.8	17	1.5	18	1.3	17
奥地利	Austria	0.7	34	0.6	36	0.5	35	0.5	36	0.4	36
阿塞拜疆	Azerbaijan	0.0	73	0.0	75	0.0	75	0.0	72	0.0	77
白俄罗斯	Belarus	0.1	63	0.1	63	0.1	63	0.1	63	0.0	64
比利时	Belgium	0.9	27	0.8	28	0.8	28	0.7	28	0.6	31
玻利维亚	Bolivia	0.0	72	0.0	74	0.0	74	0.0	69	0.0	66
波黑	Bosnia and Herzegovina	0.3	51	0.2	53	0.2	52	0.2	51	0.1	52
博茨瓦纳	Botswana										
巴西	Brazil	4.2	8	3.5	9	3.3	9	3.0	10	2.1	11
保加利亚	Bulgaria	0.1	71	0.0	70	0.0	69	0.0	70	0.0	70
布基纳法索	Burkina Faso	0.0	84	0.0	86	0.0	84	0.0	85	0.0	87
柬埔寨	Cambodia	0.0	92	0.0	92	0.0	89	0.0	89	0.0	90
加拿大	Canada	2.6	14	2.4	14	2.1	14	1.9	14	1.6	14
智利	Chile	0.3	49	0.3	46	0.3	45	0.2	47	0.2	44
中国	China	100.0	1	100.0	1	100.0	1	100.0	1	100.0	1
哥伦比亚	Colombia	4.8	6	4.7	6	4.3	5	3.9	5	2.8	9
哥斯达黎加	Costa Rica	0.6	37	0.6	35	0.5	34	0.5	35	0.5	33
克罗地亚	Croatia	0.9	29	0.7	31	0.6	31	0.6	30	0.5	34
塞浦路斯	Cyprus	0.4	44	0.3	45	0.3	50	0.2	49	0.2	50
捷克	Czech Republic	3.1	13	2.5	13	2.2	13	2.0	13	1.7	13
丹麦	Denmark	4.7	7	4.0	7	3.7	7	3.5	6	2.9	8
厄瓜多尔	Ecuador	1.1	23	1.1	23	1.0	23	1.0	22	1.0	22
埃及	Egypt, Arab Rep.	3.2	12	3.3	10	3.1	10	3.0	9	3.1	6
萨尔瓦多	El Salvador	0.3	47	0.3	48	0.3	48	0.2	46	0.2	43
爱沙尼亚	Estonia	0.3	48	0.3	49	0.3	47	0.3	44	0.2	48
埃塞俄比亚	Ethiopia	0.4	41	0.5	37	0.5	36	0.5	34	0.6	30
芬兰	Finland	3.8	11	3.2	11	3.0	11	2.8	11	2.3	10
法国	France	39.3	3	32.5	3	30.3	3	28.2	3	22.8	3
格鲁吉亚	Georgia	0.2	53	0.2	54	0.2	55	0.2	53	0.1	55
德国	Germany	50.0	2	41.6	2	39.1	2	37.0	2	30.4	2
加纳	Ghana	0.5	38	0.5	38	0.5	37	0.4	38	0.3	38

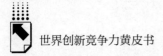
续表

国家	Country	2011 年		2012 年		2013 年		2014 年		2015 年	
		排名	得分	排名	得分	排名	得分	排名	得分	排名	得分
希腊	Greece	3.9	10	2.9	12	2.5	12	2.3	12	1.8	12
危地马拉	Guatemala	0.6	35	0.6	34	0.6	33	0.6	31	0.6	29
匈牙利	Hungary	0.2	56	0.1	56	0.1	59	0.1	57	0.1	57
印度	India	2.0	19	1.7	18	1.6	18	1.6	17	1.5	15
印度尼西亚	Indonesia	0.8	30	0.8	29	0.7	29	0.6	29	0.6	28
伊朗	Iran, Islamic Rep.	0.6	36	0.5	39	0.3	42	0.2	45	0.2	45
爱尔兰	Ireland	0.4	43	0.3	43	0.3	43	0.3	42	0.3	41
以色列	Israel	0.4	42	0.4	42	0.4	41	0.4	39	0.3	39
意大利	Italy	2.6	15	2.1	15	2.0	15	1.8	15	1.4	16
日本	Japan	6.3	5	5.7	5	4.2	6	3.5	7	3.0	7
约旦	Jordan	0.0	86	0.0	87	0.0	87	0.0	87	0.0	86
哈萨克斯坦	Kazakhstan	0.1	58	0.1	57	0.1	57	0.1	59	0.1	60
肯尼亚	Kenya	0.1	67	0.1	65	0.1	64	0.1	64	0.1	63
韩国	Korea, Rep.	1.6	21	1.4	21	1.3	19	1.3	20	1.3	18
科威特	Kuwait										
吉尔吉斯斯坦	Kyrgyz Republic	0.0	87	0.0	85	0.0	86	0.0	88	0.0	88
拉脱维亚	Latvia	0.0	75	0.0	71	0.0	71	0.0	75	0.0	76
立陶宛	Lithuania	0.1	68	0.0	69	0.0	70	0.0	71	0.0	71
卢森堡	Luxembourg	0.1	66	0.1	67	0.1	67	0.1	67	0.0	67
马其顿	Macedonia, FYR										
马达加斯加	Madagascar	0.0	91	0.0	90	0.0	92	0.0	92	0.0	92
马拉维	Malawi	0.0	89	0.0	91	0.0	90	0.0	90	0.0	89
马来西亚	Malaysia	0.5	40	0.4	41	0.4	39	0.3	40	0.3	42
马里	Mali										
毛里求斯	Mauritius	0.0	88	0.0	88	0.0	88	0.0	83	0.0	84
墨西哥	Mexico	1.7	20	1.5	19	1.2	21	1.4	19	1.2	19
蒙古	Mongolia	0.0	85	0.0	84	0.0	83	0.0	86	0.0	85
摩洛哥	Morocco										
莫桑比克	Mozambique	0.0	81	0.0	80	0.0	81	0.0	80	0.0	81
纳米比亚	Namibia	0.0	79	0.0	78	0.0	80	0.0	81	0.0	80
尼泊尔	Nepal	0.0	82	0.0	82	0.0	82	0.0	82	0.0	82
荷兰	Netherlands	1.4	22	1.1	22	1.1	22	1.0	23	0.8	23
新西兰	New Zealand	0.3	46	0.3	44	0.3	44	0.3	43	0.2	46

续表

国家	Country	2011 年		2012 年		2013 年		2014 年		2015 年	
		排名	得分	排名	得分	排名	得分	排名	得分	排名	得分
挪威	Norway	0.9	28	0.9	25	0.8	26	0.7	26	0.5	32
阿曼	Oman	0.1	62	0.1	61	0.1	62	0.1	62	0.1	62
巴基斯坦	Pakistan	0.1	59	0.1	60	0.1	58	0.1	60	0.1	54
巴拿马	Panama	0.0	78	0.0	76	0.0	77	0.0	76	0.0	73
巴拉圭	Paraguay	0.0	76	0.0	77	0.0	76	0.0	78	0.0	78
秘鲁	Peru	0.1	60	0.1	58	0.1	56	0.1	56	0.1	53
菲律宾	Philippines										
波兰	Poland	0.7	32	0.6	33	0.6	32	0.5	33	0.4	35
葡萄牙	Portugal	0.3	45	0.3	50	0.3	49	0.2	48	0.2	49
卡塔尔	Qatar	0.2	54	0.2	55	0.2	54	0.1	55	0.1	56
罗马尼亚	Romania	0.2	57	0.1	59	0.1	60	0.1	58	0.1	58
俄罗斯	Russian Federation	2.2	16	2.1	16	1.9	16	1.6	16	1.0	20
沙特阿拉伯	Saudi Arabia										
塞内加尔	Senegal	0.0	80	0.0	81	0.0	79	0.0	79	0.0	79
塞尔维亚	Serbia	0.1	70	0.0	73	0.0	73	0.0	73	0.0	75
新加坡	Singapore	0.2	52	0.2	51	0.2	53	0.2	52	0.2	51
斯洛伐克	Slovak Republic	0.1	61	0.1	62	0.1	61	0.1	61	0.1	61
斯洛文尼亚	Slovenia	0.1	65	0.1	66	0.1	66	0.1	66	0.0	68
南非	South Africa	0.7	33	0.6	32	0.5	38	0.4	37	0.4	37
西班牙	Spain	2.0	17	1.5	20	1.3	20	1.2	21	1.0	21
斯里兰卡	Sri Lanka	0.0	77	0.0	79	0.0	78	0.0	77	0.0	72
瑞典	Sweden	1.0	24	1.0	24	1.0	25	0.9	25	0.7	25
瑞士	Switzerland	1.0	25	0.8	27	0.8	27	0.7	27	0.6	26
坦桑尼亚	Tanzania	0.0	74	0.0	72	0.0	72	0.0	74	0.0	74
泰国	Thailand	0.5	39	0.4	40	0.4	40	0.3	41	0.3	40
突尼斯	Tunisia	0.1	64	0.1	64	0.1	65	0.1	65	0.0	65
土耳其	Turkey	0.9	26	0.9	26	1.0	24	0.9	24	0.8	24
乌干达	Uganda	0.0	83	0.0	83	0.0	85	0.0	84	0.0	83
乌克兰	Ukraine	0.3	50	0.3	47	0.3	46	0.2	54	0.1	59
英国	United Kingdom	4.2	9	3.7	8	3.4	8	3.5	8	3.1	5
美国	United States	22.7	4	20.8	4	18.1	4	18.9	4	18.5	4
乌拉圭	Uruguay	0.1	69	0.1	68	0.1	68	0.0	68	0.0	69
越南	Vietnam	0.2	55	0.2	52	0.2	51	0.2	50	0.2	47

表 22   2011～2015 年世界各国三级指标研发人员增长率得分和排名

国家	Country	2011 年		2012 年		2013 年		2014 年		2015 年	
		排名	得分	排名	得分	排名	得分	排名	得分	排名	得分
阿尔巴尼亚	Albania										
阿根廷	Argentina	51.0	21	22.9	36	26.8	70	14.3	52	12.4	68
亚美尼亚	Armenia										
澳大利业	Australia	41.1	56	22.5	50	27.5	56	14.0	61	12.8	58
奥地利	Austria	41.2	55	24.2	17	27.7	53	15.8	30	14.1	37
阿塞拜疆	Azerbaijan										
白俄罗斯	Belarus										
比利时	Belgium	49.2	23	24.1	18	27.4	61	13.4	71	30.0	8
玻利维亚	Bolivia	41.6	52	22.4	54	27.4	59	14.1	58	12.9	54
波黑	Bosnia and Herzegovina	38.1	75	21.9	71	51.8	3	35.7	8	36.8	4
博茨瓦纳	Botswana	42.5	47	22.6	47	31.5	15	14.5	50	13.4	47
巴西	Brazil	40.2	66	22.2	62	27.0	68	13.4	73	12.2	71
保加利亚	Bulgaria	55.9	12	20.3	84	31.6	14	20.3	14	19.9	13
布基纳法索	Burkina Faso	44.5	37	22.9	35	28.2	42	15.5	37	14.5	32
柬埔寨	Cambodia	41.5	53	22.4	51	27.5	57	14.2	54	13.0	50
加拿大	Canada	46.4	29	21.2	77	25.7	77	13.6	68	12.2	72
智利	Chile	62.7	7	25.7	11	18.7	87	41.7	4	19.9	14
中国	China	56.5	11	24.0	21	29.8	23	15.3	41	18.2	15
哥伦比亚	Colombia	24.0	88	17.9	86	15.0	89	12.5	79	12.3	70
哥斯达黎加	Costa Rica	54.2	17	16.7	87	30.3	21	75.3	2	12.4	67
克罗地亚	Croatia	25.1	87	21.2	78	25.2	79	6.1	88	15.2	24
塞浦路斯	Cyprus	37.5	77	20.8	81	27.9	48	15.7	32	8.7	82
捷克	Czech Republic	48.5	25	24.6	15	28.4	37	17.9	18	17.7	16
丹麦	Denmark	47.8	26	22.6	45	26.2	74	16.5	23	14.3	35
厄瓜多尔	Ecuador	100.0	1	41.0	3	42.0	5	28.4	11	12.9	55
埃及	Egypt，Arab Rep.	42.4	48	24.3	16	30.4	19	41.1	5	13.3	49
萨尔瓦多	El Salvador	38.8	72	22.0	69	26.7	71	12.8	76	11.6	76
爱沙尼亚	Estonia	60.4	8	22.4	55	24.2	83	10.6	84	8.0	83
埃塞俄比亚	Ethiopia	43.7	42	22.7	41	32.0	12	15.1	44	14.0	39
芬兰	Finland	30.9	84	22.3	58	24.6	81	10.1	86	8.9	79
法国	France	43.1	44	23.2	27	28.2	43	12.9	75	11.7	74
格鲁吉亚	Georgia	35.5	79	21.5	75	25.8	76	100.0	1	34.8	6
德国	Germany	41.1	57	23.3	26	26.9	69	12.1	80	13.9	40
加纳	Ghana	43.4	43	22.7	42	27.9	49	14.9	46	13.8	43

续表

国家	Country	2011 年		2012 年		2013 年		2014 年		2015 年	
		排名	得分	排名	得分	排名	得分	排名	得分	排名	得分
希腊	Greece	37.9	76	22.0	68	36.7	7	14.6	49	30.2	7
危地马拉	Guatemala	42.2	49	25.5	12	27.7	52	14.6	48	13.5	44
匈牙利	Hungary	54.5	15	23.0	29	29.5	27	17.4	20	7.6	85
印度	India	41.0	59	22.3	56	27.2	65	13.8	64	55.0	2
印度尼西亚	Indonesia										
伊朗	Iran, Islamic Rep.	40.8	61	20.2	85	27.3	64	13.8	63	12.6	61
爱尔兰	Ireland	53.4	18	24.0	22	28.7	33	36.3	7	15.4	22
以色列	Israel	42.1	50	26.8	7	27.6	55	14.5	51	13.5	45
意大利	Italy	43.7	41	23.3	24	30.1	22	15.2	43	13.5	46
日本	Japan	38.1	74	21.4	76	27.7	51	15.9	27	7.9	84
约旦	Jordan	46.0	30	23.0	28	28.3	39	15.3	40	13.9	41
哈萨克斯坦	Kazakhstan	49.9	22	41.6	2	39.4	6	14.0	60	12.9	56
肯尼亚	Kenya	43.9	40	22.8	39	28.1	47	15.2	42	14.2	36
韩国	Korea, Rep.	58.2	9	24.9	14	27.6	54	19.9	15	14.7	28
科威特	Kuwait	40.3	65	24.1	19	29.5	28	17.0	21	15.3	23
吉尔吉斯斯坦	Kyrgyz Republic										
拉脱维亚	Latvia	39.8	67	21.6	74	22.4	85	16.1	24	7.4	87
立陶宛	Lithuania	32.0	82	20.6	83	30.8	18	19.5	16	0.0	90
卢森堡	Luxembourg	55.3	13	15.9	88	31.4	17	17.9	19	21.9	12
马其顿	Macedonia, FYR	4.4	89	34.1	4	32.6	10	37.0	6	14.1	38
马达加斯加	Madagascar	39.5	70	22.8	38	28.1	46	15.4	39	14.4	34
马拉维	Malawi	44.7	35	22.9	33	28.3	40	15.7	35	14.7	29
马来西亚	Malaysia	67.9	4	25.1	13	27.4	60	28.2	12	26.4	10
马里	Mali	44.7	34	22.9	34	28.2	41	15.5	36	14.6	31
毛里求斯	Mauritius	38.5	73	22.0	70	26.6	72	12.7	77	11.4	78
墨西哥	Mexico	45.4	31	13.2	89	28.2	45	13.9	62	12.7	60
蒙古	Mongolia										
摩洛哥	Morocco	77.9	2	22.5	48	27.3	62	35.0	10	12.7	59
莫桑比克	Mozambique	44.2	39	22.8	37	28.2	44	15.4	38	26.5	9
纳米比亚	Namibia	42.6	46	22.6	43	27.9	50	14.9	45	13.8	42
尼泊尔	Nepal										
荷兰	Netherlands	68.1	3	28.2	6	29.2	29	11.9	81	12.4	65
新西兰	New Zealand	39.8	68	22.1	66	31.8	13	14.1	59	13.4	48

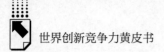

续表

国家	Country	2011 年		2012 年		2013 年		2014 年		2015 年	
		排名	得分	排名	得分	排名	得分	排名	得分	排名	得分
挪威	Norway	44.4	38	22.6	44	27.4	58	15.7	34	17.0	17
阿曼	Oman	57.1	10	29.9	5	16.2	88	57.3	3	40.7	3
巴基斯坦	Pakistan	42.7	45	22.6	46	34.0	8	14.7	47	100.0	1
巴拿马	Panama	41.8	51	0.0	90	29.8	24	14.2	55	13.0	52
巴拉圭	Paraguay	41.0	58	100.0	1	27.3	63	4.1	89	35.2	5
秘鲁	Peru										
菲律宾	Philippines	41.5	54	22.4	53	100.0	1	14.1	56	13.0	53
波兰	Poland	37.0	78	23.3	25	30.3	20	22.6	13	16.8	18
葡萄牙	Portugal	51.1	20	20.8	82	20.1	86	13.4	70	15.5	21
卡塔尔	Qatar	54.7	14	23.8	23	29.0	32	15.9	28	14.5	33
罗马尼亚	Romania	0.0	90	25.9	10	28.5	34	10.3	85	7.5	86
俄罗斯	Russian Federation	40.9	60	21.6	73	26.2	73	13.7	67	12.5	63
沙特阿拉伯	Saudi Arabia										
塞内加尔	Senegal	44.6	36	22.9	32	28.4	38	15.7	33	14.7	30
塞尔维亚	Serbia	51.5	19	22.1	65	29.2	31	18.1	17	25.2	11
新加坡	Singapore	49.0	24	22.4	52	29.5	26	13.7	66	12.6	62
斯洛伐克	Slovak Republic	40.3	64	21.8	72	24.4	82	12.6	78	8.7	81
斯洛文尼亚	Slovenia	66.9	5	22.3	57	25.4	78	11.0	83	2.5	88
南非	South Africa	54.4	16	24.1	20	32.1	11	14.1	57	13.0	51
西班牙	Spain	31.6	83	21.1	80	24.9	80	11.8	82	11.7	75
斯里兰卡	Sri Lanka	39.8	69	22.1	64	29.7	25	13.4	72	12.3	69
瑞典	Sweden	35.4	80	22.2	60	44.1	4	16.6	22	14.9	25
瑞士	Switzerland	40.5	62	22.2	61	27.2	66	13.8	65	12.5	64
坦桑尼亚	Tanzania	44.9	33	22.9	31	0.0	90	15.8	31	14.8	27
泰国	Thailand	38.9	71	22.0	67	54.2	2	35.2	9	0.2	89
突尼斯	Tunisia	47.4	28	26.7	8	33.3	9	14.3	53	11.5	77
土耳其	Turkey	63.4	6	26.4	9	31.4	16	13.2	74	12.9	57
乌干达	Uganda	45.2	32	23.0	30	28.4	35	15.9	29	14.9	26
乌克兰	Ukraine	26.5	86	21.1	79	23.1	84	0.0	90	8.7	80
英国	United Kingdom	34.1	81	22.5	49	29.2	30	16.1	26	16.6	19
美国	United States	47.6	27	22.2	63	28.4	36	16.1	25	12.1	73
乌拉圭	Uruguay	29.7	85	22.8	40	25.8	75	8.1	87	16.1	20
越南	Vietnam	40.4	63	22.2	59	27.1	67	13.6	69	12.4	66

表 23　2011～2015 年世界各国三级指标研发经费增长率得分和排名

国家	Country	2011 年		2012 年		2013 年		2014 年		2015 年	
		排名	得分	排名	得分	排名	得分	排名	得分	排名	得分
阿尔巴尼亚	Albania	51.3	57	38.7	87	10.2	61	32.9	59	5.3	94
阿根廷	Argentina	52.3	50	53.1	23	9.2	76	29.4	87	13.5	15
亚美尼亚	Armenia	62.5	15	39.4	85	7.7	85	37.1	12	13.3	17
澳大利亚	Australia	45.7	86	46.7	44	10.7	52	29.1	89	7.3	77
奥地利	Austria	47.5	74	54.5	17	10.9	49	33.9	42	11.2	39
阿塞拜疆	Azerbaijan	43.0	90	48.2	37	10.5	56	32.7	62	12.5	26
白俄罗斯	Belarus	51.8	54	41.1	81	10.1	62	24.3	96	8.5	69
比利时	Belgium	53.2	43	53.4	21	11.2	44	33.2	49	10.3	53
玻利维亚	Bolivia	63.1	13	53.1	24	14.1	23	34.5	35	9.8	58
波黑	Bosnia and Herzegovina	51.6	55	36.1	93	20.0	11	24.9	93	5.8	89
博茨瓦纳	Botswana	63.7	11	37.1	90	66.1	3	35.0	31	6.1	86
巴西	Brazil	48.0	72	44.6	59	13.3	27	31.3	77	1.1	96
保加利亚	Bulgaria	42.8	91	56.4	14	11.7	38	43.0	6	6.0	88
布基纳法索	Burkina Faso										
柬埔寨	Cambodia	56.4	34	50.1	33	12.8	30	34.8	33	12.3	27
加拿大	Canada	46.5	83	44.4	64	8.5	81	31.1	78	5.4	92
智利	Chile	61.4	18	50.6	30	14.5	21	31.4	76	11.5	34
中国	China	58.0	25	57.0	13	14.6	20	35.7	21	13.3	18
哥伦比亚	Colombia	58.6	23	54.0	20	22.4	9	30.7	82	10.0	56
哥斯达黎加	Costa Rica	46.7	80	64.5	6	10.2	60	34.8	34	12.5	25
克罗地亚	Croatia	46.6	82	43.7	67	13.3	28	30.8	79	12.8	20
塞浦路斯	Cyprus	45.8	84	36.8	91	11.0	48	33.2	48	9.4	62
捷克	Czech Republic	62.4	16	55.3	15	13.6	24	35.5	23	10.9	43
丹麦	Denmark	48.1	71	44.4	63	10.5	55	32.1	72	11.4	36
厄瓜多尔	Ecuador	38.2	95	46.6	45	17.7	13	40.1	8	9.1	64
埃及	Egypt, Arab Rep.	67.8	5	43.0	71	21.1	10	33.2	51	15.8	9
萨尔瓦多	El Salvador	0.0	96	44.0	65	48.5	5	50.8	3	29.4	3
爱沙尼亚	Estonia	100.0	1	40.0	84	2.5	94	26.9	91	11.4	37
埃塞俄比亚	Ethiopia	50.1	63	71.6	4	69.1	2	37.9	11	15.1	10
芬兰	Finland	46.7	78	37.6	89	7.9	84	30.6	84	7.6	75
法国	France	48.8	69	44.6	58	11.1	45	32.4	67	10.5	49
格鲁吉亚	Georgia	64.9	9	50.4	32	9.4	74	82.1	2	36.5	2
德国	Germany	51.2	58	46.5	47	9.7	70	34.4	38	10.9	44
加纳	Ghana	64.0	10	47.3	42	14.4	22	24.4	95	8.9	65

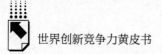

续表

国家	Country	2011 年		2012 年		2013 年		2014 年		2015 年	
		排名	得分	排名	得分	排名	得分	排名	得分	排名	得分
希腊	Greece	47.8	73	42.3	74	16.4	14	33.0	56	14.2	13
危地马拉	Guatemala	59.4	22	40.2	82	11.5	40	35.0	30	12.6	23
匈牙利	Hungary	53.0	44	47.8	39	15.4	17	32.4	68	11.4	38
印度	India	52.9	45	42.5	73	9.3	75	35.2	26	7.7	74
印度尼西亚	Indonesia	60.0	20	44.6	57	8.4	82	30.7	81	8.7	67
伊朗	Iran, Islamic Rep.	52.0	52	49.1	34	3.2	92	25.3	92	7.4	76
爱尔兰	Ireland	45.6	87	45.2	56	10.6	54	33.0	55	13.3	16
以色列	Israel	52.7	47	50.5	31	12.7	31	34.4	36	12.0	30
意大利	Italy	46.6	81	46.6	46	10.7	53	34.4	37	9.5	61
日本	Japan	49.0	67	44.4	62	12.0	35	33.0	57	9.7	60
约旦	Jordan										
哈萨克斯坦	Kazakhstan	52.6	49	54.4	18	13.4	25	32.9	60	11.0	41
肯尼亚	Kenya	48.5	70	58.9	10	12.5	33	35.9	19	11.1	40
韩国	Korea, Rep.	54.7	39	51.4	27	10.8	50	34.3	39	10.3	55
科威特	Kuwait	52.2	51	47.8	40	100.0	1	29.2	88	0.0	97
吉尔吉斯斯坦	Kyrgyz Republic	51.3	56	49.1	35	9.2	77	27.7	90	10.3	54
拉脱维亚	Latvia	65.9	8	43.4	69	7.6	87	38.2	10	7.8	73
立陶宛	Lithuania	67.7	6	47.1	43	14.8	19	36.9	13	10.7	46
卢森堡	Luxembourg	50.0	64	33.1	94	12.5	32	33.8	44	12.2	29
马其顿	Macedonia, FYR	49.4	66	83.2	3	26.9	7	41.2	7	6.3	83
马达加斯加	Madagascar	41.6	92	42.6	72	11.5	39	0.0	97	6.9	79
马拉维	Malawi	57.2	29	22.0	95	5.1	90	35.3	25	11.6	33
马来西亚	Malaysia	50.3	60	53.2	22	15.3	18	36.8	15	12.8	21
马里	Mali	62.8	14	38.9	86	9.8	66	35.1	28	6.9	80
毛里求斯	Mauritius	55.4	36	65.4	5	8.3	83	32.2	70	12.7	22
墨西哥	Mexico	54.1	40	43.4	68	11.3	43	32.7	63	6.1	87
蒙古	Mongolia										
摩洛哥	Morocco			52.9	25	13.3	26	32.3	69	13.3	19
莫桑比克	Mozambique	69.4	4	51.1	29	12.9	29	33.8	43	5.6	91
纳米比亚	Namibia	52.9	46	46.4	48	7.6	86	100.0	1	6.3	84
尼泊尔	Nepal	59.9	21	42.1	76	9.5	73	33.0	52	12.0	31
荷兰	Netherlands	56.9	32	45.4	55	10.8	51	33.0	54	10.6	47
新西兰	New Zealand	57.1	30	44.4	61	9.6	71	33.6	46	5.7	90

续表

国家	Country	2011 年		2012 年		2013 年		2014 年		2015 年	
		排名	得分	排名	得分	排名	得分	排名	得分	排名	得分
挪威	Norway	50.2	61	47.5	41	11.0	47	32.7	64	12.3	28
阿曼	Oman	57.9	26	100.0	1	2.8	93	43.3	5	17.6	8
巴基斯坦	Pakistan	61.8	17	42.1	75	8.5	80	30.6	83	8.9	66
巴拿马	Panama	74.7	2	0.0	97	4.3	91	35.2	27	11.8	32
巴拉圭	Paraguay	66.0	7	88.7	2	17.9	12	38.4	9	19.8	7
秘鲁	Peru	58.4	24	19.4	96	33.3	6	45.6	4	14.3	12
菲律宾	Philippines	54.9	37	58.4	12	15.4	16	33.4	47	10.8	45
波兰	Poland	54.8	38	61.4	9	9.6	72	36.2	18	13.6	14
葡萄牙	Portugal	38.3	94	36.6	92	9.0	78	31.6	75	10.3	52
卡塔尔	Qatar	73.5	3	51.7	26	11.3	42	33.0	53	3.2	95
罗马尼亚	Romania	57.0	31	44.5	60	1.9	95	32.9	58	21.5	5
俄罗斯	Russian Federation	49.8	65	48.8	36	7.2	89	35.0	29	10.4	50
沙特阿拉伯	Saudi Arabia	56.3	35	46.3	49	7.4	88	32.1	71	5.4	93
塞内加尔	Senegal	53.8	42	41.4	79	10.4	57	32.9	61	6.2	85
塞尔维亚	Serbia	47.1	77	63.7	7	1.8	96	33.7	45	14.6	11
新加坡	Singapore	57.8	27	41.3	80	11.3	41	36.9	14	8.6	68
斯洛伐克	Slovak Republic	54.1	41	63.3	8	11.7	37	35.9	20	22.3	4
斯洛文尼亚	Slovenia	63.3	12	47.9	38	10.1	63	30.2	85	8.4	70
南非	South Africa	48.9	68	45.9	51	9.8	68	30.0	86	6.7	82
西班牙	Spain	43.4	89	40.1	83	8.7	79	31.8	74	10.6	48
斯里兰卡	Sri Lanka	57.3	28	46.3	50	0.0	97	34.2	40	10.3	51
瑞典	Sweden	50.2	62	45.5	54	10.2	59	30.8	80	12.5	24
瑞士	Switzerland	61.3	19	38.6	88	9.8	67	32.6	65	8.3	71
坦桑尼亚	Tanzania	51.1	59	55.0	16	26.9	8	34.9	32	8.1	72
泰国	Thailand	51.8	53	58.5	11	15.5	15	36.2	17	21.2	6
突尼斯	Tunisia	46.7	79	43.9	66	9.8	69	32.4	66	9.3	63
土耳其	Turkey	56.7	33	51.4	28	12.0	34	35.6	22	7.2	78
乌干达	Uganda	45.7	85	54.4	19	11.0	46	36.2	16	9.7	59
乌克兰	Ukraine	40.3	93	45.7	53	9.9	65	24.6	94	6.8	81
英国	United Kingdom	47.1	76	41.8	77	12.0	36	34.1	41	11.5	35
美国	United States	47.5	75	45.7	52	10.0	64	33.2	50	11.0	42
乌拉圭	Uruguay	52.6	48	41.6	78	10.4	58	35.3	24	9.9	57
越南	Vietnam	45.3	88	43.2	70	59.8	4	32.0	73	100.0	1

Y.108
参考文献

一 英文文献

Advance Edition. Multipolarity: The New Global Economy 2011. The International Bank for Reconstruction and Development / The World Bank, 2011.

Australian Bureau of Statistics: http://www.abs.gov.au/.

Bengt-Åke Lundvall, Björn Johnson, Esben Sloth Andersen, Bent Dalum. "National Systems of Production, Innovation and Competence Building". *Research Policy*, 2002 (2).

Bengt-Åke Lundvall. *National Systems of Innovation: Toward a Theory of Innovation and Interactive Learning.* Anthem Press, 2010.

Bjørn T. Asheim and Arne Isaksen. "Regional Innovation Systems: The Integration of Local 'Sticky' and Global 'Ubiquitous' Knowledge". *The Journal of Technology Transfer*, 2002 (1).

Charles Edquist, Maureen McKelvey. *Systems of Innovation: Growth, Competitiveness and Employment.* Edward Elgar Publishing, 2000.

Choung, J. Y., Hwang, H. R. "National Systems of Innovation: Institutional Linkages and Performances in the Case of Korea and Taiwan". *Scientometrics*, 2000, 48 (3).

Chun-Liang Chen, and Yi-Long Jaw. "Building Global Dynamic Capabilities through Innovation: A Case Study of Taiwan's Cultural Organizations". *Journal of Engineering and Technology Management*, 2009 (4).

David C. Mowery and Joanne E. Oxley. "Inward Technology Transfer and Competitiveness: The Role of National Innovation Systems". *Cambridge Political Economy Society*, 1995 (1).

David Soskice. "German Technology Policy, Innovation, and National Institutional Frameworks". *Industry & Innovation*, 1997 (1).

Elahi, S., Kalantari, N., Azar, A., Hassanzadeh, M. "Impact of Common Innovation Infrastructures on the National Innovative Performance: Mediating Role of Knowledge and Technology Absorptive Capacity". *Innovation-Management Policy & Practice*, 2016, 18 (4).

Gabrijela Leskovar-Spacapan, and Majda Bastic. "Differences in Organizations' Innovation Capability in Transition Economy: Internal Aspect of the Organizations' Strategic Orientation". *Technovation*, 2007 (9).

INSEAD: Global Innovation Index 2017. Geneva, 2017.

James P. Andrew et al. The Information Technology and Innovation Foundation. The Boston Consulting Group, February 2009.

Jan Faber, and Anneloes Barbara Hesen. "Innovation Capabilities of European Nations: Cross-national Analyses of Patents and Sales of Product Innovations". *Research Policy*, 2004 (2).

Jan Fagerberg, and Martin Srholec. "National Innovation Systems, Capabilities and Economic Development". *Research Policy*, 2008 (9).

Jian Cheng Guan, Richard C. M. Yam, Chiu Kam Mok, and Ning Ma. "A Study of the Relationship between Competitiveness and Technological Innovation Capability Based on DEA Models". *European Journal of Operational Research*, 2006 (3).

Lu, W. M., Kweh, Q. L., Huang, C. L. "Intellectual Capital and National Innovation Systems Performance". *Knowledge-based Systems*, 2014, 71 (s1).

Michael Orey, Stephanie A. Jones and Robert Maribe Branch. *Educational Media and Technology Yearbook Volume 36*, 2011. Springer, 2011.

Pan, T. W., Hung, S. W., Lu, W. M. "DEA Performance Measurement of the National Innovation System in Asia and Europe". *Asia-Pacific Journal of Operational Research*, 2010, 27 (3).

Parimal Patel. "National Innovation Systems: Why They are Important, and How They Might be Measured and Compared". *Economics of Innovation and New Technology*, 1994 (1).

Patarapong Intarakumnerd, Pun-arj Chairatana, and Tipawan Tangchitpiboon. "National Innovation System in Less Successful Developing Countries: The Case of Thailand". *Research Policy*, 2002 (31).

Paul Blustein et al. Recovery or Relapse: The Role of the G − 20 in the Global Economy. Global Economy and Development at BROOKINGS, June 2010.

Pedro Conceição, Manuel V. Heitor and Bengt-Åke Lundvall. *Innovation, Competence Building, and Social Cohesion in Europe: Towards a Learning Society*. Edward Elgar Publishing, 2003.

Pedro Conceição, Manuel V. Heitor. "Knowledge Interaction towards Inclusive Learning: Promoting Systems of Innovation and Competence Building". *Technological Forecasting and Social Change*, 2002 (7).

Pedro Conceição, Manuel V. Heitor. "Systems of Innovation and Competence Building across Diversity: Learning from the Portuguese Path in the European Context". *The International Handbook on Innovation*, 2003.

Phil Cooke. "Regionally Asymmetric Knowledge Capabilities and Open Innovation: Exploring 'Globalisation 2' —A New Model of Industry Organisation". *Research Policy*, 2005 (8).

Prasada Reddy. "New Trends in Globalization of Corporate R&D and Implications for

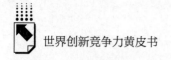
Innovation Capability in Host Countries：A Survey from India". *World Development*, 1997 (11).

Richard R. Nelson. *National Innovation Systems*：*A Comparative Analysis*. Oxford University Press, 1993.

Robert D. Atkinson and Scott M. Andes. The Atlantic Century：Benchmarking EU & U. S. Innovation and Competitiveness. The Information Technology and Innovation Foundation, February 2009.

Samara, E., Georgiadis, P., Bakouros, I. "The Impact of Innovation Policies on the Performance of National Innovation Systems：A System Dynamics Analysis". *Technovation*, 2012, 32 (11).

Schmid, J., Wang, F. L. "Beyond National Innovation Systems：Incentives and China's Innovation Performance". *Journal of Contemporary China*, 2017, 26.

Statistics New Zealand. http：//www. stats. govt. nz/.

Stek, P. E. van Geenhuizen, M. S. "The Influence of International Research Interaction on National Innovation Performance：A Bibliometric Approach". *Technological Forecasting and Social Change*, 2016, 110 (9).

WEF. *The Global Competitiveness Report 2017 – 2018*. Geneva, 2017.

二 中文文献

布凌格：《聚焦创新》，科学出版社，2007。

陈劲、柳卸林主编《自主创新与国家强盛——建设中国特色的创新型国家中的若干问题与对策研究》，科学出版社，2008。

陈玲：《国际金融危机后的欧盟金融体制改革研究》，《上海经济研究》2010年第10期。

陈钰、宋卫国：《中国创新绩效评价及启示——基于国际比较视角》，《科技进步与对策》2015年第2期。

〔丹麦〕伦德瓦尔：《创新是一个互相作用的过程——从用户与生产者的互相作用到国家创新系统》，经济科学出版社，1991。

杜栋、庞庆华：《现代综合评价方法与案例精选》，清华大学出版社，2005。

段炼：《创新驱动导向的"供给创新"与供给侧结构性改革》，《求是学刊》2017年第6期。

《二十国集团安塔利亚峰会领导人声明》，2015 – 11 – 17，http：//www. g20chn. org/hywj/lnG20gb/201512/t20151201_ 1664. html。

《二十国集团领导人杭州峰会公报》，新华网，2016 – 09 – 05，http：//news. xinhuanet. com/world/2016 – 09/06/c_ 1119515149. htm。

〔法〕泰勒尔：《产业组织理论》，中国人民大学出版社，1999。

方丰、唐龙：《科技创新的内涵、新动态及对经济发展方式转变的支撑机制》，《生态经济学》2014 年第 6 期。

冯文力：《从"结构性改革"到"管理性改革"——深圳市优化行政审批流程的创新实践》，《中国机构改革与管理》2014 年第 11 期。

冯之浚：《国家创新系统研究纲要》，山东教育出版社，2000。

冯之浚、罗伟：《国家创新系统的理论与政策文献汇编》，群言出版社，1999。

韩凤芹：《以科技创新引领供给侧结构性改革》，《公共财政研究》2015 年第 6 期。

何代欣：《驱动结构性改革：支撑创业创新的财政政策研究》，《地方财政研究》2016 年第 5 期。

胡志坚等：《国家创新系统：理论分析与国际比较》，社会科学文献出版社，2000。

黄茂兴等：《改革开放 30 年中国经济热点的回眸与展望》，社会科学文献出版社，2008。

黄茂兴等：《国家创新竞争力研究——理论、方法与实证》，中国社会科学出版社，2012。

黄茂兴：《技术选择与产业结构升级》，社会科学文献出版社，2007。

黄茂兴：《论技术选择与经济增长》，社会科学文献出版社，2010。

金碚：《竞争力经济学》，广东经济出版社，2003。

李长安：《着力提升质量打造"专利强国"》，《深圳特区报》2016 年 11 月 25 日。

李建平等主编《二十国集团（G20）国家创新竞争力发展报告（2001~2010）》，社会科学文献出版社，2011。

李建平等主编《二十国集团（G20）国家创新竞争力发展报告（2011~2013）》，社会科学文献出版社，2013。

李建平等主编《二十国集团（G20）国家创新竞争力发展报告（2013~2014）》，社会科学文献出版社，2014。

李建平等主编《二十国集团（G20）国家创新竞争力发展报告（2015~2016）》，社会科学文献出版社，2016。

李建平等主编《二十国集团（G20）国家创新竞争力发展报告（2016~2017）》，社会科学文献出版社，2017。

李建平等主编《二十国集团（G20）经济热点分析报告（2015~2016）》，经济科学出版社，2015。

李建平等主编《二十国集团（G20）经济热点分析报告（2016~2017）》，经济科学出版社，2016。

李建平等主编《二十国集团（G20）经济热点分析报告（2017~2018）》，经济科学出版社，2017。

李建平等主编《"十二五"中期中国环境竞争力发展报告》，社会科学文献出版社，2014。

李建平等主编《世界创新竞争力发展报告（2001~2012）》，社会科学文献出版社，

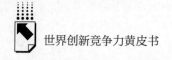
2012。

李建平等主编《中国省域环境竞争力发展报告（2005～2009）》，社会科学文献出版社，2010。

李建平等主编《中国省域环境竞争力发展报告（2009～2010）》，社会科学文献出版社，2011。

李建平等主编《中国省域经济综合竞争力发展报告（2005～2006）》，社会科学文献出版社，2007。

李建平等主编《中国省域经济综合竞争力发展报告（2015～2016）》，社会科学文献出版社，2017。

李建平、黄茂兴等：《科技进步与经济增长——全面建设小康社会进程中福建科技发展的理论与实践》，中国经济出版社，2005。

李建平、黄茂兴等：《中国经济60年发展报告（1949～2009）》，经济科学出版社，2009。

李闽榕、李建平、黄茂兴：《中国省域经济综合竞争力评价与预测研究》，社会科学文献出版社，2007。

李闽榕、李建平、黄茂兴：《中国省域经济综合竞争力预测研究报告（2009～2012）》，社会科学文献出版社，2010。

李闽榕：《中国省域经济综合竞争力研究报告（1998～2004）》，社会科学文献出版社，2006。

李正风、胡钰：《建设创新型国家——面向未来的重大抉择》，人民出版社，2007。

联合国网站，http：//data. un. org/.

梁洪力、郝君超、李研：《国家创新体系绩效评价的基本框架》，《中国科技论坛》2014年第1期。

刘凤朝等著《国家创新能力测度方法及其应用》，科学出版社，2009。

柳卸林：《中国国家创新系统的现状、问题与发展趋势》，市场经济下国家技术创新系统建设课题报告，1998。

路甬祥：《创新与未来》，科学出版社，1998。

吕兰：《源创新：结构性改革的新引擎》，《全国商情》2016年第23期。

罗亚非、王海峰、范小阳：《研发创新绩效评价的国际比较研究》，《数量经济技术经济研究》2010年第3期。

〔美〕菲利普·科特勒：《国家营销》，华夏出版社，1997。

〔美〕罗斯托：《经济成长的阶段》，商务印书馆，1962。

〔美〕迈克尔·波特：《国家竞争优势》，华夏出版社，2002。

倪鹏飞主编《中国国家竞争力报告No. 1》，社会科学文献出版社，2010。

帕瓦达瓦蒂尼·桑达拉彦、纳格拉彦·维葳克：《绿色金融助推印度绿色经济可持续发展》，范连颖译，《经济社会体制比较》2016年第6期。

齐建国：《技术创新——国家系统的改革与重组》，社会科学文献出版社，1995。

任生：《朱小丹：以创新发展推动供给侧结构性改革》，《人民之声》2016 年第 4 期。

〔日〕克里斯托夫·弗里曼：《一个新国家创新系统》，经济科学出版社，1991。

石定寰：《国家创新系统：现状与未来》，经济管理出版社，1999。

世界银行网站，http：//data. worldbank. org/.

宋玉华、王莉：《全球新经济发展的比较制度研究》，中国社会科学出版社，2006。

万钢：《科技创新支撑引领供给侧结构性改革》，《行政管理改革》2017 年第 9 期。

王春法：《技术创新政策：理论基础与工具选择——美国和日本的比较研究》，经济科学出版社，1998。

王海峰、罗亚非、范小阳：《基于超效率 DEA 和 Malmquist 指数的研发创新评价国际比较》，《科学学与科学技术管理》2010 年第 4 期。

王志章、王晓蒙：《包容性增长：背景、概念与印度经验》，《南亚研究》2011 年第 4 期。

吴贵生、谢伟：《国家创新系统的要素、作用与影响》，第二届中韩产业技术政策研讨会——面向 21 世纪的国家技术创新系统会议论文集，1997。

吴霜：《金融创新助力供给侧结构性改革的路径探究》，《农银学刊》2017 年第 5 期。

夏伟亮、王利维：《金融危机前后国际金融监管体制改革的趋势、经验与启示》，《华北金融》2017 年第 1 期。

许春明：《全面提升知识产权运用绩效》，《中国知识产权报》2016 年 2 月 3 日。

杨盼盼：《G20 结构性改革的进展与评述》，《国际经济评论》2016 年第 5 期。

《以科技创新推动农业供给侧结构性改革》，《乡村科技》2017 年第 3 期。

《以制度创新带动结构性改革》，《国土资源》2016 年第 8 期。

殷阿娜、王厚双：《我国技术创新绩效评价与国际比较》，《工业技术经济》2011 年第 9 期。

余乃忠：《供给侧结构性改革"创新驱动"的方法论探悉》，《中州学刊》2017 年第 7 期。

约瑟夫·熊彼特：《经济发展理论——对于利润、资本、信贷、利息和经济周期的考察》，何畏、易家祥等译，商务印书馆，2000。

张建星：《创新是供给侧结构性改革的关键》，《中国经济周刊》2016 年第 48 期。

张先进：《创新驱动：中国供给侧结构性改革的动力与保障》，《改革与战略》2017 年第 33（05）期。

赵中建：《创新引领世界——美国创新和竞争力战略》，华东师范大学出版社，2007。

郑琼红：《供给侧结构性改革创新驱动探究》，《合作经济与科技》2016 年第 22 期。

中国科技发展战略研究小组：《中国区域创新能力报告》，科学出版社，2006。

中国科学技术发展战略研究院:《国家创新指数报告 2015》,科学技术文献出版社,2016。

中华人民共和国国家统计局:《国际统计年鉴 2017》,中国统计出版社,2017。

中华人民共和国科学技术部:《主要创新型国家科技创新发展的历程及经验》,中国科学技术出版社,2006。

钟祖昌:《研发创新 SBM 效率的国际比较研究——基于 OECD 国家和中国的实证分析》,《财经研究》2011 年第 9 期。

Y.109
后　记

　　本书是课题组发布的第二部"世界创新竞争力黄皮书"。10多年来,在各方的关怀和支持下,课题组已先后推出了30多部竞争力系列研究成果,得到了社会各界的持续关注和认可,产生了积极的社会反响。尤其是首部黄皮书《世界创新竞争力发展报告(2001~2012)》于2014年3月在联合国总部举行英文版发布会,受到包括联合国等国际组织的高度关注和积极认可,推动了本课题组近年来对国家创新竞争力的持续深入研究,已先后推出了五部"二十国集团(G20)国家创新竞争力黄皮书"。2016年12月,教育部科技委批准在福建师范大学成立教育部科技委战略研究基地——福建师范大学世界创新竞争力研究中心,这大大增强了我们对世界创新竞争力持续深入研究的信心和决心。承蒙社会各界的关心和鼓励,我们必将继续奋力前行。

　　本书是教育部科技委战略研究基地(福建师范大学世界创新竞争力研究中心)2018年重大项目研究成果,全国经济综合竞争力研究中心2018年重点研究项目研究成果,中智科学技术评价研究中心2018年重点项目研究成果,中央组织部资助的首批青年拔尖人才支持计划(组厅字〔2013〕33号)和中央组织部第2批"万人计划"哲学社会科学领军人才(组厅字〔2016〕37号)2018年资助的阶段性成果,中宣部全国文化名家暨"四个一批"人才工程(中宣办发〔2015〕49号)2018年资助的阶段性研究成果,2016年教育部哲学社会科学研究重大课题(项目编号:16JZD028)、国家社科基金重点项目(项目编号:16AGJ004)和国家社科基金青年项目(项目编号:14CKS013)资助的阶段性研究成果,福建省首批高校特色新型智库——福建师范大学综合竞争力与国家发展战略研究院2018年的研究成果,福建省社会科学研究基地——福建师范大学竞争力研究中心2018年重大项目研究成果,福建省高等学校科技创新团队(闽教科〔2012〕03号)、福建省高校哲学社会科学学科基础理论研究创新团队——福建师范大学竞争力基础理论研究创新团队和福建师范大学创新团队建设计划2018年资助的阶段性研究成果,以及福建省"双一流"建设学科——福建师范大学理论经济学学科2018年重大项目研究成果。

　　当前全球经济正处于大变革大调整时期,虽然直至今日全球主要经济体依然没有摆脱金融危机影响,但每一次重大危机无不孕育着新的技术革命,也预示着国际竞争格局的新变化。特别是在一些重要科技领域已显现发生革命性突破的征兆。世界许多国家都在对本国科技创新战略作出新的部署,创造新的社会需求,积极推动新一轮科技创新和产业发展,解决人类面临的能源资源、生态环境、自然灾害、人口健康等全球性问题,并通过科技创新源源不断地提供新的经济增长的强劲动力。历史经验表明,谁能在科技创新方面占据优势,谁就能够掌握发展的主动权,率先复苏并走向繁荣。只有真正把科学技术置于优先发展的战略地位，才能抓住新一轮科学革命、技术革命和产业革命的机遇，才能持续增强国家创新能力，才能实现从全球产业价值链低端向高端发展，也才能赢得未来发展的主动权。

鉴于此，为继续深化研究国家创新竞争力，结合全球科技发展浪潮、新科技革命发展趋势等创新问题的新格局、新趋势，从2011年下半年开始，在时任中国常驻联合国代表团科技参赞、现任中国科学技术交流中心副主任（正局级）、国际欧亚科学院院士赵新力先生的大力指导和推动下，全国经济综合竞争力研究中心福建师范大学分中心着手组建了《世界创新竞争力发展报告（2001~2012）》课题攻关研究小组，力图从国家创新竞争力的视角，赋予世界创新能力新的内涵，并从理论、方法和实证三个维度来探讨世界创新竞争力的发展评价与发展战略问题。2013年2月28日，首部黄皮书《世界创新竞争力发展报告（2001~2012）》在中国社会科学院正式发布。2014年3月31日，《世界创新竞争力发展报告（2001~2012）》英文版在联合国总部举行发布会，均产生了很大的社会反响。几年来，课题组一方面继续深入研究"二十国集团（G20）国家创新竞争力黄皮书"，先后推出了五部该系列黄皮书；另一方面，继续充实完善世界创新竞争力的研究方法，形成了最新的《世界创新竞争力发展报告（2011~2017）》黄皮书。

在课题研究过程中，福建师范大学原校长、全国经济综合竞争力研究中心福建师范大学分中心主任李建平教授亲自担任课题组组长和本书的主编之一，直接指导和参与了本书的研究和审订书稿工作；本书主编之一福建省新闻出版广电局原党组书记、中智科学技术评价研究中心理事长、福建师范大学兼职教授李闽榕博士指导、参与了本书的研究和书稿统改、审订工作；中国科学技术交流中心副主任（正局级）、国际欧亚科学院院士赵新力先生对本书的研究工作给予了积极指导和大力支持，并担任本书的主编之一；中国农村劳动力资源开发研究会秘书长苏宏文同志为本书的顺利完成积极创造了条件。全国经济综合竞争力研究中心福建师范大学分中心常务副主任、福建师范大学经济学院院长、福建自贸区综合研究院院长黄茂兴教授为本课题的研究从策划到最终完稿做了大量具体工作。

2017年上半年以来，课题组着手对世界创新竞争力的理论创新、指标评价体系等展开了比较全面和深入的研究，跟踪最新研究动态和测算指标数据，研究对象涉及联合国各成员国中有代表性的100个国家，时间跨度长达5年，本书90余万字，数据采集、录入和分析工作庞杂而艰巨，采集、录入基础数据3万多个，计算、整理和分析数据12万多个，共制作简图450多幅、统计表格150个、竞争力地图19幅。这是一项复杂艰巨的工程，编写组的各位同志为完成这项工程付出了艰辛的劳动，在此谨向全力支持、参与本项目研究的李军军博士、林寿富博士、叶琪博士、王珍珍博士、陈洪昭博士、唐杰博士、黄新焕博士、陈伟雄博士、郑蔚博士、易小丽博士、白华博士、李成宇博士、郑清英博士、张宝英博士、周利梅博士以及博（硕）士研究生吴娟、林惠玲、林瀚、马永伟、朱耿灿、兰筱琳、李师源、夏琼、张越、游宇东、张贵平、余学颖、张若琼、史方圆、陈鹏、唐璟怡、柯炳金、冯稳珍、昝琪、唐咏琦、张瀚云、肖蕾等同志表示深深的谢意。他们放弃节假日休息时间，每天坚持工作10多个小时，为本研究的数据采集、测算等做了许多细致的工作。

本书还直接或间接引用、参考了其他研究者的相关研究文献，对这些文献的作者表示诚挚的感谢。

社会科学文献出版社的谢寿光社长，社会政法分社王绯社长以及责任编辑曹长香等，为本书的出版提出了很好的修改意见，付出了辛苦的劳动，在此一并向他们表示由衷的谢意。

由于时间仓促，本书难免存在疏漏和不足，敬请读者批评指正。

作　者
2018年5月

❖ 皮书起源 ❖

"皮书"起源于十七、十八世纪的英国，主要指官方或社会组织正式发表的重要文件或报告，多以"白皮书"命名。在中国，"皮书"这一概念被社会广泛接受，并被成功运作、发展成为一种全新的出版形态，则源于中国社会科学院社会科学文献出版社。

❖ 皮书定义 ❖

皮书是对中国与世界发展状况和热点问题进行年度监测，以专业的角度、专家的视野和实证研究方法，针对某一领域或区域现状与发展态势展开分析和预测，具备原创性、实证性、专业性、连续性、前沿性、时效性等特点的公开出版物，由一系列权威研究报告组成。

❖ 皮书作者 ❖

皮书系列的作者以中国社会科学院、著名高校、地方社会科学院的研究人员为主，多为国内一流研究机构的权威专家学者，他们的看法和观点代表了学界对中国与世界的现实和未来最高水平的解读与分析。

❖ 皮书荣誉 ❖

皮书系列已成为社会科学文献出版社的著名图书品牌和中国社会科学院的知名学术品牌。2016年，皮书系列正式列入"十三五"国家重点出版规划项目；2013~2018年，重点皮书列入中国社会科学院承担的国家哲学社会科学创新工程项目；2018年，59种院外皮书使用"中国社会科学院创新工程学术出版项目"标识。

中国皮书网

（网址：www.pishu.cn）

发布皮书研创资讯，传播皮书精彩内容
引领皮书出版潮流，打造皮书服务平台

栏目设置

关于皮书：何谓皮书、皮书分类、皮书大事记、皮书荣誉、
　　　　　皮书出版第一人、皮书编辑部
最新资讯：通知公告、新闻动态、媒体聚焦、网站专题、视频直播、下载专区
皮书研创：皮书规范、皮书选题、皮书出版、皮书研究、研创团队
皮书评奖评价：指标体系、皮书评价、皮书评奖
互动专区：皮书说、社科数托邦、皮书微博、留言板

所获荣誉

2008 年、2011 年，中国皮书网均在全
国新闻出版业网站荣誉评选中获得"最具
商业价值网站"称号；
2012 年,获得"出版业网站百强"称号。

网库合一

2014 年，中国皮书网与皮书数据库端
口合一，实现资源共享。

权威报告·一手数据·特色资源

皮书数据库
ANNUAL REPORT(YEARBOOK)
DATABASE

当代中国经济与社会发展高端智库平台

所获荣誉

● 2016年，入选"'十三五'国家重点电子出版物出版规划骨干工程"

● 2015年，荣获"搜索中国正能量 点赞2015""创新中国科技创新奖"

● 2013年，荣获"中国出版政府奖·网络出版物奖"提名奖

● 连续多年荣获中国数字出版博览会"数字出版·优秀品牌"奖

成为会员

通过网址www.pishu.com.cn或使用手机扫描二维码进入皮书数据库网站，进行手机号码验证或邮箱验证即可成为皮书数据库会员（建议通过手机号码快速验证注册）。

会员福利

● 使用手机号码首次注册的会员，账号自动充值100元体验金，可直接购买和查看数据库内容（仅限使用手机号码快速注册）。

● 已注册用户购书后可免费获赠100元皮书数据库充值卡。刮开充值卡涂层获取充值密码，登录并进入"会员中心"—"在线充值"—"充值卡充值"，充值成功后即可购买和查看数据库内容。

社会科学文献出版社 皮书系列
SOCIAL SCIENCES ACADEMIC PRESS (CHINA)

卡号：648326556577
密码：

数据库服务热线：400-008-6695
数据库服务QQ：2475522410
数据库服务邮箱：database@ssap.cn
图书销售热线：010-59367070/7028
图书服务QQ：1265056568
图书服务邮箱：duzhe@ssap.cn

基本子库
SUB DATABASE

中国社会发展数据库（下设 12 个子库）

全面整合国内外中国社会发展研究成果，汇聚独家统计数据、深度分析报告，涉及社会、人口、政治、教育、法律等 12 个领域，为了解中国社会发展动态、跟踪社会核心热点、分析社会发展趋势提供一站式资源搜索和数据分析与挖掘服务。

中国经济发展数据库（下设 12 个子库）

基于"皮书系列"中涉及中国经济发展的研究资料构建，内容涵盖宏观经济、农业经济、工业经济、产业经济等 12 个重点经济领域，为实时掌控经济运行态势、把握经济发展规律、洞察经济形势、进行经济决策提供参考和依据。

中国行业发展数据库（下设 17 个子库）

以中国国民经济行业分类为依据，覆盖金融业、旅游、医疗卫生、交通运输、能源矿产等 100 多个行业，跟踪分析国民经济相关行业市场运行状况和政策导向，汇集行业发展前沿资讯，为投资、从业及各种经济决策提供理论基础和实践指导。

中国区域发展数据库（下设 6 个子库）

对中国特定区域内的经济、社会、文化等领域现状与发展情况进行深度分析和预测，研究层级至县及县以下行政区，涉及地区、区域经济体、城市、农村等不同维度。为地方经济社会宏观态势研究、发展经验研究、案例分析提供数据服务。

中国文化传媒数据库（下设 18 个子库）

汇聚文化传媒领域专家观点、热点资讯，梳理国内外中国文化发展相关学术研究成果、一手统计数据，涵盖文化产业、新闻传播、电影娱乐、文学艺术、群众文化等 18 个重点研究领域。为文化传媒研究提供相关数据、研究报告和综合分析服务。

世界经济与国际关系数据库（下设 6 个子库）

立足"皮书系列"世界经济、国际关系相关学术资源，整合世界经济、国际政治、世界文化与科技、全球性问题、国际组织与国际法、区域研究 6 大领域研究成果，为世界经济与国际关系研究提供全方位数据分析，为决策和形势研判提供参考。

法律声明

　　"皮书系列"（含蓝皮书、绿皮书、黄皮书）之品牌由社会科学文献出版社最早使用并持续至今，现已被中国图书市场所熟知。"皮书系列"的相关商标已在中华人民共和国国家工商行政管理总局商标局注册，如LOGO（ ▨ ）、皮书、Pishu、经济蓝皮书、社会蓝皮书等。"皮书系列"图书的注册商标专用权及封面设计、版式设计的著作权均为社会科学文献出版社所有。未经社会科学文献出版社书面授权许可，任何使用与"皮书系列"图书注册商标、封面设计、版式设计相同或者近似的文字、图形或其组合的行为均系侵权行为。

　　经作者授权，本书的专有出版权及信息网络传播权等为社会科学文献出版社享有。未经社会科学文献出版社书面授权许可，任何就本书内容的复制、发行或以数字形式进行网络传播的行为均系侵权行为。

　　社会科学文献出版社将通过法律途径追究上述侵权行为的法律责任，维护自身合法权益。

　　欢迎社会各界人士对侵犯社会科学文献出版社上述权利的侵权行为进行举报。电话：010-59367121，电子邮箱：fawubu@ssap.cn。

社会科学文献出版社